Piritual Resources In Family Therapy

가족치료와 영성

Froma Walsh 편저 | **박태영 · 박소영 · 조성희** 공역

학지사

Spiritual Resources in Family Therapy, Second Edition
by Froma Walsh, MSW, PhD

역자 서문

최근 10여 년 전부터 상담 분야, 그중에서 가족치료 분야에서 영성에 관한 관심이 급증하면서 관련 연구 또한 증가하고 있다. 그러한 가운데 역자들은 Froma Walsh가 쓴 『Spiritual Resources in Family Therapy』라는 좋은 책을 접하게 되었다.

이 책에서 말하는 영성은 종교를 지칭하는 것이 아니다. 영성이 종교와 중첩되는 부분이 많은 것은 사실이지만, 영성은 종교의 유·무와 관계없이 우리에게 있는 것이다. 영성은 인간의 정신 내적인 힘을 뜻하는 것으로, 인간이 타고나는 것이지만 개인적 경험과 신앙, 공동체 경험 등을 통해 형성되는 것이기도 하다. 이 영성으로 인해 우리는 현실에 대처하고 현실을 넘어서기도 한다. 우리는 살면서 경제적·신체적·정서적·관계적 어려움으로 고통을 당하면서 산다. 자신을 포함한 가족 및 이웃의 질병과 죽음, 상실감, 외상으로 영적 빈곤감과 영적 공허감을 겪으면서 산다. 이러한 상황을 견디고 그 고통의 의미를 찾아내고 앞으로 나아가며 인생을 지속되게 하는 힘이 영성이다.

20년간 수많은 가족을 치료해 오면서 가족 관계에서 오는 어려움으로 상처받고 방황하면서 마지막 실낱같은 희망을 가지고 상담실을 찾는 많은 가족을 목격했다. 그들은 어려움을 극복할 수 있는 능력, 즉 레질리언스를 가지고 있는 경우가 대부분이다. 단지 극복해 나갈 수 있는 효과적인 방법을 습득하지 못했을 뿐이다. 물론 가족치료사들은 이론과 임상 경험을 통하여 클라이언트들과 함께 문제를 해결해 나갈 수 있겠지만, 그럼에도 클라이언트들은 가족치료사들에게 자신의 영적인 면까지 내어놓는 경우가 있다.

하지만 일반적으로 가족치료사들은 영적인 면을 다룰 수 있도록 훈련 받지 못한 경우가 대부분이다. 이와 같은 한계를 극복하기 위해서 이제는 가족치료사들이 영성에 대한 훈련을 받을 때가 되었다고 생각된다. 이러한 시점에서 이 책은 클라이언트들의 영성뿐만 아니라 가족치료사들의 영적 뿌리를 살펴볼 수 있는 좋은 기회를 제공한다. 이 책에서는 가족치료 사례를 통하여 유대교, 기독교, 이슬람교, 불교, 힌두교 등 여러 종교와 영적 경향성에 대하여 폭넓은 시각을 제공한다.

이 책은 치료자와 클라이언트의 이면에 있는 개인적 신념, 가족 유산, 문화적인 가치, 가족치료 과정에서의 치료자와 클라이언트의 관계까지 다양한 관점에서 영성을 다루고 있다. 여러 사례를 통하여 임종, 죽음 그리고 사후에 대한 관심, 치료자, 훈련생, 클라이언트가 가지고 있는 영성과 개인적인 가치를 다루고 있어 상담자들과 가족치료를 배우고 있는 대학원생뿐만 아니라 클라이언트에게도 많은 도움이 되리라 생각된다.

이 책은 서문부터 제4장까지는 박태영, 제5장부터 제12장까지는 박소영, 제13장부터 제20장까지는 조성희가 번역하였음을 밝힌다.

대표 역자
박태영

저자 서문

영성이란 의미, 안녕 그리고 연결을 포함하는 초월적인 신념과 실천을 포괄하는 인간 경험의 영역이다. 영적 세계관은 개인과 가족으로 하여금 인생 과정을 넘고 세대를 건너게 한다. 그것은 더 큰 가치관과 목적을 제공하고, 일상적인 행동과의 관계를 이끌며, 어려움을 극복하는 레질리언스를 강화시킨다. 많은 연구가 개인적인 신념, 기도, 명상 그리고 신체적·정서적·관계적 안녕과 질병, 외상으로부터 회복에 대한 신념 공동체의 영향을 보여 준다. 자신의 삶과 관계에서 영적 빈곤과 영적 공허감이 고통을 낳을 수 있고, 긍정적인 성장을 막을 수 있다. 최근까지도 대부분의 치료사와 상담사에게는 '영성에 어떻게 접근해야 하는가'에 대하여 불확실한 상태로, 영성은 임상 훈련과 실천에서 '출입금지' 영역으로 간주되었다.

이 책의 초판은 영성에 대한 중요한 필요성, 즉 가족치료를 영적 영역에 개방하고, 여러 신념에 대한 폭넓은 시각의 필요성에 대하여 언급하였다. 이번 판은 부부와 가족을 상담하는 모든 실천가—정신건강, 건강관리, 인간 서비스, 목회치료 전문가들—의 기초를 다지고 확장시킨다. 또한 신념과 실천이 고통과 대처에 어떻게 영향을 미치는지와 영적 자원이 개인적인, 그리고 관계적인 치유와 레질리언스를 촉진하기 위하여 어떻게 개발될 수 있는지에 대하여 더 충분히 기술하고 있다. 이 책의 저자들은 모두 중요한 가족체계 학자이며, 교육가이고 임상가로 구성되었다. 그들은 임상 상황에서 폭넓게 연구한 귀중한 지식과 전문성을 서술하고 있다. 내용이 확장되고 최신 자료로 채워진 이번 판에서는 죽음과 상실, 피난민의 외상, 명상 실행, 의식의 사용 및 용서에 관한 다섯 개의 새로운 장이 추가되었다. 이 책에서는 유대인, 기독교인, 이슬람교인, 불교도 그리고 힌두인의 신념에서, 특히 아메리칸 원주민, 라틴아메리칸, 아시안 그리고 전통적인 아프리카 사람들의 토착적인 영적 신념과 실천까지 오늘의 사회에서 다양한 영적 경향성에 초점을 둔다.

이 책은 부부와 가족 관계에서 살아 있는 영성의 경험에 초점을 둔다. 이러한 초점은 특히 개종, 이교도 간의 결혼, 접근법의 혼합을 통하여 가족 안에서 증가하는 신념과 실천의 다양성이라는 관점에서 중요하다. 최근의 연구는 북아메리카에서 극적으로 변화하고 있는 종교적인 전망을 보여 준다. 미국인의 40% 정도가 가정교육의 전통적인 신념을 유지한 채로 살아가고 있다. 종교 입교가 전환되고 있으며, 교회 신도, 예배 참석 그리고 교리를 고수하는 것이 감소하고 있다. 영성—더 폭넓고 개인의 더 초월적인 가치와 실천—이 그 어느 때보다 중요하다. 우리의 혼란스러운 세상 안에는 쉼터, 의미, 자양분 및 연결을 제공하는 영적 신념, 실천 그리고 지역 공동체에 대한 깊은 열망이 있다. 개인, 부부, 가족이 자신의 영적 통로를 점차 만들어 내고 있고, 자신의 삶과 관계에 맞추기 위하여 신념 내에 있거나 신념 밖에 있는 요소들을 조합하고 있다.

이 책에서 우리는 조직화된 종교 안팎에서 영성을 개발할 수 있는 다양한 방법을 고려한다. 예를 들어, 이러한 방법에는 강력한 종교적이고 인본주의적 가치를 통하여, 개인적 신념과 하느님과의 관계 혹은 더 초자연적인 힘과의 관계 안에서, 기도와 명상 그리고 의식의 실행 안에서, 신념 공동체와 관련해서, 자연과 교류하면서, 음악과 창의적인 예술을 통하여, 그리고 타인과 환경에 도움이 될 수 있는 봉사와 사회 행동을 통한 방법이 포함되기도 한다.

영성은 사랑하는 인간관계 안에서 가장 심오하게 표현될 수 있다. 이 책의 각 장은 친밀한 파트너와 친족의 영(spirits, 예 부모-자녀 인연 안에서, 노인들과 특별한 요구가 있는 사람들을 돌보는 가운데, 지지적인 친족과 지역사회 네트워크 안에서 그리고 더 큰 세상에 있는 다른 사람들과의 온정적인 일을 통하여) 사이에서 영적 의미와 영적 연결이 촉진될 수 있는 여러 방법에 대하여 언급하고 있다. 모든 신념의 전통은 가치, 사랑의 실천, 친절함, 명예, 상호 존중, 조화, 진솔함, 열정 및 용서를 가르친다. 이러한 것들은 건강한 부부와 가족 관계를 위한 근본적인 요소들이며, 고통에 처한 부부와 가족을 강화하기 위한 치료 작업의 주요 원리와 일치한다.

문화와 생활환경이 얽혀 있는 영적 신념 체계는 가족 구성원들이 문제를 어떻게 정의하고, 원인과 해결책을 어떻게 보며, 곤경과 고통을 어떻게 생각하는가에 영향을 미친다. 또한 영적 신념 체계는 가족 구성원들이 어떻게 대처하고, 수용하며, 변화하는가와 그들이 어디에서 도움을 받기 원하는지에 영향을 미친다. 도움을 주는 전문가로서 우리는 외상이나 지속되는 어려움이 어떻게 영(spirit)에 영향을 미치는지와 구속하는 신념과 부정적인 종교적 경험 그리고 영적인 공허감이 어떻게 고통을 야기하고, 치유를 방해하는지를 이해할 필요가 있다. 우리는 모욕적이거나 남용적인 실천과 마음과 몸 그리고 영을 손상시키는 불의에 대하여 언급할 필요가 있다. 종교의 차이로 오해와 갈등 혹은 소외가 생기는 부부와 가족 안에서 치료자는 더 큰 이해와 수용 그리고 관계적 치유를 촉진시킬 수도 있다.

이 책은 부부와 가족과의 모든 치료적 작업을 하는 과정에서 영성의 통합을 알려 주고 고무시키기 위한 귀중한 자료집으로 구성되었다.

- 클라이언트의 삶에서 영적 신념과 실천의 의미와 중요성을 탐색하기 위하여
- 긍정적 성장을 위한 고통과 억압의 영적 자원을 이해하기 위하여
- 클라이언트의 가치와 선호에 맞는 치유와 레질리언스를 위한 영적 자원을 확인하고 이끌어 내기 위하여

모든 저자는 영성을 특별한 주제로서뿐만 아니라 사람들 삶의 모든 면과 치료 과정—가족 유산으로부터 개인적 신념, 실천과 관계까지—에 서로 엉켜

있는 것으로 문제, 대처 및 도움을 추구하는 경험에 영향을 미치는 접근을 한다. 이 책의 저자들은 치료자의 종교적인 신념에 뿌리를 둔 특별한 영적인 접근법을 규정하는 책과 구별하여 임상적 평가와 개입을 알려 주는 다양한 영적 견해를 제시한다. 또한 강점에 근거한 가족 체계적인 경향성과 실천을 위한 협력적인 접근법에 근거를 두고 있다.

이 책은 도움을 주는 모든 전문가에게 자신의 영적 입장을 확인하는 것을 촉구한다. 왜냐하면 치료 과정과 목적은 치료자와 클라이언트의 핵심 신념의 상호작용을 포함하기 때문이다. 영적 영향에 대한 잘못된 가정이나 무관심은 치료 노력을 훼손하거나 부적절한 목표로 이끌 수도 있다. 치료자들은 그들이 불가피하게 개인적 · 전문적 그리고 더 커다란 문화적인 가치를 지니게 되고, 중립적이 될 수 없다는 것을 인지하여 치료자 자신의 가치와 편견을 인식해야 하며, 치료자 자신의 영적 입장을 강요하지 않도록 주의해야 한다. 전문 영역에서 상호적인 의뢰, 협의와 협력을 위하여 목회적 보호와 임상 서비스를 연결하는 것이 중요하다. 만일 우리가 서비스를 제공하고 있는 클라이언트를 이해하고 그들의 치유와 성장을 돕고자 한다면, 그들의 영적 신념을 이해하고, 그들의 관심에 주의를 기울이며, 그들의 영적 욕구에 반응하는 것이 중요하다.

이 책의 제1부는 개관을 보여 준다. 제1장에서는 북아메리카에서 극적으로 변화하고 있는 종교와 영성에 관한 전망을 조사하고, 증가하고 있는 다양성, 영적 신념의 중요성과 삶의 과정에 대한 개인, 부부, 가족을 위한 실천을 살펴본다. 제2장에서는 건강에 대한 영적 신념, 실천, 신념 공동체의 중요성과 의학적 위기, 외상, 물질 남용 및 중요한 삶의 도전을 극복하는 많은 연구 증거물을 살펴본다. 이 장에서는 고통에 대한 영적 자원도 언급하며 치유와 레질리언스를 위한 영적 자원을 이끌어 내기 위한 임상 실천에 영적인 영역을 포함할 수 있는 가이드라인과 주의 사항을 제공한다.

제2부에서는 삶의 도전을 극복하고, 그들의 관계를 강화하는 데 있어서 가족을 위한 영성의 중요성을 설명한다. Lorraine M. Wright는 질병과 고통이 우리

를 어떻게 영적인 영역으로 몰아넣는지를 보여 주고, 치유에 대한 그녀의 통합적인 접근법을 보여 준다. Froma Walsh는 영적 신념과 다양한 신념 전통의 실천이 죽음, 임종 그리고 사후에 대한 관심 앞에 오는 방법을 살펴본다. Steven J. Wolin과 동료들은 어려움에 직면하는 과정에서 레질리언스에 관한 불교인, 기독교인, 유대교인, 힌두교인, 이슬람교인의 관점을 보여 준다. Harry J. Aponte는 치료자들에게 가난한 자, 부당한 대우를 받은 자, 소수민족 지역사회에 있는 가족들의 영적 유지를 위한 욕구에 관심을 가지라고 촉구한다. Nancy Boyd-Franklin과 Tonya Walker Lockwood는 신념의 중요성과 아프리카계 미국인 가족의 레질리언스를 위한 집단적 관련성에 대하여 논한다. Celia Jaes Falicov는 공식적인 종교, 전통적인 영적 신념 및 보건과 정신건강 문제에 대한 그들의 접근법에서 이주민 가족을 위한 실천이 얽혀 있는 것을 조사한다. Mona DeKoven Fishbane은 부모를 존중하는 유대인의 전통에 대한 가치와 세대 간 관계에서 불만을 치유하기 위한 치료와 유대교 전통의 관련성을 보여 준다. Herbert Anderson은 부부 관계에서 정의와 같은 핵심 가치에 근거를 둔 동시대적인 가정생활에서 영성에 대한 전망을 제시한다.

제3부에서 저자들은 임상 실천에서 영성을 통합하기 위한 방법을 다양하게 보여 준다. William J. Doherty는 도덕적 · 영적 · 임상적 문제를 혼합하는 것에 초점을 둔다. Jerry Gale은 부부와 가족의 관계적 연계성을 위한 명상 접근법을 제시한다. Mary Jo Barrett은 관계적 외상에서 클라이언트를 치유하고, 치료자의 동정심으로 인한 피로감을 예방하는 데 중요한 영성을 발견한다. Hugo Kamya는 수단에서 온 난민 청년들의 치료에 토착적인 영적 전통을 끌어들이고 그들을 신념 공동체와 신념에 근거한 서비스와 관련을 맺게 한다. Terry D. Hargrave, Janet Froeschle, Yvette Castillos는 기독교, 유대교 및 이슬람교의 가르침에서 용서의 가치를 조사하고, 상처받은 관계에서 용서에 대한 중요한 임상적 접근법을 서술한다. Melissa Elliott은 신앙심이 깊은 기독교인들과의 상담에서 신과 개인적인 관계에 대한 치료적 대화를 여는 방법을 설명한다.

Kaethe Weingarten은 치료적 유대감의 진수에 대한 통찰력 있는 관찰과 심오한 영적 경험으로 치유의 과정을 제시한다. Janine Roberts는 치료자, 훈련생과 클라이언트들이 자신의 가치를 조사하고 자신의 영적 생활의 여정을 탐색할 수 있는 유용한 연습 문제를 제시한다. 마지막으로, Alice de V. Perry와 John S. Rolland는 클라이언트와 공동체 임파워먼트, 치유와 희망을 위한 사회정의 발의를 격려하기 위한 치료적 준거틀을 확장시킨다.

이 책은 다양성이 증가하고 있는 사회에서 클라이언트의 다양한 신념 체계와 실천을 위한 이해와 존경과 함께 영적 다원론을 개발하기 위한 귀중한 지식과 실천 가이드라인을 제공한다. 이 책의 각 장에서 저자들은 더 깊은 의미와 총체성, 치유, 안녕감 그리고 레질리언스를 위한 연결성을 촉진하는 치료 과정을 알리고 고취시키기 위하여 자신의 전문성, 지혜 그리고 창의성을 보여 준다.

차례

제2부 가족과 영성-원천 두드리기

제3부 치료적 실천에서의 영성

Spiritual Resources In Family Therapy

제1부 개 관

제1장 종교, 영성 그리고 가족

제2장 가족치료와 영성 통합하기

제 1 장

종교, 영성 그리고 가족

– 다양한 신념에 대한 시각

Froma Walsh

사랑은 세상에서 가장 강력하고 여전히 가장 알려지지 않은 에너지다.

TEILHARD DE CHARDIN

천 년의 시간 동안 문화를 넘어 인간은 촛불을 켜 왔고, 함께 기도하였으며, 명상하여 왔고, 조용히 그들의 삶 속에서 위로와 강점 그리고 연결을 위한 신념에 의지해 왔다. 영적 신념과 실천이 정착하여 가족과 그들의 지역 공동체를 형성한다. 위기와 지속된 역경 속에서 영적 신념과 실천이 회복과 레질리언스를 촉진한다. 오늘날 대다수의 개인과 가족은 공식적인 종교 안팎에서 영성에 대한 어떤 표현의 형태를 가진다. 신체적 · 정서적 혹은 개인 간의 문제를 위하여 도움을 구하는 많은 사람은 영적 고통 속에 있다. 따라서 치료사와 사람을 위한 서비스 전문가들로서 클라이언트의 욕구와 고통을 이해하고 그들의 치유와 성장을 돕고자 한다면, 우리는 개인이 겪는 경험의 영적 영역에 관심을 가질 필요가 있다.

영성은 단순히 특별한 주제가 아니라 문화나 민족성처럼 가족 유산으로부터 개인적인 신념 체계, 의식, 실천 그리고 공유된 신념 공동체까지 삶의 모든 면에 흐르는 경험의 흐름을 포함한다. 영적 신념은 고통에 대처하는 방법, 고통의 경험 그리고 증상의 의미에 영향을 미친다. 또한 영적 신념은 사람들이 그들의 문제와 고통, 원인과 미래 과정에 대한 그들의 신념, 신념 치유자뿐만 아니라 목회자의 관리, 정신건강, 건강 관리 그리고 사람을 위한 서비스 직종에 있는 전문가들에 대한 태도, 그들이 추구하는 치료와 문제해결 혹은 회복에 있어서 그들이 선호하는 경로에 대하여 사람들이 어떻게 의사소통하는가에 영향을 미친다. 더군다나 오랫동안 치유 예술로서 고려되어 왔던 심리치료는 클라이언트와 치료사에게 심오한 영적인 경험이 될 수 있으나, 여전히 이러한 부분은 우리의 일 중에서 감춰진 부분이 되어 왔다. 치료적인 관계와 의미 있는 변화의 진수는 본질적으로 변형과 총체성 그리고 관계적인 연결을 촉진하는, 궁극적으로는 영적인 것이다.

전문적인 훈련을 넘어서 치료사와 훈련생은 실천의 영적인 영역을 개발하고 발전시키는 데 민감한 관심을 보이기 시작하였다. 개괄적인 설명을 담고 있는 제1장에서는 증가하고 있는 다양성, 종교의 중요성 그리고 오늘날 개인, 부부, 가족에 대한 영성을 살펴본다. 제2장에서는 고통의 영적 자원을 이해하고 치유와 회복 그리고 레질리언스를 위한 영적 자원을 개발하기 위한 임상적 실천에서 영성을 포함하는 방법을 제시한다.

변화하는 세상에서의 영성

사람들이 자신의 삶에서 더 많은 의미와 조화 그리고 연결성을 추구함으로써 북아메리카에서 영성에 대한 관심이 증가하고 있다(Bibbly, 2002; Miller & Thoresen, 2003). 최근 수십 년 동안 소란스러운 사회 · 경제적 혼란이 폭넓은 불안정을 야기하였다. 우리의 곤경에 처하고 파편화된 그리고 물질적인 문화가 많은 것을 단절시키고 실현시키지 못한 채로 남겨 놓았고 영적 불안감을 야기하고 있다(Lerner, 2007). 결혼과 가정생활은 더 도전받고 있다. 증가하는 다양성과 변화하고 있는 성 역할 그리고 확대된 생활 과정에 대한 변화된 가족 구조와 함께 가족 구성원들은 자신의 삶에서 더 커다란 응집성을 위한 탁월한 가치와 실천을 추구한다(Walsh, 2003b, 2006).

더군다나 많은 재난, 전쟁, 만연한 테러리스트의 공격이 상처를 입히지 않을 것이라는 환상을 꺾어 놨으며, 삶의 불안에 대한 경계심을 증가시켰다. 위기와 비극의 시대에서 사람들은 불확실한 미래에 직면하는 데 의미와 위안 그리고 강점을 위하여 사랑하는 사람들과 영성에 의지한다. 이전 시대라고 삶이 더 안전한 것은 아니었다. 우리 시대에서도 어떤 사람은 보편적 도덕 가치의 외관상 붕괴로 여전히 불안해하며 영적 지주를 추구한다. 세상의 많은 부문에서 종교적 근본주의의 상승은 부분적으로 급격한 사회 변화의 중심에서 분명한 구조와 절대적인 확실성을 제공하는 전통을 회복하고자 하는 바람을 나타낸다. 표면적으로 통제와 이해를 넘어선 총체적인 힘에 농락당한 우리는 파편화된 삶에 있어서 통일감과 다른 사람들과의 더 의미 있는 연대를 위하여 내적인 평화를 갈망한다. 미국인은 레질리언스를 위한 영성에 의지해 오고 있으며, 변화하는 종교적인 전통을 혼합시켜 왔고, 자신의 삶에 맞추기 위한 새로운 영적 통로를 찾아 왔다.

종교와 영성의 정의

우선 종종 서로 바꾸어 써도 무방하게 사용하고 있는 '종교'와 '영성'이라는 용어를 분명히 이해하는 것이 중요하다. 종교는 조직화되고 제도화된 신념 체계, 실천의 집합 그리고 신념 공동체라고 정의할 수 있다. 그에 비해 영성은 공식적인 종교의 내부나 외부에서 가족과 문화의 유산을 통해서 그리고 본성과 인간성과의 연계 안에서 개인의 초월적인 신념과 실천을 포함하는 인간 경험의 영역을 언급한다.

최근까지 대부분의 조사와 발표는 종교적인 신념, 실천 그리고 조합적 가입(예: Gallup과 Pew survey)에 초점을 맞춰 왔다. 사람들이 점차 자신의 다양화된 영적 출구를 추구하고 형성함으로써 영성에 대한 더 폭넓고 개인적인 표현에 더 많은 주의가 요구된다.

종교: 조직화된 신념 체계

종교는 공유되고 제도화된 도덕적 가치와 실천, 신념 공동체와의 관련 그리고 대개는 신 혹은 초자연적인 힘에 대한 신념을 포함하는 조직화된 신념 체계다. 신성한 경전과 가르침을 통하여 종교는 개인적인 미덕, 관계상의 행동 그리고 핵심적인 신념 안에 근거를 둔 가정생활을 위한 규범과 규정을 제공한다. 종교의 가입은 위기 시의 지지뿐만 아니라 성직자의 지침서와 공유된 신념의 공동체를 제공한다. 의식과 의례는 그들의 더 큰 공동체와 그 공동체의 역사 그리고 어려움에 처한 공동체의 생존과 함께 개인과 가족을 연결하는 심오한 중요성을 수반한다. 종교적인 신념 체계는 과거 역사의 신념을 확산시키며 경험을 나타낸다. 많은 사람에게 종교적인 신념 체계는 미래를 예견하고 삶과 존재의 궁극적인 의미를 이해할 수 있는 통로를 제공한다(Campbell & Moyers, 1988).

영성: 초월적인 신념과 실천

영성이란 초월적인 신념과 실천을 포함하는 인간 경험의 영역이다. 영성은 종교의 마음이자 혼이다(Pargament, 2007). 영성은 공식적인 종교적인 구조 밖에서도 경험할 수 있으며, 더 폭넓고 더 개인적이다(Elkins, 1990). 영성은 기도와 명상의 수행 또는 전통적인 신념 치유 의식과 신념 공동체에 참가하는 것을 포함할 수도 있다. 자신이 '종교적'이라고 생각하지 않는 많은 사람이 심오하게 영적인 삶을 살아가고 있으며, 다양한 방법으로 영적인 자양물을 발견한다.

어떤 사람들은 자연과 창조적인 예술을 통하여 새로워지고 연결되는 것을 발견하며, 어떤 사람들은 세속적인 인도주의와 타인에 대한 봉사 그리고 사회 활동을 통하여 의미와 목적을 발견한다.

영성에 대한 하나의 단순하고 심오한 정의는 "한 사람과 거기에 있는 모든 사람들을 연결하는 것"(Griffith & Elliott Griffith, 2002)이라는 것이다. 영성은 내적인 가치에 대한 적극적인 투자를 포함한다. 영성은 의미, 전체성, 조화 그리고 타인과의 연계성, 즉 모든 삶과 자연 그리고 우주와의 조화를 촉진한다(Wright, Watson, & Bell, 1996). 인간의 영성은 최상의 존재, 모든 살아 있는 생물 내에서 신성한 영 혹은 우리가 노력하는 궁극적인 인간의 조건에 대한 신념을 포함할 수 있다.

영성은 자신을 위한 그리고 자신을 넘어선 개인적인 책임성과 함께 지엽적인 관심에서 전 세계적인 관심까지 의식이 확장되게 한다. 자녀의 도덕적인 자각은 영적인 신념 체계에서 발전한다(Coles, 1997). 도덕성은 고지된 양심의 활동—정의감과 관대함 그리고 동정심의 원리에 입각한 옳고 그름을 판단하는—을 포함한다(Doherty, 1995; 이 책 제11장 참조). 도덕적이거나 윤리적인 가치는 우리로 하여금 타인들의 고통에 반응하고, 불의를 바로잡기 위한 노력에 헌신하고, 세상 안에 있는 조건을 개선하고 향상시키기 위하여 고결한 행동을 하도록 격려한다(이 책 제20장 참조). 그들은 최선을 다하여 인류애를 증진시킨다.

정신(spirit)

보편적으로 정신은 우리 생명의 실제, 즉 삶과 힘의 자원으로 보인다. 많은 언어에서 정신(spirit)과 호흡(breath)은 같은 단어다. 그리스어로는 *pneuma*, 히브리어는 reach('ray-akh'), 라틴어는 *spiritus*, 산스크리트어는 *prana*다(Weil, 1994). 우리는 위대한 선생님들, 경전과 찬송가, 예술 작품 그리고 자연의 웅장함에 고무된다. 우리는 최선의 자신이 되기를 열망한다. 우리는 죽을 때 마지막 호흡과 함께 죽으며, 신앙인은 정신이 내세로 간다.

영혼(soul)

영혼은 오랜 기간 동안 인간의 진심, 깊이, 즐거움, 슬픔 그리고 신비의 자원으로 보인다. 많은 종교에서 영혼은 인간과 신과의 관계를 표현하는 은유다. 영혼으로 향하고 있다는 것은 그러한 연결을 회복하고 강화시킨다는 것이다.

결혼과 가족 분야의 신학적 권위자인 Herbert Anderson(이 책의 제10장 참조)은 영혼을 우리가 타인과 더불어 어떻게 살아가야 하는가에 대한 것을 이끄는 상상의 센터로 묘사한다. 우리는 영혼의 위치를 결코 찾을 수는 없다. 영혼은 우리 '마음(gut)'의 진실하거나 심오한 어떤 것으로 느낀다. Anderson은 잠언 23장 16절의 문자적 번역이 "네 입술이 정직을 말하면 내 속(kidney)이 유쾌하리라."(1994, p. 229)라는 글귀에 주목한다. 그는 인간은 총체적이기 때문에 영혼 또는 속(kidney)은 전체로서의 개인을 언급할 수 있다는 것을 덧붙여 말한다.

이중적인 관점을 받아들이는 Anderson(1994)은 영혼을 몸의 세포 안 모든 곳에 있기도 하지만 어느 곳에도 없는, 또한 자신을 초월할 수 있는 존재로 묘사한다. 이러한 관점에서 우리는 영혼으로 채워진 몸과 땅과 하늘을 연결시키며 형성화된 영혼 양쪽으로 되어 있다. Thomas Moore(1992)는 만일 우리가 영혼에 관심을 가지려고 한다면 "우리는 인간행동뿐만 아니라 하늘과 땅에 대하여 알아야만 할 것이다."(p. 20)라고 말한다.

이러한 관점은 미국 원주민과 First Nation(캐나다 원주민 단체) 영성과 매우 유사하다. Custer 전쟁과 Wounded Knee 대량학살이 일어났던 비극적인 수십 년간을 자세히 설명하고 있는 라코타(Lakota) 부족의 성인인 Black Elk는 미국 원주민 부족을 유지시켰던 레질리언스의 영성, 즉 모든 창조물의 통합적 비전에 입각한 그들의 신념 체계를 알려 주었다. "모든 생물은 한 어머니, 즉 대지(大地)의 아들이며, 그들의 아버지는 영혼이다. 우리는 만물(즉, 우주에 있는 별들과 땅에 있는 풀)과 관련이 있다."(Neihardt, 1932/1979, p. 5)

많은 학자와 치료사들은 영혼의 상처 혹은 방치가 개인과 사회에 강박관념, 중독, 폭력, 성적 학대 그리고 의미와 희망의 상실과 같은 증상을 일으키게 하는 우리 시대 질병의 일차적인 원인으로 간주한다[이 책의 Aponte(제6장), Barrett(제14장), Kamya(제15장) 그리고 Weingarten(제18장) 참조]. Moore(1992)는 정신건강 영역은 이러한 증상을 격리시키고 박멸하려고 시도하나 병리적인 호칭이 주어지는 많은 고통은 영혼의 질병 그리고 엄청난 상실과 단절의 질병으로 이해할 수도 있다. 우리는 절망 안에 있는 사람을 희망이나 공동체와 생존하려는 노력이 없는 '상실된 영혼'으로 언급한다. 치료사들이 다루는 많은 고통은 의미와 연결에 대한 깊은 갈망을 포함한다. 우리가 많은 활동과 사소한 근심에 몰두할 때, 우리는 영혼을 위험에 처하게 한다. 영혼에 도움이 된다는 것은 의도적인 활동과 평온한 보충을 포함한다.

우리는 영혼을 단지 힐긋 볼 수 있으며, 영혼의 정수를 꿰뚫을 수는 없다. 영혼의 언어는 기계적이거나 과학적이라기보다는 시, 예술 그리고 음악 안에서 구체적으로 표현된다. 상상은 영혼의 표현이다. 그것은 과거, 현재, 미래를 연결하고, 공동체와 공동체를 넘어선 모든 것과 개인을 연결시키는 의미 있는 기억을 만드는 것을 포함한다. 영혼은 또한 취약성과 불확실성을 포함한다. 우리는 모두 상처받기 쉬운 인간으로서 삶의 의미와 우리 자신의 도덕성을 해결하려고 노력한다. 우리는 거짓이나 방어 없는 삶과 개방성, 용기 그리고 열정을 가지고 모든 경험에 접근하는 것에 의하여 영혼을 살찌운다.

증가하는 종교적 · 영적 다원주의

미국인은 세계에서 가장 종교적인 사람들에 속한다. 2007년 조사에 의하면, 성인의 83%가 종교가 그들의 삶에서 중요하다고 말했으며, 56%는 종교를 매우 중요하다고 간주하였고, 거의 33%는 종교가 그들의 삶에서 가장 중요하다고 생각하였다(Gallup, Inc., 2008).[1] 최근 수십 년 동안 종교는 증가하는 다양성과 신념, 믿음과 예배의 개인적인 선택과 함께 변화되어 왔다(Smith, 2005).

미국은 신념의 다양성에 대한 존중과 관용의 원리에 종교적으로 찬성하지 않는 사람들이 세운 나라다(Gaustad & Schmidt, 2002). 캐나다에서 그랬던 것처럼 미국에서도 기독교가 지배적이 되었다(Lindner, 2008). 그렇지만 북미에서 종교적인 전망은 최근 수십 년 동안 이민과 다양한 영적 통로를 찾고자 하는 열망의 증가로 현저하게 변화하고 있다.

종교의 확인

미국인의 80% 이상이 기독교인으로 나타났다(Gallup, Inc., 2008). 최근 수년 동안 주요 교파로부터 복음주의 교회와 많은 비교파주의로 변화하고 있는 성도들과 함께 거의 50%가 신교도며, 23%는 로마가톨릭 신자다. 부가적으로 2%는 몰몬교도로 확인되었고(말일성도의 예수 그리스도 교회), 0.8%는 동방정교인(예: 그리스인이나 혹은 러시아인)인 것으로 나타났다.

기독교인 중 40%가 넘은 사람이 자신을 "다시 태어난" 혹은 근본주의적인 복음주의자라고 말한다(Gallup, Inc., 2008). 종교의 근본주의자 비전을 정치적으로나 사회적으로 보수적인 의식과 함께 통합하는 연합체인 기독교 정의(Christian right)의 영향력이 약해지고 있다. 복음주의 기독교인은 정치적으로 다양해지고 인간 권리, 빈곤 그리고 환경 문제에 점차 폭넓은 관심을 가지게 되었다(Greeley & Hout, 2006).

미국 내의 비기독교인 비율은 1900년에 3.6%에서 2000년에 거의 15%까지 증가하고 있다(Gallup, 2002). 미국인의 2% 이상이 자신을 유대인이라고 생각하고 있으며, 그들은 유대교 정통파, 보수주의, 개혁주의, 현대적 개혁주의자 분파로부터 세속적 인본주의, 혈통 혹은 양육에 대한 확인 그리고 유대인의 역사와 전통에 대한 연결까지 신념과 예배 의식에 있어서 폭넓게 분포되어 있다(Mayer, Kosmin, & Keysar, 2002). 불교 신자, 이슬람교인 그리고 힌두교인이라고 밝힌 사람은 각각 1% 정도이며, 현재 증가하고 있는 추세다. 다른 사람들은 아메리칸 인디언, 시크교도, (일본의) 신도(神道) 그리고 도교와 같은 고대의 전통을 따른다. 어떤 사람들은 '많은 램프와 하나의 촛불'에 고백을 하는 유니태어리언주의자/유니버설리스트와 바하이교도처럼 신념의 보편성을 나타내는 종교에 빠져 있다.

신념 공동체

공식적인 교파 가입과 조합교회 회원 수는 최근에 북아메리카, 특히 캐나다에서 감소하고 있다(Pew Forum on Religion and Public Life, 2008; Lindner, 2008). 미국의 경우 응답자의 62%가 비록 과거보다는 예배에 덜 참석하고 있지만, 특히 남자들의 경우 그들은 '교회 혹은 유대교회당'의 성도라고 말한다. 여전히 작은 가게만한 방에서부터 수만 명의 성도가 있는 대형 교회까지, 50만 개의 교회, 불교사원, 회교사원 그리고 예배를 위한 다른 장소까지 포함하여 거의 2,000개 이상의 교파와 무수히 많은 독립적인 모임이 있다(Lindner, 2008).

예배 장소를 넘어서 발전하는 종교적인 모임은 과도한 부담을 지고 있는 가족들의 욕구에 맞추기 위하여 융통성 있는 스케줄과 아동 보호를 위한 폭넓은 프로그램을 제공하는 활기찬 신념 공동체들이다. 기도와 성경 봉독 그룹, 성가대 찬양, 각자가 준비한 것들을 가지고 와서 하는 저녁 파티와 사회적 모임과 더불어 그들은 신념을 함께하는 병원과 사회서비스 기관에서의 자원봉사부터 재난 극복, HIV/AIDS 예방, 사회정의, 인권, 평화 운동 그리고 환경과 같은 대의를 위한 지역적 그리고 전 세계적인 행동주의까지 지역사회 서비스에 관계를 맺는 것을 장려한다. 많은 사람이 결혼, 육아 기술, 아동 보호, 노인 보호, 십대 클럽, 컴퓨터와 직업 기술, 건강관리 예방, 정신건강 상담 그리고 고령자 활동을 포함하는 '요람에서 무덤까지' 서비스를 제공한다. 성직자와 목회상담자들은 곤경에 처한 사람들에게 영적 지도를 한다. 종교적 지지집단 안에서 성도들은 힘과 상호 의존감을 얻는다. 인터넷 서비스는 정보를 제공하며, 연결을 촉진하고, 기도자들을 불러 모으며, 어려움에 처한 사람들을 돕는다.

종교와 문화적 영향의 얽힘

종교와 문화는 영적 경험의 모든 면에서 서로 얽혀 있다(McGoldrick, Giordano, & Garcia-Preto, 2005). Frank McCourt(1998)는 자신의 가톨릭 가정 교육을 "초라하고 인색하며, 삶을 거부하는"(p. 64) 것처럼 보이는 신념으로 경험하였다. 그는 "만일 여러분이 탈선하고, 법을 위반하며, 탐욕스럽다면 그 대가로 벌하시는" 분노하고 복수하는 하나님의 상을 만들었다. 그는 설교단상에서 지옥의 불과 천벌을 설교하고, 죽음으로 우리를 위협하는 목사들을 경험하였다(p. 64). 이태리를 여행하면서 McCourt는 다음과 같은 차이를 경험하고는 충격을 받았다. "아일랜드 교회에서 성모마리아 상과 사진들은 현실에서 유리된 것처럼 보이며, 성모마리아는 '이 아이가 누구지?'라고 말하는 것처럼 보인다. 대조적으로, 이태리의 예술은 행복한 유아기의 예수를 가슴에 품고 있는 관능적이고 모성적인 마리아를 묘사하였다"(p. 64). McCourt는 "이것은 기후 때문인가? 하나님이 추운 북쪽에서 이태리의 포도원으로 이동하시면서 그의 모습을 변화시켰나?"(p. 64)라고 의아해했다. 그는 대체로 자신이 가톨릭에 대한 아일랜드의 표현보다는 이태리적인 표현을 더 선호한다고 생각했다.

영적 신념과 예배 의식은 문화 안팎에서 매우 변화하고 있다. 아프리카계 미국인은 신에 대한 개인적인 신념과 신과의 관계로부터 적극적인 집회 참여까지 모든 다른 집단보다 종교가 훨씬 더 중요하다고 생각하고 있다(Gallup & Lindsay, 1999). 그들 중 다수가 노예 시대 때부터 중요한 자원이 되어 왔던 흑인 교회(예: 아프리카 감리교도 감독교회)와 역사적으로 관계를 맺고 있다. 아프리카계 미국인은 열심히 자신의 신념을 실천하고, 어려움을 다루는 데 있어서 강점을 위하여 자신의 신념에 의지한다(이 책의 제7장 참조).

히스패닉(스페인계 사람)은 증가하는 신도 수와 기독교 신앙의 독특한 형식의 예배를 통하여 미국 내에서, 특히 가톨릭교회에서 종교적인 전망을 변화시키고 있다(신도 히스패닉 프로젝트와 신도와 대중적인 삶에 대한 신도 공개토론, 2007). 라틴계 사람들의 2/3가 로마가톨릭 교인이고, 지금은 미국의 모든 가톨릭 교인의 1/3에 해당된다. 라틴계 가톨릭 신자의 반 이상이 오순절교회파와 카리스마파의 운동과 관련된 종교적인 표현을 한다. 또한 증가하는 성도들이 일차적으로 하나님과 더 직접적이고 개인적인 경험을 위하여 가톨릭에서 복음주의 교회로 옮겨 가고 있다.

대부분의 라틴계 사람들에게 하나님은 일상생활에서 활동하는 힘이다. 대부분의 사람은 성령을 통하여 인간의 일상생활에서 하나님이 개입하시는 것을 강조하는 영으로 가득한 종교 혹은 부활주의자운동을 인지한다. 많은 사람이 자신이 하나님의 치유, 기적, (천사, 악마 그리고 다른 영적인 방문과의) 개인을 초월한 만남과 하나님의 직접적인 계시와 같은 사건을 경험하였다고 말한다. 대부분의 라틴계 사람은 매일 기도하며, 집안에 종교적인 물건을 가지고 있으며, 최소한 한 달에 한 번은 종교적인 봉사에 참여한다. 라틴계 교회들은 부흥하고 있는데, 히스패닉의 2/3가 라틴아메리칸 신부가 있는 교회에 참석하며 스페인어로 예배드린다. 이러한 경향은 최근 이민자뿐만 아니라 토착민과 영어를 사용하는 라틴계 사람에게까지 만연하며, 이러한 경향은 폭넓게 지속되는 문화적이며 영적인 형태와 관련된다는 것을 보여 주고 있다(이 책의 제8장 참조).

라틴아메리카, 동남아시아 그리고 아프리카에서 온 이민자들은 공통적으로 기독교 신앙과 병행하여 전통적인 영적 신념과 예배 의식을 따른다. 그들은 산테리아와 에스피리티스모에서 많은 라틴계 사람이 그러하듯이 아프리카 고유의 영향을 받는다(Comas-Diaz, 1981; 이 책 제8장과 제15장 참조). 대부분의 사람은 결혼, 세례, 장례식을 위하여 교회로 돌아가며, 여전히 성인 혹은 영적 안내자와의 특별한 관계를 통하여 신과의 관계를 개인화하려는 경향이 있고, 헌금, 기도, 의식을 통한 신념과 감사를 보여 준다. 많은 사람이 인간의 행동에 영향을 미치고, 사람을 보호하거나 해칠 수 있으며, 병을 예방하거나 병을 일으키는, 그리고 선하거나 악한 행위에 의하여 영향을 받는 선하고 악한 영이 존재하는 보이지 않는 세상을 믿는다. 신비한 속성을 지니고 있다고 추정된 향, 초 그리고 분말이 병을 치유하고 '불운'을 퇴치하기 위하여 사용된다.

농촌의 전통적인 가족과 도시에서 교육받은 중산층 가족은 차이가 있다. 종교적인 표현은 인종, 최근의 이민, 지배 문화를 수용하느냐 혹은 주변화하느냐에 따라 훨씬 더 영향을 받는다. 종교적인 편견이나 차별은 가족 구성원들로 하여금 신분 확인을 억압할 수 있다.

종교와 민족성을 반사적으로 연결시키지 않고, 전형화되는 것에서 보호하는 것이 중요하다. 일반적으로 알려진 것과는 다르게 반대로 아랍계 미국인 중 단지 1/3만이 이슬람교도이고, 많은 사람이 기독교인이다. 미국 이슬람교도는 중동아시아, 북과 사하라사막 이남의 아프리카, 남아시아 그리고 인도네시아에서 온 이주민뿐만 아니라 아프리카계 미국인을 포함한다. 비록 그들이 심한 차별을 받고 있다 할지라도, 이슬람계 미국인은 대부분 자신의 삶에 순응하고 행복하며, 세상이 이슬람교도와 서양인으로 나뉘었던 많은 문제에 대하여 중립적이다(종교와 대중적인 삶에 대한 신도 공개토론회, 2007).

남아시아에서 온 이주민들은 기독교인이 될 수도 있거나 동양의 종교적인 그리고 고대 물활론자 전통을 가져올 수도 있다. 크로아티아, 보스니아, 코소바 사람이었던 전 유고슬라비아에서 온 난민들은 또한 정통 기독교인, 가톨릭교인 혹은 이슬람교인이다—이들은 세대를 건너 증오심과 학살을 불러일으켰던 엄청난 역사적 의미(즉, 13세기의 터키 침공에 의한 이슬람인에 대한 시행)를 지니는 차이가 있다. '인종청소(ethnic cleansing)'를 피해 탈출한 보스니아와 코소보 난민 가족을 도울 경우, 그들의 외상과 레질리언스의 종교적인 면을 유념해야 하는 것이 중요하다(Walsh, 2006).

유럽의 기원을 가진 힘 있는 기독교 국가에 속한 우리는 기독교적인 관계를 이해하지 못할 수도 있는 다른 신념 체계와 관습에 서유럽의 가치를 지나치게 부과하지 않도록 유의해야만 한다. 다양한 신념에 대한 성향, 특히 비기독교적인, 비유럽적인 그리고 아프리카의 치유 전통과 같은 토착 문화와 같은 것들을 열등하거나 원시적이라고 판단하지 않는 것이 중요하다(Some, 1998). 초기 유럽계 미국인 정복자들은 미국 원주민을 잔인한 미개인으로 여겼고, 그들의 영적 신념과 관습을 우상숭배하는 마법으로 여겼다. 그러한 태도는 정부와 종교적 선교 프로그램들로 하여금 미국 원주민의 언어, 종교 그리고 관습을 박멸시키는 기독교와 서방 양식으로 인디언들을 교육하고 문화를 변화시키려고 했다. 인디언 어린이들이 가족과 부족에게서 강제로 분리되어 문화적인 정체성과 종교적 유산이 제거된 기숙학교로 보내졌다. 오늘날 엄청난 수의 미국 젊은이가 자신의 조상의 영적 뿌리로 돌아오고 있고, 자신의 영적 지역 공동체 안에서 정체감과 가치를 추구하고 있다(Bucko, 2007; Deloria, 1994).

종교적인 편협성과 극단주의가 증오와 폭력을 낳았다. 비록 이슬람 테러리스트들이 종교적인 고수를 선언하였다 할지라도, 이슬람법은 자살과 무고한 사람에 대한 살해를 금지한다(Nasr, 2002). 미국에서 과격한 행동은 백인우월주의자와 인종차별주의와 종교적인 편협성을 지지하는 극단주의 기독교 집단들에 의하여 행해졌다. 단지 하나만의 '진정한 종교'가 있다는 독단적인 신념에 대한 강요가 인류 시대를 통하여, 예를 들어 비신자들을 전환시키고, 종속시키거나 진멸하기 위한 십자군전쟁과 스페인 종교재판을 포함한 성전과 같은 파국적인 결과를 초래했다(Marty, 2005).

공동의 종교적 신념과 의식

미국인들 사이에서는 신에 대한 믿음이 강하게 나타난다. 2007년 조사에서 응답자의 86%가 신, 더 높은 권력자 혹은 우주의 영을 믿는다고 대답했다. 단지 6%만이 무신론자, 신의 존재를 믿지 않는 자이고, 8%는 불가지론자 혹은 확신하지 못한 사람들이었다(Gallup, 2008). 신에 대한 개념은 매우 다양하다. 어떤 사람들은 신을 자연에서 조화를 유지하게 하는 '힘'으로 생각한다. 대부분의 사람은 사람들을 돌봐 주고 판단하며, 결정하는 데 있어 그들을 인도해 주는 개인적인 신을 믿는다. 대부분의 사람은 신이 오늘날 기적을 일으킨다는 것을 믿는다. 많은 사람이 다양한 때에 신의 존재를 느꼈고, 신이 자신을 위한 계획을 가지고 있다고 말한다. 사람들은 신에게 더 가깝게 다가가면 갈수록 자신과 타인에 대하여 더 좋은 것을 느낀다.

대부분의 미국인은 자신의 죄에 대하여 벌을 받는 최후 심판일에 하나님 앞에 설 것이라고 믿는다. 엄청나게 많은 대다수—81%는 천국을 믿고, 75%는 천사를 믿으며, 거의 70%는 지옥과 악마를 믿는다(Gallup, 2008; 이 책의 제4장 참조)—는 사후세계를 믿는다. 대부분의 사람이 자신의 종교적 신념이 문제해결을 도와주며 자신과 타인을 존경하도록 하고, 곤경에 처한 사람을 도우며 자신이 해서는 안 되는 것을 깨닫게 한다고 말한다. 그렇지만 사람들의 신념과 자신의 종교 지식과 종교의 핵심 교리 사이에는 종종 차이가 있다. 비록 90%의 가정이 성경을 가지고 있다고 할지라도, 미국인 중 58%는 십계명 중 5개도 말하지 못하며, 더군다나 10%는 사도행전에 나오는 요한이 노아의 부인이었다고 생각했다. 십대의 절반 정도가 모세가 12명의 사도 중 한 사람이었다고 생각했다(Prothero, 2007).

동성애 결혼, 동성애자 자녀 입양, 낙태 그리고 줄기세포 연구와 같은 사회문제에 대한 일반적인 태도는 점점 더 완화되었다(종교와 대중적인 삶에 대한 신도 공개토론회, 2006). 이러한 문제에 대하여 극도의 보수주의자들은 65세 이상의 백인 복음주의자들, 남성, 흑인과 학력이 낮은 사람들이다.

그러한 문제들은 부부와 가족 관계에서 논쟁을 야기할 수 있다. 여전히 우리는 특별한 개인이나 가족이 자신의 종교 교리를 고수한다는 것을 가정하지 않도록 유의해야만 한다. 자녀 생산의 권리에서 대부분의 미국인(73%)은 최소한 어떤 환경에서는 낙태를 도덕적으로 잘못된 것으로 본다. 여전히 이념적인 범위를 넘어서 2/3는 공동의 화제를 발견하는 것, 즉 낙태가 가능은 하나 최소화하는 것을 지지한다. 가톨릭 신자 중 60% 이상이 낙태를 하는 사람이 여전히 선한 가톨릭 신자일 수 있다고 믿는다. 가톨릭 신자 중 75% 이상이 이혼과 재혼을 인가하는 것에 대하여 교회가 거절하는 것에 반대한다(Gallup & Lindsay, 1999). 개인적인 신념과 제도화된 종교 체제를 고수하는 것 사이에는 많은 차이가 있다. 대부분의 사람은 산아 제한, 낙태, 이혼, 안락사와 같은 결정을 자신과 사랑하는 사람들 그리고 신과의 문제로 간주한다. 모든 문제에서 대부분의 미국인은 자신의 영적 생활에서 매우 독립적이다(종교와 대중적인 삶에 대한 신도 공개토론회, 2006).

기도, 명상 그리고 의식

기도는 미국인에게 강력한 의미—90%는 최소한 일주일에 한 번은 어떤 형태로든 기도를 하며, 75%는 매일 기도한다(Gallup & Lindsay, 1999; Gallup, Inc., 2008)—를 지닌다.

대부분의 사람에게 기도는 가족에서 시작되며, 가정이 중심이 되며, 생애 과정에 걸쳐 기도의 중요성이 증가한다. 취침 기도와 은혜를 말하는 것 혹은 식사 전 하나님께 감사하는 것이 공통적인 의식이다. 대부분의 사람은 필요하다고 느낄 때마다 기도를 한다고 보고한다. 한 아프리카계 미국인 여성이 "우리 아버지는 내가 18개월 때 돌아가셨는데, 내가 하늘에 계신 우리 아버지와 이야기를 해야만 하고, 내 인생 내내 나를 인도해 달라고, 아버지를 의지한다."라고 말했다. 그녀는 또한 "여러분이 가족의 죽음을 맞거나 자녀가 문제에 봉착했을 때 여러분을 도울 수 있는 권력자가 필요하다. 만일 내가 항상 이야기할 하나님이 없었다면, 나는 결코 성공할 수 없을 것이다."라고 덧붙였다.

기도는 많은 기능이 있다. 매일 하는 기도는 찬양과 감사를 표현한다. 거의 모든 사람은 가족의 건강과 행복을 위하여 기도하며, 단지 소수만이 다른 사람들의 불행에 대하여 기도한다. 사람들은 공통적으로 삶의 도전에 직면해서 강함과 지혜 혹은 용기를 달라고 기도한다. 많은 사람은 죄와 비행 그리고 다른 사람에게 저지른 해악을 용서해 달라고 기도한다. 어떤 사람들은 사랑하는 사람의 목숨이 위험에 처해 있을 때와 같은 긴박한 상황에서 중재나 기적을 요청한다. 어떤 사람들은 하나님의 뜻이 이루어지도록 기도한다.

기도는 희망과 평화의 느낌을 준다. 대부분 기도하는 사람은 기도가 자신들을 더 선한 사람으로 만든다고 믿는다. 거의 모든 사람이 자신의 기도가 받아들여졌고 응답받았다고 보고한다. 네 사람 중 한 사람은 기도의 결과로 음성이나 환상을 말한다. 대부분의 사람은 신성한 영감 혹은 하나님에 의하여 인도되는 느낌뿐만 아니라 자신이 바랐던 것을 얻었다고 말한다. 다섯 사람 중 한 사람은 기도 응답을 받지 못했을 때 그리고 종종 요청한 기적이 일어나지 않았을 때 화가 났거나 실망했다. 일부 사람(30%)은 상당한 기간 동안 기도를 하지 않았는데, 주로 그들이 기도하는 습관이 없어졌기 때문이었다. 자신의 신념을 잃어버렸기 때문에 기도를 멈춘 소수(10%)는 하나님 혹은 자신의 교회에 화가 났거나 자신의 기도가 응답받지 못했다고 느꼈다(Gallup & Lindsay, 1999).

모든 종교는 어떤 형태의 기도나 명상을 소중하게 여긴다. 비종교적인 많은 사람도 신체적 · 심리적 · 영적 안녕을 위한 명상을 한다. 명상에는 무언의 숙고, 깨어 있는 의식, 성가 부르기, 신성하거나 영감이 있는 책을 읽는 것이나 묵주기도, 주문을 암송하는 것, 촛불이나 향을 밝히는 것과 같은 의식을 포함할 수 있다. 가톨릭 신자들은 일반적으로 하나님의 인도나 중재를 위하여 수호성인에 대한 기도를 한다. 힌두교의 명상과 다양한 신에 대한 숭배는 종종 가정에서 발생하며, 그곳에는 조그만 상과 사당이 있다. 이슬람교의 다섯 기둥 중 하나는 메카를 바라보고 하루에 다섯 번씩 의식적인 기도를 준수하는 것이다. 이슬람교도들이 기도를 하는 하나의 이유는 삶 자체를 위한 찬양과 감사를 표현하는 것이다. 기도를 하는 또 다른 이유는 사람이 배워야만 하는 가장 어려운 교훈이라고 간주되는 관점 안에서 삶을 유지하게 하는 것이다(Nasr, 2002). 신념을 넘어서 공유된 명상 경험은 진실하고 감정이입적인 유대감을 불러일으키고, 방어적인 반응성을 감소시키며, 부부와 가족 유대감을 깊어지게 한다(이 책의 제13장 참조).

의식은 삶의 과정과 역경을 통하여 사람들을 인도할 뿐만 아니라 개인을 가족과 지역사회에 연결시키는 귀중한 역할을 한다(Imber-Black, Roberts, & Whiting, 2003; 이 책의 제12장 참조). 의식은 가정생활과 신념전통에서 중요한 사건을 축하하거나 기념하는 것이다. 의식은 또한 특별한 기념이나 비극을 모든 사람의 경험과 연결하고 탄생과 죽음을 모든 사람과 연결시킨다.

가부장주의와 변화하는 성 역할 관계

대부분의 종교적인 전통에 입각한 오래되고 현재까지 지속되고 있는 문화적 방식인 가부장주의는 지배적인 힘이 되어 왔다. 최악의 경우는 가부장주의가 여성과 아동에 대한 종속과 학대를 인정한 것이다(Bottoms, Shaver, Goodman, & Qin, 1995; Bowman, 1983; Bridges & Spika, 1992). 창세기 3장 16절에서 이브는 "고통 속에서 너는 자녀를 낳게 될 것이며, 여전히 너는 남편을 원하고, 남편은 너를 다스릴 것이다."라는 말을 들었다. 신약성경에서 바울은 여성들에게 "아내들아, 남편에게 복종하라."(골로새서 3장 18절)라고 말했다. 공자(B.C. 551-479)는 "백 명의 여자가 하나의 고환보다도 가치가 없다."라고 대담하게 선언하였다. 마누의 힌두법전(c. 100 A.D.)은 "여자는 어렸을 때 아버지에게, 젊어서는 남편에게, 남편이 죽었을 때는 아들에게 복종해야만 한다."라고 선언하였다. 중국과 인도 같은 세계의 어떤 지역에서는 이와 같은 여성에 대한 평가절하의 전통이 현대기술의 발달과 함께 유아 살해, 유기 그리고 원하지 않은 여아에 대한 낙태를 행하는 것으로 이어졌다. 아들 선호와 함께 1980년대에 여성보다 젊은 남성의 수가 훨씬 많아졌고, 이로 인해 엄청난 불균형이 발생된 이후부터 중국에서는 한 자녀가 의무화되었다.

최근 수십 년동안 전통적인 성 역할 관계가 부부와 가족에서 변화되어 왔다. 미국에서 복음주의적인 신교는 가족의 '영적 우두머리'가 되어야 한다는 남편/아버지에 대한 가부장적인 기대감을 가지고 있는 복음주의자들과 함께 이러한 성 역할 관계의 변화에 매우 다른 이념적인 입장을 가지고 있다. Wilcox(2004)가 발견한 것처럼 자녀를 데리고 결혼하는 기독교 남성들의 실제 가족행동은 그다지 다르지 않다. Wilcox(2004)가 '새로운 남성'이라고 명명한 신교 남성들은 그들의 보수적인 동료들보다 가사 책임의 분담에서 더 평등주의적인 입장을 취하며, 종교를 가지고 있지 않은 남성보다 자녀들과 더 많은 접촉을 하였다. Wilcox는 복음주의 남성들은 과거 세대만큼 권위주의자는 아니지만 여전히 권위적인 '부드러운 가장'이 되려는 경향이 있다는 것을 발견하였다. 그들의 부모교육 스타일은 엄격한 훈육과 따뜻하게 표현하는 상호작용의 양면을 포함하고 있으며, 그들은 기독교인과 세속적인 남성보다 부인과 자녀에게 더 다정하고 헌신적인 경향이 있다(Wilcox, 2004; 이 책 제10장 참조; Dollahite, 2007의 밀알성도 결혼과 가정생활 참조).

보수적인 종파 내에 있는 대부분의 여성은 자신이 존중되고, 어머니, 보호자 그리고 가정을 지키는 사람으로서 가정생활에서 자신의 중심성을 소중히 여길 때 이러한 역할에 대한 깊은 신념을 확신하면서 전통적인 가족 역할 관계를 지탱한다. 그렇지만 권력, 특권 그리고 통제권에서 관계가 매우 왜곡될 때 긴장감이 발생한다. 부인보다 더 보수적인 남성은 여성이 자신의 요구를 주장하고 남성의 권위에 도전함으로써 갈등이 발생할 때 여성에 대하여 더 폭력적으로 행동할 가능성이 있다(Sullivan, 2001).

여성에 대한 모욕과 학대의 해로운 방식이 여성들로 하여금 점차 별거와 이혼을 하게 하였다. 이러한 방식이 많은 여성들로 하여금 자신의 종교적 근원에서 멀어지게 만든다. 어떤 여성들은 가정과 사회 안에서 남성과 여성의 평등을 장려하는 바하이종교와 같이 더 진보적인 교회와 신앙을 통하여 새로운 의미와 가치를 발견한다. 어떤 여성들은 전체적이거나 현세적인 영성을 의지한다. 여성해방주의 학자들은 성경과 코란과 같은 경전의 남성 중심적 해석에 도전해 왔다(Bakhtiar, 2007). 신학자 Frymer-Kensky(Murphy, 1998에서 인용)는 인류를 만드는 데 들어간 모든 속성을 조합한 신의 복잡하고 다양한 면의 본성이 성이나 계급 구분이 없이 모든 것에 영감이 있어야만 하는 통합적인 기준을 세워야 한다고 주장한다.

성 정체성과 성적 취향

종교적 교리 내의 동성애에 대한 비난은 레즈비언, 게이, 양성애자 그리고 성전환자들(lesbian, gay, bisexual, and transgendered: LGBT)에게 깊은 고뇌의 근원이 되어 왔다. 어떤 종파들은 신에 의하여 창조된 인간으로서 게이를 받아들였으나, 여전히 동성애 관습을 변태적이고 죄가 있는 것으로 여겨 혐오한다. 그러한 이중적인 입장은 개인의 성 정체성 안에서 영혼에 깊은 상처를 입히고 낙인찍으며 수치심을 갖게 한다. "죄는 미워하되, 죄인은 사랑하라."는 것을 인정하는 사람들조차 자신의 성적 취향과 충만한 종교생활 사이에서 갈등하곤 한다.

많은 LGBT가 자신을 수용하기 위해 자신의 종교를 거부해야 한다고 느껴 어린 시절에 가졌던 믿음을 저버린다(Yip, 2002). 그들은 자신의 가족, 친족과 지역 공동체 혹은 건강 관리, 직장 혹은 다른 더 큰 체계를 다루는 데 있어서 이성애자들의 종교에 대한 지나침에 직면할 수도 있다. 동성결혼, 게이와 레즈비언의 입양에 대하여 오랫동안 지속되어 온 공공연한 반대가 줄어들고 있다. 친구나 가족 중에 게이가 있는 사람이 그렇지 않은 사람보다 두 배 이상으로 지지적이다(종교와 대중적인 삶에 대한 신도 공개토론회, 2006, 2008).

점차 많은 종교집단이 평등과 사회정의를 위한 인간 권리로서 인간에 대한 충분한 수용과 다양한 성적 취향을 위하여 전통적인 정설에 도전하고 있다. 많은 종교집단은 유니테어리언교도나 런던의 지역교회들처럼 영적 욕구를 충족시키기 위해 폭넓게 포용하는 사역을 한다. 변화하는 교단의 많은 지역 모임은 더 큰 기관의 공식 입장에도 불구하고 LGBT 성원을 환영한다.

LGBT 개인, 부부, 가족 사이에서의 다양성은 종교, 믿음 그리고 영성에 대하여 특별히 폭넓은 정의를 필요로 한다. 종교적 교리에 의하여 나타난 도전이 영성의 중요성을 침해하지는 않았다. 어떤 LGBT 기독교인과 그들의 가족은 그들을 무조건적으로 사랑하시는 하나님과의 개인적인 관계를 통하여 자신의 영적 그리고 성적 정체성을 조화시킨다(Lease & Shulman, 2003). 에이즈 바이러스, 동성 파트너로 구성된 가족의 증가와 동성결혼과 게이 성직자에 대한 뜨거운 토론이 영적 탐구를 강화시켰다(Davidson, 2000; Smith & Horne, 2007; Tan, 2005). 많은 사람이 게이를 포함하는 신앙 공동체를 추구하고, 자기 탐구와 영적 성장에 초점을 둠으로써 자신의 영적 통로를 찾아 가는 데 있어서 레질리언스를 보인다(Roseborough, 2006). 또 다른 사람들은 동방정교회와 현세 정신적 신앙을 포함하여 영적인 문제에 대하여 공공단체의 권위에 비해서 개인적인 권위를 강조하는 대안적인 믿음을 의지한다.

자연, 예술 그리고 행동주의를 통한 영적 자원

영적 자원은 우리 주위에 놓여 있는 모든 것이다. 많은 사람은 자연과의 교제를 통해서—일출 중 걷거나 바닷가 파도의 리듬에서, 정원을 손질하거나 반려동물과의 유대감 안에서—영적 연계성과 자양물을 발견한다(Walsh, 출판 중). 그러한 일상의 경험이 우리에게 다른 삶과 우주와 하나됨을 느끼게 하면서 현재를 받아들이게 하며 우리 자신을 넘어서게 한다. 많은 사람들은 영적 에너지가 충만한 장소—신성한 산, 사당, 성당, 회교사원, 절, 유적지, 자연의 아름답고 불가사의한 장소—를 방문한다. 자연과 환경과의 조화로운 삶이 토착적인 공동체 영성의 중심이다.

문화를 넘어서 사람들은 공동의 인간애와 의사소통하는 예술, 시 그리고 드라마에서 영감을 받는다. 음악은 신성하고 세속적인 양면에서 강력하고 초월적인 경험을 제공할 수 있다. 미국 원주민은 "우리가 춤추는 것을 본다는 것은 우리의 심장이 말하는 것을 듣는 것이다."라고 말한다. 아프리카계 미국인의 복음성가, 블루스, 재즈 그리고 '영적 음악'은 인간 영혼의 레질리언스를 통하여 상처받은 경험을 초월하면서 노예 상태, 인종차별주의 그리고 빈곤한 조건에서 서서히 벗어나는 창조적인 표현이다.

자신이 종교적이라고 생각하지 않는 사람은 자연과 예술 혹은 행동주의를 통하여 영적인 의미를 발견한다. 작가인 Alice Walker(1997)는 그녀의 영적 여정에서 이 세 가지 모두를 결합시켰다. 시골 교회에 헌신적이었던 그녀의 사랑하는 어머니는 가난한 어린이들을 가정에 데려오고, 생활고와 싸우는 아프리카계 미국인들의 지역 공동체 복지에 적극적이었다. Walker는 교회의 구조와 가르침이 억압적이라고 느껴서 열세 살에 교회를 떠났다. 그녀는 자연이 자신의 영혼을 성장시키는 것을 발견하면서 자신을 전원생활을 통하여 영성을 경험하고 있는 '구원받은 이교도'라고 부르게 되었다. 그녀의 행동주의적인 영혼은 그녀 어머니의 발자취를 따르는 행보를 보이며, 그녀의 글에서는 강력한 표현이 나타나며 사회정의를 위한 운동에서 과업을 발견한다.

신앙에 대한 확신과 의식의 폭넓은 범위

오늘날 신앙의 폭넓은 범위는 자신의 강점과 생동력을 입증하는 종교의 '슈퍼마켓'이라고 불려 왔다. 더 폭넓은 영성이 기관보다는 의미와 연결을 추구하는 사람들에 의하여 더 많이 형성되는 가운데, 앞으로 수십 년 동안 중요성이 지속되기를 기대한다. 그들은 공통적으로 자신의 삶에 어울리는 신앙전통과 다른 자원들로부터 영적인 믿음과 의식을 선택한다. 캐나다 사회학자인 Reginald Bibby(2002)는 이러한 경향을 "메뉴에 따른 종교"라고 부른다. 많은 이민자가 전통적이거나 토착적인 신앙과 기독교 의식을 혼합한다. 불교의 가르침과 유대교 혹은 기독교 전통과 혼합하는 사람들도 있다. 가족 내의 영적 다양성이 증가하면서, 대부분의 사람은 더 폭넓고 다원적인 신앙과 전체적인 관점을 받아들이고 있다. 대부분의 사람은 모든 종교가 근본적으로 선하다는 것과 종교가 없는 사람도 윤리적인 삶을 살아갈 수 있다는 것을 믿는다. 비록 공식적인 종교에 대한 가입과 유지가 감소하고 있다고 할지라도, 대부분의 사람에게 중요한 것은 일상생활과 관계 그리고 타인에 대한 관심 안에서 살아가는 초월적인 가치에 의하여 지배받는 깊은 개인적 영성이다(Wendel, 2003).

영적 다양성으로부터 다원주의

다원주의와 다양성이라는 용어는 때때로 동의어처럼 사용된다. 그렇지만 Eck(2006)가 명확히 정의한 것처럼 다양성은 단순히 많은 차이—화려한, 다채로운—에 대하여 언급하는 것이다. 예를 들어, 그녀의 이웃에는 비슷한 거리에 다양한 믿음 신앙 공동체—베트남 민족의 가톨릭교회, 캄보디아인의 불교사원, 우크라이나인의 동방정교회, 이슬람교도의 지역 공동체센터, 예수교의 디사이플교회 그리고 힌두사원—가 있다. 다원주의는 여러 신앙의 다양성으로부터 공동 사회를 창조하는 여러 신앙과의 연계와 관계를 포함한다.

미국에서 증가하고 있는 영적 다양성은 다양화된 신앙 공동체가 다른 공동체와 연계하면서 새로운 연계 구축의 시대를 낳고 있다(www.pluralism.org에 있는 Harvard의 다원주의 프로젝트 참조). 종파 간의 대화가 십대 임신, 가난과 집 없는 사람이 없도록 하기 위한 연합과 같은 문제들과 씨름한다. 차이를 포용하는 것 이상으로 다원주의는 차이와 공통점에 대하여 많은 지식이 필요하다. '최소한의 공통분모'에 도달하기 위하여 자신의 신앙전통의 독특성을 단념하기보다 다원주의는 모든 신앙인과 비신앙인, 건설적인 대화, 상호 이해 그리고 연계성을 포함한다.

가정생활에서 영성의 중요성

영성은 가정생활의 모든 면에서 복잡하게 뒤엉켜 있다. 영적 믿음, 의식의 영향 그리고 가족 기능, 부모교육 스타일, 가족 역동성 그리고 세대 간의 유대감에 대한 신도들의 관련성 등을 조사하는 연구단체가 점차 증가하고 있다(Bailey, 2002; Mahoney, Pargament, Tarakeshwar, & Swank, 2001; Marks, 2006; Snarey & Dollahite, 2001; Snider, Clements, & Vazsonyi, 2004). 학자들은 동시대의 가족들에 대한 신앙전통의 광범위한 적응성을 찾고 있다(Browning & Clairmont, 2007). 지나치게 종교적인 가족들에 대한 연구가 부부 갈등에서의 종교의 역할(Lambert & Dollahite, 2006; Marsh & Dallos, 2001)과 부모-자녀 상호작용(Marks, 2004)에 대해 조사를 하였다.

종교를 자신의 삶에 가장 중요한 영향을 미치는 것으로 간주하고, 자신의 믿음에서 많은 위로를 받는 사람들은 가족과 훨씬 더 친밀하다고 느끼며, 자신의 일을 훨씬 더 성취하고 있다는 것을 발견하며, 미래에 대하여 훨씬 더 희망적이라고 본다. 대중을 대상으로 한 조사에서 80%가 종교가 자신이 성장하였던 원가족에서 중요했고, 75%는 자신의 가족 관계가 가정 안에서 종교에 의하여 강화되었다고 한다(Gallup & Lindsay, 1999). 가족 체계의 관점에서 영성과 가족 사이에는 상호적인 영향이 있다. 의미 있는 영적 믿음과 의식은 가족과 가족 구성원들을 강화시킬 수 있다. 그들의 공유된 영적 경험이 가족 구성원들의 믿음을 강화시킨다. 반면 혹독하거나 억압적인 영적 신앙과 의식은 가족 구성원들과 그들의 영혼 그리고 그들의 관계에 상처를 입힐 수 있으며, 그 결과 상처받은 사람들은 종종 신앙을 외면한다.

초월적인 가치

가족 과정에 관한 연구가 초월적인 영적 믿음과 의식이 건전한 가족 기능을 촉진한다는 것을 발견하였다(Beavers & Hampson, 2003; Stinnett & DeFrain, 1985). 가족 구성원들의 경험과 지식의 한계를 초월하는 가치와 공유된 믿음의 체계가 삶과 사랑 속에서 필수 불가결한 위험과 손실을 충분히 더 잘 수용할 수 있게 해 준다.

많은 종교적 보수주의자들이 변화하고 있는 가족 형태와 성 역할이 가족을 소멸시킨다고 주장함으로써 최근 수십 년 동안 정치 토론에서 가족 가치관은 매우 뜨거운 이슈가 되었다. 오늘날 신앙전통이 가정생활의 증가하고 있는 복잡성과 다양성에 적응할 필요가 있다는 사실이 폭넓게 인식되고 있다(Browning, Miller-McLemore, Courture, Lyon, & Franklin, 2001; Browning & Clairmont, 2007; Edgell, 2005; Houseknecht & Pankhurst, 2000). 하나의 가족모델만이 '우수한 본보기'이며, 다른 모델들은 선천적으로 해를 주는 것이라는 잘못된 가정에서 벗어나는 것이 중요하다(Stacey, 1996). 많은 연구에서 대부분의 어린이는 엄격한 부모뿐 아니라 게이나 다양한 친족에 의하여 양육되었을 때 편안하게 잘 지낼 수 있다. 대부분의 자녀에게 가장 중요한 것은 안정적인 돌봄과 헌신 그리고 최적의 기능과 긍정적인 성장을 지지해 주는 가족 기능이다(Walsh, 2003b). 신앙기관과 지역 공동체가 동시대의 부부와 가족에 대하여 더 수용적일수록 그들의 다양한 관계적 욕구와 영적인 욕구에 더 민감해질 수 있다.

대부분의 가정은 확고한 가치관을 가지고 자녀들을 양육한다. 이 시대의 어떤 가치관, 예를 들어 남성과 여성이 가정생활에서 동등한 파트너라고 간주하는 가치관은 전통을 무너뜨린다(이 책의 제10장 참조). 대부분의 부부와 가족들은 자녀들을 건전하게 양육하는 데 있어서 헌신, 책임감 그리고 투자에 대한 전통적인 가치관을 유지한다. 대부분의 사람은 삶 속에서 개인과 관계의 안녕, 긍정적인 성장 그리고 타인에 대한 관심을 소중히 여기는 영적인 영역을 중요하다고 생각한다. 대부분의 사람은 그들의 개인적인 관계에서 베풀며 용서하고 있다. 흥미롭게도 조사 응답자들(Gallup & Lindsay, 1999)이 가족을 강화시키는 것으로 생각하는 중요한 요소로서 가족 유대감, 충성심 그리고 전통을 들었고, 다음으로 도덕적이고 영적인 가치를 가족상담과 부모 교육 수업보다 훨씬 더 중요하게 생각했다.

가족생활주기를 넘어선 영성

종교와 영성은 개인과 가족발달에 지대한 영향을 미친다. 종교와 영성의 의미는 인생에 걸쳐, 세대를 넘어 변화하면서 쇠하기도 하고 흥하기도 하는 역동적인 과정을 포함한다(Hood, Spilka, Hunsberger, & Gorsuch, 2003; Worthington, 1989).

모든 종교에서 가족은 새로운 구성원의 탄생, 사회로의 진입, 결혼 서약 그리고 사랑하는 사람의 죽음으로 특징지어지는 의식에서 중심이 된다. 예를 들면, 유대교의 의식은 매주 한 번씩 지키는 안식일에서 유대인의 휴일과 인생 주기에 걸친 통과의례까지 모든 의례에서 가족이 중심이 된다. 각각의 의식은 가족 구성원들을 더 넓은 지역사회와 유대인의 역사와 생존 그리고 하나님에 대한 그들의 서약과 연결시키는 중요한 의미를 수반한다.

부부 관계

가족생활주기에서 결혼은 종종 전면에서 종교적인 면을 생각하게 한다. 갈등은 종교적인 기념을 할 것인가 말 것인가에서 발생할 수도 있다. 같은 종교를 가진 파트너라 할지라도 그들의 특정 종파, 준수하는 정도 혹은 목회자와 선서에 대한 선호도에서 차이가 있을 수 있다. 원가족이 그들의 신념과 일치하여 결혼 계획에 압력을 행사할 수도 있거나 만일 그들의 신념에 위반된다면 그들은 참석하지 않을 수도 있다. 이것은 세대 간의 갈등과 수년 동안 발생할 수 있는 인척 간 삼각관계를 일으킬 수도 있다.

배우자들이 종교적 가입, 믿음 그리고 의식과 관련하여 유사할 때, 그들은 관계 만족도가 더 높고 덜 학대적이며 이혼할 가능성이 훨씬 낮아지는 등 개인적인 안녕감이 높아진다(Myers, 2006). 부부가 (종교적인) 휴일 의식 같은 의미 있는 영적 의식을 공유함으로써 부부 관계가 증진된다(Fiese & Tomcho, 2001).

최근까지도 많은 종교가 이교도 간의 결혼을 금지했다. 가족은 다른 교단에 속한 사람과 결혼하려는 자녀들을 심하게 제지했다. 사회가 더 개방적이 되면서 이교도 간의 결혼이 확산되었다(Waite & Lewin, 2008). 이교도 간의 이동이 허용되고, 인종과 민족의 장벽이 엷어지면서 이교도 간의 결혼이 증가했다. 그렇지만 유대인 지역 공동체는 유대인(반 이상)의 높은 비율의 국제결혼에 대하여 몹시 걱정하며, 가족들은 만일 철저하게 반대하지 않는다면, 실망과 상실감을 느낄 수도 있다.

종교적 배경이 다른 부부에게 종교적 신념은 관계를 복잡하게 할 수도 있고, 갈등을 유발할 수도 있다. 이에 대한 수용이 줄어든다. 어떤 사례에서는 종교적 배경이 다른 배우자를 선택한 자녀들이 부모의 가치와 권위에 반란을 표현하기도 한다(Friedman, 1985). 원가족이 이교도 간의 결혼을 받아들이거나 거부하는 것은 결혼과 세대 간 관계의 성공과 실패에 엄청난 영향을 미칠 수 있다.

이혼과 재혼이 종교적인 혼란으로 넘쳐날 수 있다. 정통파 유대인의 경우 재혼을 원하는 여성은 전 배우자에게 서면 허락을 받아야 한다. 그렇지만 남성은 그럴 필요가 없다. 가톨릭교회는 결혼을 해체할 수 없는 성사로 간주한다. 교회는 이혼을 인정하지 않는다. 가톨릭교인이 재혼을 할 때 결혼무효선언(결혼이 실효성이 없거나 성취되지 않았다는 입증으로 여겨지는 것)이 필요하다. 이러한 엄격한 교리들로 인해 많은 가톨릭교인이 교회를 떠나게 됐다. 어떤 부부는 법적인 재혼이나 종교적인 의식 없이 동거를 하기도 한다. 전 남편과 자녀의 반대에도 불구하고 결혼무효선언이 받아들여질 때, 여성은 이전 가정생활과 합법성이 무효라는 것으로 인해 심한 상처를 받을 수도 있다. 이와 같은 갈등으로 휩싸인 종교 문제를 발견하는 것은 중요하다.

부모-자녀 관계

여러 연구 결과에 따르면 부모-자녀 관계가 영성에서 혜택을 받는다고 한다. 종교와 영성의 '살아 있는 경험'과 함께 부모가 가정생활과 자녀들과의 상호작용에서 부모의 영적 가치의 전달과 실천이 일치할 때, 즉 부모가 자신들이 설교했던 것을 실천하고 양육할 때, 그리고 부모가 의미 있는 영적 의식을 자녀들과 함께할 때, 자녀들은 유사한 믿음과 의식을 내재화하고 자신이 자원이 될 수 있다는 것을 발견하며, 자신의 관계에 대하여 더 긍정적으로 느낄 수 있는 가능성이 높다(Marks, 2004). 종교적인 지역 공동체에 속하는 것이 우울증과 아동학대를 감소시키고 사회경제적 적응, 교육적 성취를 향상시키며 일자리를 얻고 위험에 처한 청소년 편모와 그 자녀들의 보호 요인이 된다(Carothers, Borkowski, Lefevre, & Whitman, 2005). 청소년 건강에 대한 국가적인 종단적 연구 자료(Pearce & Haynie, 2004)에 의하면 어머니들과 청소년 자녀들이 종교를 중시하여 예배에 참석하면 자녀가 덜 비행적이라고 한다. 종교가 가족 구성원 간에 공유될 때 종교가 보호적인 성향을 띠게 된다.

대부분의 부모는 자녀들이 종교적인 가정교육을 받기를 원한다(Gallup & Lindsay, 1999). 첫째, 종교가 삶에서 중요하다고 생각한 부모들은 자녀의 출생과 함께 한 부모 또는 양쪽 부모가 자녀를 위하여 종교에 대하여 몹시 관심이 있다는 것을 발견한다. 부모들은 종종 자녀들로 인해 자신의 종교적 뿌리를 되돌아보게 된다. 어떤 비종교적인 유대인 부부는 열두 살인 아들이 성년을 축하해 달라고 요구했을 때 놀랐다. 이교도 간의 결혼이나 예식 수준에서 이교도 간의 차이와 함께 할례, 세례, 침례 혹은 성인식과 같은 의식을 결정하는 데 갈등이 생길 수 있다. 여기 다시, 지금은 조부모로서 윗 세대는 자신의 종교적인 선호성을 매우 강하게 알게 하려고 할 수도 있다. 비전통적인 결혼이나 이교도 간의 결혼에 대한 자녀들의 선택에 대하여 이전에 수용했던 것이 조부모가 증손자들의 도덕적 발전과 종교적 정체성을 고려할 때 변화할 수도 있다. 이것이 특히 유대교 지역사회에서 현저한 관심사다. 연구들은 만일 비유대주의 파트너가 유대교로 개종을 한다면, 자녀들이 유대인의 정체성을 가지고 성장하고, 그들의 믿음을 실천할 가능성이 더 크다고 제안한다.

대부분의 십대는 부모와 어린 자녀들이 종교적인 예배에 함께 참석하는 것이 중요하다고 말한다(Gallup & Lindsay, 1999). 그들의 부모처럼 대부분의 십대는 하나님을 믿고, 하나님이 자신을 사랑한다는 것을 믿는다. 십대 네 명 중 세 명은 외로울 때 기도를 한다고 말한다. 다양한 믿음을 가진 젊은이들은 삶의 의미를 토론하고, 도덕적인 결정을 어떻게 내릴 것인가에 대하여 관심을 표현한다(Coles, 1990, 1997). 대부분의 부모와 자녀의 종교적인 관용이 증가하고 있으며, 공립학교에서도 다양한 세계 종교에 대한 비신앙적인 교육을 제공할 수 있는 과목이 개설되기를 바란다.

성인기와 말년의 삶

특히 대학생에 해당하는 젊은 성인은 종종 종교적인 교육을 도외시한다. 어떤 젊은이들은 단순히 신앙생활에 덜 관여하고 믿음을 잃어버리는 반면 어떤 젊은이들은 신앙을 더 활발히 탐구하거나 가족의 종교적인 전통을 단절한다. 많은 이가 의미, 신념 그리고 헌신을 찾는 데 있어서 다른 영적 통로를 찾는다. 개종하거나 '다른 종교를 가진 사람과 결혼하여 자신의 종교를 떠나는' 사람들은 어떤 가치로부터 또 다른 가치를 찾아 떠나가면서 가족의 윤리나 종교적 성향을 재조화할 수도 있다. 어떤 사례에서 이것은 원가족으로부터 분리하고 차별화하려는 시도로 표현될 수도 있다(Friedman, 1985). 부모들은 그러한 선택을 부모와 그들의 유산에 대한 거절로 해석한다. 어떤 젊은이들은 자신이 억압적으로 경험하였던 종교나 부모 교육으로부터 단절하기를 바랄 수도 있으나, 이러한 선택은 흔히 우리의 다문화적인 사회에서 더 폭넓은 사회적인 접촉에서의 자연스러운 성장이다.

중년과 말년의 삶은 가족 구성원들이 삶의 의미에 대한 의문을 해결하려고 애쓰며, 사랑하는 사람과 자신의 죽음에 직면하면서 영성이 성장하는 시간이다(Erikson, Drikson, & Kivnick, 1986; Lyons, 2005; Walsh, 1999; 이 책 제4장 참조). 부모의 만성질환을 포함한 신체적인 쇠퇴와 부양 부담에도 깊은 친밀감과 영적 유대감이 부모와 부모를 돌보는 성인 자녀 간에 발달할 수 있다. 영성은 특히 치매에 걸린 노인을 돌보는 부양자에게 중요하다(Smith & Harkness, 2002). LGBT 지역 공동체에서 HIV-에이즈 전염병의 충격과 남성 동성애자 권익수호운동 지도자들의 노령화가 영성의 중요성을 증가시켜 왔다(Maher, 2006). 게이들이 나이가 들어감에 따라 평등권을 위한 법적 · 종교적 투쟁에 의해 복잡해진 존재적 질문을 하게 되는데, 그러한 질문은 신념 · 영혼 · 정신에 대한 더 깊은 탐색으로 이끈다.

노령화와 은퇴를 경험하는 대부분의 사람은 자신의 영적 삶을 위하여 더 많은 시간을 가지는 것으로 우선순위를 전환한다. 믿음 공동체에 대한 적극적 참여, 기도, 명상, 자연에서 시간 보내기, 다른 사람들에 대한 봉사가 점차 중요해지는 경향이 있다. 스스로의 삶을 돌아보면서, 그들은 이전 세대와 미래 세대와 자신을 연결하는 데 더 많은 관심을 둔다. 노인의 지혜는 그들의 성장하는 영성에 의하여 확실히 깊어진다.

영성, 연결성 그리고 레질리언스: 많은 통로

믿음이라는 것은 우리가 가장 어렸을 때부터 본질적으로 관계적이며, 그때 삶에 대한 가장 근본적인 확신이 양육 관계 내에서 형성된다. 퀘이커교도의 격언에 "내가 당신을 들어 올리고, 당신이 나를 들어 올린다."라는 말처럼 정확한 의사소통을 수반하는 친밀한 유대감('나와 당신')은 영성의 표현이며, 영적 성장을 위한 통로를 제공한다(Buber, 1921/1970; Fishbane, 1998). 우리는 '관심사가 같은 사람'이나 '영혼이 통하는 사람'과 깊은 관계를 경험한다. 파트너들, 가족 구성원들과 가까운 친구들과의 유대감이 영적 안녕감을 풍부하게 할 수 있으며, 결과적으로 영성이 타인과 우리의 관계를 깊게 하고 확장시킨다. 그것이 친밀감을 공유하게 하고, 유아나 노쇠한 노인을 돌보게 하며, 타인과 친구가 되고, 낯선 사람들의 친절을 받아들이는 과정에서 영적으로 풍부하게 할 수 있다. 사랑하는 하나님과의 친밀한 유대감이 가장 어두운 곳에 있는 시간 속에서 많은 사람을 강하게 만든다(이 책의 제17장 참조).

믿음, 친밀감 그리고 레질리언스는 서로 밀접하게 관련되어 있다(Higgins, 1994). 사랑은 사람의 삶을 유지시키고, 사람들의 삶에 의미를 불어넣으며, 곤경을 극복하는 데 있어서 믿음을 준다. Victor Frankl(1946/1984)은 나치수용소에서 아내의 이미지를 상상하면서 아내와 깊은 연결성에 의하여 삶을 유지하였다고 한다. "나는 아내가 아직까지 살아 있는지조차 모른다. 내가 지금까지 배웠던 것은 사랑은 사랑하는 사람의 육체적인 사람을 넘어서 매우 멀리까지 간다는 그 사실뿐이다. 이것은 그의 영적 존재, 그의 내부의 존재에 있어서 가장 깊은 의미를 발견한다." (pp. 59-60)

가족과 지역 공동체의 초월적인 연결성은 공유된 가치와 헌신 그리고 곤경 속의 상호 지지를 통하여 구축된다. 서양 사회에서 '자아'에 초점을 둔 인간의 자율성의 매우 개별화된 개념과는 대조적으로, 세계의 대부분의 문화는 인간을 가족과 더 커다란 지역 공동체 안에 있는 존재로 본다. 아프리카 신학자인 John Mbiti(1970)는 인간의 경험에 대한 사회 중심적인 견해를 "우리가 존재하기 때문에 내가 존재한다."라고 서술한다. 믿음전통 안에서 경험하고, 인간의 삶의 많은 면을 통하여 경험하기 때문에 우리는 영성에 대한 이와 같은 폭넓은 시각을 유지할 필요가 있다. 지역 공동체 봉사 혹은 사회행동주의에 있어서 단결하는 것이 영성의 변형된 표현일 수도 있다(이 책 제20장 참조).

많은 공동체의 표현에서 믿음은 가족 내의 회복력이 있는 영성에 불을 지피는 역할을 한다. Anderson(이 책의 제10장 참조)이 주장하듯이 가족과 같은 인간 체계들은 지역 공동체에 방향성과 자신의 삶을 제공하는 데 의미가 있다. 그러한 이유 때문에 각각의 가족은 그 자체의 영성을 가지고 있다. 다양한 시각에도 불구하고 영성에 대한 폭넓은 목적은 일반적이고 일상적인 활동과 곤경 가운데 삶과 모든 관계의 초월적인 영역에 개방되기 위하여 존재한다.

빠르게 변화하고 있는 세계에서 종교는 사람들이 태어나고 의심 없이 받아들이는 기정사실이라는 것을 이제는 덜 받아들이고 있다. 점차 개인, 부부 그리고 가족이 의미와 연결을 위한 자신의 영적 통로를 추구하고 있으며, 자신의 삶에 맞는 믿음과 의식을 선택한다. 다양한 요소의 이러한 조화가 "종교적인 링귀니(가느다랗고 납작한 파스타)"의 접시로 비유된다(Deloria, 1994). 영적 다원주의가 가족 내에 증가하면서 많은 사람이 영적 영양분을 위한 자신만의 요리법을 창조하고 있다.

주 | 석

1. 영성과 종교의 살아 있는 경험에 대한 정확한 통계를 얻기가 힘들다. 특별한 믿음과 의식을 보고하는 개인의 퍼센트를 해석하는 데 있어서 미국인의 거의 80%가 기독교인이고, 따라서 높은(혹은 낮은) 퍼센트가 대부분 기독교인의 관점을 반영하였다. 60년 이상 동안 갤럽 여론조사는 개인의 종교적인 정체성, 믿음 그리고 의식에 대한 믿을 만하고 폭넓게 인용되는 조사를 해 왔다(Gallup & Lindsay, 1999 참조). 최근의 갤럽 조사 자료는 웹사이트(www.gallup.com)에서 볼 수 있다.

   종교와 대중적인 삶에 대한 신도공개토론회(www.religions.pweforum.org)는 폭넓은 범위의 정보와 조사 자료를 제공한다. 그들의 2008년도 미국 종교적인 전망 조사는 '가입'(특별한 종파에 소속되어 있고, 정규적으로 예배에 참석하는 것)에 초점을 맞추었다. 그들은 미국인의 16%가 '어느 종교에도 가입되어 있지 않은 사람'이나 그것이 그들의 삶에서 종교와 영성이 중요하지 않다는 것을 의미하지는 않는다(Lindner, 2008). 그들의 자료가 종교적인 정체성에 대한 갤럽 여론조사에서 발견한 것들과 직접 비교되지는 않는다. 또한 아주 흥미롭게도, 두 개의 조사는 단지 '종교적인'이라는 용어를 사용해 왔으며, 미국인이 영적 자원을 찾는 더 다양한 방법을 포착할 수 없는 '영적인'이라는 용어는 사용하지 않았다.

하버드 대학교의 다원주의 프로젝트(www.pluralism.org/resources)는 오늘날 미국에서 종교 성향이 있는 다양한 믿음에 대한 시각 그리고 종교 간 주도권에 대한 폭넓은 스펙트럼에 관한 귀중한 정보를 제공한다(Eck, 2006 참조).

저널리스트를 위한 자원 웹사이트인 종교 자원(www.religionsource.org/contents/resource-statistics.aspx)이 종교적 통계에 관한 수많은 온라인 제공자와 연결해 준다.

믿음넷(www.beliefnet.org)은 일반 대중에게 논문, 종교적이고 신성한 원문 조사, 전자게시판, 기도 서클 그리고 사진관을 포함한 영적 욕구를 충족시키기 위하여 도움이 되는 매우 다양한 여러 신앙과 영적 자원을 제공하는 가장 규모가 큰 영적 웹사이트다.

참 | 고 | 문 | 헌

Anderson, H. (1994). The recovery of the soul. In B. Childs & D. Waanders (Eds.), *The treasure in earthen vessels: Explorations in theological anthropology* (pp. 208-223). Louisville, KY: Westminster Press/John Knox Press.

Bailey, C. E. (2002). The effects of spiritual beliefs and practices on family functioning: A qualitative study. *Journal of Family Psychotherapy, 13*(1-2), 127-144.

Bakhtiar, L. (2007). *Sublime Koran.* Chicago: Kazi Publications.

Beavers, W. R., & Hampson, R. B. (2003). Measuring family competence: The Beavers systems model. In F. Walsh (Ed.), *Normal family processes* (3rd ed., pp. 549-580). New York: Guilford Press.

Bibby, R. W. (2002). *Restless gods: The renaissance of religion in Canada.* Toronto: Stoddart.

Bottoms, B. L., Shaver, P. R., Goodman, G. S., & Qin, J. (1995). In the name of God: A profile of religion-related child abuse. *Journal of Social Issues, 51,* 85-111.

Bowman, M. (1983, November/December). Why we burn: Sexism exorcised. *The Humanist,* 28-29.

Bridges, R. A., & Spilka, B. (1992). Religion and the mental health of women. In J. F. Schumaker (Ed.), *Religion and mental health* (pp. 43-53). New York: Oxford University Press.

Browning, D., & Clairmont, D. A. (Eds.). (2007). *American religions and the family: How faith traditions cope with modernization and democracy.* New York: Columbia University Press.

Browning, D., Miller-McLemore, B., Couture, P., Lyon, K., & Franklin, R. (2001). *From culture wars to common ground: Religion and the American family* (2nd ed.). Louisville, KY: Westminster Press/John Knox Press.

Buber, M. (1970). *I and thou* (Kaufmann translation). New York: Charles Scribner's Sons. Original work published 1921

Bucko, R. (2007). Native American families and religion. In D. S. Browning & D. A. Clairmont (Eds.), *American religions and the family* (pp. 70-86). New York: Columbia University Press.

Campbell, J., & Moyers, B. (1988). *The power of myth.* New York: Doubleday.

Carothers, S. S., Borkowski, J. G., Lefever, J. B., & Whitman, T. L. (2005). Religiosity and the socio-emotional adjustment of adolescent mothers and their children. *Journal of Family Psychology, 19*(2), 263-275.

Coles, R. (1990). *The spiritual life of children.* Boston: Houghton Mifflin.

Coles, R. (1997). *The moral intelligence of children.* New York: Random House.

Comas-Díaz, L. (1981). Puerto Rican *espiritismo* and psychotherapy. *American Journal of Orthopsychiatry, 51,* 636-645.

Davidson, M. (2000). Religion and spirituality. In K. J. Bieschke, R. M. Perez, & K. A. DeBord (Eds.), *Handbook for counseling and psychotherapy with lesbian, gay, bisexual, and transgender clients* (pp. 409-433). Washington, DC: American Psychological Association.

Deloria, V., Jr. (1994). *God is red: A native view of religion* (2nd ed.). Golden, CO: Fulcrum.

Doherty, W. J. (1995). *Soul searching: Why psychotherapy must promote moral responsibility.* New York: Basic Books.

Dollahite, D. C. (2007). Latter-Day Saint marriage and family life. In D. S. Browning & D. A. Clairmont (Eds.), *American religions and the family: How faith traditions cope with modernization and democracy* (pp. 124-150). New York: Columbia University Press.

Eck, D. (2006). *On common ground: World religions in America.* New York: Columbia University Press.

Edgell, P. (2005). *Religion and family in a changing society.* Princeton, NJ: Princeton University Press.

Elkins, D. (1990, June). On being spiritual without necessarily being religious. *Association for Humanistic Psychology Perspective,* pp. 4-6.

Erikson, E. H., Erikson, J. M., & Kivnick, H. (1986). *Vital involvement in old age.* New York: Norton.

Fiese, B. H., & Tomcho, T. J. (2001). Finding meaning in religious practices: The relation between holiday rituals and marital satisfaction. *Journal of Family Psychology, 15*(4), 597-609.

Fishbane, M. D. (1998). I, thou, and we: A dialogue approach to couples therapy. *Journal of Marital and Family Therapy, 24,* 41-58.

Frankl, V. (1984). *Man's search for meaning.* New York: Simon & Schuster. (Original work published 1946)

Friedman, E. H. (1985). *Generation to generation: Family process in church and synagogue.* New York: Guilford Press.

Gallup, G. H., Jr. (2002). *The Gallup Poll: Public Opinion 2001.* Washington, DC: Scholarly Resources.

Gallup, G. H., Jr., & Lindsay, D. M. (1999). *Surveying the religious landscape: Trends in U.S. beliefs.* Harrisburg, PA: Morehouse.

Gallup, Inc. (2008). *Religion* (survey data summaries). Retrieved 3/14/08 from www.gallup.com/poll/1690/religion. Princeton, NJ: Author.

Gaustad, E. S., & Schmidt, L. E. (2002). *The religious history of America* (Rev. ed.). New York: HarperCollins.

Greeley, A., & Hout, M. (2006). *The facts about conservative Christians.* Chicago: University of Chicago Press.

Griffith, J. L., & Elliott Griffith, M. (2002). *Encountering the sacred in psychotherapy.* New York: Guilford Press.

Higgins, G. O. (1994). *Resilient adults: Overcoming a cruel past.* San Francisco: Jossey-Bass.

Hood, R. W., Spilka, B., Hunsberger, B., & Gorsuch, R. (2003). *The psychology of religion: An empirical approach* (3rd ed.). New York: Guilford Press.

Houseknecht, S. K., & Pankhurst, J. G. (Eds.). (2000). *Family, religion, and social change in diverse societies.* New York: Oxford University Press.

Imber-Black, E., Roberts, J., & Whiting, R. (Eds.). (2003). *Rituals in families and family therapy* (2nd ed.). New York: Norton.

Lambert, N., & Dollahite, D. (2006). How religiosity helps couples prevent, resolve, and overcome marital conflict. *Family Relations, 55*(4), 439-449.

Lease, S. H., & Shulman, J. L. (2003). A preliminary investigation of the role of religion for family members of lesbian, gay male, or bisexual individuals. *Counseling and Values, 47,* 195-209.

Lerner, M. (2007). *The left hand of God: Healing America's political and spiritual crisis.* New York: HarperCollins.

Linder, E. W. (2008). *Yearbook of American and Canadian churches: 2008* (73rd ed.). New York: National Council of Churches in the USA.

Lyons, L. (May 31, 2005). *Faith accompanies most Americans through life.* Retrieved March 12, 2008, from www.gallup.com/poll/16522/faith-accompanies-most-americans-through-life.aspx.

Maher, M. J. (2006). A voice in the wilderness: Gay and lesbian religious groups in the western United States. *Journal of Homosexuality, 51*(4), 91-117.

Mahoney, A., Pargament, K., Tarakeshwar, N., & Swank, A. (2001). Religion in the home in the 1980s and 1990s: A meta-analytic review and conceptual analysis of links between religion, marriage, and parenting. *Journal of Family Psychology, 15*(4), 559-596.

Marks, L. (2004). Sacred practices in highly religious families: Christian, Jewish,

Mormon, and Muslim perspectives. *Family Process, 43*(2), 217-231.

Marks, L. (2006). Religion and family relational health: Overview and conceptual model. *Journal of Religion and Health, 45*(4), 603-618.

Marsh, R., & Dallos, R. (2001). Roman Catholic couples: Wrath and religion. *Family Process, 40*(3), 343-360.

Marty, M. E. (2005). *When faiths collide.* Malden, MA: Blackwell.

Mayer, E., Kosmin, B. A., & Keysar, A. (2002). *American Jewish Identity Survey 2001.* New York: Center for Jewish Studies, City University of New York.

Mbiti, J. S. (1970). *African religions and philosophy.* Garden City, NY: Anchor Books.

McCourt, F. (1998, December). God in America: When you think of God? What do you see? *Life, 21*(13), 60-74.

McGoldrick, M., Giordano, J., & Garcia-Preto, N. (Eds.). (2005). *Ethnicity and family therapy* (3rd ed.). New York: Guilford Press.

Miller, W. R., & Thoresen, C. E. (2003). Spirituality, religion, and health. *American Psychologist, 58*(1), 24-35.

Moore, T. (1992). *Care of the soul: A guide for cultivating depth and sacredness in everyday life.* New York: HarperCollins.

Murphy, C. (1998). *The word according to Eve: Women and the Bible in ancient times.* Boston: Houghton Mifflin.

Myers, S. (2006). Religious homogamy and marital quality: Historical and generational patterns. *Journal of Marriage and the Family, 68*(2), 292-304.

Nasr, S. H. (2002). *The heart of Islam: Enduring values for humanity.* New York: Harper-Collins.

Neihardt, J. (1979). *Black Elk speaks: Being the life story of a Holy Man of the Oglala Sioux.* Lincoln: University of Nebraska Press. (Original work published 1932)

Pargament, K. I. (2007). *Spiritually integrated psychotherapy: Understanding and addressing the sacred.* New York: Guilford Press.

Pearce, L. D., & Haynie, D. L. (2004). Intergenerational religious dynamics and adolescent delinquency. *Social Forces, 82*(4), 1533-1572.

Pew Forum on Religion and Public Life. (2006, August 3). *Public divided on social issues, but no "culture war"*. Retrieved from *religions.pewforum.org.*

Pew Forum on Religion and Public Life. (2007, May 22). *Muslim Americans: Middle class and mostly mainstream.* Retrieved March 14, 2008, from *religions.pewforum.org.*

Pew Forum on Religion and Public Life. (2008). U.S. Religious Landscape Survey. Retrieved February 26, 2008, from *religions.pewforum.org.*

Pew Hispanic Project and the Pew Forum on Religion and Public Life (April 25, 2007). *Changing faiths: Latinos and the transformation of American religion.* Retrieved February 26, 2008, from *religions.pewforum.org.*

Prothero, S. (2007). *Religious literacy: What every American needs to know? and doesn't.* New York: HarperCollins.

Roseborough, D. (2006). Coming out stories framed as faith narratives or stories about spiritual growth. *Pastoral Psychology, 55,* 47-59.

Smith, A. L., & Harkness, J. (2002). Spirituality and meaning: A qualitative inquiry with caregivers of Alzheimer's disease. *Journal of Family Psychotherapy, 13,* 1-2, 87-108.

Smith, B., & Horne, S. (2007). Gay, lesbian, bi-sexual, and transgendered(GLBT) experiences with earth-spirited faith. *Journal of Homosexuality, 52*(3/4), 235-249.

Smith, T. W. (2005). *Spiritual and religious transformation in America: The National Spiritual Transformation Study* (GSS Topical Report No. 37). Chicago: National Opinion Research Center.

Snarey, J. R., & Dollahite, D. C. (2001). Varieties of religion?family linkages. *Journal of Family Psychology, 15*(4), 646-651.

Snider, J. B., Clements, A., & Vazsonyi, A. T. (2004). Late adolescent perceptions of parent religiosity and parenting processes. *Family Process, 43*(4), 489-502.

Somé, M. P. (1998). *The healing wisdom of Africa.* New York: Tarcher/Putnam.

Stacey, J. (1996). *In the name of the family: Rethinking family values in the postmodern age.* Boston: Beacon Press.

Stinnett, N., & DeFrain, J. (1985). *Secrets of strong families.* Boston: Little, Brown.

Sullivan, K. T. (2001). Understanding the relationship between religiosity and marriage: An investigation of the immediate and longitudinal effects of religiosity on newlywed couples. *Journal of Family Psychology, 15*(4), 610-626.

Tan, P. P. (2005). The importance of spirituality among gay and lesbian individuals. *Journal of Homosexuality, 49*(2), 135-144.

Waite, L. J., & Lewin, A. C. (in press). Religious intermarriage and conversion in the United States: Patterns and changes over time. In C. Ellison & R. Hummer (Eds.), *Religion, families, and health in the United States: New directions in population-based research.* New Brunswick, NJ: Rutgers University Press.

Walker, A. (1997). *Anything we love can be saved: A writer's activism.* New York: Random House.

Walsh, F. (1999). Families in later life: Challenges and opportunities. In B. Carter & M. McGoldrick (Eds.), *The expanded family life cycle* (3rd ed., pp. 307-326). Needham Heights, MA: Allyn & Bacon.

Walsh, F. (2003a). Family resilience: Framework for clinical practice. *Family Process, 42*(1), 1-18.

Walsh, F. (2003b). *Normal family processes: Growing diversity and complexity* (3rd ed.). New York: Guilford Press.

Walsh, F. (2006). *Strengthening family resilience* (2nd ed.). New York: Guilford Press.

Walsh, F. (in press). The significance of companion animals in family dynamics, healing, and resilience. *Family Process.*

Weil, A. (1994). *Spontaneous healing.* New York: Knopf.

Wendel, R. (2003). Lived religion and family therapy: What does spirituality have to do with it? *Family Process, 42*(1), 165-179.

Wilcox, W. B. (2004). *Soft patriarchs, new men: How Christianity shapes fathers and husbands.* Chicago: University of Chicago Press.

Worthington, E. L., Jr. (1989). Religious faith across the lifespan: Implications for counseling and research. *Counseling Psychologist, 17,* 555-612.

Wright, L., Watson, W. L., & Bell, J. M. (1996). *Beliefs: The heart of healing in families and illness*. New York: Basic Books.

Yip, A. K. T. (2002). The persistence of faith among non-heterosexual Christians: Evidence for the neo-secularization thesis of religious transformation. *Journal for the Scientific Study of Religion, 41*(2), 199-212.

제 2 장 가족치료와 영성 통합하기

–건강, 치유 그리고 레질리언스를 위한 원천

Froma Walsh

> 우리는 두 개의 눈뿐만 아니라 우리의 마음인 하나의 눈으로도 볼 수 있다.
>
> BLACK ELK

치료나 상담을 위하여 찾아오는 대부분의 가족과 부부는 증상을 감소시키고 문제를 해결하는 것 또는 의사소통 기술 이상의 것을 추구하고 있다. 그들은 자신의 삶에서 더 깊은 의미와 연결을 추구하고 있다. 영적 고통은 많은 사람의 신체적 · 정서적 그리고 관계적인 문제에 영향을 미친다. 어떤 사람에게는 종교와 문화의 상호작용이 억압적이고 해롭다. 많은 연구에서 대다수의 미국 사람이 자신의 영적 관심사에 대해 나눌 수 있는 내과의사, 치료사 그리고 상담사들을 원한다는 것을 발견한다. 아직은 임상가만이 그들의 업무에 이러한 중요한 영역을 포함시켰다.

가족치료사들을 포함한 정신건강 전문가에 의하여 영성에 대한 관심이 증가하고 있다. 대부분의 정신건강 전문가는 자신이 훈련이 부족하다고 느끼며, 클라이언트의 문제를 꺼내는 데 부자연스럽고, 불편하다고 느낀다. 영성이 임상적인 맥락에서 다루어지지 않은 것을 감지하고 있는 클라이언트들은 자신의 삶의 영적인 면을 치료적인 대화에 내놓는 것을 꺼릴 수도 있다. 이 장에서는 고통의 영성을 이해하고 치유, 회복 그리고 레질리언스를 위한 영성을 타진하기 위하여 임상적인 실천에서 영성을 포함하기 위해 제약을 넘어설 수 있는 방법을 다룬다.

제약 극복하기

정신건강 분야에서 최근까지 종교는 클라이언트와 치료사 양쪽 모두에게 상담실에서 체크해서는 안 되는 주제로 간주되었다. 종교는 섹스, 돈 혹은 죽음과 같은 주제를 끄집어내는 것보다도 훨씬 더 금기시되었다. 영성과 종교는 임상 훈련, 실천 그리고 연구에서 의도적으로 생략되었다. 세속적인 영역과 신성한 영역의 의도적인 분리, 치료사의 영향에 대한 염려 그리고 과학과 믿음 사이의 분리를 포함한 여러 영향이 이러한 무관심에 기여하였다(Prest & Keller, 1993).

세속적이고 신성한 영역: 연결과 협력 구축하기

하나의 가정은 영성이 정신건강 전문가가 다루어야 할 영역이 아니라는 것이다. 정신건강 분야가 20세기 동안 발전하면서 영적인 문제를 심리치료에서 '출입 금지 구역'으로 하는 엄격한 경계선이 설정되었다. 치료사들은 클라이언트들의 '사적인' 영적 문제와 그들의 신과의 개인적인 관계를 침범하지 않도록 훈련받았다. 영적인 고통은 신체적이고 심리사회적인 고통과 분리된 영역에서 존재하는 것으로 여겨졌으며, 영적인 고통은 목회자가 돌봐야 하는 영역으로 제한되었다. 이와 마찬가지로, 영적 치유 접근법들은 정신건강과 보건 영역에서 벗어난 것으로 여겨졌다. 믿음에 근거한 치유자들과 세속적인 전문가들이 각각 자신의 문제를 돌봐야 한다고 여겨졌다. 비록 많은 결혼과 가족치료사들이 목회상담 전통을 받았다고 할지라도, 대부분의 정신건강 전문가들은 자신의 전문적인 역할과 경계선을 유지하라고 훈련받았다.

이러한 점들이 중복되고, 부부와 가족과 상담하는 데 있어서 연결될 필요가 있는 상호 보완적인 점이라는 것을 점차 인정하고 있다(Stander, Piercy, MacKindon, & Helmeke, 1994). 예를 들어, 군목과 가정생활 사제는 특히 전쟁 지역에 있는 봉사 직원들과 가족과 시민 생활에서 스트레스를 받는 재적응 과정을 겪는 사람들을 위한 개인적 · 관계적 상담에서 중대한 역할을 한다. 군대에서의 정신질환 낙인 때문에 정서적이거나 관계적인 고통을 겪고 있는 대부분의 사람은 정신건강 서비스와 사제 모두 필요로 할 때 정신건강 서비스보다는 사제를 찾는다.

정신건강 전문가들과 목회상담을 전문으로 하는 사람들 사이에서 상호 의뢰, 협의 그리고 계속적인 협력을 위한 연결을 구축하는 것이 중요하다(Doehring, 2007; Weaver, Koenig & Larson, 1997). 하나의 파트너십에서 Stanley, Markman과 동료들(2001)이 지역 공동체에 있는 부부들에 대한 증거에 기반을 둔 결혼 전 프로그램(교육과 의사소통 기술훈련)을 제공하기 위하여 목회자와 평신도 리더들을 효과적으로 연결시켰다. 임상가들은 또한 지역의 다양한 믿음 집합체의 자원들과 믿음에 근거한 건강 보호 그리고 클라이언트의 욕구와 영적 선호도에 맞는 서비스에 친숙해질 필요가 있다(Koenig, 2005; 이 책의 제15장 참조). 한 예로 캐나다, Sakskatoon 지역에 있는 가톨릭자매지역 공동체는 교구 가족들이 고통을 겪고 있는 지역의 가족들과 일 년 동안 연계하여 자원봉사를 하는 성공적인 가족 대 가족 조언자 프로그램을 후원하기 위한 가톨릭 가족 서비스와 협력하였다(McRae & Walker, 2007).

권력과 영향: 협력과 임파워먼트 조성하기

통합과 관련된 장벽은 고통 속에 있는 상처받기 쉬운 클라이언트에 대한 치료적 관계 안에서 치료사의 영적 성향을 선택하라는 압력을 받을 수 있는 가능성을 포함한다. 치료사의 영향(또는 실제로 개종시키는 것)에 대한 염려는 치료사의 권력과 클라이언트의 의존적 위치에 대한 인정에서 파생된다. 따라서 전문가들은 객관적이고 편견이 없는 입장을 취하라고 훈련받았다. 클라이언트를 보호하기 위하여 치료사들은 자신의 영적 가치나 의식을 나타내지 않도록 주의를 받았다. 그렇지만 중립적이거나 가치에서 자유로워진다는 것은 불가능하다(Walsh, 2003). 어쩔 수 없이 모든 치료 활동은 치료사와 클라이언트의 가치 체계의 상호작용을 포함한다. 문화의 다른 면들(예: 민족성, 사회 계급 그리고 성)이 클라이언트와 치료사의 규범, 문제, 해결 방식의 구성에 영향을 미치듯이 경험의 영적 영역에도 영향을 미친다. 우리가 질문하고 추구하는 것—혹은 그렇게 하지 말아야 하는 것—이 치료적 관계, 과정, 결과에 영향을 미친다. 따라서 치료사들은 자신의 종교적·영적 신념과 편견에 대하여 의식할 필요가 있다. 종교적인 지역 공동체 안에서 적극적인 관계성을 맺거나 리더십 역할과 같은 치료사들의 이중적인 관계에 대해 주의하고 공개하는 것이 중요하다(Hill, Mamalakis, Butler, & Gardner, 2001).

우리는 클라이언트와 함께 영성에 관하여 토론하는 것을 회피하지 않고, 클라이언트의 가치와 관습 그리고 관심을 탐색하고 이해하는 데 적극적인 관심을 보임으로써 클라이언트를 최대한 존중한다. 영성과 관련된 연구를 보면 클라이언트들은 치료사의 영성에 관심이 별로 없으며, 자신의 영적 문제를 언급하는 데 더 관심이 많다는 것을 발견한다. 클라이언트들이 그렇게 하듯이 클라이언트들을 구속하고 있는 신념을 이해하고, 클라이언트들의 안녕감을 조성하는 것을 확인하고 촉진하는 것이 중요하다. 때때로 치료사들은 중립적인 자세를 취하지 않고, 클라이언트나 혹은 그들이 사랑하는 사람들에게 해로운 특별한 신념이나 관습에 도전할 윤리적 책임이 있다. 치료사들은 클라이언트와 가족 관계 그리고 지역 공동체 내의 레질리언스와 임파워먼트를 촉진하는 방향에서 치료사의 권력을 반향시키면서 치료사의 영향과 활동을 협력적으로 의식하는 것이 중요하다(Walsh, 2006).

과학과 믿음: 생물 · 심리 · 사회적-영적 성향

역사적으로 신체적인 것과 심리적인 것 그리고 영적인 것은 서로 연관되어 있는 것으로 여겨졌다. 실제로 정신(psyche)은 그리스어로는 영혼(spirit)에 해당한다. 정신장애는 많은 전통 문화에서 영혼에 의한 소유로 생각되고 다루어진다(이 책 제8장 참조). 수세기에 걸쳐 믿음을 근거로 한 치유자들과 주술사들은 신체적 · 정서적 그리고 영적 치유를 위하여 인간의 고통에 대한 전체론적인 접근 방법을 취하면서 지역 공동체 안에서 매우 영향력 있는 역할을 하고 있다(Eliade, Trask, & Doniger, 2004). 마찬가지로 신부, 목회자, 랍비들과 다른 종교적 조언자들은 회중의 관계적인 문제뿐만 아니라 신체적이고 정서적인 고통을 돌보았다. 동양의 종교와 의학은 건강과 치유에서 몸과 마음 그리고 영혼을 통합하여 왔다.

그렇지만 20세기 서양 문화에서는 의학과 정신건강 분야가 분리되었다. 종교는 망상을 위로해 주는 것에 지나지 않는다는 Freud(1927/1961)의 경멸적인 견해가 심리치료이론과 실천으로부터 영성을 배제하는 데 막대한 영향을 미쳤다[연구에서 강한 영적 시각을 유지하고 있는 William James부터 Carl Jung, Viktor Frankl과 Jerome Frank까지 심리치료에 있어서 지배적인 목소리에 대한 주석 달린 참고문헌의 Simpkinson과 Simpkinson(1999)을 참조하라].

연구와 실천에서 영적인 영향을 포함하는 것에 대한 회의론에 따라 정신건강 분야에서 지배적인 인식론으로서 과학적인 패러다임과 의학적 모델이 나타났다. 정신건강 전문가들은 클라이언트 경험의 측면, 치료 과정 그리고 아마 관찰될 수 없고 측정할 수도 없는 결과와는 거리를 두면서 증거에 기반을 둔 실천을 통하여 더 과학적인 신뢰성과 위상을 추구하였다.

양적 연구를 해 온 지난 십 년 동안 정신건강과 신체적인 안녕감에 있어서 영적 영향에 대한 무수한 증거가 발견되었다(Hill & Pargament, 2003; Koenig, 2005; Koenig, McCullough, & Larson, 2001). 점차적으로 부부와 가족 관계에서 과학과 영성을 통합하기 위한 가능성이 추구되고 있다(Baucom, 2001). 질적 연구가 고통을 극복하고 문제 구성과 해결에 있어서 믿음신념과 실천의 역할에 대한 더 많은 이해를 낳고 있다. 개정된 『정신장애의 진단 및 통계 편람(DSM-IV)』에서 영적 문제를 포함한 것은 정신건강 평가와 치료에서 영적 중요성이 증가하고 있다는 것을 보여 준다. DSM-IV에서 종교 혹은 영적 문제 범주(V Code 62.89)는 "임상적인 관심에 대한 초점이 종교적 혹은 영적 문제에 있을 때"라는 말로서 사용될 수 있다. 예를 들면, 믿음의 손실이나 의혹 혹은 조직화된 교회나 종교기관과 반드시 관련이 없을 수도 있는 영적 가치에 대한 의혹을 포함하는 고통스러운 경험을 포함한다(American Psychiatric Association, 1994, p. 685).

과학과 종교의 통합과 관련된 논쟁이 지속되고 있다. 또 20세기의 가장 위대한 과학자로 여겨지는 Albert Einstein은 회고록에서 "종교가 없는 과학은 절름발이이고, 과학이 없는 종교는 눈이 먼 것이다."(1931, p. 685)라고 썼다. 그는 과학과 종교의 영역 사이에서 모순보다는 상보성을 제공하는 넓은 영성을 상상했다. 그것은 개인적인 신을 뛰어넘어야만 하며, 의미 있는 통합으로서 자연적이고 영적인 모든 것의 경험에서 일어나는 종교적인 감각에 근거한 신조와 신학을 피해야만 한다.

치유와 치료

비록 건강보호 전문가들처럼 심리치료사들이 치유술에 있어서 전문가들로 간주될지라도, 많은 사람은 치유라는 개념을 불편해한다. 부분적으로 그것은 믿음 치유자 혹은 안수와 매우 비슷하게 타인을 치료해 주는 특별한 힘을 가진 치유자와 같은 치료사의 영적인 의미를 나타낸다. 과학적인 패러다임이 건강보호와 정신건강 분야를 지배해 온 반면에, 치유는 모든 의학과 치료 업무의 중심이 되었다.

가족치료사들은 클라이언트의 내재적인 치유 잠재성을 북돋워 주는 치료적인 관계라는 면으로 치유에 접근하였다. 이러한 협력적인 접근은 강점에 입각하고, 레질리언스를 위한 실천의 중심이 된다(Walsh, 2006). 치료나 문제해결과는 구별되는 치유는 상처나 외상에 대한 반응에 자연적인 과정으로 보인다. 때때로 사람들이 육체적으로는 치유되나 정서적 · 정신적 혹은 영적으로는 치유되지 않는다. 즉, 지나치게 불편한 관계가 치유되지 않은 채로 남아 있을 수 있다. 어떤 사람들은 질병이나 상해에서 회복될 수는 있으나 충분히 사랑할 수 있는 마음을 회복하지 못할 수도 있다. 우리가 육체적으로 치유되지 못할 때나 외상적인 사건이 반전될 수 없을 때조차도 우리는 심리적으로나 영적으로 치유할 수도 있다. 치유의 문자적 의미는 전체가 된다는 것이다. 정신과의사인 Carl Jung(1933, 1958)에 따르면, 전체는 치유의 중심인 신성한 영역을 포함한다.

치유와 치료는 매우 다른 개념이다. 치유는 사람, 가족 그리고 지역 공동체 내에 있는 자원을 수집하는 것을 포함하고, 협력적인 치료 관계를 통하여 발전된다. 치료는 개인적인 장애 혹은 가족의 역기능을 감소시키거나 근절시키기 위하여 전문가에 의하여 외적으로 행해진다. 의학적이고 정신과적인 치료 패러다임은 개인과 가족의 병리를 변화시키기 위한 치료사의 지식, 기술 그리고 전략에 초점을 둔다. 서양의 과학적인 의학은 질병의 외적인 에이전트를 확인하고 그들을 처부술 수 있는 기술적인 무기를 발달시키는 데 초점을 맞춰 왔다. 전쟁에 대한 비유—병원균과 싸우는 것, 질병과 전쟁하는 것, 질병을 파괴시키기 위한 공격적인 치료—가 두드러진다. 이처럼 건강보다는 병리에 둔 초점 때문에 절망하게 된다(Weil, 1994).

대조적으로, 동양의 종교적이고 철학적인 전통 안에 있는 의학은 치유 과정에 대한 믿음과 마음-몸-정신의 상호작용에 있어서 조화로운 일치감에 대한 중요성에 근거를 둔다. 치유 체계는 구조의 집합이 아니라 기능적인 체계다. 예를 들어, 중국 의학은 내적인 레질리언스와 질병에 대한 저항을 위한 에너지를 증진시키는 방법을 찾는다. 보호적인 과정을 강화시키는 데 이러한 믿음은 육체가 치유되고 더 강하게 성장할 수 있는 자연적인 능력이 있다고 가정한다. 의학과 심리치료에 대한 전체적인 접근은 고통을 감소시키고 더 큰 안녕감을 발전시킨다는 확신에서 나온다(예: Kabat-Zinn, 2003).

이와 유사하게 가족 레질리언스로 향해진 실천 접근법들은 심리적-영성을 타진한다. 그럼으로써 해로운 영향이나 외상에 노출되었을 때, 구성원들은 덜 상처받고, 기꺼이 치유할 수 있으며, 긍정적인 성장을 경험할 수 있다(Walsh, 2006). 진단, 자가 수리 그리고 갱생을 위한 자원은 우리 모두에게 존재한다. 욕구가 발생함에 따라 자원이 활성화될 수 있다. 강조점이 치료사의 기술에 둔 초기의 초점에서 가족 자체의 치유 자원을 타진하는 방향으로 전환되었다. 레질리언스를 강화하는 데 있어서 우리는 사람들에게 고통의 경감과 인생 과정을 개선하기 위해서 그들이 가지고 있는 자신의 가능성을 믿으라고 독려한다. 클라이언트의 건강해지려는 바람과 치유와 성장에 대한 그들의 잠재성에 대한 우리의 믿음이 클라이언트로 하여금 최선의 노력을 하게 할 수 있다.

임상 실천에서 영성 통합하기

일반적인 대중은 삶의 영적인 영역을 돌보기 위하여 정신건강과 건강보호 전문가들이 필요하다고 말했다. 조사 응답자의 80% 이상이 영적 실천과 믿음을 상담 과정 안에 통합시키는 것을 선호했다. 75%는 의사와 치료사에게 자신이 돌보는 부분으로서 영적 문제를 언급하기를 원했다. 노인 중 절반은 죽음에 직면할 때 의사들이 그들과 함께 기도하기를 원한다고 말한다(Gallup & Lindsay, 1999). 치료사가 클라이언트의 영적 믿음과 실천의 잠재적인 관련성을 무시할 때 그리고 클라이언트가 영적 관심사를 억제할 때, 치료는 클라이언트에게 분열된 느낌을 남길 수 있다(Griffith & Elliott Griffith, 2002). 이제는 임상실천 안에 영성을 통합할 때다(Koenig, 2007).

Wright, Watson 그리고 Bell(196)이 체계론적 전문가들에게 인간을 생리심리

사회적-영적 존재로 개념화할 것을 촉구하였다. 영성과 우리들 경험의 다른 부분을 통합함으로써 우리는 가족, 그들의 고통 그리고 그들의 치유 잠재성에 대한 참된 전체적인 관점을 발전시킬 수 있다. 가장 예지력이 있는 체계 이론가인 Gregory Bateson은 우리에게 '연결되어 있는 패턴'을 보고, 마음과 자연을 필요한 통합체로 볼 것을 가르쳤다(Bateson, 1979).

가족치료의 초기 개척자 중 한 명인 Virginia Satir는 건강한 가족 기능에 대한 그녀의 관점과 실천적인 접근에서 폭넓은 영성을 포용하는 데 탁월했다(Satir, 1972/1988). Ivan Boszormenyi-Nagy(1987)의 맥락적 가족치료는 세대 간 관계에서 윤리적 영역과 정의의 문제를 강조한다. William Doherty는 그의 책 『영혼 찾기(Soul Searching)』에서 사리사욕에 대한 심리치료의 지나친 강조를 비판하였고, 사랑하는 관계와 지역 공동체 안에서 도덕적 책무성에 대한 더 큰 민감성을 요구하였다(이 책의 제11장 참조). 그의 메시지는 '치료사와 클라이언트의 윤리적인 확신이 치료 과정에서 이용할 수 있는 강력한 자원'이라는 Viktor Frankl(1955)의 관점을 상기시킨다.

지난 10년 동안에 많은 가족치료사가 영적 관점을 실천에 포함하기 시작하였다(예: Anderson & Worthen, 1997; Becvar, 1996; Carlson & Erickson, 2002; Fishbane, 1998; Prest & Keller, 1993; Walsh, 1999, 2006). Helmeke와 Sori(2006)는 일련의 실천적 제안과 활동을 제시한다. 어떤 치료사들은 다양한 믿음을 가진 매우 신앙적인 부부 그리고 가족과 상담하는 방법들을 제안한다(Butler & Harper, 1994; Daneshpour, 1998; Griffith & Elliott Griffith, 2002; Joanides, 1996). Lambert와 Dollahite(2006)는 매우 신앙적인 기독교, 유대교 그리고 이슬람교 부부들의 믿음과 실천이 문제를 예방하고 갈등을 해결하며, 화해를 하게 할 수 있는 방법들을 제안한다.

임상 평가에서 영적 영역 탐색하기

가족치료사들이 민족성과 다른 문화적인 영향에 대하여 질문하는 것이 중요하다고 생각했던 것처럼 임상 평가는 클라이언트 삶의 영적인 영역을 일상적으로 탐색해야만 한다. 여전히 중복되는 개념으로 나타나는 종교와 영성이라는 용어에 대한 사용을 명확히 하는 것에 의하여 논의를 공론화하는 것이 도움이 된다(이 책의 제1장 참조). 종교는 공식적인 조직화된 믿음전통과 공유된 믿음, 실천 그리고 믿음공동체를 말한다. 영성은 더 폭넓게 종교 안팎에서 표현될 수 있는 초월적인 가치, 믿음, 의미, 조화 그리고 연결을 위한 실천을 포함하는 인간 경험의 영역을 말한다. 믿음이 없는 사람뿐만 아니라 모든 믿는 사람에 대하여 존중해 주는 것이 중요하다.

제1장에서 언급했듯이 비록 점차 미국 사람들이 자신의 믿음전통의 모든 교리를 따르지 않거나 정기적으로 예배에 참석하지 않을지라도, 대부분의 미국 사람은 종교적인 정체감이 있거나 혹은 선호한다. 많은 사람이 자신이 성장하였던 종교를 떠나 다른 종파로 개종하였다. 특별한 교파나 종파에 가입되어 있지는 않으나 개인적인 믿음도 강하고 기도, 명상 그리고 타인에 대한 봉사와 같은 실천을 유지하는 사람도 많다. 여전히 자신을 모두 '종교적'이라고는 간주하지 않을 사람들도 있으며, 그들이 세속적인 인본주의자, 실존주의자, 불가지론자 혹은 무신론자로서 인정할 수도 있으나, 여전히 강한 초월적인 가치를 가지고 살아간다. 종교적인 사람과 비종교적인 사람 모두 가장 빈번하게 자연, 창조적인 예술과 지역 공동체/사회활동을 통하여 다양한 방법으로 영적 영양분을 발견한다. 점차적으로 개인들과 그들의 가족들은 자신의 삶에 맞추기 위해 영적 성향 안에서 믿음과 실천을 결합시킨다. 따라서 치료사들은 클라이언트의 종교와 영성의 살아 있는 경험을 이해하고(Wendel, 2003), 잠재적인 영적 자원의 폭넓은 관점을 취할 필요가 있다.

클라이언트와 그들의 원가족에서의 종교적 혹은 영적 성향이 가계도에서 드러나야만 한다(McGoldrick, Gerson, & Petry, 2007). 중요한 변화가 가족 연대표에서 추적될 수 있다. 더 종합적인 평가를 위하여 상세한 영적 역사, 가계도 그리고 생태도에 대한 여러 가지 개요가 제안되었다(비교와 가이드라인을 위해서 Hodge, 2005, 2005b를 참조하라). 이러한 도구들은 치료사 본인의 탐색을 위해서도 특히 유용하다.

〈표 2-1〉은 개인, 부부 그리고 가족 경험의 영적인 영역을 탐색하는 데 유익한 질문을 제시한다. 다음 두 가지 중요한 영역을 탐색하는 데 특별한 주의를 기울여야 한다.

- 종교적 · 영적 믿음 혹은 경험이 현재의 어려움에 기여할 수 있는 방법들
- 과거, 현재 혹은 잠재적인 영적 자원이 고통을 경감시키고, 문제를 해결하며, 역경을 다루는 과정에서 레질리언스를 강화하는 데 이용할 수 있는 방법들

개인, 가족, 문화적인 의미와 믿음신념의 중요성, 실천, 교회의 관련과 영성에 대한 비종교적인 표현을 탐색하는 것이 중요하다. 예를 들면, 치료사가 가톨릭교도로 식별되는 것이 확고한 믿음이 있는 의미를 가지고 있는지에 대하여 분명히 한다. 만일 종교적인 훈육을 받지 못했다면, 그것이 원가족과의 관계에 어떻게 영향을 미쳤는가? 유대인의 정체성이 종교의식에 표현되거나 혹은 세속적인 인본주의와 문화적인 연결성에서 더 많이 경험되는가(Meyerstein, 2006)? 현재의 문제 혹은 위기가 자신의 영성에 어떻게 영향을 미쳐 왔는가?

강한 죄의식과 자기비난과 같이 나타나고 있는 염려와 관련된 곳에서 자신의 기독교신앙이 도움이 되는지 혹은 방해가 되고 있는지, 예로써 그것이 사랑하는 예수와 관련이 되고 있는지 혹은 죄와 처벌과 관련이 되고 있는지를 탐색하는 것이 중요할 수도 있다. 하나님에 대한 자신의 이미지가 자애로운가 또는 복수심에 불타는가(유용한 질문을 위해서 이 책의 제17장 참조)? 자원으로서 끌어

〈표 2-1〉 영적 영역 탐색하기: 고통의 근원과 안녕감, 치유 그리고 레질리언스를 위한 자원

종교/영성에서 개인, 부부, 가족의 경험에 관한 기초 교육

1. 종교적인 정체성, 소속-조직화 · 제도화된 믿음 전통: 신념, 실천, 교회에 관여
2. 영성: 개인적 믿음, 초월적인 가치, 종교 안팎에서의 실천(예: 기도, 명상, 자연, 창의적인 예술, 봉사/활동), 문화적인 영향(예: 토착적인 영적 신념과 실천)을 포함하라.

- 종교와 영성이 당신의 삶 속에서 어떤 역할을 합니까?
  - 일상생활에서의 중요성: 부부 · 가족 실천에서 공유되었는가?
  - 삶의 도전을 다루는 데 있어서?
  - 과거에서? 원가족에서?
  - 삶 속에서 더 큰 영적인 영역을 바라는가?
- 부부 혹은 가족의 종교적 · 영적 차이가 어떻게 다루어지고 수용되는가?

고통에 대한 종교적 · 영적 근원을 탐색하라.

- 부부나 가족 갈등 혹은 영적인 문제에 대한 단절(예: 이교도 간의 결혼 혹은 개종, 결혼과 가족 규범, 이혼, 낙태 혹은 죽음에 대한 결정)이 있는가?
- 종교적 · 영적인 확신이 고통(예: 죄, 처벌, 사후에 대한 근심)에 기여하였는가? 혹은 억압적이고, 해로운 것(예: 성차별주의자나 동성애자에 대한 차별주의자 도그마, 신분 절하, 학대, 비난)으로 경험을 했는가?
- 역경, 외상 혹은 불의가 영혼을 상처 입혔는가?
- 영적 공허감 혹은 영적 근원으로부터의 단절이 고통이나 소외를 증가시켰는가?

영적(종교적 혹은 비종교적) 자원을 확인하라.

- 당신은 영적 자양분, 연결, 강점, 의미, 영감을 어떻게 발견하는가? 현재, 과거 혹은 잠재적인 자원이 어떻게 개인적이고 관계적인 안녕감, 치유 그리고 레질리언스를 지원할 수 있는가? 다음과 같은 사항을 고려해 보라.
  - 개인적 신념
  - 하느님, 더 높은 권력자, 보편적인 영혼, 창조자와의 관계
  - 사색하는 실천(예: 기도, 명상, 의식)
  - 믿음 공동체-연결, 관련(예배, 활동), 지지
  - 영적 지도, 상담(성직자, 목회자상담, 사제)
  - 자연과의 교감
  - 창조적인 예술, 음악, 문학(표현, 감상)
  - 타인에 대한 봉사, 활동

들일 수 있는 자기 믿음의 다른 긍정적인 면이 있는가?

문화적인 다양성, 이교도 간의 결혼, 점차 일반적인 현상이 되어 가는 가족 내의 영적 다원주의와 함께 자신의 분명한 사회문화적인 배경을 가지고 있는 부부들과 가족 구성원들이 자신의 개인적이고 관계적인 삶에 있어서 어떻게 의미 있는 믿음과 실천을 혼합하려고 시도하는가를 아는 것이 중요하다. 미국 원주민과 비유럽계 이주민과 함께 전통적이거나 토착적인 믿음과 실천이 어떻게 서양의 의학적 치료나 정신과 치료와 함께 그리고 치료적 실천을 위한 전체적인 접근법 안에서 존중되고 통합될 수 있는가를 탐색하는 것이 중요하다(Falicov, 1998; Moodley & West, 2005; 이 책의 제8장과 제15장 참조).

고통의 영적 자원 다루기

종교와 영성의 임상적 복잡성—치유를 위한 잠재성을 지지할 뿐만 아니라 어떤 파괴적인 영향을 인지하고 마주치는 것(Elliott Griffith & Griffith, 2002; Helmeke & Bischof, 2002)—을 다루는 것이 중요하다. 어떤 클라이언트에게는 종교적인 전통이 너무 시대에 뒤처져 있거나 자신의 심리사회적 그리고 영적인 안녕감을 제공할 수 없다. 억압되어 있거나 종교적 교리에 의하여 해를 입은 사람은 영성을 거절하지 않으면서 초월적인 믿음과 가치에 맞는 대안적인 구성과 실천을 찾도록 격려될 수도 있다.

종교적인 관념이나 경험이 어떻게 클라이언트들을 낙담시키고, 죄책감, 수치심 혹은 무가치하다고 느끼게 하는지를 탐색하는 것이 중요하다. 어렸을 때 성적 학대를 받았던 한 젊은 여성이 그녀가 출석했던 교회에서 죄와 벌에 대한 초점이 자신이 더욱 불행하다고 느끼게 만들었다는 것을 치료 과정에서 깨달았다. 치료사는 그녀에게 그녀가 귀중하게 여기고 있는 영적 자원에 대하여 더 많은 것을 질문하였고 그녀의 욕구에 맞는 교회를 찾기 위하여 다른 교회를 방문하도록 용기를 북돋워 주었다.

문제가 의미를 만드는 것과 문제 주위에 있는 인과 관계의 귀인 안에서 나타날 수도 있다. 예를 들어, 어떤 남편은 자신과 부인이 겪고 있는 불임 문제가 자신의 불륜으로 인한 하나님의 벌 때문이라고 믿었다. 게이, 레즈비언, 양성애자 그리고 성전환자들과 상담하는 데 있어서 치료사가 클라이언트의 걱정을 탐색하면서 고통의 영적 자원이 명백해질 수도 있다(Haldelman, 2004; 이 책의 제1장 참조). 예를 들어, 청소년의 우울증, 자해 그리고 자살 시도가 성 정체성의 위기를 겪고 있는 그리고 가족과 종교적인 비난을 두려워하거나 집단 따돌림을 당하고 있는 청소년들의 영적인 갈등을 포함할 수도 있다(Rosario, Yali, Hunter, & Viorst-Gwadz, 2006; Yahouse & Tan, 2005).

부부와 가족 관계에서 종교적인 가르침이 부인과 자녀들에게 모욕을 주거나 학대하는 것을 정당화하기 위하여 사용될 수도 있다(Whipple, 1987). 한 근본주의자 기독교 여성이 그녀가 남편의 권위에 도전했을 때 남편이 그녀를 때릴 권리가 있다고 치료사에게 말했다. 그녀는 '하나님의 여성'과 참된 부인은 복종해야만 한다는 믿음을 표현했고, 이러한 믿음이 그녀를 힘들게 했다고 말했다. 그녀의 남편은 이것은 그녀의 문제라는 데 동의했다. 비록 뒤섞인 문화적·종교적 전통에 의하여 지지된다 할지라도, 가족치료사들은 불의, 권력의 남용 그리고 해로운 행동에 대하여 도전해야 할 윤리적 책무성을 가지고 있다(Kimball & Knudson-Martin, 2002; McGoldrick, Giordano, & Garcia-Preto, 2005). 우리는 가족으로 하여금 모든 인간의 존엄성과 가치뿐만 아니라 관계 정의, 연민 그리고 상호 존중을 위하여 모든 믿음의 초월적인 가치를 이끌어 낼 수 있다.

임상가들은 가톨릭 성직자들의 젊은 소년·소녀에 대한 성적 학대로 야기된 심리적·관계적·영적 상처에 대하여 관심을 가질 필요가 있다(Pargament, Murray-Swank, & Nahoney, 발행 중). 그 문제 가운데서 교회가 소아애를 효과적으로 다루는 데 실패하여 많은 교구 주민을 믿음으로부터 소외시켜 왔다. 치료사들은 생존자들과 그들의 가족들을 치유하는 과정을 보고하고, 학대를 방지하기 위한 책임이 중요할 수 있다(이 책 제20장 참조).

치유와 레질리언스를 위한 영성 타진하기

고통, 종종 불의나 불의에 대한 무감각은 궁극적으로 영적인 문제다(이 책 제3장 참조). 역경과 고통은 다양한 종교적 전통 안에서 매우 다른 의미를 가지고 있으며, 종교적인 가르침을 통하여 각각의 믿음은 레질리언스를 불러일으킨다(이 책 제5장 참조). 레질리언스는 역경을 극복하고 강해지며 슬기로워질 수 있는 능력을 말한다(Walsh, 2003). 그것은 위기나 지속되는 삶의 도전으로부터 인내, 자기 복원 그리고 성장의 적극적인 과정이다. 외상 경험을 한 생존자들은 그들의 고통에 빠지거나 분노나 비난에 의하여 성장이 방해된다.

레질리언스와 외상후 성장에 관한 연구가 개인적인 믿음, 명상적인 실천이나 회중의 지지와 같은 영적 자원이 사람들로 하여금 그들의 고통스러운 상처를 치유하게 하며, 그들의 삶을 책임지게 하고, 계속해서 살아가게 하며, 충분히 사랑하는 데 도움을 준다는 것을 발견하게 한다.

Robert Coles(1997)는 용기와 역경 위에서 우리를 일으켜 세우는 삶을 지탱하는 신념의 힘으로서 '도덕적 에너지'라는 용어를 만들었다. 어려움이나 비인격적인 조건에 있는 어린이들을 연구하면서 Coles는 그들의 경험을 초월했던 많은 사람을 발견하였다. 그들은 연민, 공정함 그리고 품위를 소중하게 생각하였고, 그런 것들을 매우 조금밖에는 받고 있지 않았음에도 관대한 마음을 보여 주었다. 빈곤한 다문화가족 중 위험에 처한 젊은이들의 레질리언스에 관한 Werner와 Smith(2001)의 종단적 연구에서 믿음은 어린 시절부터 성인기를 통한 중요한 보호 요인이었다. 종교—불교도, 가톨릭교도, 몰몬교도, 여호와의 증인—가 목적 의식, 임무 그리고 구제를 제공하면서 역경 속에 있는 그들을 강화시켰다. 많은 사람이 구조화된 종교집단에 관여하는 것을 매우 신뢰한다. 추후 조사에서 레질리언스는 개발될 수 있으며, 인생의 어떤 시점에서 삶이 전환되었다는 것을 발견하였다. 위기가 종종 이전에는 두드리지 않았던 영적인 영역을 개방하게 하였다.

가족 레질리언스는 위기 시에 가족 체계를 규합하게 하는 중요한 과정을 포함한다. 스트레스를 완화시키고, 역기능의 위험을 감소시키며 모든 성원을 위한 최적의 적응을 하도록 돕는다(Walsh, 2003, 2006). 가족 믿음 체계는 역경과 고통의 시간에 표면화된다. 문화적이고 종교적인 믿음은 계속해서 진행되고 있는 교류를 통하여 전달되는 이러한 공유된 신념의 일차적인 근원이다. 레질리언스에 대한 강한 믿음—의미 만들기, 희망, 용기, 인내, 그리고 초월—은 모두 영성에 의하여 증진된다(Walsh, 2008). 가족 구성원들이 함께 협력하고 서로 지지함으로써 가족은 문제를 더 잘 해결할 수 있고 미래의 도전에 더 잘 대처할 수 있다. 영적 가치와 실천을 공유하는 것은 이러한 중요한 유대감을 강화시킬 수 있다.

레질리언스의 역설은 최악의 시간이 최선을 발휘하게 할 수 있다는 것이다. 위기는 예측하지 못한 방향에서 전환과 성장을 일으킬 수 있다. 위기는 사랑하는 사람의 중요성을 깨닫게 하거나 더 큰 의미와 성취에 대한 삶의 우선순위에 대하여 재평가를 불러일으킬 수 있다. 고통 가운데 우리가 우리 자신 안에서 더 깊게 찾고, 타인에게 접근하여 인내한 어려움이 영혼을 성장시킬 수 있는 길을 열어 준다.

결국에는 영적 믿음과 실천이 역경을 견디고 초월할 수 있는 능력을 강화시킨다. 가장 중요한 것은 위태로운 상황에 대하여 의미를 부여할 수 있고, 일하는 중에 어떤 더 큰 의미나 힘이 있는 신념을 가지게 된다는 것과 이러한 관점에서 위로와 힘을 발견할 수 있다는 것이다. 치료에서 숙고하는 질문들이 그러한 관점들에 대하여 탐색하고, 증진하게끔 할 수 있다.

영적 고통이나 의미있는 삶에 투자할 수 없는 무능력이 대처하고 통달하는 것을 방해한다. 외상후 스트레스 장애에 대한 베트남의 용어는 '영적 슬픔'이다. 우리는 클라이언트에게 가족사, 문화, 영성의 근원으로부터 전통, 실천, 믿음 공동체 안에 투자하도록 도울 수 있다. 새로운 영적 통로는 많은 사람에게 인간애에 대한 더 큰 비전과 그들의 레질리언스를 고무하는 의미 있는 연결을 제공할 수 있다.

건강과 믿음의 정신건강 혜택

우리의 믿음은 건강과 질병에 강력한 영향을 미친다. 믿음이 안녕감을 막을 수도 있고 촉진할 수도 있다. 의학 연구에서 믿음, 기도 그리고 영적 의식이 생리학적 체계에 영향을 주는 정서를 촉발시켜 건강과 치유를 강화할 수 있다는 충분한 증거를 발견한다(Koenig et al., 2001; Hill & Pargament, 2003). 예를 들어, 강한 종교적 믿음을 가지고 있는 노인들이 삶에 더 만족하고 혈압을 낮춰 심장 질환의 위험을 감소시키는 경향이 있다. 우울증과 알코올 남용 모두 기도에 의하여 감소된다. 종교적인 믿음 안에서 힘과 위로를 발견하는 사람이 믿음이 부족한 사람보다 훨씬 높은 비율로 대수술에서 생존한다. 믿음을 가지고 있는 것이 생리학적으로 진정시키는 것—더 차분한 마음이 심장 부정맥의 위험을 낮춘다—으로 나타난다. 믿음—자신의 전망에 대한 위로와 희망이 있는 것—이 예배나 전반적인 종교 활동에 참가하는 빈도 수보다 훨씬 더 중요한 것으로 나타난다. 비록 믿음에 차이가 있을지라도 심각한 상태를 회복하는 데 실패한 것을 단지 영적 순수성이 부족하다고 해서는 안 된다.

연구는 스트레스와 혈압을 줄이고, 수면과 정신적인 민감성을 향상시키며, 만성적인 통증을 조절하고, 관계에서 반응성을 낮추는 데 있어 명상의 중요한 영향을 입증하고 있다(Grossman, Niemann, Schmidt, & Walach, 2004; Kabat-Zinn, 2003). 기도의 효험에 대한 의학적 연구의 개관(Dossey, 1993)은 가장 유익한 기도는 직접적으로 기원하는 것이 아니라 '당신이 행할 것입니다.'라는 기도인 것을 발견한다. 숙고하는 실천이 면역, 심장혈관계, 신경계 체계에 긍정적인 영향을 미친다. 집단의 노래나 성가와 같은 종교적인 의식이 치유를 촉진할 수 있는 내분비 반응이나 면역 반응을 자극한다. 어떤 임상가들은 고통을 겪고 있는 클라이언트를 위해 기도하는 방법을 사용한다. 그렇지만 우리와는 다른 믿음을 가진 사람들과 비신자들이 선호하는 것을 존중하는 것이 중요하다.

죽음에 직면하기 그리고 상실에서 회복하기

죽음에 직면하는 것과 사랑하는 사람의 상실이 모든 삶의 도전에서 가장 고통스러운 것이다(Walsh & McGoldrick, 2004; 이 책 제4장 참조). 모든 문화에서 믿음전통은 삶의 의미와 사후에 어떤 일이 일어나는가에 대한 질문을 하면서 발전하였다. 비록 죽음과 상실에 대한 종교적인 접근법들이 매우 다르다 할지라도, 가족과 지역 공동체의 유대감은 이러한 통과를 편안하게 하고 생존자들을 위한 적응을 촉진하는 데 중심이 된다. 임상가들은 죄와 사후 처벌에 대한 믿음처럼 개인과 가족 고통의 종교적인 면을 고려해야 한다. 자살에 대한 종교적인 비난과 에이즈에 대한 낙인화는 가족에게 고통을 주는 수치감과 비밀을 유지하게 한다.

죽음은 용기와 연민을 가지고 공개적으로 죽음에 직면하는 사람에게는 선물을 제공한다. '영적 삶에 대한 개관'이 삶을 되돌아보게 할 수도 있고, 전체적으로 통합시킬 수 있으며, 지금까지 살아왔던 것처럼 삶과 타협하게 할 수도 있다(Helmeke, 2006). 인간의 그 어떤 경험 이상으로 죽음과 상실은 우리로 하여금 삶에서 가장 중요한 것을 생각하게 한다. 에이즈로 배우자를 잃은 건강보호 전문가인 한 클라이언트는 죽음과 상실로 인해 엄청난 충격을 받았고 완전히 변화되었다. 그는 "의학 훈련으로 가족에게 '영'이나 '혼'과 같은 단어들은 쓰지 않았다. 그러나 나는 질병과 죽음으로 인하여 영혼에 대하여 생각할 수 있었고, 영혼에 대하여 이해할 수 있는 축복이 주어졌다."라고 썼다.

죽음과 사후의 변화하는 개념을 이해하고, 죽음과 사후가 죽어 가는 사람과 유족에게 어떻게 영향을 미치고 위로해 주는가를 이해하는 것이 중요하다. 미국 원주민과 동양의 영적 전통을 가진 사람들에게 죽음을 다룰 수 있는 능력은 그들이 삶을 이해하는 더 큰 맥락에서 이루어진다. 즉, 인간은 자연계의 통합적인 부분이라는 것이다. 서양적인 사고에 익숙하고 문제해결 능력을 가진 사람들은 죽음을 멈추기 위하여 할 수 있는 것이 아무것도 없을 때 종종 더 많은 어려움을 경험한다. 무력감과 절망감은 갈등을 야기하거나 만나는 것을 회피하게 하며, 감정이 풍부한 의사소통을 방해한다. 치료사는 죽음과 상실감에 직면해 있는 가족 구성원들을 죽음의 과정에서 충분히 참여하여 함께 있으라고 격려하고, 그들을 돕기 위하여 그들의 영적 믿음과 실천을 끌어냄으로써 도울 수 있다(이 책 제4장 참조). 그들이 죽음에 대한 결정을 고뇌할 때, 종교적이고 도덕적인 관심이 언급될 필요가 있다.

외상적인 손상과 엄청난 재난의 결과로 영성이 회복, 레질리언스 그리고 외상후 성장에 중요한 역할을 한다(Koenig, 2006; Walsh, 2007). 가족뿐만 아니라 치료사들이 그러한 때에 압도당하고 절망적이라고 느낄 수 있다. 클라이언트들의 고통에 연민을 제공하고, 그들의 지역 공동체와 그들의 믿음으로부터 위안과 강점을 끌어내도록 돕는 것이 가장 중요하다.

중독 회복과 예방

연구자들은 중독에서 회복하고 물질 남용과 재발을 예방하는 데 있어서 영적 믿음과 실천의 역할에 대한 충분한 증거를 발견하였다(Koenig et al., 2001). 영성에 대한 강조가 AA(Alcoholics Anonymous)의 12단계 회복 프로그램에서 중요한 요소이며(Minnick, 1997), 이러한 내용은 부부 혹은 가족치료에 매우 중요할 수 있다(Berenson, 1990). 교제와 집단 지지를 제공하는 것을 넘어서 이러한 프로그램은 정체감, 통합, 내적인 삶 그리고 상호 의존과 관련한 영적 문제를 언급하고 있다. 그 단계들이 개인과 가족 구성원들에게 삶의 모든 면에서 절제와 더 큰 안녕감을 위한 원리를 실천하도록 준비시키는 영적 통찰을 촉진한다. 마약중독자를 위한 12단계 프로그램에 참석한 아프리카계 미국인과 라틴계 남자 도심 지역 참가자에 관한 연구(Greeen, Fullilove, & Fullilove, 1998)가 마약중독에서 회복하는 사람들이 프로그램을 통하여 초자연적인 힘을 받아들이면서 종종 강력한 영적 여정을 경험한다는 것을 발견하였다. 종종 이러한 영적인 각성이 절제와 함께 삶을 변화시킨다. 기도와 명상을 통하여 초자연적인 힘과 연결하는 것이 어려운 시간을 통하여 그들을 지탱해 온 것을 되돌아보게 한다. 회복의 순간 가운데 고요하게 기도를 하는 사람은 어려운 환경에 처한 사람에게 매우 도움이 될 수 있다. "내가 변화시킬 수 없는 것을 받아들일 수 있는 평온함, 내가 변화시킬 수 있는 것을 변화시킬 수 있는 용기 그리고 그 차이를 알 수 있는 지혜를 내가 가질 수 있는가?"

빈곤과 인종차별주의의 장벽 극복하기

종교적 믿음과 신도들의 지지가 사람들로 하여금 빈곤한 조건, 인종차별주의의 장벽 그리고 다른 역경에서 생존하게 하고 초월하도록 돕는다. 종교적 믿음과 신도들의 지지가 아프리카계 미국인과 라틴계 가족에게는 특히 중요했다(이 책의 제7장과 제8장 참조). 『빵과 영혼(Bread and Spirit)』이라는 책에서 Harry Aponte(1994)는 치료사들에게 빈곤한 사람들의 실질적인 욕구뿐만 아니라 영적인 욕구까지 관심을 가질 것을 촉구하고 있다. 그는 치료사들에게 이론과 기술을 뛰어넘어 사람들의 삶의 의미와 목적도 다루라고 격려한다.

> 치료는 영혼에 적이 될 수도 있고, 친구가 될 수도 있다. 치료의 기술은 전통, 의식 그리고 관습을 대체하려고 시도한다. 치료는 또한 영혼으로 가장해 왔다. 그렇지만 약물이 신체의 치유력과 협력할 때만 효과가 있듯이 치료도 단지 사람들의 삶에서 문화와 믿음의 고유한 힘과 합쳐질 때 효과가 있다(p. 8).

절망 가운데 비록 말이 없다 할지라도, 사랑, 용기, 희망의 정신은 여전히 남아 있다. Aponte는 우리가 치료사로서 그러한 잠재성을 깨닫고 가족과 공동체정신의 재활성화에 동참함으로써 영향을 줄 수 있다는 것을 믿는다(이 책의 제6장 참조).

가족의 영적 근원과 재연결하기

현재 어려움의 근원을 찾기 위하여 원가족을 알아보도록 훈련받은 치료사는 감춰진 자원들을 조사할 필요가 있다. 특히 억압된 경험이나 강요된 이민이 일관성 있는 정체감을 산산이 부수었거나 조상과 문화적 유산과의 중요한 연결이 단절되었을 때 종교적 근원의 강점을 발견하는 것이 치료 작업에서 중요할 수 있다(이 책의 제15장 참조).

예를 들어, 많은 아프리카계 미국인은 노예로 서아프리카에서 데려온 이슬람교도의 후예들이지만 그들은 종종 이러한 유산을 인식하지 못한다. 아프리카 종교의 실천이 억압되었고 처벌받았기 때문에, 이슬람교의 실천이 종종 비밀리에 행해졌고, 구술사나 그들의 근원을 알지 못한 채로 행동을 흉내 내는 가족 구성원들에 의하여 전수되었다. 임상 실천에 있는 아프리카계 미국인들의 가계도를 작성하면서 Mahmoud(2005)는 항상 동쪽을 향하여 기도하고, 돼지고기 먹는 것을 거절하며, 자녀들에게 '익살맞은'(비기독교인의) 이름을 지어 주고, 자녀에게 침례받는 것을 허락하지 않았던 먼 친척들을 떠올릴 수도 있다는 것을 발견한다. 가족의 종교적 유산과의 중요한 유대감을 회복하는 것이 치유와 임파워링이 될 수 있다.

용서와 재협상 촉진하기

연민, 용서 그리고 화해의 가치는 모든 주요한 종교 가르침의 핵심이다(Rye

et al., 2000). 힌두교에는 "만일 여러분이 용감한 사람을 보기 원한다면, 용서할 수 있는 사람들을 보시오."라는 글귀가 있다. 어떤 연구에서는 용서받지 못함은 상처받은 사람의 마음과 몸과 영혼을 손상시킨다는 성서의 가르침을 확인한다. 용서하는 사람들에 대한 생리적이고 심리적인 혜택의 증거와 함께 몇 가지 개별치료 접근법이 발전되었다(McCullough, Pargament, & Thoresen, 2000; Worthington, 2006). 부부와 가족치료에서 용서의 역할에 대한 관심은 점차 증가하고 있다(Fincham, Hall, & Beach, 2006; Legaree, Turner, & Lollis, 2007). Hargrave(1994)는 부부와 가족 관계에서 용서와 화해를 촉진할 수 있는 관계 모델을 개발하였다(이 책 제9장과 제16장 참조).

좀 더 폭넓게 체계적으로 접근하는 것이 엄청난 잠재성을 지니고 있다. 법적 체계 안에서 회복적 사법 제도를 위한 집단적인 다양한 발의는 회복된 존엄성과 인간애와 함께 피해자와 가해자 모두의 재통합과 임파워먼트를 목적으로 한다. 남아프리카에서 시작되었던 진실과 화해위원회는 널리 확산되어 있는 폭력과 고통을 초월하고 관계를 변화시키기 위하여 많은 다른 갈등 지역에서 채택된 모델이 되었다.

명상실천 사용

명상실천이 치료 작업을 고양하기 위하여 폭넓게 사용되고 있다(Germer, Siegel, & Fulton, 2005). 명상은 투명성과 평정을 발견할 수 있는 방법을 제공한다. 명상은 산만하고 '속시끄러움'의 마음을 비울 수 있으며, 고통에서 편안하게 해 줄 수 있고, 육체에서 긴장과 고통을 없애 줄 수 있다(Kabat-Zinn, 2003). 조용하고 집중하는 가운데 유념하면 더 계획적인 행동을 이끌어 낼 수 있다. 비록 명상이 신체적이고 심리적인 안녕감을 위하여 개별 클라이언트에게 가장 폭넓게 사용된다 할지라도, 명상은 관계 증진과 변화, 갈등 해결 그리고 화해를 위하여 대인 관계에 귀중한 혜택을 줄 수 있다(Baer, 2003; Barnes et al., 2007; Carson,

Carson, Gil, & Baucom, 2004).

베트남의 불교 선생인 Thich Nhat Hahn(2004)은 갈등을 겪고 있는 집단에서 평화와 비폭력을 고취하는 데 마음챙김 실천을 발전시켰다. 예를 들어, 그는 이스라엘과 팔레스타인 참가자들을 위한 수련회를 개최하고 있으며, 참가자들은 강렬한 반응과 오해를 진정시키기 위해 분리된 집단에서 마음챙김 훈련을 연습한다. 그들이 서로 어울릴 때, 서로의 고통과 인간애를 위한 연민이 더 잘 생길 수 있다. 이러한 단계들이 그들에게 평화를 위한 행동을 취할 수 있게 한다.

명상은 치료 과정의 부분으로서, 치료사에 대한 자원으로서 그리고 클라이언트의 자원으로서 다양한 방법으로 부부와 가족치료를 증진시킬 수 있다. 첫째, 치료 밖에서 치료사 자신의 명상실천은 치료적 라포, 집중력 효과성을 증진시킬 수 있다. 명상하는 실천 방법은 치료사들이 클라이언트들에게 더 개방적이고, 주의를 기울이며, 반응할 수 있게 하며, 치료사들의 혼란 속에서 평정을 유지할 수 있게 하는 임상가들의 의식과 지혜를 심화시킬 수 있다. 명상은 또한 치료적인 만남 안에서 발생되는 새로운 가능성에 대한 창조적 과정과 개방성을 고조시킨다. 치료사들은 변화를 위하여 밀어붙이기보다는 과정이 더 자연스럽게 흘러감으로써 더 편안해지고 성공적이 된다는 것을 발견한다. 명상의 주기적인 실천은 치료사들의 연민에서 오는 피곤함을 누그러뜨리며 상담과 관련된 소진을 예방한다(이 책의 제14장 참조).

둘째, 치료사들이 클라이언트들에게 상담 세션 밖에서 명상이나 심호흡 혹은 요가와 같은 통합적인 접근법을 실천하도록 권유할 수 있다. 이것은 특히 정신적 혹은 신체적 고통에 의하여 불안하고 우울하며 낙담한 사람에게 도움이 될 수 있다. 명상의 형태는 클라이언트의 영적 믿음, 선호성 그리고 위안과 맞아야만 한다. 비록 이러한 접근법 중 많은 것이 불교와 힌두 전통에서 왔다 할지라도, 그러한 접근법들이 많은 믿음 성향을 보완할 수 있으며, 세속적인 사람도 폭넓게 사용할 수 있다. 믿음을 가지고 있는 모든 사람이 어떤 형식—암송, 성가 부르기, 묵주기도 등—의 명상을 실천한다. 어떤 사람은 사색적인 분위기에서 음악을 듣거나 시를 읽는 것을 선호하고, 어떤 사람은 이른 아침 산책을 하는 가운데 평정심을 유지하는 것을 선호할 수도 있다. 사랑하는 사람들과 함께 명상하는 경험을 공유하는 것은 진실하고 감정이입적인 의사소통을 촉진하며, 방어적인 반응을 감소시키고, 부부와 가족의 유대감을 심화시킬 수 있다.

명상은 상담 회기 안에서와 회기 사이에서 치료를 증진하기 위하여 클라이언트에게 더 직접적으로 사용할 수 있다(Germer, Siegel, & Fulton, 2005). 치료사들은 상담회기 전후에 클라이언트가 명상할 수 있는 조용한 장소를 제공하거나 상담을 시작할 때나 마칠 때 혹은 힘들어 할 때나 의기소침해진 토론 후에 함께 침묵 명상을 위해 몇 분을 할애할 수도 있다. 치료 과정에서 부부에게 하는 치료사들의 사색적인 질문들이 부부를 심사숙고하게 할 수 있으며, 사소한 골칫거리로부터 더 의미 있는 대화를 하게 할 수 있다. 치료사들이 더 진솔하고 감정적인 의사소통과 상호 이해 그리고 관계에서 오는 상처에 대한 연민을 촉진하기 위하여 부부나 가족 구성원들과 함께 상호적인 훈련을 이끌 수 있다(이 책 제13장 참조). 치료사가 가족 구성원들과의 스트레스 받는 만남 전이나 원가족 관계 안에서 관계 변화를 일으키기 위한 코칭 작업의 일환으로 클라이언트를 명상하도록 독려할 수도 있다. Nhat Han(2003)은 부부와 부모-자녀 관계, 원가족, 조상, 문화적 뿌리와 더 깊이 연결하기 위해서 많은 실천 방법을 발전시켰다. 그는 그들의 작업 끝에서 분쟁 당사자들이 서명할 '평화 조약'을 설계하기도 했다.

매우 상처받기 쉬운 클라이언트들이 분열을 경험할 수도 있다는 우려에도 Bell(1998)은 명상이 통합과 전체성, 즉 클라이언트의 더 분명한 지식과 자신의 수용 그리고 타인과의 더 깊은 유대감을 제공한다고 주장한다. 심호흡운동은 불안을 감소시키면서 마음과 몸과 정신을 연결시킨다. 동시에 치료사들은 천천히 진행시킬 것과 외상을 입은 생존자들처럼 힘들거나 고통스러운 기억과 감정이 나타날 수 있는 클라이언트들을 준비시키라고 주의를 받는다. 치료사들은 클라이언트들로 하여금 그들의 변화를 촉진하는 안전하고 한계가 있으며 중심이 있는 방법 안에서 그러한 경험을 유지하도록 도울 수 있다(이 책 제14장 참조). 치료사는 상처받기 쉬운 클라이언트가 어린 시절에 돌봐 주는 사람과의 상호작용을 상상하며, 마음속에 있는 순간을 유지하고, 그때 할머니의 팔 안에 안겨 있는 안전하고 안락한 느낌과 같은 그러한 경험을 묘사할 것을 제안하면서 가이드가 지도하는 형상화를 사용할 수 있다.

의식의 사용

성례, 의식, 이야기, 음악, 명상과 성찬식을 통하여 우리는 우리의 가장 깊은 영적 중심과 우리 자신 밖에 있는 모든 것과 연결되는 것을 발견한다. 호피족 속담에 다음과 같은 글귀가 있다. "열심히 일하며 의식을 지키고 평화롭게 살면서 여러분의 양심에 따르라." 의식은 변천과 익숙하지 않은 상황을 수월하게 통과할 수 있게 하며 장례식에서 하는 것처럼 우리의 행위와 반응을 글로 쓰게 할 수도 있다. 의식은 가장 어두운 시대를 통하여 용기를 불러일으킬 수도 있다.

콜롬비아 정글에 6년간 생포되었던 Ingrid Betancourt는 생존을 위하여 로마 가톨릭 신앙에 의지하였다. 그녀는 하나님과 이야기하고 기도하면서 그리고 명상 같은 매일의 영적 실천에서 위로와 온전한 정신 그리고 안정감을 발견하였다. 그녀는 아버지가 묵주에 대해 했던 말을 떠올리면서 재킷에 붙은 단추와 그녀를 억류했던 이들이 소총을 묶었던 끈으로 투박한 묵주를 만들었다. 10개의 구슬로 만드는 것인지 확실하지 않아서 그녀는 '만약의 경우를 위해서' 15개의 구슬을 사용하였다. 그녀는 "그것은 모든 것의 마술이었다. 여러분은 인간의 어두운 면을 가질 수도 있으나 자신을 빛에 연결할 수도 있으며, 타인에게 엄청난 빛이 될 수도 있다. 그래서 나는 그것이 영적인 존재가 의미하는 것이라고 생각한다."(Erlanger, 2008, p. A6에서 인용)라고 말했다.

Imber-Black, Roberts 그리고 Whiting(2003)이 가족치료에서 의식 사용을 위한 원리와 가이드라인을 만들었다(이 책 제12장과 제19장 참조). 치료사는 가족 구성원들에게 자신의 과거에 의미가 있었던 영적인 의식을 이끌어 내도록 격려할 수 있다. 우리는 또한 무의미한 의식을 의미 있는 의식으로 변화시키고 새로운 의식을 창조하거나 더 개인적이고 초월적인 영성을 표현하는 데 있어 공식적인 종교적 차이를 연결시킬 수 있다.

타인에 대한 봉사와 행동주의 격려하기

고통은 타인의 고통에 대한 동정심을 유발할 수 있다. 우리는 그러한 초월의 순간과 타인에 대한 관심의 표현을 경청할 수 있다. 우리는 타인을 유익하게 하기 위한 행동을 취하기 위하여 개인적인 역경이나 비극을 초월하기 위한 욕구의 불꽃을 일으킬 수 있다(Aldarondo, 2007). 술에 절어 있는 한 전쟁참전용사는 다섯 아이의 죽음을 경험했고, 그 와중에서 자신의 역할과 아이들의 삶을 되돌릴 수 없는 자신의 무능력으로 인하여 고통에 시달렸다. 군목이 그에게 "당신이 생사의 기로에 놓인 다섯 어린이를 발견해서 그들의 목숨을 구할 수 있었다고 생각합니까?" 라고 물어봤다.

종종 사회적인 옹호는 치료사들이 격려할 수 있는 용기, 결단력 그리고 인내를 요구한다. 이러한 노력은 클라이언트를 위한 치유 방법에서 한 바퀴 크게 돌아온다. Perry와 Rolland(이 책 제20장 참조)는 영적으로 고무된 행동주의를 임상실천으로 불러들이고 더 커다란 체계적인 '반대의 영성'을 언급하기 위하여 협력을 구축하는 데 더 폭넓은 역할을 야기할 수 있는 방법을 제안한다.

영적 다양성에 대한 반응

사회가 점차 다양해지면서 치료사들은 많은 믿음과 영적 다원주의를 발전시킬 필요성과 다양한 믿음과 실천에 대한 지식과 존중을 더 많이 접하게 된다(Richards & Bergin, 2000). 치료 접근법과 서비스는 이러한 영적 다양성에 민감해지고 반응할 필요가 있다. 특히 지배적인 문화 집단에서 온 치료사들로서 우리는 우리의 가치를 규범으로 받아들이지 않도록 혹은 믿음과 실천에서의 차이에 대하여 판단하지 않도록 주의해야 한다. 대신에 우리는 클라이언트의 삶에서 그것들의 의미와 기능을 이해하도록 해야만 한다.

문화적인 전통과 영적 믿음은 정신건강과 의료에 대한 전체적인 접근 안에서 통합될 필요가 있다. 동남 아시아에서 온 한 몽족 가족이 발작을 일으킨 젊은 딸을 응급실에 데려왔을 때, 혼재된 문화적 위기가 발생했다(Fadiman, 1997). 가족들은 딸의 고통을 줄여 주기를 원했으나, 발작을 멈추는 것은 원하지는 않았다. 왜냐하면 그들은 딸의 발작을 영적 세계와 긍정적인 연결을 의미하는 신성한 마취 상태로 믿었기 때문이다. 그들은 "영혼이 딸을 잡고 있어서 딸이 발작을 한다."라고 표현한다. 선의를 가진 의료진이 딸의 발작을 치료하기 위하여 그 소녀를 부모에게서 강제로 분리시키라는 법원의 명령서를 얻어 냈다. 그렇지만 이것은 오히려 그녀의 고통을 더 증진시켰다. 소외된 부모는 그녀가 집으로 퇴원한 후 딸의 치료를 거부하였고 결과적으로 비극을 불러왔다. 만일 의료전문가들이 적대적인 접근법을 취하는 대신에 그 가족의 영적 믿음을 이해하고 협력하려고 했다면, 비극은 비껴갈 수도 있었을 것이다.

치료사들은 가족 내의 증가하고 있는 민족적 · 인종적 · 종교적 다양성과 함께 배우자, 부모, 확대가족 구성원들을 더 잘 이해하고 서로의 믿음과 실천을 존중하도록 도울 수 있다. 갈등을 해결하고 단절 관계를 회복하기 위하여 우리는 클라이언트들로 하여금 대립을 피하거나 도덕적 우월성 혹은 자신이 옳다는 자세로부터 다른 영적 통로를 수용하게 할 수도 있다.

치료사들이 클라이언트와 같은 믿음을 가지고 있을 때에는 라포를 형성하기가 더 쉬울 수 있다. 그렇지만 치료사가 클라이언트와 과도하게 동일시하여 종교의 긍정적 · 부정적 영향을 볼 수 있거나 근본적이라고 가정한 믿음에 대하여 의문시하는 것을 주저할 수 있다. 만일 우리가 클라이언트와 똑같은 종교적 배경을 공유한다면, 그들은 우리가 공식적인 교리에 따라 그들을 판단한다고 가정할 수도 있다.

클라이언트보다 더 세속적이거나 같은 믿음을 가지고 있지 않은 치료사들은 특히 매우 종교적인 가족들과 함께할 때 차이를 존중할 필요가 있다(Delaney, Miller, & Bisono, 2007). 치료사들이 클라이언트들의 매우 다양한 영적 성향에 대하여 지식이 깊지 않을 수도 있으며, 종교적인 상담을 제공할 수 있도록 훈련되어 있지 않을 수도 있다. 여전히 우리의 실천은 앞에서 언급하였다시피 최근에 발행된 문헌을 통하여 알려질 수 있다. McGoldrick과 동료들(2005)이 강조하듯이, 문화적으로 민감한 실천은 핵심적인 믿음의 심오한 영향에 대한 의식과 클라이언트에게서 배우려는 개방성과 함께 시작한다. 대부분의 개인, 부부 그리고 가족들이 믿음 안에서 그리고 믿음을 넘어서 특별한 믿음과 실천이 혼합되고 재형성되는 다양한 방법(이 책 제1장 참조)은 치료사들이 천편일률적인 가정과 일반화에 대하여 주의할 필요가 있다는 것을 의미한다. 우리는 클라이언트들로부터 그들의 영적 여정, 그들의 욕구와 선호하는 것, 그들이 어떻게 상처를 받을 수도 있었으며, 어떻게 치유하였는가에 대하여 배워야만 한다. 우리는 클라이언트의 삶에 심오한 의미를 지니는 종교적이고 영적인 의문 사항과 믿음에 대하여 경청하고 탐색하는 데 솔직할 필요가 있다. 가장 중요한 것은 우리는 클라이언트들이 현재의 도전에 대처하고, 개인적 · 관계적 성장을 경험하기 위한 영적 통로를 개방하고 확장시킬 수 있도록 그들의 노력을 북돋워 줄 필요가 있다.

믿음의 도약: 치료의 영적 본질

심리치료의 참된 과정에서 최고의 것은 치유와 레질리언스를 위한 영적 원천이 되는 것이다. 가족치료 분야가 성숙해지면서 우리는 점차 우리 노력의 가치가 치료사의 전략과 기술보다는 클라이언트와의 협력적인 관계의 질에서 더 많이 발견되는 것을 보게 되었다. 치료에서 레질리언스를 추구하는 접근법은 이러한 '용감한 협력'을 통하여 구축된다(Waters & Lawrence, 1993). 우리는 클라이언트들을 자신의 삶의 여정에 도전해 온 영웅으로 이해하고, 의미와 목적을 위한 갈망을 두드리며, 전체적으로 건강하다는 느낌을 촉진하는 것을 추구한다. Becvar(1996)는 영혼을 풍요롭게 하는 동시에 희망과 꿈을 따라가며 마음이 가는 길을 따라갈 필요성을 강조하였다.

클라이언트뿐만 아니라 치료사로서의 우리는 도덕적인 딜레마를 언급하고, 강요하고 있는 믿음이나 파괴적인 행동에 대한 질문을 하며, 절망에서 떠나 그들의 희망과 꿈에 도달하려는 클라이언트의 시도를 지지하고, 그들의 실수에서 배우며, 클라이언트의 최고의 의도에 영향을 줄 수 있는 용기가 필요하다. 클라이언트가 희망을 잃었을 때, 클라이언트의 잠재성에 대한 우리의 믿음이 그들의 믿음을 회복시킬 수 있다. 우리가 클라이언트의 가치를 믿을 때, 클라이언트는 확신과 능력을 가지고 도전에 대처하기 위하여 더 잘 일어날 수 있다. 인간적인 연결을 귀중하게 생각하는 우리는 클라이언트로 하여금 상처 입은 관계를 회복시키기 위하여 화해를 추구하고, 더 의미 있는 개인적 · 영적 유대감을 형성하도록 용기를 줄 수 있다. 이러한 것들은 근본적으로 영적인 노력이다(Aponte, 2002).

요즘 시대에 우리는 삶과 죽음, 사랑과 상실, 외상과 회복, 의미와 목적에 혼이 담긴 대화에 대한 클라이언트들의 욕구에 대처하기 위하여 더 빠른 문제해결에 대한 문화적 압력뿐만 아니라 관리의료와 매뉴얼화된 치료의 제약에 도전해야 한다. 치료는 여전히 단기적이여야 하며, 우리가 의식적으로 현재 중심으로 개방적이고 존중하며 호기심이 있고 애정 어릴 때조차 우리는 클라이언트와 깊고 의미 있는 연결을 할 수 있으며, 치유와 변화 그리고 성장을 위한 과정을 지지할 수 있다. 우리 중 다수가 더 의도적인 방향에서 우리의 모습과 행위를 변화시켰던 삶에서의 단 한 번의 만남을 회상할 수 있다. 그러한 힘과 잠재성이 개인과 부부 그리고 가족 안에 있으며, 우리는 치료적인 만남 안에서 활성화되는 것과 우리가 용기를 북돋워 주는 것과 함께 그들의 삶 속에 있는 영성을 통하여 양육되는 것을 목격한다.

지식보다 영성에 의지하여 상담하게 되면서, 나는 비록 덜 알게 되었을지라도 클라이언트의 잠재성에 대한 확신과 함께 나의 믿음이 성장한다. 나는 이것이 나를 더 좋은 치료사로 만들었다는 것을 믿는다. Mary Jo Barrett과 Keith Weingarten이 그들의 치료적 작업에서 발견했듯이 이러한 더 깊은 작업이 클라이언트를 변화시킬 뿐만 아니라 치료사를 원기 회복시킬 수 있다.

우리 자신의 영적 뿌리와 가지 탐색하기

우리가 영성을 인간 경험의 중요한 영역으로 인정할 때, 치료사인 우리는 자신의 영적 성향(무신론자, 불가지론자 혹은 세속적인 인본주의자 관점을 포함하여)과 치료 작업에서 영성의 영향을 점검해 볼 필요가 있다. 우리의 문화적 전통과 가족의 전통 그리고 그들의 유산뿐만 아니라 우리의 현재 믿음에 대한 신념과 실천은 의도적이건 비의도적이건 간에 많은 방법으로 작용한다. 만일 우리가 영성을 공식적이고 제도화된 종교에 한정된 것으로 좁고 엄격하게 바라본다면, 우리는 영적 경험에 대한 많은 가능성을 평가하지 못할 수도 있다. 만일 종교에 대한 어린 시절의 경험이 주로 부정적이거나 영적 의미가 전혀 없었다면, 그러한 경험이 고통 속에 있는 클라이언트를 위한 강점과 위로의 근원으로서 영성의 잠재성을 깨닫는 것을 방해할 수도 있다. 치료사와 수습생은 그들의 가족 전통에 대한 지식과 자신의 영적 여정에 대하여 깊이 이해함으로써 혜택을 입는다(이 책 제19장 참조). 그러한 자아성찰은 클라이언트의 영적 고통을 접근하는 데 우리의 위로와 치유 그리고 성장을 위한 자원을 증진시킨다.

나의 개인적 영적 여정

나의 원가족에서는 영성이 중요했기 때문에 나에게는 영성을 탐색하는 것은 놀라운 일이 아니었다. 많은 가족처럼 종교는 비밀과 갈등 그리고 단절로 가득한 우리의 삶에서 복잡한 문제였다. 내 어머니가 가톨릭교회를 떠나서 아버지와 결혼했을 때, 유대교로 개종하면서 어머니의 가족과 절연했다. 어머니가 돌아가시기 직전 난 스물일곱이었는데, 나는 어머니를 더 잘 알고 싶었다. 그때 어머니는 아버지에게조차 말하지 않은 비밀을 나에게 털어놓았다. 어머니는 17년 동안 수녀였다. 나에게 남아 있는 많은 질문을 하기 전에 어머니는 돌아가셨다. 나의 원가족과 작업을 통하여 어머니의 가족과 재연결되었고, 나의 가톨릭 뿌리에 대하여 더 많은 것을 알게 되었다.

이름을 짓는 것은 종종 세대를 건너서 그리고 결혼에 의하여 가족들을 결합시키는 연결고리 중 하나다. 내 가족에게는 이름을 짓는 것이 어머니의 삶과 정체성의 이질적인 실을 함께 짜기 위한 하나의 방법이 되었다. 독실한 프랑스 캐나다인 가톨릭교도였던 외할머니는 어머니와 외삼촌의 이름을 Mary와 Joseph으로 지었다. 외할머니는 호감 가는 아들이 사제가 되기를 바랐으나, 외삼촌(Joseph)은 애인과 결혼하기 위하여 신학교를 떠났다. 외할머니의 인정을 얻기를 바라면서 어머니는 그의 이름까지 본떠서 자매 Josephin이라고 지었다. 그녀는 궁극적으로 '평범한' 삶을 살아가기 위하여 수도회를 떠났고, 그녀는 Mary Jo가 됨에 따라 자신의 정체성의 일부분을 유지하였다. 어머니가 아버지와 결혼하여 유대교로 개종하였을 때(시어머니의 강력한 요청에 의하여), 그녀는 Jo로 알려졌다. 종교적으로 나누어지는 것을 연결하고, 어머니는 시어머니의 인정을 받기 위하여 아버지의 외할머니, Frimid의 이름을 본떠 내 이름을 지었다(아이러니하게도 나의 유대교 할머니는 그녀의 나머지 생애를 「크리스천 사이언스」를 읽으면서 보냈다).

내가 성인이 되어서야 나는 내 이름 Froma(Frimid처럼)가 경건한 혹은 영적인 의미인 유대인의 이름 Fruma에서 파생되었다는 것을 알게 되었다(그 누구도 여태까지 나에게 그 의미를 언급해 주지 않았다). 내 이름이 내 어머니에게는 중요했을 것이다. 비록 어머니가 세속적인 삶을 선택했다 할지라도, 그녀는 매우 영적인 사람으로 남았다. 그녀는 유대교를 공부했고, 내가 주일학교에서 견진성사를 받도록 했다. 어머니는 천부적인 음악가로서 사원 오르간 연주자가 되었다.

내 어머니는 유대인 문화교육촉진협회 회장으로 선출되었다. 그렇지만 그때 일부 신도들이 어머니가 그 자리를 차지하는 것이 적절치 않고, 어머니가 실제로 유대인이 아니라고 주장하면서 어머니를 공격했다. 어머니는 엄청난 충격을 받았다. 어머니와 아버지는 남은 삶을 위하여 함께 공식적인 종교에서 물러났다. 나는 대학으로 떠났고, 내 어머니가 느껴야만 했던 것만큼이나 그 어느 곳에서도 완전히 소속되지 못했다고 느끼면서 수년간을 유대교로부터 나 자신을 분리시켰다. 아버지는 여전히 유대교의 믿음과 맞는 프리메이슨의 집회소를 통하여 영적인 연결을 발견하였고, 결코 기독교적인 맹세를 하지 않았다.

나는 항상 다양한 믿음과 윤리적인 배경을 지닌 친구들이 있었다. 대학시절, 내 (기독교) 친구들이 여학생 클럽을 모집하기 위해 모든 사람을 초대한 적이 있었다. 하지만 나는 가입을 거절당했고 그때 처음으로 반유대주의를 경험하였다 (나는 차별받기를 원하지 않았기 때문에 유대인의 집에 신청하지 않았다). 집단 내에서 유대인처럼 편견과 차별의 낙인화를 경험했던 사람들은 더 큰 사회의 편견에 흡수될 수도 있으며, 자신의 종교적 정체성에 대하여 갈등을 겪게 된다. 그러한 긴장이 한동안 나 자신을 유대교의 뿌리에서 거리를 두게 만들었다. 하지만 나의 위기 경험이 변화되었다. 나는 아파트에서 자신을 발견하였고, 연구에 몰두하였다. 깊은 몰두가 학습에 대한 나의 열정을 일깨웠다. 나는 또한 세상에 대한 더 폭넓은 관점을 얻었다. 나는 시민평등권운동에 관여하였고, 졸업하면서 평화봉사단에 들어갔다. 나는 다행히 모로코에서 봉사하였으며, 그곳에서의 일상생활에서 강한 친족 유대감과 부자나 가난한 자, 친구나 이방인에게까지 확대하여 솔직한 관대함을 실행하는 베르베르의 영적 전통을 가진 이슬람교도와 혼합된 모로코인에게 깊은 감명을 받았다.

음악은 나에게 영적인 공명을 가지고 있으며, 어머니와 나 모두에게 유대감을 준다. 재능이 있는 음악가이자 존경받는 피아노 선생님이었던 어머니는 사원에서 오르간 연주자였을 뿐만 아니라 위대한 찬가와 종교음악을 지휘하면서 지역 공동체에 있는 몇 개의 기독교 모임 신도들을 위하여 공휴일에 연주하였다. 음악은 신성하든 세속적이든 간에 어머니에게는 초월적인 영적 경험이었고, 모든 형태의 음악에 대한 어머니의 열정을 물려받은 나 또한 많은 경우 어머니와 함께 어울림으로써 그렇게 되었다. 나에게 가장 행복감을 주는 것은 바흐 미사곡 나단조부터 브람스의 진혼곡까지 위대한 합창곡을 부르는 것이었다. 딸과 나는 이러한 유대감을 공유한다. 스트레스를 받을 때, 우리는 눈을 감고 켈트 음악, 세네갈 리듬 혹은 다른 매우 감동적인 음악을 듣는다.

치료적 접점

우리 자신의 영적 여정은 예상치 못했던 방법 안에서 치료 작업에 영향을 미칠 수 있다. 20년 전, 나는 자동차 사고로 아버지의 갑작스러운 죽음의 여파에 놓인 가족을 상담하였다. 그 아버지는 가족에게 사랑을 받았던 만큼이나 신도들에게 사랑받았던 목회자였다. 아버지가 죽은 지 수개월이 지나 어머니는 4명의 자녀 중 3명과 함께 새로운 삶을 시작하기 위하여 새로운 지역 공동체로 이사를 갔다. 그들이 얼마 후에 청소년 분리 문제에 대하여 도움을 받기 위하여 내방하였고, 우리는 그들의 고통스럽고 해결되지 못한 상실감에 대한 많은 영향을 다루기 위하여 함께 상담하였다. 이후 나는 상실감에 대한 수업에서 우리의 '성공적인' 상담을 이야기했다. 어느 날, 수업시간에 한 신학생이 다음과 같은 간단한 질문을 하였다. "아버지의 죽음 후에 그들의 영성이 달라졌나요?" 그 질문에 나는 식은땀이 흘렀다. 나는 솔직하게 모른다고 말했다. 나는 그런 질문을 받아 본 적이 없었다. 그리고 여태까지 어떤 가족도 그것을 언급해 본 적이 없었다.

더군다나 그녀의 아버지가 사망했을 때 열일곱 살이었던 장녀는 그녀의 가족에게 봉사적이었던 사이비종교 지도자가 있는 집단의 공동체에서 살기 위하여 가출했다. 비록 그녀의 어머니와 나는 시간이 지나면서 그들의 관계를 회복하기 위하여 성공적으로 상담을 했다 할지라도, 그녀의 가족과 지역 공동체의 영적인 지도자였던 아버지의 대체물로 사이비종교 집단과 카리스마 있는 지도자에 대한 딸의 애착 관계의 영적 의미까지는 탐색하지 못했다.

특히 아버지가 기독교 목회자였고 교회 공동체가 가정생활의 중심이 되어 왔던 경우에 내가 어떻게 가족 상실감에 대한 영적인 영역을 고려할 수 있었겠는가? 많은 사례 발표에서 어느 동료 임상가나 학생도 이제껏 그 주제를 제기하지 않았었다. 모든 영성에 대한 의식이 내 임상 훈련에 의해서 지워졌다. 영적인 것을 돌보라고 훈련받은 신학생만이 이러한 감춰진 영역을 볼 수 있었다. 나중에 심사숙고하는 과정에서 나는 그때 나의 의식 밖에 있었던 내 복잡한 정체감에 대한 불안이 가족의 영적 고통에 대한 나의 무지에 기여했다고 믿게 되었다. 내가 자신의 영적 복잡성을 수용하면서 내 클라이언트의 삶의 영적인 영역을 탐색하는 데 편안해지고 시야가 훨씬 넓어진다는 것을 발견하였다.

치료사로서 내 역할에서 만일 내 종교에 대하여 질문을 받는다면, 나는 내가 유대교와 기독교에 뿌리를 두고 있으며 세상에 있는 많은 믿음전통에 깊은 관심이 있고, 그러한 믿음전통은 의미와 연결을 위한 영적 통로로 보인다고 말한다. 나는 또한 더 세속적인 사람들이 영적 의미와 자양분을 발견하는 방법뿐만 아니라 많은 사람이 선택하고 그들의 삶에 맞게 믿음신념과 실천을 조화하는 다양한 방법에 관심이 있다는 것을 덧붙인다. 클라이언트들과 상담할 때, 만일 내가 내 영적 여정의 어떤 면을 간단히 공유하는 것이 그들에게 도움이 될 수도 있다는 것을 생각한다면, 나는 그것이 그들의 딜레마에도 연결될 수 있거나 그들의 영적 통로에 영감을 줄 수도 있다고 본다. 치료사의 어떠한 노출도 그것의 적절함에 따라 섬세한 민감성과 함께 클라이언트를 전향시키지 않도록 주의하면서, 클라이언트의 목적에 맞는 상담에서 잠재적인 가치와 함께 행해져야만 한다.

나는 나 자신의 영적 여정을 인식과 연결을 깊게 하고 확장하기를 바라면서,

이는 평생의 탐색 과정으로 본다. 내 책꽂이는 읽고 또 읽으라고 소리치는 책들로 가득 차 있다. 비록 내가 어떤 하나의 종교적인 범주에 딱 맞지는 않는다고 하더라도, 나는 유대교의 종교적이고 문화적인 뿌리에서 가장 강한 정체감을 발견한다. 내 부모처럼 나는 여전히 많은 믿음전통의 요소들을 나의 깊은 개인적인 영성에 조화시켜 왔다. 나는 기독교도, 불교도, 이슬람교도와 미국 원주민 전통의 많은 면과 관련되어 있다는 것을 느낀다. 나는 갈등 속에서 이러한 것들을 보기보다는 그들이 영혼에 접근하는 많은 귀중한 방법을 제공하고, 사랑, 겸손, 관대함 그리고 연민의 모든 공유하는 가치를 제공하는 것으로 경험한다. 각각의 믿음전통은 우리로 하여금 '우리가 어디에서 왔는가? 왜 우리는 여기에 있는가? 그리고 우리는 어디로 가고 있는가?'와 같은 보편적인 질문을 해결하기 위하여 고심하는 것을 돕는다. 우리는 답을 찾기 위하여 다른 믿음이나 세속적인 인본주의에 의존할 수도 있다. 가장 중요한 것은 여정 그 자체다. 우리는 비록 답을 찾기 힘들 때와 각각의 답이 새로운 신비 속에 노출되었을 때조차 탐구 속에서 의미를 발견한다.

치료의 치유 예술은 영적 여정처럼 많은 것을 가지고 있다. 미국 원주민 학자인 Vine Deloria(1994)는 우리에게 자신의 안녕감뿐만 아니라 다가올 세대를 위하여 이러한 영적 통로를 따르라고 충고한다. "인류의 미래는 자신의 삶을 이해하려고 하고, 모든 생명체에 대해 책임지려는 사람들을 기다린다." (p. 272)

결 론

불교는 우리에게 초심을 유지하라고 조언한다. 이 장은 이 책의 다른 장처럼 전문가의 입장에서가 아니라 이러한 중요한 경험의 영역에 우리의 치료적 실천을 개방하는 다양한 믿음의 관점을 제공한다. 치료사들이 우리 사회에서 영적인 다양성에 대하여 공감하는 것이 중요하다. 다양한 믿음 공동체를 방문하는 것처럼 자신의 전통과는 다른 종교적 · 영적인 신념에 자신을 익숙하게 하는 경험이 타인에 대한 우리의 이해를 깊게 할 수 있고, 우리의 연결에 대한 느낌을 강화시킨다. 이 책에서 인용한 많은 책이 클라이언트가 가져올 수 있는 다양한 신념과 실천에 대한 우리의 지식을 넓혀 준다. 핵심 신념에 대한 초반의 이해가 치료적인 라포를 방해하는 무지나 잘못된 가정 혹은 판에 박힌 관점을 막는 데 도움을 줄 수 있다. 그것이 우리의 실천과 우리의 개인적인 삶에 있어서 레질리언스와 성장에 대한 새로운 영적 가능성뿐만 아니라 우리의 믿음전통에 대한 더 깊은 탐색을 고취시킬 수 있다.

Pargament(2007)가 경고한 것처럼 영적 자원이란 단순히 또 다른 문제해결 도구나 치료 기술이 아니다. 대신에 영적 자원은 더 큰 세계관 안에 들어 있는 것이며 개인 · 부부 혹은 가족의 영적 여정을 촉진시킨다. 그것들은 삶과 인생의 도전에 투쟁하기 위한 자원들이다. 그것들은 클라이언트들과 우리 자신에게 희망, 의미, 연결 그리고 영감의 저장소를 두드리게 할 수 있다.

참 | 고 | 문 | 헌

Aldarondo, E. (Ed.). (2007). *Advancing social justice through clinical practice.* Mahwah, NJ: Erlbaum.

American Psychiatric Association. (1994). *Diagnostic and statistical manual of mental disorders* (4th ed.). Washington, DC: Author.

Anderson, D. A., & Worthen, D. (1997). Exploring a fourth dimension: Spirituality as a resource for the couple therapist. *Journal of Marital and Family Therapy, 23,* 2-12.

Aponte, H. (1994). *Bread and spirit: Therapy with the new poor.* New York: Norton.

Aponte, H. (2002). Spirituality: The heart of therapy. *Journal of Family Psychotherapy, 13*(1-2), 13-27.

Baer, R. A. (2003). Mindfulness training as a clinical intervention: A conceptual and empirical review. *Clinical Psychology: Science and Practice, 10,* 125-143.

Barnes, S., Brown, K. W., Krusemark, E., Campbell, W. K., & Rogge, R. D. (2007). The role of mindfulness in romantic relationship satisfaction and responses to relationship stress. *Journal of Marital and Family Therapy, 33*(4), 482-500.

Bateson, G. (1979). *Mind and nature: A necessary unity.* New York: Dutton.

Baucom, D. H. (2001). Religion and the science of relationships: Is a happy marriage possible? *Journal of Family Psychology, 15*(4), 652-656.

Becvar, D. (1996). *Soul healing: A spiritual orientation in counseling and therapy.* New York: Basic Books.

Bell, L. G. (1998). Start with meditation. In T. Nelson & T. Trepper (Eds.), *101 interventions in family therapy* (Vol. 2, pp. 52-56). New York: Haworth Press.

Berenson, D. (1990). A systemic view of spirituality: God and twelve-step programs as resources in family therapy. *Journal of Strategic and Systemic Therapies, 9,* 59-70.

Boszormenyi-Nagy, I. (1987). *Foundations of contextual family therapy.* New York: Brunner/Mazel.

Butler, M. H., & Harper, J. M. (1994). The divine triangle: God in the marital system of religious couples. *Family Process, 33,* 277-286.

Carlson, T. D., & Erickson, M. J. (Eds.). (2002). *Spirituality and family therapy.* Binghamton, NY: Haworth Press.

Carson, J. W., Carson, K. M., Gil, M. K., & Baucom, D. H. (2004). Mindfulness-based relationship enhancement. *Behavior Therapy, 35,* 471-494.

Coles, R. (1997). *The moral intelligence of children.* New York: Random House.

Daneshpour, M. (1998). Muslim families and family therapy. *Journal of Marital and Family Therapy, 24,* 355-368.

Delaney, H. D., Miller, W. R., & Bisono, A. M. (2007). Religiosity and spirituality among psychologists: A survey of clinician members of the American Psychological Association. *Professional Psychology: Research and Practice, 38*(5), 538-546.

Deloria, V., Jr. (1994). *God is red: A native view of religion* (2nd ed.). Golden, CO: Fulcrum.

Doehring, C. (2006). *The practice of pastoral care: A postmodern approach.* Louisville,

KY: Westminster John Knox Press.

Doherty, W. J. (1995). *Soul searching: Why psychotherapy must promote moral responsibility.* New York: Basic Books.

Dossey, L. (1993). *Healing words: The power of prayer and the practice of medicine.* San Francisco: Harper.

Einstein, A. (1931). Religion and science. In A. M. Drummond & R. H. Wagner (Eds.), *Problems and opinions* (pp. 355-358). New York: Century.

Eliade, M., Trask, W., & Doniger, W. (2004). *Shamanism: Archaic techniques of ecstasy* (rev. ed.). Princeton, NJ: Princeton University Press.

Elliott Griffith, M., & Griffith, J. (2002). Addressing spirituality in its clinical complexities: Its potential for healing, its potential for harm. *Journal of Family Psychotherapy, 13*(1-2), 167-194.

Erlanger, S. (2008, July 11). Freed Colombian grapples with recalling and releasing pain, and with resuming life. *New York Times,* A6.

Fadiman, A. (1997). *The spirit catches you and you fall down.* San Francisco: Ferrer.

Falicov, C. (1998). *Latinor families in therapy.* New York: Guilford Press.

Fincham, F., Hall, J., & Beach, S. (2006). Forgiveness in marriage: Current status and future directions. *Family Relations, 55*(4), 415-427.

Fishbane, M. D. (1998). I, thou and we: A dialogical approach to couples therapy. *Journal of Marital and Family Therapy, 24,* 41-58.

Frankl, V. (1955). *The doctor and the soul.* New York: Knopf.

Freud, S. (1961). The future of an illusion. In J. Strachey (Ed. & Trans.), *The standard edition of the complete psychological works of Sigmund Freud* (Vol. 21, pp. 1-56). London: Hogarth Press. (Original work published 1927)

Gallup, G. H., Jr., & Lindsay, D. M. (1999). *Surveying the religious landscape: Trends in U.S. beliefs.* Harrisburg, PA: Morehouse.

Germer, C. K., Siegel, R. D., & Fulton, P. R. (Eds.). (2005). *Mindfulness and psychotherapy.* New York: Guilford Press.

Green, L. L., Fullilove, M. T., & Fullilove, R. E. (1998). Stories of spiritual awakening:

The nature of spirituality in recovery. *Journal of Substance Abuse Treatment, 15,* 325-331.

Griffith, J., & Elliott Griffith, M. (2002). *Encountering the sacred in psychotherapy.* New York: Guilford Press.

Grossman, P., Niemann, L., Schmidt, S., & Walach, H. (2004). Mindfulness-based stress reduction and health benefits: A meta-analysis. *Journal of Psychosomatic Research, 57,* 35-43.

Haldeman, D. C. (2004). When sexual and religious orientations collide: Considerations in working with conflicted same-sex attracted male clients. *Counseling Psychologist, 32*(5), 691-715.

Hargrave, T. (1994). *Families and forgiveness.* New York: Brunner/Mazel.

Helmeke, K. (2006). "My spiritual life": Conducting a spiritual life review with the elderly. In K. Helmeke & K. Sori (Eds.), *The therapist's notebook for integrating spirituality in counseling: Homework, handouts, and activities for use in psychotherapy* (pp. 113-123). Binghamton, NY: Haworth Press.

Helmeke, K. B., & Bischof, G. H. (2002). Recognizing and raising spiritual and religious issues in therapy: Guidelines for the timid. *Journal of Family Psychotherapy, 13*(1-2), 195-214.

Helmeke, K. B., & Sori, K. (2006). *The therapist's notebook for integrating spirituality in counseling: Homework, handouts, and activities for use in psychotherapy: Vols. 1 and 2.* Binghamton, NY: Haworth Press.

Hill, M., & Mamalakis, P. (2001). Family therapists and religious communities: Negotiating dual relationships. *Family Relations, 50*(3), 199-208.

Hill, P. C., & Pargament, K. I. (2003). Advances in the conceptualization and measurement of religion and spirituality: Implications for physical and mental health research. *American Psychologist, 58*(1), 64-74.

Hodge, D. R. (2005a). *Spiritual assessment: Handbook for helping professionals.* Botsford, CT: North American Association of Christians in Social Work.

Hodge, D. R. (2005b). Spiritual assessment in marital and family therapy: A methodological framework for selecting from among six qualitative assessment tools. *Journal of Marital and Family Therapy, 31*(4), 341-356.

Imber-Black, E., Roberts, J., & Whiting, R. (Eds.). (2003). *Rituals in families and family therapy* (2nd ed.). New York: Norton.

Joanides, C. J. (1996). Collaborative family therapy with religious family systems. *Journal of Family Psychotherapy, 7,* 19-35.

Jung, C. G. (1933). *Modern man in search of a soul.* New York: Harcourt Brace.

Jung, C. G. (1958). *Psychology and religion: West and East.* New York: Pantheon.

Kabat-Zinn, J. (2003). Mindfulness-based interventions in context: Past, present, and future. *Clinical Psychology: Science and Practice, 10*(2), 144-156.

Kimball, L. S., & Knudson-Martin, C. (2002). A cultural trinity: Spirituality, religion, and gender in clinical practice. *Journal of Family Psychotherapy, 13*(1-2), 145-166.

Koenig, H. G. (2005). *Faith and mental health: Religious resources for healing.* Conshohacken, PA: Templeton Foundation Press.

Koenig, H. G. (2006). *In the wake of disaster: Religious responses to terrorism and catastrophe.* Conshohacken, PA: Templeton Press.

Koenig, H. G. (2007). *Spirituality in patient care* (2nd ed.). Conshohacken, PA: Templeton Press.

Koenig, H. G., McCullough, M. E., & Larson, D. W. (Eds.). (2001). *Handbook of religion and health.* New York: Oxford University Press.

Legaree, T.-A., Turner, J., & Lollis, S. (2007). Forgiveness and therapy: A critical review of conceptualizations, practices, and values found in the literature. *Journal of Marital and Family Therapy, 33*(2), 192-213.

Lambert, N. M., & Dollahite, D. C. (2006). How religiosity helps couples prevent, resolve, and overcome marital conflict. *Family Relations, 55,* 439-449.

Mahmoud, V. (2005). African American Muslim families. In M. McGoldrick, J. Giordano, & Garcia-Preto, N. (Eds.), *Ethnicity and family therapy* (3rd ed., pp. 138-150). New York: Guilford Press.

Marks, L. (2004). Sacred practices in highly religious families: Christian, Jewish,

Mormon, and Muslim perspectives. *Family Process, 43*(2), 217-231.

McCullough, M. E., Pargament, K. I., & Thoresen, C. E. (2000). The psychology of forgiveness: History, conceptual issues, and overview. In M. E. McCullough, K. I. Pargament, & C. E. Thoresen, (Eds.), *Forgiveness: Theory, research, and practice* (pp. 1-16). New York: Guilford Press.

McGoldrick, M., Gerson, R., & Petry, S. (2007). *Genograms: Assessment and intervention* (3rd ed.). New York: Norton.

McGoldrick, M., Giordano, J., & Garcia-Preto, N. (Eds.). (2005). *Ethnicity and family therapy* (3rd ed.). New York: Guilford Press.

McRae, S., & Walker, K. (2007). *An evaluation of family-to-family ties: A review of Family Mentorship in Action.* Saskatoon, Canada: University of Saskatoon Institute for Social Research.

Meyerstein, I. (2006). Spiritually sensitive counseling with Jewish clients and families. In K. Helmeke & K. Sori (Eds.), *The therapist's notebook for integrating spirituality in counseling: Homework, handouts, and activities for use in psychotherapy* (pp. 113-123). Binghamton, NY: Haworth Press.

Minnick, A. M. (1997). *Twelve-step programs: Contemporary American quest for meaning and spiritual renewal.* New York: Praeger.

Moodley, R., & West, W. (2005). *Integrating traditional healing practices into counseling and psychotherapy.* Thousand Oaks, CA: Sage.

Nhat Hahn, T. (2003). *Creating true peace: Ending violence in yourself, your family, your community, and your world.* New York: Free Press.

Nhat Hahn, T. (2004). *Peace begins here: Palestinians and Israelis listening to each other.* Berkeley, CA: Parallax Press.

Pargament, K. I. (2007). *Spiritually integrated psychotherapy.* New York: Guilford Press.

Pargament, K. I., Murray-Swank, N., & Mahoney, A. (in press). Problem and solution: The spiritual dimension of clergy sexual abuse and its impact on survivors. *Journal of Child Sexual Abuse.*

Prest, L. A., & Keller, J. F. (1993). Spirituality and family therapy: Spiritual beliefs, myths, and metaphors. *Journal of Marital and Family Therapy, 19,* 137-148.

Richards, P. S., & Bergin, A. E. (Eds.). (2000). *Handbook of psychotherapy and religious diversity.* Washington, DC: American Psychological Association.

Rosario, M., Yali, A. M., Hunter, J., & Viorst-Gwadz, M. (2006). Religion and health among lesbian, gay, and bi-sexual youths: An empirical investigation and theoretical explanation. In A. M. Omoto & H. S. Krutzman (Eds.), *Sexual orientation and mental health: Examining identity development in lesbian, gay, and bisexual people* (pp. 117-140). Washington, DC: American Psychological Association.

Rye, M. S., Pargament, K. I., Ali, M. A., Beck, G. L., Dorff, E. N., Hallisey, C., et al. (2000). Religious perspectives on forgiveness. In M. E. McCullough, K. I. Pargament, & C. E. Thoreson (Eds.), *Forgiveness: Theory, research, and practice.* New York: Guilford Press.

Satir, V. (1988). *Peoplemaking.* Palo Alto, CA: Science and Behavior. (Original work published 1972)

Simpkinson, C., & Simpkinson, A. (1999). Simply the best. *Common Boundary Exploring Psychology, Spirituality, and Creativity, 17*(1), 32-37.

Stander, V., Piercy, f., MacKinnon, D., & Helmeke, K. (1994). Spirituality, religion, and family therapy: Competing or complementary worlds? *American Journal of Family Therapy, 22,* 27-41.

Stanley, S., Markman, H., Prado, L., Olmos-Gallo, P. A., Tonelli, I., St. Peters, M., et al. (2001). Community-based premarital prevention: Clergy and lay leaders on the front lines. *Family Relations, 50*(1), 67-76.

Tedeschi, R. G., & Calhoun, L. G. (2004). Post-traumatic growth: Conceptual foundations and empirical evidence. *Psychological Inquiry, 15,* 1-18.

Walsh, F. (1999). *Spiritual resources in family therapy* (1st ed.). New York: Guilford Press.

Walsh, F. (2003). *Normal family processes: Growing diversity and complexity* (3rd ed.). New York: Guilford Press.

Walsh, F. (2006). *Strengthening family resilience* (2nd ed.). New York: Guilford Press.

Walsh, F. (2007). Traumatic loss and major disaster: Strengthening family and community resilience. *Family Process, 46*(2), 207-227.

Walsh, F. (2008). Spirituality, healing, and resilience. In M. McGoldrick & K. Hardy (Eds.), *Re-visioning family therapy: Race, culture, and gender in clinical practice* (2nd ed., pp. 61-75). New York: Guilford Press.

Walsh, F., & McGoldrick, M. (Eds.). (2004). *Living beyond loss: Death in the family* (2nd ed.). New York: Norton.

Waters, D., & Lawrence E. (1993). *Competence, courage, and change.* New York: Norton.

Weaver, A. J., Koenig, H. G., & Larson, D. B. (1997). Marriage and family therapists and the clergy: A need for clinical collaboration, training, and research. *Journal of Marital and Family Therapy, 23,* 13-25.

Weil, A. (1994). *Spontaneous healing.* New York: Knopf.

Wendel, R. D. (2003). Lived religion and family therapy: What does spirituality have to do with it? *Family Process, 42,* 165-181.

Werner, E. E., & Smith, R. S. (2001). *Journeys from childhood to midlife: Risk, resilience, and recovery.* Ithaca, NY: Cornell University Press.

Whipple, V. (1987). Counseling battered women from fundamentalist churches. *Journal of Marital and Family Therapy, 13,* 251-258.

Worthington, E. L., Jr. (2006). *Forgiveness and reconciliation: Theory and application.* New York: Routledge.

Wright, L., Watson, W. L., & Bell, J. M. (1996). *Beliefs: The heart of healing in families and illness.* New York: Basic Books.

Yahouse, M. A., & Tan, E. S. N. (2005). Addressing religious conflicts in adolescents who experience sexual identity confusion. *Professional Psychology: Research and Practice, 36*(5), 530-536.

Spiritual Resources In Family Therapy

제2부 가족과 영성–원천 두드리기

제3장 영성, 고통, 신념

제4장 죽음과 상실에 대한 가족 적응과 영성

제5장 레질리언스에 관한 종교적 관점

제6장 빈곤이 주는 스트레스와 영성이 주는 위로

제7장 영성과 종교

제8장 이민 가정의 종교와 영성 전통

제9장 "너희 부모를 공경하라."

제10장 가정생활을 위한 영성

제 3 장

영성, 고통, 신념

–가족과 함께하는 치유 정신

LORRAINE M. WRIGHT

나는 어린 시절 질병의 고통을 처음 겪었다. 우리와 함께 살았던 할머니는 류머티스성 관절염 때문에 매우 심한 만성 고통에 시달렸다. 나는 할머니의 고통을 봤기 때문인지 아니면 할머니와 함께 고통을 겪었기 때문인지 고통 때문에 의기소침해졌다. 또 나는 할머니의 만성 고통이 우리의 삶의 모든 것을 통제하였다는 것과 오빠와 내가 마치 약속한 것처럼 얼마나 잘 행동하였는가, 할머니가 얼마나 '어머니'처럼 될 수 있는가, 그리고 자녀인 우리가 가족 내에 고통을 겪고 있는 사람의 존재로 인해 어떻게 더 애정적이 될 수 있는가를 알게 되었다. 할머니가 우리 가족의 중심이 되었으나, 할머니가 겪고 있는 만성 통증이 궁극적으로 우리 삶의 모든 것을 지배했다. 류머티스성 관절염으로 할머니의 손이 몹시 흉측하게 되었으며, 무릎이 부어올랐고, 몹시 절뚝거리며 걷게 되었으며, 이 류머티스성 관절염은 할머니의 삶의 질에 영향을 주었다. 그런데도 할머니는 흉측한 손으로 우리에게 애플파이를 만들어 주셨고 정원의 잡초를 뽑았으며, 우리가 할머니와 이야기를 하는 동안에 많은 찻잔을 들어 옮기셨다. 그렇지만 나는 만성 고통을 겪고 계셨던 할머니의 이야기를 들었던 것을 기억하지 못한다. 아마 내가 할머니의 고통스런 이야기를 경청하지 않았거나 혹은 아마 이러한 이야기들이 들리지 않았을지 모른다.

나는 지금 간절히 할머니에게 물어보고 싶은 몇 가지 질문이 있다. 이러한 만성 고통의 삶이 할머니에게 어떤 의미와 목적을 주었는가? 할머니가 믿었던 것이 고통에 대한 최고의 치료 혹은 치유였는가? 할머니가 믿었던 것이 고통을 완화하는 데 도움이 되었는가? 무엇이 고통을 악화시켰는가? 무엇이 고통을 더 낫게 했는가? 무엇이 할머니의 영적 · 종교적인 신념에 도움이 되었거나 방해가 되었는가? 무엇이 할머니를 말년에 로마가톨릭 믿음 생활과 재연결시켰는가? 할머니는 고통을 줄이기 위하여 혹은 고통을 참게 해 달라고 기도하였는가? 할머니는 모든 것에 기도하였는가? 할머니가 의료전문가들을 믿었던 것이 치유에 도움이 되었는가 혹은 방해가 되었는가? 정서적 · 신체적 · 영적 고통 중 어느 것이 더 힘들었는가? 이러한 대화들이 할머니와 나 모두를 치유시켜 왔는지 궁금하다.

대부분의 시간을 중병을 앓고 있는 가족과 함께 일하고 있는 가족치료사이자 간호교육자로서, 나는 고통을 받고 있는 병의 경험에 대하여 많은 치료적 대화에 관여하는 특권을 가지고 있다. 이러한 대화는 언제나 가족 구성원들의 고통에 대한 묘사, 그들의 고통에 부여하는 의미, 고통의 영적인 본질에 대한 경이로움 그리고 질병 경험에 대한 그들의 신념을 포함한다. 나는 고통이 완화될 때 가족 구성원들과 나 자신의 생리심리사회적-영적 구조 안에서 일어나는 치유의 영향을 경험하는 열정적인 관찰자와 참가자가 되어 왔다.

영성, 고통 그리고 신념: 트리니티 모델

중병을 경험하고 있는 가족과 상담을 하면서 나에게 새로운 트리니티(Trinity, 삼위일체)—영성, 고통, 신념—가 나타났다. 나는 고통과 신념에 대한 생각 없이 영성에 대하여 생각한다는 것이 불가능하다는 것을 발견하였다. 그리고 영성과 신념에 대하여 말하는 것 없이 고통에 대하여 생각하는 것이 역시 불가능하다는 것 또한 발견하였다. 이러한 세 가지 생각이 철저하게 서로 얽혀 있고 서로 관련되어 있다. 따라서 나는 이러한 상호 관련성을 '트리니티(삼위일체)

모델'이라고 명명했다(Wright, 2005). 나는 이 세 가지 개념을 나중에 정당하게 한데 엮기 위하여 이러한 개념을 따로 서술하겠다.

영성

가족 구성원의 질병 경험과 관련하여 가족 구성원의 영적 · 종교적 신념의 영향은 가족과 상담하는 과정에서 가장 무시되어 왔던 영역 중 하나다. 그렇지만 가족치료사들이 인간 경험에서 무시된 정신의 영역을 각성시켰다. 이와 관련된 논문들이 전문 저널에 나타나기 시작하였으며, 이 책은 가족들과의 상담에서 항상 존재하는 영적인 면을 각성시킨다.

가족들과의 임상 경험은 나에게 가족 구성원들이 그들의 고통과 곤경에 의미를 부여함으로써 질병으로 인한 고통의 경험이 영성으로 뒤바뀐다는 사실을 가르쳐 주었다. 가족 구성원들이 어떻게 연민을 제공하고, 그들이 고통을 완화시키기 위하여 어떤 노력을 하는가를 이해하기 위하여, 치료사들은 가족들과의 상담에서 종교적 · 영적 신념을 반드시 탐색해야만 한다. 신념 · 고통 · 영성에 대한 치료적인 대화를 통해서만 가족들과의 희망과 치료가 가능해진다.

내가 30년 넘게 가족들과 함께 임상을 하면서 얻었던 고통에 대한 가장 중요한 배움은 만일 우리(가족들과 치료사들)가 고통에 대하여 개방한다면, 고통에 대한 담화가 예외 없이 영성에 대한 담화를 가능하게 한다는 것이다. 고통은 우리를 영적인 영역으로 불러들이고 인도한다. 영성으로 전환하고 영성에 역점을 두는 것이 종종 질병에서 받는 고통에 대한 가장 심오한 반응이다. 만일 가족치료사들이 도움이 된다면 우리는 고통과 고통으로 인한 의미가 궁극적으로는 영적인 문제라는 것을 인정해야만 한다.

동료들과 학생들이 수년 동안 내 치료의 '영적인' 면에 대해 요청하지도 않은 관찰을 하였다. 나는 이러한 관찰이 매혹적이라는 사실을 발견하였는데, 왜냐하면 나는 내 가족치료에서 영적인 문제에 대한 어떤 직접적이거나 의도적인 강조를 해 오지 않았기 때문이다. 단지 나는 기독교인으로서 특히 실천하는 몰몬교인으로서, 나 자신의 영적 · 종교적 신념을 드물게 언급했을 뿐이다. 나는 어떻게든 치료사로서 초기부터 변화해야만 한다는 사실을 인식하였는데, 왜냐하면 이러한 피드백이 차이를 보여 주기 때문이다. 나의 매우 귀한 동료가 내 임상 작업을 '세속적인 신학'으로 묘사하고 싶다고 말했을 때 하나의 매우 특이한 점이 관찰되었다. 이러한 코멘트가 한동안 나를 동요시켰다. 그는 가족과 함께하는 나의 상담의 가장 강력한 면이라고 믿는 것과 가족들/클라이언트들과 나 사이에서 발생했던 '존경받는 것'에 대한 생각을 나에게 자세하게 설명하고 제안하였다. 그러한 경이로운 순간에는 당신 앞에 앉아 있는 개인들에 대한 심오한 경외와 존경이 있다. 그것은 이러한 순간에서 단선론적인 현상이 아니다. 나는 가족 구성원들에게 존경받는 것과 똑같은 것이 나에게 되돌려지고 있다는 것을 느낀다.

상담에서 이러한 존경받는 순간에 있어서 매우 특별한 어떤 것이 치료사와 가족 사이에서 발생한다. 그것은 모든 사람이 느낀 어떤 것—깊은 정서적인 연결—이었다. 나는 치료에서 상담실과 슈퍼바이저나 팀 멤버로서 일방경 뒤에서 이러한 순간을 알고 있고 느껴 왔다. 이러한 시간 동안에 나는 가족 구성원들의 사고, 행동, 질병 경험과 가장 중요하게는 고통의 완화에서 가장 심오한 변화를 목격했다. 나는 존경받을 때만 일어날 수 있는 정서를 느꼈다. 내가 말하는 이 정서는 순수한 사랑이다. 내가 클라이언트와 가족들에 대한 존경의 순간을 나의 상담에서 영적으로 돌보는 실천으로 이해하고 인정하기에 이르렀는데, 그때 아마도 동료들과 학생들에게 가족과 함께하는 나의 상담에 대한 '영적인' 면을 관찰한 것에 대하여 코멘트해 달라고 부탁했었던 것 같다. 나는 이것이 맞기를 바란다. 왜냐하면 상담 현장에서 존경이 일어났을 때 치유 과정에 비약적인 차이가 발생한다는 것을 믿기 때문이다.

기도의 조용한 개입 방법이 또한 가족들과의 상담과 나 자신의 실천에서 더 많은 주목을 받고 있다. Dossey(1993)는 신체적인 변화를 낳고 있는 기도의 효험을 조사하는 수많은 의학 연구를 살펴보았다. 예를 들어, 그는 기도 의식이 정서를 촉발할 수 있으며, 결과적으로 면역과 심장혈관 체계에 긍정적으로 충격을 주어 건강을 변화시킬 수도 있다는 것을 제안하였다. Dossey는 의료전문가들에게 개인과 가족들이 질병에서 치유되는 많은 비생리학적인 이유를 인정할 것을 요청하였다. 지난 수년 동안 나는 때때로 비록 내가 함께 상담하는 클라이언트와 가족들과 함께는 아닐지라도 그들을 위해 기도를 했다. Dossey(1993)가 제안하듯이 만일 의료전문가들이 기도가 효험이 있다는 것을 믿는다면 기도를 사용하지 않는 것은 강력한 약물 투여나 수술 절차를 저지하는 것과도 유사하다. "기도와 신념 모두 의식의 전반적인 표현이다. 왜냐하면 기도와 신념 모두 멀리서 때로는 환자의 의식 밖에서 작동할 수 있기 때문이다. 기도와 신념은 '그것이 모두 신체적인 것은 아니며' 두 가지 모두 치료의 또 다른 형태와 함께 사용될 수 있다."(p. 141)는 것을 단언한다. 클라이언트들을 위하여 기도할 때 우리는 아마도 그들과 우리의 관계와 그들의 회복과 행복에 있어서 우리의 투자를 높일 수 있다.

간호사들이 영성에 대한 공간을 개방하는 방법에 대한 임상 사례 분석에 있어서 나와 동료는 다음과 같은 네 가지 실천—① 경청의 재능에 대한 공간을 개방하기, ② 호기심을 유지하고, 놀라움에 대한 마음 열기, ③ 영적 · 종교적 신념에 대한 반영을 불러들이기, ④ 비유를 적용하기—을 확인하였다(McLeod & Wright, 2001). 이러한 실천은 간호사, 가족 그리고 임상팀 사이에서 발전되는 치료적인 대화에 들어가 있다.

신념

한 사람이 질병에 대하여 믿는 것은 한 사람이 어떻게 질병을 경험하는가에 극적으로 영향을 미친다. 어떤 두 사람과 두 가족 모두 감기나 복합적인 경화증을 앓는다 해도 똑같은 질병에 대하여 똑같은 경험을 가질 수는 없다. 어떤 가족은 질병을 그들이 죄가 있다는 사인으로, 죄를 신을 섬기지 않은 삶에 대한 벌로 여긴다. 어떤 가족은 아프다는 것을 아픈 사람이 속도를 늦춰야 하며 자신을 돌봐야 하고 더 이상 건강을 무시하지 말아야 한다는 자연적 · 신체적 사인이라고 믿는다. 질병이 가족에게 들어 왔을 때 가족 구성원들이 어떻게 행동해야만 하는가에 대하여도 많은 신념이 있다. 그 어떤 때도 질병이 침입했을 때보다 가족과 개인의 신념을 더 확인하고 도전받고 위협받을 때는 없다(Wright & Bell, 인쇄 중).

이러한 신념들이 개인, 가족, 질병의 가족생활주기 단계에 의하여 영향을 받을 수도 있다. 가족 구성원들이 질병을 어떻게 경험하는가는 질병 경험 이전에 그들이 가지고 있는 신념과 질병의 경험을 통하여 발전하는 신념 두 가지에 달려 있다. 가족 구성원들이 지니고 있는 신념은 종종 질병을 경험하고 난 후에 재구조화되며(예: 청사진이 개정된다.), 반대로 가족 구성원들의 신념이 질병의 과정과 결과에 영향을 주면서 형성된다. 예를 들어, 가족 구성원들이 감기를 어떻게 치료하는가는 그들이 첫 번째 장소에서 어떻게 감기에 '걸렸는가' 에 관한 그들의 신념에 의존한다. 만일 한 사람이 감기가 상실의 경험과 관련되어 있다고 믿는다면, 그 사람은 아마도 만일 어떤 사람이 감기가 충분하지 못한 휴식과 장시간 일을 했기 때문이라고 믿는 사람과는 다르게 자신의 감기를 치료할 것이다. 감기를 위한 최고의 해결책이 쉬고, 많은 물을 마시고, 비타민 C를 먹는 것이라고 믿는 사람은 아마도 식이요법이 다를 것이다. 만일 치료책이 효과가 없다면 병인에 대한 그 사람의 신념이 유지될 수 있을까? 다른 치료책에 더 개방될 것인가? 질병의 기원과 치료에 대한 본래의 신념이 도전받을 때 사람들이 치료 선택을 고려하는 것에는 많은 요소가 영향을 준다.

질병 경험에 대하여 가족과 함께 발견하고 탐색하기 위해 가장 유용한 것으로 내가 발견한 주요 신념은 다음과 같은 것을 포함한다.

- 고통에 대한 신념
- 질병의 기원과 원인에 대한 신념

• 질병의 진단에 대한 신념
• 치유와 치료에 대한 신념
• 예후 · 결과에 대한 신념
• 질병에 대한 지배/통제/영향에 대한 신념
• 우리의 삶과 관계에서 질병 장소에 대한 신념
• 영성과 종교에 대한 신념
• 가족 구성원들의 역할에 대한 신념
• 의료전문가의 역할에 대한 신념(Wright & Bell, 인쇄 중)

가족치료사들은 임상 영역에 가족과 질병에 대한 자신의 개인적이고 전문적인 신념을 가지고 온다. 그들의 신념이 가족을 보고, 평가하고, 가장 중요하게는 돌보고 가족과 중재하는 방법에 영향을 미친다. 예를 들어, 원인론에 대한 한 가족치료사의 신념이 한 가족이 어떻게 질병을 받아들이고, 인식하며, 치료되는가에 영향을 미칠 수 있다. 알코올중독이 책임감이 없는 것과 개인적인 취약함의 결과라고 믿는 치료사는 의료전문가가 개인이나 가족이 어떤 통제력도 가지지 못한다고 믿을 수 있는 질병인 선천성 심장병의 영향을 경험하고 있는 가족보다 알코올중독을 경험하고 있는 가족에게 다르게 반응할 가능성이 있다. 가족과의 관계에 영향을 미치는 가족치료사들의 주요 신념은 질병, 가족, 변화 그리고 가족 구성원들의 삶에 있어서 치료사로서 자신의 역할에 관한 신념이다.

고 통

병중에 있는 다른 사람을 위로하고 돌보려는 단순한 바람이 고통과 영성에 대한 공개토론에서 치료적인 대화에 관여하기 위한 훌륭하고도 충분한 토대다. 고통의 완화나 감소는 돌보는 것의 초석이 되어 왔다. 그러나 고통이라는 것이 무엇인가? 나는 고통을 신체적 · 정서적 · 영적 괴로움, 통증 혹은 괴로움이라고 개념화한다. 고통의 경험이 사람의 삶과 관계를 영원히 변화시키는 중한 질병과 일상생활에서 강요된 배제, 심장마비와 비통 그리고 사랑하는 관계를 방해하는 것을 포함할 수 있다.

환자들과 가족 구성원들의 신념이 고통의 경험과 고통에 대하여 추론하는 것 모두에 관련된다. 어떤 신념은 질병을 보존하고 유지시킬 수도 있다. 그러나 어떤 신념은 증상을 악화시킬 수도 있으며 어떤 신념은 고통을 완화시키거나 감소시킨다(Wright et al., 1996). 치료사들이 사람들에게 그들의 신념을 반추해 보라고 요청했을 때 그렇게 한 사람들이 종종 다른 가능성을 고려하는 데 더 개방적이 된다.

Frank(1995)는 질병 경험을 생생하고 분명하게 묘사하면서 어떻게 사람들이 자신의 고통에 의미를 주는가에 대한 아이디어를 제공한다. 그는 사람들이 자신의 고통을 이해하기 위하여 질병에 대한 이야기를 하며, 자신의 질환을 이야기로 전환할 때 그들이 치유되는 것을 발견한다고 주장한다. 이 영역에 대한 다른 동료들의 기여에 덧붙여 가족에 대한 내 임상적 실천과 연구에서 나는 질병 경험에 대하여 말하는 것이 치유될 가능성이 있다는 것을 확실히 믿게 되었다.

나는 가족과 상담할 때 내 목적과 의무는 정서적 · 신체적 · 영적 고통을 완화시키는 것이라고 믿는다.

고통과 고통받는 사람 인정하기

고통을 완화시키기 위한 노력의 시작은 고통이 존재한다는 것을 인정하는 것이다. 고통이 짧고 강렬하든 혹은 연장되면서 만성적이 되든 간에 고통은 질병 경험이다. 고통은 직업 이야기에서부터 홀로코스트 희생자들의 이야기, 질병 이야기까지 인간 존재의 부분이다. 치료사들에 의한 고통에 대한 의도적이고 명확한 인정이 종종 클라이언트의 다른 공포와 이전에는 표현하지 않았던 두려움, 예를 들어 그녀의 건강을 악화시켰던 돌보는 사람에 대한 두려움, 누가 그녀의 배우자를 돌볼 수 있을 것인가와 같은 것을 노출시킬 수 있는 문을 열게 한다. 우리는 고통에 대한 인정이 가족들과 접촉하는 데 제한이 따르는 바쁜 의료팀 안에서 치유가 발생할 수 있고, 치유를 초래할 수 있다는 점에 감명을 받았다(Wright & Leahey, 1999).

질병 고통의 이야기를 요청하기, 경청하기 그리고 증언하기

질병과 고통의 이야기를 요청하고, 경청하며, 증언하는 것이 심오한 인간의 경험을 매우 효과적으로 검증하게 한다. 건강 전문가들은 질병 이야기를 듣고 확인하는 특권이 부여된 위치에 있다. 질병 이야기를 인정하는 것에 의하여 우리는 아픈 사람을 '고통을 겪는 다른 사람'으로 인식하는 윤리적인 실천에 관여한다(Frank, 1994). 임상적인 실천에서 나는 치료적인 대화를 통하여 아픈 사람과 다른 가족 구성원들을 영웅적인 다른 사람, 기쁨을 주는 다른 사람, 베푸는 다른 사람, 받아들이는 다른 사람, 애정 어린 다른 사람, 열정적인 다른 사람, 강한 다른 사람으로 인정할 수 있는 가능성을 열기를 원한다.

정서적이고 신체적인 고통에 대한 긍정적인 반응과 고통의 감소가 나에게 가족 구성원에게 질병에 관한 이야기를 해 달라고 요청하는 것이 필요하다는 확신을 주었다. 가족과의 만남에서 우리는 질병에 대한 사회적인 대화를 넘어서 의도적인 치료적 대화로 넘어간다(Tapp, 1997). 우리는 클라이언트와 가족들에게 용기, 희망, 성장, 사랑뿐만 아니라 고통과 증상에 대하여 우리가 희망하는 방법으로 인간의 경험을 표현할 수 있는 대화로 이끈다.

가족 구성원들 사이에서 그들의 질병 경험을 공유하기 위한 맥락을 제공하는 것에 의하여 강렬한 정서가 합리화된다. 나는 그들의 질병 이야기를 듣고, 그들의 이야기에 대하여 질문하고, 그들의 고통을 인정하며, 고통에도 불구하고 그들의 용기에 대하여 칭찬하는 사람이 있는 것만으로도 그들의 강점과 대처할 수 있는 능력에 대한 새롭고, 때로는 새로워진 평가를 얻을 수 있게 한다고 말하는 많은 가족 구성원을 보았다. 이러한 인정, 목격, 경청 그리고 칭찬을 통하여(Bohn, Wright, & Moules, 2003; Hougher Limacher & Wright, 2003; Moules, 2002), 가족의 레질리언스는 매우 긍정적인 결과와 함께 종종 재발견된다. 많은 예에서 이러한 긍정적인 결과는 정서적 · 영적 고통뿐만 아니라 신체적 증상과 가족 갈등의 완화를 포함한다. 인간으로서 우리의 가장 어려운 임무 중 하나는 고통을 겪고 있는 사람의 목소리를 경청하는 것이다.

자신을 구속하는 신념에 도전하기

의료 전문가들의 신념은 고통을 완화시키기 위한 가능성을 방해하거나 증가시킬 수 있다(Levac et al., 1998; Moules, 2002; Wright, Bell, Watson, & Tapp, 1995). 의료 전문가들이 질병이 있는 사람에게 자주 제공하는 하나의 신념은 '삶이 악화될 수도 있다.'는 것이다. 이러한 신념은 종종 또 다른 고통에 대한 민감성이 부족하기 때문에 고통을 증진시킨다. 우리는 각 개인의 고통이 독특하고 자신의 신념과 관련되어 있다는 것을 인정할 필요가 있다. 우리가 믿는 것이 고통을 증진시키거나 완화시키며, 의료전문가로서 우리는 무심코 자신을 구속하고 있는 신념 때문에 고통을 하찮게 여길 수도 있다.

치유하는 환경 창조하기

궁극적으로 바람직한 결과는 가족들에게 질병의 고통을 완화시키는 치유 환경을 창조하는 것이다. Remen(1993)은 치유는 치료와는 다르다는 생각을 설득력 있게 제안하였다. "치유는 모든 시간에 우리 모두가 관련되는 과정이다…… 때때로 사람들은 신체적으로는 치유되나 정서적 · 정신적 · 영적으로는 치유되지 못한다. 반대로 정서적으로는 치유되나 신체적으로 치유되지 못한다." (p. 344)

Frank(1995)는 아픈 사람들이 질병의 희생자나 의학적인 환자의 피해자들보다 그 이상이며, 그들은 상처 입은 이야기꾼이라는 매우 강한 은유적인 표현을 했다. 그는 사람들이 그들의 고통을 이해시키기 위한 이야기를 말한다. 그들이 자신의 질병을 이야기로 변화시킬 때 스스로 치유를 경험한다. 이것은 사람의 질병 이야기를 끄집어내고, 토론하고, 표현하는 것과 정서를 동반하는 것이 매우 치유적일 수 있다는 북아메리카 의료 문화의 강력한 신념과 일치한다. 나의 임상적 실천에서 가족 구성원들은 종종 그들의 질병 경험과 이러한 대화가 그들의 삶과 관계에 미친 치유적인 영향을 이야기할 수 있는 기회가 주어진 것이 얼마나 감사한지에 대하여 언급한다.

환자의 고통 이야기에 대한 '증인'이 될 수 있는 의료 전문가의 능력이 돌봄의 중심이 된다. 이것이 종종 치유의 기원이다.

고통에 대한 반추 요청하기

존재하는 신념을 변화시키기 위하여 가족치료사들은 그들을 구속하고 있는 신념을 반추하기 위하여 가족 구성원들을 초청할 필요가 있다(Wright et al., 1996). 이러한 반추를 통하여 한 사람이 자신을 혼란과 분투와 고통의 상태에서 이끌어 낼 수 있는 신념을 가지게 한다. 예를 들어, 질병 경험에서 희망과 낙관주의에 대한 신념은 일반적으로 지배적인 의료 체계에서 언급되지 않는다. 결과적으로, 대안적이거나 상호 보완적인 치유 접근법에 대한 호소가 매우 이해할 만하다. 질병을 가진 많은 사람이 이러한 접근법들이 제도적인 의학적 접근법보다 더 긍정적이라는 것을 발견하는데, 왜냐하면 상호 보완적인 치유 접근법들이 질병을 둘러싼 큰 질문—왜 이러한 질병이 나에게 발생했는가? 왜 사람들이 잘살고 있는데도 아픈가? 왜 어떤 사람은 '때가 오기도 전에' 죽는가?—들을 피하지 않기 때문이다.

연민 제공하기

연민 혹은 라틴 어원 *pati cum*은 문자적으로는 '~로 고통을 겪다.'라는 뜻을 지닌다. 환자(patient)의 라틴 어원은 '고통을 겪는 사람'을 의미한다. 따라서 연민을 제공하는 것이 임상 실천에서 상호작용적인 현상이다. 최근의 조사에 의하면, 연민과 사랑의 제공은 인간 체계의 모든 것에 영향을 미치는 것으로 보인다(예: 정서, 뇌 활동 그리고 영성; Post & Neimark, 2007). 새로운 뇌 상상 연구는 연민의 행동을 보이는 동안 뇌의 어떤 부분이 점화되고 있는 것을 보여 주며, 반면에 다른 연구는 연민과 영성을 연결시킨다(Post & Neimark, 2007).

임상 사례: 죽은 후에는 어디로 갈 것인가

나는 영성과 고통 그리고 신념의 삼위일체, 특히 삼위일체 모델의 상호 관련성과 임상 실천에서 삼위일체 모델의 적용을 보여 주기 위하여 다음과 같은 예를 제공한다(Wright, 2005).

이 가정은 63세인 캐나다계 영국 남편과 62세인 캐나다계 프랑스 부인으로 구성된다. 그들은 다른 곳에 살고 있는 2명의 성장한 자녀가 있다. 남편은 이 상담을 시작하기 6개월 전에 심근경색을 앓았다. 가족은 내가 상담에 들어가기 전에 2회기 상담을 받았다. 부부는 2회기 동안에 많은 진전이 있었고, 나에게 질병이 그들의 결혼에 어떤 영향을 미쳤는가에 대하여 치료 과정에서 나눈 이야기가 부부 각자가 경험하고 있었던 많은 걱정과 두려움을 내놓을 수 있도록 도와주었다는 것을 말했다. 결과적으로 그들은 지금 가정에서 더 많은 대화를 하고 있다는 것과 수년 만에 처음으로 함께 아침 식사를 했다는 것, 그리고 서로를 이해하고 있다는 것을 느끼고 있다고 말했다.

심장마비를 경험했던 한 배우자의 가족과 상담할 때, 나는 늘 무덤덤한 파트너에게 심장마비를 겪고 있는 배우자에 대하여 걱정을 하고 있는지 아닌지에 대하여 묻는다. 이 사례에서 부인은 "네, 내내 그렇지요."라고 말한다. 내가 남편에게 만일 그가 또 다른 심혈관계 질환을 가지고 있는 것에 대하여 걱정하고 있는지를 물어볼 때, 그는 심장마비로 죽는 것에 대하여 걱정하지 않는다고 확인해 준다. 이 치료적인 질문의 가장 흥미로운 면은 부인이 자신이 심장마비를 겪을 수 있다는 그녀의 신념을 드러낼 때 발생한다. 그녀는 또한 죽음에 대한 공포 때문에 20년 동안 항우울제를 복용해 왔다고 밝혔다. 이 가족과 함께한 상담 과정을 기록한 원고에서는 중요한 차이가 나타난다(LMW는 Dr. Lorraine Wright, W는 부인, H는 남편을 의미한다).

LMW: 그렇다면 부인이 죽음의 공포를 느낀다고 말할 때, 부인은 그 말의 의미는 무엇입니까?

W: 내가 어디로 갈지를 몰라요. 그것이 공포이지요. 나는 두려워요. 내가 어디로 갈지를 몰라요. 나는 이유를 몰라요. 내 말 뜻은 나는 그것이 종교 때문인지 혹은 학교 때문인지를 모르겠다는 거예요. 그것이 내가 양육된 방식입니다.

LMW: 그렇다면 부인은 가장 두려운 것이 어떻게 죽을 것인가가 아니라는 말씀이신가요? 맞나요? 부인이 사후에 어디로 갈 것인가가 가장 두려운 것이라는 말인가요?

W: 맞아요.

LMW: 알겠습니다.

W: 맞아요.

이것이 매우 흥미롭고 가장 중요한 차이와 자기 폭로다. 이 여성의 가장 골칫거리는 죽음에 대한 두려움이 아니라 그녀가 사후에 어디로 갈 것인가에 대한 두려움이라는 것이 분명하다. 이러한 신념에 대한 명확함이 그다음에 나타난다.

W: 만일 네가 선하다면 천국에 갈 것이고 악하다면 지옥에 갈 것이다. 그것이 제 마음속에 항상 존재했었고, 모든 것이 죄였습니다. 저는 그와 같은 환경에서 자랐고 모든 것이 두려웠으며 여전히 그 생각이 오늘날까지 제 마음에 있습니다.

LMW: 음.

W: 그래서 저는 항상 시계(시계추의 몸짓을 취한다.)를 보고, 만일 네가 선하다면(한쪽으로 몸짓을 취한다.), 그리고 만일 네가 악하다면(다른 한쪽으로 몸짓을 취한다.), 중간이란 없습니다. 저는 제가 어디로 갈 것인지를 모릅니다.

LMW: 그렇다면 부인은 언제 부인의 삶에 대하여 평가를 합니까? (부인의 이름을 부르면서) 말씀해 보실 수 있으세요?

W: 글쎄요, 다른 모든 사람처럼 저도 때때로 악하지요.

LMW: 확실한가요?

W: 그러나 많은 시간 혹은 대부분의 시간에서, 그러나 어…….

LMW: 그러나 부인이 지금 부인의 삶을 평가하고 돌아볼 때, 부인은 살아왔던 것에 대하여 좋게 느끼십니까?

W: 네, 그럼요…….

LMW: 부인은 그렇게 생각하시나요?

W: 그럼요. 저는 비록 가족과 많은 일을 겪었다 할지라도 제 인생을 변화시키지 않을 것이며, 저는 어쨌든 제 인생을 변화시키지 않을 것입니다.

LMW: 제가 가톨릭에 대하여 조금 압니다만, 아마도 부인께서 저를 더 도와주실 수 있을 것 같습니다. 부인께서는 부인이 여기서 살아왔던 방식에 대하여 심판받을 것이라고 믿나요?

W: '하나님에 의해서'라는 말씀이신가요?

LMW: 하나님에 의해서요.

W: 그럼요, 네.

LMW: 그렇다면 만일 하나님께서 오늘 부인을 심판하신다면, 하나님께서 부인을 기뻐하실 것이라고 생각하시나요…….

W: 잘 모르겠네요.

LMW: …… 기뻐하시지 않을까요?

W: 이것이 제 자신에게 질문하는 것입니다. 선생님께서도 보시다시피요.

LMW: 아……. 그러면 부인은 자신에게 무슨 말씀을 하시나요?

W: 우리 가족은 애들조차도 제가 죽는 것을 두려워하는 것을 압니다. 저는 가족에게 정말로 한 달에도 몇 번씩 말을 했어요. 저는 두렵습니다. 아픈 것 혹은 그 어떤 것이 두렵지는 않습니다. 죽는다는 것이…….

LMW: 죽는 게 두렵다는 거군요.

이러한 중요한 폭로와 그녀의 신념을 분명하게 한 후, 나는 그녀를 옭아매고 있는 신념에 도전하기 위한 노력을 시작하였다. 나는 내가 상담에서 일상적으로 질문하는 것을 질문하면서 가상적으로 활성화시키는 신념질문(Wright & Bell, 인쇄 중)을 한다. 이 질문은 활성화시키는 신념을 제공하거나 포함하며 구속적인 신념에 도전하고 변화시키는 간접적인 방법이다. 그 질문은 항상 다음과 같이 시작한다. "만일 당신이 ……라고 믿는다면." 이 질문은 이 여성에게 대안적이고 활성화시키는 신념을 고려하게 하며, 그녀의 질문을 변화시키라고 제안하는 것이 새로운 이야기와 새로운 행동을 야기할 수도 있다.

LMW: 이 질문이 매우 이상해 보일 수도 있습니다만, 어찌됐든 저는 이 질문을 하려고 합니다. 만일 부인께서 부인이 아내로서, 어머니로서, 사람으로서 삶을 살아온 방식에 대하여 하나님께서 매우 기뻐하신다는 것을 오늘 단 10분만이라도 믿는다면…….

W: 그것이 모든 것을 변화시킬 수도 있을 거예요.

LMW: 그것이 부인의 삶에 어떤 차이를 만들까요?

W: 그것이 저의 모든 것을 변화시킬 겁니다.

LMW: 부인께서 제게 그것이 무엇을 변화시킬 것인지를 말씀해 주실 수 있습니까? 부인을 변화시킬 두 가지가 무엇일까요?

W: 무엇보다 먼저 저는 더 이상 두려워하지 않을 것이며, 그렇다면 글쎄

요. ……만일 제가 내일 죽는다면, 아, 제가 내일 죽는다면, 그러면 제가 어디로 갈지를 안다고 말씀드리고 싶군요. 하나님은 때를 아시지요.

LMW: 그러면 만일 부인이 더 이상 위협받지 않으신다면, 부인은 부인의 삶을 어떻게 다르게 살 수 있다고 생각하시는지요? 무엇이 달라질까요?

W: 글쎄요, 제가 더 음…… 차분해지겠지요.

LMW: 더 차분해지신다고요…….

W: 그럼요, 그것이 모두 내부에 있기 때문이지요. 그것이 내내 작용하고 있어요. 그리고, 어, 제가 내내 살고 있는 스트레스와 더 이상 살 필요가 없을 것이고…… 만일 선생님이 제가 의미하는 것을 이해하신다면요?

LMW: 네. 저는 이해하지요(만일 부인께서 믿으신다면, 제가 이것을 이해했다는 것을 정말로 확신하기를 원할 뿐입니다). 만일 부인이 하나님이 부인을 기뻐하신다는 것과 부인이 선한 삶을 살아왔다는 것 그리고 하나님께서 부인을 매우 좋게 심판하신다는 것을 단지 10분만이라도 믿는다면, 그렇다면 부인은 세상에서 모든 것이 차이가 있을 것이라고 말씀하신 건가요?

W: 맞습니다, 네, 확실히.

LMW: 부인이 더 차분해지실 것이고, 그리고 부인이 더…….

W: 제가 죽음 때문에 지금의 저처럼 다른 사람의 신경을 건드리지는 않을 겁니다(죽음과 관련하여 할 수 있는 어떤 것, 역시).

LMW: 네, 우아, 그것은 믿을 수가 없군요.

여기 자신이 심장마비를 겪을 것이라는 믿음과 자신이 죽었을 때 어떻게 심판받을 것인가에 대하여 모른다는 훨씬 더 고통스러운 신념을 가지고 수년 동안 엄청나게 고통을 받았던 한 여성이 있다. 결과적으로 그녀는 사후에 그녀가 어디로 갈 것인지를 모른다.

이 다음 원고에서 놀라운 사실이 드러난다. 이 여성은 모든 항우울증제를 끊는 것을 고려했다. 물론 나는 만일 그녀가 천국에 갈 것이라는 것을 믿는다면, 그녀가 약이 덜 필요할 것인가를 아는 것이 궁금했다. 그녀의 반응은 놀라웠으며, 그녀의 믿음은 발전하고 있는 우리의 치료적 대화와 함께 내 앞에서 곧바로 변화가 시작되었다. 그녀의 반응은 그녀가 나에게 말을 마치고, 내가 가정했던 연결을 정확히 알면서 훨씬 더 놀라웠다.

LMW: 저도 모릅니다만, 아마 이것이 말도 안 되는 생각일 수도 있는데, 그러나 궁금한데, 음…… 부인은 만일 부인이 천국에 간다는 것을 믿을 수 있다면 거기에 어떤 연결이 있다고 생각하시는지요? 부인이 필요로 하는…….

W: ……약을 덜?

LMW: 부인은 약을 덜 먹는 것이 필요합니다.

W: 그럼요, 확실히.

LMW: 우아, 그렇다면 아마 이 생각, 어, 만일 부인이 용기가 있고, 더 적극적이라면…….

W: 네. 바로 번개처럼(머리를 가리키며 전구?), 어머나?

LMW: 부인은 '맞아, 나는 선한 사람이다. 나는 아마 하나님에게 매우 잘 심판 받을 것이며, 음, 천국에 가게 될 거야.'라고 생각하기 시작하셨군요. 저는 부인께서 천국에 대하여 부인께서 가지고 있는 그런 똑같은 종교적인 신념을 저 또한 가지고 있다는 것을 아셨으면 좋겠습니다.

W: 선생님도요?

LMW: ……그리고 지옥 그리고 우리가 심판받을 것이며, 저 또한 역시 괜찮기를 희망합니다. 그러나 저는 부인이 염려하는 것처럼 내내 그것에 대하여 걱정은 안 합니다. 그것은 정말 끔찍한 일입니다.

W: 오, 그것은 정말 끔찍합니다. 때때로 저는 (남편에게) 그것이 끔찍하다고 말하곤 했지요. 선생님은 제가 마음속에서 느끼는 것을 알지 못해요.

그것은 비명을 지를 것 같은 거예요.

LMW: 네…….

W: 어떤 날에 저는 "내가 죽는 게 더 나을 거야."라고 말하지만, 여전히 저는 "나는 죽고 싶지 않아."라고 말하곤 합니다.

LMW: 그래서 부인은 거기에 연결이 있을 수 있다고 생각하시는군요. 그래서 부인께서 약을 끊을 수도 있어서, 아마 그다음에는 믿는 것에 대하여 더 용기를 가지게 될 것이며, 부인 자신에 대하여 더 적극적이 되실 겁니다.

W: 맞아요.

이 세션 마지막에서 나는 이 가족에게 받은 감명을 말해 주며 칭찬했다. 이 부부에게 내가 배웠다고 믿었던 것, 특히 이 개방적이고 용기 있는 여성에게 배운 것을 전달하였다. 또한 내가 어떻게 그녀의 이야기를 다른 사람에게 말하고 싶은지를 언급했다.

LMW: 저는 부인에게 받은 두 가지 감명과 제가 오늘 부인에게 배운 두 가지를 말씀 드리고 싶군요. 제가 배웠던 첫 번째 것은 부인께서 38년 동안 결혼 생활을 하셨는데, 부인께서 오늘 저에게 가르쳐 준 것은 결혼 38년 후에조차 결혼이 더 좋아질 수 있다는 것입니다. 결혼이 더 악화될 필요가 없다는 것도요. 아시겠나요?

W과 H: 네, 네.

W: 저는 그것에 대해 매우 행복합니다.

LMW: 부인께서 말씀하고 싶은 것은, 제가 추측건대, 부인의 결혼이 아마 지금까지 중 가장 좋다고 말씀하고 싶으신 것 아닌가요? 그것이 충분하지 않으신가요?

W: 맞아요, 네.

LMW: 최고 중의 하나…….

W: 제게는…… 네.

LMW: ……부인의 결혼 기간에서.

H과 W: 맞아요, 네.

LMW: 자, 정말 믿어지지 않아요. 38년 후에 훨씬 나아지고 있습니다. 이것이 제가 오늘 정말로 배웠던 것, 우리는 결코 결혼 생활에서 희망을 놓지 말아야 한다는 것입니다. 결혼 생활이 오래 지난 후라도 부부가 훨씬 좋아질 수 있다는 것 말입니다. 오늘 제가 배웠던, 그리고 제게 매우 도움이 되었던 또 하나는 질병이 항상 가족 내에서 끔찍한 일이 될 필요가 없다는 것입니다. 질병이 때로는 무서울 수 있고, 질병이 끔찍한 일일 수 있으나, 매우 좋은 긍정적인 일이 질병에서 나올 수도 있다는 생각입니다. 두 분의 결혼이 더 견고해졌고, 두 분이 합쳐졌고, 두 분이 더욱 연합되었으며, 그것은 정말 놀라운 일입니다. 또 다른 것(부인을 언급한다), 제가 Calgary로 돌아가서 제 학생들이 "선생님은 무엇을 배우셨나요?"라고 질문할 때, 저는 부인에 대하여 생각할 예정입니다. 부인은 제가 말하고 싶은 이야기를 압니다. 제가 부인께 말씀드릴 수 있을까요? 오랫동안 믿었던 한 여성에 대한 이야기, 정말, 저는 이 이야기에 매우 감동받았습니다. ……그러나 수년 동안 아마 하나님에게 매우 혹독하게 심판받을 것이라고 믿었던 한 여성, 정말 천국에 갈지 지옥에 갈지 확신하지 못했던 여성 그리고 여전히 자신의 용기로 그녀는 아마 자신이 약을 끊을 수도 있다는 것을 연결하였습니다. 아마 더 이상 약에 의존할 필요가 없다는 것, 어쩌면 그녀가 자신에 대하여 더 많은 아이디어와 더 좋은 신념을 가지는 것을 시작할 수 있다는 생각과 연결이 되었습니다. 그녀는 선한 사람, 좋은 아내 그리고 좋은 어머니였습니다. 그녀가 그것에 대하여 바로 생각하기 시작하고 그 아이디어를 그녀 자신에게 허락하면서 20년간 복용했던 항우울증약을 끊을 수도 있다는 아이디어가 떠올랐습니다. 이것이 내가 말하고 싶었던 대단한 이야기입니다.

내 상담을 기록한 이 원고가 영성과 고통, 신념들 사이에서 상호 연결성을 보여 주는 것이기를 바란다. 나는 또한 이것이 이 용기 있는 여성과 나 사이에 존경을 보여 준다는 것을 믿는다. 우리의 대화가 진전되면서 나는 우리가 높아가는 경외심, 존경 그리고 깊은 정서적 · 영적 연결을 경험하였다고 믿는다. 우리는 서로에게 잘 있으라는 인사를 하면서, 그녀가 그날 상담에 오기를 원하지 않았으나 상담받으러 온 것에 매우 감사했다고 말했다. 서로에게 잘 있으라고 말하면서, 그녀는 자발적으로 나를 포옹했다. 나도 그녀를 포옹했다.

결론을 내리는 반영

사람들의 고통의 깊이는 각 개인의 독특한 경험에 의하여 구별된다. 나는 아팠고 울었으며 내가 다른 사람들 때문에 고통받았을 때 슬퍼했으나, 내가 직접 경험했던 것은 단지 나 자신의 고통이다. 고통의 경험이 비교될 수 없으나, 불행하게도 우리가 믿는 고통은 가장 끔찍한 것에 비교가 된다. 치료사로서 가장 중요한 역할은 다른 사람들의 고통에 대한 청취자와 목격자가 되는 것이다. 우리는 고통과 고통을 겪는 사람을 인정해야 한다. 가족 구성원들의 고통을 악화시킬 수도 있는 어떤 구속적인 신념에 도전하는 질문을 하고, 질문과 칭찬을 통하여 치유와 희망을 위한 신념과 가능성 그리고 기회를 더 촉진하도록 격려하라.

고통에 대한 가족과 치료사 사이의 이러한 교환을 통하여 영성의 영역이 만난다. 영성 안으로의 이러한 여정은 가족 구성원과 치료사 사이에 존경과 연민 그리고 사랑을 제공한다. 마찬가지로 고통을 완화시키려는 이러한 노력이 국경을 넘어 치유—가족 구성원뿐만 아니라 치료사에게도 비축되어 있는 치유—로 흘러간다. Frank(1995)가 제안하듯이 아픈 사람이 우리에게 제공해야 하는 일차적인 교훈은 '고통의 교육학'이다. 이러한 매우 영광스러운 교환을 통하여 영성과 고통 그리고 신념이 새로운 삼위일체와 가족과 함께하는 우리의 상담에서 치유의 정신이 된다.

참 | 고 | 문 | 헌

Bohn, U., Wright, L. M., & Moules, N. J. (2003). A family systems nursing interview following a myocardial infarction: The power of commendations. *Journal of Family Nursing, 9*(2), 151-165.

Dossey, L. (1993). *Healing words: The power of prayer and the practice of medicine.* San Francisco: Harper.

Frank, A. W. (1994). Interrupted stories, interrupted lives. *Second Opinion, 20*(1), 11-18.

Frank, A. W. (1995). *The wounded storyteller: Body, illness and ethics.* Chicago: University of Chicago Press.

Hougher Limacher, L., & Wright, L. M. (2003). Commendations: Listening to the silent side of a family intervention. *Journal of Family Nursing, 9*(2), 130-135.

Levac, A. M., McLean, S., Wright, L. M., Bell, J. M., "Ann", & "Fred." (1998). A "Reader's Theatre" intervention to managing grief: Post-therapy reflections by a family and a clinical team. *Journal of Marital and Family Therapy, 24*(1), 81-94.

McLeod, D. L., & Wright, L. M. (2001). Conversations of spirituality: Spirituality in family systems nursing—making the case with four clinical vignettes. *Journal of Family Nursing, 7*(4), 391-415.

Moules, N. J. (2002). Nursing on paper: Therapeutic letters in nursing practice. *Nursing Inquiry, 9*(2), 104-113.

Post, S., & Neimark, J. (2007). *Why good things happen to good people.* New York: Broadway Books.

Remen, R. N. (1993). Wholeness. In B. Moyers (Ed.), *Healing and the mind* (pp. 343-

363). New York: Doubleday.

Tapp, D. M. (1997). *Exploring therapeutic conversations between nurses and families experiencing ischemic heart disease.* Unpublished doctoral dissertation, University of Calgary, Alberta, Canada.

Wright, L. M. (2005). *Spirituality, suffering, and illness: Ideas for healing.* Philadelphia: Davis.

Wright, L. M., Bell, J. M., Watson, W. L., & Tapp, D. (1995). The influence of the beliefs of nurses: A clinical example of a post-myocardial-infarction couple. *Journal of Family Nursing, 1,* 238-256.

Wright, L. M., & Leahey, M. (1999). Maximizing time, minimizing suffering: The 15minute (or less) family interview. *Journal of Family Nursing, 5*(3), 259-273.

Wright, L. M., & Bell, J. M. (in press). *Beliefs and Illness: A model for healing.* Calgary, Canada: 4th Floor Press.

제 4 장 죽음과 상실에 대한 가족 적응과 영성

FROMA WALSH

아마 그들은 하늘의 별들은 아닐지라도,
우리가 사랑하는 사람들이 행복하다는 것을
알게 해 주는 빛을 비추는 구멍들이다.

미국 원주민 격언

전 세계에 걸쳐 천 년 넘게 영적 신념과 실천은 죽음과 상실의 시간에 개인, 가족, 지역 공동체에 위로와 지지를 제공해 왔다. 신학자 Paul Tillich(1952)는 운명과 죽음에 대한 불안이 인생 딜레마의 가장 근본적이고 보편적이며 피할 수 없는 것이라고 언급하였다. 어떤 인류학자들은 종교는 무엇보다도 죽음을 마지막이 아니라 또 다른 영역 안에서 계속되는 삶을 이행하는 것으로 받아들이는 데 도움을 주기 위하여 만들어졌다는 주장도 하였다. Malinowski(1965)가 진술하였다시피 "모든 인간의 사건 중에서 (인간의) 계산을 가장 속상하게 만들고 혼란스럽게 만드는 죽음은 종교적 신념의 주요한 근원이다." (p. 71)

영성은 문화적 영향으로 뒤엉켜 있는 인생의 모든 면을 통하여 흐르는 경험을 포함한다. 믿음신념과 실천은 죽음과 사랑하는 사람의 상실을 다루는 데 있어서 전면에 부각된다. 그들은 위로, 희망, 지지 그리고 연결을 제공한다. 그들은 사후의 신비뿐만 아니라 삶과 죽음의 핵심 의미를 언급한다. 그들은 생존하고 있는 가족들이 고인을 어떻게 존경할 수 있고 그들의 상실을 슬퍼할 수 있으며, 인생 통로를 지속할 수 있는가에 대한 가이드라인을 제공한다. 어떤 경우에는 죽음과 관련된 영적 괴로움이 지연된 고통과 관계적인 갈등 혹은 소원에 기여할 수 있다. 의료 전문가들은 그들의 치료적 접근에서 이러한 중요한 영역을 무시하는 경향이 있었다. 이 책은 죽음, 상실과 함께 영성의 심오한 중요성을 조사하고, 사례들과 임상 실천에서 영적 영역을 포함하기 위한 가이드라인을 제시한다.

종교와 문화를 관련시키기

비록 죽음과 상실이 보편적이라 할지라도, 모든 문화와 종교는 자신의 방식으로 죽음과 애도 과정을 다룬다. 대부분의 문화가 삶의 리듬과 죽음을 넘어서 영속성에 대한 지속적 신념을 포함하며, 피할 수 없는 죽음의 사실에 직면할 수 있도록 개인, 가족, 지역 공동체를 돕는 세계관을 가지고 있어서 다행이다. 많은 문화가 이러한 중요한 전환에 대하여 준비하고 다룰 수 있도록 사람들을 돕는 풍부한 전통, 의식 그리고 형식을 제공한다.

시대를 넘어서 종교와 문화가 상실의 중요한 영향과 생존자들의 슬픔의 표현을 인정하여 왔다. 고대 메소포타미아에서는 눈물을 담은 작은 유리병이 고인과 함께 묻혔다. 로마시대 전에는 고인의 재가 담겨 있는 에트루리아 도자기 항아리가 눈물을 흘리고 있는 문상객(일반적으로 여성)의 조각과 함께 장식되었다. 유대인의 격언은 '비누가 몸을 씻는 것처럼 눈물은 영혼을 씻는다.' 고 말한다. 유대교에서 슬픔은 인간 존재의 자연스러운 부분으로 간주된다. 우리가 슬픔을 더 몰아내거나 저지하려 하면 할수록 사랑을 충분히 수용할 수 없다. 유대교는 존재하는 모든 것이 사라지는 세상에서 애도의 과정에 대한 존중이 우리에게 그 현실을 더 충분히 존중하게 하고 마음을 열고 다시 사랑할 수 있게 한다는 것을 가르친다. 사랑으로 풍부한 삶의 즐거움과 풍성함을 선택하는 데 있어 우리는 사랑에 동반되는 슬픔에 편안해져야만 한다.

고대와 중세시대에서 죽음을 둘러싼 많은 종교적인 관습은 초기의 이교도적인 종교와 미신에 뿌리를 두고 있다. 상가(喪家) 안에 있는 거울을 덮는 유대교의 관습은 고인의 영혼이 가정 내에서 맴돈다는 신념에서 발생되었고 고인의 영혼이 영원히 머물 수도 있다는 이미지에 의하여 혼동되었다. 이러한 관습이 여전히 행해지고 있으나, 그것의 의미는 사람이 그들의 신체적인 이미지가 아니라 삶의 내적 · 영적 영역에 초점을 둘 때 슬픔의 무상함이 사라지는 것으로 변형되었다(Kertzer & Hoffman, 1996).

20세기 북아메리카에서는 현대의학, 병원 요양원의 출현과 함께 죽음은 제도화되었고 자연적인 삶으로부터 격리되었다. 대부분의 가족 구성원은 더 이상 집에서 죽지 않고 사랑하는 사람들에 의하여 둘러싸여 있지 않는다. 영국계 미국의 문화는 죽음의 충격과 슬픔을 부정하고 최소화시키는 경향이 있다(Becker, 1973). 오늘날조차도 지배적인 사회는 유족에게 빨리 상실감을 극복, 즉 상실감을 뒤로 하고, 정서를 통제하고, 상실감을 닫을 것을 요구한다.

서양의 신념 체계와 의학 정신은 운명에 대한 인간의 지배를 강조하고 죽음을 '정복'하기 위한 치료에서 죽음의 수용에 대한 딜레마를 중독시켰다. 삶의 끝은 종종 두려움과 통제의 상실이라는 용어로, 치료의 실패, 의지의 부족 혹은 영적 순수성이 충분하지 못해서라는 시각으로 접근하였다. 한편 동양과 토착적인 영적 전통은 죽음을 인간의 생활 주기의 용어로서뿐 아니라 모든 생물의 더 커다란 생활 주기와 지구, 우주의 자연스러운 부분으로 접근한다. 불교는 죽음을 받아들이는 데 있어서 삶을 발견하는 것을 가르친다(Rinpoche, 1994).

불교 신자들은 죽음에 접하면 친척, 친구 혹은 스님이 모여 불교 경전을 읊으며 죽어 가는 과정을 돕는다. 죽어 가는 사람과 사랑하는 사람들이 온정을 가지고 관련 맺으라고, 죽음에 대하여 몸부림치거나 두려움 속에서 거리감을 두기보다는 발생되고 있는 것을 받아들이라고 격려한다. 그들은 일을 정리하고 마지막 인사를 하며 과거의 상처나 불의를 치유하기 위한 기회를 갖도록 하기 위하여 죽어 가는 사람에게 진실을 말하도록 한다. 비록 가까운 친구, 파트너, 가족 구성원들이 힘들지라도 이 시간은 삶의 다른 시간에서 발생하는 위선이나 선의의 거짓말 없이 돌봄, 사랑, 신뢰를 교류할 수 있는 가장 훌륭한 기회로 간주된다. 말하자면 궁극적인 신뢰를 매우 아름답게 경험하게 된다. 이러한 방법으로 죽어 가는 사람과 관계하는 것은 죽음이 다가오고 있다는 것과 중요한 사람들이 이 시간을 통하여 충분히 함께 있기를 원한다는 감정을 나타낸다. 가족과 친구들 그리고 좋아하는 환경을 떠남에도 중요한 관계의 계속성이 죽음에 의하여 끊어지는 것이 아니다. 사랑과 연결에 대하여 이렇게 보여 주는 것이 죽어 가는 사람과 남아 있는 사람들에게 엄청난 위로와 영감을 준다(His Holiness the Dalai Lama, 2002, Nhat Hahn, 2002).

이주민들이 죽음과 상실에 직면하면 그들은 종종 그들의 전통적 · 문화적 · 영적 연결에 의지한다. 예를 들어, 지난 1세기 동안 시카고에 거주하였던 폴란드계 이주민들은 비록 가난하였지만 이웃 가톨릭교회와 함께 몇 개의 대성당을 열심히 건축하였다. 지역 공동체의 중심인 교회는 죽음에서 가장 중요한 위치를 차지하고 있다. 마치 한 여성이 그녀의 호스피스 사목에게 "나는 내 자신의 종(鐘) 아래에서 죽기를 원합니다."라고 말하였다는 것처럼.

죽음과 상실에 직면하고 있는 동양과 토착적인 문화에서 온 사람들은 서양 의학과 공식적인 종교와 함께 다양한 심령술에 의지할 수도 있다. 죽음과 상실에 속한 전통적인 영적 신념과 실천, 예를 들어 아시아의 조상 숭배 관습과 아프리카의 치유 의식 그리고 많은 라틴아메리카인의 심령술 같은 것에 대하여 알아보는 것이 중요하다(Some, 1994; 이 책의 제15장 참조). 가족이 보호하거나 해를 끼치는 영들이 죽음을 예방하거나 야기할 수 있고, 선한 혹은 악한 업적에 의하여 영향을 받을 수 있다고 믿을 수도 있다. 갑작스러운 죽음과 삶을 위협하는 질병이 영혼에 의한 소유로 보일 수 있고 치료될 수 있다. 수정, 향, 초, 특별한 물약이 죽음을 피하기 위하여 사용될 수도 있다. 고인의 영혼 방문이 많은 문화 속에서 일반적이라서 이러한 것을 병리적인 망상이라고 여기지 말아야 한다. 망자의 멕시칸 날이 돌아오는 '길을 보여 주기 위하여' 초로 장식되고 불을 켜 놓은 무덤 주위에서 사랑하는 사람과 고인이 만나는 것을 기념한다. 음식을 나누며 함께하는 즐거움이 망자의 존재를 느끼는 가운데 즐거움과 위로와 함께 슬픔이 뒤섞인다.

우리는 우리 사회의 지배적인 유대교-기독교 유럽의 가치 표본을 다른 믿음 신념과 실천에 겹치지 않도록 유의해야 한다. Deloria(1994)는 기독교 묘지에서 치른 한 수족 인디언의 장례식에 참석한 일을 다음과 같이 진술한다.

> 시신이 무덤 안에 놓인 후에…… 한 노인 여성이 앞으로 나가서 무덤에 오렌지 하나를 놓았다. 장례식을 집전한 미국 성공회 신부는 서둘러 그 오렌지를 가져갔고 이렇게 말했다. "여러분은 떠나가신 분이 언제 와서 이 오렌지를 드실 거라고 생각합니까?" 그곳에 서 있던 남성 수족 인디언 중 한 사람이 "영혼이 향기를 맡기 위하여 올 때입니다!"라고 말했다. 그 후 아무도 말하지 않았다(p. 171).

동시대의 북아메리카 사회에서 가족 내에 증가하고 있는 영적 다양성과 함께(이 책 제1장 참조) 죽음과 사별에 대한 갈등이 일어나고 있는 것 같다. 많은 사람이 그들의 원가족의 종교에 가입하지 않고, 죽음과 상실과 함께 영적으로 상실감을 느낄 수도 있다. 어떤 사람들은 새로운 영적 통로를 찾거나 전통을 혼합한다. 많은 사람이 자신의 의미 있는 의식을 창조한다(이 책 제12장 참조). 종교적인 사람은 '선한' 죽음과 영적 사후 생활을 위하여 그들의 전통에서 규정한 모든 의식, 예를 들면 마지막 의식인 '적절한' 장례식이나 화장 의식과 같은 의식을 따라야만 한다. 그러한 문제들은 가족 내에서 많은 논쟁거리가 될 수 있으며, 특히 미리 논의되지 않았거나 계획되지 않았다면 단절을 불러올 수도 있다.

다음 사례에서 보듯이 이것은 종교가 서로 다른 결혼을 한 경우에서 발생하는 공통적인 딜레마다.

유대인이었던 라헬은 남편의 죽음과 함께 예상하지 못했던 도전을 받게 되었다. 에디오피아 이주민이었던 남편은 그가 양육되었던 동방정교회를 떠났고 자신을 세속적인 인본주의자로 생각했다. 죽어 가는 그의 바람은 단순한 추도식과 부인이 어느 날 자신의 옆에 묻힐 수 있는 장례식이었다. 가깝게 지내오지 않다가 최근 남편이 아픈 동안에만 연락하던 남편의 형제들이 남편이 죽자 갑작스럽게 나타나서, 남편이 동방정교회 목사가 집도하는 전통적 장례식을 치러야 하며, 그렇지 않으면 그가 지옥에 갈 것이라고 주장하였다. 남편이 그러한 신념을 공유하지 않는다는 것과 그러한 장례식을 원하지도 않을 것이라는 것을 알고 있는 라헬은 한편으로는 그들의 믿음과 염려를 존중하면서 그들의 강한 압력에 도전하였다. 그녀는 그녀와 남편이 학생이었을 때 만났던 대학에서 그들의 주례를 맡아 주었던 초교파 목사를 찾았다. 현재 은퇴한 그는 캠퍼스 안에 있는 초교파 교회에서 장례식을 치르는 것을 매우 기뻐했다.

장지를 마련하는 것은 더 힘겨운 일이었다. 라헬은 오직 유대인만 그들의 집 근처에 있는 유대인 공동묘지에 묻힐 수 있다는 사실을 알고 나서 충격을 받았다. 다행스럽게도 그녀는 아름다운 언덕에 있는 초교파 구획을 가진 근처 지역 공동체에 있는 유대교 공동묘지를 발견하였다. 그녀는 그 공동묘지가 안락하다는 것을 발견하였고, 남편이 그곳을 만족해할 것이라는 것과 묘지 입구의 아치에 히브리어와 그의 모국어 에디오피아 암하라 말에서 '세상 안에 있는 집'이라는 의미를 지닌 BEIT OLAM이 적혀 있는 것을 알았다.

가족의 삶의 마지막 순간을 함께하기 위해 모인 자리에서 치료사들은 가족 구성원들이 죽어 가는 사람이나 고인의 소망을 이해하고 존중할 수 있도록 돕기 위하여 토론을 활성화하고 중재할 수 있다. 우리는 죽음과 상실을 경험할 때 가족들이 대립을 피하고 다양한 영적 통로를 존중하고 수용할 수 있도록 도와 줄 수 있다.

죽음, 상실 그리고 사후에 대한 종교적 신념

조사에서 대부분의 미국인이 하나님, 기적 그리고 사후의 삶에 대한 신념을 확신한다는 것을 발견하였다(Gallup & Lindsey, 1999). 응답자 중 1/3이 종종 상실이나 위협된 상실을 경험했을 때 심오한 영적 경험이 삶을 극적으로 변화시켰다고 응답하였다. 많은 사람이 하나님이 고통스러운 상실로부터 그들로 하여금 삶에서 더 큰 목적을 추구할 것을 의도하였다는 것을 믿었다. 죽음과 상실이 하나님 계획의 일부분이라는 것과 인간의 이해를 넘을 수 있는 더 커다란 지혜라는 믿음 안에서 위로를 발견하는 사람들도 있다. 어떤 사람들은 '하나님이 단지 우리에게 우리가 감당할 수 있는 것을 주신다.'는 믿음 안에서 능력을 발견하나 어떤 사람들은 상처를 받거나 그들의 상실감이 선의의 친척이나 친구, 치료사들이 그들에게 용기를 줄 수 있는 영감적인 조언을 해 줄 때 감소된다는 것을 느낄 수 있다.

죽음과 죽어 가는 것

대부분의 사람에게 그들이 종교적이건 아니건 간에 죽음과 죽어 가는 것은 삶의 의미와 중요성에 대한 존재적 질문을 상기시킨다(Yalom, 2008). 근본적으로 이러한 질문은 영적 관심이며 치료에서 무시되지 말아야 한다. 죽음에 접근하는 데 있어서 삶이 신에 속해 있다고 믿는 사람들은 그들의 평생 작업을 완성하는 데 대하여 걱정을 덜하는 것 같다. 그들은 신에 의하여 용서받지 못하는 것과 그들이 '신으로부터 단절' 된 상태로 죽어 가는 것 혹은 가족이나 성직자에게 축복을 받지 못하는 것에 대하여 더 걱정을 하는 것 같다(Gallup & Lindsay, 1999). 비록 어떤 믿음은 기적과 치료에 대한 강한 신념을 유지할지라도 대부분은 하나님의 의지를 수용한다.

종교적인 견해는 삶과 죽음에 대한 결정에 부담을 준다. 낙태, 안락사, 사형제도에 대한 미국인의 개인적 태도는 종교 내에서 그리고 종교를 넘어서 달라진다. 이러한 견해는 개인적인 상황에 의하여 영향을 받으며, 원칙과 실용주의의 혼합을 반영한다(신도와 대중적인 삶에 대한 신도공개토론, 2008, 제1장 참조). 대부분의 종교적 보수주의자는 낙태와 안락사 문제에서 인간의 생명을 지지하고 낙태와 안락사를 반대하나, 선고받은 살인자에 대한 사형을 지지한다(비록 가톨릭교회는 사형에 대하여 강하게 반대할지라도). 젊은 사람들은 연장자들보다는 이러한 신념에서 더 자유로운 경향이 있으며 이것이 종종 가족 내에서 세대 간 긴장을 야기한다.

다양한 성적 성향을 가진 개인과 부부들에게 동성애를 비난하거나 동성 파트너와 합장하는 것을 허락하지 않는 종파들에게 종교적 죽음 의식과 관련하여 문제가 표면화될 것이다. 고통을 수반하는 법적 딜레마는 유족 수당과 함께 양육된 비혈육 자녀들의 법적 신분에 대한 고인의 배우자의 권리와 관련된다. 확대가족 구성원들이 그와 같은 때에 갈등과 문제를 일으키면서 개입할 수도 있다. 이럴 때 가족치료사나 상담사가 중요한 중재 역할을 할 수 있다. 대책을 강구하고, 논의를 진전시키며 계획하고 법적인 문서를 준비하는 것이 가장 도움이 된다.

종교적 신념이 에이즈와 같은 낙인화된 죽음으로 인한 상실에 적응하는 것을 복잡하게 만들 수 있다. 최근 수십 년 동안 에이즈로 인해 고통과 갑작스런 죽음 그리고 사망 문제에 직면하게 됨으로써 게이, 그들이 사랑하는 사람들 그리고 게이 지역 공동체에 엄청난 충격을 주었다. 많은 개인과 그들의 가족들이 사회적이고 종교적인 비난을 받을까 봐 두려워서 질병과 죽음의 원인을 숨겨

왔다. 이러한 도전에 직면해서 많은 사람이 실존적 의미를 만드는 과정에 관여함으로써 개인적인 영성과 신념에 더 의존하였다(Miller, 2005a, 2005b).

자살은 유대교, 기독교, 이슬람교에서 도덕적으로 비난받는다(Domino & Miller, 1992). 초기 가톨릭교회는 자살을 순교에 대한 충동을 감소시킨다고 하여 금지하였다. 이러한 금지가 고인의 영혼이 영원히 지옥에 가게 되며, 이러한 이유로 인하여 몸은 성지에 매장될 수 없다는 것을 성문화하였다. 유대교 전통 또한 자살을 한 사람에게 장례식을 금지시켰다. 이슬람교는 자살을 시도한 사람은 계속해서 자살행위를 재경험해야만 할 것이라고 말한다.

삶의 마지막을 결정하는 태도는 최근에 변화되고 있다. 미국인의 2/3 이상이 지금 어떤 형태에서 죽어 가는 것을 돕는 의사의 합법화를 지지한다. 위엄 있는 오레곤 주의 「죽음의 법」(www.oregon.gov/dhs 참조)이 제정된 이후 많은 윤리학자들과 정신건강 의료협회들이 평화롭고 존엄한 죽음을 선택하기 위하여 의식은 있으나 시한부 사람들의 권리를 지지하는 정책을 채택하였다(미국공중보건협회 www.apha.org/legislative/ policy/policysearch/index.cfm 참조). 그들은 또한 정신질환과 낙인 그리고 시한부의 개인과 그들이 사랑하는 사람들에게 '자살' 혹은 '의사가 돕는 자살'이라는 용어(부적절하고 무례하며 고통을 주는 의미를 내포하는)보다는 '죽어 가는 것에 대한 원조'나 '환자가 주관하는 죽음'과 같은 용어를 사용할 것을 권유한다.

비록 성경과 신학이 일반적으로 안락사를 반대하는 것으로 해석할지라도, 대부분의 개신교, 가톨릭, 유대교인은 의사가 안락사에 동의하고 죽음이 임박하고 삶의 질이 너무 처참하다면 삶을 유지하는 엄청난 수단을 제거하는 것을 포함할 때 안락사를 지지한다. 가장 종교적인 사람들은 죽음을 재촉하는 어떠한 행위도 반대하는 경향이 있다. 여전히 점점 더 생명을 보조하는 의학적이고 기술적인 개입이 우리의 시대에서 '자연사'란 무엇인가에 대한 심각한 질문을 던지게 한다. 개인과 가족들이 삶을 연장할 것인가 말 것인가 그리고 언제 할 것인가에 대한 괴로운 딜레마에 직면한다. 가족 사이의 그러한 결정과 불화가 생존자들을 계속해서 괴롭힐 수 있으며 관계를 단절시킬 수 있고, 미리 계획하는 것과 토론 세션이 귀중하며, 가능하다면 죽어 가는 사람의 소원을 포함시켜야만 한다. 의학적 · 법적 · 관계적 문제를 넘어 이러한 문제들은 많은 사람에게 각각의 사례에서 사려 깊은 고려를 해야 하는 심오한 영적 문제다.

사후에서의 신념

죽음을 초월하는 사후에 대한 신념이 시대와 문화를 넘어서 대부분의 종교 체계의 주요 원리가 되어 왔다(Spilka, Hood, Hunsberger, & Gorsuch, 2003). 고대 세계의 죽음에 대한 신념이 메소포타미아, 중국, 이집트의 피라미드, 남아메리카의 잉카 문화와 같은 장소에서 발견되는 무덤과 매장 공예품 안에 기록되어 있다. 정교한 의식과 제사가 고인을 영화롭게 하였으며 다음 세계로 가는 안전한 통과를 보장하였다. 고대 이집트와 페루에서는 동물 또한 미라로 만들어 삶을 넘어선 우정을 이어가기 위해 주인 옆에 매장되었다.

대다수의 미국인은 사후—81%는 천국을 믿고, 거의 70%는 지옥을 믿는다(Gallup, 2008)—를 믿는다. 대부분의 사람은 자신의 죄에 대답을 하기 위하여 심판 날에 하나님 앞에 불려갈 것이라고 믿는다. 75%는 자신이 천국에 갈 기회에 대하여 '충분히' 부터 '아주 충분히' (비록 그들 중 일부분은 천국의 존재에 대하여 확신 못할지라도!) 갈 수 있다고 평가한다.

대부분의 미국인은 천사를 믿는다(50%는 악마를 믿고, 33%는 유령을 믿는다). 대부분의 사람은 사후의 여정을 상상하며, 자신의 경험이 긍정적일 것이라고 믿는다. 응답자의 15% 이상이 그들의 통과에 대한 생생한 묘사와 함께 거의 죽을 뻔했던 경험이 있다고 보고한다(Gallup & Lindsay, 1999). 대부분의 사람은 영혼이 모든 영원을 위한 정신 세계 안에 있다고 믿으며, 죽음의 시간이 다가올 때 조상들과 만나게 될 것이며, 사랑하는 사람과 재결합할 것이라는 신념 안에서 위로를 얻는다. 많은 사람은 특히 어려울 때 상실감에 빠진 사람을 안심시키기 위하여 영혼이 방문하거나 중대한 잘못이 없을 때 그들이 고인과 접촉할 수 있다는 것과 영혼이 그들을 방문한다는 것을 믿는다. 믿는 자에게 영혼은 마음, 가슴, 꿈, 사랑하는 사람들의 이야기 속에 살고 있다. 그들은 유령으로 나타날 수 있거나 최선의 노력과 행동을 격려하는 수호천사와 인도하는 영들이 된다.

대다수의 미국인이 세상에서의 그들의 행위를 사후의 본질과 연결시킨다. 언급되는 가장 공통적인 영향은 한 사람이 삶 속에서 행했던 모든 것(84%)으로 영적 각성을 가지는 것(69%), 죽을 때의 영적 상태(78%), 죽을 때 의식(23%), 사후의 의식(20%)이다. 복음주의 교회와 오순절 교회의 기독교인은 영혼이 일시적인 최면 상태 동안에 인간을 통제한다고 가정하는 초자연적인 것과 수단을 더 믿는 경향이 있다.

유대교에서 신념은 자신의 후손과 행위, 업적을 통하여 유대교인들과의 연속성을 통하여 불멸을 얻는 데 초점을 둔다. 세상을 개선하고 조건을 향상시키며 불의를 처리하기 위하여 일생에서 사회 의식과 사회 행동에 초점을 둔다. 비록 영적 사후의 세부 사항은 추측의 문제라 할지라도, 이러한 아이디어들이 어두운 길을 밝히는 데 도움이 된다고 믿는다(Lamm, 2000).

인디언 부족의 종교는 자연 세계의 통합적인 부분으로서 더 커다란 맥락에서 인간을 보면서 두려움 없이 죽음에 접근한다(Deloria, 1994). 미국 원주민은 범법자를 교수형에 처하는 양키의 공통적 관습을 혐오하는데, 교수형이 숨을 거둘 때 몸에서 해방될 수 있는 영혼의 능력을 막는다고 믿기 때문이다. 죽음에 있어서 그들의 영혼이 영의 세계에 들어가면서 사람들의 시체가 평생 동안 사람들의 먹이가 되는 식물과 동물에게 자양분을 주는 먼지가 되는 데 기여한다. 개인, 가족, 지역 공동체가 서로 얽혀 있는 것으로 보이기 때문에 비록 슬플지라도 죽음은 매우 커다란 생활 주기와 우주 통합에 있어 과도기적 사건이다.

미국인의 1/3 정도가 환생을 믿는다. 또 다른 20%는 그 가능성을 믿는다. 최근 이러한 신념에 대한 증가는 힌두교도와 불교도가 증가하는 것뿐만 아니라 미국인 주류 사이에서 동양 종교에 대한 관심이 증가하는 것을 보여 준다. 환생에서 사후에 영 혹은 영혼이 재탄생하고, 각성의 길에서 가장 높은 영적 성취인 열반에 이르기 전에 이 세상의 연속적인 삶 속에서 다른 신체(혹은 생물 형태)와 거할 수도 있다고 믿는다.

동양 종교에서는 많은 초기 문화들과 마찬가지로 죽음과 환생이 결코 끝나지 않는 생활 주기의 근본적인 요소로 간주되었다(Obeyesekere, 2002). 힌두교도와 불교도는 인과관계의 자연적 사슬인 업보를 믿는다. 환생에서 인간의 현재와 미래의 삶은 과거와 현재의 삶 속에서 선하거나 악한 행위에 의하여 결정된다(이 책 제5장 참조).

사후에 적용되는 환생의 교리는 이러한 삶에서 바로 실천을 언급하는 것이다. 죽어 가는 사람들이 자유를 얻도록 돕기 위하여 전통적으로 고인에게 크게 읽어 주는 티베트의 책은 살아 있는 사람들에게 실제적인 조언을 제공한다(Rinpoche, 1994). 사후에 어떤 일이 발생하는지는 광명의 상태로 진입하는 것 이상으로는 언급되지 않는다. 그러한 질문들은 지금 여기의 현실을 추구하는 데 유용하다고 간주되지 않기 때문이다. 선 지도자에게 사후에 기대되는 것이 무엇인지를 질문하는 한 사람에 대한 이야기다. 그는 "나도 모른다."라고 대답한다. 그 남자는 "어떻게 그럴 수 있습니까? 선생님은 선 지도자입니다."라고 말한다. 그러면 그는 "맞아. 그러나 나는 죽은 선 지도자가 아니다."라고 대답한다.

죽음과 상실을 경험하고 있는 가족 돕기: 영성 타진하기

죽음과 상실과 타협하는 것이 부부와 가족이 삶의 과정에서 직면해야 하는 가장 어려운 도전이다. Robert Lifton(1975, p. vii)은 "상실이 없는 사랑은 없다. 그리고 애도 없이는 상실을 극복할 수 없다."고 하였다. 특히 애인이나 동지, 자녀 혹은 어린 자녀를 둔 부모의 죽음은 심한 공허감을 남기는 깊은 상실이다.

가족 체계 접근

죽음은 가정생활의 근본을 흔들어 놓으며 모든 가족이 영향을 받는다. 가족 체계 관점에서 죽음은 죽은 사람과 유족 그리고 이전 세대 사람들을 포함하는 교류의 과정이다. 죽음은 다양한 가족 구성원들과의 각각의 독특한 관계—가족 내에서의 위치(외아들, 첫째 자녀), 역할 기능(여자 가장, 가장) 그리고 미래에 대한 희망과 꿈—를 포함하는 복잡한 손실을 내포한다. 가족의 죽음은 모든 구성원과 모든 관계에 즉각적이고 장기적인 반향을 가져오고 가족 단위의 기능에 영향을 준다. 결국 가족이 상실을 어떻게 다루는지가 모든 사람의 적응을 용이하게 할 수도 있고 방해할 수도 있다(Walsh & McGoldrick, 2004).

상실에 대한 적응이 완전한 '상실의 극복'이나 '종료'를 의미하지는 않는다. 회복은 결과라기보다는 시간이 지나면서 상승하는 점진적인 과정으로 이해된다. 방치된 슬픔이 지속될 수도 있다(Levine, 2005). 반응은 폭넓게 변한다. 건강하거나 병리적이라는 것은 개인의 대처 스타일, 고인과의 관계, 가족 과정, 과거 상실의 유산 그리고 문화적 규범의 맥락에서 고려해야 한다. 실천에 대한 가족 체계 접근이 가족 구성원들로 하여금 상실 경험의 의미를 이해하고 슬픔을 공유하며 기능적이고 관계적인 패턴을 재편성하고, 그들의 삶을 재구성할 수 있으며, 상실을 넘어서 충분히 사랑할 수 있도록 도와준다.

지속되는 유대감

죽음이 삶을 끝내지만 관계를 끝내게 하는 것은 아니다. 전통적 정신의학의 애도에 관한 관점은 고인이 된 사랑하는 사람으로부터 분리되거나 고인을 떠나가게 할 필요성을 강조하였다. 사별 전문가들은 적응하는 애도 과정이 물리적 존재로부터 영적 연결을 통하여 지속되는 유대감까지 관계의 전환을 포함한다는 것을 인정한다(Neimeyer, 2001). 이러한 것들은 기도, 기억, 꿈, 행위 그리고 유산에서 표현될 수 있다. 의식과 이야기하기(스토리텔링)가 호주 원주민들부터 미국 원주민과 아프리카 부족집단에 있어서 토착 문화의 조상들과 연결을 유지해 왔던 것처럼 의식과 이야기하기는 고인과 유대감을 존중하고 유지하는 강력한 방법이다.

가족생활주기에서의 상실

시기상조의, 갑작스러운 혹은 끔찍한 죽음은 '정상적인 삶의 과정', 예견, 안정, 기본적 신뢰성과 같은 주요 신념을 산산조각낼 수 있다(Walsh, 2007). 선한 사람이나 무고한 어린이의 시기상조의 죽음은 종종 부당해 보이며, 사별한 사람들의 영적인 삶에 영향을 미칠 수 있다(Doka, 2002). 어떤 사람들은 그들의 신념에 더 가까이 다가가지만 어떤 사람들은 신념을 의문시하거나 외면한다. 임상가들은 다양한 반응을 탐색하고 정상적인 것으로 보는 것이 중요하다. 어떤 사람들은 사랑하는 신의 존재를 의문시할 수도 있거나 부당한 경험으로 인하여 신에게 화가 나 있을 수도 있다. 그러한 반응은 일반적으로 일시적인 것이며 소중한 종교적 전통에서 영구적으로 멀어지게 하는 결과를 낳지는 않는다(Gallup & Lindsay, 1999). 그렇지만 그들은 엄청난 고뇌를 야기할 수 있으며 가족이나 부부 간의 위기를 촉발할 수 있다.

한 부부가 첫아이가 태어나자마자 사망하여 상담을 의뢰하였다. 그 부부와 전체 확대가족은 그리스정교회 집안의 장손이 될 이 아이를 몹시 기대하였다. 치료사가 부부에게 그들의 믿음이 그들에게 어떤 위로가 되었는지를 물어봤을 때, 부인은 눈물을 흘리면서 남편이 교회에 가는 것을 거절한 이래로 지금은 혼자서 교회에 간다고 말했다. 그는 "나는 더 이상 교회에 가고 싶지 않아! 나는 하나님에게 매우 화가 나!"라고 소리치면서 주먹으로 탁자를 쳤다. 치료사가 부드럽게 그에게 상실의 의미를 탐색하자, 그는 "나는 어떤 일이 발생했을 때 거기에는 항상 이유가 있다고 믿었습니다. 나는 그 이유가 무엇인지를 헤아릴 수가 없습니다. 우리는 모든 것을 규칙대로 올바르게 했습니다. 나는 의사들이나 병원을 비난하지 않습니다. 하나님이 우리 아들을 데려갔습니다. 이것은 공평하지 않아요. 나는 내 자신에 대한 것이 아니라 제 아들에 대한 것을 의미합니다. 그는 인생에서 전혀 기회가 없었습니다."라고 울면서 말했다.

이처럼 엄청나게 충격을 주는 상실을 겪은 사람을 동정하는 것과 확대가족에게 파급되는 충격을 이해하는 것 그리고 그러한 경험의 의미를 이해하기 위해 몸부림치는 것을 인식하는 것이 매우 중요하다. 원목과의 심오한 영적 비탄을 언급하는 데 도움이 될 수도 있다.

영성은 인생 과정에서 의미와 중요성이 변하면서 밀려갔다 밀려오는 역동적인 과정을 포함한다. 종교를 삶에서 하찮은 것으로 여기는 많은 사람은 종교가 죽음이나 상실과 같은 예기치 못한 강렬함으로 포장되어 있는 것을 발견한다. 어떤 사람들은 구원에 대하여 걱정하면서 그들의 죄에 사로잡혀 있을 수도 있다. 어떤 사람들은 만일 사랑하는 사람의 목숨을 살려 준다면 그들의 방법을 개선할 것을 약속하면서 하나님과 거래를 시도한다. 이교도 간 결혼이나 자녀를 위한 종교적 훈련이 부족한 사람들은 죽어 가는 배우자나 자녀가 천국에 갈 수 없을 것이라고 두려워할 수도 있다. 그러한 상황에서 영적 고통이 다음 사례에서처럼 상실에서 회복하는 것을 복잡하게 만들 수도 있다.

Kristin은 둘째 아이의 사산 후에 위로받을 수 없는 슬픔에 대하여 걱정하는 시어머니에 의하여 치료에 의뢰되었다. 그녀는 남편과는 전혀 관계하지 않고 매일 무덤에 네 살 된 큰아들을 데려갔다. 상담사의 탐색은 Kristin의 깊은 영적 고통과 죄책감을 드러냈다. 독실한 가톨릭 가정에서 성장한 그녀는 방황하였으며, 남편도 유사하게 가족의 유대교 의식을 따르지 않았다.

사랑에 깊이 빠진 두 사람은 종교적 의식 없이 결혼했다. 첫아이를 가졌을 때 그들은 두 사람 중 한 사람만의 신념으로 아이를 양육하지 않기로 하였다. 그렇지만 둘째 아이의 사산이 크리스틴에게 불현듯 그녀의 아들이 침례받지 않은 것에 대한 하나님의 벌로 생각되었다. 그녀는 남편이나 시댁에 그녀의 근심을 말하지 않았다. 왜냐하면 종교적 신념이 그들을 속상하게 할 수도 있을 것이라며 두려워했기 때문이다.

상호 지지와 개방된 의사소통 그리고 그들의 아들과 미래에 태어날 자녀들을 위한 종교적 양육과 관련된 결정을 위하여 양쪽 파트너를 관련시키기 위한 개별 · 부부 세션을 조합하는 것이 중요하였다. 그들은 이교도 간의 문제를 전문적으로 다루는 목회상담자와의 상담도 의뢰하였다.

자녀나 청소년이 갖는 죽음과 상실의 영적 영역이 종종 무시되곤 한다. 죽음에 대하여 여전히 충분히 이해하지 못하는 어린 자녀조차 심각하게 아픈 조부모, 부모, 형제 혹은 애완동물을 위하여 기도할 수도 있고, 죽어서 그들의 영혼이 천국에 갈 것이라고 상상할 수도 있다(Biank & Sori, 2006). 가족들이 선의로 죽음의 현실에서 자녀들을 보호하려고 할 때, 그것이 더 많은 불안, 혼란 그리고 의기소침함을 야기할 수 있다. 다음 사례에서 어머니의 죽음에서 영적 영역을 다룸으로써 그녀의 남편과 어린 아들들을 위로하게 되었다.

Jim은 애들의 엄마가 죽은 지 수개월 후 세 살인 Brian과 다섯 살인 Kevin과 함께 도움을 받기 위하여 상담을 받았다. 비록 아들들이 엄마가 아파서 병원에 입원해 있다는 것을 알고 있었지만 Jim은 엄마가 죽었다는 것을 아들들에게 알려 상처주고 싶지 않았고, 그래서 아들들을 장례식에 데려가지 않았다. 아들들이 엄마에 대하여 물어보자 그는 엄마의 무덤을 방문하기 위하여 그들을 묘지에 매주 데려가기 시작하였고, 거기서 그는 그들에게 엄마가 자고 있다고 하였다. 겨울이 다가오자, 아들들은 점차 차가운 땅에 있는 엄마에 대하여 걱정하였다. 아빠는 엄마의 죽음과 관련하여 아들들을 어떻게 도와야 할지 몰라 쩔쩔맸다.

치료사는 죽음과 관련하여 무엇이 발생하는가와 관련된 Jim의 믿음신념을 탐색하였다. 그는 기독교인으로서, 부인이 암으로 시련을 겪은 후 천국에 있다고 믿었고, 천국에서 사랑스럽고 평온하게 있는 것을 상상한다고 대답하였다. 아들들이 천국에 대한 어떤 생각을 가지고 있는지를 물어봤을 때, Jim은 아이들과 함께 기도하면서 예수님이 하나님과 함께 살고 있고, 천사들이 그들을 보호하기 위하여 내려다보는 아름다운 장소로 상상했다는 것을 회상하였다. 치료사는 만일 그것이 아들들에게 차가운 땅에서 자고 있는 엄마가 아니라 천국에 있는 엄마를 생각하게 하는 데 더 위로가 되는지에 대하여 질문하였다. 종종 영적 영역이 개방될 때, 막혀 있던 클라이언트들이 놀라운 지혜와 명료함과 함께 어려운 상황을 다룰 수 있다. 아들들이 상담하러 왔을 때, 아빠는 그들에게 엄마의 죽음과 어떻게 엄마의 영혼이 지금 천국에서 영원히 평화롭게 있는가에 대하여 매우 다정하게 말하였다. 아들들은 엄마가 다시 돌아올 수 없다는 것에 대하여 슬퍼하였으나 엄마가 더 이상 고통스러워하지 않을 것이라는 사실을 알고 안심하였다. 그들은 엄마가 예수님과 천사들과 함께 있는, 그리고 엄마가 그들의 삶을 통하여 그들을 보호해 주고 있는 아름다운 장소인 천국에 대하여 이야기하였다. Jim은 아들들에게 '우리가 여전히 엄마를 그리워하고 기억하기 위하여 묘지에 꽃을 가져갈 것'이라고 장담하였다.

부모들은 이와 같은 대화를 할 필요가 있으며, 자녀들에게 어떤 질문이나 일어날 수 있는 걱정을 제기할 수 있다는 것을 알게 해야 한다. 예술 작업이 그들 관계의 기억과 유대를 지속시킬 수 있는 방법뿐만 아니라 영혼과 천국의 추상적인 생각에 대한 생각과 감정을 표현하도록 하는 데 도움이 된다(Biank & Sori, 2006).

인생 말년의 중반쯤에서 가족들은 점차 자신의 죽음뿐만 아니라 부모, 형제, 친구, 다른 사랑하는 사람들의 죽음에 직면하게 된다. 놀랍지 않게도 영성—믿음, 기도, 적극적인 집회 참석에 있어서—은 대부분의 사람에게 중요하다. 과부에 관한 연구에서 영성은 성공적 적응에 있어서 강하고, 긍정적 영향력을 미친다고 밝힌다(Glick, Weiss, & Parkers, 1974). 한 과부가 하나님에 대한 변치 않는 믿음을 다음과 같이 서술하였다. "내가 삶이 더 이상 살 가치가 없는 것처럼 느꼈을 때, 나는 하나님이 나를 사랑한다는 것과 내가 회복할 수 있도록 도우신다는 것을 알게 되었다." 결코 교회에 가 보지 않았던 어떤 홀아비는 슬픔과 외로움이 매일 저녁마다 성경, 특히 시편 구절을 읽음으로써 편안해졌다는 것을 발견하였다. 믿음 공동체에 대한 참가가 특히 과부(홀아비) 그리고 제한된 친족이나 사회적 접촉을 가진 사람들에게 중요하다. 대부분의 신도는 지역 공동체 봉사뿐만 아니라 성가대, 기도 집단, 만찬, 사회적 모임과 같은 활동의 참가를 통하여 레질리언스를 경험한다. 믿음을 근거로 한 지지 집단들은 사별한 사람들이 서로 도움으로써 힘을 발견하도록 돕는다.

시간이 지남에 따라 가족생활주기를 거치면서 상실과 상실의 의미가 변형되며 다른 삶의 경험 특히 다른 상실과 새로운 삶과 함께 통합된다. 고인이 된 친척의 이름을 따서 아이의 이름을 짓는 유대인의 관습은 사랑하지만 고인이 된 사람의 정신과 기억을 담고 있다. 과거 상실이 특히 고통스럽고 슬퍼할 사람이 없을 때, 그것이 정서 반응을 심화시키고 적응을 방해하면서 최근 혹은 위협적인 상실 주변으로 다시 떠오를 수 있다(Walsh & McGoldrick, 2004).

두 번째 결혼에서 파경을 겪고 있는 Rogers는 암 투병 후에 죽은, 사랑했던 첫 번째 부인 Eve를 밤마다 꿈에서 만나기 시작하였다. 이사 가서 새로운 삶을 시작하라고 부추겼던 친구들 탓에 그는 첫 번째 부인의 상실에 대하여 슬퍼하지도 못하고 재혼을 하였고, 다시는 사랑할 수 없는 자신을 발견하였다. 치료사는 그에게 장례식 이후로 본 적이 없었던 Eve의 무덤을 방문할 것을 권하였다. 그는 명상을 하였고 그녀에게 경의를 표하였고, 또한 그의 삶과 함께 지속할 수 있는 방법을 위한 영감을 추구하면서 그녀에 대한 그의 사랑에 대하여 하나님과 이야기하였다.

우리는 슬픔의 과정을 과거부터 미래까지 여러 세대에 걸쳐지는 생명책 속의 한 장을 마감하는 통합적인 부분으로 접근하기 위하여 즉각적인 '마무리'와 정서적 단절에 대한 사회적인 압력에 반대할 필요가 있다.

대처, 적응 그리고 레질리언스와 영성

죽음과 상실을 직면하는 데 영적인 신념과 실천을 공유한 가족지지체계와 믿음 공동체가 대처, 적응, 레질리언스를 촉진할 수 있다. 영적 신념들이 일관성 있는 세계관, 의미 만들기, 통제와 수용의 조화로운 감각을 발전시킬 수 있다(Neimeyer, 2001; Pargament, 2007). 강한 신념의 위로와 희망이 종교적 봉사나 활동에 참가하는 횟수보다 훨씬 더 중요하다. 동시에 질병 회복에 대한 실패를 불충분한 신념의 탓으로 돌리지 않도록 주의하기 바란다. 많은 사제가 언급하듯이 가장 경건한 성인들도 죽었다.

심리사회적 · 영적 치유와 레질리언스

시대를 초월하여 가족들은 삶의 불안정과 죽음으로 초래된 붕괴에 대처하기 위하여 영성에 의지하여 왔다. 연구는 신념이 상실에 대한 가족 적응을 활성화할 수 있으며(Greef & Joubert, 2007), 부모들로 하여금 자녀의 죽음에서 회복하도록 도울 수 있다는 것을 확인한다(Gilbert, 1992). 연구는 단순히 종교적이 된다는 것을 넘어서, 가장 중요한 것은 불안정한 상황에 의미를 주고, 어떤 더 커다란 목적이나 작용하는 힘이 있다는 신념을 가지며, 이러한 관점에서 위로와 강점을 발견할 수 있게 된다고 제안한다(Koenig, McCullough, & Larson, 2001).

치유는 개인, 가족, 지역 공동체 내에 있는 자원을 수집하는 것을 포함한다. 의료적 치료는 질병을 치료하거나 죽음을 '물리치는' 데 실패할 수도 있으나, 치료적 노력이 삶의 끝에서 심리사회적 · 영적 치유와 상실 뒤에 남아 있는 유가족을 도울 수 있다. 치료는 고통의 완화, 의미 있는 연결, 유족들 삶의 과정의 회복을 위하여 관계와 영적 생명선을 활성화함으로써 치료 효과를 극대화한다(Walsh, 2006).

기도, 명상 그리고 의식의 힘

죽음과 상실에 직면해서 대부분의 믿는 사람은 위로와 인도를 위하여 기도나 명상에 의지한다. 우리는 어린 시절에 죽음에 대하여 의식이 없었다는 것이 "만일 내가 일어나기 전에 죽어야 한다면 하나님께 내 영혼을 데려가 달라고 기도한다."라고 밤마다 했던 기도에서 나타난다. 노인의 절반은 죽음에 직면할 때, 의사들이 그들과 함께 기도해 주기를 원한다고 말한다(Gallup & Lindsay, 1999). 죽음이 다가올 때 명상은 명료함과 평온을 추구하는 방법을 제공하며 불안, 고통, 괴로움을 완화시킬 수 있다. 사랑하는 사람들과 공유하는 기도나 명상적 경험이 삶의 마지막에서 진실되고 감정이입적 의사소통을 발전시킬 수 있으며, 정서적 반응을 감소시키고, 부부와 가족의 유대감을 심화시킬 수 있다(이 책의 제12장 참조).

종교적 의례와 의식은 개인을 가족과 지역 공동체와 연결시키고, 죽음과 상실의 통로를 통하여 그들을 인도한다(Imber-Black, Roberts, & Whiting, 2003; 제12장 참조). 충격과 슬픔 가운데 그들은 대본을 쓰고 장례식, 매장, 화장 의식과 그 후 수개월에 걸쳐 규정된 의식 준수를 통하여 죽음과 슬픔 과정을 수월하게 한다. 가톨릭의 경야(經夜)와 유대인의 shivva 실천은 고인에 대한 추억을 공유하고

유가족을 위로하기 위하여 친구들과 지역 공동체 사람들을 함께 어울리게 한다. 의식은 또한 참가자들에게 집단적 자아의 느낌을 주면서 특별한 죽음과 상실을 공통적 인간 경험으로서 다른 모든 사람과 연결시킨다. 예를 들어, 유대의 일 년 중 가장 성스러운 날인 속죄일(Yom Kippur)에 모임의 모든 구성원은 최근의 상실을 슬퍼하고 과거 상실을 기념하며 수세기 동안 유대 민족의 생존을 기리기 위하여 모인다.

유족에게 무덤을 방문하라고 격려하는 것이나 고인이 된 사랑하는 사람과 영적으로 재연결하는 것이 도움이 될 수 있다. 어느 부부가 자녀를 기념하고 그 계절에 새 생명을 탄생시키기 위하여 뜰에 나무를 심었다. 직업상 자주 여행을 하는 어느 한 여성은 각 도시에 있는 성당을 방문하여 그곳에서 어머니를 기념하여 촛불을 켜는 것이 의미가 있다는 것을 발견하였다. 어떤 여성은 결혼에 대한 아버지의 축복을 요청하기 위하여 약혼자를 아버지의 무덤 앞에 데려왔다. 죽어 가던 한 어머니는 자녀들에게 자신의 유골을 아일랜드로 가져가서 그녀의 조부가 묻힌 땅에 뿌려 달라고 요청하였다. 추억을 모으는 것은 결코 늦지 않는다.

> 어머니가 돌아가신 지 20주년에 나는 그녀를 전혀 알지 못하는 남편과 딸과 함께 어머니에 대한 상실감을 기념하기 위한 의미 있는 방법을 찾고 싶었다. 재능 있는 음악가였던 어머니는 종교 모임의 오르간 연주자였으며, 우리는 신성하면서 세속적인 음악으로 모녀의 사랑을 나누었다. 나는 시카고 대학교 캠퍼스에 있는 록펠러채플의 칼리용 벨을 생각했고, 기념일 저녁에 간단한 연주회를 마련하였다. 우리는 칼리용 오르간을 종탑 끝에 올려놓고 거기서 공중을 가득 채우는 장엄한 음악을 들었다. 별이 총총한 하늘을 쳐다보면서 나는 그녀의 영혼이 빛나고 있다는 것을 느꼈다.

외상적 상실, 회복 그리고 레질리언스

영성은 레질리언스에서 특히 외상적 상실에 뒤따르는 치유와 긍정적 성장에서 중요하다는 것이 발견되었다(Calhoun & Tedeschi, 2001; Walsh, 2006; 2007; 제2장과 제5장 참조). 레질리언스에 방향을 둔 실천 준거틀은 고통 가운데 있는 강점과 자원, 인생 통로의 회복과 개선에 생명줄이 될 수 있는 노력에 초점을 둔다. 영적 자원은 에이즈 바이러스와 같은 전염병에 직면하고 심각한 재난 뒤에 특히 중요하다(Koenig, 2006).

미국가족치료협회(American Family Therapy Academy)의 가족치료사 팀은 기독교도인 세르비아인들이 이슬람교의 알바니아인들에게 행한 '인종청소' 군사 작전의 여파에 놓인 코소보에 있는 정신보건전문가들과 레질리언스 접근법을 공유하였다(Becker, Sargent, & Rolland, 2000). 이슬람교인들의 가족에 대한 믿음과 고인과의 영적 연결이 회복과 레질리언스를 위한 원천이었다.

> 어떤 가정에서 어머니가 남편과 두 아들 그리고 두 손자들이 농가의 마당에서 살해되는 총소리를 들었다. 그녀와 살아남은 가족들은 상담하는 가족치료사 팀에게 그들을 지금까지 생명력 있게 유지시켰던 것에 대하여 말하였다. 살아남은 아들이 그들에게 "우리는 모두 믿는 사람들입니다. 우리 가족 안에 있는 강점 중의 하나는 신(알라)으로부터 옵니다. ……믿음이 있다는 것이 매우 많이 도움이 되었습니다."라고 말하였다. 그는 "믿음을 강하게 유지하기 위하여 당신은 무엇을 하나요?"라는 질문을 받았다. 그는 "저는 어머니를 '강점의 샘'으로 봅니다. ……다섯 명의 가족을 잃은 사람을 본다는 것이 제게 힘을 주지요. 우리는 미래와 우리가 성취할 수 있는 것에 대하여 생각해야 합니다. ……만일 (조카가) 나를 강한 사람이라고 생각한다면, 그도 강해질 것입니다. ……그가 (성장해서) 가족을 도울 때 그에게 그것은 그의 아버지, 할아버지, 삼촌들이 다시 살아 있는 것을 보는 것과 유사

할 것입니다(Becker et al., 2000, p. 29).

레질리언스는 상실 앞에서 상처를 받지 않는 것을 의미하지 않으며 단순히 회복하는 것을 의미하지도 않는다. 그렇기보다 레질리언스는 대처하고 지배하기 위한 개인적 · 관계적 · 문화적 · 영적 자원을 찾는 것과 시간이 지나면서 완전한 상실과 회복 경험—얻은 고통, 투쟁, 강점—을 개인, 가족, 지역 공동체 삶의 구조 안으로 통합시킴으로써 구성된다(Walsh, 2006). 사랑하는 사람들이 고통스러운 상실을 통하여 함께 협력함으로써 관계가 강화되며 가족이 미래의 도전에 대처하는 데 더 슬기로워진다.

외상적 상실에서 살아남은 어떤 생존자들은 희생자의 입장에 갇혀 있거나 분노나 복수심으로 인하여 치유와 성장을 못하고 있다. 영성은 그들로 하여금 고인에 대한 사랑을 연결하고, 그들의 삶을 기리기 위한 방법을 찾도록 도움을 주는 데 중요할 수 있다.

> 마약 과다 복용으로 아들을 잃은 아빠는 분노와 절망감에 사로잡혀 있었고, 더는 살고 싶지 않았다. 치료사의 권유에 따라 그는 아들의 무덤을 찾아가 그의 길을 인도할 수 있는 영감을 달라고 하나님께 기도를 했다. 그날 밤 그는 아들이 죽은 이후로 처음으로 깊은 잠을 잤고 아들의 즐거운 모습을 꿈에서 보았으며, 아들의 영혼이 그에게 아들에 대한 기억을 기리기 위하여 긍정적인 어떤 것을 하길 원하고 있다는 것을 '알면서' 잠에서 깨어났다. 치료사의 권유로 그는 자기 파괴적 감정에서 벗어나서 지역 공동체에 있는 마약 밀매를 단절시키기 위하여 다른 가족들과 지역 당국과 함께 협력적인 행동을 하게 되었다.

가족치료사인 David Treadway는 그것은 우리가 잃은 사람뿐만 아니라 세상의 고통과 연결하는 슬픔의 고통을 거친다고 하였다. 종종 엄청나게 충격적인 상실이 사랑받는 사람들로 하여금 상실 경험을 초월하여 타인에게 도움을 주는 의미 있는 삶을 추구하는 데 헌신하도록 영감을 준다(Walsh, 2006; 이 책 제20장 참조).

> 어떤 부부가 조울증을 앓고 있던 사랑하는 딸(25세)이 자살한 후에 넋이 나갔다. 치료사와의 상담을 통하여 그들이 딸의 우울증과 절망감의 생물학적인 영향을 이해하게 되면서 그들의 고통, 분노와 자기 비난이 다소 완화되었다. 딸이 사망한 지 일주년이 되었을 때, 그들은 비극으로부터 딸의 삶을 기리기 위한 긍정적인 어떤 것을 해 나갈 수 있는 방법을 궁리하였다. 그들은 딸을 기억하기 위한 재단을 세워서 공교육을 증진시키고, 중증 정신질환과 관련된 낙인화를 감소시키기 위한 연례회의를 개최하기 위하여 유대교 회중을 동원하였다. 그들의 믿음 공동체는 계속해서 그들을 위한 위로와 지지의 자원이 되었다.

연민, 용서, 화해가 모든 중요한 종교의 가르침의 중심이다(Worthington, Berry, & Parrott, 2001). 삶을 위협하는 사건이나 불치병이 부부와 가족 구성원들에게 시간과 그들의 유대감의 귀중함을 일깨워 주는 깨달음을 일으킬 수 있다. 관계들이 상처받았을 때, 치료사들은 클라이언트들에게 삶이 끝나기 전에 다른 사람들의 어려움과 고통에 대한 연민을 느끼고, 그들의 상황과 욕구에 따라 용서와 화해할 수 있도록 도움으로써 치유를 촉진시킬 수 있다(Walsh, 2006; 제9장과 제16장 참조).

열여덟 살 된 아들이 총에 맞아 죽은 다음 사례에서처럼 용서는 외상적 상실에서 치유를 촉진시킬 수 있을 뿐만 아니라 회복적 정의를 위한 과정을 촉진한다.

> Young 부인은 슬픔을 극복하며 살고 있는 자녀들이 장남의 비극적 죽음으로부터 회복을 돕기 위해 그녀의 어린 시절 가톨릭의 종교적 가르침을 활

용하였다. 이것이 그녀로 하여금 자신의 아들을 죽인 청년을 용서할 필요가 있다는 것을 결정하게끔 하였다. 그녀는 "저는 제 자신과 가족을 위하여 더욱 그를 용서하기로 몸부림쳤습니다. 저는 성경을 압니다. 용서하지 못하는 것이 그것을 품고 있는 사람들에게 무엇을 야기합니까? 용서하지 못하는 것은 몸과 마음 그리고 영혼을 파괴합니다."라고 말하였다. 비록 그녀의 남편은 그녀만큼은 용서할 수 없었다 할지라도, 그는 그녀의 노력을 존경하였고, 총기 사고를 멈추기 위한 지역 공동체의 지도자 위치에서 활동하면서 치유를 위한 자신의 길을 걸어 갔다.

레질리언스의 역설은 최악의 시간이 인간의 영혼에서 최상의 것을 발휘할 수 있다는 것이다. 삶을 위협하는 위기나 엄청난 충격을 주는 상실이 예측할 수 없는 방향에서 전환과 성장을 일으킬 수 있다. 그것은 종종 삶의 우선순위를 재정렬시키고 더 의미 있는 것을 추구하게 한다. 죽음과 상실을 직면하면서 고통의 인내가 영적 성장을 일으킬 수 있다. 또한 영적 믿음과 실천은 인내하고 상실을 초월할 수 있는 능력을 강화시킨다. 비통해하는 것은 우리와 삶을 공유하고 있는 사람과 함께 지금-여기 그리고 미래에 삶의 충만함을 우리에게 가져다주는 마음과 영혼의 여정이다.

임상적 평가와 치료적 작업에서 영성 탐색하기

죽음과 상실의 영적 영역이 모든 임상적 평가에서 탐색되어야 한다. 〈표 4-1〉은 다소 유익한 질문을 제시한다. 특별한 주의가 ① 종교적 · 영적 믿음이나 경험이 현재의 고통에 기여할 수 있는 방법, ② 과거, 현재 혹은 잠재적인 영적 자원이 고통을 완화시키고 치유와 레질리언스를 조성할 수 있는 방법에 초점이 맞추어져야 한다. 다양성과 믿음의 복잡성 그리고 문화와 가족을 넘어서 그리고 그 안에서 실천을 고려해 볼 때, 영성에 대한 폭넓은 관점이 중요하다.

독특한 사회문화적 · 종교적 배경을 가진 각 가족이 가족 구성원들의 믿음의 핵심 원리를 죽음과 상실에 대한 그들의 접근법과 어떻게 혼합하는가를 아는 것이 중요하다.

자신을 종교적이라고 생각하지 않는 많은 사람이 자연, 예술 그리고 사회활동을 통하여 영적 영양분과 치유 통로를 발견한다는 것을 기억해야 한다. 무신론자들과 상담하는 데 있어서 그들의 신이나 사후에 대한 신념이 없는 것을 존경하고 선한 죽음과 임종 때 선호하는 것을 질문하는 것이 중요하다. 무신론자들에 대한 최근 연구(Smith-Stoner, 2007)는 임종을 돌보는 데 있어서 영성의 세 가지 정의—개인 내의, 개인 간의 그리고 자연적인 면을 포함하여—를 제시한다. 연구 참가자들은 자신의 삶에서 의미를 발견하고, 가족과 친구들과 연계성을 유지하며, 죽어 가는 경험을 통하여 자연 세계와 상호 연결성을 경험하기를 원했다. 그들은 경험에 근거한 의학적 개입과 의사가 도와주는 죽음을 몹시 선호하였고, 돌보는 사람들이 종교적 기도나 신에 대한 다른 언급을 하는 것은 원하지 않았다.

임종과 사별의 걱정으로 치료적 도움을 받기 위하여 오는 대부분의 사람은 증상 감소, 문제해결, 의사소통 기술 이상의 것을 추구한다. 그들은 더 깊은 의미와 연결을 추구하며, 죽음과 상실의 앞에 오는 동경을 추구하고 있다. 치료사들은 가족들로 하여금 문제해결을 돕도록 훈련되어 있기 때문에 우리가 죽음을 멈추지 못하거나 사랑하는 사람을 데려다 줄 수 없을 때 절망감과 불편함을 느낄 수도 있다. 가장 중요한 것은 죽어 가는 사람들 그리고 사별당하는 사람들과 온전히 함께 있다는 것이며, 그들이 관계와 신념 안에서 강점과 위로를 위한 원천을 두드릴 수 있도록 돕는 것이다.

죽음 그리고 상실과 함께 치료사–치유자/환자–고통받는 사람이라는 이분법은 모호해진다. 우리 모두는 이러한 필수 불가결한 도전을 공유하기 때문이다. 우리가 상처받기 쉽고 우리 자신의 불안을 평정함으로써 클라이언트의 욕구와 사랑하는 사람들의 욕구를 더 잘 돌볼 수 있다. 내 아버지가 죽어 가고 있

〈표 4-1〉 죽음과 상실에 대한 가족 적응에서 영적 영역에 대한 평가

다음 질문들은 죽음과 상실에 적응하는 데 고통의 근원과 잠재적인 치료적 자원을 탐색하기 위하여 가족 경험의 영적 영역에 대한 유익한 질문이다.

초기 질문

- 당신의 삶에서 종교가 어떤 역할을 하나요? 당신은 특별한 믿음을 동일시합니까? 믿음과 실천이 얼마나 중요합니까? 믿음 공동체와의 관련성은?
- 죽음과 상실을 대처하는 데 개인적인 영성이 얼마나 더 중요합니까? 과거에는? 원가족에서는?
- 만일 당신이 종교적이지 않거나 불가지론자이거나 혹은 무신론자라면, 당신은 어떤 방법으로 의미와 강점과 당신의 삶 속에서 연결성을 발견합니까?

고통의 영적 · 종교적 근원

- 종교적 계율 혹은 신념이 당신의 고통에 기여하였습니까? 어떻게(예: 사후, 죄, 영벌, 자살, 성적 성향과 관련하여)?
- 영적 공허감이나 종교적 뿌리로부터 과거의 단절이 당신의 고통을 증가시켰습니까?
- 죽음과 상실이 영혼을 상처입혔습니까? 당신은 종교나 신으로부터 소외되었나요? 어떤 방식으로?
- 부부나 가족 내의 종교적 차이가 어떻게 조정됩니까? 임종, 죽음, 장례식, 매장 · 화장에 대한 갈등이 있습니까? 다른 문제들은?
- 다른 종교를 가지고 있는 사람들의 결혼이나 개종과 함께 후회, 갈등, 죽음과 상실의 시기에 소원함이 있습니까?

잠재적인 영적 · 종교적 자원

죽음과 상실에 직면하여 과거, 현재, 잠재적인 종교적 · 영적 자원이 어떻게 치유와 레질리언스를 유발시킬 수 있을까?

- 위로, 강점, 용기, 지지를 위한 개인적인 신념
- 하느님, 초자연적인 힘과의 관계 혹은 생명력, 우주와의 연계성
- 사후, 재회에 대한 신념
- 영적 실천(예: 기도, 명상, 의식, 자연과의 교감)
- 믿음 공동체 안에서의 관련과 지지
- 사제, 사목, 목회상담자에 의한 영적 지도
- 사랑하는 사람들과의 영적 연결
- 용서와 상처받은 유대감의 화해
- 고인과의 영적 연결
- 영적 초월(예: 창조적 예술이나 사회 행동)

을 때, 나는 그와 함께 있는 것 자체가 매우 불편했다. 나는 계속해서 무엇인가를 하고자 했고, 그를 위하여 심부름을 하거나 편안한 베개나 밀크셰이크를 가져다 드리고 싶었다. 불안이 가라앉으면서 나는 아버지 침대 옆에서 조용히 앉아서 그의 팔을 다독이고, 햇볕이 새벽부터 황혼까지 매일 유리창을 통과하면서 꽃이 피는 미모사나무가 있는 창문을 평화롭게 응시하면서 그와 온전히 함께할 수 있었다. 아버지 삶의 마지막 몇 주가 우리 관계에서 가장 귀중하고 친밀한 시간이었으며, 그의 고통을 편안하게 해 주었던 매우 영적인 경험이었고, 우리의 유대감을 영원히 깊게 해 주었던 통로가 되었다.

임종은 용기와 연민을 가지고 그것을 공개적으로 직면하는 사람들에게는 서로에게 선물을 제공한다. 절망 가운데 사랑과 희망의 정신은 다시 점화될 수 있다. 전문가로서 우리는 죽어 가는 사람들을 돌보고 그들의 치유 과정에서 사별하는 사람들과 동행하는 데 영적으로 풍요롭게 할 수 있다. 그러한 시기에 치료적 유대감의 본질이 치료사들과 가족 모두에게 개인적 변화, 전체성 그리고 연결을 발전시킬 수 있다.

인간의 조건은 상처받기 쉬움과 고통 그리고 치유와 관련된다. 우리는 모두 자신의 죽음에 대해 고민하면서 죽어야 할 운명이며, 사랑하는 사람의 상실로 인하여 비탄에 빠진다. 다른 어떤 경험보다도 죽음과 상실은 우리에게 존재의 의미에 대하여 더 많이 가르칠 수 있으며, 우리를 삶과 세계에서 가장 중요한 것을 경험할 수 있게 한다. 삶과 충분한 사랑에 의하여 그리고 개방성과 용기, 연민을 가지고 죽음과 상실에 접근함으로써 우리의 영혼은 살찌워지고 인간성은 강화된다.

참 | 고 | 문 | 헌

Becker, C., Sargent, J., & Rolland, J. S. (2000). Kosovar Family Professional Education Collaborative. *AFTA Newsletter, 80,* 26-30.

Becker, E. (1973). *The denial of death.* New York: Free Press.

Biank, N., & Sori, C. F. (2006). Integrating spirituality when working with children and families experiencing loss of a parent. In K. Helmeke & C. F. Sori (Eds.), *The therapist's notebook for integrating spirituality in counseling II: More homework, handouts, and activities for use in psychotherapy* (pp. 67-80). Binghamcon, NY: Haworth Press.

Calhoun, L. G., & Tedeschi, R. G. (2001). Post-traumatic growth: The positive lessons of loss. In R. Neimeyer (Ed.), *Meaning reconstruction and the experience of loss* (pp. 157-172). Washington, DC: American Psychological Association.

Deloria, V., Jr. (1994). *God is red: A native view of religion* (2nd ed.). Golden, CO: Fulcrum.

Doka, K. (2002). How could God?: Loss and the spiritual assumptive world. In J. Kauffman (Ed.), *Loss of the assumptive world: A theory of traumatic loss* (pp. 49-68). New York: Brunner/Routledge.

Domino, G., & Miller, K. (1992). Religiosity and attitudes toward suicide. *Omega, 25,* 271-282.

Gallup, G., Jr., & Lindsay, D. M. (1999). *Surveying the religious landscape: Trends in U.S. beliefs.* Harrisburg, PA: Morehouse.

Gilbert, K. (1992). Religion as a reource for bereaved parents. *Journal of Religion and Health, 31,* 19-30.

Glick, I. O., Weiss, R. A., & Parkes, C. M. (1974). *The first year of bereavement.* New York: Wiley.

Greef, A. P., & Joubert, A. M. (2007). Spirituality and resilience in families in which a parent has died. *Psychological Reports, 100*(3), 897-900.

His Holiness the Dalai Lama. (2002). *Advice on dying and living a better life* (J. Hopkins,

Ed. & Trans.). New York: Atria Books/Simon & Schuster.

Imber-Black, E., Roberts, J., & Whiting, R. (2003). *Rituals in families and family therapy* (2nd ed.). New York: Norton.

Kamya, H. (2000). Bereavement issues and spirituality. In V. J. Lynch (Ed.), *HIV/AIDS at year 2000* (pp. 242-256). Boston: Allyn & Bacon.

Kertzer, M., & Hoffman, L. (1996). *What is a Jew?: A guide to the beliefs, traditions, and practices of Judaism* (rev. ed.). New York: Touchstone.

Koenig, H. (2006). *In the wake of disaster: Religious responses to terrorism and catastrophe*. Philadelphia: Templeton Press.

Koenig, H., McCullough, M. E., & Larson, D. (2001). *Handbook of religion and health*. New York: Oxford University Press.

Lamm, M. (2000). *The Jewish way in death and mourning* (rev. ed.). Middle Village, NY: Jonathan David.

Levine, S. (2005). *Unattended sorrow: Recovering from lass and reviving the heart*. New York: Rodale Books.

Lifton, R. J. (1975). Preface. In A. Mitscherlich & M. Mitcherlich (Eds.), *The inability to mourn*. New York: Grove.

Malinowski, B. (1965). The role of magic and religion. In W. A. Lessa & E. Z. Vogt (Eds.), *A reader in contemporary religion* (pp. 63-72). New York: Harper.

Miller, R. L. (2005a). An appointment with God: AIDS, place, and spirituality. *Journal of Sex Research, 42*(1), 35-45.

Miller, R. L. (2005b). Look what God can do: African American gay men, AIDS and spirituality. *Journal of HIV/AIDS and Social Services, 4*(3), 25-46.

Neimeyer, R. A. (2001). *Meaning reconstruction and loss*. Washington, DC: American Psychological Association.

Nhat Hanh, T. (2002). *No death, no fear*. New York: Penguin Putnam.

Obeyesekere, G. (2002). *Imaging Karma: Ethical transformations in Amerindian, Buddhist, and Greek rebirth*. Berkeley: University of California Press.

Pargament, K. (2007). *Spiritually integrated psychotherapy: Understanding and addressing the sacred.* New York: Guilford Press.

Pew Forum on Religion and Public Life. (2008). *U.S. Religious Landscape Survey.* Retrieved from www.religions.pewforum.org.

Rinpoche, S. (1994). *The Tibetan book of living and dying* (P. Gaffney & A. Harvey, Eds.). San Francisco: HarperCollins.

Smith-Stoner, M. (2007). End-of-life preferences for atheists. *Journal of Palliative Medicine, 10*(4), 923-928.

Som , M. P. (1994). *The healing wisdom of Africa.* New York: Tarcher/Putnam.

Spilka, B., Hood, R. W., Hunsberger, B., & Gorsuch, R. (2003). *The psychology of religion: An empirical approach* (3rd ed.). New York: Guilford Press.

Tillich, P. (1952). *Dynamics of faith.* New York: Harper & Row.

Walsh, F. (2006). *Strengthening family resilience* (2nd ed.). New York: Guilford Press.

Walsh, F. (2007). Traumatic loss and major disasters: Strengthening family and community resilience. *Family Process, 46*(2), 207-227.

Walsh, F., & McGoldrick, M. (2004). *Living beyond loss: Death in the family* (2nd ed.). New York: Norton.

Worthington, E. L., Jr., Berry, J. W., & Parrott, L. (2001). Unforgiveness, forgiveness, religion, and health. In T. G. Plante & A. C. Sherman (Eds.), *Faith and health: Psychological perspectives* (pp. 107-138). New York: Guilford Press.

Yalom, I. (2008). *Staring at the sun: Overcoming the terror of death.* San Francisco: Jossey-Bass.

제 5 장 레질리언스에 관한 종교적 관점
–불교와 기독교, 유대교, 힌두교와 이슬람교

STEVEN J. WOLIN with WAYNE MULLER,
FRED TAYLOR, SYBIL WOLIN,
SHANTHI RANGNATHAN,
DYAA SAYMAH, HASAN ZEYADA

상징과 신화, 의례와 종교에 대한 저명한 비평가인 Joseph Campbell은 신화에 대해 이렇게 말했다. "신화적 전통들은 서로 매우 다르지만, 이 한 가지 점에서는 모든 신화가 일치하고 있다. 모든 신화는 남성과 여성에게 삶 그 자체를 더 깊이 깨닫게 하고, 태어나서 죽을 때까지 사람들이 시련과 상처를 헤쳐 나가도록 이끌어 준다." (Campbell & Moyers, 1988, p. 8) 나(Steven J. Wolin)는 Campbell의 이 말에 매료되었다. 그의 이 말로 인해 내가 하는 일이 치료사의 역할이라는 점이 분명해졌기 때문이다. 또한 Campbell의 이 말은 상담치료가 상대적으로 매우 최근에 시작된 것이며, 영향력도 크지 않다는 점을 분명히 일깨워 준다. 즉, 상담치료가 없었던 고대에서부터 전문적인 치료의 손길이 닿지 않은 장소에서 영적인 가르침이나 글, 관습은 사람들이 삶의 고난을 이겨 내도록 도와주었다. 이러한 것 중 대부분이 살아남아 있다는 점은 그것들이 효과가 있고 적절하다는 증거가 된다.

십 년 이상 레질리언스라는 주제를 탐구해 온(S. J. Wolin & S. Wolin, 1995a, 1995b, 1997; S. J. Wolin & Wolin, 1993) 나는 Campbell의 말이 함축하고 있는 바인 "영적인 전통은 낙관적이다."라는 가정 역시 좋아하게 되었다. 이 전통은

'시련과 상처'를 헤쳐 나갈 길이 있으며, 사람들은 그 길을 찾을 수 있다는 믿음을 공유하고 있다. 이러한 인간의 탄력성에 대한 확신이야말로 상담치료가 인간의 취약함과 심리적 상처를 지나치게 강조하는 것과 분명하고도 환영할 만한 대조를 이룬다고 생각되었다.

시간이 지나면서 나는 영적인 전통이 내게 무엇을 가르쳐 줄 수 있으며, 치료사 동료들에게는 어떤 지침이 될 수 있는지 궁금해졌다. 나는 이 궁금증을 풀기로 작정했다. 세계의 3대 종교인 불교와 기독교, 유대교의 지지자들과 접촉하여 결혼과 가족치료협회의 1996년 토론토 학회에서 열리는 토론회에 참석해 달라고 요청했다. 나는 각자의 종교에서 레질리언스를 어떤 식으로 바라보고 있는지를 설명해 달라고 요청했다. 설명은 각자 종교의 글로 된 텍스트에 한정시키고, 그 적용 방법에 대해서는 참석한 치료사들에게 맡겨 두라고 분명히 요청했다. 나의 목적은 종교와 상담치료가 서로를 풍성하게 하는 법에 대한 대화를 장려하면서도 이 둘 사이의 경계를 존중하고자 하는 것이었다.

토론회는 두 세션으로 개최되었다. 불교를 대표하는 Wayne Muller가 첫 세션에서 발표를 시작했다. 그는 레질리언스를 모든 사람에게 있는 불성으로 간주했다. 이름을 붙일 수 없는 전체성이라고 할 수 있는 불성은 인간이 받는 모든 무게를 억누르고 견딜 수 있게 한다. 기독교계를 대표하는 Fred Taylor는 예수 안에 레질리언스가 체현되어 있다고 보았는데, 예수는 무서운 고통과 고독, 배신과 버려짐을 겪었지만 자신을 확장시켜 다른 사람을 사랑할 수 있는 능력을 잃지 않았다. 테일러는 기독교의 핵심 신념은 사람들이 예수와 똑같은 잠재 능력을 가졌으며, 이 잠재력을 실현함으로써 상황을 넘어설 수 있는 것이라고 말했다. 유대교 대표인 Sybil Wolin은 유대인이 이집트(애굽)에서의 노예 생활에서 해방된 성경적 사건인 출애굽과 십계명을 받은 산인 시내산으로 가는 여정을 강조했다. 이집트에서의 유대인의 경험은 보편적인 역경을 상징하며, 시내산에서 받은 정의와 공감의 삶이라는 명령은 레질리언스에 대한 청사진이었다.

참석한 치료사들은 이 세 발표에 대해 성찰하고, 그 적절성과 자신의 작업에 적용 가능한가에 대해 토론하였다. 다음 글에서는 토론회에서 나왔던 주요 주제들을 다룬 후, 힌두교와 이슬람교의 관점까지 포함시켜 논의를 확장시키고, 필자의 개인적인 생각으로 결론을 맺고자 한다.

불교(Wayne Muller)

지난 22년간 나는 고통당하는 사람들과 함께 내 인생의 대부분을 보냈다. 그 시작은 뉴욕에서 가출 청소년들과 마약 중독자들과 함께 일하는 것이었다. 그 후 나는 알코올중독자, 비행 청소년, 갱단원, 집짓기 프로젝트 사람들과 함께 일했다. 에이즈와 암에 걸린 사람들, 어린 시절 고통스럽고 내밀한 방식으로 학대받은 어른들과도 함께 일했다.

이렇게 다양한 인간의 고통과 함께했던 일을 생각해 볼 때 내 주목을 끈 것은 각각의 고통이 아니라 오히려 삶이 우리에게 주는 슬픔과 상실, 고통에 녹아 있는 은혜였다는 점을 알게 되었다. 호기심을 갖고서 동시에 깊이 공감하면서 우리 각자에게 슬픔이 주어지는 방식에 주목해 보면, 당연히 우리는 슬픔 자체의 본질을 탐구하기 시작하고, 그다음에는 그 슬픔에서 탄생하는 것이 무엇인지 알게 된다. 우리는 삶에서 예기치 않은 고통으로 압도당하고 마음의 문을 열게 된다.

내가 부처에 대해 심사숙고하는 것 중 하나는 용기다. 부처의 깨달음에 대한 이야기는 신비롭다. 궁에서 자란 젊은 싯다르타는 부모님의 보호 아래 바깥세상을 보지 못하고 성장하다가 어느 날 궁 밖으로 여행하게 되었다. 그 여행에서 그는 한 늙은이를 만났고, 그다음에는 병자와 시체, 마지막으로 수도승을 차례로 만나게 되었다. 그때 싯다르타는 고통이 인간 세계의 불가피한 부분이라는 점을 깨달았다. 그는 이 고통의 본질을 탐구하기 위해 긴 명상의 과정을 거치기로 결심했다. 그는 어떤 대가를 치르더라도 그 본질을 완벽하게 깨닫게 되기까지 이 진리를 탐구하기로 맹세했다. 마침내 수년간의 순례와 금식, 명상을 한 후에 싯다르타는 보리수 아래 앉았고, 하늘에 새벽 별이 떠오를 때 그는 깨달은 자인 부처가 되었다.

깨달은 후에 부처는 '네 가지 고귀한 진리'라고 묘사한 것을 가르치기 시작했다. 그 첫 번째는 이렇다. 세상은 고통으로 가득 차 있다. 그가 말하는 본질은 우리가 인간으로 태어난 이상 어느 정도의 고통과 슬픔은 우리의 유산이라는 점이다. 우리가 사랑하는 것들은 사멸한다. 귀중하게 여기는 것들도 사라진다. 우리가 사랑하고 믿는 사람들은 때때로 고의든 아니든 우리에게 해를 끼친다. 우리가 영원하고 범할 수 없다고 믿는 것들은 사라지거나 녹슬거나 우리에게서 멀어진다. 이것이 모든 것의 본질이라고 그는 말한다.

그러므로 태어나서 슬픔을 느끼는 것은 잘못도 아니고, 부당한 것도 아니다. 병리를 초래하는 트라우마도 아니다. 사실 슬픔은 단지 인간으로 태어나 갖게 되는 유산 중 하나일 뿐이다. 이는 피할 수 없는 것으로 누구나 예상해야만 한다.

부처는 일생 동안 우리는 만 개의 기쁨과 만 개의 슬픔을 받게 된다고 말했다. 슬픔은 다양한 형태로 찾아온다. 어떤 때는 배고픔과 가난의 형태로 오고, 또 어떤 때는 전쟁이나 전염병으로, 기근이나 인종주의 또는 가정폭력이나 나치주의나 남아프리카 공화국의 인종 분리 정책의 형태로 슬픔이 찾아온다. 고통과 슬픔이 우리의 삶에 들어오는 방식은 무수히 많지만 피할 수는 없고, 오히려 슬픔은 필요한 것이다. 고통은 우리에게 유익하다는 의미에서 필요한 것은 아니다. 오히려 고통과 기쁨은 심장과 폐의 수축과 확장과도 같고, 계절이 순환하는 지구의 리듬과 같아서 살아 있고 깨어 있는 것의 자연스러운 부분이다. 이 반복되는 리듬 속에서 기쁨과 슬픔은 우리에게 필요하고 친밀한 동반자가 된다.

알코올중독자 가정에서 자랐거나 어릴 때 학대나 방임을 당한 사람들에게 있어 그 아이들이 고통당하는 것은 단지 폭력을 행사한 가족 구성원의 잘못만은 아니다. 이 아이는 가정폭력을 당했기 때문에 전쟁이나 전염병 혹은 기근이나 빈곤, 백혈병을 경험하지 않을 수도 있다. 이 아이는 자기 몫의 슬픔을 가정폭력이라는 형태로 받았다. 부처에 따르면, 우리는 인간으로 태어났기 때문에 고통을 당한다. 가족은 단지 그러한 고통의 형태로 자신의 독특하고도 친밀한 도장을 찍을 뿐이다. 슬픔의 형태는 바뀔 수 있다. 그러나 슬픔이라는 사실은 변할 수 없다.

부처는 우리에게 가해지는 고통(pain)과 우리가 느끼는 상처로서의 고통(suffering)을 무척 중요하고도 유용하게 구분했는데, 이는 치료사인 우리가 실천 중 종종 잊어버리기 쉬운 부분이다. 부처는 우리에게 가해지는 고통은 피할 수 없다고 말했다. 고통을 받는 것은 인간이면 피할 수 없는 부분이다. 그러나 부처는 우리가 느끼는 상처받은 고통은 우리가 받은 고통에 대한 우리의 관계에서 생기는 것이라고 말했다. 만약 내가 어렸을 때 부모에게 어떤 형태의 해를 입었다면 그것은 고통을 받은 것이다. 그러나 내가 상처로서의 고통을 느끼게 되는 것은 그들은 그렇게 크고 나는 너무 어린 시기에 내가 받은 고통을 어떻게 해야 할지 모르기 때문에 내가 중독되고 장애를 얻었고 불완전하며 낙담하게 되었다고 믿을 때다. 즉, 신뢰가 배신당했다고 느낀 내가 이제부터 아무도, 그 어느 것도 다시는 믿지 않을 것이라고 결론 내린다면 상처로서의 고통을 느끼게 된 것이다.

그러나 동시에 부처는 "너희는 모두 부처다."라고 말했다. 우리 모두는 우리 안에 불성(Buddah-nature)을 가지고 있는데, 이는 근본적으로 완전하고 흠이 없는 성품이다. 기독교에서처럼 우리에게는 타고난 본성적인 완전함이라는 내적인 빛이 있다. 이 빛은 예수가 "너희는 세상의 빛이다."라고 추종자들에게 말했을 때의 그 빛과 전혀 다르지 않다. 부처가 우리 모두는 불성을 가지고 있다고 말한 의미는 상황에 상관없이 우리 안에서 불타고 있는 성스러운 불의 꺼지지 않는 한 조각을 우리 모두 가지고 있다는 것이다. 우리가 무엇을 받았든지 얼마나 많은 어려움을 겪고 슬픔을 느끼는지에 상관없이 우리 안에는 믿을 만하고 탄력적이며 진정한 어떤 것이 내재해 있다. 그것은 우리가 받아 온 그 어떤 것의 무게도 견딜 수 있도록 해 준다.

바로 이 불성—조용하고 작은 목소리이자 내적인 빛—은 어떤 전체성인데, 우리는 그 위에다 내적인 집을 짓는다. 이 내적 자아, 진정한 본성은 우리가 고통을 받았다고 해서 부서지지 않는다. 만약 그렇다면 인류는 예전에 이미 멸종되었을 텐데, 인류가 이 지구상에 존재하는 동안 사람들은 전쟁이나 기근, 전염병으로 고통을 당해 왔기 때문이다. 우리 안의 어떤 능력이 말할 수 없을 정도의 고통과 슬픔을 초월할 수 있게 한다. 고통받는 사람들과 함께하는 사람으로서, 치료사와 임상가로서 우리는 (치료적 관계를 시작할 때) 이 본질적이고 부서지지 않는 정신과 신성의 불꽃과 연대해야 한다고 제안하는 바다. 때때로 우리는 진단과 잘못 연대를 맺기도 한다. 이러한 실수는 고통의 본질과 치료의 본질을 오해하여 생겨난 것이다.

인생의 어떤 순간에서든지 슬픈 일을 경험할 때 우리가 하는 첫 번째 질문은 '왜 하필 내게?'다. 슬픔은 우리가 이 질문을 하게 하는 유일한 경험이다. 그러나 우리는 복권에 당첨되었을 땐 '왜 내게? 내가 이 많은 돈을 받을 만큼 가치 있는 일을 했던가?'라는 질문을 하지 않는다. 또한 피곤하거나 행복할 때 우리는 왜 이 행복이 오게 되었을까 혹은 왜 이렇게 피곤할까라는 것을 이해하기 위해 힘들게 성찰하지 않는다. '저기 저 사람들을 봐, 저들은 피곤해 보이지 않아. 이처럼 피곤함을 느낄 만한 일을 내가 했던가?'라는 질문은 보기에도 우스운 질문이다.

그러나 고통은 매우 다르다. 우리는 고통을 매우 개인적으로 받아들이고 마치 우리와 상관있는 것처럼 여긴다. 어떻게 해서 이렇게 생각하게 되었을까? 이렇게 생각하게 된 과정을 발견하는 것은 의외로 간단하다. 어렸을 때 우리가 세상에 대해 처음 알아채게 되는 것 중 하나는 우리가 울 때마다 잘못된 것이 있는지 봐 주러 누군가가 나타난다는 점이다. 우리가 웃고 우스꽝스러운 꼬마 얼굴을 할 때면 누군가 어른이 바로 우리에게 웃음으로 화답하였다. 게다가 우리가 우유병을 가져가다가 서랍에 부딪혀 떨어뜨리면 누군가가 바로 우리에게 쥐어 주었다. 이는 매우 멋진 일이다. 여기서 배운 교훈은 '기본적으로 나는 내가 아는 우주를 좌지우지하고 있다.'는 것이다.

물론 이렇게 해서 당당함이 생겨난다. 나는 여기서 일어나는 일을 좌지우지하고 있는 사람이야. 우주는 나의 모든 생각과 모든 움직임에 반응해. 그러나 진짜 문제는 나중에 발생한다. 누군가 나를 강간할 때 나는 어떻게 생각하고 느끼고 행동해야 하지? 그들이 술에 취해 나를 몇 시간씩 혼자 놔두거나 서로 소리를 질러대고 내게 해를 가할 때 무슨 일이 생기지? 그땐 생각을 해 봐야만 해. '이런 일이 일어나도록 내가 무슨 일을 했나? 나는 모든 것의 본성을 이해하고 있어. 내가 A 하면 세상은 B 해. 내가 웃으면 사람들도 웃어. 그런데 이제 내가 X 하면 사람들이 나를 때려. 내가 Y 하면 사람들이 친밀하고도 말할 수 없는 방식으로 나를 못살게 굴어.'

이제 나는 내가 무엇을 잘못해 이 고통을 초래했을까 이해하려고 노력한다. '내가 무슨 나쁜 생각을 해서 이 일이 일어났을까? 혹은 이 고통을 초대하거나 만들어 낼 만한 어떤 독성이나 장애나 망가짐, 병을 가지고 있는가?' 그 해답을 찾으려는 노력이 나머지 인생의 순례를 힘들게 할 것이다. 내가 가진 것 중 고통을 만드는 그 어떤 것이라도 발견하고 진단하고 없애려고 할 것이다. 그러나 부처는 "사실 고통은 당신과 상관이 없다."라고 말한다. 심지어 예수도 "세상에서 너희는 고난을 겪을 것이다."라고 말했다. 상처는 그 과정에서 생겨난다. 아마 사람들이 가하는 해는 그 사람들의 무지나 서투름과 상관있지 우리가 한 말이나 행동 혹은 존재 자체와는 상관이 없다. 아마 이런 방식으로 인생에서 슬픔이 우리에게 오게 될 것이다.

만약 고통이 나와 상관있다고 확신한다면, 나는 왜 이 일이 내게 일어났으며, 내가 무엇이 잘못되었는지 알아내느라 인생을 보내게 될 것이다. 현재의 『정신장애 진단 및 통계 편람(DSM-IV)』은 대부분 심리학자에 의해 만들어졌고, 그들은 참 놀랍게도 우리에게 잘못될 수 있는 모든 가능성을 다 생각해 냈다. 그러나 나는 누군가를 무엇이 잘못되었다고 꼬리표를 붙이는 것이, 의도적이지도 않고 잠재적인 것이기는 하지만, 근본적으로 폭력적이라고 말하고 싶다.

당신은 세상의 등불이다. 당신에게는 불성이 녹아 있다. 그 어떤 슬픔으로도 없어지지 않을, 타고난 근본적인 완전함인 성스러운 불꽃이 당신 안에 있다. 그리고 당신의 슬픔은 반드시 병적인 것은 아니다.

DSM-IV의 어디에서도 '세상의 등불'을 찾을 수 없다. 그러나 그 진단 기준을 적은 책이 우리의 슬픔과 기쁨, 고통과 탄력성을 모두 포함하고 있다면 얼마나 경이로울까. 치료사에게 비용을 지불하기 위해 309.28(DSM-IV의 불안우울 진단 코드–역주)이라고 서류에 적을 필요가 없다면 얼마나 좋을까. 그러나 모든 체계가 진단으로 유지되며, 진단이란 본질적으로 '당신의 무엇이 잘못되었는가를 누군가가 알아내야만 돈이 지불된다.'라고 말하는 것이다. 나는 이 제도가 이 치료적 관계를 야기한 트라우마만큼이나 근본적으로 폭력적이라고 여긴다.

부처는 "마음은 본성적으로 순전하고 따뜻하게 빛난다."라고 말했다. 불교의 족첸(Dzogchen, 위대한 완성을 뜻하는 티베트 불교 용어–역주) 전통에서는 우리가 빠지게 되는 자연스러운 완성인 리그파(Rigpa)라는 장소가 있다. 하늘과 구름을 쳐다보면서 우리는 하늘에 구름이 지나간다는 것을 알 수 있지 구름과 하늘을 혼동하지는 않는다. 구름은 단지 생겼다가 없어지는데, 이것은 모든 사물과도 같으며 수많은 기쁨과 슬픔과도 같다. 구름은 가끔씩 우리가 선명하게 완전한 하늘을 못 보게 할 수는 있지만 지나가는 구름 때문에 하늘이 사라지지는 않는다. 마찬가지로 이 사라지지 않는 불성, 이 빛은 우리 인생의 고통스러운 상황 때문에 결코 사라지거나 해를 입지 않는다.

때때로 진단명 때문에 우리는 위축된다. 그러나 오히려 수천 가지 기쁨과 슬픔을 담아내고 이 타고난 빛을 담아낼 수 있을 만큼 큰 이름을 우리 자신에게 붙여야 한다. 또한 우리와 동행하는 사람의 진정한 본성을 반영하는 심오한 이름과 동맹을 맺을 필요가 있다.

불교의 우화 중에 이런 것이 있다. "한 스푼의 소금을 한 잔의 물에 넣고 휘저어 마시면, 그 물은 소금 때문에 꽤 짜고 쓴맛이 날 것이다. 그러나 그 소금을 크고 맑은 산 속의 호수에 넣고 휘저은 물을 마시면 소금 맛을 전혀 느낄 수 없을 것이다.” 물론 이 우화의 요점은 고통은 소금 때문이 아니라 그 물을 담은 그릇이 작았기 때문에 생겼다는 것이다.

내가 주장하는 바는 기독교나 유대주의와 마찬가지로 불교가 제안하는 것은 우리가 상담치료를 하면서 하는 모든 것은 이 그릇을 크게 해서 수천 가지 기쁨과 슬픔을 담아낼 수 있도록 도와주어야 한다는 점이다.

기독교(Fred Taylor)

위대한 세 가지 종교적 전통이 곤경과 고통에서 회복되는 인간의 영성을 지지하는 방식을 탐색하는 종교 간 대화에 패널로 참석하게 되어 영광이다. 고통은 심리치료뿐만 아니라 신학에서도 중대한 시험이 된다. 남자와 여자, 아이들은 하나님의 존재와 능력을 어떻게 확신할까? 그들은 뒤틀고 폭력적이고 아프게 하고 파괴하는 힘들에 둘러싸이고 침범당할 때 하나님과 다른 사람들에게 영적 임파워먼트를 받을 수 있는 자신의 능력을 어떻게 확신할까?

도시 지역 사회복지기관의 책임자인 나는 레질리언스라는 주제에 대해 신학적으로나 심리학적으로 자극을 받아 왔다. 우리 기관 어린이 사랑(For Love of Children: FLOC)은 주류 사회로부터 '손상되었다고' 여겨지는 전형적인 가족, 아동, 이웃과 함께 일한다. 나는 이러한 용어가 문제가 있는 진단이라고 생각한다.

'역기능적' 혹은 '위기' 등과 같은 부정적인 용어는 가족과 가족을 둘러싼 사회 체계 사이의 관계를 허물게 한다. 이런 용어들은 이 관계 속에 있는 가능성과 문제, 이 두 가지를 다 모호하게 만들어 버린다. 이런 말로 인해 영원하고 건널 수 없는 거리가 생기고, 사람들은 상처받은 사람과 치유하는 사람으로 나뉜다.

그런데 레질리언스란 개념은 보다 평평한, 나누어지지 않은 평야의 가능성을 펼쳐 준다. 그 평야는 우리의 종교적 전통과 매우 일치한다. 우리 모두는 죄인이다. 우리 모두는 도전을 받는다. 우리 모두는 부족한 존재다. 우리 모두는 '회복 중'에 있으며 상처를 안 받을 수가 없다. 동시에 우리 모두는 레질리언스의 가능성을 가지고 있다. 개인이나 가족, 공동체 그 어디에 적용하더라도 중요한 것은 잔에 물이 반이나 비었다고 생각하느냐 반이나 찼다고 생각하느냐 하는 것이다. 손상 위주의 사고방식에서는 반이나 비었다고 생각하고, 종교적 전통과 같은 탄력성 위주의 사고방식에서는 반이나 가득 차 있다고 생각한다.

모든 위대한 종교적 전통에서 인간의 특징은 부족한 존재라는 점이다. 우리는 상황과 구조와 우리를 위협하는 힘에 상처받기 쉬운 존재다. 우리의 부족함에 대한 반응은 두 가지 형태를 띤다. 우선 우리는 위협에서 지켜 줄 소유물을 구축함으로써 우리가 상처받지 않도록 보호하려고 노력한다. 성경에서는 이러한 전략에 대해 "돈을 사랑하는 것이 일만 악의 뿌리가 되나니."(디모데전서 6장 10절)라고 경고한다.

여기서 악은 돈 그 자체가 아니다. 위험 요소는 우리가 안전하다고 느낄 수준의 안전성을 획득할 때까지 물질적 축복을 축적하고자 하는 강력한 유혹이다. 이 유혹은 우리가 환경을 지배함으로써 역경과 고통에서 우리를 자유롭게 할 수 있다는 환상으로 인해 더 강해진다. 그런데 우리는 그렇게 할 수 없다. 왜냐하면 우리는 질병과 사고, 손해와 죽음이라는 타격에 노출되어 있고 볼모로 잡혀 있기 때문이다. 역설적으로 역사적으로 볼 때 물질을 축적하는 사람들은 자신의 소유물과 그 재산을 위협하는 환경과 권력에 사로잡히게 된다. 이것이 바로 닫힌 자아의 전략으로, 소유물에서 벗어나고자 하는 동안에도 고통을 증가시키는 전략이다.

두 번째는 자아는 자아를 주고 확장하는 사랑과 관용을 통해 타인에게 자아를 의식적으로 개방해 나갈 것이다. 이는 인색하지 않고 관대한, 열린 자아의 반응이다. 이러한 정체성은 추상적인 것이 아니다. 기독교 전통은 사람들이 파괴적인 상황과 권력에 휘둘리는 힘든 상황에서도 어떻게 예수께서 탁월하고도 무조건적으로 자신을 내어 주는 정체성을 살아내셨는가 하는 이야기에 기초하고 있다. 예수는 엄청난 고통과 고립, 배신, 버려짐, 죽음을 겪으셨지만, 자신을 확장하는 사랑의 정체성은 결코 사라지지 않았다. 이것이 바로 기독교 예배와 신앙의 핵심에 있는 정체성이며, 이 정체성으로 인해 비인간적인 상황이 지속되는 시대에 걸쳐 엄청난 탄력성이 생겨나게 되었다.

기독교 신앙은 신자와 창조하고 양육하고 보호하는 하나님 사이의 관계를 믿는데, 이 관계는 예수의 자신을 내어 주는 삶과 죽음 그리고 부활이라는 하나님의 응답 이야기를 통해 접근 가능하고 믿을 수 있는 관계가 된다. 기독교인이 '복음'이라고 부르는 이 이야기는 원래 창조된 모습으로 사람을 해방시키는 급진적인 힘을 신자들에게 확인시켜 주고 송축하고 환기시킨다. 이때 우리가 무슨 일을 당했든 무슨 일을 다른 사람에게 행했든 상관이 없다.

이 메시지는 영화 〈데드 맨 워킹(Dead Man Walking)〉에 강력하게 나타나 있다. 실화에 바탕을 둔 이 영화의 주인공은 가톨릭 수녀인 Helen Prejean인데, 그녀는 사형수를 위한 목회를 하고 있었다. 이 영화에는 두 가지 이야기가 있다. 하나는 Helen 수녀가 자기 방어적인 '마초' 사형수에게 임박한 죽음을 준비하도록 노력하는 것이다. 다른 하나는 이 사형수와 공범자가 성적으로 학대하고 잔인하게 죽여 버린 십대 커플의 부모와 Helen 수녀의 긴장된 관계다. 이 부모는 Helen 수녀가 자신의 자녀를 죽인 범죄자들의 목회에 헌신하는 것을 이해할 수도 없고 용납할 수도 없다. 그들은 Helen의 행동이 자녀에 대한 기억과 자신들의 슬픔을 훼손하는 것이라고 여겼다.

사형수 Matthew와의 관계와 피해자 부모와의 관계, 둘 다로 인해 Helen 수녀는 심리적으로나 영적으로나 한계 상황에 놓이게 된다. Helen은 사형에 반대하는데, 이는 그녀를 둘러싼 세계의 의견과는 상치되는 것이다. 그리고 Matthew는 Helen의 인간적인 접촉은 환영하면서도 자기 자신에 대한 진실을 직면하기 거부한다. 그러다 형집행 정지에 대한 항소가 기각된 후에야 그의 단단함에 금이 가기 시작한다. 그제서야 그는 이 하나님의 여종을 물리칠 수 없게 된다. 차츰 Helen은 Matthew가 자신의 끔찍한 행동을 인정하도록 이끌어 가는데, 이는 저주받을 것을 확인시키기 위한 것이 아니라 하나님의 용서를 받아들이게 하기 위해서였다.

Matthew의 사형 시간이 다가오는데, 그가 이 진리를 깨닫지 못하자 Helen 수녀는 그의 종교적 이해를 탐색하기 시작한다. 그들은 죄인들을 위해 십자가에서 죽으신 예수에 대해 이야기한다. Matthew는 예수께서 자신을 위해 죽으셨고, 자신의 죄를 다 사해 주실 것을 알고 믿는다고 말한다. 이에 Helen 수녀는 "그래요, Matthew, 하지만 당신도 참여해야만 해요!" 라고 대답한다. 이 말에 Matthew는 충격을 받고 서서히 방어를 풀게 된다. 이렇게 되자 새로운 사람이 나타나는데, 그 사람은 자신이 일생 동안 한 일들을 후회할 수 있고, 피해자들과 그 가족들에게 끼친 고통을 느낄 수 있는 사람이었다. 이제 그는 죽을 준비와 죽음 너머 마주하게 될 것들을 직면할 준비가 되었다.

이 영화는 익숙한 기독교 부활 찬양인 "큰 죄에 빠진 날 위해…… 주께로 거저 갑니다." 에 표현된 레질리언스를 잘 묘사하고 있다고 생각한다.

기독교 신앙은 다른 위대한 종교들과 마찬가지로 몇 마디 말이나 몇 문단의 글로 표현될 수 없을 정도로 풍부하다. 그럼에도 고통과 역경을 표면화하면서도 강점을 표면화하는 데 집중하는 치료적 학문과 인간의 죄와 하나님의 은혜를 함께 묶어 내는 기독교 전통 사이에 진정한 일치가 있다. 기독교 전통의 마지막 단어는 죄가 아니라 은혜다.

유대교(Sybil Wolin)

'레질리언스와 영성, 유대주의' 라는 주제는 Roger Kamenetz의 책 『연꽃 속의 유대인(The Jew in the Lotus)』(1994)을 생각나게 한다. 이 책에서 그는 정통 유대교에서 세속 유대교에 이르기까지 다양한 전통의 유대인들과 달라이 라마의 조우를 보고한다. 달라이 라마의 제자들이 그의 유대 역사에 대한 관심에 반응하고자 이 만남을 주선했다. 티베트의 고향에서 추방된 후 고대 불교 사원과 라마 사원이 중국인에 의해 파괴되는 것을 목도한 달라이 라마는 유대인의 레질리언스의 비밀을 알고 싶어 했다. 그는 유대교의 핵심인 예루살렘 성전이 파괴된 후 유대인은 어떻게 수 세기 동안 유대교를 보존할 수 있었는가를 물었다. 어떻게 유대인과 유대교는 세계 방방곡곡에 퍼져 나갈 수 있었는지, 여러 나라와 다양한 문화 속에 정착하면서도 신앙과 관습의 핵심과 정체성을 유지할 수 있었는지…….

유대인으로서 나는 이 책에 강한 흥미를 느꼈다. 왜냐하면 이 책은 우리 유대인의 오랜 박해의 역사가 아니라 참고 견디는 레질리언스의 능력을 잘 비추어 주는 거울과 같았기 때문이다. 이 책에서 말하는 레질리언스에 대한 개념화는 심리학자인 내게 흥미로웠다. 이 책에서 레질리언스는 회고할 수 있고 이해되고 가르치고 되풀이될 수 있는 자의식적인 성취로서 개념화되었다.

당연히 유대인은 달라이 라마에게 역경을 극복하는 데 대한 하나의 대답이나 분명한 처방전을 제시하지는 않았다. 유대인의 글에는 많은 대답이 암시되어 있고, 각각에 대해서도 다양한 해석이 있다. 그다음으로 눈에 띄는 것은 역경을 극복하는 이 주제에 대한 한 논평이다. 이 논평은 히브리어 성서인 하가다(Haggada), 즉 유월절 저녁식사 의식의 성서인 출애굽기와 몇몇 개인적인 경험에 근거한 것이다.

개인적으로 유대인의 영성과 레질리언스의 관련성이 생각난 것은 어느 결혼식에서였다. 그 결혼식 끝부분에 주례 랍비가 바닥에 유리잔을 놓았고, 전통에 따라 신랑이 그 잔을 발로 밟아 깨트렸다. 유리잔 깨지는 소리는 축하 분위기를 중단시키고 엄숙하고도 안심되는 장면이 이어진다. 한편으로 유리잔을 깨는 이 상징적인 장면은 인생의 기쁨이 영원히 계속되리라고 기대할 수 없다는 것을 일깨운다. 가장 기쁜 순간에도 우리는 이렇듯 깨지는 경험이 불가피하게 일어난다는 것을 잊어버리면 안 된다. 다른 한편으로는 우리가 이 깨지는 경험을 극복할 수 있다는 것을 일깨운다. 신랑이 상징적으로 유리잔을 깨듯이 유대교에 따르면, 개인은 역경이 주는 쇠약하게 하는 힘을 깰 수 있는 능력을 가지고 있다. 성혼 맹세를 교환한 후에 이 유리잔을 깨는 순서가 오는 것은 결혼이 신랑 신부에게 이 능력을 유지하는 한 방편이 될 수 있다고 이해하고 그렇게 되기를 소망하는 것이다.

유대인의 결혼식과 유월절 세데르 같은 또 다른 의식에 역경을 상징하는 시간이 있는 것은 히브리 성서와 다른 히브리어 텍스트에도 널리 퍼져 있는 사상이다. 아담과 이브가 에덴동산에서 추방되고, 카인이 아벨을 죽이고, 하나님이 세상을 물로 심판하시는 처음 부분에서부터 욥의 항의와 전도서의 냉소주의, 예레미야의 예언에 따른 이스라엘 왕국의 멸망에 이르는 끝부분에 이르기까지 히브리 성서는 한숨과 비탄의 책이다. 히브리 성서는 상상할 수 있는 모든 형태의 인간 고통을 생생하게 묘사하고 있으며, 동시에 회복할 수 있는 우리의 인내력도 묘사하고 있다.

Elie Wiesel(Rosenblatt, 1995, p. 44 재인용)이 아담과 하와가 에덴동산에서 추방되는 것에 대해 논평한 것처럼 "하나님께 거부당한 아담은 하와와 가까워진다. 이 둘이 이렇게 연합된 적이 없었다. ……낙원에서 추방된 그들은 포기하지 않았다. 죽음에 직면한 그들은 생명을 낳음으로써, 인생에 의미를 부여함으로써 죽음과 싸우기로 결심한다."

Naomi Rosenblatt는 자신의 책 『천사들과 씨름하기(Wrestling with Angels)』에서 Wiesel의 생각을 더욱 확장시킨다.

> 아담과 이브가 낙원을 잃었을 때 우리는 그들을 측은하게 여깁니다. …… 그러나 그들은 또한 우리의 경탄을 받기도 합니다. 그들이 서로 팔짱을 끼고서 동산을 떠날 때 우리는 역경으로 인해 하나로 뭉쳐진 커플을 보게 됩니다. ……이것은 르네상스 회화에서 자주 묘사된 눈물 어린 장면과는 상당한

> 차이가 있습니다. 그들은 사과하거나 절망하지 않습니다. ……그들은 인내함으로써 에덴동산에서 추방된 것을 '인간의 몰락'이라고 비관적으로 해석하지 못하도록 합니다. 그들이 낙원을 떠남으로써 우리는 오히려 '인간의 세워짐'을 목격하게 되는데, 서로의 생존과 성장에 헌신하고자 사랑과 상호 의존의 계약을 맺는 첫 남자와 여자로서의 인간으로 세워집니다(p. 44).

성서에 나오는 고난과 회복의 이야기 가운데 출애굽은 유대인의 역사와 관습, 예배에서 가장 결정적인 경험이다. 출애굽 이야기는 유대주의에 나타난 레질리언스 개념을 잘 표현해 준다. 출애굽은 이집트의 노예 생활에서 벗어나 광야를 지나 시내산으로 가는 이스라엘 민족의 여정을 기록한 것으로, 그 산에서 이스라엘 민족은 하나님의 계시를 받게 되고 그중 많은 부분이 오늘날까지 남아 있다. 이 출애굽 이야기가 유대인에게 중요한 것은 우리 인생에서 역경이 있다는 것을 보여 주는 이야기라는 점 때문이다. 또한 Joseph Campbell의 말에 의하면, 태어나서 죽을 때까지 시험과 트라우마를 헤쳐 나가도록 인도하는 역할을 하는 이야기라는 점(Campbell & Moyers, 1988, p. 8) 때문에 출애굽 이야기가 중요성을 지닌다고 생각한다.

출애굽의 드라마는 야곱의 열두 아들 중 하나인 요셉의 이야기로 시작된다. 요셉은 다른 형제들과 달리 채색 옷을 입은 데서 알 수 있듯이 아버지가 총애하는 아들이었다. 이러한 요셉의 특권을 시기하고 화내고 분노한 형제들은 그를 죽이기로 공모한다. 그러나 한 형제인 르우벤이 그 계획을 중지시키고 대신에 이집트 대상 상인들에게 요셉을 팔게 한다.

시간이 흘러 요셉은 이집트에서 번성하고 후손도 많아졌다. 마침내 파라오는 이들의 숫자가 많아지는 것을 위협으로 여기고 그들을 노예로 만든다. 그들은 자존심 상하고 불행하며 생명을 위협하는 경험을 계속해서 겪게 된다. "이집트인은 이스라엘 자손들에게 일을 엄하게 시켜…… 어려운 노동이 그들의 생활을 괴롭게 하니 곧 흙 이기기와 벽돌 굽기와 농사의 여러 가지 일이라."(출애

굽기 1: 13-14)

그러다 파라오가 모든 유대인 가정의 첫 아들을 나일 강에 빠뜨려 죽이기를 명령함으로써 유대 종족이 대를 잇지 못하도록 위협할 때 최악의 상태가 도래한다. 모세는 이 운명에서 구원받는데, 이는 그의 누이인 미리엄이 모세를 이집트 궁정에 들어갈 수 있도록 조처했기 때문이었다. 젊은이가 된 모세는 이집트인 관리가 늙은 유대인을 때리는 것을 목격하고 그를 죽이게 된다. 미디안 지역으로 피신한 후 모세는 파라오의 권력에 도전하도록 지명된 지도자, 하나님의 도구가 된다. 그의 형 아론과 함께 모세는 이스라엘 민족을 노예에서 벗어나게 하고, 홍해를 건너고 광야를 지나도록 이끌어 간다. 시내산에 도착했을 때 천둥과 연기 속에서 하나님의 말씀을 받고, 그 말씀은 십계명으로 그 후로 이스라엘 민족을 지배하는 법이 된다. 출애굽 이야기가 끝날 때 이스라엘 민족은 가나안 땅에 막 들어가려고 하며, 목적과 분명한 정체성을 가지고서 광야에서 받은 십계명에 따라 살기로 헌신하는 한 민족이 되어 있었다.

매해 봄 유월절에 유대인은 세데르 의식을 위해 함께 모인다. 세데르 의식에서는 이 이야기를 계속 반복해서 들려준다. 세데르는 개인의 삶과 전체 인간의 삶에는 역경이 있다는 것을 가르치고, 그 역경을 극복할 필요성과 수단도 가르쳐 준다. 이러한 사상은 여러 상징에서 표현되는데, 이는 어두움과 빛이, 쓴 맛과 달콤한 맛이, 역경과 레질리언스가 섞이는 것으로 표현된다. 세데르 의식의 중심적인 상징은 마잡(matzab)이다. 이는 누룩이 들지 않은 빵으로, 이집트를 탈출할 때 반죽이 부풀 시간이 없어서 누룩을 넣지 않고 준비했던 빵이다. 역경과 레질리언스를 결합시키는 이 빵은 동시에 가난한 사람들의 빵—고통의 빵, 그래서 자유와 희망과 구원의 빵이 된다—을 표현하기도 한다. 세데르 의식 때 준비하는 다른 음식으로는 계란이 있는데, 이는 부활의 상징이자 무너진 예루살렘 성전을 한탄하는 상징이다. 쓴 약초도 먹는데, 이는 조상들이 겪었던 쓰라림을 환기시킨다. 파슬리도 먹는데, 이는 봄과 생명을 환기시킨다. 그리고 빵을 찍어 먹는 소금물이 있는데, 이는 우리 민족의 눈물을 환기시킨다. 이 모든 사건이 공포와 약속, 파괴와 창조, 생명과 죽음, 양면이 있는 사건을 환기시킨다.

세데르 의식에서의 주된 메시지는 참석자들에게 자신에게 탄력성이 있다는 사실과 그것을 사용할 필요성을 역설한다. 모든 유대인은 자신이 직접 이집트에서 탈출한 경험을 한 것처럼 여긴다. 히브리어로 이집트는 'Mitzrayim'으로 번역된다. 'Mitzrayim'의 어근인 'tzr'은 '좁고, 속박되고, 억제된'이란 뜻인데, 이는 이집트라는 특수성을 초월하는 의미를 지니고 있다. 이 어근은 모든 세대의 모든 사람이 이런 저런 형태의 예속 상태에서 노동한다는 의미를 암시한다. 모든 사람은 자유를 얻기 위해 투쟁해야만 하고, 광야에서 헤매고, 신체적 · 영적 · 경제적 독립을 이루기 위해 노력해야만 한다. 매해 세데르 의식은 이 여정이 영원하다고 규정하고, 그 길을 알려 주고, 우리가 이 여정을 갈 수 있다는 희망과 약속을 제공한다. 하가다(Haggadah, 세데르 의식의 전례서–역주)에서 말하듯이 세데르 의식은 우리를……

> ……굴종에서 자유로
> 절망에서 기쁨으로
> 슬픔에서 축하로
> 어두움에서 빛으로
> 노예 상태에서 구속으로…… 이동하게 한다.

이 여정의 이 끝에서 저 끝으로 나아가는 방법은 출애굽 이야기에 요약되어 있다. 유대인들은 과거를 사는 방법과 노예 근성을 벗어 버리는 방법, 그리고 자유로운 민족으로서의 새 정체성을 만드는 방법에 대해 명백하게 듣는다. '너는 해야만 한다(thou shalts).'라는 단어에 잘 나타나 있듯이 이 법은 선택과 의무, 행동, 책무성, 책임감 그리고 사회적 양심과 개인적 양심의 기초에 굳게 서 있다.

물론 이 단어는 치료적 담화나 실천에서 선호되는 단어는 아니었다. 다만 한

귀퉁이에서 종종 들려왔던 단어다. 아마 우리는 달라이 라마와 마찬가지로 이 단어가 다시 고려해야 할 가치가 있는지를 질문해야만 한다.

시내산에서 받은 법인 십계명은 본류로 거슬러 올라간다. 이는 유대주의의 역설로서 모세가 산에서 가지고 내려온 법과 삶의 방식은 이스라엘 민족을 노예근성에서 해방시키려는 목적이 있는 반면에, 그 주된 이론적 원리는 이집트에서의 경험에 의존하고 있다. 그 법을 받으면서 이스라엘 민족은 노예 신분이 양심에 새겨져 있다는 것을 알게 되었다. 그렇지만 그 후로 이 노예 신분은 이해의 렌즈를 통과하면서 새로운 의미를 얻게 될 것이라는 것도 알게 되었다. "너희가 이집트에서 종살이를 하였으므로 이방인의 심정이 어떠하다는 것을 알 것이다." 이 개념은 너무나 근원적이어서 토라에서 36차례나 반복해 유대 민족의 정체성을 규정하고 그 목적을 말하는 데 나타난다. 이는 그 어떤 개념보다도 더 많이 나와 있는 것이다.

성서의 법은 쓴 경험의 결과로부터 우리를 지켜 주려는 의도가 있는 것으로 과거를 반복하고, 그 황폐함을 한 세대에서 다음 세대로 영원히 전해 주려고 한다. 이 법이 대안으로 제시하는 것은 이집트에서의 경험을 취하여 자신의 것으로 만들라는 것이다. 이는 우리가 어디로 가든지 이집트를 다시 만들어 낼 필요는 없고, 대신에 우리의 고통에서 배울 수 있다는 것을 가르쳐 준다. 이 법은 다음의 모든 것에까지 적용되는 도덕적 비전이다. 즉, 다른 사람들의 고통을 멈추게 하고, 타인에게 공감하고, 공의를 행하고, 다른 사람들을 공정하게 존중하면서 대하고, 환경을 사랑하고, 죽은 자들을 영예롭게 대하고, 자선을 베풀고, 복수하려고 하지 않고, 원한을 갖지 않고, 이웃을 사랑하고, 자기 자녀들을 축복하고, 고아와 과부를 돌보고, 우리는 하나님의 이미지를 따라 창조되었으며 그에 따라 행동해야 한다는 것을 기억하고, 창조하고 파괴하지 마라. 이 모든 것에까지 적용되는 도덕적 비전이 된다. 이러한 맥락에서 보면 레질리언스는 모든 형태의 속박을 끊어 내고, 이 땅을 거룩한 곳으로 만들려는 신과 함께 동역하는 것으로 정의 내릴 수 있다. 모든 사람이 안전하고 번성할 수 있는 거룩한 땅 말이다.

유대인의 영성은 삶의 고난을 없애 주지는 않는다. 오히려 그 영성이 주는 지혜는 우리가 겪는 고난으로 만들어져 가고, 반복해서 우리는 이집트로 돌아간다는 것이며, 그렇지만 우리가 돌아갈 때마다 진짜 출애굽의 가능성이 존재한다는 것이다. 유대주의는 우리 모두는 신성하고, 우리 모두는 자유를 성취할 수 있다고 말한다. 레질리언스를 도덕적인 의무로 만들고, 레질리언스의 원천을 의지에 두고, 그것이 표현되는 통로가 행동이라고 말함으로써 종교는 각 개인에게 무거운 짐을 지워 주는 셈이다. 이 임무는 만만찮은 것으로, 이 임무를 선택하는 것은 우리에게 달려 있다. 이는 신명기(30장 10절)에 분명히 나와 있다. "내가 생명과 사망과 복과 저주를 네 앞에 둔즉슨 너와 네 자손이 살기 위하여 생명을 택하고." (Hertz, 1990, pp. 882-883)

패널 토론

앞의 세 발표가 끝나자 이어서 패널리스트들과 참석한 치료사들이 발표된 개념의 적절성과 실천 적용 가능성에 대해 토론했다. 전체적으로 상담치료에서 종교와 영성의 역할을 지속적으로 논의할 필요성이 부각되었다. 참석한 대부분의 사람은 종교에서 의미를 발견했던 사람들로, 본인의 삶에서 종교의 영향을 매우 많이 받았다. 그들은 상담치료를 자신의 삶의 본질적인 부분인 종교에 적대적인 것으로 인식하고 있으며, 그 상담치료를 직업으로 삼고 있는 데서 느끼는 긴장을 이야기했다. 많은 사람이 자신의 일에서 종교를 배제하는 데서 좌절을 느낀다고 했으며, 특히 개인적으로 자신에게 종교가 너무나 도움이 되어 왔기 때문에 더욱 좌절된다고 했다. 참석자들이 이 발표에 대해 감사하는 것은 이 프로그램에 종교라는 주제를 포함시켜 자신의 감정이 '공식적으로' 인가받았다는 느낌을 받았기 때문이었다.

개인적으로 나(S. Wolin)는 이 세미나와 토론이 종파를 초월한 부분에 대해 무척 감사하는 바다. 종교가 수많은 유혈참사를 일으킬 만큼 불화를 일으키는 것으로 생각하는 데 익숙한 나로서는 치유라는 주제가 주된 관심사인 자리에서 종교 간의 공통점을 찾아볼 수 있었다는 점이 기뻤다. 이 경험으로 인해 상담치료사로서 나의 관심을 훨씬 능가하는 인간적인 필요성이 충족되었다.

추가된 관점

이 책의 2판을 내면서 힌두교와 이슬람교를 포함시켜 레질리언스에 대한 영적 관점의 영역을 보다 확장시켰다. 이렇게 하니 다섯 가지 종교에 걸쳐 역경을 극복하는 과정에서 공통점과 차이점을 이해하는 데 유용했다는 것이 증명되었다.

힌두교(Shanthi Ranganathan)

레질리언스는 웹스터 사전에 의하면 개인과 가족이 역경에 반응하는 데 매우 적절한 두 속성인 탄성(elasticity)과 탄력성(buoyance)의 조합이라고 정의되어 있다. 탄성은 심각한 삶의 도전에 직면한 개인과 가족 체계가 유연하게 대처하고 기능을 유지할 수 있도록 하는 속성이다. 탄력성은 기능의 변화를 야기하거나 요구하는 불행이나 트라우마 혹은 생애 전환기 사건에서 빨리 회복할 수 있는 능력이다. 힌두교에는 이러한 탄성(혹은 유연성)과 탄력성(혹은 회복)의 속성에 기여하는 네 가지 개념이 있다.

카르마요가(Karmayoga)는 행동의 결과와 상관없이 최고의 헌신과 희생으로 행동하는 것이다. 이 원리는 『바가바드 기타(Bhagavad Gita)』(chp. 4, verse 18)에 처음으로 잘 나타나 있다. 행동의 결과를 생각해 봤자 소용이 없는데, 이는 우리가 통제할 수 없는 수많은 변수가 우리 행동의 결과를 결정하기 때문이다. 오래 생각해 봤자 집착을 낳을 뿐이고, 이 집착은 소유욕을 낳고, 이 욕구를 달성할 수 없으면 좌절로 이어질 뿐이다. 좌절은 분노로 이어지고, 분노는 망상으로 이어진다.

카르마요가는 보상과는 거리를 유지하면서 의무(dharma, 다르마)를 고수할 것을 강조한다. 사회적 의무를 이행하는 것이 신을 예배하는 데 포함된다. 결과에 연연하지 않고 행동했을 때 그것은 해방적이다. 만약 사람이 자연의 우주적인 행위 안에서의 한 참여자로서, 신의 도구로서 행동한다면, 업(카르마)은 묶는 것이 아니고 이때의 카르마는 카르마요가가 된다. 카르마요가는 사람들이 이득을 얻거나 손해를 보거나 성공하거나 실패하거나 상관없이 마음의 평정을 유지하도록 해 준다. 행동을 포기하는 것이 아니라 행위의 결과를 바라는 것을 포기하는 것이다. 카르마요가는 사람들이 삶의 갈등과 문제, 시련, 고난을 직면할 때 부당하게 영향을 받지 않도록 도와준다. 이제 행위의 결과를 더 높은 권위인 신에게 맡기는 기술을 배웠기 때문에 사람들은 의무를 수행할 레질리언스를 개발하게 된다.

프라라브다 카르마(Prarabdha karma)는 모든 축적된 행위의 합으로서, 앞으로 이루어질 행위까지 포함한 합이다. 힌두교인은 모든 사람이 여러 번 태어난다고 믿는다. 한 사람의 카르마(업)는 그 사람이 행한 일, 하고 있는 일, 앞으로 할 일이 다 쌓인 것이다. 이러한 행위는 선한 행위든 악한 행위든 누적되는 효과가 있다. 현재 행동의 결과는 다음 생애에 나타나고, 그 결과가 과거와 현재, 미래의 경험을 만들어 낸다. 이렇게 함으로써 사람들은 자신의 삶에 책임을 지는 셈이다.

우리가 경험하는 고통이나 기쁨은 프라 라브다(pra rabdha) 카르마의 결과로서, 여기서 프라 라브다는 '미리 누적된'이라는 의미를 지닌다. 그 결과의 효과는 즉시 혹은 나중에, 이생에서 혹은 다음 생에서 볼 수도 있다. 이 업 이론은 우리에게 역경을 받아들일 레질리언스를 제공하는데, 역경이란 이생에서 혹은 과거의 생에서 자신이 행동한 결과물이다. 사람들은 자신에게 일어나는 모든 일에 책임이 있다. 문제를 직면할 용기를 갖게 되는 것뿐만 아니라 이 생이나 다음 생을 보다 의미 있게 살기 위해 선한 행동을 할 만큼 성숙하기도 한다.

자신이 통제할 수 없는 일을 수용하는 것을 운명론으로 해석해서는 안 된다. 오히려 이는 사람들에게 부정적인 일을 수용할 용기와 적절한 곳에서 적절한 행위를 하도록 하는 용기를 준다. 힌두교인은 자신의 '운명'에 환멸을 느끼지 않고, 오히려 자신이 통제할 수 있는 일을 변화시키기 위해 자유의지를 행사하는 능력을 개발한다.

의례와 축하연은 힌두교의 일상사 중 한 부분이다. 기도와 요가, 사원 방문의 형태로 나타나는 의례는 힌두교 문화의 본질적인 부분이다. 화환을 만들고 신에게 드릴 맛있는 음식을 준비하고, 신을 찬양하는 노래를 암송하는 모든 것이 이 일상적인 관습에 해당한다. 여기에 덧붙여 두 달마다 축제의 형태로 축하연이 있는데, 이는 내용이나 의도에서 종교적일 뿐만 아니라 사회적이기도 하다. 디왈리(Diwali, 힌두교 3대 축제 중 하나이며, 빛의 축제임-역주)와 같은 축제 기간에 자신과 가족을 위해 일하는 계층의 사람들까지 포함해 모든 사람은 새 옷을 산다. 또한 친척들이 방문하고 축복을 구한다. 심지어 죽음에 대해서도 힌두교 경전은 분명하게 규칙을 정해 주고 있다. 일 년 동안 여러 장례 의식이 있다. 우선 애도 기간이 있는데, 이때는 모든 친척과 친구들이 도움을 준다. 친척과 친구들이 가족의 집을 방문할 특정한 날(임종 후 16일째나 40일째)이 정해지고, 특별한 점심이 제공되며, 새 옷을 입는다. 사원 방문 또한 의무다. 이러한 모든 의례로 인해 유족은 죄의식 없이 일상 활동을 수행하게 된다.

힌두교인에게 개인적인 신은 역경의 시기에 큰 위안이 된다. 어려운 상황에서 인간의 노력으로 삶의 고난을 헤쳐 나가는 데 실패하거나 실패가 예측될 때 사람들은 자신의 개인 신에게로 가는데, 그 신은 '기능적으로 전문 기술과 의무'를 가지고 있다. 힌두교의 신 중에는 그러한 조력자들이 많다. 기본적인 신으로는 창조자인 브라마와 보호자인 비슈누, 파괴자인 시바가 있는데, 이 모두가 사람들에게 도움을 준다. 그다음으로는 전문가인 여러 신이 있다. 가령 (코끼리의 신이라고 보통 알려져 있는) 가네쉬(Ganesh)는 장애물을 치워 준다. 원숭이 신인 하누만(Hanuman)은 불안과 공포를 없애 준다. 의사 신인 로드 바이디아나스(Lord Vaidhyanath)는 병을 치료한다. 로드 발라지 오브 디루파티(Lord Balaji of Thirupathi)는 부를 가져다준다. 건강의 문제가 생긴 힌두교인은 서구의 치료를 받거나 전통적인 치료를 받으면서 동시에 빠른 쾌유를 위해 바이디아나스에게 기도한다. 다른 사람들은 하누만에게 불안을 없애 달라고 기도한다. 새 프로젝트를 시작하는 사람은 가네쉬 신이 승인해 주기를 간구한다. 힌두교인은 자신의 개인적인 신에게 의지함으로써 서구인이 전문가의 도움을 구할 때 얻는 것과 같은 확신을 얻게 된다. 전문가의 지도를 받은 결과는 임파워먼트와 원조이며, 이는 힌두교인이 자신의 문제를 극복하게 도와준다. 만두라이에 있는 유명한 미나크쉬 사원에는 열의 신인 주와라 드바의 상이 있다. 사람들은 자신 개인의 신을 믿을 만한 협력자로 간주하며, 이 열의 신은 사람들과 친밀하다. 기도하는 사람은 매우 안정이 되는데 이는 '나는 내 신에게 말했고 그는 나를 돌볼 것'이기 때문이다. 잘 교육받은 힌두교인들 또한 자신의 개인적인 신의 뉘앙스를 알고 있다. 예를 들어, 시바의 임무는 파괴자인 반면에 산스크리트어로 시밤(Shivam)이라는 말은 '길조의, 순조로운', 즉 선한 것을 의미한다. 산스크리트어로 시바의 동의어는 '선을 행하는 신'이다.

힌두교인이 아닌 사람들이 어떻게 파괴자가 선한 일 또한 할 수 있는가라고 질문하는 것이 당연하다. 대답은 둘 다 한다는 것이다. 시바 신은 파괴 자체를 위한 파괴를 상징하는 것이 아니라 지속적인 변화와 재생 과정을 위한 파괴를 상징한다. 이렇게 시바 신을 이해하면 보다 삶의 사실들을 박식하게 잘 수용하게 된다. 변화는 불가피할 뿐 아니라 소망해야만 하는 것이 된다. 영국의 시인인 Alfred Lord Tennyson이 시 〈아서왕의 죽음〉에서 밝혔듯이…….

옛 질서는 변하고 새 질서에 자리를 내준다.
신은 여러 방식으로 자신을 완성하신다.
하나의 좋은 관습이 세계를 타락시키지 않게 하기 위해서.

이 시에서 Tennyson은 하나의 좋은 관습—한 특정한 맥락에서 좋은—조차도 그 맥락 자체가 끊임없이 변할 때는 계속 변화해야 한다고 말한다. 변화가 없는 것은 발전이나 진화가 없다는 것을 의미한다. 변화는 어떤 고통을 수반한다. 그러므로 변화로 이끄는 어떤 고통이라도 환영해라. 변화를 삶의 사실로 수용하라. 이렇게 이해하면 더 큰 레질리언스로 이어지게 된다.

이슬람교(Dyaa Saymah and Hasan Zeyada)

이슬람교는 무슬림이 역경에 반응하는 레질리언스를 강화하는 데 중요한 역할을 한다. 지역사회 정신보건에 관련된 폭넓은 경험에 비추어 볼 때 이슬람 신앙과 가치, 관습과 의례가 트라우마와 지속적인 스트레스를 겪고 있는 사람에게 중요한 보호 기능을 한다는 것을 발견했다.

이슬람교도는 다섯 가지 핵심적인 신앙을 배운다. 첫 번째는 유일신인 알라에 대한 신앙이다. 두 번째는 아담과 아브라함, 모세, 예수, 마호메트를 포함한 알라신의 선지자들과 메신저들에 대한 신앙이다. 세 번째는 알라신이 계시한 성서에 대한 신앙으로, 여기에는 토라(모세), 시편(다윗), 복음서(예수), 코란이 포함된다. 네 번째는 신의 천사들에 대한 신앙이다. 다섯 번째는 심판의 날과 부활에 대한 신앙과 운명에 대한 신앙이다(Qadar; Sarwar, 1998).

무슬림은 자신의 신앙을 이슬람의 기둥이라고 불리는 여러 의례를 실천함으로써 표현하고, 이는 그들을 신과 이슬람의 가르침에 이어 주는 끈이 된다. 그 첫 번째 의례가 세하다(Shehadah)로서, 이는 유일신과 그의 메신저인 마호메트에 대한 신앙을 암송하는 것이다. 두 번째는 다섯 번의 의무적인 기도를 매일 수행하는 것이다. 세 번째는 개인의 재산의 1%를 자선에 내놓는 것이다. 네 번째는 건강한 무슬림이 라마단 달에 금식하는 것이다. 다섯 번째는 하지(Hajj)로, 메카로의 성지 순례다. 이슬람교의 핵심 가르침은 다른 종교와 마찬가지로 항상 신을 마음에 품고 다른 사람에게 선을 베푸는 것이다. 이 세상에서의 삶은 영원한 삶인 다음 생에서 보답받을 것이다.

이슬람교의 신앙은 신과 그의 메신저인 마호메트 선지자를 믿는 데서 시작된다. 이러한 믿음은 이슬람교도에게 삶의 모든 경험에 의미를 부여하게 한다. 더구나 무슬림은 운명론(운명)을 믿는데, 이는 삶에서 일어나는 모든 일은 신으로부터 나온 것이라는 의미다. 이러한 믿음으로 사람들은 어떤 일이 일어나든지 그것이 긍정적이든 부정적이든 일어난 일을 수용하게 된다. 좋은 일이 일어나는 것은 운명이다. 나쁜 일은 신의 시험으로 간주된다. 어려움은 인내로 받아들여야 한다. 부정적으로 보이는 일이 결국에는 긍정적인 일로 판명되기도 한다. 이러한 사고방식은 무슬림이 분노와 비난, 복수의 감정을 감소시키도록 도와준다.

무슬림은 신이 자신을 돌봐 주고, 장래에 대한 계획을 가지고 있다고 믿는다. 또한 사후 세계를 확신함으로써 불안의 가장 큰 근원인 고통과 죽음의 두려움에서 벗어날 수 있는데, 이는 자신이 알라신과 연결되어 있는 것에 만족하는 한 가능한 일이다. 이때 운명주의는 의존과 수동성을 의미하지는 않는다. 오히려 이슬람교는 신자들에게 코란의 가르침에 따라 선한 일을 행하고, 해로운 행동을 피하기 위해 최선의 노력을 하라고 격려한다. 무슬림은 자신의 행동의 결과를 수용해야만 하는데, 왜냐하면 그 행위는 신이 신앙의 힘과 인내력을 시험한 것이기 때문이다.

이슬람교는 개인과 가족을 끔찍한 사건과 트라우마에서 보호해 줄 중요한 전제 조건이 바로 인내라고 간주한다. 인내는 수용과 관용, 화내지 않음을 수반한다. 인내를 통해 사람들은 자신을 통제하고, 감정적 반응을 하지 않도록 조절하며, 두려움과 복수심과 증오심에서 자유롭게 된다. 인내는 과도한 반응을 하지 않으면서 결정할 수 있도록 도와준다. 위기와 부정적인 사건들이 지속적으로 일어나는 시기에 사용된다면, 그리고 공격적이거나 억압적인 상황에서 사용된다면, 이 인내는 참을성을 증가시키고 분노를 억제시킨다.

고난과 비극의 시기에 무슬림은 긍정적이고 건설적인 행동을 시작한다. 잘 대접받는다면, 무슬림도 잘 대접한다. 만약 해를 입거나 부당함을 겪으면, 무슬림은 긍정적인 측면을 생각하게 할 다른 관점에서 이 일을 바라보고, 그러한 경험에서 교훈을 배운다. 바로 이것이 레질리언스의 중요한 요소가 된다.

이슬람 의례를 실천하는 것은 긍정적인 정신건강에 도움이 된다. 특히 라마단(금식월)과 메카로의 성지순례는 해로운 사회적 관습에서 벗어나서 갈등을 해결하고 마음의 평화를 얻을 수 있는 기회를 제공한다. 라마단 기간에 종교적 헌신을 충실하게 고수하고, 내적 자아를 깨끗이 하고, 영적 각성과 성지순례 의례를 충실히 행함으로써 물질에 의존하던 상태의 사람들이 알코올과 약물 사용을 그만두는 경우가 많다.

매일 의례적으로 행하는 기도를 통해 이슬람교도들은 외적 환경에서 물러나 신과의 관계를 강화하고 자신의 영혼에 평화와 평안을 찾게 된다. 위기와 스트레스, 혼돈의 시기에 특히 인생의 중요한 결정을 해야 할 때에, 무슬림은 기도를 더 많이 하고 제커(Zeker), 즉 암송을 더 높은 강도로 한다. 무슬림은 신의 이름을 반복적으로 말하는 가운데 자신의 마음이 평정심을 찾게 된다고 믿는다. 이러한 집중을 통해 심란한 사건과 부정적인 사고 과정에서 벗어날 수 있게 된다. 기도는 몸과 마음을 쉬게 하고, 위기나 스트레스 상황 후 일상으로 돌아올 수 있도록 하는 명상 역할을 한다.

라마단 월을 통해 무슬림은 일출 시간부터 일몰 시간까지 금식한다. 궁극적인 목적은 사람들이 신과 더 가까워지고 서로 더 가까워지며 가난한 자와 배고픈 자에게 공감하도록 하는 것이다. 금식을 통해 무슬림은 또한 자신의 욕구와 욕망을 통제할 수 있도록 배운다. 라마단을 지키는 것은 다른 핵심 의례, 가령 기도(Zeker)와 자선(Zakah)과 같은 의례를 더 많이 행하게 한다. 라마단 동안 신은 무슬림에게 용서와 화해를 더 많이 하라고 촉구한다. 그들은 서로 어떠한 갈등도 일으키면 안 된다. 사람들은 이 기간에 불만이나 불평을 하지 않는데, 왜냐하면 다른 사람들과 갈등하면 금식은 소용없는 것으로 간주되기 때문이다. 이를 통해 관용을 증대시키고, 화와 분노, 공격을 통제하게 한다. 라마단 동안 이슬람교는 무슬림이 친척과 친구들을 방문하게 하고, 이를 통해 사회적 네트워크를 강화시킨다. 이는 역경의 시기에 사회적 지지를 받을 가능성을 증대시킨다.

메카로의 성지순례인 하지는 육체적으로나 경제적으로 가능한 모든 이슬람교도들이 적어도 일생에 한 번은 행하는 의례다. 이 연례행사에 전 세계 수천만의 무슬림이 메카로 모여 기도하고 자신이 행한 악에 대해 신의 용서를 구한다. 하지 동안 모든 경제적 · 인종적 · 사회적 차이는 매우 사소해지는데, 이는 모든 무슬림이 똑같은 소박한 흰 옷을 입고 같은 의례를 함께 행하기 때문이다. 이러한 의례는 무슬림 사이의 평등의 원칙을 강조하고, 사회적 네트워크와 지지를 강화시킨다. 하지를 마친 후 마음의 평화를 얻고 죄의식과 슬픔, 불안에서 자유롭게 된 무슬림은 자신의 일상생활로 돌아간다.

무슬림은 마호메트 선지자와 그 추종자의 삶을 배우고 따라 하고자 한다. 특히 역경에 처했을 때는 더더욱 그러하다. 마호메트는 인생의 어려운 시기에 사랑하는 사람들과 중요한 사회적 네트워크를 잃은 후 인내함으로써 인내의 이상적인 모델이 되었다. 그는 빈곤한 가정에서 태어났고 어렸을 때 부모를 여의었다. 그러나 그는 이러한 역경을 극복하고 역사에서 가장 위대한 지도자 중 한 사람이 되었다. 여러 다른 형태의 전장에서 그는 인내와 용서, 화해를 위해 노력했다. 모든 역경에도 불구하고 마호메트는 자신의 가족과 친구들을 지지했으며, 이들을 위한 헌신에 모범적이었다. 그의 가까운 추종자들 역시 서로에 대한 강한 유대를 지니고 끊임없이 서로를 지지하였다.

무슬림의 성서인 코란은 관용과 용서, 화해를 포함해 레질리언스의 중요한 면을 보여 주는 지혜로 가득 차 있다. 코란은 무슬림에게 위기에 대처하는 건설적인 방법을 가르치고, 스트레스 상황에서 인내하며, 다른 사람들, 심지어 침략자까지 포함한 다른 사람을 용서하고 화해하는 방법을 가르친다. 무슬림은 개인적인 어려움이나 윤리적 관계, 도덕적 행동에 대해 인도받기 위해 코란 구절을 찾아본다.

가족은 이슬람교에서 중심 위치를 차지한다. 결혼의 목적은 인생의 보다 높은 목적을 달성하기 위해 사랑과 조화, 동반 관계의 분위기를 만들어 가며 살아가는 것이다. 이슬람의 가르침은 정직함과 투명함, 무엇보다도 존중, 특히 부모와 연장자들을 향한 존중에 기초한 가족 관계에서의 의사소통을 장려한다. 확대가족은 모든 구성원의 행복에 관심이 있다. 이에 마호메트는 "너희 중 으뜸이 되는 자는 자신의 가족에게 가장 잘하는 사람이다."라고 말했다.

역경의 상황에서 이 강력한 지지 시스템이 작동한다. 가족의 응집은 대처와 적응을 용이하게 한다. 정서적이고 현실적이며 정보적인 측면에서 주어지는 친척들의 지지와 사회적 지지는 어려운 시기에는 특히 더 가치가 있다. 아이들이 어려움에 처했을 때 부모와 손위 형제들 그리고 확대가족들은 도전을 극복하고 고통을 경감시키도록 지지하고 보호하며 지도한다.

이슬람교는 모든 무슬림의 총체적인 정체성과 연결됨, 연대성을 증진시킨다. 종교적 가르침은 무슬림들이 매일 함께 모스크에 모여 기도하도록 장려한다. 궁극적인 목적은 사회적 응집, 정보 교환이나 정서적 지지와 실제적 지지를 포함하여, 여러 형태의 사회적 응집을 실천하는 작은 믿음의 공동체를 형성하려는 것이다. 이슬람교도는 심지어 미소조차도 사회적 지지의 필수적인 형태 중 하나라고 간주한다. 위기에 처한 사람들과 오랜 고난과 불운을 겪은 사람들, 특히 노인들과 특별한 욕구가 있는 사람들, 가난한 사람을 위한 지지와 돌봄의 중요성이 강조된다. 아프거나 가족을 잃은 사람을 돌보는 것에 최우선순위가 매겨진다. 이슬람교의 매일의 의례 중 하나는 자선을 행하는 것인데, 이는 가장 가난한 사람들에게 돈을 주는 것이다. 부유한 무슬림이 가난한 자들을 돌보는 것이 핵심 가치이므로 가난하다는 것에 낙인이 찍히지는 않는다. 오히려 인생에서 운이 좋은 사람들은 불운을 겪는 사람들을 돕도록 기대된다. 역경에 직면했을 때 무슬림은 여러 방식으로 강한 친족 관계와 사회적 연대로부터 도움을 받는다. 그리고 그 사람들은 관대함과 친절, 돌봄의 행위에 대해서 다음 생에서 신에게 보답을 받을 것이다. 이리하여 이슬람교의 근본적인 믿음과 관습은 고통을 겪는 사람뿐만 아니라 도움을 제공하는 사람에게도 레질리언스를 유지하게 한다.

결 론

내가 기대한 대로 다섯 가지 종교 모두 레질리언스에 관한 통찰에 뛰어났다. 각각의 종교는 레질리언스 능력을 인간 본성의 기본으로 인정하고 존중했다. 이는 인간을 곤경이나 피해 또는 상처로부터 피할 수 있는 존재로 간주한다는 말은 아니다. 오히려 불교와 기독교, 유대교, 힌두교와 이슬람교 모두 인간이 약하다는 것과 슬픔을 겪기 쉬운 존재라는 것을 충분히 알고 그들의 가르침에 잘 설명해 놓았다. 부처는 인생의 어느 때든 우리는 수만 가지의 기쁨과 슬픔을 맛볼 수 있다고 말했다. 예수의 부활은 그의 고난과 불가분의 관계가 있으며, 모든 유대인은 지울 수 없는 노예의 흔적을 지니고 있다. 힌두교에서는 변화는 불가피하며 어떤 고통으로 이어진다고 한다. 무슬림에게 나쁜 일이 일어나는 것은 불가피한 것이며 신의 시험으로 간주된다.

모든 종교적 가르침의 이슈는 어떻게 하면 곤경과 고통을 피하는가가 아니라 슬픔이 우리의 삶을 주장하고 있음을 잘 알고 있으면서도 의미 있고 기쁘게, 감사하게, 경외심을 가지고 사는 방법에 있다. 모든 관점이 이 점에서 강력하게 일치하고 있었다.

그럼에도 다섯 종교는 극명한 차이도 있었다. 토론회에 참석한 세 발표자는 각자 종교에서 레질리언스에 관련된 핵심 영역을 밝혔다. 예를 들어 불교에서는 레질리언스를 '내적 빛', 즉 '불성'이라고 간주했는데, 우리는 부처의 가르침과 모범에 의해 교화되어 가는 과정을 통해 이를 알게 된다. 자신의 불성을 발견함으로써 우리는 모든 역경에 직면하여 평온함을 유지할 수 있다. 기독교 관점에서 레질리언스는 타인을 사랑하는 데까지 자신을 확장시킬 수 있는 능력을 수반한다. 삶의 도전에 직면할 때 공감과 감정이입으로 인해 우리는 강해진다. 유대교에서 레질리언스는 의지에서 나온 것으로 행동으로 표현된다. 자유의지가 주어졌으므로 우리는 올바른 행동을 수행할 수 있고 세상을 바꿀 수 있다.

불교와 기독교, 유대교 사이에 많은 유사성이 있었지만, 2판에 추가된 이슬람교와 힌두교 관점의 글은 레질리언스와 종교에 관한 토론에 독특한 요소를 더했다고 볼 수 있다. 힌두교는 이생에서의 결과나 보답에 연연하지 않고 의무를 이행하고 헌신할 것을 가르치는데, 이는 어떤 실망이나 시련에도 직면할 수 있는 능력을 강화시킨다. 모든 고난에 도움을 줄 수 있는 신들과의 개인적 관계는 커다란 위안과 확신 그리고 안심을 준다. 마지막으로, 이슬람교에서는 운명론과 사후 세계에 대한 믿음이 위기의 시기에 위안을 제공한다. 더구나 코란의 가르침, 매일의 전체 기도와 같은 의례 준수와 도움이 필요한 사람들에 대한 가족과 사회의 지지는 전체 무슬림 공동체가 많은 레질리언스를 가지도록 해 준다.

나는 이 장에서 기술된 여러 종교가 한 목소리로 인간이 레질리언스를 갖고 있다고 존중하는 것이야말로 그 종교들이 지닌 차이점보다 더 본질적이라고 믿는다. 이 레질리언스 관점이 치료학파 사이의 경계를 초월하여 전체 정신건강 영역에 근본적인 전제로 수용되었으면 하는 것이 나의 소망이다.

참 | 고 | 문 | 헌

Campbell, J., with Moyers, B. (1988). *The power of myth: Program I. The hero's adventure* [Video]. (Distributed by Mystic Fire Video, New York/Doubleday, New York)

Hertz, J. H. (Ed.). (1990). *The Pentateuch and Haftorahs.* London: Soncino Press.

Kamenetz, R. (1994). *The Jew in the lotus.* San Francisco: Soncino Press.

Rosenblatt, N. H. (1995). *Wrestling with angels.* New York: Delacorte Press.

Sarwar, G. (1998). *Islam: Beliefs and teachings.* London: Muslim Education Trust.

Wolin, S., & Wolin, S. J. (1995a). Morality in COAS: Revisiting the syndrome of overresponsibility. In S. Abbott (Ed.), *Children of alcoholics: Selected readings.* Rockville, MD: National Association for Children of Alcoholics.

Wolin, S., & Wolin, S. J. (1995b). Resilience among youth growing up in substance-abusing families. *Pediatric Clinics of North America, 42*(2), 415-429.

Wolin, S., & Wolin, S. J. (1997). Shifting paradigms: Taking a paradoxical approach. *Resiliency in Action, 2*(4), 23-28.

Wolin, S. J., & Wolin, S. (1993). *The resilient self: How survivors of troubled families rise above adversity.* New York: Villard Books.

제 6 장 빈곤이 주는 스트레스와 영성이 주는 위로

HARRY J. APONTE

Theodora는 두 번이나 남편을 잃었고 가난하게 살았다. 그녀의 아들은 강도행각을 벌이다 살해되었다. 그녀의 쌍둥이 딸인 Jeannie와 Jeannette는 흑인의 유전병인 적혈구성 빈혈을 앓고 있었다. Jeannette가 수년간 코카인을 하고 있었으므로 Theodora는 Jeannette의 첫아이까지 키웠다. 주말마다 Theodora는 Jeannie가 신경이 손상된 아들을 돌보는 것도 도왔다. 이 모든 일에 더해 그녀는 이 쌍둥이의 대부, 홀로 되고 건강이 쇠약해지고 있는 어르신을 개인적으로 돌보고 있었다. Theodora는 자신의 삶이 힘들다는 것을 부정하지는 않았다. 그렇지만 그녀에게는 희망이 있었다. 그녀를 지지하고 있는 것은 그 지역의 아프리칸 아메리칸 침례 교회였다. 그녀는 가족을 사랑했으며, 그녀에게는 교회와 하나님이 있었다.

자신의 고난에 관한 질문을 받자 Theodora는 이렇게 대답했다. “이 모든 것이 저를 강하게 만들고 있어요.” (Aponte, 1994, p. 226) 그녀는 가족을 위한 자신의 희생에는 목적이 있다고 생각했다. 그러나 이제 그녀는 Jeannie가 코카인에 중독된 Jeannette의 막내딸을 돌보는 것을 도와야 할지 말아야 할지 결정하는 도덕적 딜레마에 직면했다. Theodora는 Jeannie가 자신의 건강이나 아픈 아들, 둘 중 어느 하나도 제대로 돌볼 에너지가 없다는 것을 알았다. 그러니 Jeannie는 여동생의 아이를 돌볼 수 없음이 확실했다. Theodora는 마지못해서이기는 하나 “그 아이를 이 체계 안으로 들어오게 해요."라고 강하게 말했다. Jeannie의 건강과 Jeannie의 아이에 대한 의무가 우선이라고 Theodora는 생각했다. 그녀에게는 믿는 것이 있었다. "우리는 이 일을 놓고 기도할 것입니다." (Aponte, 1994, p. 236)

빈곤이 주는 도전

Theodora는 이 사회의 경제적 기준에 의하면 가난했으며 인종적 스트레스도 의식하고 있었다. 그녀는 일반적으로 겪는 개인적 고난 이상을 짊어지고 있었다. 그러나 그녀는 좌절하거나 괴로워하지 않았다. 그녀의 자존감과 정서적 힘은 신앙에서 그 힘을 얻고 있었다.

이 세상의 Theodora들은 사회가 던져 주는 매일의 시련과 도전에 부딪히고 있었다. 그러나 가난하고 약자라는 위치가 주는 짐이 더해지면 다음과 같은 일들이 일어나기도 한다.

- 정체성과 자존감의 상실
- 일상생활과 미래의 운명에 대해 위축됨
- 더 큰 사회에서 분리되고, 개인적 삶과 공동체에서 안정적인 관계의 상실

Jeannette는 중독에 자신을 내어 주었다. 반면 똑같은 개인적 · 사회적 · 경제적 상황에 처한 Theodora와 Jeannie는 교회와 신앙을 통해 희망을 놓지 않고 있었다.

가난한 소수민족 클라이언트를 대하면서 치료사들은 클라이언트의 가족 관계뿐만 아니라 육체적 건강과 경제적 건강을 훼손하는 사회와 환경적 상황에 직면한다. 그들은 일상적인 심리적 개입을 힘들게 하는 개인적인 가족의 '해체' (Aponte, 1994, pp. 13-31)를 마주하게 된다. 우리 치료사들은 시민 중 가장 평

가절하된 사람들의 사회적 고난의 결과를 원조할 새로운 방법을 모색하게 되었다. 자원이 박탈된 가난한 사람들이 활용하지 않고 있는 자산은 바로 그들의 영성이다.

영성은 사람들의 존재의 핵심을 향해 말한다. 삶 자체의 본질적인 의미와 목적, 가치를 말한다. 이는 모든 순례자의 개인적 상황과 사회적 상황에 초월적인 의미를 부여한다(John Bunyan, 1976 참조). 불우한 처지에 놓인 사람에게 영성은 자신의 개인적 낙담, 가난이 주는 결핍, 사회의 억압을 초월할 수 있는 자원이 된다. 몰개성적인 환경에서 영성은 개인의 분투에 의미를 부여하여 정체성과 자존감을 높여 줄 수 있다. 능력을 발휘하지 못하게 하는 사회에서 영성은 개인의 확신이라는 내적 자이로스코프를 통해 자율성을 만들어 내게 한다. 연결고리가 끊어진 사회에서 영성은 관계를 제공하기도 하는데, 이는 모든 이웃과의 친족이라는 초월적인 개념을 통해, 신앙 공동체를 통해 그리고 신자들에게는 신과의 영적 관계를 통해 가능해진다.

영성은 인생의 근본적인 자원으로서 치료사들에게 클라이언트를 위한 힘과 연결됨, 방향성의 근원을 제공한다. 치료사들은 인간 경험의 보편적 요소인 영성을 인식하고, 영성에 말을 걸고, 영성과 함께 작업하는 방법을 배워야 한다. 가난한 사람들과 작업하는 데 있어서 영성은 빈곤이라는 어둠 속에서 한 줄기 가능성의 빛줄기가 된다.

영성이란 무엇인가

바울은 그리스인들이 '알지 못하는 신'에게 바치는 아테네의 제단을 발견했다(사도행전 17: 23). 그는 자신은 그 신이 누구인지, 즉 하나님인 것을 안다고 믿었지만 그리스의 추종자들에게는 인간의 보편적인 충동에 관해 말했다. 의식적이든 무의식적이든 모든 사람은 고통과 기쁨, 삶과 죽음에 대한 의미와 목적을 찾고 있다. 모든 사람에게는 영성이 있다. 모든 사람의 삶은 영성의 어떤 측면에 의존하며, 영성은 도덕성과 믿음 체계, 개인적인 신에 연결되기도 하는 인간애에 대한 공유로 구성되어 있다.

고통이나 결핍, 죽음과 가까이 사는 사람들은 종종 영성에 가까워지기도 한다. 그러나 그들은 절망의 심연에 빠져들 수도 있다. 사회의 가난하고 소외된 구성원들이 자신의 삶이 살 만한 가치가 있으며, 커다란 손실과 결핍, 압제에 직면해서도 싸울 가치가 있다는 것을 인식하게 하는 치료가 필요하다. 우리의 치료에서는 그들 삶의 영성을 '신성한' 수준으로까지 명백히 이루어지는 '의미 찾기'로 고려할 수 있다. 이때 영성은 그들의 도덕, 믿음 그리고 종교 공동체, 결론적으로 신을 뜻하는 것으로, 이는 파가멘트(Pargament, 1996, p. 216)가 말한 공식적 종교단체 안팎에서 모두 가능한 것이다.

인간의 영성이 중요하기는 하지만 쉽게 파악되지는 않는다. 영성은 부모나 문화, 대중매체, 종교기관이라는 근원으로부터 나온, 복잡하고 가끔씩은 갈등을 일으키는 유산 덩어리의 형태를 띤다. 이 근원들도 서로 일치되지 않거나 심지어는 모순적이기까지 하다(Aponte, 1998). 그러나 이 영성은 모든 사람의 가슴에 숨어 있다가 은밀하게 그들의 삶에 영향을 끼친다. 그러나 공개적으로는 많은 다른 이름과 위장으로 표현된다.

여러 형태와 표현으로 나타나는 영성은 개인과 가족, 공동체의 성격을 형성한다. 개인에게 강한 영성이란 보다 내적인 개인적 도덕성과 철학을 의미하고, 결과적으로 개인화와 내적 자유가 커지는 것을 의미할 수 있다. 가족에게는 삶의 철학을 공유한다는 것이 정체성과 지속적인 유대를 공유하는 것을 의미할 수 있다. 공동체에서 공통의 사회도덕은 서로서로를 돌보는 우애를 의미할 수 있다. 사회 체계의 다양한 수준에서 이루어지는 영성의 상호작용을 인정한다면, 건강한 영성이란 개인적 자율성이라는 자유와 사회적 다양성 둘 다를 뜻할 수 있다. 물론 이 두 개념은 전체로서 공동체에 대한 상호 책임감과 관련된 맥락에서 존재한다. 한 사회의 어떤 수준에서라도 영성이 희박해지거나 부정된다면, 목적과 돌봄이라는 영성의 생명력이 빠져나가고 그 심리적 구조와 사회적 구조가 약해질 것이다.

빈곤한 소수민족의 영성 상실

미국에서 가장 가난하고 가장 고난을 많이 받은 소수민족들은 자신의 영적 뿌리가 가장 크게 손실되는 어려움을 겪었다. 노예제도와 식민지, 영토의 변화라는 미국의 역사적 소용돌이 속에서 많은 사람이 자신의 문화적 · 종교적 전통을 상실했다(Aponte, 1994, pp. 1-7). 자신의 문화적 · 영적 가치의 뿌리가 억압되거나 뽑혀 나갔을 때 가족과 공동체의 생명력도 빠져나갔다.

오늘날 미국에서는 심각한 문화 전쟁을 치르고 있다. 이 스펙트럼의 한쪽 끝에는 세속화 운동이 있다. 이는 영적 · 종교적 표현을 공개적 토론장에서 못하게 하고 개인적 삶의 내밀한 영역으로 한정시키기를 선호하는 운동이다. 다른 한쪽 끝에는 종교와 영성을 사적이든 공적이든 삶의 모든 영역에 필수적인 요소로 간주하는 사람들이 있다. 현재 학교와 같은 공적 기관에서의 세속화는 거스를 수 없는 추세다. 동시에 역설적이게도 많은 정치인이 자신을 종교생활의 수호자로 밝히고 있는데, 이는 대다수 대중에게 정치가로서 자신이 종교와 영성의 가치와 중요성을 인식하고 있다는 점을 확신시킬 필요성이 있다고 여기기 때문이다["미국인의 3/4이 자신의 삶에 대한 태도는 종교에 기반하고 있다고 말한다." (Paul, 2005, p. 65)]. 그러나 가끔씩 오늘날 파편화되고 해체된 사회에서 신념 체계와 사회적 가치의 논쟁적인 불협화음이 우리 사회의 응집을 방해하는 것 같다. 반면에 다양한 신념과 가치 체계 사이에 관용이 자리 잡지 못함으로써 문화 전쟁이 싹트고 있다.

우리 사회의 보다 취약한 구성원일수록 사회의 건강성에 더 많이 의존하게 되므로, 사회가 전체적으로 상처받을 때 그들은 가장 많이 상처 입는다. 한 사회의 도덕적 · 영적 기초가 와해되면 공동체의 내적 구조와 사회적 지지 체계도 무너진다. 이러한 사회 환경에서 이웃들은 사회적 면역 체계가 약해졌을 때 발생하는 그 어떤 바이러스에 의해서든 상처받기 쉽다. 헌신된 가족이 더 줄어든다. 빈곤한 공동체에서는 가족 유대의 취약성이 심해진다. 특히 갱들이 만드는 허위 가족이 증가한다. 폭력이 증가하고, 친족의 사랑과 우애적인 감정이입이라는 완충 장치로 이끌어 주던 가족 의식과 공동체 의식이 약화된다. 마약과 알코올이 공허함과 불안감, 분노, 삶의 스트레스로에서의 탈출구가 된다. 개인의 고독함과 무가치함이라는 역병이 널리 퍼진다.

고통에 직면하여 적극적인 영성을 지닌 사람은 일상생활의 도전에 의미와 희망을 부여할 수 있는 맥락을 가지고 있다. 영적 공동체가 있는 사람은 외로움과 낙담 속에서도 소속감과 상호 돌봄을 경험할 수 있는 가정이 있는 셈이다. 절망과 좌절 속에서 신을 믿는 사람은 자신에게 힘과 사랑을 의미하는 관계를 유지할 가능성이 있다. 미국과 캐나다에서 이루어진 연구에서 "종교적 예배에 정기적으로 참석하는 사람들은…… 우울증과 공황장애, 장신장애에 걸릴 확률이 낮았다." (Cooper, p. 16; Koening, 1999; Matthew, 1998)는 것이 밝혀졌다.

결핍되고 불우한 사람들은 사회경제적 상황에 좌우되지 않는 영혼의 재생이 필요하다. 사회적 실패라는 도가니 속에서 영성은 희망을 제공한다. 영성은 가장 불우한 사람들이 삶의 소용돌이를 초월하여 모든 개인적인 분투에 의미를 찾을 수 있는 능력이다. Frankl이 밝혔듯이 사람들은 "고통이 의미가 있을 때" (1963, p. 179) 고통에 대처할 수 있다.

활동하는 영성

빈곤한 소수민족 사이에서 가족 · 공동체 유대가 옅어지면서 동시에 개인적 자존감과 권위가 상실되었다는 것을 보다 효과적으로 전달하기 위해서 치료사들은 심리학적인 것과 영성적인 것 사이에 가교를 놓을 필요가 있다. 임상가들은 다음과 같은 것을 하기 위해 노력해야만 한다.

- 사람들의 삶에 있는 영성과 의식적으로 작업하라.
- 클라이언트의 치료를 위한 가치 토대(근거)를 구축하라.
- 클라이언트의 삶의 (도덕적) 선택을 치료의 주축으로 삼으라.

의식적으로 영성과 작업하기

의식적으로 불우한 사람들의 영성과 작업하는 것은 그들의 개인적인 분투가 지닌 영성적인 측면에 주의를 기울이는 것으로 시작된다. 그러나 치료사들이 영성을 이해하고 영성에 작업하는 것은 정확한 임상적 진단과 기술적 개입이라는 테두리 안에서 이루어져야 한다. 치료사로서의 임무는 영성을 치료적 결과를 촉진하는 매개물로 다루는 것이다. 치료사에게 영성은 인간의 분투라는 소용돌이 속에서 인간 영혼의 가능성을 더 깊이 이해하도록 해 준다. 영성은 자신 안에 있는 자원을 제공하면서 분투하려는 인간의 의지를 더 강화시키며, 또한 초월자인 신과의 관계와 더불어 자신의 가족과 신념 공동체 안에서 지지의 가능성도 강화시킨다.

영성은 우리 가슴 속에 자리하고 있다. 또한 치료사가 삶과 문제에 대한 클라이언트의 태도와 감정에 접촉하려 노력할 때 영성이 자리를 잡게 된다. 클라이언트가 자신을 수용하도록 돕고, 가족 구성원을 향한 사랑의 감정을 찾는 것을 도와주며, 문제해결을 위한 낙관적인 관점을 찾는 것을 원조하는 것은 클라이언트의 내부에서 희망을 찾는 일이다. 개인적으로 신에 대한 믿음이 있는 사람에게는 그 희망의 원천이 영혼이 거하는 곳에 있기도 하다. 그 희망은 바깥 세계와 내부의 지친 영혼, 둘 다로부터 오는 낙담을 극복할 수 있다.

영성과 의식적으로 작업하는 것은 또한 클라이언트의 영성이 영양을 공급받는 기관이나 사람들과 함께 적극적으로 작업하는 것을 포함한다. 몇몇 가족 구성원들은 클라이언트가 때로 그들과 어려운 관계를 맺는다고 할지라도 사랑과 격려를 주는 잠정적 자원이 된다. 파편화되고 고갈된 것처럼 보이는 가족을 만난다고 하더라도, 치료사는 가족들 사이에 존재하는 영성적 힘과 공유하는 가치와 종교 관행을 찾아봐야 한다.

종교는 또한 교회나 다른 신앙 공동체 형태로 '가족'을 제공할 수도 있는데, 이는 자신을 지탱해 줄 가족이 별로 없는 사람에게는 특히 중요할 수 있다. 그들은 동료 신앙인들 사이에서 성직자의 지도를 발견할 수도 있고, 형제자매들로부터 개인적 지지를, 자녀들을 위한 안전한 사회적 환경을 찾아낼 수도 있다. 종교적인 친교는 클라이언트를 돌보는 유일한 공동체일 수도 있으며, 그들을 있는 그대로 안을 준비가 되어 있다.

가난한 소수민족 가족이 필요로 하는 가치를 "제공해 주는 실체적 존재와 영적 메시지를 지닌 유일한 기관"은 교회라고 믿는 사람들이 있다(Leland, 1998, p. 22). 그러나 종교는 어떤 사람에게는 깊이 감춰진 갈등을 야기할 수도 있다. 역사적으로 교회와 하나님은 긍정적인 의미와 부정적인 의미, 둘 다 지녀 왔다. 그들은 위안과 지지의 기억과 더불어 실망과 배신의 기억을 보고할 수도 있다. 슬프게도 자신의 신앙 공동체와의 관계를 해결하고 치유하기 위해 그들은 종종 아무 일도 하지 않았다. 치료사들은 그들이 자신의 영성을 해방시키기 위해 예전의 개인적인 이야기에 대해 다시 방문하고 다시 개입하며 다시 작업하도록 도울 수 있다.

치료를 위한 영성적 토대 구축하기

클라이언트의 개인적인 분투가 지닌 영성적인 측면에 집중하기 위해서 임상가들은 자신이 상담치료에서 만들어 내는 영성적인 분위기를 자각해야만 한다. 모든 치료는 임상가의 영성과 치료 철학을 반영하는 가치와 철학적 세계관이라는 영성적 토대 위에 기초하고 있다. 치료사들은 어떤 것이 병들고 건강한 것인지, 어떤 것이 가치 있는 목표이고 가치 없는 목표인지를 판단한다. 그들은 어떤 해결책이 성과가 있는지 없는지에 따라서뿐만 아니라 옳은지 그른지에 따라서도 그 해결책의 공적을 판단한다. 치료를 이끌어 가는 가치(Aponte, 1994, pp. 168-185)가 클라이언트의 영성을 지지할 수도 있고, 훼손할 수도 있으며, 그 영성에 기여할 수도 있고, 영성을 손상시킬 수도 있다. 치료는 사람들이 철학적 관점을 자신의 문제에 관철시키고, 그래서 삶의 영적인 면을 형성하도록 도와준다.

치료사들은 각자의 직업과 치료 방침에 깊이 뿌리내리고 있는 가치를 가지고 있다. 그들은 가치중립적이지 않다. 심지어 진단에서도 "중립적인 질문을 할 방법이 없다." (Wylie, 1994, p. 46 재인용)라고 Michael White는 말했다. 실제로 오늘날 치료적 모델과 학파는 결혼생활에서 여성과 남성의 역할, 혼내와 혼외 성관계와 동양과 서양의 영성에 관련해 잘 형성된 신념을 갖고 있다. 그러나 치료사들은 자신의 치료적 접근이 클라이언트의 이슈에 영향을 미치는 영성에 대해서는 인식조차 못하기도 한다.

치료사에게도 개인적인 영성이 있는데, 이는 고통과 갈등, 수용과 전투, 개인적 노력과 관계의 욕구에 대한 근본적인 태도에 영향을 미친다. 인생 여정에 대한 치료사의 개인적 신념은 자신의 모든 관점에 영향을 미친다. 가령 사회경제적 어려움에도 내적으로 영적으로 충만한 가치에 관한 관점, 고통의 경험이 영적 실패인지 아니면 성장과 변화의 기회인지에 대한 관점, 사랑이 정서적 치유에 필요한지 아닌지에 대한 관점 등에 영향을 미친다.

치료사들은 클라이언트들이 삶의 상황을 바꿀 수 없을지라도 자신을 변화시킬 수 있다고 믿고 있는가? 자신에게 일어나는 일은 바꿀 수 없다고 하더라도 자신과 삶에 대한 태도를 바꿀 수는 있다는 신념은 가장 절망적인 사람에게도 희망을 줄 수 있다. 사람들이 자존감을 가질 수 있고, 문제가 아무리 힘들더라도 옳은 일을 할 수 있다는 신념은 클라이언트와 그들이 사랑하는 사람들의 삶의 가치를 긍정할 수 있다.

어려운 시절이 변화를 촉진한다는 신념이 의미하는 바는 아무리 환영받지 못한다 하더라도 역경은 사람들이 자신의 삶의 방향을 바꾸기 위해 필요한 것이다. Peck(1978, p. 16)은 "우리가 정신적으로, 영적으로 성장하는 것은 오직 문제가 있기 때문이다."라고 말한다. 사회경제적으로 불우한 사람은 어려움 속에서 자신과 자신의 삶에 대한 절망을 극복할 수 있는 새로운 희망을 발견할 수도 있다.

관계에 내재한 회복 가능성을 믿는다는 것은 사랑의 힘에 대한 믿음을 뜻한다. 사회나 이웃에 대한 유대뿐만 아니라 아무리 결점이 있고 복잡하더라도 배우자나 자녀, 친척과의 유대는 인간의 친족 관계에 힘과 지지를 제공한다. 신과의 관계와 신자와의 공동체를 통해 종교는 영적 가족의 힘을 제공한다. 사랑이 지닌 치유 능력을 치료사가 믿는다면, 그 사랑이 클라이언트의 가족, 이웃 혹은 신과의 관계 어디에서 나오는 것이든 그러한 믿음이 불가능해 보이는 것들을 가능하게 한다.

그러나 치료사의 신념은 치료적 관계의 영성 방정식의 단지 절반을 차지할 뿐이다. 다른 절반은 클라이언트에 속한 것으로, 비록 그 클라이언트가 힘이 너무 없다고 하더라도 절반은 그의 몫이다. 치료에서 임상가는 클라이언트의 가치와 종교적 신념에 중요성과 힘을 부여하는 위치에 있다. 특히 가난한 소수민족과 함께 일할 때 치료의 영성적 근거를 균형 있게 협상하는 것이 중요하다 (Aponte, 1985). 즉, 클라이언트가 자신의 개인적 특정 이슈를 해결하는 데 사용하는 도덕성과 세계관, 종교적 신념 등과 같은 영성적 근거를 협상해야 한다. 우리 사회에서 불우하고 권리를 빼앗긴 사람들은 종종 치료를 시작할 때 자신이 깊이 느끼고 있는 취약성을 견고함이라는 가면으로 보호하고자 한다. 그래서 정서적으로 관계를 잘 맺지 못하고 의심한다. 오히려 자신이 지닌 가치와 믿는 가치 체계와 정체성을 주장할 수 있게 될 때, 그들은 결점과 역경을 인정하기도 쉽다. 자신의 가치가 인정되고 존중받는다고 느낄 때 클라이언트들은 자신의 취약성을 터놓을 수 있게 된다. 그들은 자신의 문제를 더 잘 정의내릴 수 있게 되고, 해결책도 더 잘 통제할 수 있게 된다. 클라이언트가 사회적 기관에서 받는 서비스에 대한 불만이나 부모로서의 권위나 훈육에 대한 자신의 견해,

자신의 힘의 근원인 종교적 관점에 대해 말하는 것을 치료사가 진지하게 받아들이는 것을 알게 될 때, 그들은 자신의 상황을 돕기 위해서 무언가 다르게 할 수 있는 일에 대한 치료사의 견해에 귀를 기울이게 된다. 그들은 치료의 목표와 수단에 대해 치료사와 공통적인 이해를 더 잘 하게 된다. 임상가와 클라이언트가 영성적 토대를 공동으로 구축하기 위해 가지고 온 개인적 가치나 인생에 대한 관점은 치료의 방향을 결정하고 의미를 부여한다.

클라이언트의 삶의 선택을 주축으로 한 치료

Viktor Frankl은 사람들이 자유의지 선택—결정—을 통해 상황의 압제를 극복하는 영성 능력을 지니고 있다고 말했다.

> 사람은 자신의 현재 상태에 따라 행동할 뿐만 아니라 어떻게 행동하는가에 따라서 현재 상태가 결정되기도 한다. ……타고난 환경의 한계 안에서 사람은 자신의 모습을 만들어 낸다(1967, p. 47).

비록 Frankl은 스스로 선택하는 태도와 도덕적 결정으로 포로수용소의 압제를 초월할 수 있는 인간의 영적 능력을 언급한 것이기는 했지만, 이를 도시빈민 지역이 주는 압제에 대해 적용할 수도 있다.

클라이언트의 자유의지를 주축으로 하는 치료는 자신의 삶은 자신이 이끌어 갈 수 있다는 클라이언트의 믿음에 기초하는 작업이다. 선택의 자유는 사람들이 자신의 개인적 독특함을 개인적인 행동으로 전환하는 것이다. 이슈가 발생할 때마다 자신의 삶을 어떻게 살 것인지 결정하는 것이 자유의지다. 권력이 없고 크게 눈에 띄지 않는 사람에게 선택의 자유에 따라 행동한다는 것은 기세가 꺾일 만한 상황에 처했을 때 자신의 잠재력과 중요성을 주장하는 것과 같다.

삶의 선택을 하는 자유와 힘은 악보다는 선을, 더 나빠지는 것보다는 더 나아지는 것을 선택하고자 하는 사람들의 본질적인 도덕성에서 나오는 것이다. 자유의지는 개인적인 고통을 극복하려는 심리적인 노력에 영성의 날개를 달아 준다. 모든 선택 행위는 행동이며, 그 행동은 태도에 대한 내향적 결정일 수도 있고, 행동에 관한 외향적 선택일 수도 있다. 선택 행위 자체를 통해 사람들은 자신의 선택으로 삶의 과정을 확정할 수도 있고 변화시킬 수도 있는 바로 그 순간에 스스로에 대한 소유권을 갖게 되는 것이다.

치료 과정 중 클라이언트가 자신의 삶에 대해 내리는 선택은 자신의 가치나 윤리, 신념에 기반을 둔다. 즉, 자신의 영성의 도덕성에 기초하고 있다. 빈곤한 주변인들에게 이러한 도덕적 결정은 인간의 자유와 자기결정권을 행사하는 것이다. 그들은 현실을 선택할 수도 있고 부정할 수도 있으며, 적극적인 투쟁이나 소극성 중 선택하고, 자기 증진이나 절망 중 하나를 선택할 수 있다. 심지어 압제와 결핍에 직면해서도 클라이언트의 본질적인 자기 가치와 자립이 가능한 비밀은 이러한 자유의지를 행사하는 데 있다. 자신의 가치에 근거해 자유의지를 행사할 잠재력을 지지함으로써 상담치료는 클라이언트의 정체성과 힘을 지지할 수 있게 된다. 스스로 삶의 과정을 결정하는 클라이언트의 자유의지에 토대를 두는 치료란, 치료사에게 클라이언트가 직면한 대안을 확인하고, 선택의 이론적 근거를 확인하도록 돕는 것이다. 개입이라는 기술 자원을 제공하고 관계 맺음이라는 지지를 통해 치료사는 클라이언트가 선택할 수 있도록 동기와 능력을 북돋운다. 치료사가 클라이언트가 스스로 선택하게 도와줄 때 클라이언트는 자신이 결정한 결과에 대한 책임을 더 잘 수용하게 된다.

의식적으로 영성과 작업하고, 상호 동의하는 가치의 토대를 구축하며, 클라이언트의 자유의지에 집중함으로써 임상가들은 클라이언트의 영성에 기초한 치료의 토대를 마련한다. 영성에 대한 이러한 접근은 클라이언트의 자유와 권력을 지지하게 하지만, 동시에 다른 사람들의 영성과 마찬가지로 클라이언트의 영적 삶도 궁극적으로는 신비이며, 클라이언트 자신만의 신비라는 것을 인정하게 한다. 그 모든 힘과 신비함을 지닌 영성은 영성이 없었다면 아주 황폐해졌을 사람들이 성장하고 변화하는 풍부하고 비옥한 환경이 된다.

사 례

다음 글은 한 여성이 인생 최악의 상황을 영성으로 극복하는 사례다. 한 임상가가 이 여인의 종교적 경험을 활용하여 치료적 노력을 기울였다.

가족이 지닌 영적 강점은 가족공동체의 삶에서뿐만 아니라 가족 개개인의 마음속에 살아 있다. 가난한 사람들과 우리가 함께 일할 수 있는 영적 잠재력은 그들의 고통이 지닌 개인적 중요성에 깊이 도달할 수 있는 능력과 그들과 가족, 신념 공동체 안에 있는 영성의 근원에 도달할 수 있는 능력에 달려 있다. 단기 치료와 관리 의료라는 오늘날 환경에서는 클라이언트가 지닌 강점의 깊은 근원을 두드리는 과외의 노력을 해야 할 긴급한 필요가 있다.

5개월 동안 한 치료사가 스물아홉 살의 흑인 여성인 Tess와 아홉 살짜리 그녀의 딸 Grace와 함께 작업해 왔다. 매우 느리게 치료가 진전되고 있었다. 이 가족은 푸드 스탬프에 의존하고 있었고, 엄마인 Tess는 수년간의 코카인 남용에서 회복되고 있는 중이었다. Tess는 딸과 함께 도움을 청하러 왔는데, 딸은 작년에는 집에서 폭력적이었으며 학교에서는 파괴적이었다. 치료사는 슈퍼비전 상담을 요청했다.

슈퍼바이저가 그 가족과 치료사를 함께 만났을 때, 치료사는 여러 주 동안 그 가족을 만나고 있지 않은 상태였다. 마지막으로 만난 회기에서 Tess는 화가 나 딸에 대해선 포기할 준비를 하고 있었다. 대신에 Tess는 딸 Grace가 방에서 나가자 비밀스러운 고통을 털어놓았다. Tess는 자신이 Grace 나이쯤 되었을 때 아버지한테 지속적으로 성적으로 학대를 당했다고 털어놓았다. 그런데 이 일을 엄마에게 밝힌 후에도 그녀의 엄마는 학대 사실 자체를 인정하지 않았다는 점이 그녀의 고통을 더욱 가중시켰다. Tess는 이 비밀스런 수치를 안고 살아왔다. 그 어린 시절에 그녀는 고통을 코카인으로 삭혔으며, 지금도 상처를 안고 있었다. 치료 중에 그녀는 자신에 대한 어떤 작업도 거절했었고, 치료사와 이 이야기를 한 후에도 여전히 자신에 대한 도움을 구해야 할지 마음을 정하지 못했다.

슈퍼비전 상담에서 Tess는 그 순간 자신이 원하는 것은 자신과 Grace가 지난 해 잃어버렸던 사랑을 회복하는 것이라고 말했다. Grace에 관해 이야기하는 중에 Tess는 교회에 다시 나가기 시작한 이후 지난 몇 주간은 딸과 잘 지냈다고 덧붙였다. Tess가 다시 교회에 나가는 것은 치료사에게는 새로운 소식이었다. 슈퍼바이저는 교회에 나가면서 일어난 일에 대해 더 설명해 줄 것을 요청했다. 그러자 Tess는 자신의 인생사와 강력한 영적 체험을 이야기해 주었다.

그녀의 이야기는 이랬다. 아버지에게 성적 학대를 당한 이후 Tess는 점점 코카인 중독에 빠져들었다. 뒤이어 임신을 하게 되었고 Grace를 낳았다. 그녀는 혼자 어렵게 Grace를 키웠는데, 많은 시간 그녀는 늘어져 있었기 때문이다. 몇 년 전 그녀는 다시 임신했고 '코카인 베이비'를 낳았다. 3개월 후, 그녀가 코카인에 취해 있을 때 그 아기는 영아돌연사증후군으로 죽었다. Tess는 죄의식에 휩싸였다. 장례식에서 숙모가 데려온 침례교 목사님이 Tess를 찾아왔다. 그 목사님의 요청으로 Tess는 집에서 기도를 시작했고 교회에 다니기 시작했다. 이 일로 인해 그녀는 마약을 끊을 동기가 생겼다. Tess는 Grace를 더 잘 돌보게 되었고 둘의 삶이 더 나아졌다.

그러나 지난 해 동안 Tess는 기도를 멈추지는 않았지만 교회에는 안 나갔다. 그녀는 Grace와 다시 싸우기 시작했고, Grace의 행동도 더 나빠졌다. 할머니가 잔소리를 하자 Grace는 할머니를 때린 적도 몇 번 있었다. Grace의 분노는 학교에까지 이어졌고, 수업시간에 통제 불능일 정도가 되었다. 학교에서는 Tess를 불러 Grace에게 외부의 원조를 받게 하기를 요청했고, 이에 지금의 치료사와 상담을 시작하게 되었다. 그러나 그 상담으로 인해 그들은 원하는 변화를 경험하지 못했다. 더군다나 Tess는 지난 번 회기 전까지는 자신의 비밀을 치료사에게 말해도 되는지 신뢰하지도 못했다.

마지막 회기 이후 Grace의 상황은 더 나빠졌다. Tess는 절박해졌고 다시 교회에 나가기 시작했다. 그녀는 하나님과의 새로운 관계에 대해 말했다. 그녀는 자신이 Grace에게 얼마나 상처를 주었는지 깨달았다. 그녀는 소리를 지르고, 때리고, Grace의 말을 들어 주지도 않았다. 그때부터 그녀는 Grace에게 상처 주는 것을 멈추었고, Grace와 정서적으로 연결될 수 있었다. Grace는 이에 반응했고, 행동이 급속하게 좋아졌다.

슈퍼바이저는 Tess의 영적 경험의 중요성을 인정하고 확신을 주었다. 그리고 그는 상담치료가 어떻게 진행되기를 원하는지 물었다. Tess는 아버지에게 당한 성폭력과 그 고통을 다루어야 할지 말지를 결정해야 한다는 것을 알았다. 다시 교회에 다니기 시작한 후 Tess는 더 강해졌다고 느끼는 것이 확실했다. 그녀는 Grace와의 관계에 대한 치료 작업을 계속하면서 동시에 자신의 숨겨진 고통을 치료에 내어 놓기를 동의했다.

Tess의 이 영적 경험을 어떻게 설명할 수 있을까? Tess에게 영적으로 일어난 일의 신비가 무엇이든 그 심리적 효과야말로 치료사가 원하는 모든 것이었던 것처럼 보였다. Tess는 Grace를 대하는 데 있어 자신을 믿을 수 있게 되었다. 또한 자신의 은밀한 수치심으로 소외되고 화났던 Tess는 치료사에게 도움을 요청할 수 있을 정도로 개방적이 되었다. 교회에 다시 다니기 시작했기 때문에 그녀는 이제 더 이상 혼자라고 생각하지 않았고, 자신의 하나님께서 돌보신다고 느꼈다. 결과적으로 Tess는 자신이 도움을 받을 가치가 있다고 생각했다. 그녀는 중요한 사람이었다.

Tess의 변화에는 상담이 아주 중요한 위치를 점했고 앞으로도 그럴 것이다. 그러나 이 변화의 깊이를 가져온 힘은 상담 밖의 삶, 즉 Tess의 교회와 기도에서 나왔다. 그녀의 종교가 바로 Duncan(1997)이 '치료 외적인 요소들'이라고 부르고 치료의 결과에 매우 중요하다고 간주한, 그 치료적 생명력의 하나가 되었다. 그녀의 영성은 소속감과 사랑받고 있다는 느낌을 주었고, 이로 인해 그녀는 상담치료를 믿고 의지할 수 있게 되었다. 영성을 통해 Tess는 자신의 악마들을 직면할 용기와 동기를 찾았다. 아이가 죽은 고통으로 인해 Tess는 영성을 되찾을 근본적인 기회를 갖게 되었다. 최근에 Grace와의 불화는 Tess가 교회로 돌아가게 하는 자극이 되었다. 치료사는 Tess의 영성, 즉 이 여인의 삶에서 새로운 희망의 원천을 발견했다.

누구의 영성인가

전문가로서 치료사는 Tess의 영성에 어떻게 관여해야 하는가? 그렇다. 치료사는 Tess의 영성이 삶에 부여한 에너지와 방향성, 생각을 이해하고 느끼기 위해 노력할 필요가 있다. 그러나 Tess의 영성과 상호작용한 치료사의 가치 체계와 신념 체계를 어떻게 이해해야 하는가?

여기서 적절한 질문은 어떻게 하면 치료사의 영향을 받기 쉬운 가난한 클라이언트의 영성을 지원할 수 있는가 하는 것이다. 과거 자칭 '중립적인' 치료사들은 자신은 정치적 가치나 도덕적 · 종교적 가치를 전달하지 않는다고 믿고 싶어 했다. 그러나 오늘날의 치료사들은 클라이언트를 원조하고자 하는 진솔한 갈망에서 자신의 가치와 신념 체계를 전달하고 증진시킬 권리를 부여받았다고 느끼고 있다.

많은 치료사가 요즘 자신의 역할을 영성과 가치의 전문가로 여기고 있다. Doherty(1995)는 자신의 책 『*Soul Searching*』에서 심리치료의 실천에 도덕에 관한 담화를 포함시키고 "다원주의적이고 도덕적으로 불투명한 세계에 있는 클라이언트에게 도덕에 관한 상담가"(pp. 7-8; 이 책의 제11장 참조)가 되는 데 필요한 덕목과 기술을 치료사들이 개발해야 한다고 주장했다. Sigmund Freud처럼 Doherty의 도덕적 권위의 원천은 과학과 심리치료의 장인 것으로 보인다. Doherty는 심리치료사들은 "도덕적 원리로 치장한 문화적 규범들의 압제성을 보고, 클라이언트가 표현하지는 않았지만 강력하게 영향을 끼치는 도덕적 코드를 해체하고 자신을 그들만의 선택을 하도록 도와주는 해방의 요원으로 간주할 수 있어야 한다."(1995, p. 11)고 주장했다. 그는 치료사를 의심할 바 없는 신념의 '압제'로부터 클라이언트를 해방시키는 사람으로 간주하는가? 그의 생각은 Michael White의 생각과 맞닿아 있는 것으로, Wylie에 의하면 White는 "지배적인 권위를 해체하고…… 사람들이 당위적으로 해야만 한다고 하는, 문화적으로 결정된 방법들을 해체했으며"(Wylie, 1994, p. 44), White의 말에 의하면 "사람들이 자신의 모습이 아닌 다른 모습이 되도록 하는 가능성을 열고자 했다."(Wylie, 1994, p. 44; 인용된 책에서 원래 강조) Wylie는 "White에게 개인적인 것과 당위는 정치적인 것과 깊이 연관되어 있다."(p. 44)라고도 말했다. Wylie의 설명에 의하면 White의 치료는 White 본인의 정치적인 가치와 맞닿아 있다.

필리핀 가톨릭 유산을 지닌 현대 미국의 필리핀계 소수민족의 "문화적 짐"(p. 325)을 언급할 때 그렇다. Emilio Santa Rita(1996) 역시 심리치료적 '해방자'처럼 들리는 말을 했는데, 그는 필리핀계 소수민족들이 '동성애와 피임, 낙태에 대한 전통 종교적 신념'을 고수하는 것이 정서적으로 병을 일으킨다고 간주했다. 이러한 종교적 신념을 고수함으로써 그들은 "다양한 삶의 방식을 지닌 다원주의 사회에는 적절하지 않은 자기의적이고 판단적인 자세를 취하게 된다."(p. 326) 이러한 치료사들은 치료를 통해 삶에 대해 어떻게 생각하고 살아야 하는지에 관한 진지한 함의를 지닌 철학적 태도를 주장하는 셈이다.

앞서 말했듯이 Paul(2005)은 미국인의 3/4이 자신의 삶의 근거를 종교에 두고 있다고 했다. 이 통계치 다음에 "32%의 소아정신의학자와 33%의 임상심리학자와 46%의 임상사회복지사도 마찬가지로 자신의 삶의 근거를 종교에 두고 있다."(p. 65)는 말이 이어졌다. 그렇다면 사람들과 그들의 영적 뿌리 사이에 심리치료의 자리를 어느 정도 매길 수 있는가? 문화적 유산과 가족의 가치 대부분이 자신의 종교적 신념에서 나온 소수민족과 인종과 함께 작업할 때, 심리치료가 바로 그 영적 정체성과 종교적 가치에 비판적 자세를 취해야 하는가? 권력이 없는 약자에게 치료 과정이 전문 심리치료사의 신념에 따라 자신의 가치와 종교적 신념을 조정해야 하는 자리가 되어야 하는가?

다양한 신념 체계의 임상적 함의

빈곤한 가족들은 종종 다양한 법원이나 학교, 사회복지 부서의 통제 아래 치료를 받고 있다. 그들은 심지어 국가의 보조를 받는 의료서비스로부터도 통제당한다. 그들은 치료 명령을 받는다. 그러나 자발적으로 치료를 받고자 할 때조차도 그들의 건강 플랜이 치료사를 대신 선택해 주곤 한다. 불이익을 당해 온 가족 대부분이 치료에 임할 때 불안정한 문화적 · 도덕적 토대와 제대로 지원받지 못한 공동체 가치를 가지고 있다. 생존을 위해 그 체계에 의존하는 그러한 가족들에게 상담가들은 과도한 영향력과 권력을 행사할 수 있다.

치료사들이 작업 과정에 가져오는 다양한 철학은 치료의 목표나 사정, 개입에 실질적 방식으로 영향을 끼칠 수 있는 도덕성과 세계관을 내포하고 있다. 자신의 정치 성향과 치료 철학, 개인적 종교에 치료사의 영성이 자리 잡고 있든 아니든 치료사의 영성은 클라이언트의 삶을 바라보는 관점을 결정짓는다. 예를 들어, 클라이언트의 이슈에 대한 접근 방법은 "사물의 본성에 대한 모든 고정관념"(Epstein, 1995, p. 62)에 대해 회의하는 불교적 세계관을 반영할 수도 있고, 대조적으로 "실제란 진실과 사실에 일치하는 모든 것"(Foley, 1949, p. 34)이라고 말하는 아시시의 성 프란시스(St, Francis of Assisi)의 영성을 반영할 수도 있다. 성적 학대가 있었다는 것을 가족들이 부정하는 것에 직면한 피해자에게 본질의 객관성이 중요할까? 도덕성에 대한 치료사의 관점 또한 학대를 다루는 방식과 치료 과정에서 용서의 역할을 다루는 방식에 영향을 미친다(Aponte, 1998; 이 책

제14장과 제16장 참조). 치료사의 삶에 대한 다양한 철학은 치료 과정에서 가족을 돕는 근본적으로 다른 접근 방식으로 나타난다.

결과적으로 임상가들은 자신의 작업에 어떤 가치와 철학이 담겨 있는지 탐색해야 하는 도전에 직면하게 된다. 클라이언트 가족에게 새롭고 더 나은 신념 체계를 공급하는 것이 치료의 의무인가? 기독교 치료사나 불교 지향적 치료사, 페미니스트 치료사들이 종종 그러는 것처럼 자신의 치료에 내재한 가치 체계를 공개적으로 밝히는 사람도 있다. 그러나 대부분의 치료사는 자신의 신념 체계를 공개적으로 인정하지 않는다. 분명한 영적 혹은 정치 철학에 대한 자신의 치료적 접근을 발견한 임상가들이 자신의 치료적 가치 근거를 사람들에게 알려줄 때, 클라이언트는 그 치료를 받을 것인가 말 것인가를 판단할 더 나은 기회를 갖게 된다. 그러나 대부분의 클라이언트는 이러한 기회를 갖지 못한다.

자신의 치료가 어떤 영적 가치를 기반으로 하는지 모르는 치료사는 클라이언트가 치료 과정을 지배하고 있는 가치를 통제할 수 있도록 원조할 수 없다. 반면에 자신의 가치 편향을 잘 알고 있는 치료사는 클라이언트에게 자신의 신념을 장려해야 할지 말지를 선택할 수 있다. 빈곤한 소수자와 작업을 하는 사람은 치료사들이 문제를 해결하기 위해 사용하는 가치와 신념 체계에 대해 클라이언트가 거부할 권리를 행사하도록 도와줄 수 있어야 한다. 클라이언트가 자신의 영성에 대해 자각하고, 치료사들은 치료적 관계에서 클라이언트가 자신의 영성을 행사하도록 역량을 강화하는 것이 이상적이다.

자신과 클라이언트의 영성에 대한 치료사 훈련

치료사들이 영성을 가지고 작업하고자 한다면, 치료사 훈련 프로그램에 정서적 문제와 관계 문제를 다루는 데 영성에 관한 연구가 포함되어야 한다(Aponte, 1996). 이 책은 최근 영성과 치료에 관한 출판물이 증가하고 있다는 한 예가 된다. 그러나 추가 자원이 있는데, 그것은 우리의 영성이 치료 작업에서 어떻게 나타나는가에 관한 공식적이고 슈퍼비전적 검토다. 자신의 영성을 자각함으로써 우리 치료사들은 클라이언트 가족의 민족적 · 문화적 · 종교적 신념 체계에 대한 통찰력을 얻을 수 있으며, 이 모든 신념 체계는 치료 과정에서 "오해의 가능성이 충분하다." (Montalvo & Gutierrez, 1990, p. 35)

실천가들은 영성에 대해서 이야기하고 작업을 해 나가는 데 편안하고 숙련되어야 할 필요가 있다. 심지어 클라이언트가 자신의 신념이나 가치, 종파가 애매하거나 갈등적일 때에도 실천가들은 클라이언트의 영성의 힘과 가능성을 보고 작업해 나갈 수 있어야 한다. 필요할 경우 자신의 신념을 밝힐 수도 있어야 한다. 궁극적으로 치료사들은 상처받기 쉬운 클라이언트가 자신의 해결책으로 이르는 길을 비춰 줄 영성을 선택할 잠재력을 최대한으로 이끌어 내길 원할 것이다.

결 론

가난하고 소수자인 클라이언트가 치료에 임할 때는 종종 자신이 상처받은 이야기와 어려운 사회경제적 상황의 영향력을 들고 오게 된다. 이 현실은 그들 주변과 그들 내면에 존재하는 것이다. 클라이언트의 삶에 민감한 치료는 그들의 정체성을 말살하고자 하고 자존감을 낮추고 삶에 대한 지배력을 없애고자 하는 그러한 힘을 극복하게 하는 치료다. 치료사들이 불이익을 당해 온 클라이언트를 자신의 문화와 신념 체계, 종교 안에 있는 힘과 지도, 사랑에 연결시켜 줄 것이라고 나는 희망한다. 때때로 치료사는 클라이언트와 함께하는 작업에 영향을 줄 수 있는 삶에 대한 관점이나 가치관을 제안해야만 할 것이다. 치료사가 이렇게 할 때 겸손한 자세로, 늘 클라이언트가 자신의 가치를 선택할 권리가 있음을 존중할 것이라고 나는 기대한다. 영성은 어떤 임상적 노력에도 동기와 방향성, 구조를 제공한다. 치료사는 가장 불이익을 당해 온 클라이언트가 자신의 사회적 · 경제적 상황을 초월해 위엄과 자존감을 가지고 삶을 살도록 소망하게 하는 영적 자원에 도달하도록 원조할 수 있다.

감사의 글

이 장의 모든 부분에 기여한 Theresa Romeo-Aponte에게 진정한 감사의 마음을 전한다.

참 | 고 | 문 | 헌

Aponte, H. J. (1985, September). The negotiation of values in therapy. *Family Process, 24*(3), 323-338.

Aponte, H. J. (1994). *Bread and spirit: Therapy with the new poor.* New York: Norton.

Aponte, H. J. (1996). Political bias, moral values, and spirituality in the training of psychotherapists. *Bulletin of the Menninger Clinic, 60*(4), 488-502.

Aponte, H. J. (1998). Love, the spiritual wellspring of forgiveness: An example of spirituality in therapy. *Journal of Family Therapy, 20*(1), 37-58.

Aponte, H. J. (2002). Spiritually sensitive psychotherapy. In F. Kaslow (Series Ed.) & R. F. Massey & S. D. Massey (Vol. Eds.), *Comprehensive handbook of psychotherapy: Vol. 3. Interpersonal/humanistic/existential* (pp. 279-302). New York: Wiley.

Bunyan, J. (1976). *The pilgrim's progress.* New York: Penguin.

Cooper, G. (2007). Clinician's digest. *Family Therapy Networker, 31*(3), 15-18.

Doherty, W. J. (1995). *Soul searching.* New York: Basic Books.

Duncan, B. L. (1997). Stepping off the throne. *Family Therapy Networker, 21*(4), 22-33.

Epstein, M. (1995). *Thoughts without a thinker.* New York: Basic Books.

Foley, T. (1949). *In the spirit of Saint Francis.* Paterson, NJ: St. Anthony Guild Press.

Frankl, V. E. (1963). *Man's search for meaning.* New York: Washington Square Press.

Frankl, V. E. (1967). *Psychotherapy and existentialism.* New York: Washington Square Press.

Keonig, H. G. (1999). *The healing power of faith.* New York: Simon & Schuster.

Leland, J. (1998, June 1). Savior of the streets. *Newsweek,* pp. 20-25.

Matthews, D. A., with Clark, C. (1998). *The faith factor.* New York: Viking.

Montalvo, B., & Gutierrez, M. J. (1990). Nine assumptions for work with ethnic minority families. In G. W. Saba, B. M. Karrer, & K. V. Hardy (Eds.), *Minorities and family therapy* (pp. 35-52). New York: Haworth Press.

Pargament, K. I. (1996). Religious methods of coping: Resources for the conservation and transformation of significance. In E. P. Shafranske (Ed.), *Religion and the clinical practice psychology* (pp. 215-239). Washington, DC: American Psychological Association.

Paul, P. (2005). With God as my shrink. *Psychology Today, 38*(3), 62-68.

Peck, M. S. (1978). *The road less traveled.* New York: Simon & Schuster.

Santa Rita, E. (1996). Philipino families. In M. McGoldrick, J. Giordano, & J. K. Pearce (Eds.), *Ethnicity and family therapy* (2nd ed., pp. 324-330). New York: Guilford Press.

Wylie, M. S. (1994). Panning for gold. *Family Therapy Networker, 18*(6), 40-48.

제 7 장

영성과 종교

–아프리카계 미국인 가족치료에 지니는 함의

NANCY BOYD-FRANKLIN
TONYA WALKER LOCKWOOD

영성과 종교는 아프리카계 미국인의 문화적 유산에서 필수 요소이자 강점과 탄력성, 생존 기술의 주요 원천이 되어 왔다. 이 장에서는 이러한 이슈들을 아프리카계 미국인 클라이언트와 가족의 치료 과정에 포함시키는 것에 대해 말할 것이다. 이는 그동안 임상 문헌에서 경시되어 왔던 분야다. 중심 개념을 설명하기 위해 임상 사례를 제시하였다.

최근 정신건강 분야는 심리치료에서 영성과 종교가 하는 역할에 대해 언급하기 시작했다(Bergin & Jensen, 1990; Bergin, 1991; Jones, 1994). 조사에 의하면 세 명 중 두 명의 미국인이 종교를 삶에서 중요하게 여긴다고 한다(Gallup & Lindsey, 1999). 그러나 치료사들은 종교적이거나 영적 이슈를 클라이언트에게 거의 말하지 않는다. 이에 대해 Bergin(1991)은 "그러한 이슈들은 젠더나 민족, 인종과 같은 현대적 주제들과 달리 임상 훈련에 포함되어 있지 않았다."(p. 396)라고 설명한다. 많은 연구가 지적하는 바에 따르면, 이렇듯 영적 이슈들이 간과됨으로써 사람들은 정신건강 전문가보다 성직자에게 상담을 받고자 한다. Bergin (1991)은 "아마 이러한 영성적 휴머니즘은 분명하게 표현되고 실천에 공개적으로 녹아들어 가기만 하면 치료 레퍼토리에 귀중한 영역을 더하게 될 것이다."(p. 396)라고 제시한다.

그러나 지금까지 이러한 영성과 종교와 같은 이슈가 특정 사람들, 특히 아프리카계 미국인의 심리치료에서 어떤 중요한 역할을 하는지를 논의하는 시도는 거의 없었다(Boyd-Franklin, 2003; Comas-Diaz & Greene, 1993; Constantine, Lewis, Conner, & Sanchez, 2000; Hines & Boyd-Franklin, 2005; Stevenson, 1990; Wimberly, 1997). 영성과 종교는 아프리카계 미국인 가족의 주요 강점으로 인정되어 왔고, 레질리언스와 생존 기술의 원천으로 여겨져 왔다(Billingsley, 1992; Boyd-Franklin, 2003, 1991; Stevenson, 1990; Hill, 1999). 그간 많은 아프리카계 미국인 여성의 삶에 나타난 종교와 영성의 매우 강력한 역할에 대한 연구가 이루어져 왔다.

영성과 종교는 서로 연결된 것이기는 하지만 아프리카계 미국인의 삶에서는 매우 다른 의미를 지닌다. 많은 아프리카계 미국인은 내면화된 영성을 가지고 있지만, 그 영성이 조직화된 종교나 교회의 일부분이 아닌 경우가 종종 있다(Boyd-Franklin, 2003; Boyd-Franklin & Lockwood, 1999). Watts(1993)의 연구에 의하면, 아프리카계 미국인 남성에게 종교와 영성은 구별된 두 개의 개념이었다. 즉, 영성은 인생관이자 하나님과의 개인적 관계를 언급하는 것인 반면에 종교는 교회의 교리를 뜻하는 것이었다. 아프리카계 미국인의 영적 힘과 자신보다 더 높은 어떤 존재에 대한 믿음이 확신과 충만의 기능을 강화시켜 준다. 이는 중독과 알코올중독 치료에서 긍정적인 요소가 될 수 있으며, 치료에 대한 저항을 감소시키도록 도와줄 수 있다(Smith, Buxton, Bilal, & Seymour, 1993).

아프리카계 미국인 공동체는 다양하다. 임상가들은 영성과 종교라는 이슈에 대해서도 상당한 다양성에 직면한다. 영성이나 종교 · 종교적 지향성은 공식화된 일련의 종교적 신념이나 제도화된 관례만큼이나 개인의 신념 체계에 깊이 뿌리내리고 있다. 그렇다고 임상가들이 모든 아프리카계 미국인이 동일한 신념 체계를 소유하고 있다고 획일화하는 것은 심각한 오류가 될 수 있다.

아프리카계 미국인 클라이언트의 가족치료에서 영성이 하는 역할

아프리카계 후손들에게 마음(psyche)과 영혼(spirit)은 종종 하나로 여겨진다는 것을 인식하는 것이 중요하다(KnoX, 1985; Mbiti, 1990; Nobles, 2004). 심리적 고통은 종종 영적인 용어로 표현된다(Boyd-Franklin, 2003). Knox(1985)는 가장 공통적으로 표현된 신념들을 "하나님께서 내 문제를 풀어 주실 것이다."(p. 32), "내가 죄를 지어서 하나님이 나를 벌주고 계신다."(p. 32) 그리고 "하나님은 감당할 수 없는 짐을 주시지는 않는다."(p. 32)라고 요약했다. 이러한 신념은 아프리카계 미국인 클라이언트의 치료에서 "영적 재구성"의 일부로 사용될 수 있다(Body-Franklin, 2003; Mitchell & Lewter, 1986).

영성은 종종 '더 높은 권력' 혹은 신에 대한 믿음으로 언급된다. 기도와 신에 대한 언급은 아프리카계 미국인의 문화에 뿌리박혀 있다. 자신을 종교적이라고 생각하지 않은 사람들조차도 이러한 말을 일상생활에서 한다. 가령, 한 어머니가 가족이 함께하는 회기에서 점점 심해지는 아들의 행동화 문제를 다루는 것을 도와달라고 기도했다고 말했다. 이 어머니는 교회에 다니지 않았지만 깊은 영성을 보고했고, 힘들 때 기도하거나 '하나님께 말했다.' 그러므로 중요한 것은 치료사들이 종교적인 말을 들을 때 클라이언트가 제도화된 종교나 교회와 연관되어 있다는 암시라고 가정하지 않아야 한다.

또한 주목할 것은 매우 종교적인 가족 속에서 자란 반항기의 청소년이나 초기 성인기 성인은 종교와 영성을 버림으로써 매우 첨예한 갈등을 일으키기도 한다는 것이다. 그러나 바로 그 사람이 고통에 처했을 때는 영성에 대한 '위기 개입' 접근법을 채택하여 이런 강한 신념에 의지하기 쉽다. 한때는 반항적이었던 남성과 여성이 자녀가 생긴 후에는 교회로 돌아오는 일이 흔하지 않은 것도 아니다. 일단 정신건강 실천가들이 아프리카계 미국인 클라이언트의 삶에서 영성과 종교가 하는 역할을 깨닫기만 하면, 치료 과정에서 이 깨달음을 활용할 수 있다. 이러한 이슈들은 아프리카계 미국인 공동체에서 치료에 대한 반응을 탐색하고자 할 때 특히 더 중요해진다.

아프리카계 미국인 공동체에서 치료에 대한 반응

정신건강 분야의 많은 임상가는 자신이 중립적이고 세속적이며 '몰영성적'이고자 노력한 것으로 인해 아프리카계 미국인 공동체 구성원 일부가 심리치료를 '반영성적'이라고 여기게 되었다는 것을 자각하지 못하고 있다. 특히 종교적 신념이 강한 사람들은 심리치료를 더더욱 '반영성적'이라고 여겼다(Hines & Boyd-Franklin, 2005; Boyd-Franklin, 2003). 이는 아프리카계 미국인 문화에 내재한 영성적 뿌리를 알지 못하는 치료사들이 클라이언트의 핵심 신념 체계의 중요 요소인 영성을 무시할 때 더 심해졌다. 더구나 이런 일이 없었다면 매우 강력한 의뢰자가 되었을 성직자들이 심리치료가 세속적이라는 평판 때문에 고통받는 회중을 정신건강 치료사에게 의뢰하기를 주저할 수도 있다(이는 강한 종교적 신념을 지닌 다른 문화에도 역시 적용할 수 있다).

아프리카계 미국인 공동체 내에서 심리치료에 대한 회의주의라는 더 넓은 맥락에서 볼 때 이 이슈는 특히 더 적절하다. 이러한 회의주의는 아프리카계 미국인 문화에서 많은 역사적 뿌리를 갖고 있다. 인종주의와 차별주의의 유산으로 많은 아프리카계 미국인은 제도(클리닉, 병원, 학교 등)에 대해 '건강한 문화적 의심'(Hines & Boyd-Franklin, 2005; Boyd-Franklin, 2003)의 시선을 갖게 되었으며, '가족 일을 공개적으로' 말하기를 꺼리게 되었다. 아프리카계 미국인 공동체 내에서는 치료가 매우 공적인 것으로 여겨지고, 특히 가난한 공동체 내에서는 더욱 그러하다. 또 다른 변수는 많은 아프리카계 미국인이 심리치료는 수치스러운 과정이며 '아프거나 미친' 사람을 위한 것이라고 여기는 견해다. 이러한 견해를 아프리카계 미국인만 갖고 있는 것은 아니지만, 흑인 공동체 내에서 이러한 신념이 차지하는 정도를 간과해서는 안 된다.

이러한 점들을 감안한다 하더라도, 아프리카계 미국인 클라이언트와 그 가족과 작업하는 치료사에게는 합류 과정을 극대화하고 신뢰 구축을 용이하게 해야 할 의무가 있다. 특히 다른 인종과의 치료 과정에서 이러한 의무가 더 있다. 영성과 종교에 대해 묻지 못하는 치료사들은 강한 신념 체계를 가진 아프리카계 미국인과 치료적 동맹을 맺을 기회를 놓칠 수도 있다. 그렇다고 합류 과정을 극대화하는 것이 치료사가 클라이언트의 신념을 공유해야만 한다는 의미는 아니다. 오히려 치료사가 각 클라이언트의 삶에서 영적 신념과 행위가 지닌 의미와 중요성에 대해 관심을 갖고 정중히 물어보는 것을 의미한다.

최근에 일군의 저자들이 아프리카계 미국인 클라이언트의 치료에서 영성과 종교를 포함시키는 것의 중요성을 강조해 왔다(Hines & Boyd-Franklin, 2005; Boyd-Franklin, 2003). 다른 연구자들은 이 공동체 내에서 흑인 교회의 역할을 강조했다(Bilingsley, 1992). 그러나 훈련받지 않은 치료사들은 이 이슈들을 치료 과정에 포함시키는 것이 힘들 수도 있다. 이에 이 장은 유용한 임상 지침과 사례를 제시하고자 한다.

흑인 교회와 '교회 식구'의 역할

흑인 공동체 내에는 많은 교파와 종교 집단이 있는데, 그중에는 침례교, 아프리칸 감리교, 여호와의 증인, 그리스도 안에서 하나님의 교회, 제7안식일 재림교, 펜티코스트교, 사도들의 교회, 장로교, 루터교, 영국국교회, 로마 가톨릭, 이슬람의 나라, 많은 다른 이슬람 교파(Boyd-Franklin, 2003) 등이 있다. 우리는 우선 침례교파와 아프리칸 감리교파 집단에 초점을 맞추고자 하는데, 이 두 집단이 흑인 구성원들의 가장 큰 부분을 차지한다.

흑인 구성원이 대부분인 교회들은 오랫동안 아프리카계 미국인 공동체의 다양한 욕구에 기여해 왔다(Boyd-Franklin, 2003). 그들은 자신의 학교를 설립했으며, 역사적으로 노예시대 이래로 정치 활동의 중심축 역할을 해 왔다. 사실 노예시대에는 정치 활동이 금지되었었다(Lincoln & Mamiya, 1990). 인종차별 정책이 실시되는 시기에 흑인 교회는 Frazier(1963)가 새로운 시대의 획을 긋는 자신의 책에서 묘사한 '적대적인 백인 세계에서의 피난처'(p. 44)를 제공하였으며, 흑인 남성과 여성이 자신의 능력을 존중받는다고 느끼는 유일한 기회를 제공했다. 오늘날까지 교회는 흑인이 사회경제적 수준에 상관없이 지위를 달성할 수 있는 장소다. 아프리카계 미국인은 압도하는 인종주의와 차별의 숨 막히는 고통을 다루는 데 있어 이러한 점을 중요한 대처 기제로 이용해 왔었다(Boyd-Franklin, 2003). 미국에서 아프리카계 미국인은 시종일관 백인보다 종교적 연관성이 더 높았다(Chatters, Taylor, & Lincoln, 1999; Constantine, Lewis, Conner, & Sanchez, 2000).

치료사들이 '모교회(church home)'와 '교회 식구(church family)'(Boyd-Franklin, 2003; Hines & Boyd-Franklin, 2005)와 같은 의미 있는 개념을 알아 두는 것도 매우 중요하다. 모교회란 가족이 정기적으로 출석하는 교회로서, 종종 몇 세대에 걸쳐 출석하기도 하는 교회다. 새로운 지역사회로 이사한 가족은 종종 자신의 모교회에서 예배를 드리기 위해 먼 거리를 가기도 한다. 이러한 동일시는 너무 강해서 먼 학교에 다니거나 재취업을 할 때도 자신의 모교회에 재정 지원을 계속한다. 교회 식구라는 개념은 지지 네트워크로서, 흑인 교회의 근본적인 역할을 표현한다. 종종 교회 구성원들은 피가 섞이지 않은 확대가족처럼 여겨진다. 교회 식구 구성원들은 예배 전이나 후에 종종 식사를 함께하거나 교제를 한다. 교회 식구들은 종종 확대가족을 닮았는데, 거기서 성직자와 성직자의 배우자, 남녀 집사, 기도 동역자들과 '형제자매들'은 필요한 시기에 자원으로서 기능할 수 있다(Boyd-Franklin, 2003). 이 교회 식구는 긴밀한 확대가족만큼이나 매우 응집력이 있다.

몇몇 아프리카계 미국인 가족이 이사를 할 경우에는 새로운 모교회와 교회 식구를 찾지 못할까 염려하기도 하고, 모교회 성직자에게 소개서를 받아 가기도 한다. 이러한 연결은 혈연 등의 지지 체계로부터 고립된 아프리카계 미국인 클라이언트에게는 너무나 중요할 수 있다. 클라이언트에게 이러한 지지 네트워크를 알려 주거나 다시 연결되게 하는 노력이 치료 과정의 일부가 될 수 있다. 이러한 노력은 특히 싱글맘에게 유용할 수 있는데, 교회가 귀중한 사회화와 육아 기능을 해 줄 수 있다는 점에서 그렇다. 교회에 다니지 않는 아프리카계 미국인 어머니 중 대부분은 자녀를 예배나 주일학교, 교회에서 하는 사회 활동이나 여가 프로그램에 보내고자 한다. 많은 빈곤한 가정에 '여름 성경학교'는 여름 캠프를 대체하고 있으며, 어린이들에게 건설적인 활동을 제공한다.

종종 '치료'를 받지 않으려는 사람들이 성직자에게 상담을 받곤 한다. 물론 이러한 상담 서비스가 드물게 이루어지기는 한다. 그래도 정신건강 분야와 가족 서비스 분야의 전문가들은 아프리카계 미국인 공동체에서 성직자들이 차지하는 강력한 지도력을 인정한다면, 지역사회의 성직자들을 만나면 많은 도움을 받을 수 있다. 특히 지역사회에 진입하는 것이나 조직에 관련을 맺고자 할 때 큰 도움을 받을 수 있고, 지역사회 의뢰 네트워크에서도 조력자가 될 수 있다. 이렇게 연결됨으로써 앞서 논의한 '건강한 문화적 의심'을 상쇄시킬 수 있다.

버지니아 주의 서남부 지역에 거주하는 아프리카계 미국인 노인들에게 '생애사'를 수집한 한 연구자는 인터뷰한 모든 연구 참여자의 이야기에서 흑인 교회와 종교 · 영성의 역할이 두드러진 주제라는 점을 발견했다(Nye, 1993). E. Franklin Frazier의 고전적 저서(1963)를 확장한 Nye(1993, p. 105)는 아프리카계 미국인 교회의 여섯 가지 기능을 밝혀냈다.

- **표출 기능** 깊은 감정의 배출구 기능. 이는 많은 응답자가 종교적 용어와 언급에 대해 깊은 관심을 보이는 데에서 알 수 있었다.
- **지위 기능** 종교적 참여를 통해 받는 인정의 기능. 더 넓은, 백인 위주의 세

상에서는 이러한 인정을 받지 못하거나 거부당할 수 있다.

- 의미 기능 삶에 대한 질서와 이해의 원천 기능. 이 기능은 연속성을 유지하는 데 특히 중요하다.
- 피난처 기능 적대적인 세상에서의 안식처 기능
- 카타르시스 기능 억압받는 소수자로 느낀 좌절과 숨 막힐 듯한 감정을 풀어 놓는 통로
- 다른 세상을 지향하는 기능 이는 사람들을 다음 생에서는 궁극적인 성취를 볼 수 있도록 인도한다.

그리고 최소한 두 가지 다른 귀중한 기능이 더 있다.

- 사회적 기능 비슷한 배경과 관심사를 공유하는 타인들과 만나 교제하는 기회. 이러한 동료들과 관련을 맺는 것은 청소년에게는 특히 중요한데, 이들은 갱단에 합류하거나 약물을 사용하거나 성적인 행동을 하도록 압력을 받기 쉽다.
- 자녀 양육과 사회화 기능 이는 한부모 가정에 특히 중요하다. 교회는 청소년 활동을 제공할 뿐만 아니라 종종 예배를 드리는 동안 아이를 돌봐 주기도 한다.

다음 사례는 아프리카계 미국인 가족과의 치료 과정에 영성과 종교를 포함시켜 가는 과정을 잘 보여 준다.

Martha는 목사님에 의해 가정에 기반을 둔 가족치료에 의뢰되었다. 마흔네 살의 아프리카계 미국인 한부모인 Martha는 여섯 명의 자녀가 있었으며, 그중 Dominique(17세), Daniel(13세), Roshanda(9세), 이렇게 세 자녀와 함께 주거 지원을 받고 있었다. 다른 더 큰 세 자녀(24세, 22세, 21세)는 걸어갈

만한 거리에서 따로 살고 있었다. Martha는 회복 중인 중독자였는데, 10년 동안 약물을 하지 않은 상태였지만 여전히 마약중독자들의 자조모임인 나코틱스 어나미머스(Narcotics Anonymous) 모임에 정기적으로 다니고 있었다.

Martha는 강한 영적 정체성을 지니고 있었다. 그녀는 10년 전 중독에서 벗어나게 해 달라고 무릎 꿇고 기도하고 있을 때 하나님께서 자신에게 나타나셨다고 주장했다. 초기 면접 동안 그녀는 하나님께서 중독되지 않은 맑은 정신을 허락하셨고, 그 보답으로 매일 하나님께 예배를 드리고, 예수 그리스도의 복음을 전하는 일을 해야 한다고 말했다.

Martha는 현재 자신이 속한 지역사회의 영향력 있는 침례교회에 다니고 있다. 그 교회는 그녀의 삶에 강력한 힘이 되었다. 목사님 또한 그녀의 자녀들에게 대부 역할을 하고 있었고, 특히 딸인 Dominique에게 그러했다.

가족치료를 받는 첫 6개월 동안 Martha는 자신의 삶의 역경을 종교적 은유를 사용해 표현했다. 그녀는 두 명의 상담가가 내리는 영적이거나 종교적인 재명명을 매우 잘 받아들였다. 그 재명명에서 상담가들은 그녀가 삶에서 새로운 도약을 하기 위해 도움이 필요하기 때문에 하나님께서 자신들을 그녀에게 데려다주셨다는 의미를 전달했다.

약 6개월 동안 가족치료를 받은 후 Martha는 자신이 위기에 처해 있으며, 자녀들이 맑은 정신을 위협하기 때문에 집에서 자녀들을 내보낼 것을 고려 중이라고 말했다. Martha는 자녀들이 가정의 규율을 어기고 있다고 불평했는데, 가령 어디에 있는지와 언제 돌아오는지를 말하지 않거나 서로 때리고 싸우거나 자신에게 언어적 공격을 하는 것과 같이 규율을 어겼다. 그녀는 자녀들의 행동이 너무 스트레스가 되어 심한 편두통을 앓게 되었다는 것을 알았다.

Martha는 자녀들이 하나님에게 받은 선물인 맑은 정신 상태를 위협하도록 놔두지 않겠다고 말했다. 그녀는 자녀들을 집에서 내보내야만 한다고 믿었는데, 이는 자신을 한 인간이자 엄마로 기능하도록 해 주는 맑은 정신에 더욱 강력하게 헌신할 기회를 가지기 위해서였다. 그녀는 아동복지기관과 접촉해 자녀들을 데려가도록 요청하는 것에 대해 의논했다. Martha와 상담가들은 보다 덜 강력한 방식으로 이 위기에 대처하는 법에 대한 생각을 나누었다.

비록 Martha가 지지적인 가족 네트워크가 있기는 했지만 그 구성원들은 자신의 문제로 소진된 상태였다. 그런데 Martha의 지지 네트워크는 매우 광범위하여 하나님뿐만 아니라 기도 동역자와 교회 친구, 목사님까지 포함하고 있었다. 상담가의 도움을 받아 Martha는 교회 친구들에게 도움을 청했고, 그들은 즉시 응답했다. Martha의 한 기도 동역자와 남편이 기꺼이 아이들을 데려가 Martha가 원할 때까지 데리고 있겠다고 했다. 이리하여 Martha의 자녀들은 확장된 친족 네트워크 안에 머물 수 있게 되었고, Martha가 자신을 재편성할 기회를 가지는 동안 아동복지기관이 자녀들을 데려갈 위협을 없앨 수 있었다. 이 경험으로 Martha는 위기 시에 자신을 도와주는 상담가들에 대한 신뢰뿐만 아니라 하나님에 대한 믿음을 재확인하게 되었다. 더구나 Martha는 기도 동역자에게 하루에 서너 번 이상 함께 기도하자고 요청할 수 있게 되었다. 또한 자신의 가족 상황을 잘 알고 과거에 지지적이었던 목사님에게 도움을 요청하게 되고, 나코틱스 어나니무스 모임에도 매일 다닐 수 있게 되었다. 이로써 그녀는 다시 한 번 더 마약을 하지 않고 정신이 맑은 상태로 있을 수 있다고 안심하게 되었다.

이 사례는 클라이언트의 영성과 '교회 식구'가 위기 시에 얼마나 중요할 수 있는지를 잘 보여 준다. Martha는 지원을 해 줄 수 있는, 이미 연결되어 있었던 자원을 확인하도록 도움을 받았다. 교회 또한 Martha를 위해 앞서 논의한 여섯 가지 기능—표출, 지위, 의미, 피난처, 카타르시스, 다른 세계에 대한 지향성(Nye, 1993)—을 수행했다.

이 사례는 또한 지역사회 내 흑인 성직자들과 접촉할 가치를 잘 보여 준다. 가정에 기반을 둔 가족치료 프로젝트가 시작되었을 때, 책임자들은 지역의 성직자와 접촉하고 긴밀한 협조 관계를 발전시켰다. 그러므로 그 성직자는 프로젝트를 신뢰하고 편안한 마음으로 이 가족을 의뢰했다. 흑인 공동체에서 치료에 대한 우려를 감안한다면, 초기의 아웃리치가 없었다면 이러한 일은 일어나지 않았을 것이다.

영성을 임상적 실천에 통합시키는 것은 많은 아프리카계 미국인 클라이언트와의 작업에서 매우 중요하다. 이는 클라이언트와 임상가 사이의 마찰을 최소화하면서 합류 과정을 용이하게 한다. 게다가 종교 제도뿐만 아니라 영성을 이해하는 것은 아프리카계 미국인 클라이언트의 삶을 이해하는 데 큰 통찰을 줄 수 있다. 중요한 삶의 전환기에 영성은 특히 중요해지며, 특히 사랑하는 사람을 잃은 시기에는 더욱 그러하다.

사별과 죽음에 대한 영적 이슈

모든 문화와 종교 집단에서 사별과 죽음은 영적인 믿음이나 의식이 활용되는 시간이다(Walsh & McGoldrick, 2004; 이 책의 4장 참조). 이것은 갑작스럽고 때로는 폭력적인 죽음에 역사적으로 취약했던 아프리카계 미국인에게는 특히나 그러해 왔다. 아프리카의 전통에서는 삶과 죽음은 존재의 주기의 일부로 인식되었다(Nobles, 2004; Mbiti, 1990). 개별적 존재라기보다는 집단적 통일체라는 아프리카적 철학 때문에 상실의 시간은 모든 확대가족, 친구, 교회 구성원, 공동체가 함께 애도하도록 만든다. 아프리카계 미국인 공동체에서 장례식은 가장 중요한 통과의례 중 하나다. 멀리서 사는 확대가족이 참석할 수 있도록 사후에 여러 날 동안 장례의식이 진행되기도 한다(Boyd-Franklin, Stein, & Boland, 1995). 흑인 교회의 장례식은 자주 카타르시스를 느끼게 하고 아주 감정적인 경험이다. 실제로 많은 흑인 교회는 식 중에 기절하거나 병적인 증상을 보이는 문상객을 돕기 위하여 간호사를 두고 있다.

사후 세계에 대한 믿음은 아프리카계 미국인 전통의 중요한 요소다. 장례 절차는 가끔 '본향으로 돌아가기' 또는 '삶의 축하연'이라고 불린다. 모든 흑인 교회 예배의 활동적인 부분인 음악은 이처럼 깊게 자리 잡은 믿음을 표현한다. 장례 절차와 매장의 전후에 가족과 친구들은 고인의 집으로 음식을 가지고 모인다. 이러한 기회를 통해 생전 기억의 즐거움과 함께 영적인 유대감, 지지, 슬픔과 애도를 공유하게 된다.

이러한 짧은 애도 기간 뒤에는 놀랍게도 가족들이 '삶으로 돌아가고' '강하고' 그리고 '눈물을 훔치는 것'이 당연시된다. 교회 예배의 공적인 영적 카타르시스와는 대조적으로, 애도의 기간은 때로는 지극히 개인적이고 사적인 영적 시간이다. 앞으로 나아가라는 압력 때문에 아프리카계 미국 가정에서는 해결되지 않은 애도의 문제가 때로는 발생한다. 특히 죽음이 빠르게 연달아 일어난 경우에 그러하다. 이러한 고통을 경험한 아프리카계 미국인들은 때로는 이것을 '영혼의 고통'과 같은 영적인 용어로 표현하곤 한다. 많은 아프리카계 미국인 집안에서 많은 사랑을 받던 가족 구성원이 죽으면, 가족 관계상 결합 관계의 진공 상태를 경험할 수도 있다. 이것은 특히나 고인이 가족을 함께 묶어 주고, 가족의 의사소통을 용이하게 해 주는 '교환대' 역할을 했던 경우에 더욱 그러하다(Boyd-Franklin, 2003).

이러한 종류의 중대한 상실이 일어났을 때, 가족 구성원들은 우울증, 심인성 질병을 경험하게 되고, 아이나 청소년의 경우에는 행동화(acting-out) 혹은 행동장애(conduct-disordered behavior)에 취약해진다. 다음 사례는 아프리카계 미국인 가정의 구성원이 여러 번의 죽음과 상실을 겪은 후에 치유 과정을 시작하는 것을 치료사가 도와주는 데 어떻게 영성을 포함시켰는지를 보여 준다.

열네 살의 아프리카계 미국인 청소년 Jamar를 그의 고등학교 상담교사의 추천으로 친척 아주머니인 Laverne Smith가 치료사에게 데리고 왔다. 작년에 Jamar의 학교 성적이 엄청나게 떨어져서 지금은 낙제의 위험에 처해 있었다. 아주머니는 그가 '조직폭력'이라 불리는 사건으로 경찰에 붙잡힌 것 역시 걱정스러웠다.

치료사는 Jamar의 행동장애가 재작년 어머니가 에이즈로 죽었을 때 시작되었다는 것을 알게 되었다. 딱 세 달 후에 그의 어머니가 위독할 때 그녀를 대신하여 그와 그의 네 형제자매를 돌봐 주던 외할머니가 심장병으로 돌아가셨다. 이러한 상실 후에 그는 엄청난 충격을 받고 가족으로부터 빠져나갔다고 그의 아주머니는 보고하였다. 그녀의 말을 빌자면, 그는 "거리로 나갔다." 그 이전에 Jamar는 무척 책임감이 많았고, 어머니와 어린 동생들(11세, 9세, 5세, 4세)을 돌보는 데 도움이 되었다. 그러나 아주머니가 모든 아이의 양육권을 갖게 된 후, 특히나 Jamar의 행동 때문에 너무나 힘에 부쳐 한다. 어떻게 대처하는지를 물어보니, 그녀는 "신에게 기도를 드린다…… 그로부터 내 힘이 생기기를……." 이라고 답하였다.

치료사는 그 가족의 영적이고 종교적인 믿음에 대하여 질문하였다. Smith 부인은 그 가족의 '모교회'는 지역사회 안에서 매우 크고 활발한 침례교회였다고 답하였다. Jamar는 성가대와 청년봉사단 활동을 비롯하여 교회에 아주 열심히 참여하였으나, 어머니와 외할머니의 죽음 이후로는 "교회로부터 멀어져 갔다."라고 전했다. 치료사가 이 문제를 Jamar와 탐색하려 했을 때, 그는 침묵하였다.

치료가 시작된 지 세 달 정도 되었을 때, 치료사가 Jamar와 아주머니와 함께 학교를 방문하여 그의 학교 문제를 해결할 계획을 함께 세웠다. 그 후에 치료사는 Jamar를 혼자 만나 상실에 대한 느낌을 다시 물었다. 그는 치료사에게 어머니와 외할머니를 데려간 것에 대하여 "신에게 아주 화가 났고" 그래서 교회와 집을 외면하게 되었다고 말하였다. 치료사는 그의 상실감에 공감하였고 그로 하여금 분노가 슬픔의 과정에서 정상적인 부분임을 알도록 도와주었다. 그다음 몇 달 동안은 Jamar를 혼자 만나기도 하고, 두 달에 한 번은 아주머니와 함께 가족끼리 모이거나 때로는 형제들과 함께 만나기도 하였다. 그의 개인 상담은 아주 효과적이었다. 그는 점차 마음을 열었고, 분노에 대해서 더 많이 말하였으며, 어떻게 그것이 '그를 집어삼켰다고' 느꼈는지를 말했다.

한 회기에서 치료사는 어머니와 외할머니가 그를 남겨 두고 죽은 것에 대한 Jamar의 분노를 탐색했다. 그가 어머니와 외할머니에 대하여 분노, 슬픔, 사랑을 밖으로 드러낼 수 있도록 '빈 의자(empty chair)' 기법이 사용되었다. 어머니의 기일이 다가오면서 빈 의자가 사용되었고, Jamar는 자신의 분노와 슬픔, 아픔을 신에게 표현하였다. 이 두 회기 후에 그는 울음을 터뜨렸다.

다음 가족 회기에서 치료사의 도움으로 Jamar는 아주머니와 형제자매에게 자신이 경험한 것을 말하였다. 그들 중 몇몇은 자신도 이처럼 복합적인 감정을 가졌었지만 아무에게도 말하지 않았다고 말했다. 치료사는 분노, 슬픔, 상실감, 사랑 등의 감정을 정상화시키는 것을 도와주었다. 가정 내에는 해결되지 않은 많은 양의 애도가 남아 있는 것이 분명했다. Jamar는 중요한 통찰의 순간에 이것이 자신을 가족과 교회에서 멀어지게 하고 '거리로 나가게' 만든 이유였다는 것을 아주머니에게 털어놓았다.

치료사는 가족 전체가 이 애도기념일 기간 동안에 애도의 의례를 통하여 도움 받을 수 있다고 제안하였다. 치료사의 도움으로 가족 구성원들은 '추도식'을 기획하였다. 아주머니는 목사님과 교회 식구 몇몇을 초대하자고 제안하였다. 가족에게 중요한 초대 손님 명단이 늘어 가면서 Jamar는 할 수 없이 그 의식을 교회에서 갖기로 동의하였다. 그는 어머니와 외할머니가 좋아하던 찬송가를 골라서 사촌에게 불러 달라고 하였다. 치료사도 참석하였다. 목사님이 의식을 진행하고 가족 구성원들은 사랑하는 사람들에 대한 그들의 기억을 이야기하였다. Jamar는 어떻게 사랑, 분노, 상실감 등의 감정을 갖게 되었는지를 말하였다. 찬송가 〈소중한 주님〉을 불렀을 때, 교회 안에

울지 않는 사람이 없었다.

Jamar와 다른 가족 구성원이 적극적으로 관여하고 치료사가 참석하는 이러한 의례는 전체 가족에게 아주 중요했다. Jamar는 화를 덜 내게 되었다. 나머지 회기에서는 '치유'에 중점을 두었다. 그의 아주머니는 Jamar가 집에 있으며, 다시 공부한다고 알려 주었다. 그의 성적은 오르기 시작했다. 비록 Jamar가 아직 교회에 나가지는 않지만, 그는 신과 화해했다고 말했다.

이러한 사례는 아프리카계 미국인 가정의 종교와 영성과 관련하여 많은 다세대적 이슈를 보여 준다. Jamar의 '신에 대한 분노'와 가족의 종교적 신념에 대한 반항은 많은 청소년의 전형적인 예다. 이 사례는 영적으로 의미 있는 의례가 미해결된 슬픔과 애도를 치료하는 것을 도울 수 있는 치료 도구로 쓰일 수 있다는 사실을 보여 준다(이 책의 제12장 참조).

아프리카계 미국인 클라이언트와 가족치료 작업을 위한 지침

정신건강 전문가들은 모든 공동체의 변화 과정에서 영성의 중요성을 인식하는 것에서 도움을 받을 수 있다. 특히 아프리카계 미국인 공동체에 있어서 영성은 그 공동체를 실제로 만드는 데 기여한 힘 또는 자원이다. 다음은 아프리카계 미국인 클라이언트를 치료하는 데 영성이나 종교를 포함시키기 위한 지침이다.

1. 치료에 영성을 통합시킬지의 여부는 클라이언트의 영적 또는 종교적 세계관과 그것이 클라이언트의 삶에 끼칠 역할이나 효과에 대한 주의 깊은 평가에 따라 결정해야만 한다(Boyd-Franklin, 2003; Constantine et al., 2000; Knox,

1985). 클라이언트들은 종종 그러한 성향을 신의 힘(예: '신은 절대로 당신이 견딜 수 있는 이상의 것은 주지 않는다.')이나 벌(예: '신이 내가 지은 죄를 벌하고 있다.')의 원천으로 언급함으로써 드러낸다.

2. 클라이언트에게 영적 또는 종교적 성향을 강요하지 않는 것이 중요하다. 임상가 또한 모든 아프리카계 미국인이 종교적 혹은 영적 성향을 갖는다고 가정해서는 안 된다. 아프리카계 미국인 공동체에도 엄청난 다양성이 존재한다.
3. 임상가가 클라이언트의 영성이나 믿음의 체계를 다루는 데 실패하여 아프리카계 미국인 클라이언트가 치료를 받지 않을 위험이 있다는 것을 임상가는 명심해야 한다. 치료사는 이런 유형의 대화를 시작하게 할 수 있어야 하고, 클라이언트로 하여금 다른 관련 분야와 마찬가지로 그들의 영성이나 믿음의 체계를 논의할 수 있도록 해 주는 것이 중요하다. 그렇지 않으면 클라이언트들은 혼란스러울 수 있고, 치료적 관계가 영적인 관심사에 적절한 분야인가에 대하여 의심할 수 있다.
4. 아프리카계 미국인 클라이언트에게는 치료를 받고 있다는 것이 영적인 갈등이 될 수 있다는 것을 임상가는 이해해야만 한다(Boyd-Franklin, 1991). 클라이언트들은 그것이 자신의 종교와 배치된다고 느낄 수도 있다. 특히나 종교지도자들이 치료에 대하여 비판적인 관점(예: '이것은 무신론적이다.')을 설파한 경우에 그러하다. 게다가 개인 스스로도 치료를 반영성적 혹은 반종교적이라고 보고 치료에 회의적일 수도 있다. 우리가 경험한 바로 치료 그룹의 여자들은 이전 치료사와 영적인 신념이나 갈등을 이야기해 본 적이 없다고 했는데, 이는 자신의 삶의 이런 부분에 대해서는 치료사들이 관심이 없을 것이라고 염려해서라고 말했다(Boyd-Franklin, 1991). 이들 중 몇몇에게 심리적인 불안감은 종교에서 비롯된 두려움과 죄의식에 기인하는 것이다. 치료사들이 이러한 이슈들에 대하여 민감하다면 클라이언트들이 이러한 고통에서 해방을 경험하도록 도와줄 수 있다.

5. 치료사들은 위기의 시기에 어려움에 처한 아프리카계 미국인 가정에 교회가 활용될 수 있고 원조를 제공할 수 있다는 점을 명심해야 한다. 가정은 어떤 다른 외부 단체보다는 친숙한 공동체인 교회의 도움에 수용적일 수 있다. 더구나 교회는 사회적으로 고립되고, 확대가족으로부터 감정적으로 단절된 가정이 그들의 '모교회'와 다시 연결되거나 지원망을 제공해 줄 수 있는 새 교회를 찾는 것을 도와줄 수 있다.
6. 클라이언트의 삶과 관련된 다른 사회 시스템을 포함하는 가족의 심리학적 가계도나 생태도를 그릴 때, 교회 소속을 알린 아프리카계 미국인의 삶에서 '교회 식구'의 역할을 평가하는 데 치료사들은 신중해야만 한다(Boyd-Franklin, 2003).
7. 영적인 혹은 종교적인 신념의 차이가 아프리카계 미국인 가정 내의 충돌이나 세대 간 갈등을 촉발할 수 있다. 이것은 보통 다른 종교로 개종을 하는 경우에 발생하는데, 예를 들면 기독교에서 이슬람으로, 혹은 침례교에서 여호와의 증인으로 개종할 때 그러하다. 또한 조사 결과 아프리카계 미국인은 이종교 간의 결합보다는 이민족 간의 결혼에 보다 수용적이라는 것이 밝혀졌다. 이종교 간의 결합은 가족 갈등을 유발할 수 있다(Gallup & Lindsey, 1999). 아이들의 종교적인 훈육을 둘러싼 갈등이 발생하기도 한다. 이러한 경우에 치료사는 주요 가족 구성원을 모아서 상호 이해나 다른 믿음이나 관례에 대한 관용을 조성할 수 있는 방법에 대하여 상의하도록 할 수 있다.
8. 우울증, 불안, 심리적 문제로 인한 질병, 행동화, 행동장애행위 등과 같은 심리적 증상이 미해결의 슬픔이나 상실감의 이슈를 감추고 있을 수 있다는 점을 명심해야 한다. 가끔 이러한 상실감은 심리적이고 영적인 고통을 수반한다. 만약 가족 구성원이 영적이나 종교적인 기질이 강하다면, 이러한 이슈를 치료에 포함시키는 것이 치유 과정을 신속하게 진행하는 데 도움이 될 수 있다.

9. 첫 번째 사례가 보여 주는 바와 같이 성직자는 흑인 공동체에서 아주 영향력이 큰 인물이다. 이러한 공동체에서 일하는 의원, 병원이나 치료사들은 이러한 지도자들에게 접근하기 위하여 특별한 노력을 해야만 한다. 이러한 개인적인 접촉은 치료 작업을 위한 신뢰나 신빙성을 형성하는 데 도움이 된다.

교육을 위한 함의

교육 프로그램에서는 강한 종교적 혹은 영적 믿음과 관련한 클라이언트의 요구와 딜레마도 성별이나 인종, 민족과 같은 이슈와 마찬가지로 중요하게 다루어야만 한다(Bergin, 1991). 치료사들은 각 가족 내에 존재하는 영적 혹은 종교적 신념의 다양성을 깨닫고, 사정하며, 인정하도록 교육받아야 하고, 클라이언트들이 어떤 신념을 갖고 있다고 가정하지 않도록 조심해야만 한다.

이러한 이슈는 교육과 치료에서 많은 윤리적 문제를 발생시킨다. 전문 기관은 치료사들에게 다양한 클라이언트의 요구를 이해하기 위하여 윤리적인 의무를 교육시켜 왔다. 종교와 영적인 믿음은 대부분의 문화에서 주요한 부분이다. 교육에서 이러한 이슈들이 무시된다면, 치료사들은 클라이언트에게 의도적으로 혹은 무의식적으로 자신의 종교적 · 영적 가치와 신념을 강요함으로써 윤리적인 학대를 가할 수 있는 위험에 노출되어 있다. 치료사들이 아프리카계 미국인이나 강한 종교적 또는 영적 가치를 지닌 다른 문화 집단 출신의 클라이언트에게 효과적인 치료를 제공하는 것을 배울 수 있도록 세심한 교육과 감독이 요구된다.

결론

심리치료의 이론이나 실천뿐만 아니라 대처 방식과 심리사회적인 능력(Watts, 1993)과 레질리언스(Walsh, 2006) 이론에도 영성이 통합되어야 한다는 것이 중요하다. 영성은 인생 경험의 많은 중요한 측면 중의 하나이고, 어떤 다른 것들보다 오랜 시간 동안 고통받는 사람들에게 희망과 위안을 주어 왔다.

참 | 고 | 문 | 헌

Bergin, A. E. (1991). Values and religious issues in psychotherapy and mental health. *American Psychologist, 46*(4), 394-403.

Bergin, A. E., & Jensen, J. P. (1990). Religiosity of psychotherapists: A national survey. *Psychotherapy, 27,* 3-7.

Billingsley, A. (1992). *Climbing Jacob's ladder: The enduring legacy of African-American families.* New York: Simon & Schuster.

Boyd-Franklin, N. (1991). Recurrent themes in the treatment of African-American women in group psychotherapy. *Women and Therapy, 11*(2), 25-40.

Boyd-Franklin, N. (2003). *Black families in therapy: Understanding the African American experience* (2nd ed.). New York: Guilford Press.

Boyd-Franklin, N., & Lockwood, T. W. (1999). Spirituality and religion: Implications for psychotherapy with African American clients and families. In F. Walsh (Ed.), *Spiritual resources in family therapy* (pp. 90-103). New York: Guilford Press.

Boyd-Franklin, N., Steiner, G. L., & Boland, M. G. (Eds.). (1995). *Children, families, and AIDS/HIV: Psychosocial and therapeutic issues.* New York: Guilford Press.

Chatters, L. M., Taylor, R. J., & Lincoln, K. D. (1999). African American religious participation: A multi-smaple comparison. *Journal for the Scientific Study of Religion, 38,* 132-145.

Comas-D az, L., & Greene, B. (Eds.). (1993). *Women of color: Integrating ethnic and gender identities in psychotherapy.* New York: Guilford Press.

Constantine, M. G., Lewis, E. L., Conner, L. C., & Sanchez, D. (2000). Addressing spiritual and religiuos issues in counseling African Americans: Implications for counselor training and practice. *Counseling and Values, 45*(1), 28-39

Frazier, E. F. (1963). *The Negro church in America.* New York: Schocken Books.

Gallup, G., Jr., & Lindsey, D. M. (1999). *Surveying the religious landscape: Trends in U.S. beliefs.* Princeton, NJ: Princeton Religion Research Center.

Hill, R. (1999). *The strengths of African American families: Twenty-five years later.* Lanham, MD: University Press of America.

Hines, P. M., & Boyd-Franklin, N. (2005). African American families. In M. McGoldrich, J. Giordano, & Nydia Garcia-Preto (Eds.), *Ethnicity and family therapy* (3rd ed., pp. 87-100). New York: Guilford Press.

Jones, S. L. (1994). A constructive relationship for religion with the science and profession of psychology. *American Psychologist, 49,* 184-199.

Knox, D. H. (1985). Spirituality: A tool in the assessment and treatment of Black alcoholics and their families. *Alcoholism Treatment Quarterly, 2*(3/4), 31-44.

Lincoln, C. E., & Mamiya, L. H. (1990). *The Black church in the African American experience.* Durham, NC: Duke University Press.

Mbiti, J. S. (1990). *African religious and philosophy* (2nd ed.). Portsmouth, NH: Heinemann Press.

Mitchell, M. M., & Lewter, N. C. (1986). *Soul theology: The heart of American Black culture.* San Francisco: Harper & Row.

Nobles, W. (2004). African philosophy: Foundations for Black psychology. In R. Jones (Ed.), *Black psychology* (4th ed.). Hampton, VA: Cobb & Henry Press.

Nye, W. (1993). Amazing grace: Religion and identity among elderly Black individuals. *International Journal of Aging and Human Development, 36*(2), 103-114.

Smith, D. E., Buxton, M. E., Bilal, R., & Seymour, R. B. (1993). Cultural points of resistance to the 12-step recovery process. *Journal of Psychoactive Drugs, 25*(1),

97-108.

Stevenson, H. (1990). The role of the African-American church in education about teenage pregnancy. *Counseling and Values, 34,* 131-133.

Walsh, F. (2006). *Strengthening family resilience* (2nd ed.). New York: Guilford Press.

Walsh, F., & McGoldrick, M. (2004). *Living beyond loss: Death in the family* (2nd ed.). New York: Norton.

Watts, R. (1993). Community action through manhood development: A look at concepts and concerns from the frontline. *American Journal of Community Psychology, 21*(3), 333-359.

Wimberly, E. P. (1997). *Counseling African American marriages and families.* Louisville, KY: Westminster John Knox Press.

제 8 장

이민 가정의 종교와 영성 전통

–남미계 시민의 건강과 정신건강에 지니는 중요성

CELIA JAES FALICOV

> 우리에게는 영혼에 관한 전문 지식이 없다. 치료사로서 우리는 새로운 사제단이 아니다. 우리 모두에게는 자신만의 개인적인 철학적 · 사회적 · 영적 관점이 있다. 우리는 다양한 수준으로 우리의 가치를 지킨다. 사실상 우리에게는 각자의 '종교' 가 있다. 하지만 가난한 사람들은 때때로 그들의 민족성과 문화와 영성만을 입은 채 우리에게 온다. 우리가 우리의 의복으로 그들을 입히는 것이 아니다.
>
> HARRY J, APONTE(1994, p. 246)

새로운 땅과 새로운 언어를 찾아가는 이주 여정은 많은 상실을 수반하고 동시에 단순히 생활에 적응할 뿐 아니라 이전의 요소를 잃어버리지 않고 새로운 요소를 흡수함으로써 생활을 재창조해야 하는 도전도 수반한다. 기존에 확립된 종교적 · 영적 · 치료적 관습은 지배적인 주류 문화의 가치와 믿음으로 대체되지 않으려고 지속적으로 저항하는 측면이 있다. 이러한 지속성으로 인해 이민자들은 뒤에 남겨 두고 온 생활의 일부 측면을 되살리고 마주치는 많은 변화와 사회적 스트레스에 대처하는 힘을 갖게 된다. 심리치료사는 이민자들 사이에서 지속하는 종교와 영성과 건강에 관한 신념의 존재에 유의하여 심리치료 작업에서 그 자원을 잘 사용할 필요가 있다.

문화적 주기, 발달상 주기 및 다른 생활 주기가 변화하는 동안 이민 가정은 기도와 민간요법 같은 과거 전통이 주는 위안과 지속성에 더 집중적으로 의지한다. 문화적 신념과 의식(儀式)을 다시 찾음으로써 변화하는 와중에서 안정된 의미를 찾는 인간적 성향을 관념적 민족주의(ideological ethnicity)라고 한다(Harwood, 1981). 근본적인 민족성을 향한 이러한 끌림을 치료 자원으로 사용하여 이민 가정이 앞으로 나아가는 생활을 하면서 지속성과 소속감을 강화하는 관습을 활용하도록 도울 수 있다. 주류 문화에 동화되어 토착 관습이나 주술적 믿음을 경멸하거나 멸시하게 된 이민자들도 특히 스트레스가 심하거나 절박할 때 조상들의 핵심적인 믿음에 다가가는 경향이 있다.

이민자의 역설

최근의 연구는 외국에서 태어나 이주한 이민 1세대가 미국에서 태어나 양육된 자녀 세대보다 전반적인 건강과 정신건강이 더 좋다고 보고한다. 미국에서 더 오래 살수록 그리고 언어와 시민권과 자아 일체 의식 측면에서 미국 사회에 더 많이 동화될수록, 고혈압, 당뇨병, 심신 증상 등의 의학적 문제뿐만 아니라 우울증 및 마약과 알코올 남용을 포함하여 정신건강 문제로 더 많은 고통을 받는다. 문화적으로 많이 동화될수록 신체적·정신적 건강이 약화한다는 이러한 연구 결과를 이민자의 역설이라고 한다(이러한 연구를 검토하려면 Organista, 2007 참조).

이주로 인해 이민자와 미국에서 태어난 그들의 자녀는 빈곤과 배척과 차별에 노출되는데, 이 모든 것은 스트레스와 건강상 위험한 문제를 일으킨다. 자신의 문화 가치를 주류 문화의 가치로 대체한 사람들은 모국의 중요한 가치를 간직하는 사람들보다 결과가 더 나쁜 것 같다. 자신의 문화적·사회적 보호를 강화하기보다 이주한 사회에 동화하려는 노력을 하면, 종교적·영적 관습에서 제공하는 것과 같은 원문화 자산과 사회적 네트워크를 잃어버릴 수 있다. 이러한 중요한 가치와 신념 체계의 상실은 건강에 부정적인 영향을 미칠 수 있다.

이주 스트레스에 대응하는 레질리언스의 주요 구성요소는 언어, 가치 및 신념 체계의 지속성과 변화라는 이중적인 시각을 유지하는 것인데, 이러한 이중 시각의 부산물은 이민자와 그 자녀의 삶에서 발견되는 이야기의 일치성이다 (Falicov, 2002, 2003). 이민자의 역설 현상으로 인해 이민자 가정에서 영적·종교적 전통의 지속적인 중요성 및 관련되는 건강 신념과 관습을 이해하고 탐색하는 것이 한층 더 중요해졌다.

이 장에서는 이민자, 특히 오늘날 미국에서 가장 큰 이민자 집단인 남미인의 심리치료와 관련되는 두 가지 주요 신념 체계를 살펴본다. 하나는 건강, 질병 및 전통적인 치유 관습에 초점을 맞추고 있고, 다른 하나는 종교와 영성에 관한 것이다. 이 두 신념 체계의 탐색은 내용에는 차이가 있지만, 아시아, 아프리카 및 유럽에서 온 이민자 집단을 대상으로 한 임상 작업에도 적절하다.

건강과 질병에 관한 신념

이민자 가정은 종종 신체적 문제와 정신적 문제에 관해 이중적인 신념 및 관습 체계—서양의 의학 모델과 농촌의 신화 및 토착 치유 관습에 뿌리를 둔 전통적인 치유 접근법—를 유지한다. 토착 치유 관습은 주류 의학의 대안이라기보다는 자체로 영적 의미가 있으면서 주류 의학의 접근법을 보완하는 역할을 하는 것으로 볼 수 있다.

남미인의 건강에 관한 토착 신념은 두 범주—① 인과관계와 치유 관습에 관한 문화적 영적 믿음에 바탕을 둔 전통적인 토착 증후군, ② 초자연적인 주술이나 마력에 관한 신봉—로 나눌 수 있다. 이민자 집단 중에서도 동남아시아인과 동인도인과 아프리카인에게는 그들 자체의 문화에 기반을 둔 질병에 관한 믿음이 있으며, 여기에는 신체적 · 정서적 질환의 인과관계와 해결에 관여하는 주술과 초자연적인 존재가 포함된다. 영성이 기저에 깔린 이러한 접근법에 내포된 치유는 이민자가 그들의 세계관과 연결되어 있음을 확실히 보여 주며, 이로 인해 이민자들은 위기 앞에서 손상되지 않은 느낌과 힘을 받는다.

전통적인 증후군 또는 토착 증후군

전통적인 증후군 또는 토착 증후군은 전통 사회에서 신체적 문제나 정서적 문제에 관해 일반적으로 공유하는 개념을 지칭한다. 이 개념은 종종 그 고장 특유의 문화적 신념에서 유래하기 때문에 이러한 질병을 문화풍토 증후군(culture-bounded syndromes, 물론 서양의 주류 의학도 문화적으로 특정 신념 체계에 기초를 둔 것이지만)이라고 한다. 토착 증후군의 범주는 관찰된 일단의 증상을 요약하는 비의학적 문구로 식별되며, 비공식적으로 세대 간에 전승되는 지식에서 유래한다. 신체적 · 정신적 고통의 원인과 치료를 영적인 것이나 초자연적인 것에 의존하는 믿음은 주류 의학의 진단과 치료에 접근할 수 있는 기회가 제한된 빈곤하고 교육 수준이 낮은 계층 사이에 더 널리 퍼져 있지만, 때로는 교육 수준이 높은 상층민 사이에서도 비밀스럽게 실행된다.

전통적인 증후군 또는 토착 증후군은 종래의 정신의학 진단 분류와 별개로, 지금은 『정신장애 진단 및 통계 편람(DSM-IV)』(미국정신의학협회, 1994)의 부록에 다양한 민족 집단과 관련되는 몇몇 용어와 함께 문화풍토 증후군이라는 용어가 포함되어 있다. 그 설명을 읽어 보면 임상의가 불안이나 우울증 같은 문화풍토 증후군과 종래의 범주 사이에서 감별 진단을 하는 데 도움이 된다. 이렇듯 문화풍토 증후군이 공식적으로 인정됨으로써 치료사가 클라이언트와 함께 이러한 질병을 탐색하고 인과 관계와 문화에 기초한 치료 접근법을 믿는 것도 정당한 것으로 인정되었다. 더 나아가 이제는 연구에서 신체, 마음, 영혼의 강력한 연결 관계를 확인하면서 치료사는 클라이언트 관심사의 영적 측면을 탐색할 수 있게 되었다.

남미의 일반적인 문화풍토 증후군으로 놀람(susto 또는 espanto), 악마의 눈(mal de ojo), 소화불량(empacho), 신경과민(nervios), 신경발작(ataques de nervios)이 있다(Harwood, 1981). 이러한 질병 경험의 기저에는 자신이나 다른 사람의 질투, 분노, 두려움, 좌절 등의 강한 감정의 힘이나 신체 건강에 영향을 주는 영적 힘에 관한 믿음이 있다.

놀람은 모든 연령의 사람에게 영향을 줄 수 있는 증후군이다. 자전거에서 떨어진 아들을 병원에 데려오는 부모는 아이가 식욕을 잃었고 눈에서 빛이 사라졌다고 말한다. 성인 여성은 그녀를 해치겠다는 남편의 협박에 놀란 후 통제심을 잃어버릴 수 있다. 놀람의 기저에 있는 원인은 충격적인 체험을 한 후의 깊은 두려움이다. 이것은 개인의 안절부절, 무기력, 체중 감소 또는 동기 부족 증상을 설명한다(Tseng & McDermott, 1981).

악마의 눈은 사회적 관계 자체가 인간의 행복에 내재적인 위험이 될 수 있다는 믿음을 구체적인 모습으로 나타낸다. 강한 시선(Vista fuerte)을 가진 사람은 강한 힘을 행사하여 약한 사람에게서 자신을 조화롭게 유지하는 능력을 빼앗을 수 있다. 흔히 볼 수 있는 동기는 질투나 복수다. 악마의 눈의 피해자는 심한 두통, 통제할 수 없는 눈물, 안달, 불면증 또는 고열을 경험한다. 악마의 눈은 여자와 아이를 주로 공격한다고 여겨지는데, 이는 그들이 더 취약하다고 믿기 때문이다.

소화불량은 아동과 성인을 괴롭히는 위장관 감염의 한 형태를 말하며, 생리적 요인과 사회적 요인 간의 복잡한 상호작용으로 유발된다고 생각한다. 복통은 다른 사람이 개인의 자율성을 짓밟을 수 있도록 하거나 배고프지 않을 때 음식을 받아들이는 지나친 공손함 때문에 억지로 먹는 사람이 일으키는 장폐색 증상이라고 생각된다.

신경과민은 삶의 시련이나 고난과 연결되는 일반적인 상태를 지칭할 뿐만 아니라 뇌 통증 또는 두통, 불면, 떨림, 따끔거림, 현기증이나 단순한 불안과 신경과민을 포함하는 특정 증후군을 말한다. 어떤 사람은 '긴장'에 취약하다는 말을 들을 수 있다.

신경발작은 '푸에르토리코인 증후군'이라고 부정확하게 불리는 것으로서 다른 남미인 집단에도 나타난다. 일반적인 특징은 통제를 벗어났다는 느낌이다. 증상으로는 해리 경험, 운동 과잉, 발작이나 실신, 무언증, 과호흡 증후군, 한바탕 울어대기 또는 소리 지르기가 있다. 그러나 피해자는 발작하는 동안 일어난 일에 관해 기억하지 못할 수도 있다. 발작(Ataues)은 여성과 사회경제적 수준이 낮은 사람 사이에서 더 흔한 것 같다. 어떤 발작은 충격적인 가정사를 목격하거나 그 소식을 들었을 때 등 특정 상황에서 사회적으로 용인되는 반응이다. 이 발작은 도움을 요청하거나 불가능한 상황에서 벗어나는 방법으로 해석할 수 있다.

초자연적인 존재의 방해와 마법에 관한 신봉

주술과 마법

마력(mal puesto) 또는 마법(brujeria)은 토착 증후군으로는 설명할 수 없거나 전통적인 치유법으로는 효과가 없는 장기적인 질환을 설명해 준다. 마법에 관한 믿음은 쇠퇴해 가는데도 사회적 관계에서 발생하는 심각한 분열은 때때로 다양한 형태의 마력이 작용한 결과라고 생각한다. 집단적 문화 속에서 양육된 개인은 관련된 모든 사람에게 상당한 정신적 피해를 주는 사람 사이를 분열시키는 힘을 믿으며, 이러한 피해는 주술에 호소함으로써 확대될 수 있다고 믿는다. 이러한 사람 간 분열에는 짝사랑, 연인 간의 다툼과 이별, 부정(不貞) 또는 가까운 가족 구성원 간의 충돌이 있다. 이러한 사건이 발생하면 관련된 사람 중 한쪽이 마법사(brujo 또는 bruja)를 고용하여 상대방에게 마법을 거는 의식을 행한다. 마력은 정신분열증을 포함한 다양한 형태의 정신병 또는 '정신 이상'과 불임의 원인이라고 여겨진다.

착한 마녀와 악한 마녀

마법의 인과관계라는 개념에는 문화적 혼합주의 요소가 들어 있다. 스페인 정복 이전의 멕시코에서는 마법의 사용이 개인의 건강과 집단의 생존에 이익이 된다고 생각했다. 그러나 거기에는 어두운 면도 있었다. 독약, 가뭄, 전염병, 치명적 질병 또는 다른 형태의 해악을 통해서 적을 해치는 데 마법이 사용될 수 있었다.

스페인의 멕시코 정복으로 로마가톨릭교가 도입되었는데, 이는 자체의 믿음과 마법적 관습을 지니고 있었다. 가톨릭교의 성자 숭배에는 가톨릭 자체의 기적 이야기와 은혜나 특권을 얻기 위한 신체적 희생과 형벌이 포함되어 있었다. 악마를 악의에 찬 모든 힘의 원인이라고 믿었으며, 마녀는 악마와 계약을 맺은 사람이라고 생각했다.

토착민과 유럽인의 세계관과 영적 영향력의 개념은 처음에는 별개로 작용했지만, 시간이 흐르면서 서로 혼합된 개념으로 발전했다. 오늘날에도 착한 마녀와 악한 마녀는 여전히 다양한 문제에 관해 비밀리에 조언을 요청받고 있다. 착한 마녀는 위험을 피하거나 질병을 완화하거나 일자리를 찾거나 신생 기업에 성공을 가져오거나 로맨스에 행운을 가져오거나 잃어버린 사랑을 회복해 달라는 부탁을 받는다. 악한 마녀는 적을 해치거나 경쟁자를 무너뜨리거나 다른 사람이 걸어 놓은 악한 마법에서 보호해 달라는 상담을 받는다(Scheffler, 1983).

착한 마녀는 인간관계에 관한 지혜를 통해 소수민족 사회에서 토착 심리치료사와 동등한 존재가 될 수 있다. 종종 그들은 모든 관련자에게 긍정적인 암시를 해 주고, 클라이언트를 안심시키며, 정신적 외상을 초래할 정도의 충격적인 사건에 경계와 울타리를 만들어 낸다. 결과적으로 클라이언트는 대안적으로 생각하고 행동하는 방식에 새로운 힘을 얻고 더 나은 기분을 느낀다(Falicov, 1998).

영성과 전통적 치유

착한 마녀와 악한 마녀의 세계는 존재하지만, 외부인은 차치하고서라도 남미인 사이의 대화에서도 이 세계에 쉽게 접근할 수 없다. 이에 비해 '자연 치유사'의 세계는 더 수용적이고 어느 정도 공개적이다. 이들은 약초와 메시지를 사용하지만 동시에 과업을 지시하고 영령과 말을 하기도 한다. 실제로 남미 국가에 있는 시장 대부분에는 자연 약초와 묘약과 부적을 팔고 지역사회의 치료 주술사를 소개해 주는 사람을 볼 수 있는 노점이 있다. 믿을 수 있는 고객이면 착한 마녀를 소개해 주기도 한다.

민간치료 의술(curanderismo)은 앞에서 설명한 놀람 또는 악마의 눈과 같은 대다수 전통적 질병을 치료하는 토착적 방법이다. 민간치료사(curanderos)는 전통적 질병이나 치료법을 믿지 않는다고 고백하는 사람에게서도 성적 무능력, 우울증 또는 알코올중독에 관한 상담을 받기도 한다. 특정 장애나 치유력에 능력이 있고, 그러한 특기로 구별되는 이질적 집단이다. 그들은 약초 요법, 흡입제, 발한, 마사지, 주문 등의 폭넓은 치료법을 사용하고 다양한 정화 치료 의식을 거행한다(Gafner & Duckett, 1992).

민간치료사, 마법사 및 교령술사(espiritistas)는 정화를 자주 행한다. 널리 이용되는 이러한 중요한 정화 의식에는 문제별로 다양한 식물, 달걀, 향수, 종교적 형상, 절단한 동물이나 촛불이 필요하다. 의식은 제물, 촛불, 향 및 성인, 악마(때때로) 또는 초자연적인 존재의 형상으로 장식된 제단 옆에서 거행된다.

때때로 민간치료사는 생리통이나 자궁 탈출증 같은 상태에 사용하는 서양 의학의 특정 치료법을 전문으로 하거나 현대의 진료소에서 볼 수 있는 해부도나 다른 물건을 가지고 있기도 한다. 그러나 선배 치료사에 의해 전통적인 진단 및 치유 행위를 훈련받거나 조언받은 민간치료사는 특히 심각한 건강 문제에 관해서는 의사를 경쟁 상대로 보지 않는다. 클라이언트도 이중 의료 체계를 대안으로 사용할 때 또는 함께 사용할 때 가치가 있다고 본다(Applewhite, 1995).

민간치료사는 따뜻하고 친숙한 분위기를 만들어 내는 데 능숙하며, 친척을 포함시켜 치료에 관한 의사 결정을 할 때 그들에게 능동적인 역할을 하도록 부탁함으로써 가족의 유대감을 존중한다. 그들은 불안감을 없애 주는 동시에 권위적이며, 질병을 진단하고 치료하는 능력에 대한 자신감을 풍기는데, 이는 낫게 해 줄 수 있다는 암시를 주어 사람들의 만족감을 높여 주는 요소다.

민간치료사는 많은 질문을 하거나 대답하지는 않지만, 클라이언트가 두려움과 적의를 충분히 배출하도록 해 준다. 예를 들어, 놀람을 상당 기간 치료하지 않고 두면 삶에서 만족을 체험할 능력을 잃어버리고 극단적 불안 상태인 '영혼 이탈'로 이어질 수 있다고 믿는다. 의식을 통해 영혼을 다시 잡아 몸속으로 빨리 다시 들어오게 하여 치료한다. 민간치료사의 치료를 가까이서 관찰해 보면 의식 외의 훨씬 더 많은 것이 관련되어 있음을 알 수 있다. Tseng과 McDermott (1981)는 놀람 증후군을 가진 클라이언트는 민간치료사에게 감정 전이와 같은 애착을 나타냈다고 보고한다. 클라이언트는 많은 두려움을 그에게 표현했으며, 말과 약으로 강한 안도감을 얻었다. 그뿐만 아니라 사회적 접촉을 하도록 그녀를 끌어내고, 자기존중감을 높이며, 자신의 존재 이유를 심어 준 일련의 과정을 통해 그녀는 증상에서 멀어졌다. 민간치료사의 치료 행위와 주류 의학의 심리치료 및 정신약리학은 치료 요소에서 일치하는 공통점이 있다.

약초 채집자(yerberos)는 특히 민간요법에 관한 지식과 심신을 치료하는 수백 가지 식물의 용도에 정통한 사람이다. 약초 채집자는 남미인 지역사회에서 널리 이용되는 건강 자원이다(Brandon, 1991).

심령술(espiritismo)은 인간에게 붙어서 행동에 영향을 줄 수 있는 착한 영혼과 악령의 보이지 않는 세계를 말한다. 호의적인 영혼과 악의를 가진 영혼의 존재에 관한 믿음은 남북미의 역사와 토착민의 살아 있는 전통에 깊이 스며들어 있다. 예를 들면, 푸에르토리코인의 영혼에 관한 믿음은 자연의 모든 것에는 영혼이 있다고 믿었던 타이노 인디언까지 거슬러 올라간다. 오늘날에도 사랑하는 사람의 영혼은 사후에도 존재한다는 믿음이 푸에르토리코계 미국인 사이에 널리 퍼져 있다(Garcia-Preto, 2005; Shapiro, 1994).

한 사람의 안녕에 집중된 집단 기도는 아픈 사람의 몸이나 마음에 긍정적으로 작용하는 에너지 장을 모은다고 생각된다. 예를 들면, 대가족과 네트워크 집단이 도시 교회 또는 강신술사(espiritista) 집에 모여 정신병을 앓는 친척의 회복을 위해 기도하며, 기도자들의 힘으로 생성된 에너지 장이 그 사람의 마음을 향해 발산되어서 치유를 돕기를 희망한다.

심령술의 중요한 현대적 해석은 사회정의의 관점에서 유래한다(Comas-Diaz, 2007). 이 해석은 Fanon(1967)이 쓴 고전적 저술에 주로 기초하는데, 그는 식민지화된 사람들은 긴장 속에서 살며 파괴적으로 분출되거나 마법 및 영적 체계로 대체되는 분노를 품고 있다고 말했다. 정치적 행동을 할 수 없고 자주적 결정이 제한되어 있을 때, 호의적인 강력한 영령의 보호 아래 자신을 두면 두려움과 무기력과 정부의 부재에 대항하는 데 도움이 된다(Lechnet, 1992; Comas-Diaz, 1995). 이러한 맥락에서 심령술은 미국의 푸에르토리코인 사이에서 스트레스를 줄여 주는 적응 메커니즘으로 작용한다고 생각된다. 푸에르토리코인과 쿠바인 등 많은 남미인은 영령과 소통하며 치유력을 가진 강신술사 또는 영매에게 의지한다. 『빈민가의 가정(Families if the Slums)』에서 Minuchin, Montalvo, Guerney, Roseman과 Schumer(1967)는 토착 영매가 심리적 고민을 기술하는 일종의 심령어인 내어(inner language)를 어떻게 '말하는지' 설명한다. 이러한 심리적 고민은 자신의 내적 생활보다는 초자연적 원천에서 유래하는 것으로 보인다. 이에 대한 통제의 중심은 외부에 있으며, 변화의 동기는 신이 방문하는 형태로 온다. 저 너머에서 목소리를 듣거나, 집으로 돌아오라거나, 음주를 그만두라고 명하는 유령을 보는 형태다. 이처럼 저항하기 어려운 영적 체험은 '체면을 유지'하도록, 즉 클라이언트가 자신의 책임이나 후회를 공개적으로 인정할 필요 없이 필요한 변화를 가져올 수 있다. 이 저자들은 상담을 받기 위해 온 부부를 예로 든다. 그들은 매춘부의 영령에 지배되었다는 관점으로 아내의 부정(不貞)을 표현했다. 문제를 이런 방식으로 짜 맞춘 배우자는 문제를 외현화하여 강신술사에게 함께 찾아갔다. 외현화를 지지하는 문화적 구조 안에서 일하는 심령술사는 그들의 설명을 받아들였다. 심령술사는 소원해진 남편과 아내에게 협조적으로 '화해'하라는 과제를 주었다. 그래서 그들은 닭다리에 박힌 못을 제거하여 매춘부의 영령을 쫓아 버리는 긴 여행을 해야 했다. 주류의 심리치료사는 부부에게 문제를 다시 내면화하도록 안내했을 것이며, 이는 부부에게 문제를 해결할 수 없도록 했을 것이라고 저자들은 말한다.

산테리아교(santeria)는 쿠바인, 일부 푸에르토코리아인 그리고 다른 카리브해 지역의 집단 사이에 널리 퍼져 있는 종교다. 이 종교의 예배와 의식에서는 요루바 족이나 오리차(나이지리아 남부 출신의 아프리카인)의 신들을 가톨릭교 성자들과 결합한다. 이 종교는 쿠바에서는 루쿠미(lucumi) 그리고 브라질에서는 마쿰바(macumba)라고 알려져 있다. 산테로(Santeros)는 산테리아교의 성직자인데, 치유사, 점쟁이 및 의식의 지도자 역할을 한다. 산테로는 매우 실용적이어서 구체적인 문제를 여기 지상에서 해결하려고 할 뿐만 아니라 점을 통해 바로 앞의 미래를 예측하려고 한다. 그들은 마법(bilingo)과 빙의를 다룬다. 빙의에 관한 산테로의 '진단'과 클라이언트의 경험 및 보고로 인해 심리치료사들의 차별화된 진단이 복잡하게 되는데, 심리치료사들은 클라이언트가 정신병 환자가 아닌지 의심한다(Gonz lez-Wippler, 1996). 질병의 발달 측면에 관한 사정은 이러한 차별화된 진단에 도움이 된다. 대인 관계 사건과 관련된 중대하고 일시적인 분열은 문화적으로 이해될 수 있다. 그러나 장기적으로 문제적인 적응은 정신분열증이나 정서적 장애와 다르지 않으며, 그것에 합당하게 치료해야 한다.

로스앤젤레스의 공공 주택지에서 실시한 대규모 비교 연구의 매우 흥미로운 결과로 인해 이민자가 주류 의료 서비스를 많이 이용하지 않는 것이 토속적인 대안 의료를 이용하기 때문이라는 견해에 의문이 제기되었다. Becerra와 Inglehart(1995)는 멕시코인, 중국인, 앵글로색슨계 미국인, 아프리카계 미국인 등 모든 집단은 주류 의술에 부가적으로 대안 의술을 이용하지 주류 의술 대신에 대안 의술을 이용하지 않는다는 것을 발견했다. 대안 요법은 사소한 질병에 이용되거나 중한 질병을 예방하기 위해 이용되었으나, 만성적이거나 생명을 위협하는 질병을 치료하는 데는 이용되지 않았다. 비주류 접근법을 지속적으로 사용하는 사람은 또한 주류 의술도 지속적으로 사용하는 것으로 보이며, 그들은 스스로 관리하는 다양한 건강관리 방법에 관심이 있는 개인들인 것 같다.

이처럼 많은 이민자에게 건강은 신체적 · 심리적 · 사회적 · 영적 요소의 복잡한 상호작용을 수반한다. 종교적 믿음은 종종 영적 관습 및 건강 관습과 함께 표현된다. 남미 이민자는 믿음과 관습을 혼합하는 데 능숙하며 신학적 일관성을 고집하지 않는다. 한 사람이 스페인의 가톨릭교를 믿다가 카리브인으로 받아들여졌을 때는 아프리카의 이교를 믿고, 근래에 미국의 개신교로 개종하는 것이 흔한 일이다. 또한 여러 세대가 함께 사는 가정에서는 많은 다양한 믿음과 관습이 나타날 수 있다.

종교적 믿음

종교는 많은 이민자에게 다목적으로 이용될 수 있다. 종교는 사람의 마음이나 가정이라는 사적 영역과 교회라는 공적 영역에서 믿음과 관습이 내적 지속성을 갖게 하고 전승되게 한다. 이리하여 종교 활동을 통해 새로운 환경에서도 민족성은 가치 있고 존중받는 것으로 재확인된다.

또한 종교는 구체적인 도움을 주고 지역사회 참여를 유도하면서 이민자가 새 나라에 적응할 수 있도록 지원하는데, 여기에는 축일과 축제 참여도 포함된다(Falicov, 2005, 2007). 마지막으로 종교는 원거리 연결을 유지시키는 역할을 한다. 원거리에 있는 교회를 금전적으로 돕거나 원거리에서 또는 방문 시에 교회의 영적 인도와 자양분을 구할 때 사람들의 유대는 강화된다(Falicov, 2007). 이민자의 귀환 방문을 허용하는 나라에서 이민 1세대와 2세대가 매년 또는 2~3년마다 멕시코 푸에블라에서 열리는 수호성인 축제와 같은 종교 축제의 원

도시로 돌아가 2세대에게 중요한 체험을 할 기회를 주는 일이 흔하다(Smith, 2002). 흥미롭게도 모국의 교회도 이민 자녀의 참여를 장려한다. 동인도의 한 교회는 국외 거주자를 위해 영어로 작은 잡지를 인쇄하여 종교적 설교를 해설하며 모국에 있는 신도들의 종교 활동과 접촉을 유지하도록 돕는다(Levitt, 2002). 종교적 실천의 일환으로 미국에서 신앙 공동체에 참여하는 필리핀, 베트남, 남미 이민자들은 대부분 자신의 모국에 송금하고 있다. 이것이 함의하는 한 가지 가능한 설명은 종교적 실천이 연로한 부모를 포함하여 모국에 남겨 두고 온 사람들을 향한 도덕적 책임감과 연결되어 있다는 것이다(Rumbaut, 2002).

로마가톨릭교는 실제 실행에서는 문화적 다양성이 있기는 하지만, 여러 남미인 집단에 공통된 믿음과 가치를 제공한다. 개신교 복음주의자들과 오순절파 신자들은 감정 표현을 활발하게 하고 상호작용이 많은 자신들의 예배로 남미계 이민자를 점점 더 많이 데려간다. 남미계 가톨릭교도 중 절반 이상이 자신을 독실한 신자라고 한다. 그러나 이런 이민자 중 대다수는 가톨릭 교회의 보호 아래 있으면서도 방언과 신유의 체험 역시 믿는데, 방언과 신유의 체험은 개신교 신부흥주의 운동의 표상일 뿐만 아니라 마법과 초자연적인 경험을 신봉하는 토착 신앙의 뿌리와도 잘 맞는 관습이다.

질병과 치유에 관한 종교적 믿음과 영적 관습의 영향에 대해 보건 전문가들이 점점 더 많은 관심을 기울이고 있다(Bergin, 1991; Dossey, 1993; Wright, Watson, & Bell, 1996; 이 책의 제2장과 제3장 참조). 종교적 믿음에 따라 신체적 · 정신적 질병과 치료법과 적용에 대해 어떻게 해석하고, 어떤 태도를 지녀야 하는지 형성된다. 이 종교적 믿음은 주로 지고의 존재인 하나님과 사후의 삶 및 영혼의 존재에 대한 기독교적 믿음이다. 그리고 천당과 지옥, 죄악, 죄 및 수치심에 관한 믿음은 의미 만들기와 책임감에 대한 원인적 귀인이 되기도 한다.

가톨릭교는 마법적 사고, 기적에 대한 믿음, 자체의 독특한 의식, 약속(promesas) 및 기도를 망라하고 있다. 성인을 기리는 작은 제단은 남미 거리 어디에나 있지만, 이민자는 꽃과 십자가상과 성수 병과 플라스틱으로 만들어진

작은 조상이나 엽서로 표현된 성인으로 장식한 제단을 집 안에 만든다. 이러한 관습은 필요한 은혜를 구하기 위해 고통을 견디고 자신을 부정해야 한다는 남미인의 믿음을 강조한다.

특별한 성인들에게는 예배용 제물, 매일의 기도, 가정에서의 미사, 속죄의 맹세 및 성지 순례도 주어지는데, 이는 그 성인들이 하나님께 탄원하고 자신을 보호해 준 것에 대한 보답으로 주어진다. 수많은 기도가 멕시코의 수호성인 과달루페의 성모에게 바쳐지는데, 이 성인은 푸에르토리코와 남미의 다른 지역에서도 숭배된다. 이 성녀는 상당한 심리적 보호감과 영적 자양분과 사람들의 단결을 제공한다. 가장 강력한 아이콘인 그녀의 인물상은 거실에 걸려 있으며, 열쇠고리와 자동차 계기판 위쪽에도 매달려 있다. 그녀는 토착 아즈텍 문명과 가톨릭교의 유럽적 요소가 완벽하게 융합된 존재로서 토착민에 관한 가톨릭교의 약속을 실증하는 유일한 갈색 피부의 가톨릭교 성인이다. 십대 갱, 여권 신장론자 및 사회정의 행동가들도 이 동정녀에게 수많은 의미와 깊은 사랑을 헌정한다. 이민자에게 과달루페의 성모가 지니는 정서적 의미는 다음 인용문에 잘 표현되어 있다.

> 그래서 과달루페의 성모는 사랑하는 사람이나 고통받는 사람의 병을 치료해 달라는 요청을 사방에서 받습니다. 과달루페 성모의 날을 기념하기 위한 L.A.에서의 이 모임은 멕시코시티에서의 축제만큼 기념비적이지는 않을지도 모릅니다. 그러나 멕시코에서의 헌납과 대등하거나 그것을 능가할 수도 있는 강렬함이 여기에 있습니다. 아마도 그것은 뿌리 없는 시대에 살면서 경제 혼란이나 국경 지역의 순찰대에 의해서는 주소를 변경할 수 없는 곳에 뿌리박고 남아 있으려는 갈망일 것입니다(Martinez, 1996, p. 111).

이민자의 종교, 영성 및 심리치료

남미인과 많은 다른 이민자 집단의 종교와 영성의 중요성은 널리 퍼져 있음에도 이들의 종교와 심리치료의 상호작용에 관해 쓴 글은 무척 적다. 교회와 교인으로서의 삶은 클라이언트의 생태적 지위의 중요한 일부이며(Falicov, 1995, 1998, 2005) 상담치료를 받고 있는 가정에 훌륭한 자원이 될 수 있다. 미국에서 이민자는 보통 교회에 출석하는데, 이는 교회가 소속될 장소, 다른 이민자를 만나는 방법 및 이민자 자신과 자녀를 위한 사교 및 교육 환경을 제공하기 때문이다(이 책 제15장 참조). 그들은 스트레스를 받을 때는 목사의 상담에 의지하기도 한다. 자녀를 교구의 교회에 보내고, 교회 활동과 필요한 일에 참여하도록 하는 것은 직업이나 생활환경에서 자극이나 인정을 받을 기회가 거의 없는 남녀에게 자기표현을 하고, 지위를 얻는 수단을 제공할 수 있다.

교회의 교리를 지키고 정기적으로 교회에 출석하는 것 그리고 목사와 조직된 종교가 하는 역할은 남미인 집단마다 다양하다. 치료사는 클라이언트가 신앙 공동체 참여를 통해 영적 위로나 어떤 형식의 지원을 받는지 물어보아야 한다. 멕시코인은 교회 출석과 종교 축일과 의식의 준수가 필수적이라고 여기는 경건한 집단이다(Falicov, 2005a, 2005b). 나이 많은 멕시코인에게 교회는 희망의 형태로 정신적 지원을 제공하며, 개인이 고통에 직면하거나 괴로움을 받아들이도록 도와준다. 치료 과정에서 종교 지도자는 중요한 보조자가 될 수 있다. 대다수 푸에르토코리아인에게 교회는 친교나 결혼이나 장례를 위한 장소다. 그러나 하나님이나 초자연적인 존재와 접촉하기 위해서 반드시 교회에 나갈 필요는 없다고 생각한다. 대신에 푸에르토코리아인은 하나님의 개인적 밀사일 수 있다고 믿는 성인들과 특별한 관계를 유지한다(Garcia-Preto, 2005). 그리고 다른 종교에 많이 노출됨으로써 많은 남미 이민자들은 다른 믿음과 의례를 통합하게 되었다.

생활 주기상의 전환기에 혼합되어 있는 영적 전통

대다수 남미인 집단에서 종교와 토착 전통이 서로 혼합되어 있다는 것은 출생과 결혼 또는 죽음과 사별 등 생활 주기상의 전환기에 특히 확실해진다(Falicov, 2005b). 멕시코인은 죽음을 피하고 최소화하는 경향이 있는 지배적인 미국 문화와 달리 죽음을 기꺼이 받아들인다. 사자(死者)의 날은 연례 공개 축제인데, 이 축제에서는 민간의 전승, 종교적 위령 기도, 설탕 사탕으로 만든 해골 및 종이로 만든 해골을 사용하여 죽음을 웃음거리로 삼는다. 가정에서는 묘지 옆에서 축제 같은 소풍을 즐기면서 고인이 된 사랑하는 사람들을 위해 음식을 남겨 놓는다. 이 행사에는 가족 구성원이 죽은 후 4년 동안 매년 거행하는 애통 의식이 포함된다. 가족은 죽은 사람의 사진, 꽃 그리고 사자가 가장 좋아했던 물건과 음식으로 꾸민 이동식 제단을 가정에 세운다. 집을 개방한 채 하룻밤을 샌 후 가족은 고인이 좋아했던 물건을 매단 제단을 음식과 함께 무덤으로 옮긴다. 가족과 친구들은 기다란 촛불을 밝히고 묘지 둘레에 앉아 찬송하며 몸을 좌우로 흔든다. 가까운 가족 구성원, 특히 여자와 아이들은 '가엾이 죽은 사람들의 곁에 있기 위해' 그다음 날 아침까지 묘지 옆에서 자기도 한다. 이 의식을 통해 감정이 배출되고, 죽은 자와 영적으로 계속 연결될 수 있다. 이 의식이 특정 가족에게 의미가 있다고 하면, 일부 가정에서 변형해 치르는 의식을 심리치료의 자원으로 사용할 수 있다. 왜냐하면 미국에서는 묘지에서 죽은 친척과 함께 밤을 보내는 것에 익숙하지 않기 때문이다.

푸에르토리코인과 쿠바인도 사자의 날을 기념하는데, 규모가 아주 크지는 않다. 그러나 죽은 사람을 수행하는 장례식이나 행렬이나 거리 행진 대열은 특히 어린아이의 장례식일 경우 매우 호화롭다(Santiago, 1994). 숨을 헐떡이거나 가슴 떨림이나 깊이 애통해하는 유가족의 가슴 통증은 자연스러운 비탄의 표현으로 받아들여진다. 왜냐하면 남미 문화에서는 감정적 상태와 신체 반응을 별개로 생각하지 않기 때문이다. 이러한 관습은 사회경제적으로 빈곤한 계층에서 더 두드러지는 것 같지만, 그 믿음의 요소는 중간 계급과 상류 계층의 남미인 집단에도 존재한다.

영혼과 유령의 '방문'을 포함하여 죽은 자의 환영은 사랑하는 사람의 죽음 이후 몇 년 동안 나타나기도 하는데, 특히 산테리아교를 믿는 푸에르토리코인과 마콤베교(macombe, 아프리카계 캐리비아인의 종교)를 믿는 쿠바인에게서 많이 나타난다. 이렇듯 클라이언트가 암시한 종교와 영성의 요소를 주류 양식과 혼합한다면 더욱 의미 있고 문화적으로 적합한 상담치료를 할 수 있다.

통제의 중심과 역경에 대처하는 방식

다수의 남미인은 핵심 믿음을 공유하는 사회 계층과 전통문화 출신이라는 점을 치료사가 이해하는 것이 중요하다. 이들의 핵심 믿음은 질병이나 어려움이 엄습하면 원인을 외부나 피해자의 영향력이나 통제를 벗어나는 근원으로 돌린다. 즉, 신체적 문제나 정서적 문제의 원인이 외부의 힘에 있다고 보는 일이 흔하다. 대부분의 남미인은 가까운 미래나 먼 장래의 계획에 관해 이야기할 때 자동으로 '신의 뜻대로(si Dios quiere)' 또는 '신의 도움으로(Dios mediante)'라는 말을 덧붙인다. 이러한 말에는 그들의 삶은 자신의 통제 아래 있는 것이 아니라 더 높은 힘에 의해 지배된다는 인식이 담겨 있다(회교도도 비슷하게 '알라신의 뜻'이라는 어구를 사용한다). 멕시코계 미국 여성 작가인 Sandra Cisneros(1997)에 의하면, 영국계 미국인은 이 표현을 상대적으로 덜 사용하는데 이는 자신의 운명은 상당 부분 자신이 통제한다고 생각하는 증거라고 볼 수 있다. 반면 대다수 남미인에게는 숙명, 운명 또는 신에게 책임이 있다.

운명론

삶에서 자신의 직접적인 통제 아래 있는 것은 거의 없다고 생각하는 것을 '운명론'(Comas-D az, 1989), 또는 통제의 중심이 외부에 있다고 한다. 이러한 운명론은 사회경제적으로 불우하고 자신의 가치를 인정받지 못하는 집단에 많이 퍼져 있다. 가난한 사람들에게 운명론이 더 널리 퍼진 것은 강한 힘을 가진 다른 사람들이나 예측할 수 없는 힘이 자신의 삶을 통제하는 경험을 자주 하면서 운명론을 배우기 때문이다. 성공하여 생활환경을 바꿀 기회가 제한되어 있다는 점으로 인해 무기력감, 패배감 및 적극적인 방향을 추구해도 소용없다는 느낌이 더 커진다. 이런 운명론적인 전망은 심리적 고통을 커지게 하지만 치료사는 운명론의 이러한 '결핍 지향적인' 이론과 더욱 '자원 지향적인' 관점을 구분하는 것이 중요하다.

새로운 문화에서 홀대받는 지위가 그러하듯이 낮은 사회경제적 지위의 생태학은 정말로 개인의 역량을 빼앗고 희망적인 전망을 제한한다. 그러한 상황에서는 잦은 외부의 스트레스에 대처하기 위해 임파워먼트적 치료적 접근법을 사용해야 한다. 동시에 자신의 통제를 넘어서는 조건과 상실(예: 치료할 수 없는 질병, 일시 해고, 예기치 않은 죽음)은 받아들이는 것이 영성적 지향에 기초한 강한 자원이 될 수 있다. 문제와 선택권에 관한 통제를 어떻게 바라보는지에 대한 클라이언트와의 대화에서 두 가지 관점을 모두 수용하는 것이 가장 도움 되는 접근법이다. 레질리언스에 관한 연구는 긍정적인 적응에 관한 이러한 자세, 즉 가능한 것은 통제하고 통제할 수 없는 것은 받아들이는 자세를 지지한다(Walsh, 2003).

언뜻 보기에는 통제의 중심이 외부에 있다는 관점을 신봉하는 것은 이야기 치료사가 사용하는 외현화에 꼭 들어맞는 것처럼 보인다. 이야기 치료사는 클라이언트의 증상을 클라이언트와 의도적으로 분리시켜 이 증상을 개인의 신념이나 선택을 자극하는 수단으로 사용한다. 실제로 Wright 등(1996)은 피해자보다는 질병을 비난하는 외현화 기법이 마법사 의사가 사용하는 기법과 유사하다고 말한다. 그러나 더 세밀하게 살펴보면 외현화하는 대화는 마치 결국 문제를 타파하거나 피한 것처럼 여기면서 문제에 관해 이야기하는 것을 바탕으로 하므로 분투와 통제에 관한 대화가 우세하다. 이야기 치료에서 볼 수 있는 이러한 유형의 적극적인 언어 사용은 외부에서 야기된 문제와 화해하고 더 높은 영적 힘을 신봉함으로써 수용, 단념 및 공존을 장려하는 남미인의 세계관과는 매우 다르다. 문제를 운명의 결과나 신의 뜻으로 보는 문화적 성향은 남미인의 세계관에 더 동조적인 몇몇 내적 대처 메커니즘이 생겨나게 한다. 다음 절에서는 이것에 관해 논의하겠다.

자기통제

삶의 문제를 다룰 때 다양한 수준의 자기통제가 가능하다. 자기통제(controlarse)는 남미인의 역동적인 주제 중 하나로서, 자신의 마음가짐과 특히 분노, 불안, 우울 등 부정적인 감정을 통제함으로써 삶의 어려운 과제를 정복하는 인지 행동적 메커니즘 중 중요한 부분이다(Cohen, 1980). 자기통제 개념에는 인내(역경의 시기에 스트레스를 견디는 능력), 문제에 관해 생각하지 않기(마음을 어지럽히는 생각과 느낌에 집중하지 않기), 단념(resignarse, 운명을 수동적으로 받아들이기), 극복하기(sobreponerse, 역경의 통과나 극복을 촉진하는 더 적극적인 대처 방식) 등이 포함된다.

이때 정신질환은 불운, 운명 또는 개인의 통제를 벗어나는 힘의 결과나 부모의 잘못으로 생긴 것으로 본다. 정신질환은 어떤 때는 신의 시험이고, 또 어떤 때는 단순히 신의 뜻이다. 만성적인 질병에 직면하여 조용히 수용하거나 단념하는 것은 분별 있고 겸손한 현실주의 형태를 나타내는 것으로, 이는 끊임없는 서양의 변화 가능성에 관한 낙관주의와 지배적 경향성과 뚜렷한 대조를 이룬다.

신체화: 마음, 신체, 영혼의 연결

통제의 중심과 관련된 또 다른 대처의 형태는 '신체화(somatization)'인데, 이는 일반적으로 정서적 고통을 나타내는 신체적 증상으로 의학적으로 설명되지 않는다. 정신적 고통을 '심리학적으로 분석'하기보다는 신체적인 것으로 전환하는 성향을 설명하기 위해 Canino, Rubio-Stipec, Canino와 Escobar(1992)는 앵글로색슨계 미국인은 마음과 몸의 데카르트식 이분법을 가정하는 경향이 강하지만, 다른 문화 집단은 마음과 몸의 경험을 통합하여 신체화로 표현하는 경향이 더 강하다고 주장한다. 정신질환을 불명예로 여기는 분위기 때문에 신체적 질병을 통해 심리적 고통을 표현하는 것이 사회적으로 더 용인된다. 또한 가난한 사람들은 심리적 병보다는 의학적 병을 치료하는 의료 서비스를 더 쉽게 이용할 수 있다. 약초 치료가 정신 의약품보다 더 구하기 쉽다. 이주로 겪게 되는 신체적 · 정서적 외상과 손실은 정신적 고통과 신체적 증상을 만들어 낼 수 있다. 이제 많은 연구가 마음과 몸과 영혼의 상호작용이 고통과 안녕에 미치는 순환적인 영향을 보고하고 있다. 이러한 여러 이유는 신체화가 왜 이민자와 난민에게서 자주 발견되는지를 설명해 준다(Castillo, Waitzin, Ram rez, & Escobar, 1995).

상담치료사는 의학적 원인을 알 수 없는 신체적 질병에는 여러 가지 상징적 의미나 정서적 · 영적 설명이 있을 수 있다는 것을 인식해야 한다. 그 의미나 설명에 접근하기 위해서는 남미인 클라이언트에게 자신의 신체적 증상의 원인이 무엇이라고 생각하는지, 그리고 어떤 치료법이 유용하다고 생각하는지 물어보는 것이 필요하다.

결 론

신념 체계는 집단 문화와 개인 문화에서 지속되는 측면이다. 가족의 건강이나 질병 및 치유와 관련된 이민자 클라이언트의 믿음과 전통적 관습을 이해하고 존중하면 클라이언트를 심리치료에 성공적으로 참여시킬 수 있고, 치료를 전개하는 데 도움이 될 것이다. 치료사는 클라이언트의 믿음 체계 탐색에 접근할 때 전통 신앙과 관습을 쓸모없는 마법과 미신으로 바라보기보다는 문화적 · 영적 자원을 제공할 수 있는 고대의 치유 메커니즘으로 간주하고 접근할 필요가 있다. 정기적인 교회 출석, 기도, 신앙 고백과 같은 주류 문화의 종교적 관습은 대다수 이민자에게 위안과 위로와 도덕적 인도를 제공하는 중요한 원천이며, 이는 토착 신앙에 기초를 둔 다른 관습과 공존할 수 있다.

다른 문화 전통 출신의 이민자와 상담할 때 마음과 몸과 영혼의 통합적인 연관성을 마음에 그리면 도움이 된다. 이 통합적 연관성으로 인해 감정을 신체적 표현으로 나타낼 수 있고, 여러 문제들은 영적 영역이라는 신비 또는 서로 관련되는 죄와 복수의 신비 속에 존재할 수 있게 된다. 그리고 이로써 인간 드라마의 시적 영역에 들어갈 수 있게 된다. 아마 그 해결책이 있는 곳은 종교와 마법과 전통이 함께 섞이는 연금술과 그 종교와 마법과 전통이 한편으로는 현대의 문화 관습과 다른 한편으로는 이민자 클라이언트의 새로운 관점에 대한 치료사의 개방성과 통합된 지점일 것이다.

참 | 고 | 문 | 헌

American Psychiatric Association. (1994). *Diagnostic and statistical manual of mental disorders* (4th ed.). Washington, DC: Author.

Aponte, H. J. (1994). *Bread and spirit: Therapy with the new poor.* New York: Norton.

Applewhite, S. L. (1995). *Curanderismo:* Demystifying the health beliefs and practices of elderly Mexican Americans. *Health and Social Work, 20*(4), 247-253.

Becerra, R. M., & Inglehart, A. P. (1995). Folk medicine use: Diverse populations in a metropolitan area. *Social Work in Health Care, 17*(2), 127-146.

Bergin, A. E. (1991). Values and religious issues in psychotherapy and mental health. *American Psychologist, 46,* 394-403.

Brandon, G. (1991). The uses of plants in healing in an Afro-Cuban religion: *Santer a. Journal of Black Studies, 22*(1), 55-76.

Canino, I. A., Rubio-Stipec, M., Canino, G., & Escobar, J. I. (1992). Functional somatic symptoms: A cross-ethnic comparison. *American Journal of Orthopsychiatry,*

62(4), 605-612.

Castillo, R., Waitzkin, H., Ram rez, Y., & Escobar, J. I. (1995). Somatization in primary care, with a focus on immigrants and refugees. *Archives of Family Medicine, 4,* 637-646.

Cisneros, S. (1997). In two humors. *S Magazine, 1,* 68-70.

Cohen, L. M. (1980). Stress and coping among Latin American women immigrants. In G. V. Coelho & P. I. Ahmed (Eds.), *Uprooting and development: Dilemmas of coping with modernization* (pp. 345-372). New York: Plenum Press.

Comas-D az, L. (1995). Puerto Ricans and sexual child abuse. In L. Aronson Fontas (Ed.), *Sexual abuse in nine North American cultures: Treatment and prevention.* Thousand Oaks, CA: Sage.

Comas-D az, L. (2007). Ethnopolitical psychology: Healing and transformation. In E. Aldarondo (Ed.), *Advancing social justice through clinical practice* (pp. 91-118). Mahwah, NJ: Erlbaum.

Dossey, L. (1993). *Healing words: The power of prayer and the practice of medicine.* San Francisco: Harper.

Falicov, C. J. (1995). Training to think culturally: A multidimensional comparative framework. *Family Process, 34,* 373-388.

Falicov, C. J. (1998). *Latino families in therapy: A guide to multicultural practice.* New York: Guilford Press.

Falicov, C. J. (2002). Ambiguous loss: Risk and resilience in Latino immigrant families. In M. Suarez-Orozco & M. Paez (Eds.), *Latinos: Remaking America* (pp. 274-288). Berkeley: University of California Press.

Falicov, C. J. (2003). Immigrant family processes. In F. Walsh (Ed.), *Normal family processes* (3rd ed., pp. 280-300). New York: Guilford Press.

Falicov, C. J. (2005a). Mexican Americans. In M. McGoldrick, J. Giordano, & N. Garcia-Preto (Eds.), *Ethnicity and family therapy* (3rd ed., pp. 229-241). New York: Guilford Press.

Falicov, C. J. (2005b). The Latino family life cycle. In B. Carter & M. McGoldrick (Eds.),

Expanded family life cycle: Individual, family and social perspectives (3rd ed., pp. 141-150). Boston: Allyn & Bacon.

Falicov, C. J. (2007). Working with transnational immigrants: Expanding meanings of family, community and culture. *Family Process, 46*(2), 157-172.

Fanon, F. (1967). *Black skin, White masks.* New York: Grove Press.

Gafner, G., & Duckett, S. (1992). Treating the sequelae of a curse in elderly Mexican Americans. *Clinical Gerontologist, 11*(3/4), 145-153.

Garcia-Preto, N. (2005). Puerto Rican families. In M. McGoldrick, J. Giordano, & N. Garcia-Preto (Eds.), *Ethnicity and family therapy* (2nd ed., pp. 242-255). New York: Guilford Press.

Gonz lez-Wippler, M. (1996). *Santer a: The religion.* St. Paul, MN: Llewellyn.

Guarnaccia, P. J., DeLaCancela, V., & Carrillo, E. (1989). The multiple meanings of the *ataques de nervios* in the Latino community. *Medical Anthropology, 11,* 47-62.

Harwood, A. (1981). *Ethnicity and medical care.* Cambridge, MA: Harvard University Press.

Lechner, N. (1992). Some people die of fear: Fear as a political problem. In J. E. Corradi, P. W. Fagen, & M. Garret n (Eds.), *Fear at the edge: State terror and resistance in Latin America.* Berkeley: University of California Press.

Levitt, P. (2002). The ties that change: Relations to the ancestral home over the life cycle. In P. Levitt & M. Waters (Eds.), *The changing face of home: The transnational lives of the second generation.* (pp. 123-145). New York: Russell Sage Foundation.

Mart nez, R. (1996). The undocumented virgin. In A. Castillo (Ed.), *Goddess of the Americas-La diosa de las Am ricas: Writing on the Virgin of Guadalupe* (pp. 98-110). New York: Riverhead Books.

Minuchin, s., Montalvo, B., Guerney, B., Rosman, B., & Schumer, F. (1967). *Families of the slums: An exploration of their structure and treatment.* New York: Basic Books.

Organista, K. (2007). *Solving Latino psychosocial and health problems: Theory, practice and populations.* New York: Wiley.

Rumbaut, R. (2002). Severed or sustained attachments?: Language, identity and imagined communities in the post-immigrant generation. In P. Levitt & M. Waters (Eds.), *The changing face of home: The transnational lives of the second generation* (pp. 43-95). New York: Russell Sage Foundation.

Santiago, M. (1994). *A Puerto Rican view of death and dying.* Presentation at the quadrennial meeting of the *Family Process* Journal, San Juan, PR.

Scheffler, L. (1983). *Magia y brujeria en M xico.* Mexico City: Panorama Editorial.

Shapiro, E. R. (1994). *Grief as a family process: A developmental approach to clinical practice.* New York: Guilford Press.

Smith, R. C. (2002). Life course, generation and social location as factors shaping second generation transnational life. In P. Levitt & M. Waters (Eds.), *The changing face of home: The transnational lives of the second generation* (pp. 145-168). New York: Russell Sage Foundation.

Tseng, W. S., & McDermott, J. F., Jr. (1981). *Culture, mind and therapy: An introduction to cultural psychiatry.* New York: Brunner/Mazel.

Walsh, F. (2003). Family resilience: A framework for clinical practice. *Family Process, 42*(1), 1-18.

White, M. (1989, Summer). Externalizing of the problem and re-authoring of lives and relationships. *Dulwich Centre Newsletter,* pp. 3-21.

Wright, L. M., Watson, W. L., & Bell, J. M. (1996). *Beliefs: The heart of healing in families and illness.* New York: Basic Books.

제 9 장

"너희 부모를 공경하라."

– 세대 간 가치와 유대교의 전통

MONA DEKOVEN FISHBANE

유대교 전통의 핵심과 십계명의 중심에 제5계명—"너희 부모를 공경하라. 그리하면 너희는 주 너희 하나님이 너희에게 준 땅에서 오래도록 살 것이다." (출애굽기 20:12)—이 있다. 랍비의 자료를 보면 이 계명은 하나님을 받아들이고 하나님에게 복종하라고 언급하는 처음 네 가지 계명 및 인간관계를 다루는 마지막 다섯 가지 계명과 모두 관계가 있다. 그래서 제5계명은 신의 영역과 인간의 영역을 연결하는 것으로 간주된다.

이 장에서는 유대교의 전통이라는 맥락에서 부모를 공경하라는 명령에 관해 고찰하고자 한다. 그 속에 부모 공경이 깊이 새겨진 가치, 특히 여러 세대에 걸친 지속성과 자녀에게 전통을 전승하는 부모의 의무라는 가치를 살펴볼 것이다. 그리고 부모를 공경하라는 어려운 과제를 예를 들어 보여 주는 율법과 이야기를 알아볼 것이다. 자식의 효심이라는 이 전통은 현대 미국 사회의 맥락에 영향을 주고 영향을 받는 것으로 생각된다. 마지막으로 가정과 가족치료에 대한 함의를 논의할 것인데, 특히 세대 간 갈등과 화해를 중심으로 논의할 것이다.[1]

고전 텍스트, 현대적 관심

우리는 전통 안에서 존중받는 유대교의 고전 텍스트를 현대적 감수성과 관심으로 대면한다. 정통 유대교는 다른 세계적인 종교들처럼 전통적으로 가부장적이었기 때문에 최근까지도 중요한 목소리와 저자는, 하나님을 서술하는 표상과 언어가 그러했듯이 남성이었다. 그러나 특히 신비주의적 전통에는 상당한 예외가 있다. 예를 들어, 셰키나(Shekhina, 지상에 여호와가 임하시는 상징-역주)는 하나님의 여성적 영역이며, 보살핌의 신적 측면을 말한다. 마찬가지로 고전 텍스트에도 여성 영웅과 여성학자들에 관한 주목할 만한 예가 있다. 현대의 여권 신장론자들과 자유주의 유대인들은 자신을 위해 전통을 재생하는 작업을 하여 성경과 성경 이후의 텍스트에서 여성에 관한 이야기를 찾고 개발하며 기도어를 성 중립적인 형식으로 변경해 왔다. 최근에는 많은 여성이 종교 텍스트를 연구하는 유대교의 중심적인 정신적 과업을 떠맡고 있는데, 이는 역사상 보통 여성에게는 주어지지 않는 기회였다. 현대의 정통파 여권 신장론자와 자유주의 그룹에 속하는 여성들은 높은 수준의 학식을 성취하고, 학자적 · 정신적 지도력을 획득하고 있다.

이 장에서 인용되는 다수의 고전 텍스트에서 딸과 아들 모두에게 부모를 공경하라고 명하고 있기는 하지만 아버지와 아들을 세대 간의 원형적 관계(텍스트 저자들의 가부장적 편애를 반영하고 있음)로 언급한다. 나는 남성적 편애에 불편함을 느끼기는 하지만 이 예들을 인용하기로 했다. 이 고대의 목소리에 정신적 가치가 크다고 생각하기 때문이다. 이 장에서 나는 가능한 곳에서, 예를 들면 '아버지' 보다는 '부모', '아들' 보다는 '자녀'라고 지칭하여 성 중립적인 용어나 포괄적인 용어를 사용할 것이다.

나는 세대 간 연결을 중심으로 한 유대인의 전통에 관한 이야기가 특히 우리가 살아가는 개방적 문화에서 부단히 변화하는 가치를 지닌 지혜의 원천임을 발견한다. 현대의 맥락은 부모를 공경하라는 율법과 기대를 이끌어 낸 당시의 맥락과는 매우 다르지만, 제5계명과 관련된 다수 원칙과 어려움은 오늘날에도 관계가 있다. 세대 간 긴장 및 충성 갈등과 씨름할 때 이전 세대와 전통에서는 이러한 문제를 어떻게 다루었는지 고찰해 보면 도움이 된다. 과거와의 문화적 대화에 참여하면 현재와 미래에 도움이 될 수 있다고 나는 믿는다.

전통과 이야기

유대교는 기억과 이야기의 종교다. 초창기의 가장 중심적인 텍스트인 토라(모세 5서)는 고대 이스라엘 민족의 형성 및 하나님과의 복잡한 관계에 관해 전한다. 이 이야기 중 가장 재미있는 부분은 이집트에서의 탈출과 시나이 산에서의 계시인데, 시나이 산에서 하나님은 십계명과 토라 전체를 백성을 대표하여 모세에게 주셨다고 전통은 전한다. 토라는 근간이 되는 텍스트로서 고대에서 현재까지 미치는 풍부하고 다양한 전통의 핵심이다. 해석과 연구는 유대교의 핵심적인 정신 활동으로서 종교 학습(탈무드와 미드라쉬와 같은 토라에 관한 주석뿐만 아니라 토라 연구도 포함)보다 더 가치 있는 것은 거의 아무것도 없다.[2] 오래된 이야기에 관한 연구뿐만 아니라, 오래된 텍스트를 새로운 텍스트로 재해석함으로써 유대교는 그 뿌리를 유지하면서 발전한다. 학습과 기도와 의식을 통해 과거를 현재화하는 것과 기억에 대한 강조가 끊임없이 강화된다. 토라는 연중 유대교 예배당에서 읽히며, 매해 특정 휴일에 마디를 이루는 역사적 사건이 기념된다.

전통을 전승하는 데는 과거 세대와의 관계에 관한 이중적인 시각이 있다. 현자들은 율법 문제와 도덕적 문제를 끊임없이 해석하고 판결을 내린다. 그래서 유대교는 발전하고 현재의 시대적 요구에 응답한다. 동시에 과거와 과거 학자들의 위대함을 존경한다. 이전 세대 랍비들과의 이러한 연결로 정신적 겸손이 조성되고, 사람들은 미래로 전진하면서 과거를 되돌아본다.

다세대 간 지속성

유대교의 하나님은 여러 방식으로 지칭된다. 성경에서 가장 흔한 형용 어구 중 하나는 '아브라함과 이삭과 야곱의 하나님'이다.[3] 최초의 계약은 하나님과 아브라함 간에 이루어졌는데, 이 계약에서 아브라함은 하나님을 받아들이는 보상으로 나중에 유대인들로 알려지는 이스라엘 민족이 될 후손을 약속받았다. 성서에 등장하는 족장들과의 계약은 여러 세대로 이어지는 지속성에 대한 약속을 포함하고 있다. 그 후에 이어지는 하나님과 이스라엘 민족 간의 뒤얽힌 관계는 백성의 변덕과 불충 그리고 이에 대한 반응으로 백성을 멸망시키거나 단절하겠다는 신의 위협으로 되풀이된다. 그에 반해서 이스라엘 민족은 하나님에게 충실하면 여러 세대에 걸친 후손의 번성과 땅에서 풍요로움을 누리는 형태로 신의 축복을 약속받는다.

후손을 통한 민족과 가족의 생존은 성경에 등장하는 이야기에서 내내 반복되는 주제다. 자손을 통해 이름이 이어지지 않을지도 모른다는 전망과 함께 무자손으로 표면화되는 깊은 염려가 도사리고 있는 셈이다. 자식의 계승은 특히 창세기 이야기에서 중심적인 또 하나의 모티브다. 형제들이 부모의 축복을 두고 경합할 때 동기 간 경쟁이 많이 등장한다(예: 이삭과 이스마엘, 야곱과 에서, 요셉과 그의 형제들).

여러 세대에 걸친 자신의 신분 증명은 랍비 시대에도 계속된다. 탈무드와 다른 고전 텍스트에서 랍비는, 예를 들면 '레위의 아들 랍비 여호수아'처럼 그들의 가계로 확인된다. 마찬가지로 랍비는 자신의 스승을 언급하여 정신적 혈통 속에서 자신의 위치를 나타낸다. 예를 들면, "랍비 사프라께서 하나니아의 아들 랍비 여호수아의 권위에 대해 말씀하셨다."와 같은 형식이다. 부모와 스승에 대한 존중이 중심적인 세계에서 랍비의 토론에 대한 개인의 공헌은 여러 세대에 걸친 생물학적 · 정신적 맥락에 의해 형성된다. 부모와 스승에 대한 신뢰와 존중과 심지어는 경외도 랍비 담화의 특징이다.

"너희는 자손들을 부지런히 가르칠지니"

여러 세대에 걸친 지속성은 유대교에서 자녀를 가르치는 부모에 의해 보장된다. 성경에서는 부모에게 다음과 같이 권고한다. "네 자녀에게 [율법을] 부지런히 가르치며 집에 앉았을 때든지, 길을 갈 때든지, 누웠을 때든지, 일어날 때든지 이 말씀을 강론할 것이다."(신명기 6장 7절) 토라의 가르침과 자녀에게 전해지는 토라의 가치는 가르침을 통해서든 일상적인 행동의 모범을 통해서든 계속되는 지속적인 과정이다.

신명기 6장에서는 더 나아가 자녀가 "이 계명들은 무엇입니까?"라고 물을 때 부모는 "우리는 이집트의 노예였다. ……하나님이 우리를 이집트에서 인도해 내셨나니. ……하나님께서 이 모든 규례를 지키고 하나님을 경외하라 명하셨다."(6장 20-24절)고 대답하라고 가르친다. 이 부모와 자식 간의 대화는 유월절 하가다(탈무드 중 비율법적인 교훈적 이야기-역주)에 짜 넣어져[4] 세데르 의식에서 암송된다. 하가다는 여러 세대의 질문과 대답을 다시 이야기하는, 의례적인 다시 말하기의 최고 순간이다. 하가다에서는 네 아들의 드라마를 제기하는데, 네 아들은 각자 다른 방식으로 전통을 대면하고 있다. 부모는 각 자녀의 천성과 수용 능력에 적합한 방식으로 자녀에게 대답하라고 가르침을 받는다. 유월절 세데르의 매년 되풀이되는 드라마는 전통에 관해 묻고, 토의하며, 전통과 씨름하라는 초대다. 자녀의 호기심은 환영받으며, 질문하는 것과 가르치는 것의 역학은 소중하게 여겨진다.

전통을 전승하는 세대 간 대화의 가치는 다음 구절에서 알 수 있는 것처럼 바빌로니아 탈무드(Babylonian Talmud: BT)에서 반복하여 강조된다. "아들에게 토라를 가르치는 자는 누구든지 모든 세대의 끝까지 그와 그의 아들과 그의 아들의 아들을 가르친 것처럼 성서에서 그에게 공로를 돌리나니!" (BT, kiddushin, 30a).[5] 전통을 전승하는 것은 한 세대에서 한 번 일어나지만 그 이후의 모든 세대에 영향을 준다는 이해가 이 문장에 내포되어 있다. 레위의 아들 랍비 여호수아는 "그의 손자에게 토라를 가르치는 자는 누구든지 시나이 산에서 토라를 (직접) 받은 것처럼 성서에서 그에게 공로를 돌린다."라고 계속한다. 다음 세대에 전통을 전승하는 것에 대한 보상은 멀리 시나이 산에서의 계시로 돌아가 이전 세대와 직접 접촉할 수 있다는 것이다.

가정 내에서 신의 임재

자녀를 가르쳐야 하는 부모의 의무는 부모를 공경해야 하는 자녀의 의무로 반영된다. 전통에서는 부모 공경을 하나님 공경과 연결한다. 한 인간을 창조할 때 부모와 하나님을 파트너로 묘사하며, 부모 공경을 가정에서 신의 임재와 연결하는 주목할 만한 어구가 탈무드에 있다. "한 사람에게는 세 명의 파트너가 있으니 하나님, 아버지 그리고 어머니다. 부모를 공경하면 하나님은 내가 그들 사이에 거했고 그들이 나를 공경한 것처럼 내가 그들에게 (공로를) 돌리리라." (BT, kiddushin, 30b)라고 말한다. 역으로 부모를 공경하지 않으면 그들 사이에 신의 임재가 이루어지지 못한다고 한다. 탈무드의 주석은 다음과 같다. "어떤 사람이 어머니나 아버지에게 고통을 일으키면 하나님은 내가 그들 사이에 거하지 않아서 좋다. 왜냐하면 내가 그들 사이에서 거했더라면 고통받을 것이기 때문이다." (BT, kiddushin, 31a)

"너희 부모를 공경하라."

유대교 전통에서는 규범과 교육적 이야기를 통해 제5계명에 대해 부연 설명한다. 부모 공경은 탈무드에 구체적인 어구로 정의되어 부모에게 "먹을 것과 마실 것, 옷과 덮을 것을 주고 부모가 들어오고 나갈 때 인도할 것을 포함한다." (BT, kiddushin, 31b) 이 묘사에서 공경은 행동으로 실천하는 것이며, 봉사 지향적이고, 부모가 필요로 하는 것과 관련되어 있다. 공경에 더하여 경외도 성경에서 명하고 있다(레위기 19:3). 탈무드에서는 다소 심리적인 용어로 부모에 대한 경외를 정의한다. 그래서 경외는 부모의 자리에 서거나 앉지 말 것이며, 부모의 말을 부인하지 말고, 부모를 수치스럽게 만들지 말 것을 요구한다(BT, kiddushin, 31b).

탈무드는 나이 든 부모를 향해 공손하게 행동하는 성인 자녀의 일화를 통해 이러한 간결한 정의를 넘어서 부모 공경과 관련된 어려운 과제를 구체적으로 묘사하고 있다. 이 이야기에서 "아들이나 딸은 자신이 받은 요구에 이상적으로 반응하지는 않지만 *kibbud*(부모 공경)의 형태와 과정에 관한 책임은 있다. 자녀의 행동은 복종적이 아니라 능동적이다." (Blidstein, 1975, p. xii) 그 이야기에서는 어려운 환경에서도 부모에게 공손하게 이야기하려는 아들이나 딸의 정신적인 중심 잡기를 예로 보여 준다.

부모 공경에 대한 가장 유명한 이야기 중 하나는 이교도인 아슈켈론 출신의 Dama에 관한 이야기다.

> 그들이 랍비 Eliezer에게 물었다. "부모를 어느 정도까지 공경해야 합니까?" 랍비가 그들에게 말했다. "가서 아슈켈론에서 한 이방인이 아버지를 위해 한 일을 보라. Netina의 아들 Dama가 그의 이름이다. 현자들이 그에게서 성직자의 가슴받이로 쓸 값비싼 돌을 6만의 가격에 사려고 했다. ……그러나

> (보석함의) 열쇠가 아버지의 베개 밑에 있어 그는 아버지를 깨우지 않으려고 그 돌을 팔지 않았다. 다음 해에 하나님께서 그에게 큰 보상을 주어 귀한 붉은 암소가 그의 소떼 가운데 태어났다.[6] 이스라엘의 현자들이 (암소를 사기 위해) 그에게 왔을 때 그가 말했다. "제가 여러분에게 암소의 값으로 세상의 모든 부를 달라고 하면 주시리라는 것을 압니다. 그러나 저는 아버지를 공경하느라 쓴 돈 이상을 원하지는 않습니다." (BT, kiddushin, 31a)

랍비들은 Dama의 행동을 부모를 공경하는 계율(mitzvah, 선한 행위)의 본보기로 여겼다. Dama의 태도는 보상으로 사사로운 이익을 구하려 하지 않았기 때문에 한층 더 칭찬받는다. 이 이야기를 Robert Bly의 『무쇠 한스 이야기(Iron John)』(1990)에 등장하는 매우 다른 현대적 이야기—어른이 되어 가는 과정에 있던 한 소년이 어머니의 베개 아래에서 열쇠를 훔쳐야만 한다!—와 대조해 보면 교육상 유익하다. 이 무척 다른 두 가지 일화의 기저에 있는 핵심 가치는 서로 다른 '이야기의 교훈'으로 귀착한다. 탈무드의 이야기에서 아버지를 위해 사사로운 이익을 취하려는 자신의 욕망을 자제하는 것은 미덕이다. Bly의 이야기에서 소년의 자유와 남성성은 어머니에게서 귀중한 어떤 것을 훔쳐야 성취할 수 있다. 그것은 개인의 성장 여정의 일부로서 어머니를 배제시키는 것을 가정한다. 그러한 발달 궤적은 전통적인 유대교의 시각과는 너무나 차이나는 것이다.

랍비들은 부모를 돌보는 것과 관련되는 복잡한 역학을 이해했다. 랍비 Avimi는 다소 수수께끼 같은 소견을 제시한다. "한 사람은 아버지에게 꿩을 먹이고 (벌로) 세상에서 쫓겨날 수 있지만, 또 한 사람은 (아버지를) 방앗간에서 맷돌을 돌리게 하고 (최고의 보상을) 받을 수 있다." 이 간결한 말은 다음과 같은 시나리오를 상상하는 다른 주해자들에 의해 해독된다. 첫 번째 상황에서 꿩을 먹은 아버지가 아들에게 그러한 진미를 어디에서 얻었는지 물어보자 아들은 심술궂게 대답한다. "늙은이, 그게 당신에게 무슨 상관이요? 그냥 개가 씹어 먹는 것처럼 씹어 드시오." 두 번째 사례에서 주해자들은 아버지가 왕에게 봉사하도록 부름을 받았기 때문에 아들이 아버지를 방앗간에서 맷돌을 돌리는 일을 하게 만든다고 상상한다. 왕에 대한 봉사는 어렵고도 오랜 노동을 수반한다는 것을 깨달은 아들은 아버지의 대리로 갈 것을 제안하고, 아버지에게 집에서 맷돌을 돌보라고 부탁한다. 그리하여 아들은 더 큰 고생에서 아버지를 보호한다(BT, kiddushin, 31a). 이 이야기에서 표현된 가치는 부모 공경은 단순히 적절한 행동의 문제가 아니라 공경하는 방식이 중요하다는 것이다. 경멸적이고 분개하는 태도로 부모를 보살피는 것은 이러한 관점에서는 제5계명을 수행하는 것이 아니다.

부모를 수치스럽게 만들지 말아야 한다는 행동 지침은 자식의 효심의 중심을 이룬다. 탈무드는 이야기한다. "한 사람의 아버지가 [무심코] 토라의 율법을 어기면 [아들은] 아버지에게 '아버지, 토라의 율법을 어기셨어요.'라고 말해서는 안 된다. 대신 '아버지, 토라에 이렇게 쓰여 있어요.'라고 말해야 한다." (BT, kiddushin, 32a) 아들이 아버지를 정정해 주는 것은 간접적이고 부드러워야 한다.

부모를 수치스럽게 만들지 말아야 한다는 어려운 과제는 때때로 심하게 시험받는다. 몇몇 일화에서는 부모가 불합리하게 행동하며, 심지어는 신체적으로 성인 자녀를 공격하기도 한다. 적절한 한계를 설정하면서도 자녀는 똑같은 방식으로 반응하지 말아야 하며, 부모를 수치스럽게 만들지 말아야 한다. "그들이 랍비 Eliezer에게 '어느 정도까지 부모를 공경해야 합니까?'라고 물었다. 랍비는 그들에게 '(아버지가) 지갑을 바다에 던져도 (아들은) 아버지에게 창피를 주어서는 안 된다.'라고 말했다." (BT, kiddushin, 32a) 더 극단적인 사례는 아슈켈론 출신의 Dama에 관한 이야기에 등장한다. "한 번은 그가 황금색 관복을 입고 로마 귀족들과 함께 앉아 있었다. 그때 그의 어머니가 들어오더니 아들의 관복을 찢어 벗기고 머리를 때리고 얼굴에 침을 뱉었다. 그러나 아들은 어머니에게 창피를 주지 않았다." (BT, kiddushin, 31a) 사람들은 어머니의 감정적인 공격 앞에서 보여 준 Dama의 자제심과 평정심에 감탄한다. 이교도인 Dama는 제5계명에 속박받지 않았기 때문에 그의 성숙함은 내부의 강인함인 자연스러운 자제력에서 흘러나오는 것 같다. 랍비들이 세대 간 미덕의 모범으로서 Dama를 선택한 것은 흥미롭다. 외부의 억제력인 부모를 공경하라는 명령을 Dama의 직관적인 효심과 존중이라는 내부의 변화로 돌리는 것을 볼 수 있다.

탈무드는 자녀가 부모의 신경증적 행동에 대해 한계를 설정할 때조차도 부모의 격분이나 체면 손상을 유발하지 않고 부드럽게 실행해야 한다고 말한다. 이런 보기 좋은 광경은 성인 자녀가 부모를 대할 때 직면할 수도 있는 복잡하고 때로는 고통스러운 선택을 표현한다. 자존심과 자기 방어를 부모에 대한 보살핌 및 존중과 균형을 이루도록 하는 것은 부모가 불안정하거나 폭언을 할 때 특히 어렵다.

전통에서는 부모를 공경하는 것이 제멋대로이거나 언어도단인 부모의 요구에 맹목적으로 순종하는 것과는 다르다는 것을 분명히 한다. 부모가 경박해서 정말로 필요한 것이 아닌 문제에 순종을 요구하거나 부모의 요구가 정신이상이거나 부적절하면, 자녀는 부모에게 순종하지 않아도 된다. 오히려 영향력 있는 중세의 철학자이자 유대교 율법 법전 편찬자인 Moses Maimonides는 *Hilkhot Mamrim* 6:10에 다음과 같이 썼다.

> 부모가 정신이상인 사람은 하나님이 그 부모를 측은히 여길 때까지는 부모의 정신 상태가 요구하는 대로 부모와 함께 행동하도록 애써야 한다. 부모가 너무 극단적으로 정신이상이어서 자녀가 관대하게 대하는 것이 불가능하면 부모를 떠날 수 있으며, 다른 사람들이 부모가 요구하는 대로 (그의 부모를) 돌봐야 한다.

여기서 Maimonides는 성인 자녀가 부모에게 직접 봉사해야 하는 의무를 면제한다. 따라서 이 사례에서는 자녀의 행복에 대한 염려가 우선한다. 그러나 자녀는 시중드는 사람도 두지 않고 부모를 떠날 수 있는 것은 아니다. 자녀는 부모를 위해 자신을 대신할 시중꾼을 찾아야 한다.

부모 공경에 관한 탈무드의 일화에서 입증되는 정신적 · 심리적 자제심은 주목할 만하다. 자식으로서의 자기 억제력에 대한 이 예들은 우리 문화에서 성인 자녀에게 기대하는 것을 훨씬 넘어선다. 그러나 정통파 유대교에서도 부모 공경에 한계가 없는 것은 아니다. 자식의 효심에 너무나 헌신적인 문화에서도 부모 공경의 의무를 완화하는 제한적인 조건이나 상충하는 상황이 있다. 극단적인 사례에서는 가치가 충돌하는데, 이 가치 중 일부는 자식으로서의 봉사와 보살핌보다 우선한다.

이러한 가치 중 하나는 토라를 공경하는 것이다. 성인 자녀가 종교 율법을 어기거나 사악한 행위를 조장하도록 부모가 요구하면, 자녀는 부모에게 불복할 수 있다. 이때도 부모에게 수치심을 안겨 주거나 불필요하게 부모를 거부해서는 안 된다. 불복종이 잘못 인도한 부모를 버리는 결과로 이어져서는 안 된다.

성인 자녀의 정신적 · 학문적 추구는 부모의 요구보다 우선할 수 있다. 토라를 공부하거나 스승을 선택하거나 자신의 예배 장소를 찾거나 이스라엘에 가는 것은 모두 자녀에 대한 부모의 계획보다 우선할 수 있다. 종교 공부는 너무나 중심적인 가치여서 선생이나 정신적 스승을 공경하는 것은 부모를 공경하는 것보다 우선할 수 있다. 그러나 부모보다 스승을 공경하는 것이 성인 자녀에게서 자식으로서의 효심을 완전히 면제하지는 않는다는 것을 전통은 조심스럽게 지적한다. 자녀는 여전히 부모를 보살필 의무가 있다. 그러나 충돌이 있을 때는 스승을 보살피는 것이 먼저다.

탈무드에서 부모 공경에 관해 말하는 방식은 세대 간 관계에 수반된 복잡성을 표현한다. 랍비들은 단순히 제5계명을 수행해야 하는 가치를 설교하기보다는 부모와 자식 간의 상호작용에 내재한 일상적인 딜레마와 긴장을 예로 보여주는 어려운 질문과 사례를 토의한다. 한편으로는 자녀의 사사로운 약속과 필요를 따라야 하고, 다른 한편으로는 부모를 보살펴야 하는 의무 간의 언행 충돌이 이 일화들에 표현되어 있다. 제5계명을 수행하는 것은 랍비의 시각에서는 단순한 과업이 아니라 많은 순간 혼란을 겪으며 선택해야 하는 일이다.

온갖 어려움을 수반하기는 하지만 전통적인 유대교의 관점에서는 부모가 '좋은 부모'든 아니든 부모를 공경하고 존중할 의무가 있다. 이 의무는 부모의 가치나 부모에 대한 성인 자녀의 자발적인 사랑에 기초하는 것이 아니다. 자녀의 효심은 선택 사항이 아니라 성인 자녀의 의무로 여겨진다. 이러한 정통파 유대교의 시각은 Ivan Boszormenyi-Nagy와 동료들의 맥락적 가족치료 이론과 상당히 가깝다(Boszormenyi-Nagy, Grunebaum, & Ulrich, 1991). 맥락적 시각에서 자녀로서의 성실과 부채는 삶의 사실(fact)이다. 부모를 보살피고 부모에게 긍정적인 충실을 표현할 방식을 찾아내지 못하는 사람은 보이지 않는 충실, 즉 부모와의 부정적이며 자기 파괴적 관계에 빠질 수 있다(Boszormenyi-Nagy & Spark, 1973). 이것은 제5계명에 언명된 부모 공경에 대한 보상— "땅에서 오래도록 살 것이다." 와 신명기(5장 16절)에 언명된 "복을 누리리라." —을 상기시킨다. 유대교의 신앙 체계와 맥락적 가족치료 이론의 신념 체계 모두에서 부모 공경은 자신의 삶의 결과와 복잡하게 연결되어 있다.

현대적 딜레마: 신념 체계의 충돌

앞에서 논의한 가치와 믿음은 전통적 유대교의 고도로 통제된 세계관을 반영한다. 이 가치와 믿음은 비정통 유대교인 사이에서 더는 널리 공유되지 않는 복잡한 가정에 기초를 두고 있다. 정통 유대교인은 랍비식 율법의 세계를 고수하며, 랍비식 율법은 일상생활의 지침으로 사용된다. 비정통 유대교인은 연구나 영감의 중심으로서 전통에 더 선택적으로 접근한다. 자유주의적 유대계 미국인 그룹에서는 종교 율법을 엄격하게 고수하는 것보다는 개인의 자율성과 창의성을 더 중시하는 경향이 있다.

더구나 전통적 유대교에서의 개인에 대한 관념은 현대 미국의 주류 문화에서 생각하는 개인의 관념과는 매우 다르다. 유대교의 율법은 개인의 의무와 책임을 말하지만, 미국의 법률은 개인의 권리와 자유라는 관념에 기초를 두고 있다. 지배적인 미국 문화에서의 발달 궤적은 독립적인 자아가 되는 것이지만, 전통적 유대교에서의 발달은 가족 및 공동체와의 결속이라는 견지에서의 대인 관계로 보인다. 의무와 임무를 매우 귀중하게 여긴다. 개인의 행복은 그것 자체가 목표가 아니라 윤리적 삶의 부산물이다. 세대 간 충실과 부모에 대한 존중은 앞서 살펴보았듯이 핵심 가치다. 대조적으로 미국에서 인기 있는 심리학에서는 부모와의 관계를 선택적인 것으로 만들었다. 부모와 떨어져 성장하거나 부모의 힘이 미치지 않는 곳에서 성장하는 것은 미국 문화에서 용인되는 규범 발달 방식이다. 이러한 시각에서는 개인의 복리가 가장 중요하며, 개인은 일차적으로 자신에게 책임이 있다.

지배적인 문화의 이야기를 들으며 양육된 많은 현대 북미 유대교인은 두 세계 사이에 잡혀 있다. 그들은 개인적 가치 체계를 흡수했더라도 의무, 죄의식, 다세대 간의 책임이라는 가족적 메시지도 받아들이는 사람이 될 수 있다. 죄의식을 유발하는 유대인 어머니로 특징지어지며 풍자적으로 묘사되는 가족적 메시지는, 유대교 전통이 약화하여 맥락에서 벗어난 유대교의 신념 체계를 반영하는 것으로 보인다. 성인 자녀에게 유대교인과 결혼하거나 부모에게 나챠스(nachas, 이디쉬어로 '기쁨'이라는 뜻임)를 가져다주는 손자들을 낳도록 간청하는 유대교 부모들은 미국의 맥락에서는 병적이며 낯설게 보인다. 그러나 그러한 부모의 요구는 더 전통적인 유대교 세계에서는 자연스럽다. 그러한 메시지를 받는 미국의 유대인 자녀는 부모를 지나치게 통제적인 사람으로 바라보며 부모의 거슬리는 행동이라고 느끼는 것에서 거리를 둔다.

개인의 선택과 세대 간 충실 사이의 긴장은 단순히 유대교의 딜레마만이 아니라 여러 배경을 지닌 가족 내에서 볼 수 있는 일반적인 현상이다. 제5계명은 유대교뿐만 아니라 기독교와 이슬람교에도 등장하는 토대를 이루는 성구다. 자식으로서의 효심과 개인의 자율성 간에 균형을 잡는 것은 대다수 다른 문화에서도 어려운 과제다. 이러한 균형 잡기는 개인보다 가족을 우위에 두는 전통적 문화권에서 미국으로 이민을 온 가족에게 특히 어려운 문제다. 그 결과 부모와 개인주의를 강조하는 미국에서 양육된 자녀 사이에 종종 충돌이 일어나기도 한다.

임상적 함의: 세대 간 갈등, 충실 및 화해

부모 공경은 현대의 삶에서는 종종 혼란을 주는 전망이다. 미국에서 주류 문화에서 살고 있는 많은 사람에게 자식으로서의 효심은 세대 간 맥락에서 자신을 정의하는 일관된 세계관과 더는 통합되지 않는다(Walsh, 1999). 여러 전통 문화를 특징짓는 가족과 공동체에 대한 충실, 의무 그리고 편입이라는 가치는 현대 미국 생활에서는 쉽게 지켜지지 않는다. 이러한 세대 간 가치는 미국 문화와 세계의 여러 곳에서 점점 더 널리 퍼지는 자기중심적인 방향과 종종 불화를 일으킨다. 원가족의 요구로부터 개인의 해방을 장려하는 치료적 접근법과도 불화를 일으킨다.

그러나 부모를 공경하고 원가족과 평화로운 관계를 유지하는 가치는 다세대 가족치료 이론과 상당히 조화를 잘 이룬다. 세대 간 연결과 화해를 향해 작업하는 것은 다세대 가족치료에서 중심이 된다(Boszormenyi-Nagy et al., 1991; Bowen, 1978; Carter & McGoldrick, 1999; Fishbane, 2005; Framo, 1976; Grunebaum, 1987; Hargrave, 1994; Lerner, 1985; McGoldrick, 1995; Roberto, 1992; Rolland, 1994; Walsh, 2006). Boszormenyi-Nagy와 동료들(1991)의 맥락적 접근법은 자식의 의무와 가정의 충실을 가장 명시적으로 다루며, 부모 공경을 성인기 발달의 중심 과업으로서 강조한다. 맥락적 가족치료 이론을 특징짓는 의무와 부채의 언어는 이 장에서 논의하는 전통적 유대교의 가치와 가장 비슷하다. 다세대 접근법은 의무의 언어를 사용하지 않지만, 개인이 막대한 대가를 치르지 않고는 원가족을 버리거나 원가족과 단절할 자유가 없다는 암묵적인 가정은 여전히 지니고 있다. 자아는 관계적이고 다세대적 맥락에서 이해된다.

다세대 가족치료 이론에 내재한 자신에 대한 관계적 시각은 다른 이론에서도 나타나고 있다(Fishbane, 2001). 발달 이론과 성의 연구, 신경과학 및 치료 분야에서 개인에 대한 관계적 시각은 심리학뿐만 아니라 일반적으로 북미 문화도 지배해 온 개인주의적 시각을 대체하고 있다. 이러한 관계적 이론에서는 생활주기 내내 대인 관계의 상호 의존성을 강조한다. 고전적 유대교 가치를 지닌 관계적 연관성으로의 이러한 이동은 앞서 논의한 바다.

관계적 · 세대 간 시각은 내 임상적 관점의 특징이다. 부부나 성인 개인과 그들의 원가족과 상담할 때, 나는 개인주의적이고 경쟁적인 이야기가 그들의 삶에 미친 부정적인 영향을 본다. 관계적 관점에서 그들의 딜레마를 생각해 보라고 클라이언트에게 요청하고, 그들이 부모 및 중요한 다른 사람들과 대화하도록 도와주는 것이 내 작업의 핵심이다(Fishbane, 1998, 2001, 2005, 2007, 2008; Scheinkman & Fishbane, 2004). 특히 다세대 이론으로 특징지어지는 나는 클라이언트가 자식으로서의 충실을 개인적 진정성, 경계선 및 자기 존중과 균형을 이루도록, 다시 말하면 자신을 존중하면서 부모를 공경하도록 돕는다. 이러한 시각에서 부모 공경은 자신에 대한 포기를 내포하는 것이 아니라, 관계적 맥락에서 개인의 자율성을 충분히 인식함을 수반한다. 여기에는 서로 더욱 잘 보살피는 관계로 부모를 공손하게 초대하는 방식을 클라이언트가 찾아내도록 도와주는 것이 포함된다(Fiashbane, 2005). 책망이나 비판을 하지 않고, 이런 방식을 찾아내면 부모는 열성적으로 반응하며 성인 자녀의 존중을 받고 자녀와 연결됨을 느낀다. 이러한 맥락에서 성인 자녀는 부모와의 관계에서 한계를 설정하고, 부모에게 요청하며, 진정성을 가지고 부모를 대하기가 훨씬 더 쉬워진다.

클라이언트에게 어려운 과제는 부모와 연결된 상태를 유지하면서 발언권을 가지거나 자신의 입장을 유지하는 것이다. 세대 간에 자신의 입장을 지키는 것, 즉 자율성과 부모에 대한 충실 및 존중이 균형을 이루도록 하는 것은 복잡한 관계적 기술이다. 이 기술에는 자신과 타인을 모두 존중하는 방식으로 "관계적 주장을 하는 것"(Fishbane, 2001)을 배우는 것도 포함된다. 이러한 태도로 접근할 때 부모는 상호 간 존중심을 지니고 반응할 수 있다. 이 과정이 펼쳐짐에 따라 존중은 존중을 낳는 경향이 있어서 세대 간에 심술궂은 순환 과정보다는 '고결한' 순환 과정을 만들어 낸다. 부모가 긍정적으로 반응할 수 없더라도 성인 자녀는 적어도 성실성과 관대함으로 행동하고, 탈무드에서 인용한 앞 예에서처럼 분노나 창피함으로 부모에게 대응해서는 안 된다. Boszormenyi-Nagy와 Spark(1973)와 함께 나는 개인이 부모에게 충실하기 위한 건설적 방법을 찾아냈을 때, 그 사람은 다른 관계에서 분노의 짐을 지지 않고도 자신의 삶을 더 자유롭게 살아갈 수 있음을 알았다.

다음에 기술하는 임상적 예는 이러한 접근법을 보여 준다.[7]

> 30대의 독신 여성인 Diana는 사람들과 관계맺는 방식에 끊임없이 실망해서 치료를 받으러 왔다. 그녀는 다른 사람들을 지나치게 친절하게 대하고, 화가 나게 되고, 폭발할 때가 되어서야 자신의 요구를 표현한다. Diana는 어머니의 통제를 받고 죄의식에 사로잡혀 있음을 느끼면서, 과부가 된 어머니 Sarah에게 만성적으로 화를 낸다. Diana가 사춘기 초기일 무렵 Sarah는 남편과의 관계에 실망해서 외동딸인 Diana가 자신의 욕구를 충족시켜 주기를 바랐다. 아버지가 죽은 후 Diana는 어머니의 슬픔 때문에 한층 더 부담감을 느꼈다.
>
> 아이였을 때 Diana는 어머니의 요구를 따르고, 어머니를 기쁘게 하려고 노력했으나 성인이 되었을 때는 너무나 분개해서 Sarah와 절연하려고 생각했다. Diana는 어머니에 대한 감정을 상당히 억누르고 있어서 어머니의 기대에 대항하는 거대한 벽으로 자신을 보호하지 않으면 침몰해 버릴지도 모른다고 두려워하고 있다. 그녀는 내게 "저는 어머니가 원하는 방식의 딸이 될 수 없어요. 그러니 저는 절대 제 어머니의 딸이 될 수가 없어요."라고 말

한다. Diana가 볼 때 그녀는 어머니가 원하는 것을 어김없이 행하고 자기를 포기함으로써 어머니를 공경하거나, 어머니와 거리를 두고 어머니를 잊어버림으로써 자신을 존중할 수 있다. 나는 Diana에게 자신을 존중하면서 어머니를 공경하는 방식을 찾아낼 수 있다고 말을 꺼낸다. 나는 그녀에게 묻는다. “당신은 어떤 방식으로 어머니의 딸이 되기를 원하세요?” Diana는 관계에서 진정성을 유지하며 자신의 욕구를 존중하는 상태로 Sarah와 연결되는 방식을 생각한다. 우리는 대화와 상호 존중을 수월하게 하면서 그녀가 어머니에게 접근할 수 있는 방식을 논의한다.

Diana는 ‘울타리 연습’(Fishbane, 2005)을 통해 자신과 어머니 사이에 경계를 세우는 작업을 한다. 그녀는 어머니를 뜰 사이에 울타리가 있는 이웃이라고 상상하고, 이웃 사람이 식물을 심는 방식이 이상적이지 않더라도 자신의 정원을 즐길 수 있을 것이라고 생각한다. Diana는 어머니 때문에 화가 난다고 느낄 때 울타리를 생각해 내는 것이 유용함을 발견한다. 그녀는 한 세션에서 말한다. “저는 이번 주에는 어머니를 울타리의 어머니 쪽에 두었어요. 그렇게 하자 반발하지 않는 데 도움이 되었어요.” Diana는 자신의 실체를 어머니의 실체와 나란히 두기 시작한다. 이제 그녀는 어머니의 분위기나 욕구에 너무 쉽게 빠져들지 않는다.

Diana는 어머니와의 관계에서 더 강해졌음을 느끼자 Sarah와 더 정직하게 이야기할 것을 고려한다. 그녀는 아이였을 때는 너무 지나치게 친절하고, 성인이 되었을 때는 너무나 자신을 억누르다 화가 났기 때문에 자신의 고통과 관심사를 어머니와 공유하는 방식을 찾아내지 못했다. Diana는 Sarah에게 자신의 경험을 이해할 기회는 물론 관계를 개선할 기회도 주지 않았다. Diana는 이 문제를 탐구할 합동 세션에 어머니를 초대하려고 결심하고 더 많은 대화에 마음을 열기를 희망한다.

Diana의 어머니는 한 세션 동안 우리와 자리를 함께한다. Diana는 어머니와의 관계를 개선할 수 있다는 희망을 피력하고, 근년에 그녀가 어머니와 거리를 두어 왔음을 인정한다. 그녀는 어머니를 행복하게 만들어야 하는 아동기의 역할 때문에 경험한 부담을 Sarah에게 털어놓는다. 그녀는 이제 자신의 욕구에 대해 Sarah에게 더 정직해질 수 있는 건강한 관계를 맺고 싶은 바람을 표현한다. Sarah는 Diana가 더 나은 관계로 초대한 것에 안심하고, 아동기에 대한 Diana의 고통스러운 회상을 받아들인다. 그녀는 또한 딸에게 과도한 투자를 함으로써 무심코 Diana에게 어떻게 상처를 주었는지 인정할 수 있다. 그러고 나서 Sarah는 어린 딸에게 집착한 행동의 근원을 정당화하지 않고 설명한다. 처음으로 Sarah는 아버지가 알코올중독성 분노행동을 보였으나 어머니는 우울증을 앓아서 자신에게 도움을 줄 수 없었던 이야기를 Diana와 나눈다. Sarah는 어머니가 되자 자신이 아이였을 때 경험한 학대와 유기를 절대로 반복하지 않기로 했다. 그녀는 딸에게 전적으로 헌신하기로 했다. 더 나아가 어린 딸에게 자신의 아동기에 대해 말하지 않음으로써 Diana가 Sarah의 고통을 경험하지 않도록 보호할 결심을 했다. 딸을 기르는 동안 Sarah는 고립감을 느꼈다. 남편은 학대하지는 않았지만 관여하지도 않았다. 그 시대의 사회 분위기에 따라 그녀는 집에 머무르면서 Diana의 성공을 통해 살고, 딸에게 열망한 친밀함을 구하며, Diana에게 모든 시간을 쏟았다.

Diana는 어머니의 이야기를 들으면서 누그러진다. 전에는 어머니의 병리적 태도와 요구만 보았지만, 이제는 어머니의 고통과 딸을 보호하고 보살피려는 어머니의 시도를 본다. Diana는 더 동정적이고 체계적인 시각을 발전시켜 Sarah 원가족의 맥락에서뿐만 아니라 결혼 생활에서 어머니가 느낀 외로움 속에서 어머니의 행동을 바라본다. Diana는 세대 간 학대의 사이클을 깬 어머니의 용기와 그녀가 Diana에게 유발한 고통에 대한 진지한 사과에 감사한다. 상담 치료에서 Diana는 어머니와 '애정이 있는 업데이트'(Fishbane, 2005)를 한다. 그녀는 분개와 비판이 아니라 차이에 대한 올바른 이해와 존중—일종의 '상호 공경'—을 기초로 그들이 더 만족스러운 관계를 맺는 데 도움이 되도록 어머니를 초대한다. Diana는 자신의 경험을 똑똑하게 표현하는 것을 배우고, 비난하지 않고 연결된 방식으로 어머니와의 한계를 설정하며, 더 건강한 경계를 설정한다. 한편 Sarah는 Diana의 거부가 수용으로 바뀐 것을 느끼자 덜 방어적이 된다. Diana가 어머니에게 자신은 공간이 필요하며 죄의식이 든다고 말하자, Sarah는 더는 적처럼 느껴지지 않는다. Sarah는 더 나은 관계를 형성하려는 연합 프로젝트의 일부가 된다. 그들은 심지어 이전의 관계 양식이 나타날 때면 그것에 대한 농담을 하기도 한다. 나이가 들어감에 따라 자신의 가치와 삶의 의미에 대해 염려하게 되는 Sarah는 어머니로서의 강인함을 Diana가 인정하는 것에 깊이 감동받는다. 이는 Diana가 어머니의 욕구를 채워 준 아동기의 역할로 돌아간 것은 아니라는 것에 주목하는 것이 중요하다. 오히려 그녀는 결점뿐만 아니라 장점도 있는 전인(全人)으로서 어머니를 인식할 수 있다. 이 과정에서 Diana는 어머니를 진정한 인간으로서 바라보는 능력인 '자식으로서의 성숙함'(Fingerman, 2003)을 발전시키고 있다.

무심코 유발한 해악을 인정하고, 진정한 사과를 하며 고치려고 하는 Sarah와 Diana 간의 치료 과정은 용서에 대한 유대교의 시각과 일치한다. 유대교의 전통에서 용서는 두 부분으로 이루어지는 관계적 과정이라고 생각한다. 한 사람이 다른 사람에 의해 해를 입었을 때 해를 입힌 자는 잘못된 행위를 인정하고 사과하며, 장차 똑같은 잘못을 저지를 기회를 줄이게 하는 내부의 변화〔테슈바(teshuva) 또는 '전환'〕 과정에 참여한 후에 용서를 구한다(Schimmel, 2002). 랍비들은 또한 원한을 품고 분노에 매달리는 인간적 성향에도 관심을 쏟았다. Maimonides는 필요하다면 다른 사람에게 해를 입힌 사람은 테슈바를 행하고, 뉘우침을 보여 준 후에 해를 입은 사람에게 최대 세 번까지 용서를 구해야 하며, 지원을 위해 희생자의 이웃을 데려오라고 권고했다. 이 모든 것을 행한 후에도 피해자가 여전히 용서해 주기를 거부하면, Maimonides는 그 죄가 이제는 용서하지 않는 피해자에게 속한다고 말한다. 진정한 테슈바, 뉘우침 및 사죄 앞에서는 해를 입은 쪽이 용서할 의무가 있다. 랍비들은 지속하는 분노는 정신을 좀먹고 해치며, 상호작용하는 회복은 건강한 과정이 될 수 있다는 점을 이해했다(이 책의 제16장 참조).

때때로 부모와 자식 간의 관계에서 분명한 가해자와 분명한 피해자가 있을 수 있다. 그러나 자녀가 경험하는 해악은 복잡한 가족 역학이나 Sarah와 Diana의 사례처럼 결과가 빗나간 부모의 선한 의도에서 유래하는 경우가 더 흔하다. Sarah의 집착하는 모성적 행위는 좋은 의도였음에도 Diana는 상처를 받았다. 자신의 행동이 Diana에게 미친 영향을 깨닫자 Sarah가 사과한 것은 건강하고 적절했다. Diana의 용서는 어머니에 대한 측은심을 키우고 어머니의 용기와 사랑을 올바르게 이해함으로써 강화되었다. Diana가 어머니가 자신을 충분히 살펴보고 이해했다고 느꼈을 때, Sarah의 사과는 Diana에게 깊은 영향을 미쳤다.

Diana는 어머니를 용서했을 뿐만 아니라 그녀가 늙을 때 과도한 부담을 느끼지 않고 그녀를 돌볼 방법을 생각하며, Sarah의 요구에 대한 자신의 예전 반응을 살펴본다. Diana는 어머니를 돌보는 것과 자신의 욕구와 경계를 존중하는 것 간에 균형을 잡으려고 노력한다. Diana가 어머니와 관련하여 선택의 순간에 직면할 때 그 과정에서 분노나 희생되고 있음을 더는 느끼지 않는다는 것이 가장 중요할 것이다. Diana는 공경을 그냥 부담이 아니라 긍정적인 기회로서 바라보기 시작한다.

이 작업에서 Diana는 영적 중심 잡기에 성공하여 어머니에 대한 분개와 의심에 더는 지배되지 않는다. 어머니를 공경하고 용서하는 Diana의 능력과 영적인 것에 초점두기는 어머니와의 관계를 넘어서는 파생 효과를 낳는다. Diana는 다른 관계에서도 더 많은 유연성과 선택권이 그녀에게 있음을 발견한다. 그래서 지나치게 친절하거나 화를 내며 자신의 욕구를 주장하던 이전의 행태가 많이 사라졌음을 느낀다. 그녀는 자신의 관계적 생활에서

'상호 존중'이 대체로 작용하고 있음을 발견한다.

Diana는 아버지에 대한 자신의 감정도 다시 살펴본다. 아버지는 그녀가 열세 살이었을 때 죽었기 때문에, 그녀에게는 성인의 관점에서 아버지를 알아볼 기회가 전혀 없었다. 상담 치료에서 그녀는 자체의 강점과 한계를 지닌 진정한 인간으로서의 아버지를 탐색한다. 그녀는 아버지 삶의 다른 시기에 그를 알았던 친척들 및 친구들과 이야기를 나눈다. 아버지를 공경하는 것에는 아버지 및 아버지와 어머니의 관계에 관한 더 복잡하고 미묘한 시각을 발전시키는 것이 포함된다. Diana와 어머니는 그의 무덤을 방문하여 기억을 나누고 그에 관한 이야기를 넓혀 간다.

부모가 Diana의 어머니만큼 반응하지 않는 임상 상황이 있는데, 이때는 부모의 까다로운 행동이나 심지어는 독설적인 행동도 '상호 공경'을 구하는 성인 자녀의 시도에 의해 영향을 받지 않는다. 부모가 두 부분으로 이루어지는 용서의 관계적 작업을 하지 않으면 성인 자녀는 딜레마에 빠진다. 상호적 관계에 기반을 둔 용서는 불가능할 것 같고 만성적 분노는 건강하지 못하다. Janis Abrahms Spring(2004)은 해악을 유발한 사람이 용서라는 관계적 작업에 참여할 수 없을 때 수용이라는 대안을 제시한다. 부모가 대화에 참여할 수 없거나 대화를 시작하지 않으려 하면 성인 자녀는 부모의 한계를 받아들이면서 미래의 침해에서 자기를 보호하고, 만성적 화와 분노의 짐을 내려놓을 수 있다. 정말로 그러한 사례들에서 보면 확고한 한계를 설정하고, 독설적이거나 안전하지 않은 상호작용에서 자기를 보호하면서 부모에게 반발하지 않고 존중하는 입장을 유지하는 것은 자녀에게 여전히 이익이 된다. 문제가 있는 부모의 행동 때문에 제한된 접촉을 해야 하더라도, 이것이 성인 자녀에게서 절연이나 지속적으로 화난 반응으로 귀착될 필요는 없다. 맥락적 가족치료 이론가들이 제안했듯이 성인 자녀가 분노와 피해자의 짐을 질 때 그 개인은 '복수심을 품은 회전판'(Boszormenyi-Nagy & Ulrich, 1981)을 통해 다른 사람들을 희생시키거나 평생 피해자 역할을 떠맡을 가능성이 있다. 부모에게 반발하지 않는 입장을 유지하고, 부모와 같은 방식으로 학대 성향을 띠지 않는 것은 성인 자녀 자신의 참살이(well-being)와 이후 세대의 참살이에 도움이 된다.

랍비의 전통에서처럼 맥락적 시각에서 부모를 존중하는 것은 부모가 ‘좋은 부모’인지의 여부를 조건으로 하는 것이 아니라 성인 자녀가 영적 중심 잡기를 통해 채택하는 입장이다. 그러한 자식의 입장은 자기 분화(self-differentiation)로 특징지어진다(Bowen, 1978). 즉, 자녀는 부모의 희생양이 아니라 자신이 취하는 행동의 장본인이라는 것이다. 클라이언트들은 그러한 입장을 임파워먼트로 체험하며, 부모를 향한 반발에 발목 잡히지 않으려 저항할 수 있을 때 자유로운 기분을 느낀다고 말한다. 성인 자녀는 부모나 자녀 중 어느 한쪽을 압도하는 ‘power over’ 사고에서 ‘power to’ 또는 ‘power with’ 입장으로 변화하여(1991; Surrey, 1991), 부모에 대한 관대함과 존중의 맥락에서 목적의 중심과 명료함을 유지한다. ‘power over’ 상태에서 성인 자녀는 부모와의 위계 관계에 붙들려 있다. ‘power with’ 상태로 변화하면 부모와 자식의 관계에 대해 세대적 시각을 개발할 수 있다(Fishbane, 1998). 위계적 시각에서는 부모가 자녀에게 권력을 행사하여 자녀가 저항하는 경향이 있지만, 세대적 시각에서는 부모의 인생 여정의 관점에서 부모를 바라본다. 따라서 드러나는 부모는 총체적 인간이며, ‘좋은 부모’ 또는 ‘나쁜 부모’로만 이해되지 않는다. 그러면 성인 자녀는 부모의 있는 그대로 결점과 모든 것을 존중하는 보다 바람직한 입장에 놓인다.

부모에 관해 세대적 시각으로 변화하면, 자녀가 부모를 형상화하는 프로젝트를 놓아 버리고 과거의 실망과 희망 일부를 놓아 버리면서 얼마간의 슬픔이 수반될 수 있다(Framo, 1976). 클라이언트들은 이 슬픔의 다른 한편에서 평화로운 감정을 느낀다고 말한다. 부모를 현재 있는 그대로 인정하고 받아들일 때 성인 자녀는 ‘아동기의 마법에서 깨어나’(Fishbane, 1998) 세대 간 치유의 과정에서 동등한 파트너가 될 수 있다. 이것은 성인 자녀가 부모를 변화시키기보다는 관계에서 자신의 입장을 변화시키는 데 초점을 둘 때 촉진된다(Bowen, 1978; Lerner,

1985). 이 과정에서 임상적 역설이 종종 드러난다. 자녀가 부모를 변화시키려는 시도를 멈추면서 부모가 변화하는 경우가 종종 있다. 부모와 자녀의 관계가 적대적이고 상호 불신하는 'power over' 상태에서 멀어져 변화하면, 보다 협력적이고 이완된 'power with' 상태로 상호작용이 이루어진다. 성인 자녀가 부모를 변화시키는 프로젝트를 진실로 포기하고 더 수용적이며 존중하는 자세를 취하면 그 부모 또한 더 흔쾌하게 관대한 반응을 보인다.

'power to' 상태에서는 보다 높은 목표에 따라 사려 깊게 행동한다. 이것은 일종의 극기로서 로마의 철학자 세네카의 격언 "가장 강한 사람은 자신을 통제할 수 있는 자다."와 일맥상통한다. 정통파 유대교에서는 "누가 강한가? 자신의 본능을 정복하는 자다."[선조들의 어록(Ethics of Fathers), 4.1]라고 한다. 흥미롭게도 개인의 임파워먼트에 관한 이러한 고대의 묘사는 현대의 신경생물학 연구에서 레질리언스와 정신건강에 관해 최근 생겨난 시각과 매우 비슷하다. 생각과 느낌의 통합 및 감정적 뇌를 진정시키는 더 고차원적인 두뇌 과정의 능력이 이 고대 문헌의 중심 내용이다(Fishbane, 2007, 2008; Siegel & Hartzell, 2003). 나는 상담치료에서 상상 기법을 사용하여 이 과정을 수월하게 한다. 나는 내적 가족 체계 부분을 개작하여(Schwartz, 1995) 좋은 부모가 자녀를 대하는 방식처럼 화가 날 때 자신을 진정시키는 법을 클라이언트들이 배우도록 돕는다. 클라이언트들은 흥분될 때 자신을 진정시키는 법을 배우면서 (현실의) 부모가 그들을 진정시킬 필요성이 줄어들므로, 부모가 그들을 실망하게 하더라도 덜 반발하게 된다. 개인의 마음속에서 생기는 이 훌륭한 임파워먼트로 인해 클라이언트들은 부모와의 관계를 포함하여 관계적 생활에서 혜택을 누린다. 이러한 자기 변화를 겪은 클라이언트들은 내면의 평화에서 흘러나오는 관대함으로 '내면에서' 부모를 공경할 수 있다(Siegel & Hartzell, 2003).

나는 클라이언트들이 이러한 극기와 관계적 임파워먼트를 개발하고, 부모 공경과 자기 존중의 균형을 이루는 방법을 찾아내며, 분개와 희생의 짐을 덜 때 경험하는 엄청난 변화를 목격해 왔다. 내가 보기에 제5계명의 결과 '복을 누리리라.'는 단순히 도덕적 보상만이 아니라 공경하지 않는 자보다는 공경하는 자의 본성 자체에서 흘러나온다. 세대 간 관점에서 그리고 전통적 유대교의 관점에서 부모 공경은 부모만큼이나 성인 자녀에게도 유익하다.

주 | 석

1. 나의 남편 Michael Fishbane은 이 장을 집필하기 위해 유대교의 고전 텍스트를 연구한 나의 파트너였다. 우리가 나눈 대화와 그의 지혜에 감사한다.
2. 유대교의 중심 텍스트인 탈무드는 서기 첫 5세기 동안 랍비들의 율법 토의와 윤리적 토의를 모아 놓은 것이다. 고전 미드라쉬는 다양한 선집과 서적에 들어 있는 고대와 중세 초기 랍비들의 성경 해석으로 구성되어 있다. 미드라쉬는 텍스트 해석과 창의적인 담론화를 현재화하는 지속적인 과정으로 계속된다.
3. 현대의 일부 숭배자는 네 명의 가모장(家母長)인 '사라, 레베카, 라헬, 레아의 하나님'을 추가한다.
4. 하가다는 초기 중세 시대의 랍비 텍스트다.
5. 탈무드에서 인용한 것은 5세기(서기)에 수정된 전통적인 바빌로니아 탈무드(BT)가 출처다. 모든 번역은 필자가 한 것이다.
6. 순종인 붉은 암소는 그 태운 재가 회당에서 거행되는 의식에 사용되었기 때문에 고대 이스라엘에서 특별히 귀중했다.
7. 이 사례는 복합적이라 부모 공경에서 임상적 딜레마에 대한 관계적/세대 간 접근법을 반영하고 있다.

참 | 고 | 문 | 헌

Babylonian Talmud (BT). Tractate *Kiddushin,* traditional ed. (First redacted 5th century C.E.)

Blidstein, G. (1975). *Honor thy father and mother: Filial responsibility in Jewish law and ethics.* New York: Ktav.

Bly, R. (1990). *Iron John.* Reading, MA: Addison-Wesley.

Boszormenyi-Nagy, I., Grunebaum, J., & Ulrich, D. (1991). Contextual family therapy. In A. S. Gurman & D. P. Kniskern (Eds.), *Handbook of family therapy* (Vol. 2). New York: Brunner/Mazel.

Boszormenyi-Nagy, I., & Spark, G. (1973). *Invisible loyalties: Reciprocity in intergenerational family therapy.* New York: Harper & Row.

Boszormenyi-Nagy, I., & Ulrich, D. (1981). Contextual family therapy. In A. S. Gurman & D. P. Kniskern (Eds.), *Handbook of family therapy.* New York: Brunner/Mazel.

Bowen, M. (1978). *Family therapy in clinical practice.* New York: Aronson.

Carter, B., & McGoldrick, M. (Eds.). (1999). *The expanding family life cycle: Individual, family, and social dimensions* (3rd ed.). Boston: Allyn & Bacon.

Ethics of the Fathers. Mishnah, Order of *Nezikin,* traditional ed. (Redacted beginning of 3rd century C.E.)

Fingerman, K. (2003). *Mothers and their adult daughters: Mixed emotions, enduring bonds.* Amherst, NY: Prometheus Books.

Fishbane, M. D. (1998). I, thou and we: A dialogical approach to couples therapy. *Journal of Marital and Family Therapy, 24,* 41-58.

Fishbane, M. D. (2001). Relational narratives of the self. *Family Process, 40,* 273-291.

Fishbane, M. D. (2005). Differentiation and dialogue in intergenerational relationships. In J. Lebow (Ed.), *Handbook of clinical family therapy.* Hoboken, NJ: Wiley.

Fishbane, M. D. (2007). Wired to connect: Neuroscience, relationships and therapy. *Family Process, 46,* 395-412.

Fishbane, M. D. (2008). "News from neuroscience": Applications to couple therapy. In M. E. Edwards (Ed.), *Neuroscience and family therapy: Integrations and applications.* Washington, DC: American Family Therapy Academy Monograph Series.

Framo, J. (1976). Family of origin as a therapeutic resource for adults in marital and family therapy: You can and should go home again. *Family Process, 15,* 193-210.

Goodrich, T. J. (1991). Women, power, and family therapy: What's wrong with this picture? In T. J. Goodrich (Ed.), *Women and power: Perspectives for family therapy.*

New York: Norton.

Grunebaum, J. (1987). Multidirected partiality and the "parental imperative". *Psychotherapy, 24,* 646-655.

Hargrave, T. (1994). *Families and forgiveness: Healing wounds in the intergenerational family.* New York: Brunner/Mazel.

Lerner, H. G. (1985). *The dance of anger.* New York: Harper & Row.

Maimonides, M. *Hilkhot Mamrim, Shoftim, Mishna Torah,* traditional ed. (12th century C.E.).

McGoldrick, M. (1995). *You can go home again: Reconnecting with your family.* New York: Norton.

Roberto, L. G. (1992). *Transgenerational family theories.* New York: Guilford Press.

Rolland, J. (1994). *Families, illness and disability: An integrative treatment model.* New York: Basic Books.

Scheinkman, M., & Fishbane, M. (2004). The vulnerability cycle: Working with impasses in couple therapy. *Family Process, 43,* 279-299.

Schimmel, S. (2002). *Wounds not healed by time: The process of repentance and forgiveness.* New York: Oxford University Press.

Schwartz, R. C. (1995). *Internal family systems.* New York: Guilford Press.

Siegel, D. J., & Hartzell, M. (2003). *Parenting from the inside out.* New York: Penguin.

Spring, J. A. (2004). *How can I forgive you?: The courage to forgive, the freedom not to.* New York: HarperCollins.

Surrey, J. L. (1991). Relationship and empowerment. In J. V. Jordan, A. G. Kaplan, J. B. Miller, I. P. Stiver, & J. L. Surrey (Eds.), *Women's growth in connection: Writings from the Stone Center.* New York: Guilford Press.

Walsh, F. (1999). Families in later life. In B. Carter & M. McGoldrick (Eds.), *The expanding family life cycle: Individual, family, and social dimensions* (3rd ed.). Boston: Allyn & Bacon.

Walsh, F. (2006). *Strengthening family resilience* (2nd ed.). New York: Guilford Press.

제 10 장 가정생활을 위한 영성

HERBERT ANDERSON

영성은 삶을 바라보는 방식이자 생활양식이다. 개인과 공동체가 살아가는 내내 습관적으로 행동하고 반응하는 방식에 영향을 주는 일상적인 태도이기도 하다. 영성은 진정성뿐만 아니라 의미 만들기에 관한 것이기 때문에 매우 개인적인 실재다. 티베트의 수도승들과 기독교 신비주의자들과 수피교 율법학자들은 각각 자신만의 영성을 지니고 있다. 조깅하는 사람들과 도예가들, 조류 관찰자들과 제빵사들, 초등학교 교사들과 가족치료사들도 마찬가지다. 인간의 삶에서 초월성에 개방되면 영성은 전체성과 공동체를 지향하는 인간 정신과 신성의 촉구에 의해 형성된다.

영성은 개인적 특성뿐만 아니라 공동체적 특성을 띤다. 가정과 같은 인간의 제도는 공동체가 방향성을 지니도록 의미 만들기를 하는 것이며 공동체 자체의 삶이다. 영적인 관점에서 가정은 자체의 생명력을 지닌 유기체라고 한다면 공동체적 영혼이라고 할 수도 있다. 그 이유 때문에 각 가정은 자체의 영성을 지닌다. 이러한 공동체적 관점이나 개인주의적 관점의 다양성에도 불구하고 평범한 일상 활동에 존재하는 삶의 초월적 차원에 개방적이어야 한다는 영성의 일반적인 목표는 변함없이 유지된다. 영성은 신의 창조적인 변형 작업을 위한 장(場)으로서 복잡하고 혼란한 인간 경험의 다발을 받아들이는 것에 관한 것이다. 그런 의미에서 개인으로서 그리고 가족으로서 체험하는 평범한 인간 경험은 신성을 볼 수 있는 창이 된다.

영적인 눈을 통해 삶을 바라보면 인간 존재의 충만함을 신성, 타인들, 창조의 세계와의 관계로 연결할 수 있다. 정신(spirit)은 종종 감정이나 행위에 침투하고, 사고(思考)에 활력을 더해 주는 삶의 근본적인 동력이나 에너지로 확인된다. 그러나 고대 헤브루인은 영성은 항상 세속적인 문제라는 생각이 분명했다. 영혼은 갈망하고 육체는 부르짖는다. 체화된 영성을 지지하는 Thomas Moore (1992)는 "하늘 한 조각과 땅 한 덩어리가 모든 인간의 가슴속에 머물러 있다." (p. 20)고 완곡하게 표현했다. 체현되지 않은 영성은 비체현된 막연함이나 억제되지 않은 개인주의를 향해 표류할 위험이 있다.

평범한 삶에서 체현된 영성의 부활은 인간 개인을 묘사하는 데 사용되는 은유의 재검토로 이어진다. 자신(self), 정신(spirit), 자아(ego), 마음(psyche)은 유용하기는 하지만 이것들과 연결되는 이미지는 인간 개인(human person)이라는 생물심리사회적 영적 개체를 충분히 표현하지는 못한다. 그러므로 영혼(soul)의 회복은 인간의 삶에서 세속성과 초월성을 동시에 회복하는 것이다. 우리는 현세로부터 그리고 신으로부터 받은 생명을 지니고 있다. 영적 탐색은 우리가 인간의 영혼 속에 '하늘 한 조각과 땅 한 덩어리'를 함께 지니고 있으려는 것처럼 개인뿐만 아니라 가정의 평범한 일상 활동 가운데서 일어난다. 영혼은 또한 공동체적이고 개인적인 것이며 공동체적 자율성이라는 역설적 어구로 설명될 수 있다.

공동체적 영혼으로서의 가정

영적 관점으로 바라보면, 인간의 제도에 관해 우리가 알게 된 것이 깊어진다. 가정은 자체의 생명력을 지닌 유기체를 형성하는 관계로 구성되는 공동체적 영혼이다. 영혼은 가정, 개체, 방향 등 살아 있는 유기체에 주어지는 것이며, 부분을 복합적인 전체로 만드는 것이고, 타인들 및 신성과 결합하는 것이다. 이것은 영성의 관점을 가족치료에 도입한 처음이자 가장 분명한 결과다. 특히 Mona D. Fishbane(1998)은 이 관점을 부부치료의 대화적 접근법 또는 관계적 접근법으로 설명했다. 자율성과 관계적 책임은 복잡하게 연결되어 있다. 자기중심적 관점은 사회 중심적인 실재나 공동체적 실재에서 분리될 수 없다. 가정은 공동체적 영혼이다.

가정과 같은 인간 공동체는 각 구성원의 독특한 재능과 자율적 의도성을 촉진하는 데 전념하는 반면, 공동체의 활력은 그들이 서로에게 얼마나 깊이 소속되어 있는지 살펴보는 데 달려 있다. William Doherty는 오늘날 치료를 받으려는 사람들이 서로에게 깊이 소속되는 능력을 종종 잃어버린다는 것을 관찰했다(1995). 그들은 외롭고 단절된 영혼들로서 "가정과 공동체에 약하게 결속되어 있어서 시장과 국가에 의해 제공되는 두 가지 주된 역할인 소비자와 시민으로서의 역할에서 개인적 의미를 점점 덜 찾는다."(p. 96) 자신(self)은 관계적이며 개인적 정체성은 공동체에서 나온다. 아프리카의 "우리가 있으므로 나도 있다."는 격언은 서구 문화에서 크게 억압받지 않는 개인주의에 대한 도전이다. 영혼은 이러한 근본적인 인간적 결속의 모습을 잃어버릴 때 위태로워진다.

개인적이든 공동체적이든 영혼의 커다란 적은 속임수와 기만이다. 우리는 또한 인간적인 허약성을 감출 때 영혼을 위험에 빠뜨린다. 허약성이란 단순히 상처받기 쉬움을 뜻한다. 개인적이든 공동체적이든 영혼이라는 것은 발을 공중에 확고하게 내리고 땅 위에서 그네를 타는 공중그네 곡예사와 같은 것이다. 영혼에 있어서 확실한 것은 애매모호함과 불확실성이다. 우리는 발을 구체적 관념 속에 담그려 하거나 합리성으로 애매모호함을 없애려 하거나 허약성을 속임수나 힘으로 가리려 할 때 언제나 영혼을 잃을 위험에 처한다. 영혼은 궁극적으로 신 안에 감추어져 있고, 신의 자비는 우리 자신 속에서 미워하고 두려워했던 모든 것을 변형시킨다고 믿을 때, 우리는 속임수 없이 자유롭게 살아간다. 가정의 영혼은 가족 관계로 구성된다. 영혼은 가정, 개체, 방향과 같은 살아 있는 유기체에 주어지는 것이며, 부분을 전체로 만드는 것이고, 전체를 타인 및 신성과 결합하는 것이다.

자신의 영혼을 포함하여 개인적이든 공동체적이든 영혼 애호가가 되기 위해서는 인간의 복잡성에 대한 올바른 이해가 필요하다. 불안한 영혼은 종종 단순성을 갈망한다. 불안한 영혼은 감정적 고통을 없애거나 애매모호함을 제거할 처방을 구한다. 영혼을 돌보는 것은 Moore가 말하듯이 "인간의 삶과 문화의 위대함 속으로 빛과 어둠을 섞어 넣는 역설적 신비에 대한 올바른 이해"(Moore, 1992, p. xix)로 시작한다. 개인과 가족치료가 영성으로 충만할 때, 돌봄의 목표는 사람들이 역설을 기꺼이 받아들이고, 정의를 추구하며, 유한성을 인정하고, 두려움과 우연성 앞에서 환대를 실천할 수 있도록 하는 것을 포함한다.

역설 껴안기: 모순을 살아내기

철학자 Jacob Needleman은 가장 심오하고 가장 근본적인 존재의 모순은 "모순됨이 해결되지 않고 모순됨을 온전히 의식하는 가운데 살아가는 거기에 놓여 있다."라고 말했다(1982, p. 7). 이러한 모순은 우연한 것도 아니며, 새로운 것도 아니다. 모순은 인간 본성과 인간 공동체 그리고 특히 가정생활에 내재해 있다. 나는 역설을 사실상 모순일 수도 있는 표면상의 모순으로 이해한다. 다시 말하면, 둘은 서로에 관하여 참일 것 같지 않은 참이다. '모순 살기' 또는 '역설 껴안기'는 좀처럼 쉽지 않다. 역설은 난잡하고 혼란스러우며 불확실성과 모호함 투성이이기 때문이다. 역설 껴안기는 밧줄 타기나 일구이언하기 또는 양다리 걸치기와 너무나 흡사하다. 우리는 상황이 이렇거나 저렇다는 식으로 단순하고 확실하다고 믿고 싶어 한다.

그러나 가장 심오한 영적 진실이 역설로 가장 잘 표현된다면 애매모호함이나 불가해함을 지니고 사는 것은 영적 성숙의 표시다. 인간의 삶에서 이상적인 것은 사실이나 이성을 고집하지 않고 신비함과 불확실성과 의심에 사로잡혀 있을 수 있는 것이다. 대조적으로 애매모호함을 지니고 살 수 없는 것은 임의적이고 엄숙한 절대성으로 이어진다. Alfred Margulies가 기술했듯이 "아는 것과 동시에 알지 못하는 것을 탐색하는 태도와 유형을 찾고 또 그 유형을 해체하는 태도를 지니는 것은, 체계화하는 기질에는 역행하는 것이지만 자기 성찰과 예술과 공감의 창조력에는 본질적인 것이다." (1989, p. xii) 치료사로서 우리의 목표는 개인과 가정들이 역설을 살아냄으로써 영성을 심화하도록 돕는 것이다.

건강과 웰빙의 척도가 되는 평범한 범주는 거의 언제나 역설을 지니고 있는 더 깊은 진실을 포착하기에는 애매모호함이 불충분하다. 애매모호함의 언어는 신중하게 서술되고, 정적으로 검증되는 진단적 범주보다 더 서술적이고 의례적이다. 내가 여기에서 사용하는 애매모호함은 인간의 삶에서 다중 의미, 모순, 신비를 지칭한다. 역설은 또한 신성(the holy)을 보는 창이다. 20세기 프랑스의 유대계 기독교 신비론자인 Max Jacob은 우리는 상황을 정의하는 것이 아니라 상황을 살아야 한다고 말했다. 신학과 심리학은 정의(定義)에 의존하지만 영성은 그렇지 않다.

'역설 껴안기' 또는 '역설 살기'는 심리적으로 필요하며 개인뿐만 아니라 가정을 위한 영적 성숙의 표시다. 현대의 영혼의 문제들은 부분적으로 속임수와 핑계로는 다루기 어려운 애매모호함과 모순을 다루려는 욕망에서, 또는 확실성이 없을 때 확실성을 고집하는 것에서 시작된다. 역설을 껴안는 영성은 어떤 종류의 절대화도 삼가며, 애매모호함 속에서 더 큰 정신의 움직임의 일부가 되기를 기꺼이 기다리는 인식론적 겸손을 포함한다. 모순 살기와 역설 껴안기를 하려면 옳은 것에 대한 겸손과 두 가지 대립되는 것들이 진실일지도 모른다는 가능성을 고려하는 흔쾌함이 있어야 한다. 모든 것에는 또 다른 면이 있으므로, 어떤 사람의 생각이나 관점도 무시되거나 방치되지 않도록 가정 내에서 서로를 경청해야 한다. 진실이 둘 이상 있다고 믿으면 역설을 껴안을 가능성이 더 커진다.

역설적 영성: 결혼 생활과 가정 안에서 함께 분리되어 있기

가정의 활력은 역설적 생활을 기꺼이 받아들이는 것에 달려 있다. 공동체로서 가정의 웰빙에 전적으로 전념하면서 가정 내의 각 개인의 발전에 전적으로 전념하는 것은 필요한 만큼이나 불가능하다. 『가정이라는 도가니(The Family Crucible)』에서 Augustus Napier와 Carl Whitaker는 이러한 역설을 매우 유익한 방식으로 설명했다. "우리는 친밀하고 돌보기 위한 가정의 능력과 분리되고 갈라져 나오기 위한 가정의 능력이 신중한 동시성을 띠고 증가한다고 생각한다…… 친밀함이 더 커질수록 독립을 감행하기는 더 쉬워진다."(1978, p. 93) 가정생활을 위한 역설적 영성의 목표는 친숙한 관계의 맥락 안에서 차별성을 성취하는 것이다. 개인 생활과 가정생활에 대한 일차적인 심리사회적 도전은 차별성과 친밀성 간에 이러한 긴장을 유지하는 것이다.

결혼 생활은 활발한 역설적 긴장 속에서 친밀함에 대한 근본적인 인간적 욕구와 자율성에 대한 근본적인 인간적 욕구, 이 두 가지 모두를 보유함으로써 유지된다. "그들(부부)이 각자 넓은 하늘을 배경으로 상대방의 전체를 바라볼 수 있게 해 주는 둘 사이의 거리를 사랑하는 데 성공하면, 나란히 걷는 훌륭한 생활은 성장할 수 있다."는 Rainer Maria Rilke의 소견은 이러한 역설의 한 표명이다. 거리는 친숙함이 생기리라는 것을 보장하지는 못하지만 친숙함을 가능하도록 한다. 나란히 걷는 생활은 상대방을 분명하게 바라보도록 하지 못한다. 둘 사이에 존재하는 거리를 사랑할 수 있는 부부는 파트너의 유일성을 분명하게 바라보고 존중에 기초한 결혼 관계를 형성할 가능성이 더 높다. 역설을 껴안는 영성은 현대의 가정생활에 특히 필요하다.

상호 인정의 역설

결혼 생활 중인 각 개인은 나름대로 잘 규정된 자신이지만, 결혼이 잘 유지되려면 상대방이 배우자의 그러한 고유성을 인정할 필요가 있다. 결혼의 유대 안에서 자유롭게 재능을 발전시키려면, 각 파트너가 상대방 안에서 그러한 성장과 재능을 기꺼이 인정할 때 고양된다. 『사랑의 유대(The Bonds of Love)』에서 Jessica Benjamin은 역설에 대해 다음과 같은 소견을 피력한다.

> 평등한 주체 간에 서로 인정받고자 하는 소망은 새로운 논리, 즉 모순된 세력 간에 긴장을 유지하는 역설의 논리를 초래한다. 아마도 가장 숙명적인 역설은 인정과 독립성에 대한 동시적 욕구에 의해 야기되는 역설, 다른 한 주체인 배우자는 통제 밖에 있지만 우리는 그 상대방을 필요로 한다는 것이다(1988, p. 221).

활기찬 결혼이나 가정을 위해 평등한 주체 간의 상호 인정이라는 역설보다 더 필요하거나 더 복잡한 주제는 없다.

인정받는 경험은 공동체에 필요조건일 뿐만 아니라 인간적 성장과 정체성에도 토대가 된다. 인정은 공감보다 우선하며, 상호 존중의 전주곡이다. 새로 태어난 아이와 어머니 간의 상호작용에서 유아기에 시작되는 이 인정받음은 인간에게 평생 필요하다. 결혼은 Rilke(1975)가 표현한 것처럼 두 사람이 서로를 '넓은 하늘을 배경으로 전체로' 바라볼 수 있으면 성장을 위한 배경이 된다. 각 파트너가 배우자의 특별한 재능을 볼 수 있으면 지배하기는 줄어들고 평등의 가능성은 높아진다. 독특한 재능과 여성의 능력이 인정받을 수 있으려면 이러한 시각이 필요하다. 독특한 재능과 여성의 능력은 일단 인정받으면 가정과 시장에서 실현되고 예우받을 수 있다.

David Malouf(1993)의 장편소설 『바빌론 기억하기(Remembering Babylon)』는 호주 원주민에 의해 양육된 영국인 난파선 급사 Gemmy가 19세기 중반에 호주 북부에 있는 영국인 정착지를 예기치 않게 방문하는 이야기다. 정착지 사람들에게 Gemmy는 흑인은 아니었지만 그렇다고 백인도 아니었다. 오히려 그는

'기괴한 낯설음과 환영받지 못하는 닮음'이 불안하게 조화된 사람이었다. Gemmy에게 가장 많은 영향을 받은 사람은 Jock McIver였다. Gemmy와의 조우로 Jock은 항상 지나다녔던 키 큰 풀밭이 전에는 본 적이 없는 '끝이 초록색 구슬처럼' 보이는 풀이 되었다. 그는 자신을 더 정직하게, 이웃을 더 다르게, 아내를 전보다 더 분명하게 보았다.

> 그는 온전한 시선을 그녀에게 돌렸다. 그녀는 그렇게 느꼈다. 이제 그는 아내의 삶이 자신이 보았고 당연시했던 모습을 넘어서 실제로 어떠한지 알고 싶었다. 그녀의 애정을 들여다보고 싶었다. 그가 아는 것이 너무 적고 보지 못했다는 것은 그에게 놀랄 만한 것이었다. 이 사실은 바로 그의 망설임을 통해 알 수 있다(pp. 108-109).

상당수의 남자가 Jock McIver와 비슷하기 때문에 우리는 함께 살아가거나 함께 일하는 여자들에 대해 아는 것이 거의 없지만 더 이해하기 위해 살펴보거나 물어보지 않는다. 남자들은 아내를 언제나 '넓은 하늘을 배경으로 전체로' 보지는 않기 때문에, 여자들은 주체보다는 그 고유성이 역할 정의와 고정관념에 의해 가려지는 객체가 되어 버린다. 인정은 남자와 여자 사이의 평등한 관계를 위한 전주곡이다. 인정하면 각자가 평범한 삶에 가져오는 재능을 보고 함께 일하는 데 도움이 되기 때문이다. 역설을 껴안는 상호 인정의 영성은 상호 인정의 '정신으로' 결혼 생활이 지속되고 번성할 수 있도록 한다.

부부치료와 가족치료를 위한 함의

- 가정생활과 개인의 삶에서 모든 역설이 삶을 고양시키는 것은 아니다. 일부 역설은 신경과민적이다. 때때로 아이들과 배우자에게 모순적 기대를 설정하는데, 여기에서 벗어나는 유일한 탈출구는 병을 얻는 것이다. 그러

나 그런 일이 일어나면 역설은 왜곡된다. 일련의 모순이 가정에 활력을 불어넣기보다는 가정을 무력화시킬 가능성은 언제나 존재한다. 삶의 역설적 본성은 역설의 양면이 모두 진실이라는 것을 우리가 이해하기 때문에, 두 면 사이의 진동이 움직일 수 있는 더 깊은 삶의 은유를 탐색하도록 우리를 압박한다.

- 역설이 가정생활에서 지속적인 현실이라면 중재적 치료 전략으로서 역설적 개입의 사용을 재고할 필요가 있다. 역설적 지시는 Jay Haley(1976)와 다른 학자들이 연구했듯이 왜곡된 역설을 깨뜨릴 때 유용하다. 그러나 역설이 단순히 수단이 아니라 목적이거나 가정생활이 정상적 상태라면, 사람들이 역설의 양면과 함께 살아가도록 돕는 것도 치료 과업에 포함된다. 그런 의미에서 역설적 개입은 역설적 의도가 된다.
- 가정생활의 궁극적 신비가 역설이면 '다른 한 면을 말하는 것'은 모순을 증가시켜 진실의 무대를 확장하는 치료 전략이 된다. 우리는 심오한 은유 및 선호하는 절대자와 정서적으로 결합되어 있기 때문에 모든 이야기에는 적어도 양면이 있다는 것을 인정하기 꺼린다. 갈등을 겪는 가족이나 불화를 겪는 부부를 대상으로 하는 치료 작업은 이야기의 다른 한 면을 말하도록 하는 것이다. 치료에 대한 이런 역설적 접근법은 현실의 덜 명백한 면을 보고 모든 이야기의 복잡성을 잘 이해할 수 있는 능력을 요구한다. 또 다른 면이 있다고 주장하는 것은 치료사 쪽에서는 정확한 공감과 도덕적 용기를 필요로 한다. '다른 한 면을 말하는 것'이 해방시키는 방법이 되는 경우는 삶에서 가장 깊은 진실은 역설적이라는 것과 모순과 함께 살아가는 것을 배우는 것은 영적 변화와 결혼의 평화와 가정의 활력으로 이어지는 한 방법이라는 것에 모든 사람이 동의하는 경우에만 가능하다.

정의 추구: 여성과 남성 간의 상호 관계

가정은 정의를 실현하든 아니든 간에 끊임없이 정의라는 문제에 직면한다. 어떤 정의 문제는 어머니가 무척 매력적인 일자리 제의를 받아들일 수 있도록 가족이 이사해야 하는지 여부, 아이가 태어난 후 부모 중 한 명이 시간제 일자리로 전환해야 하는지 여부, 전환해야 한다면 부모 중 어느 쪽이 그렇게 할 것인지, 손위 동기와 손아래 동기의 크게 다른 욕구를 어떻게 처리해야 하는지, 연로한 부모를 보살펴야 하는 책임을 어떻게 공평하게 분배할 수 있는지 등 중요한 의사결정에 의해 제기된다. 종종 중요한 정의 문제는 이번에는 누가 기저귀를 갈 것인지, 도시 밖 업무상 출장이 얼마나 잦아야 너무 많은 것인지, 축구 연습이 끝난 아이를 누가 데려올 것인지, 아이들이 서로를 어떻게 대하도록 기대되는지 등 선택이라는 일상적인 맥락에서 제기된다. 새로운 일자리 제의를 고려하는 것이나 잡다한 집안일을 분배하는 것은 누가 가정을 유지하기 위해 더 많은 일을 하고 있는지, 또는 누가 누구에게 양보해야 하는지에 대한 갈등으로 너무나 쉽게 비화될 수 있다.

보통 사회적 보수주의자들이나 종교적 보수주의자들은 이러한 가정사를 정의의 문제로 취급하지 않는다. 게다가 가정 문제를 정의의 문제로 취급하는 것은 생경한 문제를 끌어들임으로써 건강하고 안정적이며 만족스러운 가정생활을 잠식하는 것이라고 널리 생각되고 있다. 그러한 관점에서 친숙한 관계에서 정의에 대한 관심은 사랑하는 가정의 특징인 관심사의 종류와 대척되는 지점(또는 적어도 긴장 관계)에 있다고 생각된다. 가정의 쇠락에 대해 염려해 온 사람들은 정의를 위한 여권 신장 운동을 비슷한 정도의 의심과 적의를 가지고 바라본다. 그들은 사랑만으로 충분하다고 말하곤 한다. 다른 한편, 성에 기반한 불평등과 부당함에 맞서 가장 치열하게 싸워 온 사람들은 가정을 강화하는 것을 목표로 한 공공정책이나 문화운동을 여성을 종속적 역할로 되돌려 놓기 위한 은폐된 노력으로 간주한다.

지난 수십 년에 걸쳐 일어났던 친밀함의 급진적 민주화 과정에서 사랑만으로는 충분하지 않다는 것이 점점 분명해졌다. 가정에서 남성의 고정된 역할과 지도적 지위의 의무 및 여성의 복종과 희생의 전제는 평등, 상호 신뢰, 상호 관계의 보다 유동적인 유대로 대체되어 왔다. 여성과 남성 간의 관계에서 상호 관계에 대한 이러한 새로운 시각을 유지하기 위해 우리는 사랑뿐만 아니라 정의의 견지에서 결혼의 궁극적 목적을 다시 생각할 필요가 있다. 이것은 『상호 관계의 문제: 가족, 신앙 그리고 공평한 사랑(Mutuality Matters: Family, Faith, and Just Love)』이라는 에세이 모음집에서 중요한 주제다(Anderson, Foley, Miller-McLemore, & Schreiter, 2004). 영성은 관계 맺음에 대한 것이기 때문에 상호 관계는 가정생활의 필수적인 차원이다. 즉, 결혼 생활의 근저에서 사랑에 정의를 추가하면 상호 관계는 가능해진다.

결혼 생활 근저에서의 정의 추구

결혼은 단순히 사랑의 관계가 아니라 정의에 대한 서약을 공유하는 것이다. Pauline Kleingeld(1998)는 『단지 사랑?: 결혼과 정의의 문제(Just Love?: Marriage and the Question of Justice)』라는 에세이에서 결혼의 궁극적 목적은 본질적으로 '사랑의 문제일 뿐만 아니라 정의의 문제'이기도 하다는 점을 재고할 것을 제안했다. 이러한 시각에서 결혼한 부부는 자신들이 적어도 두 가지의 대단히 중요한 목표, 즉 '사랑의 결혼과 공평한 결혼'(p. 271)을 공유하는 것으로 생각할 것이다. Kleingeld가 근본적으로 제안하고 있는 것은 결혼에서 상호 관계와 역할 평등을 협상하는 틀을 바꾼다. 그것은 단순히 서로 사랑하는 두 사람이 관련된 모든 사람이 받아들이고 유익하며 공정하기까지 한 역할 책임에 관하여 어떤 협정을 이끌어 내려는 것이 아니라, 관계에 있어서 그리고 서로를 위해 정의를 위해 일하겠다는 서약이 혼약의 일부라는 것이다. 공평한 사랑은 가정의 미래를 위해 필요한 가치다.

정의는 남성과 여성에게 똑같이 이슈다. 사회의 어떤 측면에서 그리고 많은 결혼에서 성 역할의 긍정적 변화는 결혼 생활에서 부당함을 완전히 없애지도 못했고, 가정과 직장에서 여성을 향한 부당함을 근절하지도 못했다. 동등한 일에 대해 여전히 더 낮은 임금이 여성에게 지급되고 있지만 더 많은 일자리가 여성에게 제공되고 있다. 오늘날 남성은 이전보다 가사와 부모 역할을 더 많이 하고 있지만 여전히 여성을 도와주는 것으로 인식된다(남성은 또한 자신이 실제 하는 것보다 더 많은 것을 한다고 생각한다). 게다가 가족의 웰빙에 대한 책임이 여성의 것으로 남아 있는 한 결혼을 유지하고 아이들을 기르는 것은 여성이 해야 할 일이 될 것이다. 우리에게는 정당한 법률과 사회정책이 필요하지만, 정당한 법률이 가정생활이라는 사적 영역에서 정당한 행동을 보증하지는 못한다. 우리에게는 가정 내에서의 성(gender)에 대한 새로운 사고의 틀이 필요하다.

가사와 아이 양육의 책임을 공평하게 나누려고 결심하는 부부들은 시간 제약 때문에 스스로 분열되는 경우가 잦다. 평등한 관계를 확립하려는 의향이 있더라도 할 일이 너무 많고 시간은 부족하다. 게다가 자유 시장 경제 모델은 노동자들이 결혼이나 가족에 대한 의무에 얽매여 있지 않다고 가정한다. 아이들이 있는 부부에게 둘이 합쳐 주 60시간의 노동을 하도록 하는 것은(Browning, 2003) 빚을 지지 않으려면 둘이 합쳐 4~5개의 일을 해야 하는 부부에게는 도움이 되지 않는다. 비용 편익 분석의 적용은 아마도 공적 영역과 사적 영역 간에 성 구별을 재편성하고, 직장뿐만 아니라 가정에서도 여성과 남성 간에 책임의 평등을 확립하려는 우리의 의향을 잠식하는 가장 해로운 요소일 것이다. 아이의 축구 경기나 피아노 연주회 참석에 경제적 가치를 의식적으로 부여하지 않는다고 하더라도, 가정에 쏟아야 하는 시간과 업무 시간을 똑같이 스케줄에 넣는 사실로 인해 두 가지 시간을 혼동하여 비용 효과적인 시장 기준에 따라 둘을 평가하기 쉬워진다.

정의를 추구하는 것은 서로를 사랑하는 것과 상반되는 것이 아니다. 그것은 함께 공유하는 삶의 목적이다. Joel Anderson은 가정과 직장에서 여성과 남성의 전통적인 역할 패턴으로 되돌아가려는 것은 현대 산업사회에서 사실상 선택 사항이 아니라고 말해 왔다. “오늘날 부부가 남성은 생계를 이을 돈벌이를 하고 여성은 가정을 돌보는 전통적인 패턴을 선택할 때, 대등한 사람들에 의한 선택이어야만 그것이 상호적이고 공평한 존중이 된다.”(1998, p. 371) 부부가 공평한 결혼 생활을 하기로 언약하면 폭넓은 기교, 미덕, 실천을 발휘해야 할 필요가 있는 예기치 못한 갈등과 보이지 않는 고난의 장애물을 반드시 경험한다. 이러한 실천에는 상대방 인정하기, 공감적 경청, 만족을 뒤로 미루는 능력, 분명한 소망의 표현, 이전에 합의한 약속 재협상하기, 상호 희생 점수를 기억하지 않는 단기 기억력 등이 포함된다.

그러나 정의를 언약한다고 해서 희생이 필요하지 않은 것은 아니다. 희생의 더 깊은 의미는 포기하는 것이 아니라, 자유와 좋아하는 것을 더 큰 현실에 양보하는 것이다. 더 큰 현실이란 사랑 그리고 정의의 결혼 생활이다. 결혼 생활에서 두 파트너가 공평한 관계를 유지하기로 언약하면 어느 한 사람이 모든 것을 감당하지 않을 것이다. 남편과 아내가 공평한 결혼 생활을 하기로 언약하면 상대방을 위하여 자신의 욕구를 기꺼이 유보하는 것은 공통의 유대를 긍정적으로 표현하는 것이 된다. 관계를 맺고 있는 각자가 정의를 언약하는 한, 희생은 부부의 유대를 더 깊어지게 한다. 한쪽의 파트너가 모든 것을 감당하거나 시간이 흘러감에 따라 희생이 공평하게 배분되지 않으면, 정의에 대한 언약은 부지중에 약화되고, 결혼 생활은 공평하지 못하게 된다. 남편과 아내는 가정생활을 위한 영성의 표현으로서 정의를 추구하는 경우에만 책임의 공평한 분배를 향해 함께 나아간다.

가정의 가치로서 정의를 언약하는 사람들은 다양한 기교, 미덕, 실천을 발휘하여 어느 한 사람도 무의식중에 침묵을 지키지 않도록 하고, 겉보기에 엉뚱한 해결책도 마땅히 고려되도록 해야 한다. 경청하는 능력과 상대방의 소망을 진지하게 받아들이고, 모든 것의 이면을 보려는 흔쾌함 등 가정 내에서 정의를 유지하는 데 필요한 능력은 진정으로 사랑하는 가족 관계를 유지하는 데 분명히 도움이 된다. 이러한 의미에서 정의에 대한 헌신은 실제로 사랑하는 관계를 더 유연하고, 적응성이 있으며, 인내하도록 만드는 데 도움이 된다. 정의에 서로 헌신하는 가정은 더 넓은 공공선과의 관계에서 정의를 실천하는 방법을 배우기 위한 도가니가 된다. Bonnie Miller McLemore(2006)는 부모는 아이들과 더 넓은 세계 사이에 서서 아이들이 자기애에서 더 넓은 공동체에서 타인을 사랑하는 것으로 옮겨 가도록 도와주는 다리 또는 경첩의 역할을 한다고 말했다. "아이들의 마음이 공동체를 향하지 않고 저절로 자기 안으로 휘어지는 바로 그 지점에서—문간에서, 대문에서, 아이들에 대한 가장 주요하고 정열적이며 친숙한 사랑의 중심에서—우리는 열정을 다시 가다듬어 아이들이 공동체를 향할 수 있도록 도와줄 소명이 있다." (Miller-McLemore, p. 9). 정의에 대한 가정의 헌신은 또한 공정한 사회를 향한 열정이 된다.

부부치료와 가족치료를 위한 함의

- 시간이 흐름에 따라 한때 가정생활 패턴을 이동시킨 것으로 특징지어졌던 변화가 지금은 결혼 존속 기간에 발생한다. 제도로서의 가정을 약체화시키는 역할 변화와 생활의 분열이 자주 예상되기 때문에, 결혼 서약을 존속하기 위해 반복적으로 약속을 면밀히 생각할 필요가 있다. 나는 '다시 약속하는 것'을 처음의 약속을 넘어서는 충성의 행위로 이해한다. "다시 약속하는 것은 처음 약속했을 때 예상할 수 없었던 첫 약속의 함의와 범위를 살펴보고 이해하는 것이므로 창조적인 충성의 행위다." (Anderson, Hogue, & McCarthy, 1995, p. 8; 원작의 강조) 효과적인 부부치료는 시간이 흐르면서 전통적인 결혼 생활에서도 일어나는 필연적 변화와 그러한 변화에서 뒤따라오는 비탄을 수반한다.
- 부부는 시간 제약이 있고, 상황적이고 정황적이며, 포스트모던 결혼에서

발생하는 필연적이며 때로는 필요한 변화를 수용하기 위해 자주 재협상해야 하는 약속을 실천할 필요가 있다. 이러한 약속들은 명백하게 결혼의 기반을 이루는 사랑, 존중, 상호 인정이라는 일차적인 약속 위에 구축된다. 부모 중 한쪽이 직업에 전적으로 투신할 수 있도록 어린아이들과 함께 집에 머물러 있겠다는 다른 한쪽 부모의 상황에 따른 약속은 결혼이 지속되는 동안 계속될 필요가 없다. 시어머니가 수술에서 회복하는 동안 아들이나 며느리가 통상적인 일정을 조정하는 것은 특별한 상황에 대처하기 위한 시간제한적인 대응이다. 나중에 또 한 번의 협의가 필요하다. 현대적 결혼생활이 양쪽 파트너에게 점점 더 많은 평등과 상호 관계를 향해 나아가는 것이라면, 부부는 협의하고 수정하고 정황에 따라 시간제한적인 약속을 재협의하거나 포기하는 능력을 개발할 필요가 있다.

- 공평한 결혼을 확립하려는 부부 생활에서 갈등, 실망, 슬픔은 피할 수 없는 차원이기 때문에, 남성과 여성은 미리 화해를 실천하는 방법을 배울 필요가 있다. 내가 여기서 말하는 화해는 무엇이 공평한 것인가에 대한 논쟁적인 시각에 대한 갈등으로 깨진 관계를 복원하는 것 이상이다. 화해는 남편과 아내가 직장과 가정에서 받는 자신의 시간에 대한 매우 복잡하고 경쟁적인 요구를 해결할 수 있는 평화로운 환경을 조성하려고 노력하는 생활방식과 사고방식에 관한 것이다. 평화로움은 신뢰의 유대가 지속되거나 재구축되는 안전한 환경을 조성하기 때문에 중요하다. 그러한 시각은 파트너들이 가정과 직장에서 공동선을 위해 함께 노력할 것을 요구한다. 이것은 우리가 삶의 모순과 함께 평온하게 살아갈 때 일어날 가능성이 가장 높다.

유한하고 불확실한 실재로서의 가정

『상실을 넘어 살기(Living beyond Loss)』(2판) 서문에서 Froma Walsh와 Monica McGoldrick은 "상실의 체계적 영향은 그 분야에서 대부분 연구되지 않은 상태로 남아 있었다." (2004, p. xxi)라고 말했다. 가정생활에서 이렇듯 죽음을 부정하는 것은 사회에서 인간의 현실로서 유한성과 상실을 정직하게 다룰 수 없음을 반영한다. Walsh와 McGoldrick은 상실의 유산, 가족 제도에 미치는 죽음의 영향, 가족 애도 과정의 복잡성에 대해 연구할 필요가 있는 중요한 주제를 소개했다. 죽음에 대한 두려움은 가장 깊은 공포이며, 가족 구성원의 상실은 가장 심오한 슬픔이라고 그들은 주장한다. 이 중요한 저서의 초판에서 치료사들은 다음과 같은 방식으로 도전받았다. "우리는 이론과 실제에서 상실의 문제의 중요성을 계속하여 부인하거나 무시하지 않도록 그 문제를 해독하기 위해 죽음에 대한 우리 자신의 두려움과 통제의 한계를 인정할 필요가 있다." (Walsh & Mcgoldrick, 1991, p. 27; 이 책 제4장 참조). 나는 그들의 소견 및 이의에 동의한다. 가족과 치료사들은 똑같이 자신의 상실의 유산이 삶에 어떻게 영향을 미치는지 이해하는 데 도움을 필요로 한다. 가족과 치료사들은 또한 사랑하는 사람을 상실할 때 애도하는 방식을 배울 필요가 있다. 하지만 그 이상의 것이 있다. 우리는 모든 삶은 출생과 죽음이라는 틀에 맞추어진다는 것을 이해해야 한다. 그리고 심리적 탐구를 통해서보다는 영적 순례를 통해서 인간의 유한성에 대한 더 깊은 진실을 발견할 가능성이 더 크다.

각 인간의 여정에는 시작과 끝이 있다. Earnest Becker(1973)는 인간의 이러한 존재론적 역설을 유한성 내의 개체성이라고 한다. 인간이라는 피조물은 글자 그대로 둘로 나누어진다. 즉, 창조를 초월하여 인간이 '출중한 장엄함'을 지니고 자연에서 두드러질 수 있게 하는 빛나는 유일성으로 인식되는 것, 그리고 동시에 동방박사들(그리고 윌리엄 셰익스피어)이 알았듯이 우리는 벌레이자 벌

레를 위한 먹이로 인식된다. 인간이라는 피조물은 자연의 밖에 있는 동시에 어쩔 도리 없이 자연 안에 있다. 저 위에 별로 존재하지만 흙으로 돌아가 부패하여 영원히 사라지는 심장이 뛰고 숨을 헐떡이는 육체 안에 갇혀 있는 존재다. 인간은 대극인 자의식과 육체의 합일이다. 의식으로의 침잠은 공포의 시작이다. 우리는 죽을 것이라는 진실을 아는 피조물이다.

Becker는 인간은 유한성 및 죽음과 함께 살아갈 수 없기 때문에 곤란에 처한다고 한다. 가정도 같은 도전에 직면한다. 우리가 만드는 정교한 공예품, 우리가 만들어 내는 장엄한 환영 또는 치명적인 거짓된 생활은 모두 개인으로서 그리고 가정으로서 유한성의 공포를 억누르도록 고안되어 있다. 존재의 한계를 깊이 인식하고 살아가는 것은 역설을 더 분명히 하고, 애매모호함을 깊어지게 하며, "신은 땅 위에서 걷지 않기 때문에 현실은 냉혹하다." (Becker, 1973, p. 281)는 것을 분명히 한다. 이러한 영적 의제가 가정생활로 전환될 때 상실과 죽음이 싸움의 유일한 부분이라는 것은 분명해진다. 가정은 유한성을 자기 이해와 일상 전략으로 고려할 수 있을 때 번성하고 성장한다. 불확실성에 대한 수용력을 강화하는 영성은 개인 생활과 가정생활에 필요하다.

가정의 유한성의 실례

직장에서 보내는 시간과 가정에서 보내는 시간 사이의 긴장 관계에 대한 가장 심란한 소견 중 하나는 『위험 사회(The Risk of Society)』(1992)라는 제목으로 번역된 책에서 독일의 사회학자 Ulrich Beck이 밝힌 것이다. 그는 자유시장 경제모델은 가정이나 결혼이 없는 사회를 전제로 한다고 말했다. "시장의 개인은 관계, 결혼 또는 가정에 의해 방해받지 않는 궁극적으로 단일 개인이다…… (사실상) 완전하게 실현된 시장 사회는 또한 아이들이 기동력 있는 싱글 대디나 싱글 맘과 함께 성장하지 않는 한 아이들이 없는 사회다." (p. 116) Beck은 오늘날 가정의 위기는 현대의 산업화된 시장 지향적인 사회 조직이 초래했다고 말한다. 나도 그가 옳다고 믿고 싶다. 따라서 가정은 한쪽에서는 최대의 이동성을 요구하고, 다른 한쪽에서는 결혼하여 아이들을 양육할 의무를 지는, 본질적으로 다른 여러 열망으로 끊임없이 '공 던지기 묘기'를 하는 행위라는 것은 놀랄 만한 일이 아니다. 이기심에 대해 사람들에게 보상하는 사회가 가정의 위기에 직면한다는 것은 새삼스러운 일이 아니다. 여성과 남성이 똑같이 시장과 시장의 요구에 헌신하면 아이들은 분명히 피해를 입는다. 그러나 아이들이 없더라도 결혼 생활도 피해를 입는다.

가정이 유한성과 싸우는 방식에 대한 두 번째 실례도 똑같이 흔히 볼 수 있다. 아이들이 우리 소유가 아니라는 것을 일깨워 준 것은 레바논의 철학자이자 시인인 Kahlil Gibran이었다. 아이들은 우리에게서 태어나지만 우리는 아이들을 소유하지 못한다. 우리는 아이들의 신체를 보호할 수는 있지만 영혼은 그렇게 할 수 없다. 아이들의 영혼은 당신[부모]이 갈 수 없는 내일의 장소에 살기 때문이다. 꿈속에서도 아이들의 영혼을 소유할 수는 없다(Gibran, 1923, p. 18). 우리 인간이 가정과 사회 속으로 아이들을 환영해 맞아들이는 것보다 더 중요한 할 일이란 없다. 우리는 아이들을 멋지게 사랑하고, 맹렬하게 보호하고, 신중하게 훈육하지만 소유하지는 못한다. 아이들은 우리의 소유물이 아니다. 그러므로 삶이 시작될 때부터 우리는 아이들을 사랑하듯이 아이들이 떠나도록 놔두어야 한다. 그것은 가정 영성의 근저에서 유한성을 이해하는 또 하나의 예다. 부모가 아이들에게 줄 수 있는 가장 커다란 선물은 아이들을 부드럽고 맹렬하게 사랑하며, 아이들이 정중하고 우아하게 떠나도록 놔두는 것이다.

부부치료와 가족치료를 위한 함의

- 상실을 경험한 모든 개인과 가족은 상실로 인해 세계에 대한 그들의 경험이 어떻게 변화되었는지에 대해 할 이야기를 가지고 있다. 그러한 환경에서 일차적인 치료 과업은 상실의 이야기와 비탄의 고통에 조심스럽게 참여

하는 것이다. 죽음이 일어나기 전의 삶과 죽음에도 불구하고 다시 존재할 수 있는 삶 사이의 중간 단계에 우리의 비탄이 있다. 가정이 애도할 때 상실의 이야기는 개인의 비탄보다 더 복잡하다. 상실도 비탄도 한 가정에 속한 모든 구성원에게 똑같지 않다. 사자(死者)와의 관계가 다양하기 때문이다. 가정의 맥락에서 비탄 의식은 상이한 현실을 동시에 수용하기에 충분할 만큼 확장되어 사랑하는 사람의 죽음에 반응하여 상반된 생각과 감정을 표현할 필요가 있다.

• 느끼지 않음으로써 아픔과 고통에 대처하는 방식으로의 냉담함은 우리 시대의 공통된 병폐다. 우리가 냉담하면 아무것도 문제가 되지 않는다. 그런데 우리는, 냉담하게 되면, 실제로 죽기 전에 죽는다. 고통과 부당함의 가운데서 냉담함 없이 살려면 슬퍼하는 법을 배울 필요가 있다. 변화나 회복이 언제나 가능한 것은 아니기 때문에 때로는 냉담함이 유일한 대안이다. 그러나 유한성과 불확실성을 가정생활을 위한 영성에 통합했다면, 슬픔을 실천하고 그것을 다른 사람들에게 가르치는 것이 더 쉬울 것이다. 인간의 불확실성과 유한성에 주목하는 미래의 치료사도 또한 기꺼이 슬픔을 실천하고 가르칠 것이다.

• 죽음이 영혼의 해방자이자 지혜의 교사가 되도록 하면, 평범한 순간이 신성함의 증표가 된다. 유한함 및 불확실성과 함께 살아가는 것을 배우면 삶에 대한 새로운 절박함이 솟아난다. 더 큰 의미 구조와 공동선에 대한 헌신에서 단절되어 개인의 건강이나 가정의 웰빙을 증진하는 것이 힘들어진다. 영적 관점에서 건강의 목표는 더 큰 봉사다. 우리 스스로 자신을 내어주는 것을 발견한다. 삶을 내려놓기 위해 삶을 확립한다. 도덕적 책임을 촉진하기 위한 심리치료에 대한 William Doherty의 도전이 바로 여기에서 밀접한 관련이 있다. "개인적 욕구를 추구하는 것과 공동체의 복지를 촉진하는 것 사이에 근본적인 모순은 없다. ……책임감 있는 양육 태도와 마찬가지로 그 환경을 보호하고 증진하기 위한 활동에 책임감 있게 참여하는

것은 관대하면서도 자기에게 도움이 된다." (1995, p. 100). 불확실성과 죽음을 인식하는 영성의 렌즈를 통해 삶을 바라볼 때 치료의 목표는 수정될 것이다.

가정의 환대

내가 이 책 초판을 쓸 때만 하더라도 이방인에 대한 공포와 그 결과로 일어나는 두려움이 아직 우리가 살고 있는 문화 경관을 지배하지는 않았었다. 2002년 3월, 28명이 위험한 시대에 환대가 가능한가 하는 문제에 관해 토의하기 위해 우리 집에 모였다. 대화는 진지하고 희망적이었다. 두려움으로 인해 가정에서 환대를 실천하려는 우리의 흔쾌함이 줄어들었기 때문에 대화는 진지했다. 환대가 가정의 미래를 위해 얼마나 중요한지 인식했기 때문에 대화는 희망적이었다. 한 참여자는 집단 학살을 막기 위한 유일한 방법은 이방인에게 환대를 베푸는 것이라고 말했다.

환대는 다양성 가운데서 가정의 기능에 중심적이며, 가정생활의 영적 핵심이다. 가정의 목적은 남편과 아내가 번창하고, 아이들이 환영받으면서 자랄 수 있는 집을 만드는 것이다. 우리 가운데 있는 아이들에게 환대를 보여 주는 것은 취약성과 유일무이함을 지닌 아이들을 예우하기 위한 전주곡이다. 아이들이 성장하고 가능성 있는 모든 것이 될 수 있는 자유로운 공간을 창조할 수 있다면, 환대는 핵심적인 가족 가치다. 아이를 환영하는 데 핵심적인 환대의 특성은 가정사에 계속 작용한다. 가정이 새로운 사람이나 새로운 생각을 환영할 수 없을 때, 사춘기 아이들은 가출하여 성장하려 할지도 모른다. 대학생 아이들은 집에 새로운 친구를 데려오거나 새로운 생각을 가져오지 않을 것이다. 또한 성인인 아이들은 그들이 사랑하는 사람이나 살아가는 방식을 가정에서 못마땅해하면, 집에 가지 않으려고 끝없는 변명거리를 찾을 것이다.

환대의 관습을 체험하는 것도 우리 시대에 중요하다. 그런 체험에서 우리는 공적인 것과 사적인 것에 대한 서로 다른 사고방식을 탐색해 볼 수 있기 때문이다. 공적인 것과 사적인 것 간에 분별을 유지하기 위해 우리는 공적인 업무 영역과 사적인 가정 영역, 공공 법률과 정책을 개인적인 사적 영역에서 분리해 왔다. 앞에서 언급했듯이 정의는 공적 영역에 속했으며, 사랑은 결혼과 가정이라는 사적 영역에 충분했다. 환대 관습은 사적인 것과 공적인 것 간의 이러한 구별을 메워서 짧은 기간 동안만이라면 아무도 이방인이 아닌 공통의 공간을 만들어 낼 수 있다. 가정의 환대 관습에서 사랑과 정의는 만난다.

환대는 우리가 행하는 것뿐만 아니라 생각하는 방식을 말한다. 환대는 가정의 중심 가치다. 환대는 '타인'을 향한 우리 태도를 두려움이나 무관심에서 존중으로 바꾸기 때문이다. 가정에서 아이를 환영하거나 터키 출신인 딸의 남자친구에게 환대하거나 아이들이 학교에서 집으로 가져오는 새로운 생각을 환영하면, 가정은 이방인들의 무리에서 의미를 공유하는 공동체로 바뀔 수 있다. 환대가 가정을 공통된 어떤 것으로 만들었기 때문에 가정은 더 이상 사적 영역이 아니다. 환대는 공통의 책임과 공동선에 대한 헌신에 기반을 둔 가정에 새로운 의미를 부여한다. 정의와 화해와 환대의 가치가 가정의 영성 차원일 때, 우리가 살고 있는 가정은 모든 연령의 사람이 성장하고, 번성하며, 공평한 사랑의 유대로 보살핌의 공동체를 유지하는 장소로 바뀐다.

부부치료와 가족치료를 위한 함의

- 환대가 가정생활의 영적 핵심이자 가정이 기능하는 원칙이라고 이해하면, 프라이버시 문제로 분투하는 사람들을 위한 대안이 있다. 환대가 가정을 공통된 어떤 것으로 만들기 때문에 가정은 피할 수 없이 사적 영역 이상의 것이다. 또 다른 사람이 내가 내 자신의 가정이라 부르는 공간으로 초대되면, 나는 적어도 일시적으로 내 자신의 프라이버시 기준을 포기한다. 가

정을 무정한 세상으로부터의 안전한 피난처로 만드는 것으로는 충분하지 않다.

- 현대의 통신 기술은 가정의 프라이버시에 대해 진정한 모순을 만들어 냈다. 누에고치처럼 가정을 세상으로부터의 사적인 피난처로 만드는 것이 점점 더 용이하다. 그리고 사적 세계는 외부로부터의 침공에 점점 더 구멍투성이가 되고 영향을 받기 쉽다. 환대를 실천하는 것을 배우면 공통의 기반을 만들 수 있다. 또한 환대를 실천하는 것을 배우면 사적 영역과 공적 영역 사이에서 살아가기 위한 정서적이고 도덕적인 능력이 육성되는데, 이는 가정생활에 영적이고 치료적인 필수품이다.
- 영혼을 돌보는 것은 심리치료 과업에 새로운 차원을 더해 준다. 영적 관점에서 치료를 이해하는 것은 개인과 가정이 인간적 실재와 신적 실재를 하나의 구조에 함께 짜 넣는 이야기를 만드는 것을 하나의 목표로 삼는다. 신성한 이야기는 종교적 전통의 기억에서 비롯된다. 혹은 인간의 삶에는 그 이상의 무언가가 있다는 믿음을 확인하는 초월성에 대한 특별한 경험이다. 인간의 이야기가 초월성의 관점에서 다시 이야기될 때 삶은 이야기 속에서 변형된다. 삶이 변형될 때 개인과 가정은 모두 한정된 세계관에서 자유로워지며, 세상에 소속감이 생기고, 공동선을 위해 책임감 있게 살도록 격려된다.

결 론

이 책 초판이 출간된 이후 가정의 영성에 대한 새로운 긴급함이 생겨났다. 지구상의 모든 사람은 한 가족이다. 우리가 속한 가족과 애팔래치아 산골이나 클리블랜드 또는 펜실베이니아 농촌에 사는 가난한 가족들은 이라크의 수니파나 시아파 가족들 또는 서아프리카의 난민 캠프에 사는 가족들과 연결되어 있다.

환대는 가정생활의 영적 핵심이다. 우리 삶의 주요한 환경이 점점 더 다양해지기 때문에 환대를 실천할 때 형성되는 것은 요즘 시대에 매우 중요하다. 가정은 어떻게 다름을 존중하며, 점점 더 다원화되어 가는 세계에서 사람들이 살아갈 수 있도록 준비시켜야 할까? 미래의 가정은 점점 더 위험해지는 세계에서 환대의 피난처가 될까? 가정은 개인주의와 프라이버시로 선점된 사회에서 공동선에 헌신하는 미래의 시민을 어떻게 양성할까? 우리는 매우 다른 사회적 또는 문화적 네트워크들 사이에서 살기 때문에 불확실성, 모순, 충돌하는 이해 관계 속에서 살도록 가정에서 준비시킬 필요가 있다.

역설을 껴안고, 정의를 추구하며, 불확실성을 인정하고, 환대를 실천하는 영성을 발달시키려면 애매모호함을 받아들이려는 흔쾌함을 지니고 용기와 연민을 지닌 사람들을 기르는 가정이 필요하다. 무정한 세계로부터 안전한 피난처인 가정을 만드는 것만으로는 충분하지 않다. 가정은 그 자체로 목적도 아니고, 존재의 마지막 목표도 아니다. 개인은 개별적으로 그리고 다 함께 세상에서 어떤 일을 하기 위해 가정을 이룬다. 결혼과 가정생활에 대한 이러한 시각은 우리가 우리만의 작은 집단에 매몰되지 않도록 해 준다. 우리는 모두 독립적이면서 공통된 인간 가족으로 함께 연결되어 있다. 가정의 독립성과 더 큰 테두리의 인간 가족을 이해하는 데 도움이 되는 짐바브웨의 속담으로 "당신이 좋으면 나도 좋다."가 있다. 인간의 미래는 바로 그러한 비전에 달려 있다.

참 고 문 헌

Anderson, H., Foley, E., Miller-McLemore, B., & Schreiter, R. (Eds.). (2004). *Mutuality matters: Family, faith, and just love.* Lanham, MD: Rowman & Littlefield.

Beck, U. (1992). *The risk society: Towards a new modernity.* Newbury Park, CA: Sage.

Becker, E. (1973). *The denial of death.* New York: Free Press.

Benjamin, J. (1988). *The bonds of love: Psychoanalysis, feminism, and the problem of domination*. New York: Pantheon Books.

Browning, D. S. (2003). *Marriage and modernization: How globalization threatens marriage and what to do about it*. Grand Rapids, MI: Eerdmans.

Doherty, W. (1995). *Soul searching: Why psychotherapy must promote moral responsibility*. New York: Basic Books.

Fishbane, M. D. (1998). I, thou, and we: A dialogical approach to couples therapy. *Journal of Marital and Family Therapy, 24*(1), 41-58.

Gibran, K. (1923). *The prophet*. New York: Knopf.

Haley, J. (1976). *Problem solving therapy*. San Francisco: Jossey-Bass.

Kleingeld, P. (1998). Just love?: Marriage and the question of justice. *Social Theory and Practice, 24*, 261-281.

Malouf, D. (1993). *Remembering Babylon*. New York: Vintage Books.

Margulies, A. (1989). *The empathic imagination*. New York: Norton.

Miller-McLemore, B. (2006). *Midst of chaos: Care of children as spiritual practice*. San Francisco: Jossey-Bass.

Moore, T. (1992). *The care of soul*. New York: HarperCollins.

Napier, A., & Whitaker, C. (1978). *The family crucible*. New York: Harper & Row.

Needleman, J. (1982). *Consciousness and tradition*. New York: Crossroad.

Rilke, R. M. (1975). *Rilke on love and other difficulties* (J. Mood, Ed.). New York: Norton.

Walsh, F., & McGoldrick, M. (1991). *Living beyond loss: Death in the family*. New York: Norton.

Walsh, F., & McGoldrick, M. (2004). *Living beyond loss: Death in the family* (2nd ed.). New York: Norton.

Spiritual Resources In Family Therapy

제3부 치료적 실천에서의 영성

제 11 장 치료에서의 도덕성과 영성

WILLIAM J. DOHERTY

영적 영역과 도덕적 영역은 치료에서 피할 수 없다는 합의가 이루어져 있기 때문에 이 두 영역을 모든 사람의 임상 치료에 어떻게 통합할 수 있는지 이해하는 것은 중요하다. 치료는 기본적으로 대화의 형식을 띠기 때문에 나는 임상 언어, 도덕적 언어 그리고 영적 언어를 통합된 방식으로 치료에 어떻게 짜 넣을 수 있는지에 초점을 맞추고자 한다. 클라이언트의 세계관을 존중하고, 치료사의 자아를 활용하며, 종교적 환경에서의 영적 상담과 정신건강 현장에서의 세속적 치료상담을 구분하는 경계를 지키는 방식으로, 치료에 영적 언어를 사용하는 방법에 대한 구체적인 임상 지침을 제시하고자 한다.

나의 개인적인 종교적 배경

영성과 치료에 관한 문헌을 읽으면서 나는 대부분의 저자가 자신의 종교적 배경과 현재 상황에 대해 침묵한다는 인상을 받았다. 『심리학 임상 치료에서의 종교(Religion in the Clinical Practice of Psychology)』(Shafranske, 1996), 『종교 심리학(The Psychology of Religion)』(Spilka, Hood, Hunsberger, & Gorsuch, 2003)과 같은 종합적인 서적의 어디에서도 저자는 자신의 종교적 또는 영적 믿음이나 소속을 밝히지 않고 있다. 영성과 치료를 다루는 학술 논문들도 저자의 종교적 혹은 영적 배경을 밝히는 경우는 드물다. 다음과 같은 예외적인 사례는 주목할 만하다. Dorothy Becvar(1966)는 그녀의 책 『영혼 치유(Soul Healing)』에서 자신의 영적 여정에 대해 상세하게 묘사한다. 이러한 자전적 정보가 다른 책에서는 누락된 것이 유감스럽다. 왜냐하면 독자들은 저자의 종교적 배경과 현재 성향이 연구나 저서에 어떻게 영향을 미치는지 필연적으로 궁금해하기 때문이다. 종교와 영성이라는 가치 포화적인 영역에 대해 완전히 중립적이거나 객관적일 수 있는 사람은 아무도 없다.

그래서 여기서 나의 종교적 배경에 대해 간략하게 밝힌다. 나는 1950년대와 1960년대 초 아일랜드 가톨릭교도로 양육되어 가톨릭 폴리스트 파더즈(Catholic Paulist Fathers) 신학대학에서 7년을 보냈으며, 혼란스러웠던 1970년에 신학대학을 떠나서 1975년까지 가톨릭교도로 남았다가 몇 년 동안 '불신자'로 지냈다. 그러다가 1977년에 유니테리언 유니버설리스트(Unitarian Universalist, 일신론과 보편구원론이 결합된 북미의 자유주의적인 그리스도교 종파-역주)가 되었다. 이러한 영적 · 종교적 진로를 따라 나는 전통 기독교인에서 종교적 휴머니스트로 그리고 자연주의적 유신론자로 전환했다. 나는 전통 기독교인의 기도하는 생활에서 무기도 생활로, 그리고 중국의 기공 명상으로 옮겨 갔다. 종교적 휴머니스트로서 나는 종교적 · 영적 이슈와 질문의 권위 및 중요성을 인정한다. 종교적 믿음과 영적 태도는 개인과 가족과 지역사회를 위해 긍정적으로 작용하고, 삶을 고양시키며, 또한 제약을 가하거나 파괴적인 것이 될 수도 있다. 나는 종교, 영성, 도덕성을 초자연적인 신으로부터의 계시라기보다는 더 넓은 자연적 우주의 맥락 속에서 인간의 창조물로 간주한다. 자연주의적 유신론자로서 나는 신을 우주 안에 있는 어떤 힘, 성실과 사랑의 삶을 향해 우리를 끌어가는 창조성의 궁극적 원천으로서 바라본다. 나의 신학적 관점은 자연주의 신학자인 Henry Nelson Wieman과 Gordon Kaufman의 영향을 가장 많이 받았다. Kaufman(2004)은 신을 '우주에 나타나는 창조성의 현연(顯然)'으로 바라본다. Wieman(1946/1995)에게 신은 우리가 스스로를 변화시킬 수 없는 방식으로 우리를 변화시키는 창조력에 부여하는 이름이다. 이처럼 변화시키는 능력은 예수, 부처와 같은 개인을 통해 그리고 그들 주위에 생겨난 인간 사회를 통해 역사에서 가장 강력하게 드러난다. 이러한 믿음을 심리치료에 연결하면 우리가 자신의 온전한 자아를 불러오고 다른 사람들의 온전한 자아에 개방적일 때, 사람들 간의 창조적 교류에서 신성을 가장 강력하게 체험한다는 것이 Wieman의 생각이다. 그런 의미에서 최선의 치료는 삶이 변화되는 영적 실천이다.

영성과 치료에 관한 문헌에 나타나는 문제점

이 책의 초판을 써 달라는 요청을 받았을 때 나는 도덕성과 치료에 대해 글을 쓴 적은 있었지만(Doherty, 1995) '영성과 치료'라는 주제에 대해 글을 쓴 적은 한 번도 없었다. 그래서 나는 늘어나고 있는 영성과 치료에 관한 전문 문헌을 샘플링하여 읽기 시작했다. 선구적 심리학자 Allen Bergin(1980)의 뒤를 따라 거의 모든 저자가 심리치료 분야에서 영성과 종교를 다루는 것을 회피한 것에 대해 (어느 정도까지) 비판했다. 거의 모든 저자가 일련의 조직적인 믿음, 체계, 실천인 종교와 삶의 의미와 초월적인 현실과의 관계에 대한 보다 개인적인 감성인 영성을 구별했다(Becvar, 1996; Stander, Piercy, MacKinnon, & Helmeke, 1994). 그리고 대부분의 저자가 영적인 영역에서 클라이언트가 이끌어가는 것을 따르고, 영적인 논의나 종교적 논의 속으로 클라이언트를 강요하여 끌어들이지 않는 것이 중요하다고 강조했다(Tan, 1996). 최근의 문헌도 같은 합의를 반영하는 것 같다(예: Carlson & Erickson, 2002; Onedera, 2008). 이 문헌들 중 많은 것이 유익하고 계몽적이기는 하지만, 나는 현대의 전문 문헌에서 영성을 다루는 방식에 다섯 가지 문제가 계속 남아 있다고 본다.

첫째, 때때로 영성의 정의가 너무 넓어져 현실주의, 이상주의, 궁극적인 만족감, 이타주의와 같은 용어를 사용하는 Elkins(1990)의 영성의 정의에서처럼 정신건강 영역 대부분을 포함한다. 너무 많은 것을 의미하는 용어는 곧 아무것도 의미하지 않으므로 모든 것이 위험해진다. [영성이라는 용어의 모호함에 대한 Spilka 등(2003)의 비평과 이 책 제1장에 있는 Walsh의 보다 균형 잡히고 초점이 맞추어진 정의를 참조하라.]

둘째, 치료에 관한 문헌은 주로 개인주의적인 면을 강조한다. 그래서 공동체 성격을 띤 종교는 자주 경시되는데, 종교는 근본적으로 개인적인 현상인 영성과는 대조적이다. 영성의 이미지는 의미를 찾는 개인 탐구자로서의 이미지로 제시되고 그 시대에 합리적인 믿음이 무엇이든 선택하거나 포기할 필요도 없고, 신앙의 전통에 붙들려 있지도 않는다. 치료와 신학 교육을 모두 받은 Wendell (2003)은 영성은 본질적으로 공동 사회의 종교적 전통과 결부되어 있기 때문에 서로 분리될 수 없다고 주장한다. 영적으로 섬처럼 고립된 사람은 아무도 없다.

셋째, 가족 차원의 영적 믿음과 행위에 대한 관심이 너무 적다. 다른 종교 간의 결혼에 대해서는 방대한 문헌이 있음에도 가족 내 영성의 차이에 대한 논의는 상대적으로 거의 없는 편이다. 한쪽은 뉴에이지 정신에 몰두하고, 다른 한쪽은 전통적인 장로교도로 남아 있는 부부에게 무슨 일이 일어나겠는가? 또는 부모와 자녀의 종교적 행로와 영적 행로가 갈라질 때는? 마찬가지로 이 간극에 대해 지금은 해결책이 제시되고 있기는 하지만, 부부와 가족을 위한 원천으로서의 영성에 대한 관심이 충분하지 않다(예: Marks, 2004; Lambert & Dollahite, 2006).

넷째, 영성은 종종 개인 간 의무와 책임이라는 도덕적 영역과 분리된다. 최악의 경우 문헌에서는 성장할 필요와 의미를 탐색할 필요가 없으며, 가족, 친구, 지역 사회에 대한 책임에 관심이 거의 없는, 얽매인 데가 없는 영적 자아로 개인을 취급한다. 어떤 저자들은 영적 깨달음이 도덕적으로 민감한 행동을 저절로 보증한다고 암시하는 것 같은데, 이는 역사를 통틀어 대부분의 영적 지도자들이 노예제도를 지지하거나 적어도 노예제도에 저항하지 않았다는 역사적 사실과 어울리지 않는 입장이다. 다행스럽게도 Walsh(2008)와 같은 저자들은 이제 새로운 글에서는 영성과 도덕성을 명시적으로 연관 짓는다.

다섯째, 임상 치료에서 영적 언어를 사용하는 방법에 대한 논의가 아직도 너무 적다. 대화 방식의 치유 매체인 치료에서 우리는 클라이언트와의 영적 담론에 어떻게 참여하는가? 진전이 있기는 하지만(예: Griffith & Griffith, 2002) 너무나 많은 문헌이 상당히 높은 수준의 추상적 개념에 머물러 있으며, 치료 세션에서 이러한 이슈들에 대해 이야기하는 방식에 대한 지침이 결여되어 있다.

이 장의 나머지 부분에서는 이러한 이슈 중 일부를 다룬다. 그리고 영적 영역의 언어와 도덕적 영역 및 임상 영역의 언어를 구분한다. 또한 치료에서 영적 대화어를 사용하는 방법을 다루고, 영적 이슈를 다루는 데 있어 가족제도의 관점을 통합하는 방식에 대해 간단히 언급할 것이다.

언어와 의미의 세 영역

도덕성과 심리치료에 대한 나의 이전 작업은 『영혼 탐색: 심리치료에서 도덕적 책임감을 촉진해야 하는 이유(Soul Searching: Why Psychotherapy Must Promote Moral Responsibility)』(Doherty, 1995)에 집약되어 있다. 그 책에서 나는 일부러 종교적 영역이나 영적 영역이 아니라 도덕적 영역에만 초점을 맞추었다. 나는 치료에서 영적 이슈나 종교적 이슈를 명시적으로 다루지 않고도 도덕성(이 영역에서는 한 사람의 행동이 다른 사람들의 안녕을 위해 좋은 결과나 나쁜 결과를 낳는 것으로 정의됨) 이슈를 다룰 수 있다고 믿었다. 여기서 정의한 대로 도덕적 영역은 또한 직업적 처신의 원칙, 가치, 규범을 언급하며 직업협회와 면허인가위원회가 채택하는 행동 규범으로 분명하게 표현되는 직업윤리와는 별개라는 것에 주의해야 한다. 이 장에서는 직업윤리가 아니라 임상 치료에서의 도덕성과 영성에 초점을 맞춘다.

치료에서 도덕성과 영성을 구별하는 한 예로 아이들과 단절하고 까다로운 전 부인과 헤어져 새 출발을 하기로 결심한, 최근에 이혼한 아버지를 생각해 보

자. 이 이슈는 임상 수준(아버지 역할에 대한 공감, 전 부인과 맞서야 하는 불안, 원가족과의 단절)과 도덕적 수준(아이들에 대한 책임감 대 자신의 행복에 대한 관심)에서 다룰 수 있으며, 영적 영역(예: 옳은 일을 하라는 더 높은 권위에 의해 요구되는 실재감)으로 옮겨 갈 필요가 없다. 도덕성과 윤리 간의 구별은 다음과 같은 그림으로 나타낼 수 있다. 즉, 그 남자의 치료사는 윤리적으로(자율성과 경계를 존중하며 비밀을 유지하는 등) 치료하고 있으며, 남자의 이슈의 도덕적 차원을 명시적으로 다루고 있지는 않은 것으로 보인다. 정말로 많은 치료사가 치료에서 영적

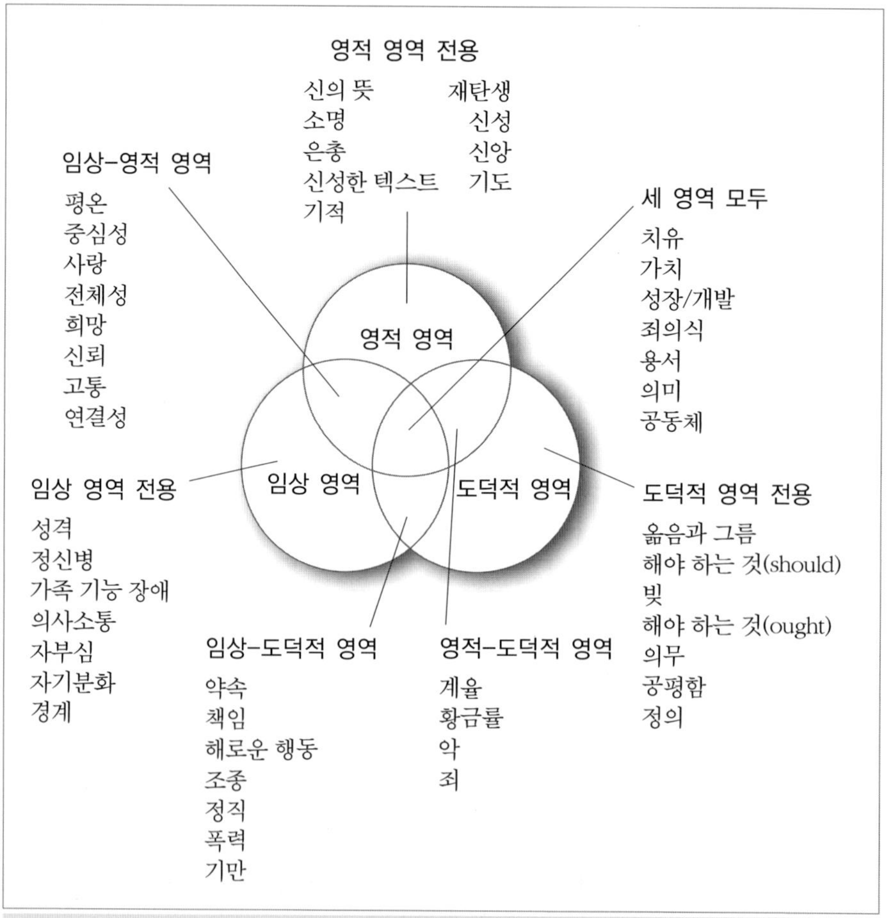

[그림 11-1] 언어와 의미의 세 영역

이슈보다는 도덕적 이슈를 다루는 것에 대해 훨씬 더 겁내는 것 같다.

치료는 대화로 치유하는 형식을 띠기 때문에 나는 임상 치료의 도덕적 영역과 영적 영역을 조명하기 위해 언어와 의미에 초점을 맞출 것이다. 치료에 사용되는 언어와 의미의 세 영역, 즉 정신건강의 임상 세계, 의무라는 도덕적 영역, 초월적 의미의 영적 영역을 [그림 11-1]에서 개략적으로 보여 준다. 나는 세 영역이 명확성을 위하는 것과 동시에 한 영역이 다른 영역들을 '압도하지(trump)' 않도록 하기 위해 구별되어야 한다고 주장한다. 한 영역이 다른 영역을 압도하는 일이 발생하는 것은 Freud가 종교를 심리분석 이론에 포함시키거나, 텔레비전 전도사 Jimmy Swaggart가 자신의 강박적인 성적 문제를 악마가 일으켰기 때문에 정신건강 치료보다는 기도로만 치료할 것이라고 말하는 것처럼 한 영역의 독특한 의미가 또 다른 영역에 적합해질 때 가능해진다. 반복하자면 세 영역은 서로 다른 양식의 언어와 지식 생성, 서로 다른 인식론 및 증거 기준을 가지고 있다. 이 세 영역은 서로 다른 전통과 문화를 대표하며, 학문 제국주의(disciplinary imperialism)를 범하지 않고서는 다른 영역에 포함될 수 없다.

[그림 11-1]은 각 영역에 고유한 언어의 예를 보여 준다. 그림을 볼 때 세 개의 주 원(임상 영역, 도덕적 영역, 영적 영역)에 고유한 언어를 반영하는 원들을 먼저 살펴봐야 한다. 임상 영역 전용 용어에는 정신건강 전문가들의 언어와 학술 전통을 반영하는 용어들로서 성격, 정신병, 자기분화, 경계가 포함된다. 도덕적 영역 전용 용어로는 대부분의 사람이 인간의 행동을 묘사하기 위해 매일 사용하지만 역사적으로는 치료의 담화 밖에 있었던 용어로, 옳음과 그름, 해야 하는 것, 의무가 포함된다. 나는 치료사들이 이 용어를 전혀 사용하지 않는다고 말하는 것이 아니다. 오히려 치료사들은 이 용어를 사용할 때 치료 모델에 의지하기보다는[예외로 Ivan Boszormenyi-Nagy(1987)의 맥락적 가족치료가 있음] 명백하게 도덕적 영역에서 언어를 차용하고 있다. 영적 영역의 전용 용어로는 역사적으로 종교적 전통 안에서 사용되어 온 용어로, 신의 뜻, 소명, 신앙, 기도가 포함된다.

영역 간에 중첩되는 부분으로 옮겨 가기 전에 나는 각 영역에 고유한 용어들의 개념적 자율성과 언어적 자율성을 존중하는 것이 중요하다는 것을 재차 강조하고 싶다. 영적 영역에서 소명(calling)이라는 아이디어가 심리적 영역에서 필요성(need)으로 축소될 때 개념적 제국주의가 작용한다. 유사하게 고대의 성서 문구가 현대사회에서 부모의 냉혹한 양육 방식을 정당화하는 데 사용될 때 제국주의가 명백하게 드러난다. 성적 학대의 도덕성이 임상 언어인 미약한 경계(poor boundaries)로 애매해질 때, 도덕적 영역과 임상 영역은 둘 다 궁색해진다.

이 모델을 개발한 후 나는 시카고 대학교의 종교 윤리학 교수이자 사회과학 교수인 Don S. Browning(1987)의 글에서 유사한 설명을 맞닥뜨렸다. Browning은 궁극적인 은유(신학), 의무(윤리학), 심리학의 영역이 서로 연관성이 있기는 하지만 명확히 별개라고 주장한다. 그러나 이러한 기본적인 구별을 넘어서면 일이 더 복잡해진다. Browning은 모든 심리학 이론은 인간의 의무에 대한 암시적 윤리와 함께 궁극적인 삶의 의미와 관계된 암시적 은유를 지니고 있다고 주장한다. 신학과 윤리적 모델은 그 자체의 일부로 심리적 기능과 가족 기능의 암시적 이론을 지니고 있다. 따라서 범주상 분리된 영성, 도덕성, 임상 치료 영역에 걸쳐 공명이 있다.

[그림 11-1]은 어떤 단어와 구문이 두 영역 심지어 세 영역에서 의미를 지니는 중첩 영역을 보여 줌으로써 이러한 공명을 설명한다. 임상-영적 중첩 영역은 평온, 전체성, 희망, 신뢰 등의 용어로 표현될 수 있다. 임상-도덕적 중첩 영역은 약속, 정직, 책임, 폭력 등의 용어로 표현될 수 있다. 영적-도덕적 중첩의 예로는 십계명, 죄, 황금률이 있다. 마지막으로 [그림 11-1]의 중심에는 치유, 가치, 죄의식, 용서 등의 용어로 명확하게 표현되는 세 영역 간에 모두 중첩되는 구역이 있다. 이 단어들은 영성, 도덕성, 치료에 걸쳐 공명한다. 나는 이 모델에서 모든 고유한 용어의 배치를 옹호하려는 것이 아니다. 오히려 나의 목표는 영어를 사용하는 현대사회에서 서로 다른 종류의 영적 · 도덕적 · 임상적 의미를 전달하는 단어들의 종류를 그림으로 설명하는 것이다. 나는 또한 역사적

으로 볼 때, 가장 합리적이면서 가장 덜 감정적이고 가장 개인주의적인 임상 언어가 인간의 담화 속으로 가장 최근에 진입했음에 주목한다.

세 영역 모델의 임상적 이용

세 영역 모델은 영성, 도덕성, 임상 치료의 언어를 다루기 때문에 치료사들이 임상 치료에서 영적 이슈에 접근할 수 있는 방식에 대한 몇 가지 함의를 지니고 있다. 이 논의는 클라이언트와 공통의 종교적 소속과 영적 성향을 상정하거나 그러한 것들을 쉽게 요구할 수 없는 세속적 환경에서 일하는 치료사들을 위한 것이다.

첫째, 클라이언트의 영적 믿음과 선호하는 영적 언어를 알지 못하는 치료사에게는, 클라이언트의 경험을 탐색할 때 '영적 전용' 영역에 있는 용어를 도입하지 말 것을 조언한다. 클라이언트가 기도 또는 적어도 개인적 신에 대한 믿음을 언급함으로써 영적 영역에 마음을 열어 놓은 상태가 아니라면, 치료사가 어떤 문제에 대해 기도하고 있는지 묻는 것은 실수다. 마찬가지로 세속의 치료사는 클라이언트가 성경 말씀을 잘 따른다는 것을 미리 알지 못하면 성경을 언급하지 말아야 한다. 이 첫 번째 함의는 치료사가 이끌어가기보다는 클라이언트가 이끌어가도록 하라는 영성과 치료 문헌에서의 분명한 합의를 반영한다(Becvar, 1996; Tan, 1996).

둘째, 치료사는 클라이언트가 치료사의 영적 믿음과 행위를 어떤 방식으로든 공유하거나 치료사의 성향에 대해 듣고 싶어 한다는 것을 확신하지 못하면, 자신의 영적 믿음과 행위를 스스로 밝히는 것을 조심해야 한다. Wulff(1996)는 모든 종교적 주장은 묵시적으로 청자(聽者)의 동의를 요구한다는 예리한 지적을 한다. 의기소침한 클라이언트에게 신이 그녀를 사랑한다는 것을 내가 안다고 말하는 것은 내 신앙을 진술하는 것 이상이다. 그것은 클라이언트의 동의를 요청하는 진술문이며, 사랑하는 신에 대한 나의 믿음을 클라이언트가 공유하고 있다고 자신하지 못하면 치료 대화에서 나의 직권과 책임을 오용하는 것이 될 수 있다. 한편 클라이언트가 이끄는 대로 치료사가 자기 노출을 하면 타이밍이 적절하다면 때때로 치료에 꽤 도움이 될 수 있다.

셋째, 치료사가 클라이언트의 영적 언어와 신앙에 친숙하다면, 그리고 클라이언트가 영적 언어를 사용하여 이러한 신앙을 불러내는 데 관심이 있다면, 치료사는 영적 상담자이자 공동 탐색자로서의 역할을 수행할 수 있다. 예를 들어, 한 남자가 자신의 혼외정사의 여파를 다루기 위해 개인 치료와 부부치료에 열심히 참여했다. 그러나 부부치료 세션에서 그는 가톨릭 피정에 참석하여(그는 막 가톨릭교로 개종하였음) 고해성사에서 용서를 구할 계획이라고 말했다. 부인이 그들 부부는 문제를 과거지사로 잊어버렸다고 말하며 반대하자, 그는 자기 부부관계를 넘어선 어떤 필요가 있다고 말했다. 그때 나는 "당신은 당신의 혼외정사가 당신과 부인을 넘어서는 더 높은 도덕적 도리를 어겼고, 부인의 용서를 받았기 때문에 이제 신으로부터 용서를 구하고 싶다고 믿는 것처럼 들리는군요."라고 말했다. 그는 내 말이 맞다고 단언했고, 그의 부인은 그가 오래된, 이미 해결된 문제를 파헤치려는 것이 아니라 영적 · 도덕적 치유를 구하고 있다는 것을 처음으로 알았다. 이 사례는 영적 이슈와 도덕적 이슈를 다루는 것과 관련된 치료의 힘을 예증하는 것이기도 하다. 왜냐하면 부인은 처음에는 남편과 화해의 여정의 마지막 구간에서 남편을 지지할 수 없었기 때문이다.

또 다른 사례를 보면 Martha는 정서적으로 가학적인 남편과 마침내 이혼하기로 결심했는데, 남편은 자신의 파괴적 행동을 돌아보려는 어떤 의지도 보여주지 않았다. 수년 동안 남편의 정서적인 보모였던 Martha는 그가 이러한 거부에 직면해 있고, 다시 알코올중독에 빠질 위험이 있기 때문에 그를 도울 수 없다는 생각으로 괴로웠다. 그녀는 남편과 경계를 유지해야 한다는 것을 알았지만 그것은 어려웠다. 그녀는 "제가 남편을 위해 할 수 있는 일은 아무것도 없어요. 그렇죠?"라고 말했다. 나는 "일을 악화시키지 않고서는 없지요. 다른 사람들이 이제 남편을 돌봐야 할 거예요."라고 말했다. 잠시 뒤 그녀의 굳건한 종교적 신앙을 곰곰이 생각한 나는 "하지만 당신은 그를 위해 기도할 수 있잖아요."라고 덧붙였다. 그녀는 상담 세션 중 처음으로 허리를 꼿꼿이 펴고 앉아 "그렇게 말해 줘서 고맙습니다. 나는 매일 남편을 위해 기도해요. 앞으로도 계속 그렇게 할 거예요. 그것이 이 이혼에 대해 남편과 나와 아이들을 혼란스럽게 만들지 않고 제가 할 수 있는 유일한 일이에요."라고 말했다. 나는 그녀가 기도와 관련이 있고, 그것이 그녀에게 도움이 되리라는 자신이 있었기 때문에 영적 용어 기도하다를 도입했다.

넷째, 치료사가 클라이언트의 영적 믿음을 알지 못하면 중첩된 영역의 언어를 통해 영적 이슈를 묵시적으로 끄집어낼 수 있다. "신이 나를 긍휼히 여기신다."는 도입부 없이도 유명한 평온 기도를 사용할 수 있다. 유방암과 용감하게 싸우고 있는 한 여자는 신을 믿지 않았다. 그녀는 자신이 결과를 좌우할 수 없다는 것을 알지만 계속 싸우겠다고 말했다. 나는 임상 영역과 영적 영역에 걸쳐 공명하는 용어로서 평온을 도입했다. 평온은 수용이라는 용어보다 더 깊은 곳을 건드리며, 많은 사람에게 자신의 현실보다 더 넓은 현실에 몸을 내맡긴다는 의미를 함축한다. 또한, 다른 많은 치료사들처럼 클라이언트들과 함께 나는 그럴듯한 결과를 평가하는 합리적 과정을 나타내는 낙관주의와 더 깊은 곳에서 흐르며 일부 사람에 의해 영성과 연결되는 희망을 구별한다. 아픔(pain) 대신 고통(suffering)과 같은 용어도 클라이언트를 소원하게 만들 위험 없이 치료 대화를 깊어지게 하면서 임상 영역과 영적 영역, 모두에 걸쳐 울림을 준다.

다섯째, 종교적인 클라이언트가 영적 전용 언어를 기계적으로 공허하게 사용하고 있다고 치료사가 느끼면, 임상-영적 또는 임상-도덕-영적 중첩 언어를 도입하는 것이 클라이언트의 경험을 진작시킬 수 있다. 예를 들어, 클라이언트가 정서적인 울림이나 확신 없이 중생이라는 용어를 사용하면, 치료사는 어떻게 신의 사랑이 클라이언트에게 성장과 치유를 가져왔는지 물어볼 수 있다. 또는 아들이 동성애자이기 때문에 의절할 것을 고려하는 부부에게는 기독교 교리문과 성경 문구에 근거해서 사랑과 신의에 대한 기독교 이야기의 다른 측면을 생각하는 기회를 제시할 수 있다. 현재 클라이언트가 개인의 건강이나 가족의 건강을 해결하고 있는 것으로 보일 때는 클라이언트의 핵심적인 영적 믿음과 어긋나는 중첩된 언어를 사용하지 말고 확장된 대화와 변형된 영적 담화의 가능성을 만들어 내는 것이 중요하다.

여섯째, 한 가족이 서로 다른 영적 믿음이나 종교로 갈등 중일 때 치료사는 중첩된 영역을 사용하여 가족 구성원들이 공유하는 핵심 믿음과 가치를 탐색할 수 있다. 기독교 근본주의자와 무신론자는 둘 다 그들의 책임감을 어길 때 도덕적 책임감과 건설적 죄의식의 중요성을 믿지만, 도덕적 질서가 신에게서 비롯된 것인지 아니면 인간에게서 비롯된 것인지에 대해 의견이 다른 것을 당연하게 여길 것이다. 즉, 가족 구성원들은 각자의 신학적 차이에 갇혀 있기보다는 임상적 · 도덕적 · 영적 영역을 연결하는 가치 수준에서 만날 수 있다. 한 가족의 치료 세션에서 보수적 가톨릭교도인 아버지와 동성애 불가지론자인 아들은 둘 다 그들의 삶을 통해 세상을 좀 더 살기 좋은 곳으로 만들고자 하는 비슷한 소망을 가지고 있다는 것에 놀랐다.

요약하면, 언어의 차이점에 대한 올바른 평가와 임상적 · 도덕적 · 영적 영역 간의 연결점은 이러한 여러 차이를 통과하도록 치료사들을 인도할 수 있다. 치료는 기본적으로 대화 형식을 띠기 때문에, 클라이언트에게 사용하기 위해 우리가 배우는 언어와 클라이언트가 우리에게 사용하는 언어의 관점에서 치료에서 적절한 영성의 역할이 수행되어야 한다. 다음 절에서는 치료에서 서로 다른 강도의 도덕적 언어를 자리매김하기 위해 내가 개발한 모델을 영적 상담에 적용하겠다.

치료에서 영적 상담의 강도

저자들은 치료에서의 영성 사용에 관한 글을 쓸 때 자신이 체험한 가장 극적인 사례와 탁월한 개입에 대해 기술하곤 한다. 이것은 이 영역에 대해 결단을 내리지 못하는 독자들에게 영적 개입은 보통 강렬하고, 그래서 위험하다는 것을 암시할 수 있다. 나는 치료에서 도덕적 상담과 관련된 관심사를 다루어 왔다. 많은 치료사가 도덕적 문제에 관해 (가급적) 침묵을 지키거나 (다른 모든 것에 실패하면) 클라이언트의 행동이 잘못되었다고 말하는 것, 즉 양극단의 접근을 하는 것을 자신의 역할로 보는 경향이 있다. 나는 치료사들은 대개 낮은 강도의 확언과 질문을 유지해야 한다고 조언해 왔고, 강도에 등급을 매긴 도덕적 상담 모델을 개발해 왔다(Doherty, 1995). 본질적인 도덕적 개입은 예를 들면 "이혼한 다음에 다른 주로 이사하는 것이 아이들에게 어떤 영향을 줄 거라고 생각하십니까?" 와 같이 자신의 행동이 다른 사람이나 집단의 안녕에 어떤 영향을 줄 것이라고 생각하느냐고 간단하게 묻는 것이다. 도시를 떠나 자신의 아이들을 다시는 보지 않으려 하는 한 아버지에게 내가 문제를 제기했을 때 그랬던 것처럼 치료사가 직접적인 도덕적 문제 제기로 강도를 높이도록 요구받는 경우는 가끔 있을 뿐이다. 다음은 치료에서 영적 언어를 사용하기 위해 이 모델을 적용한 것이다. 치료사의 진술문은 강도가 약한 것에서 강한 순서로 배열되어 있다.

1. 영적 믿음에 대한 클라이언트의 즉흥적인 말을 인정하라. 이것은 명백해 보이지만, 많은 치료사들이 침묵을 지켜 왔으며, 클라이언트가 영적인 말을 입 밖에 내면 불편해하는 것 같았다. 결혼을 계속 지키려는 용기를 어디에서 얻었는지 한 기혼 여성에게 물었을 때, 그녀는 이혼의 가능성이 있다는 것을 알았지만 "제가 이 결혼을 당장 끝내면 신이 슬퍼하실 거예요."라고 대답했다. 나는 그녀가 한 말에 감동받았다고 말함으로써 그녀의 영적 감수

성을 인정하고 정당화했다.

2. 클라이언트의 영적 믿음과 행위에 관해 질문하라. 치료사는 치료를 시작할 때와 치료 중간에, 삶에서 또는 문제와 그 문제를 통과하는 방식에 대한 생각에서 종교와 영성이 중요한지의 여부를 클라이언트에게 물어볼 수 있다. 예를 들어, 나는 한 터키 남자에게 심한 요통을 겪는 동안 그의 종교적 믿음이 도움이 되었는지 물었다. 그는 "아니요, 저는 종교인이 아닙니다."라고 대답했다. 아무런 해도 끼치지 않았고 나는 직접적으로 그의 삶에서 종교가 잠재적 힘이 아님을 확인했다. 그러나 나는 첫 세션에서 이런 종류의 질문을 모든 클라이언트에게 꼭 하지는 않으며, 대개는 이 주제를 다루긴 한다.
3. 클라이언트가 자신의 삶이나 문제의 영적 · 임상적 · 도덕적 차원을 어떻게 연결하는지에 대해 질문하라. 여기서 치료사는 클라이언트의 영적 믿음이 어떻게 그들의 나머지 삶을 형성해야 하는지에 대한 클라이언트의 믿음을 탐색한다. 치료사는 치매에 걸린 남편을 돌보는 여자에게 그녀의 신앙이 가능한 오래 남편을 집에 두려는 그녀의 결정에 어떤 역할을 하는지 물어볼 수 있다. 그녀가 자신의 도덕적 헌신과 영적 믿음과 매일의 행동을 그녀의 남편과 연결하도록 돕는 것이 목적이다. 이런 형식의 질문은 클라이언트가 영성이나 종교가 자신과 관련되어 있음을 이미 밝힌 경우 적절하다.
4. 자기 노출이 치료 효과가 있을 때 클라이언트의 영적 믿음이나 감수성에 동의를 표현하라. 여기서 치료사는 영적 문제에 대해 클라이언트에게 긍정이나 동의를 표함으로써 대면의 강도를 높인다. 죄책감에 시달리는 클라이언트가 신은 어쨌든 자신을 사랑한다고 심약하게 말하면, 치료사는 더 강한 어조로 더 많은 감정을 담아 "신은 당신이 아는 것보다 당신을 더 많이 사랑한다는 데 저는 동의합니다."라고 대답할 수 있다. 내세를 믿는 치료사는 비탄에 빠진 아버지가 자신의 아들은 이제 신과 함께 있다고 말할 때 동의를 표할 수 있다. 물론 치료사는 클라이언트에게 진정으로 동의할 수 있어야

한다. 그러한 믿음을 공유하지 않는 치료사도 같은 믿음을 지니고 있다고 보이지 않으면서도 클라이언트와의 대화에 민감하고 마음을 열 수 있다. 이는 가령 사랑하는 이의 목숨을 구해 줄 신의 기적과 같은 이야기를 통해서 믿음의 의미와 권능을 탐색하라고 클라이언트에게 요청함으로써 가능하다.

5. 자신의 입장을 내보이지 않고 클라이언트의 딜레마를 분명히 표현하라. 동성애자인 아들과 영원히 절연할 것을 고려하는 부모에게 (앞서 논의했듯이) 나는 "당신이 처해 있는 끔찍한 딜레마를 이해할 수 있어요. 한편으로 당신은 동성애가 잘못된 것이라는 종교적 믿음이 강하고 아들과의 관계를 유지하면 당신의 믿음에 진실할 수 있을까 미심쩍어 하지요. 다른 한편으로 당신은 분명히 아들에 대한 깊은 사랑을 품고 있어서 살아 있는 한 아들을 위해 거기에 있고 싶어 합니다. 그 사랑은 또한 당신의 종교적 가치의 일부이기도 하지요. 이것은 당신에게는 틀림없이 가슴 아픈 상황일 겁니다."라고 진술하였다. 나는 그 부모의 딜레마의 두 번째 부분, 즉 아들에 대한 그들의 헌신을 강조하기 위해 이 말을 했다. 그 부분의 분투가 그들이 그때까지 말한 것에서 분명하지 않았기 때문이다.
6. 클라이언트의 영적 믿음 간 또는 영적 믿음, 임상 현실이나 도덕적 이슈 간의 모순을 지적하라. 동성애자 아들을 둔 부부를 위해 치료사는 부모가 두 가지 신의 가르침, 즉 성적 행동에 대한 신의 율법과 자녀를 향한 부모의 헌신에 대한 신의 율법 중에서 선택해야만 할 것이라고 말할 수 있다. 이 말은 딜레마를 펼쳐 놓는 것을 넘어 상충되는 영적 믿음 중 어느 것을 우선으로 할지 부모가 결정해야만 한다는 것을 암시한다. 또는 아내를 붙들기 위해 기독교인이 되었던 전 남편과의 관계를 거절할 수 없었던 거듭난 기독교도 여인인 클라이언트를 생각해 보자. 전 남편은 그녀에게 진정한 기독교인은 그녀를 돌보아 준 남자에게 등을 돌리지 않을 것이라고 말했다. 그녀는 전 남편의 말에 동의하지 않았지만, 그가 그 상황을 그녀의 방식으로 보지

않고 그녀를 이기적인 비기독교인으로 보았기 때문에 접촉을 단절할 수 없었다. 나는 그녀에게 예수가 환전상들을 사원 밖으로 내치신 것에 대해 생각해 보라고 요청했다. 그 순간 환전상들은 예수가 사랑에서 옳은 일을 하고 있다고 믿었다고 생각하는가? 그녀는 즉시 요점을 보았고 나아가 독이 되는 전 남편과의 관계를 단절했다. 물론 치료사는 이런 종류의 개입을 하기 위해서는 종교적 전통을 잘 알고 있어야 한다. Wendell(2003)은 치료사는 클라이언트를 영적 뿌리로부터 단절시킬 수 있는 더 강력한 개입을 하기 전에 클라이언트가 아는 것보다 종교에 대해 더 많은 것을 알아야 한다고 주장한다. 종종 치료사는 이러한 도전적인 대화를 위해 같은 신앙을 가진 다른 치료사에게 클라이언트를 보내야 한다.

7. 자신의 영적 · 도덕적 · 임상적 믿음을 기반으로 클라이언트가 영적 믿음을 다루는 방식에 도전하라. 정중하지만 확고한 '나(I)' 진술문으로 이렇게 하는 것이 핵심이다. 예를 들어, 동성애자 아들과의 관계 단절을 향해 나아가고 있으며, 치료사가 아들의 성적 성향을 바꾸어 주기를 바라는 부모와의 상담을 마치기 전에 치료사는 다음과 같이 말할 수 있다. "전 이 딜레마가 당신들에게 얼마나 고통스러운지 이해합니다. 물론 전 당신들의 입장을 충분히 알 수는 없습니다. 그러나 이 대화를 마치기 전에 이것이 우리가 만나는 마지막 기회일 수도 있기 때문에 이런 결정에 대해 제가 어떻게 느끼는지 알려 주고 싶습니다. 제가 당신들을 위해 결정을 내릴 수는 없지만 우리가 신으로부터 받은 가장 높은 소명은 자녀들이 우리가 잘못되었다고 생각하는 일을 할 때도 우리 자녀들을 신뢰해야 한다는 것이라고 저는 믿습니다. 제 자신의 종교적 믿음은 가족에 대한 책무를 단절하는 것보다는 유지하는 쪽으로 결심하도록 거의 항상 저를 이끌어 줍니다." 분명한 영적 성향이 없는 치료사는 자녀와의 관계를 영원히 단절하는 일은 절대로 없도록 하는 것이 옳다는 도덕적 수준에서 똑같은 메시지를 전달할 수 있다. 결정이 가져올 성인인 아들과 나머지 가족에 대한 심리적 고통과 가족이 치를 고통

을 언급하는 것으로 도덕적 논의와 영적 논의를 시작하게 할 수는 있지만, 엄밀히 임상적 수준은 이러한 종류의 도전에는 그다지 효과적이지 않다.

가장 강렬한 형식의 영적 담화는 극단적인 사례들에 적합하며, 이런 영적 대화를 하기 전에 상당한 공감적 연결이 필요하다. 영적으로 민감한 치료사는 대부분의 시간 동안 클라이언트의 영적 의미와 신앙 공동체 그리고 이것들이 임상 문제에 어떻게 연결되는지를 계속 인지하고 탐색한다. 가끔 치료사는 자기 노출을 하거나 딜레마를 요약 설명한다. 치료사가 다른 영적 믿음을 선택하라고 요구하는 것과 같은 이슈를 설정하는 경우는 거의 없고, 클라이언트가 영적-도덕적-임상 이슈를 해결하고 있는 방식에 도전하는 경우는 더더욱 드물다. 그러나 임상 영역과 도덕적 영역에서 도전이 때때로 필요한 것처럼 우리가 상담자와 치유사로서 일을 하려면 영적 영역에도 이러한 도전이 필요하다. 그러나 치료사가 이러한 더 깊은 영적 바다에서 헤엄칠 준비가 되어 있는 경우에만 도전을 할 수 있다.

결 론

우리가 심리치료라고 부르는 치유의 기술은 두 번째 세기를 통과하면서 인간 생활의 단절된 끈들을 연결시키는 미개척 분야를 맞닥뜨리고 있다. 즉, 신체의 유전적인 언어, 마음의 심리적 언어, 친밀한 유대의 가족 체계 언어, 더 넓은 단체의 공동체 언어, 개인적 책무와 사회적 책무의 도덕적 언어, 공통된 여정의 의미와 목적에 대한 가장 깊은 연결과 필수적 믿음의 영적 언어, 이 끈들을 연결시키는 미개척 분야 말이다. 이러한 끈 중 어느 것이라도 무시하는 치료는 인간의 경험을 총체적으로 다루지 않는 것이다. 우리는 아직도 상담실과 지역사회에서 영적 작업을 탐색하는 초기 단계에 머물러 있다.

참 | 고 | 문 | 헌

Becvar, D. S. (1996). *Soul healing: A spiritual orientation in counseling and therapy.* New York: Basic Books.

Bergin, A. E. (1980). Psychotherapy and religious values. *Journal of Consulting and Clinical Psychology, 48,* 95-105.

Boszormenyi-Nagy, I. (1987). *Foundations of contextual family therapy.* New York: Routledge.

Browning, D. S. (1987). *Religious thought and the modern psychologies.* Philadelphia: Fortress Press.

Carlson, T. D., & Erickson, M. J. (Eds.). (2002). *Spirituality and family therapy.* New York: Haworth Press.

Doherty, W. J. (1995). *Soul searching: Why psychotherapy must promote moral responsibility.* New York: Basic Books.

Elkins, D. (1990, June). On being spiritual without necessarily being religion. *Association for Humanistic Psychology Perspective,* pp. 4-6.

Griffith, J., & Griffith, M. (2002). *Encountering the sacred in psychotherapy.* New York: Guilford Press.

Kaufman, G. D. (2004). *In the beginning …… creativity.* Minneapolis, MN: Fortress Press.

Lambert, N. M., & Dollahite, D. C. (2006). How religiosity helps couples prevent, resolve, and overcome marital conflict. *Family Relations, 55,* 439-449.

Marks, L. (2004). Sacred practices in highly religious families: Christian, Jewish, Mormon and Islamic perspectives. *Family Process, 43,* 217-231.

Onedera, J. D. (Ed.). (2008). *The role of religion in marriage and family counseling.* New York: Routledge.

Shafranske, E. P. (Ed.). (1996). *Religion in the clinical practice of psychology.* Washington, DC: American Psychological Association.

Spilka, B., Hood, R. W., Hunsberger, B., & Gorsuch, R. (2003). *The psychology of religion: An empirical approach* (3rd ed.). New York: Guilford Press.

Stander, V., Piercy, F. P., MacKinnon, D., & Helmeke, K. (1994). Spirituality, religion and the family: Competing or complementary worlds? *American Journal of Family Therapy, 22,* 27-41.

Tan, S. Y. (1996). Religion in clinical practice: Implicit and explicit integration. In E. P. Shafranske (Ed.), *Religion in the clinical practice of psychology.* Washington, DC: American Psychological Association.

Walsh, F. (2008). Spirituality, healing, and resilience. In M. McGoldrick & K. Hardy (Eds.), *Re-visioning family therapy: Race, culture, and gender in clinical practice.* New York: Guilford Press.

Wendell, R. D. (2003). Lived religion and family therapy: What does spirituality have to do with it? *Family Process, 42,* 165-181.

Wieman, H. N. (1958). *Man's ultimate commitment.* Carbondale: Southern Illinois University.

Wieman, H. N. (1995). *The source of human good.* Atlanta, GA: Scholars Press. (Original work published 1946)

Wulff, D. M. (1996). The psychology of religion: An overview. In E. P. Shafranske (Ed.), *Religion in the clinical practice of psychology.* Washington, DC: American Psychological Association.

제 12 장 가족치료에서의 의식과 영성

EVAN IMBER-BLACK

"제가 생각해 봤는데요. 장례를 제대로 치러 줘야 할 것 같아요. 아이의 장례 말이에요. 그냥 우리 둘이서 기도를 하고 그렇게라도 말이죠." Mariam은 그것에 관해 한동안 생각하고 있었다. 그녀는 그 아이를 잃고 싶지 않았다. 아이를 영원히 잃어버리고도 아무런 표현도 하지 않는다는 것이 옳지 않은 것 않았다. "이유가 뭔데? 그건 바보 같은 짓이야." 그는 말했다. "그러면 제 마음이 편해질 것 같아요." 그가 날카롭게 응수했다. "그렇다면 혼자 해." 그 주의 어느 날 아침, 화사한 햇볕이 들 때, 마리암은 뜰의 한곳을 파기 시작했다. 그녀는 삽으로 땅을 찍으면서 낮은 소리로 말했다. "알라신의 이름으로, 알라신의 사자의 이름으로, 축복과 평화가 깃들기를 바라옵니다." ……그녀는 Rasheed가 아이를 위해 사 놓았던 양털 가죽 외투를 구덩이에 넣고 흙으로 덮었다.

Khaled Hosseini, 천 개의 찬란한 태양(2007, p. 86)

시대와 문화를 가리지 않고 인간은 의식을 만든다. 하루를 시작하거나, 헤어지거나, 다시 만나거나, 식사를 함께하거나, 하루를 마감하고 계절의 변화나 해의 전환(예: 생일, 기념일, 휴일)과 같은 일상생활의 작은 변화를 기리기 위해서건 또는 일생에서의 중요한 전환(예: 탄생, 아동기, 청소년기, 결혼과 부모 되기, 조부모 되기, 노령화, 죽음)을 기리기 위해서건 우리는 의식을 빌려 여러 모순되는 의미를 수용하고, 복잡한 감정을 담으며, 관계를 형성하고, 믿음을 표현하며, 정체성을 창조하고, 상실을 치유하며, 삶을 축복한다(Imber-Black & Roberts, 1998).

의식은 인간 존재에 필요한 이중성을 포착하고 드러내는데, 과거와 우리 각자의 출신 가족, 종교, 문화가 유래한 곳에 우리를 고정시켜 놓는 동시에 변형된 미래로의 길을 인도한다. 연속성과 변화, 불변성, 변형은 크고 작은 의식을 통해 가능해진다.

의식은 우리 인간성의 핵심을 건드리기 때문에 영적 의미는 수세기의 역사를 지닌 종교적 전통과 보다 세속적인 현대의 창조적 행위 모두에 존재한다.

Friedman 가족은 애커먼 가족 연구소(Ackerman Institute for the Family)의 가족건강센터(Center for Families and Health)에 왔을 때 두 달 전에 백혈병으로 죽은 그들의 딸인 스물다섯 살의 Esther를 잃은 것에 몹시 슬퍼하고 있었다. "우리는 어린 딸 Malka가 가장 염려돼요. 그 아이는 언니의 죽음에 아무 반응도 보이는 것 같지 않아요."라고 Friedman 부인은 혼란스러워하며 말했다. 열다섯 살의 Malka는 자신은 "그냥 괜찮다."라고 우겼다.

눈물이 맺힌 Friedman 씨는 말했다. "도시락통 지갑에 대해 그 아이에게 물어보세요." Malka 옆의 바닥에는 회색의 금속 도시락이 놓여 있었다. "이건 Esther 것이었어요. Esther는 어디든 이걸 가지고 다녔죠." Malka는 내게 말했다. 그녀는 처음에는 "아무런 의미도 없어요. 전 다만 그 도시락통을 좋아할 뿐이에요."라며 저항했다. 그러나 매일 이 상징을 지니고 다니는 의미에 대해 곰곰이 생각해 보라고 재촉하자 Malka는 골똘히 생각에 잠겼다. "그건 제가 Esther와 함께 있는 것과 같아요. 동시에 그건 Esther가 죽었다는 것을 제게 일깨워 줘요." 사랑하는 언니의 죽음 이후 처음으로 Malka는 눈물을 흘리며 울기 시작했다. 이 유대인 사춘기 소녀는 의도적인 계획 없이 자신을 Esther의 삶과 연결시키는 한편 언니의 죽음을 조용히 인정하는 일상적인 의식을 만들어 냈던 것이다.

의식의 요소

의식은 여섯 가지 요소로 구성되어 있으며, 각 요소는 관계적 의미, 인지적 의미, 정서적 의미, 영적 의미를 지닌다.

상 징

모든 의식은 여러 의미를 표현할 수 있는 상징을 가지고 있다(Imber-Black, 2005; van der Hart, 1983; Whiting, 2003). Esther의 도시락통에 대해 더 알아보았을 때 우리는 Esther가 유행을 타지 않았음을 알았다. 소지품을 가지고 다니기 위해 금속 도시락을 사용한 것은 유용성과 실용주의에 대한 개인적인 표현인 한편, 현대 문화에 등을 돌리는 그녀의 방식이었다. 그러나 Malka는 언니의 도시락통을 제 것으로 삼았을 때, 꽃 모양 스티커, 색칠한 새, 헤브루어 노랫말과 같은 Esther를 생각나게 하는 작은 소품들로 도시락을 장식했다. 그렇게 하면서 그녀는 이 상징을 변형하여 언니의 일상생활, 언니가 사랑했던 것의 표상, 커가는 십대가 휴대하는 아름다운 품목과 한꺼번에 연결시켰던 것이다. 그리하여 하나의 상징으로 Esther의 삶과 Malka의 상실과 계속되는 성장을 담고, 표현할 수 있었다.

상징적 행위

의식은 상징적 행위를 포함하며, 상징적 행위로도 여러 의미를 담고 표현할 수 있다(Whiting, 2003). 상징적 행위는 말, 움직임, 행동, 사람들의 배치, 춤, 미술, 음악을 수반한다. Malka는 먼저 자신을 언니의 애정과 연결하는 데 사용된 상징적 행위로 언니의 도시락통을 장식했다. 그런 다음 모든 일상 활동에서 도시락통을 가지고 다님으로써 언니의 기억을 곁에 두었다.

구조화된 부분

의식은 알 수 있고 신뢰할 만한 구조를 포함하고 있다(Whiting, 2003). 우리를 사라진 것, 친숙한 전통, 역사와 연결하는 것은 바로 의식의 이런 측면이다. 의식의 구조화된 부분들은 그것이 개인적인 과거든 출신 가족, 공동체, 문화, 종교 또는 인류의 과거든, 우리를 과거에 고정시켜 둔다. 종교적 행위, 매일의 관습, 연 단위로 반복되는 휴일, 다시 등장하는 선호 식품, 반복되는 생활주기 전통은 모두 의식의 구조화된 측면의 예다. 그것들은 우리가 어디에서 왔는지 상기시켜 주고, 현재 속에서 우리가 누구인지를 형성하도록 도와준다. Malka의 경우 Esther와 거의 같은 방식으로 언니의 도시락통을 사용한 것이 일상 의식화된 이런 구조화된 부분을 보여 준다.

열린 부분

의식은 살아 있는 것이 되기 위해 즉흥성과 변화의 여지를 만들어야 한다. 의식의 열린 부분은 새 생활, 개인적 발전, 변하는 관계, 변한 믿음, 상실에 적응할 수 있게 한다. 의식에서 새롭고 참신하고 이전에 경험하지 못한 것은 우리를 미래로 데려간다. Malka는 단순히 물려받은 모양 그대로 언니의 도시락을 사용한 것이 아니었다. Esther 삶의 중요한 것들로 도시락을 장식함으로써 도시락에 더 깊은 측면의 기억을 담을 수 있었다. 그녀는 도시락을 일상적인 평범한 물건에서 영험이 있는 부적으로 변화시켰다. “그건 제가 Esther 언니의 최고의 것을 받아들이고 동시에 나 이상의 무엇이 되는 것과 같아요.”라고 Malka는 말했다.

의식의 이러한 열린 부분으로 인해 Malka는 자신을 더 이상 Esther의 여동생이 아니라 부모의 살아 있는 아이로 쉽게 재정의하게 되었다.

특별한 시간

의식은 단순한 일과와는 달리 특별한 시간에 일어난다. 이는 식사 전에 하는 기도처럼 매일 있을 수도 있고, 매주 있는 안식일이나 해마다 치르는 기념일일 수도 있고, 결혼식, 언약식, 장례식과 같은 일생에 단 한 번 있는 전환을 표시하는 시간일 수도 있다. 의식이 언제 있을지 알면 준비 기간을 가질 수 있고, 의식이 일어난 후에 반성하고 변화하는 기간을 가질 수 있다. Malka와 이야기하면서 나는 Esther의 도시락을 휴대하는 의식의 일부가 특별한 시간과 관련이 있다는 것을 발견했다. 학교에서 돌아와 매일 저녁 식사를 하기 위해 가족들이 모이기 바로 전, Malka는 도시락을 그녀의 옷장에 조심스럽게 두었다. 그리고 매일 아침 기도가 끝난 후 도시락을 꺼내 외출했다. 내가 Malka와 이것을 알아냈을 때, 우리는 모두 Malka가 집 밖에서 시간을 보낼 때 도시락을 휴대하고 싶어 한다는 것을 발견했다. "전 집에선 언니의 영혼을 느껴요. 집에는 우리 모두에게 도움이 되는 사진과 유품이 많아요. 하지만 가족과 떨어져 우리 집 밖에 있을 때, 그때가 바로 제 가슴 속에 Esther를 간직하고 싶은 때랍니다."

특별한 공간

의식은 특별한 공간에서 일어난다. 예배당, 묘지, 자연 속의 한 장소, 집 안의 가장 좋아하는 방, 식탁, 기도하는 양탄자 위에서 의식이 일어난다. 이 공간에 들어갈 때 우리는 의식의 공간에 있음을 안다. Malka에게 이 공간은 집 밖의 세계로서 대개 학교와 친구들의 집이었다. Friedman 가족을 알게 되면서 나는 Friedman 부인에게는 딸을 애도하는 특별한 의식 공간이 묘지라는 것을 알게 되었다. 이것은 그녀에게 딜레마를 만들었다. 종교 율법에 따르면 일 년이 지날 때까지 그녀는 묘지로 되돌아와서는 안 되었다. 의식에 필수적인 열린 부분과 영적 연결의 필요성을 인정한 Friedman 부인은 "그것은 내가 깨뜨려야만 하는 규칙일 뿐이에요. 필요하면 나는 묘지에 가요."라고 말했다.

치료에서 의식의 영적 측면 활용하기

앞서 살펴본 의식의 여섯 요소는 모두 개인, 가족, 공동체의 영적 요구에 응답할 수 있다. 우리 치료사들은 클라이언트의 영적 갈망에 부응하도록 훈련받지는 않았지만, 그저 경청할 필요가 있고 클라이언트가 우리에게 알려 줄 것이다. 또한 몇 가지 간단한 질문을 하면서 그렇게 경청하기만 하면, 사람들이 필요로 하는 바로 그 의식을 개발하게 된다.

스물여덟 살의 Maria는 두 명의 조카와 함께 치료를 받으러 왔다. 조카 Joseph은 열두 살, Anthony는 열한 살이었다. 조카들의 어머니 Tonia가 에이즈로 죽고 나서 6개월 전에 Maria는 소년들의 친족 위탁모가 되었다. 소년들의 아버지인 Maria의 오빠는 마약을 판 혐의로 수감되어 있었다. Maria는 조카들과 함께 새로운 가정을 꾸리기 위해 그들을 치료에 데리고 왔다. 치료는 두 가지 행로를 따라 잘 진전되었다. 첫 번째 행로는 구조적 가족치료로서 Maria가 부모로서 자신을 확립하도록 도와주는 것이었다. 소년들은 Maria를 받아들이게 되었고, 둘 다 그녀의 규칙을 따랐으며, 그녀의 애정을 받아들이고 돌려주었다. 또한 편지와 방문을 통해 소년들의 아버지와의 관계를 재정립하도록 했다. 치료의 두 번째 측면은 어머니 Tonia의 끔찍한 죽음에 집중되었는데, 스토리텔링과 기억의 공유를 통해 어머니가 에이즈로 죽었기 때문에 소년들이 느낀 치욕을 없애도록 했다.

치료는 꽤 성공적인 것 같았으며 막바지로 다가가고 있을 때 Joseph이 크게 화가 난 채 세션이 시작되었다. "한 가지만 알고 싶어요. 우리 어머니는 어디에 있는 거죠?" Maria와 치료사는 순간 당황했다. 왜냐하면 Tonia의 죽음이 그 작업의 필수적인 초점이었기 때문이다. 그러자 Anthony가 설명했다. "2주 후면 어머니 생신이에요. 학교에서 아이들이 꽃을 마련해서 묘지에 가라고 말하고 있지만 우리 어머니는 묘지에 없어요. 그러면 어머니가 어디에 있는 거죠?" 그 아이는 단호한 어조로 물었다. Maria는 그들의 어머니 Tonia는 화장했지만, 어머니의 죽음과 아버지의 수감으로 인한 혼란 속에서 유골이 분실되었다고 차분하게 설명했다. Tonia의 죽음은 미사로 기렸지만 매장도 유골 안치도 없었다. Joseph과 Anthony가 겪었던 수치심을 없애기 위해 치료에서 행해졌던 모든 작업은 학교 친구들이 소년들의 어머니가 에이즈로 죽었기 때문에 유골을 보관하지 않았다고 말하며 놀리고 조롱했을 때, 무위로 돌아갈 뻔했다.

치료사는 먼저 그들의 체험을 정상화하기 위한 작업을 했다. 치료사는 말했다. "사람들이 찾아갈 묘지가 없는 경우는 많단다. 작전 중에 실종된 군인의 가족을 생각해 보렴. 또 사랑하는 사람이 다른 나라나 해외에 묻힐 수도 있어." 소년들은 치료사가 그들에게 한 말을 연관시킬 수 있었다. 그들의 할머니가 이탈리아에 묻혀 있었기 때문이다. "할머니 생신날 엄마는 할머니가 생일 때마다 항상 만들었다고 말한 특별한 음식을 요리하곤 하셨어요. 엄마는 오페라에서 할머니가 가장 좋아하셨던 음악을 연주하셨죠. 우리는 모두 그 음식을 먹는 걸 좋아했고요. 우리 엄마는 춤을 추며 울곤 하셨죠. 엄마는 행복해하시는 동시에 슬퍼하시곤 했어요."라고 Joseph은 회상했다.

치료사가 물었다. "찾아갈 묘지도 없고 어머니의 유골이 어떻게 되었는지 아무도 모르는데 너희는 엄마 생일을 어떻게 기리고 싶니?" 그 질문을 하자 Joseph과 Anthony 사이에 많은 대화가 오갔다. "십자가를 만들어야겠어요." Joseph이 야무지게 말했다. "십자가를 장식할 거예요. 우리 엄마는 노란 장미와 분홍색 카네이션을 좋아하셨어요." Anthony가 거들었다. 이탈리아인 할머니의 생신을 기린 친숙한 의식에서 따와서 Joseph이 맞장구쳤다. "엄마가 가장 좋아하셨던 음식을 만들고 음악을 연주하자." 아무도 '의식'이라는 단어를 말하지 않았음에도 소년들은 20분간 어머니의 생일을 기념하고, 나아가 그녀의 삶을 애도하고 기릴 효과적인 의식을 계획했다. 소년들은 치료사와 Maria와 함께 다음 가족치료 세션에서 십자가를 만들어 색칠하기로 결정했다. 그들은 어머니와 가족 사진을 가지고 나타났다. 이 활발한 세션 동안 계속된 대화를 통해 그들은 십자가를 집에 있는 벽장 안에 보관했다가 어머니의 생일과 기일(忌日)에 거실로 꺼내 놓기로 결정했다.

엄마의 생일이 되었을 때 그들은 계획했던 모든 일을 했다. 특별한 의식으로 십자가를 거실로 옮기고, 요리를 했으며, 엄마가 가장 좋아했던 음식을 먹고, 음악을 들었으며, 엄마가 아팠을 때 보여 주었던 용기에 대해 이야기했다. 계획했던 것은 아니었지만 그들은 즉흥적으로 촛불을 밝히기로 결정했다. "엄마가 교회에 있는 것처럼요."라고 Anthony가 말했다.

Maria는 힘들게 번 돈으로 노란 장미와 분홍색 카네이션을 사서 아이들을 놀라게 해 주었다. 의식이 진행되는 동안 그녀는 음식을 함께 먹었으나 입회인 역할을 하며 대부분 침묵을 지켰다.

"아이들이 당신과 함께 이것을 계획하기 시작했을 때 전 그것이 아이들을 너무 슬프게 만들까 봐 두려웠어요." Maria가 그다음 치료 세션에서 말했다. "그런데 아이들이 행복해하는 동시에 슬퍼했어요. 그리고 나중에는 아이들 각자가 평화로워 보였지요."

앞에서 설명한 의식의 요소들—상징(손으로 만들어 장식한 십자가), 상징적 행위(요리하기, 먹기, 음악, 스토리텔링), 특별한 시간(어머니의 생일과 기일), 특별한 공간(거실), 구조화된 부분들(묘지에서 본 묘석과 비슷한 십자가), 열린 부분들(촛불을 밝히기로 한 마지막 결정)—을 사용하여 이 어린 소년들은 매우 뜻깊은 의식을 만들 수 있었다. 그들은 어머니와 이탈리아에 있는 대가족과 교회와 인간적인 치유 경험에 영적으로 연결됨을 느꼈다.

치료에서 의식의 영적 측면 안내하기

의식을 통해 가족들이 영적 의미를 쉽게 발견할 수 있도록 하고 주의 깊게 경청하는 것과 더불어 치료사는 사람들이 이미 하고 있는 일을 더 하게 하거나 새로운 아이디어를 제시할 수 있다. Friedman 가족의 막내인 여덟 살의 Chaim은 치료 도중에 누나 Esther가 그립다고 흐느꼈으며, 학교에서 많이 울었다고 고백했다. 다른 아이들이 집적대기 시작했기 때문에 Chaim은 점점 외톨이가 되어 가고 있었다. 그러한 상실을 다루도록 훈련받지 못한 선생님의 반응은 그 아이에게 교실을 떠나게 하고 '힘내라.'고 말하는 것이었다. 그들의 치료사로서 나는 가족 안에서 그 아이를 도와줄 작은 의식을 궁리했다. Chaim을 제외한 각 가족 구성원은 자신에게 위안을 줄 Esther의 작은 유품을 지니고 있었다. Malka는 도시락통을 가지고 있었고, 어머니는 Esther의 귀걸이를 착용했으며, 아버지는 Esther가 건강했을 때의 낡은 사진을 지니고 있었다. 나는 Chaim이 특히 학교에서 자신을 위로하기 위해 Esther를 상기시켜 줄 작은 물건을 지니고 싶어 할 것이라고 말을 꺼냈다. "학교에서 특히 슬플 때 이 물건을 몰래 만지면 위로가 될 거야." 나는 Chaim에게 말했다. 다른 가족 구성원들은 Chaim이 지닐 수 있는 물건을 제안하며 즉시 호응했다. 다음 세션에서 Chaim은 Esther의 작은 열쇠고리를 내게 보여 주었다. "전 그걸 주머니에 넣고 다녀요. 슬퍼지기 시작하면 그걸 만져요. 전 이제 더 이상 학교에서 울지 않아요. 그리고 제가 Esther 가까이에 있다는 걸 느껴요."라고 Chaim이 말했다.

진정한 의식과 조작된 의식: 2001년 9월 11일의 의식

진정한 의식은 개인, 가족, 공동체에 의해 만들어진다. 진정한 의식은 사람들의 역사에 깊이 닻을 내리고 있거나 특별한 환경에 대응하기 위해 갑자기 만들어진다. 그러나 정부, 미디어, 회사, 종교 계층은 진정한 의식에 밀착되어 있는 바로 그 동일한 요소들을 사용하여 조작된 의식을 만들어 낸다. 여기서 때로는 감정을 이용하여 정치적 이익이나 상업적 이익을 얻을 의도로 상징과 상징적 행위를 선택하여 미리 결정된 하나의 의미를 표현한다. 특별한 시간과 공간은 가족, 공동체, 문화가 아닌 사회정치적 계층에 의해 선택된다. 대본화된 행사에 유리하도록 구조와 자발성 간의 균형이 깨어져서 예상치 못한 일이 발생할 여지는 거의 또는 완전히 없어진다. 그런 조작된 의식에 참여한 사람들은 대개 불만족스러운 영적 공허감을 느낀다.

2001년 9월 11일(이하 9·11)의 비극 뒤에 만들어진 많은 의식에서 이러한 이중성을 볼 수 있다. 세계무역센터가 붕괴된 직후 의식은 시작되었다. '실종(Missing)' 포스터가 맨해튼 전역에 게시되었고 가슴 아픈 모자이크를 형성했다(Sella, 2001). 대부분은 결혼이나 생일처럼 즐거웠던 의식에 참여했던 실종된 사람들의 모습이었다. 시간이 흘러감에 따라 '실종'이라는 단어는 많은 사람에게 강한 인상을 주었고, '……을 위해 기도해 주세요.'로 대체되었다. 이 포스터들은 낯선 사람들이 메시지를 쓰고 꽃을 놓아두고 애도자들과의 연대를 표시하기 위해 리본을 묶었을 때, 자발적인 상호작용 의식이 되었다(Imber-Black, 2003b). 9·11이 발생한 뒤 첫 금요일에 미국 전역에서 사람들이 빛과 온기의 집합적 상징인 촛불을 밝히기 위해 거리에 줄을 섰다. 물론 정부가 이 의식을 계획하거나 주도한 것이 아니었다. 이 의식은 자발적으로 생겨나서 인터넷을 통해 퍼지고 미디어의 보도가 뒤따랐다.

유대인의 새해인 로쉬 하샤나(Rosh Hashanah)가 오고 있었다. 나는 내 자신의 의식의 역사와 영적 삶에 마음이 닿아 성인이 된 후 매년 그랬듯이 가족을 위해 할라(유대교도가 안식일에 바치는 새끼 모양으로 꼰 흰 빵–역주)를 구웠다. 끈끈한 밀가루 반죽을 천천히 주무르면서 나는 남편과 내가 지난 20년 동안 시행해 왔던 상징적 행위에 대해 곰곰이 생각했다. 우리는 매년 외국 여행에서 특별한 꿀을 가져와 다른 문화에서 온 달콤한 느낌을 우리 문화에 전해 주었다. 올해는 우리 중 아무나 달콤함을 어떻게 체험할 수 있을까? 나는 곰곰이 생각했다. 희망을 잡으려고 나는 네 살짜리 손녀 Josie의 손을 반죽 위에 올려놓고 하늘로 올라가는 야곱의 사다리 모양을 만들었다. 그제야 나는 지독한 슬픔 가운데서도 내일, 잠재력, 가능성의 느낌을 체험했다.

공격과는 멀리 떨어져 있던 수백만의 사람이 엄청난 상실에 대처하기 위해 옛 의식을 고치고 새 의식을 만들었다.

> 소녀의 바트 미츠바(유대인 소녀가 12~14세가 될 때 치르는 성인식–역주)는 9월 15일로 예정되어 있었다. Brotman 가족은 상실, 치유, 축하를 표현할 수 있는 진정한 의식을 만들어야 하는 딜레마로 고심하고 있었다. 어른들의 지도 없이 바트 미츠바를 치른 소녀는 촛불을 켜고 9·11 희생자들에 대해 이야기했다. 그녀는 받은 선물의 일부를 구호 활동에 기부했다. 성전의 한 사람이 올 수 없었던 사람들의 선물을 보충하기 위해 그녀에게 선물을 더 주었다. Barbara Brotman은 이 의식이 함유할 수 있었던 모순을 포착했다. "내 딸은 바트 미츠바를 치르는 동안 '인생은 경이롭다/인생은 견디기 어렵다.'는 양분된 인상을 받았어요. 우리는 그날 축복이 헛되이 끝났다는 부모의 쓰라린 자각 속에 딸에게 (축복을) 주었습니다." (Brotman, 2001, p. C1)

우리 중 많은 사람이 사랑하는 사람을 잃어버린 가족과 상담하기 시작했을 때, 나는 고안되거나 조작된 의식을 피하기 위한 그들의 분투를 알게 되었다.

뉴욕시는 그라운드 제로에서 퍼 온 익명의 작은 흙 단지를 제공했는데, 대부분의 가족은 이 흙 단지가 의미가 없음을 알았다. 미디어는 고통을 유발하는 '6개월 기념일'을 만들어 냈다. 일반적인 미국 문화에서는 '6개월 기념일'을 기리지 않지만, 텔레비전을 위해 만들어진 상업 세계에서는 기린다. 부모를 잃은 아이들에게 스포츠 스타와 함께하는 점심식사와 디즈니랜드 관람이 제공되었는데, 미디어는 이에 야단법석을 떨었고, 깊은 상실은 놀이공원에 갈 기회를 준다는 황당한 메시지를 남겼다. 이러한 허울 좋은 의식과는 대조적으로 Garcia 가족은 경비원이었던 사랑하는 Frank가 행방불명 사망자에 포함되었다는 끔찍한 현실에 대응하기 위해 진정한 의식을 창안했다.

"우리에게는 매장할 시신이 없어요." Garcia 부인은 얼굴을 타고 흘러내리는 눈물 속에서 나에게 말했다. "처음에 전 그게 우리가 장례식을 치를 수 없다는 의미라고 생각했어요. 그런데 조카딸이 말했어요." "아저씨가 사랑했던 모든 것을 관 속에 넣기로 해요. 아저씨의 기타, 아저씨가 화초에 물을 주던 깡통, 아저씨가 쓴 악보, 아저씨가 우리 모두에게 써먹었던 장난 이야기 말예요." 목사는 처음에는 그렇게 하기를 망설였다. "제가 목사님에게 '이것이 그의 영혼을 천국에 보내는 우리 방식이에요.'라고 말하자 목사님은 동의했답니다."

9·11 일주년 기념일은 진정한 의식을 창안하고 유지하며, 조작된 의식에 의해 진정한 의식이 무시당하는 것을 막기 위한 분투를 보여 주었다. 그날은 우리의 비탄과 명예로운 기억을 담을 수 있는 의미 있는 의식들이, 전쟁으로의 행진을 촉진하도록 의도된 거짓 애국심 과시와 뒤섞인 날이었다. 부시 대통령은 9·11을 '애국자의 날'로 선언했다. 본질적으로 이름을 붙일 수 없는 행사에 부여된 이 진부한 이름은 일부 도시에서 가두 행진과 소풍을 개최하는 결과로 이어졌다. 그라운드 제로에 오는 가족은 장미와 해바라기만 가져오도록 지시받았

는데, 나중에 이것들을 모아서 영구 보존되는 꽃다발로 만들 예정이었다. 그러나 많은 사람이 정부가 각본을 짠 이 행렬에 반발하여 대신에 사랑하는 사람들이 가장 좋아한 꽃을 가지고 왔으며, 사랑하는 이들의 사진을 하늘 높이 쳐들었다. 가족을 잃은 사람 중 거의 절반이 공식 기념식에 참석하지 않고, 카메라 플래시에서 멀리 떨어져 자신만의 사적인 의식을 준비했다.

조작된 9·11 의식은 감정적 · 영적 필요성보다 정치적 관심을 불러일으켰다. 어떤 공동체는 이에 맞서 싸웠다. 2002년 3월, 뉴욕시는 세계무역센터 부지에서 소방관들을 철수시킬 것이라고 발표했다. 이전에 정부나 미디어에 인정받지 못했던 흑인 소방관들은 감동적이고 영적이며 정치적인 일련의 진정한 의식으로 반응했다. 불의 신인 불카누스의 깃발 아래 그들은 결집하여 시의 성명에 맞서 싸웠다. 살아남은 아이들의 생명을 보호하기 위해 고안된 세대 간 의식에서 아프리카계 미국인과 카리브인 소방관들은 "너희의 아버지가 충족시켜 주었을 여러 필요들, 우리가 그 요구를 들어줄 것이다."라고 약속했다. 마지막으로 모임에 참가한 각자는 죽은 가족 구성원, 하나님, 자신에게 보내는 작은 쪽지를 썼다. 각 쪽지는 풍선 하나에 묶여서 목사의 축복을 받았다. 하나의 공동체로서 그들은 풍선을 하늘 높이 띄워 보냈다(Imber-Black, 2003b; Daniel Smith, personal communication, 2001년 11월 1일).

정치적 조작과 영적 요청의 계속되는 충돌은 2007년의 9·11 의식에서 다시 한 번 분명하게 나타났다. 뉴욕시 관리들은 협의 없이 기념식을 그라운드 제로에서 떨어진 곳에서 치르기로 결정했다. 사랑하는 사람들을 되찾지 못한 사람들에게 움푹 팬 땅은 상업적 부동산이 되려 하고 있었다. 친인척들의 격렬한 항의로 기념식의 일부가 지난 일 년 동안 다시 그라운드 제로로 옮겨졌다. 정부가 계획한 의식에서 대통령 후보인 Rudolph Giuliani가 연설을 하기로 한 것은 많은 사람을 화나게 했다. 공식 기념식에 염증을 느낀 민중의 단체 www.myGoodDeed.org는 9·11을 기념하는 사람들을 위해 연민 어린 행동을 취하도록 시민들을 촉구했다(Kleinfeld, 2007). 한편, 가족을 잃은 가족들로 구성된 또 다른 단체, '평화를 염원하는 9·11 가족들'은 비폭력적 발기를 통해 사랑하는 사람들에게 경의를 표했다(National Public Radio, www.theworld.org, 2007년 9월 10일; 이 책의 제12장 참조).

9·11 공격이 있은 지 8개월 후 케냐에 있는 한 작은 마을은 공격 당시 미국에 있었던 마사이족 남자를 통해 그 비극에 대해 처음 알게 되었다. 2002년 6월 3일, 부족원들은 자신의 고통과 희생자 및 그 가족들과의 영적 연결을 표현하기 위한 의식을 창안했다. 신성한 의식에서 그들은 미국 사람들에게 선물로 제공될 열네 마리의 암소를 축복했다. 남자들 중 한 명이 말했다. "암소는 우리에게 생명의 중심이나 마찬가지입니다. 그것은 성스럽고…… 여러분은 암소를 가지고 의식을 행하십시오." (Lacey, 2002, p. A6) 이 암소들이 미국에 있는 아이들의 공원에 왔을지도 모른다고, 더 나아가 9·11에 뒤이어 국제적 지원과 연결되었을 것이라고 상상할지도 모르겠다. 그러기는커녕 미국 정부가 암소를 받아들이기를 거부하여, 이 지극히 영적이고 진정한 의식은 거부되었다.

생활주기 의식의 영적 맥락이 물질주의에 압도당할 때

생활주기 의식은 탄생, 성장, 성생활, 사랑, 죽음을 포함하여 인간 존재의 성스럽고 신비한 부분 가까이로 우리를 데려갈 가능성이 있다. 많은 생활주기 의식은 영적 맥락에 기원을 둔다. 모든 종교에는 일생 동안 사람들의 진전을 기리기 위한 의식, 즉 아이들의 출생, 청소년기의 통과의례, 결혼, 죽음을 기념하기 위한 의식이 있다(Cohen, 1991). 서양의 현대 문화는 종교적 요소와 영적 요소를 유지하면서 이 의식 중 많은 부분을 세속화하였다. 그러한 의식들은 현재의 사회적·문화적 가치를 표현하는 동시에 원래의 종교적 맥락에 끼어든 불안정한 줄타기를 하고 있다.

물질주의적 과시의 시기였던 1980년대에 시작되어 지금까지 많은 생활주기

의식들이 경시되어 왔으며, 영적 · 관계적 잠재성이 벗겨져 나갔다. 결혼에 관한 인기 있는 잡지 기사는 결혼이 함유하는 깊은 언약의 의미나 가족 관계의 뜻깊은 변화는 언급하지 않고, 값비싼 드레스, 미식을 제공하는 연회업체, 비단 의자 덮개에 초점을 맞춘다. 많은 가족들에게 바르 미츠바는 복장, 보트 여행, 야구 기념품으로 가득한 파티가 되어 왔다. 기념식의 영적 의미로의 연결과 전체 가족을 위한 발전 가능성은 최소화되었다. 장의사들은 문상객들이 컴퓨터 화면상으로 관을 보고 빨리 일터로 되돌아가게 하는 '드라이브 스루(drive-through) 장례식'을 제공하여 사라진 생명에 대한 칭송이나 생존자들을 위한 위로와 치유의 기회를 박탈했다(Imber-Black & Roberts, 1998).

현대의 많은 생활주기 의식에서 영성보다 물질에 집중하는 풍조는 라틴 소녀의 성년식인 퀸세네라(quinceanera)가 현대식으로 변형된 것에서 가장 분명하게 드러난다(Alvarez, 2007). 원래 주로 상류층의 라틴아메리카인이 딸이 열다섯 살에 성인이 되는 것을 기념하기 위한 의식이었던 퀸세네라는 미국으로 건너온 라틴 이민자 가족들에 의해 전 사회계층으로 퍼졌다. 많은 라틴아메리카 국가에서는 소녀가 열다섯 살이 되면 소녀에서 성인 여성으로 가는 문턱을 넘은 것으로 간주했다. 대부분의 가족이 이 특별한 생일을 기념하지만 매우 부유한 가족들만 미국에서 사교계에 데뷔하는 무도회 같은 파티를 연다. 종종 퀸세네라에는 교회 제단 방문과 목사의 축복이 포함되기도 하지만, 이런 종교적 측면은 대개 하루 동안 공주가 되는 판타지보다 뒷자리를 차지한다.

결혼식이나 바트 미츠바와 비슷하게 미국에서는 퀸세네라 의식용 수요에 부응하여 상담가, 전시회, 『Quince Girl』이라는 잡지 등 관련 산업이 생겨났다. 딸들에게 결혼식과 유사한 드레스, 리무진, 연회업자, 케이크를 사 주기 위해 빚을 지게 될 많은 빈곤층과 노동자 계급 가족들을 포함하여 라틴계 이민자 가족들은 2007년에만 이 의식에 4억 달러가 넘는 돈을 쓸 것이다. 문서로 기록되지 않은 이민 노동자들은 수백 달러를 쓰겠지만, 이는 유복한 가족이 쓰는 수만 달러와 같은 영향을 미칠 것이다. 멕시코계 가족 중에는 지역사회 구성원들이 종종 퀸세네라 비용을 공동으로 부담하여 한 소녀의 지속적인 발전을 위한 지원을 상징적으로 공유하지만, 다른 라틴계 집단은 이 관습을 채택하지 않았다.

생활주기 의식을 앞둔 가족을 상담하는 가족치료사들은 그러한 의식이 함유하고 표현하는 가치를 가족이 살펴보도록 돕는 중요한 위치에 있다. 사회 변화라는 무대의 앞줄에 있는 비평가로서 우리는 종종 새롭게 떠오르는 추세가 6시 뉴스를 타기 전에 상담하는 가족들에게서 그것에 관해 듣는다. 우리에게는 가족들이 대중매체, 광고, 소비주의, 계급 정치, 공허한 돈의 과시, 많은 생활주기 의식의 서커스 같은 분위기가 주는 강력한 영향에 맞서도록 도울 특권과 책임이 있다. 약혼한 커플에게 그들이 원하는 결혼의 의미를 묻거나 청소년기 아이를 위한 통과의례를 치르려는 가족에게 그 의식에서 어떤 믿음을 전달하고자 희망하는지 물어보는 것만으로도, 사람들에게 이러한 의식이 제공하는 강력한 발전적 · 관계적 · 영적 요소에 재집중하게 할 수 있다. 퀸세네라와 같은 민족의식에 대해 의문을 제기하려면 치료사 쪽에서는 그 의식의 역사적 · 사회적 맥락에 대한 인식과 그 의식과 관련된 특별한 감수성이 필요하다. Alvarez(2007)가 언급하듯이 이러한 의식은 공동체를 결속하고, 새로운 땅에서 민족의 경계를 이어 주는 영속성을 만들어 낸다(이 책 제8장 참조). 치료 목적은 물질 사회의 요구에 압도되지 않고, 그러한 변형된 의식에 참여하는 방법을 가족과 함께 살펴보는 것이다.

가족과 공동체를 의식과 연결하기

Esther Friedman이 죽은 후 얼마 되지 않아 그 가족이 유대교의 전통적인 애도 주간인 시바(Shiva)를 지키는 동안 유대인 공동체는 그녀를 추억하는 의식을 계획하기 시작했다. 특별한 신부용 의자에 Esther의 영광이라는 이름이 붙었다. 이 의자는 수제로 아름답게 만들었고, 결혼식을 치를 경제적 여유가 없는 신부들을 위해 기금을 모으도록 경매에 붙였다. "이것이 우리 공동체의 방식입니다." Friedman 씨가 말했다. "그리고 이것이 진정한 자선이에요. 신부가 도움을 받았다는 걸 아무도 알지 못하죠." 그가 덧붙였다. "나는 두려움을 가지고 이 의식을 기대하고 있어요. Esther는 너무나 신부가 되고 싶어 했어요. 그러나 나는 그 의자를 볼 때 딸 아이의 영혼을 보게 되리라는 걸 알죠." Esther의 가족은 이 의식이 그들의 슬픔과 기쁨을 담은 쓰고도 달콤한 것이 될 거라는 데 동의했다. "그 아이는 우리 공동체의 중요한 일부였어요. 사람들은 그냥 그 아이를 사랑했어요. 그들은 다른 사람을 위해서 이렇게 한 적이 없답니다. 그게 Esther가 어떤 사람이었는지 정말로 말해 주는 거죠. 우리 가족뿐만 아니라 그 아이를 만난 모든 사람에게요." Friedman 씨는 말했다. "나에게 저 의자는 그 아이가 살아생전에 치르지 못했던 결혼식을 치르는 것이고, 저기에 앉게 되는 신부는 Esther의 영향을 받을 거라는 걸 전 알아요."

진정한 의식을 만들어 낼 때 공동체는 우리 개인의 삶과 개별 가족보다 더 많은 것을 망라하는 영적 체험을 가능하게 한다. 매년 6월 버지니아 주의 재럿에서는 아프리카계 미국인 공동체 구성원들이 조상의 무덤을 청소하기 위해 함께 모인다. 여러 다른 교회에서 모인 그들은 몇 군데 묘지를 방문하며 그날을 보낸다. 그 가운데 한 여성인 Virginia Ampey가 내게 말했다. "오늘 우리가 여기에 모인 것은 우리 조상들 때문이랍니다. 우리는 조상들의 어깨 위에 서 있어요. 그래서 우리는 조상들을 돌봐야 해요." 공동체 구성원들은 60년 이상 된 작은 땅을 탐색한다. 이 무덤들은 돌봐 줄 사람이 없기 십상이기 때문이다. 공동체의 연장자는 조상들의 무덤을 찾는 방법을 다른 사람들에게 말해 줄 의무가 있으며, 이 중요한 연결이 지속되도록 한다. 이 연장자는 다음 세대의 아이들에게 이 신성한 의무를 이어받도록 가르친다. 무덤을 청소한 후에 공동체 구성원들은 촛불을 켠다. "우리 조상들은 틀림없이 촛불을 보신답니다. 그리고 우리는 평화와 평온한 기분을 지니고 떠나지요." (사적인 대화, Virginia Ampey, 2007년 11월 20일)

공동체의 의식은 추억과 희망이 복잡하게 얽힌 맥락을 통해 치유와 축하를 표현한다. 그러한 의식은 신부용 의자 헌정과 같이 단 한 번 일어나기도 하고, 방문이 반복되는 영속적인 기념식을 수반하기도 한다. 워싱턴 D.C.에 있는 베트남 전쟁 참전 기념비는 그 전쟁에서 가족과 친구를 잃은 사람들이 자주 방문하는 곳이다. 그들은 그 벽 앞에서 '순례'라고 여겨져 온 일을 한다. 벽에서 사랑하는 사람의 이름을 찾아 문지름으로써 집으로 데려오는 것이다. 이 의식은 매일 수천 명에 의해 반복되며, 개인적 상실을 훨씬 더 큰 공동체의 애도자들과 연결한다.

에이즈로 죽은 사람들을 기념하는 의식인 네임즈 프로젝트(Names Project)는 각 개인이 손으로 꿰맨 '4″×6‴' 조각보를 연결하여 만든 거대한 퀼트를 포함하고 있다. 각 조각은 에이즈로 죽은 한 사람을 나타내며, 죽은 사람의 본질적인 측면을 표현하기 위해 가족과 친구들이 애정을 기울여 만든다. 그 퀼트는 샌프란시스코 시장 George Moscone과 시 의회 최초로 세상에 공개된 동성애자 시의원이었던 Harvey Milk의 암살을 기리고, 그들의 삶을 기념하는 또 다른 의식에서 생겨났다. 애도자들은 즉흥적인 감정 분출로 에이즈로 죽은 사람들의 이름을 담은 벽보로 연방 건물의 벽을 덮었다. 그 벽보는 바람과 비에 찢겨 느슨해졌지만 사람들은 몇 시간 동안 서서 그 이름들을 읽었다. 퀼트 창안자인 Cleve Jones가 말했다. "우리 각자의 경험을 모두 모아 그것들을 함께 꿰매어 힘과 아름다움을 지닌 무언가를 만듭시다." (Ruskin, 1988, p. 9) 그렇게 퀼트는 태어났다.

네임즈 프로젝트 퀼트는 동성애자 공동체에서 하나의 의식으로 시작되었다. 그 의식은 급속히 퍼져 에이즈로 죽은 다른 공동체 사람들을 포함하게 되었고, 슬픔은 국경이 없음을 일깨우는 생생한 기념품으로 사용되고 있다.

퀼트가 연결과 정신적 고양의 상징적 행위로 펼쳐지면서, 수만 개의 이름을 소리 높여 읽는 의식이 개최된다. 이 공동체 치유 의식을 위해 퀼트를 선택한 것은 퀼트를 만들어 슬퍼하는 사람들을 서로 연결하고자 하는 공동체의 노력을 반영한다. 그러한 연결로 인해 에이즈에 감염된 너무나 많은 사람과 그들의 가족이 겪어 온 고립 상태가 걷힌다. 퀼트는 생존자들이 서로 연결될 때 느끼는 온기와 보살핌을 상징하며, 무서운 죽음 앞에서도 삶을 긍정하게 만든다. 지금은 너무 커져서 완전히 펼칠 수 없는 미완성 의식인 이 퀼트는 우리에게 엄청난 규모의 상실을 일깨운다(Imber-Black, 2003a).

빨랫줄 프로젝트(The Clothesline Project of the Cape Code Women's Agenda)는 여성들이 학대에서 회복하도록 돕는 데 헌신한다. 여성들은 손으로 장식한 티셔츠를 만들어 빨랫줄에 매달아 지역사회에 전시한다. 티셔츠는 각기 서로 다르지만 공동의 공적 표현으로 여성들을 연결하고 힘을 부여한다. 전시회에는 여성이 얼마나 자주 폭행을 당하고, 강간당하며, 살해되는지를 보여 주는 상징적 행위로 징 울리기, 나팔바지 벗기기, 경적 울리기도 포함된다(Ms. Magazine, 1991, p. 95). 노예 상태의 정점에서 힘을 다시 얻는 모순은 아이러니하게도 폭력을 당하는 그림을 그려 빨래줄에 매달아놓은 것을 통해 명백하게 드러난다. 빨랫줄 프로젝트는 의식을 활용하여 우리 중 가장 연약한 사람들을 보호하는 것이 우리의 연대책임이라는 관계적 · 영적 의무를 일깨워 준다.

가족 의식과는 달리 공동체 전체의 의식은 목격자를 수반한다. 베트남 참전 기념벽은 전쟁에서 사람을 잃지는 않았지만 그 비극을 증언하고자 하며 군인을 알던 마지막 친척이 사망한 후에도 그 기억을 오랫동안 생생하게 유지하고자 하는 수많은 사람이 방문한다. 에이즈 퀼트가 전시될 때 우리는 수천 명의 잃어버린 생명의 증인이 되기 위해 가서 본다. 홀로코스트 박물관인 야드 바셈(Yad Vashem)을 방문할 때 우리는 악에 맞서야 한다는 우리 자신의 의무를 확인한다. 이러한 공적인 의식을 통해 우리는 비밀에 부쳤을지도 몰랐던 것을 확인하고 증언하며 개방한다. 그리고 공동 목격이라는 강력한 경험을 통해 우리는 변화된다.

달콤한 감사: 삶을 축복하고, 죽음을 초월하는 의식

노년에 감사하라. 가기 전에 감사하라.
건강, 한낮의 태양, 손으로 만질 수 없는 공기에. 삶, 단순한 삶에.
머뭇거리는 귀중한 기억에……
부드러운 말, 애무에…… 달콤한 감사에.

Walt Whitman, 「노년에 감사하라」

2003년에 나는 가족건강센터에서 한 부부를 만났다. 결혼한 지 18년 되었고, 어린 아들이 하나 있는 그들은 '결혼 생활에 대해 상담'하기 위해 왔다. 남편은 결장암 4기였지만, 그에게 곧 닥칠 죽음에 대한 대화는 없었다. Rusty는 음악가이자 작곡가이며 코미디언이었고, Alison은 배우였다. 그의 질병과 우리 상담은 서로 침묵을 지켜 온 세월을 깨뜨리고 소외라는 상처를 치유하기 위한 도가니가 되었다.

Walt Whitman의 시에서 따오고, Rusty가 곡을 붙인 은유 '달콤한 감사'는 일련의 의식으로 구체화되었다. 우리 임상 팀은 상담치료에서 이러한 의식에 대해 들었다. 몇 명의 구성원들이 의식을 구체화하고, 의식에 참여하며 입회하는 영광을 얻었다. 부부의 소원함이 호전되었을 때 Alison이 뜻밖의 선물을 준비했다. 이 첫 번째 '달콤한 감사' 의식은 Rusty를 흠모하는 가수들의 참여로 뉴욕 극장 예술가들의 카페에서 열렸다. 이곳에서 이 죽어가는 남자의 최고의 작품을 공연하고 녹음하도록 했던 것이다. "전 그것이 제 삶에 몇 달을 더해 주었다는 걸 알아요." 그가 말했다. "더 중요한 것은 제가 만든 것이 제가 죽은 후에도 살아남을 것이라는 의미를 제게 주었다는 겁니다."

나는 Rusty가 마지막으로 병원에 입원해 있는 동안 그를 찾아갔다. 친구들과 가족이 '달콤한 감사' 속에서 그의 방 옆에서 밤을 새며 간호를 하고 있었다. 그들은 그의 음악을 연주했고, 그의 삶을 이야기했다. 각자 차례로 작별 인사를 할 수 있었다. 그들은 그의 추도식을 '달콤한 감사 II'라고 불렀다.

애커먼 연구소의 우리 팀은 상담이 끝난 후에도 오랫동안 이 남자와 그의 부인과 아들에게 감동을 받았다. 우리는 우리 자신의 치유 의식이 필요했다. 나는 이 상담을 실시할 때마다 청중을 위해 Rusty의 음악을 연주한다. 모든 사람이 '달콤한 감사'를 듣고, 나는 내가 그들과 연결됨을 느낀다. 작년에 우리는 Rusty를 위한 상담소에 '달콤한 감사 III'라는 이름을 붙인 기념식을 했다. 이 의식은 두 공동체, 즉 치료사, 학생, 동창생을 포함한 애커먼 연구소와 이 남자를 사랑한 극장 예술 공동체를 결합시켰다.

헌정사에서 나는 "이름을 짓는다는 것은 무엇을 의미할까요? 당시에는 몰랐더라도 우리 모두가 삶에서 사랑하는 관계를 처음 경험한 것은 우리가 이름을 받았을 때입니다. 아기의 이름을 짓는 것은 희망과 꿈과 아직 살아 보지 못한 삶에 대한 상상력을 부여하는 것입니다. 우리는 건물이나 프로그램에 이름을 부여할 때, 더 이상 우리와 함께 있지 않은 사람의 본질을 앞으로 올 모든 사람과 연결합니다. 이름을 짓는 행위는 매우 아름다운 기억의 가닥을 꼬아 치유의 태피스트리를 만드는 뜻깊은 행위입니다."라고 말했다.

나는 어떤 사람의 이름이 붙은 장소를 방문할 때마다 호기심이 생겨서 "이 사람은 어떤 사람이었죠?"라고 묻습니다. 그러곤 아버지가 암으로 죽어 가고 있는 열두 살 소년이 "Rusty는 어떤 사람이었나요?"라고 내게 묻기를 기대합니다. 그러면 나는 대답할 것입니다. "그는 내가 알던 사람이었는데, 죽기 3개월 전에 어린 아들과 함께 내 사무실에 앉아서, 많은 아들들이 아버지에게 들으려고 전 생애 동안 기다렸던 말, '나는 네가 자랑스럽단다. 내가 너를 얼마나 자랑스러워하는지, 너를 얼마나 사랑하는지 아니?'라고 말했단다."

그리고 나는 남편을 곧 잃어버릴 한 부인이 나를 돌아보며 "당신의 상담소가 이름을 따서 지은 이 남자, 그는 어떤 사람이었나요?" 라고 묻는 것을 상상한다. 그러면 나는 그녀에게 인생의 마지막 단계에서 "저는 제 결혼 생활이 더 좋아지고 싶어 이 자리에 있어요. 오래된 상처를 회복하기 위해 여기에 있지요. 함께하기 위한 새로운 방식을 배우기 위해 여기에 있답니다." 라고 나에게 말했던 한 남자의 이야기를 들려줄 것이다.

부모가 죽어 가고 있는 것에 분노한 사춘기 소녀가 "그래서 이 남자는 어떤 사람이었나요?" 라고 호전적으로 나에게 묻는 모습을 마음속에 그린다. 그러면 나는 그 십대 소녀에게 내가 Rusty를 보았던 마지막 순간, 그는 병원 침대에 누워 있었고, 부인은 그의 팔을 어루만지고 있었으며, 아들은 그의 옆에 서 있던 모습과 특별히 자부심 어린 목소리로 그가 내게 말해야 했던 가장 중요한 것은 자신의 아들이 전날 밤 학교 공연에서 주연을 맡았다는 것, 친구들이 그를 위해 아들의 공연 모습을 비디오테이프에 녹화해 주었다는 것, 그리고 그가 죽은 후에도 살아남게 될 것을 엿보고 영혼이 만족스러웠다는 것이었음을 말해 줄 것이다.

한 남편을 상상해 보는데, 그는 생명을 단축시키는 질병으로 야기된 강렬한 감정을 처음에는 완전히 숨기려 하면서, "정말 이 친구는 어떤 사람이었습니까?" 라고 내게 묻는다. 그러면 나는 한 특별한 남자, 그를 돌보고 있던 한 사람에게조차 바로 화를 내도 괜찮다는 것을 배웠던 남자, 부인과 우리 팀과 함께 진실을 말할 수 있는 신성한 공간을 만들었던 남자, 그의 가족이 소중하게 여겼고, 자신이 본보기가 되어 사랑했던 사람들이 그의 삶의 끝을 향해 평온하게 나아가도록 도와준 남자에 대해 말해 줄 것이다.

나는 가족치료 훈련생들이 "Rusty는 어떤 사람입니까?" 라고 궁금해하는 모습을 상상한다. 나는 그 훈련생들에게 말할 것이다. "그는 체력이 아무리 떨어져도 6개월간 매주 화요일 오후마다 부인과 함께 애커먼 연구소에 나타났던 남자였습니다. 그는 변하였고, 표현하게 되었으며, 관계라는 선물을 주고받게 되었습니다. 당신들이 직업상 운이 좋다면 이 남자 같은 사람과 그의 가족과 함께 일하게 될 것입니다."

나의 팀과 나는 이 작업과 이 의식을 통해 죽음이 생명은 끝내지만 관계는 끝내지 못한다는 것을 새로이 알게 되었다. 그러한 작업은 본질적으로 매우 영적이다.

결 론

의식에서 영적인 가능성은 예기치 않게 찾아와서 서로 알지 못하는 여러 세대를 연결하고, 겉보기에는 우리 자신의 것이 아닌 것 같은 기억과 우리를 맺어 주며, 죽음을 초월하는 관계를 제시한다.

2005년에 나의 남편 Lascelles Black은 인도주의 유대교(Humanistic Judaism)를 받아들였다. 우리의 사랑하는 친구들과 가족은 그의 결정을 이야기하고 입회하며 기꺼이 받아들였다. 친구이자 동료인 Olga Silverstein의 남편인 여든여덟 살의 Fred Silverstein은 75년 전 그가 바트 미츠바를 치를 때 부모님이 그에게 준 작은 탈리스(유대인 남자가 아침 기도 때 어깨에 걸치는 숄-역주)를 Lascelles에게 둘러 주었다. 그리고 잠시 동안 이 현세의 두 유대인은 수 세기의 역사, 의미, 윤리, 지식, 불안, 고통, 기쁨을 걸치고 있었다.

Fred Silverstein은 2006년에 죽었다. 그러나 깊은 신념과 즐거운 모순을 지녔던, 우리가 진정으로 사랑했던 한 남자의 상징인 그의 탈리스는 Lascelles에게 남아 있다.

참 | 고 | 문 | 헌

Alvarez, J. (2007). *Once upon a quincea era: Coming of age in the USA.* New York: Viking.

Brotman, B. (2001, September 18). Amid sorrow, a celebration of the future. *The Chicago Tribune,* p. C1.

Cohen, D. (1991). *The circle of life: Rituals from the human family album.* San Francisco: HarperCollins.

Hosseini, K. (2007). *A thousand splendid suns.* New York: Riverhead Books.

Imber-Black, E. (2003a). Ritual themes in families and family therapy. In E. Imber-Black, J. Roberts, & R. Whiting (Eds.), *Rituals in families and family therapy* (rev. ed., pp. 49-87). New York: Norton.

Imber-Black, E. (2003b). September 11th: Rituals of healing and transformation. In E. Imber-Black, J. Roberts, & R. Whiting (Eds.), *Rituals in families and family therapy* (rev. ed., pp. 333-344). New York: Norton.

Imber-Black, E. (2005). Creating meaningful rituals for new life cycle transitions. In B. Carter & M. McGoldrick (Eds.), *The expanded family life cycle: Individual, family and social perspectives* (pp. 202-214). Boston: Allyn & Bacon.

Imber-Black, E., & Roberts, J. (1998). *Rituals for out times: Celebrating, healing and changing our lives and our relationships.* Lanham, MD: Jason Aronson.

Kleinfeld, N. (2007, September 2). As 9/11 nears, a debate rises: How much tribute is enough? *The New York Times,* pp. A1, A25.

Lacey, M. (2002, June 3). Where 9/11 news is late, but aid is swift. *The New York Times,* pp. A1, A6.

Ms. Magazine (no author; no title) (1991, July/August), p. 95.

Ruskin, C. (1988). *The quilt: Stories from the NAMES project.* New York: Pocket Books.

Sella, M. (2001, October 7). Missing: How a grief ritual is born. *The New York Magazine,* pp. 48-51.

van der Hart, O. (1983). *Rituals in psychotherapy. Transition and continuity.* New York:

Irvington.

Whiting, R. (2003). Guidelines to designing therapeutic rituals. In E. Imber-Black, J. Roberts, & R. Whiting (Eds.), *Rituals in families and family therapy* (rev. ed.). New York: Norton.

제 13 장

명상과 관계적 유대감

-부부와 가족을 위한 실천

JERRY GALE

치유는 체계 간 조합의 궁극적인 단순함을 회복하는 방법으로 다양한 부분과 관계를 맺기 시작하고 회복하게 되면서 체계를 복잡하게 한다. 부분들은 전체에 조화롭게 결합되어 있는 한 건강하다.

WENDELL BERRY(1977, p. 137)

지난 30년 동안 명상은 서양 문화에서 발판을 확고히 하였다. 과학적 연구, 대중 보도, 영성과 종교적 공동체, 헤아릴 수 없이 많은 워크숍을 통해 북미의 수백만 명이 어떤 형태로든 명상을 실천하였으며, 대부분의 연구와 임상적 적용은 개인적 측면에 초점을 맞춰 왔다[예: 스트레스 감소(Kabat-Zinn, 1990, 2003); 경계선 성격장애(Linehan, 1993a, 1993b); 정서 조절(Baer & Krietemeyer, 2006); 우울(Segal, Williams, & Teasdale, 2002; Coffman, Dimidjian, & Baer, 2006); 불안장애(Roemer, Salters-Pedneault, & Orsillo, 2006); 외상후 스트레스 장애(Tirch & Amodio, 2006); 분노(Bankart, 2006); 섭식장애(Tirch & Amodio, 2006); 심리적 안녕(Brown & Ryan, 2003; Brown, Ryan, & Cresswell, 2007)]. 이러한 명상의 생리적(근육, 호흡, 심장, 신경, 호르몬) 유익에 대한 증거는 명확하며(Siegel, 2007), 인간의 영적인 상태를 돕는 방법이라는 문헌도 풍부하다(예: Boccio, 2004; Gross & Muck, 2003; Wachholtz & Pargament, 2005).

명상과 관계적 유대감

최근 연구자들과 임상가들은 관계에서 명상이 갖는 유익을 다루기 시작하였다. 최근의 연구는 마음챙김(mindfulness) 수련이 어떻게 애정 관계를 향상시키고(Barnes, Brown, Krusemark, Campbell, & Rogge, 2007), 의사소통과 감정 조절을 용이하게 하며(Wachs & Cordava, 2007), 관계에 대한 만족을 향상시키는지를 증명하였다(Carson. Carson. Gil, & Baucom, 2007). 다른 연구(Block-Lerner, Adair, Plumb, Rhatigan, & Orsillo, 2007)에서는 마음챙김에 기반한 수련이 부부가 서로에게 감정이입을 더 잘할 수 있도록 돕는다고 주장하였다. 고통에 대한 불교의 개념이 문제가 없는 정신건강에 대한 우리의 이해를 새롭게 할 수 있다는 것을 제시한 Gehart와 McCollum(2007)은 마음챙김 수련이 관계에서 경험하는 고통(학대, 이혼, 거부감, 상실을 포함하는)을 도울 수 있다고 주장하였다.

개인에 대한 서양 문화의 초점은 관계 변화에 대한 명상의 대인관계적 관점에 대한 이해와 이익과 삶을 공유하는 지역사회에서의 관여의 가치에 대한 이해를 제한한다(Sangha; Hanh, 2003). 일반적으로 명상과 관상 수련(contemplative practice)은 내면의 변화를 위한 개인적인 활동으로 인식된다. 이 장에서는 부부와 가족의 관계적 유대감을 강화하고 회복하기 위한 구체적인 수련 적용법을 제시한다.

비록 이러한 수련의 상당수가 불교 전통을 변형한 것이지만, 불교가 제시하고 있는 마음의 풍부함과 복잡한 심리 상태에 대한 철학적인 방향에 주목하는 것은 중요하다. 불교 전통 경전인 아비담마(Abhidhamma)는 마음과 의식의 상태, 고통에 대한 다양한 대책을 상세하게 분류하여 제시한다. 2,500년 전에 쓰인 그것은 종교적 견해와 상관없이 인간의 고통에 대한 적용법을 포함하고 있다. Tirch와 Amodio(2006)가 작성한 것과 같이 현재의 임상적 명상 모델의 대부분은 불교적인 요소에 의해 영감을 얻었지만 과학적 기초에 기반하여 비종교적인 것에 초점을 둔다(p. 102). 이 장에서의 적용법은 모든 신념과 신앙을 가진 클라이언트에게 제시되었으며, 특정 종교의 관점을 채택하지 않는다.

개인 또는 둘 이상 또는 집단을 대상으로 하는 명상과 관상 수련의 모든 형태에서 공통적인 것은 관계적 유대감의 경험과 강화라는 것이 나의 전제다(Flemons, 1991; Verela, 1976 참조). 비움에 대한 선(Zen) 수련에서도 자아와 무아의 관계적인 만남이며, 그것의 달성은 사람들 내에서 그리고 사람들 간의 연결-분리의 관계를 성취하는 것이다(Flemons, 1991).

이러한 관계적 유대감에 대한 관점은 체계 이론(Bateson, 1979, 1987), 생체심리사회적 모델(Engle, 1992), 다양한 포스트모더니즘의 논변적 이론(Bakhtin, 1981; Davies & Harr , 1990; Shotter, 2003)을 포함하는 이론적인 구조와 공통적이다. Gregory Bateson(1987)은 우리는 피부에 의해 경계지어지지 않는다고 분명하게 제시하였으며(p. 319), 개인적인 마음은 신체 외부의 통로와 메시지에 내재되며, 신(God)에 필적하는 더 큰 마음의 한 부분이다. John Shotter(2003)는 우리가 스스로를 더 크고, 진행되고 있으며, 동적인 나뉠 수 없는 주행위(living activity)의 영역에 참여하고 있는 부분으로 다룬다면 우리 삶은 변화할 것이라고 주장하였다(p. 461).

관계적 유대감을 경험하는 것은 언어로 표현하기 어려운 느낌에 대한 반응이다. 이것은 시간, 공간, 언어를 초월할 수 있는 존재(Being)의 경험이자 상태다. 자기 자신에 대한 스스로의 인식은 자신에 대한 진정한 본성과 타인과의 관계를 변화시키는 방법을 발전시키면서 확장된다. 정체성에 대한 의미 부여를 지엽적으로 만드는 상당수의 문제, 공포, 단절은 초월될 수 있다. 종종 시는 이러한 존재의 상태를 표현하는 효과적인 매개가 된다. 13세기 시인 Rumi의 짧은 글을 생각해 보자(Barks, 1995, p. 28).

당신이 나 없이 모든 사람과 함께 있을 때

당신은 그 누구와도 있는 것이 아닙니다.

당신이 다른 사람 없이 나와 함께 있을 때
당신은 모든 사람과 함께 있는 것입니다.

그렇게 모든 사람에게 얽매이는 존재가 되는 대신에
모든 것이 되십시오.

당신이 모든 것이 될 때, 당신은 무(無)입니다.
비움(empty).

비록 시가 불명확한 의미를 남긴다 할지라도 시(그리고 명상)는 심원한 경험과 관계의 새로운 가능성으로 이끌어 간다. Rumi의 시는 공포와 열망에 대한 자기 유지를 구체화하고 제한해 가는 과정에서 관계에서의 존재에 대한 가능성을 제시한다.

앞에서 언급한 바와 같이 많은 특성화된 명상 프로그램은 특정한 문제를 가진 클라이언트에게 도움이 될 수 있다. 좀 더 일반적으로 마음챙김 수련은 평온한 집중, 균형, 초점을 맞추는 것에 있어서 치료사와 클라이언트에게 도움이 된다(Boccio, 2004; Goldstein, 1983; Hanh, 1975). 그것들은 상담 세션 중이나 세션 사이에 활용할 때 치료적 변화와 성장에 긍정적인 분위기를 촉진한다.

- 치료사는 자신의 개인적인 삶과 이전의 도전적인 회기에 대한 명상을 수행할 수 있다.
- 클라이언트는 각 회기 중간이나 특별히 긴장이 많은 상호작용 전후에 명상 수행을 독려받을 수 있다.
- 치료사와 클라이언트는 5분간의 조용한 명상, 심호흡 또는 묵상 수련으로

회기를 시작하거나 끝낼 수도 있다.

- 치료사는 부부와 가족 구성원들과 회기 중에 상호 간의 명상 수련을 촉진할 수 있다.

부부와 가족을 위한 주제와 상호 간 수련

다음의 여섯 가지 주제와 상호 간 수련은 부부와 가족들에게 관계에 주의를 기울이게 한다. 또한 가족치료와 부부치료에 명상을 할 마음이 생기도록 하는 몇 가지 유용한 방법을 올바르게 파악하도록 도와준다. 그것들은 다음의 목적을 촉진한다.

- 구성원 또는 파트너 간의 감정반사(emotional reactivity)와 방어적 태도를 감소시킴, 타인에 대한 친밀감과 심층적인 듣기(deep listening)를 촉진함
- 상실 이후 가족의 회복과 재결합을 도와줌
- 클라이언트가 가족 구성원들과 조화의 방법을 찾는 것을 도와줌
- 삶에서 부부와 가족이 영성을 수용할 수 있도록 도와줌
- 명상과 치료사에 대한 관계적 국면을 시작하게 함

호흡, 마음챙김, 이완 수련과 같은 개인 명상은 매우 효과적이고, 상호 간 명상이 제공하는 것을 보완한다. 다음과 같은 수련을 제시할 때는 그것들을 수행하면서 경험하는 것이 그것들을 설명하기 위해 활용되는 단어보다 다양할 것이라는 사실을 알려 주는 것이 타당하다. 제안으로 제시되는 지침들은 관례적인 것이 아니며, 따라야 할 관습적인 것을 필요로 하는 것도 아니다. 각 실천에서 클라이언트가 관계적 유대감을 강화할 뿐만 아니라 타인과 상호작용하고, 타인을 경험할 수 있는 새로운 방식을 부부 또는 가족 구성원들이 탐색하도록 권

유할 수 있는 방법을 고심해 보라.

가족 구성원 간의 감정반사와 방어적 태도 감소시키기

부부 그리고 가족의 상호작용은 부부 또는 구성원이 문제해결 능력, 사전 동의, 다양한 관점으로 살펴보기와 같은 인지 기능과 의사소통을 압도하는 격앙된 감정을 경험할 때 난국을 불러올 수 있다. 이러한 감정 상태가 개인의 지각과 행동을 지배할 때, 결국 배우자나 다른 가족 구성원들은 격렬한 감정적 반응을 보이거나 방어적인 태도를 취할 수 있다. 이러한 상호작용은 자기 강화적이 되게 하고, 각 사람의 관점이 다른 사람에게 반대하는 것에 절대적이 되도록 하여 관계를 방해한다.

부부나 가족상담 세션에서 감정적 반응을 감소시키는 하나의 수련은 Armenian Greek 신비주의자 G.I. Gurdjieff의 가르침인 멈춤 연습(stop exercise)이다. 이 수련은 우선 클라이언트에게 치료사가 '멈춤'이라고 이야기할 때 그들이 무엇을 논의하든 정확한 시점에 즉각 그들의 말과 행동을 중단해야 한다는 동의를 얻어 내는 것이 필요하다. 문장이나 몸짓 중간에 치료사가 '계속'이라고 이야기할 때까지 그들의 자세에서 멈춘 상태로 중단한다. 1~3분간의 동작과 소리의 휴지 동안 사람들은 그들의 상황과 상호작용에 대해 잠시 동안 돌아보게 된다.[1] 치료사가 '계속'이라고 이야기할 때 부부와 가족 구성원들은 논쟁을 재개한다. '멈춤-계속'의 연속적인 작용은 수많은 기회를 제공할 수 있다. 이것은 클라이언트가 그들이 가진 감정과 생각뿐만 아니라 타인의 감정과 생각을 반영한 침묵과 상호작용 시간을 사용하는 방법을 학습하는 데 도움을 주는 탈감정적인 논쟁을 우선적으로 수련하는 것이다. 가끔은 이것이 장난스러운 수련이 될 수 있고, 클라이언트 스스로 상담이 끝난 이후에도 그들의 행동과 말을 잘 중단시킬 수 있는 사람과 함께 수행할 수 있다.

감정적 반응에 대한 두 번째 수련은 부부나 가족을 위해 내가 개발한 것으로,

정좌(sitting) 수련을 나누는 '목도 감정(witnessing emotion)'이다. 비반응 기간 동안 처음으로 이 수련을 제공하는 것이 좋다. 자신의 감정을 살피는 개인적인 마음챙김 수련과 유사하게 이 수련은 다른 사람과 함께 그들이 경험한 감정을 언어적으로 공유하는 데 초대하는 것이다. 다음 사례는 이 수련이 어떻게 제시되는지를 보여 준다.[2] 타인에게 배우자의 반응을 당신의 말로 이야기할 때 느린 방식으로 전달하라. 다음에 제시된 모든 질문에 답변이 필요한 것은 아니며, 반응을 요구하는 모든 질문이 필요하지도 않다. 말로 응답할 수 있는 시간을 허용하고, 그들의 표현을 기록하라.

"나는 당신들이 각자 얼굴을 맞대고 앉기를 바랍니다. Pat, 당신이 먼저 당신의 감정을 설명할 수 있습니다. Kim, 앉아서 조용하게 Pat을 관찰하세요. Pat, 당신이 편한 대로 눈을 뜨거나 감아도 됩니다. 당신의 현재 감정 상태와 느낌을 묘사하기 시작하세요. 어떤 생각이 떠오르지요? 당신의 신체 중 어떤 부분이 이완되고 긴장되는지를 이야기해 주세요. 당신과 배우자에 관한 순간을 떠올려 보고, 어떤 생각이 떠오르는지 이야기해 주세요. 어떤 생각과 어떤 마음이 떠오르는지 Kim에게 이야기해 주세요."

"이제 구체적으로 강한 감정이 느껴지는 시간을 떠올려 보세요. 당신이 할 수 있는 한 그 사건을 구체적으로 기억해 보세요. 몸에서 어떤 감정이 떠오르는지 이야기해 주세요. 어디에서 그것이 느껴지나요? 이것이 옮겨 가나요? 느낌과 감정의 경계는 무엇인가요? 몸에서 감정을 느낄 때 떠오르는 생각과 이야기는 무엇인가요? 그 이야기들은 당신이 반응해야만 하는 구체적인 방법을 제안하나요? 감정의 경험과 이야기가 어떻게 변하는지 주목하세요. 마음의 움직임의 시작과 끝을 주목하세요. 당신의 생각과 움직임이 어떠한지 주목하세요. 감정이 세상과 다른 사람을 보는 시각에 대해 구체적으로 어떤 방법을 제시하는지 주목하세요. Pat, 당신이 주목한 것을 Kim에게 이야기해 주세요. 감정에 관해 이야기하는 느낌은 어떤지 주목하세요. 의식

안에서 공간을 볼 수 있나요? 당신이 관찰한 것에 관계없이 감정과 당신의 반응에 대해 증언할 수 있나요? 스스로 관찰한 경험과 감정, 환기된 이야기에 대해 당신은 어떻게 느끼나요? 감정을 관찰할 때 느낌에 대해 사랑과 연민을 보내세요. 사랑과 연민을 가진 감정의 영역에서 당신이 얼마나 충분하게 경험했는지를 살펴보세요. 이제 경험하는 것은 무엇입니까? 당신과 Kim의 순간과 떠오르는 생각을 반영해 보세요. 경험을 끝내고, 당신에게 편안한 곳을 찾으세요."

"Kim, Pat에 관하여 당신이 듣고 관찰한 것을 Pat과 나누어 보세요."

배우자가 이 수련을 마쳤을 때 당신은 역할을 바꿀 수 있다. 부부의 편안함 수준에 따라 좌우되지만 이 수련은 최소 2~10분 정도 할 수 있다. 부부에 대한 시간 안배를 확실히 해야 한다.

감정적 반응에 대한 세 번째 명상은 '포옹을 위한 미소 명상과 부정적인 감정 변화시키기'다(Hanh, 2003, p. 26). 이 명상은 긍정을 활용하여 그들이 함께 앉아 있을 때 배우자나 가족에게 제시되는 것이다. 그들은 상담 세션이나 집에서 이것을 할 수 있다. 이것은 명상의 지속적인 수련을 유지하는 데 도움을 줄 뿐만 아니라 감정 변화의 한 가운데에서 배우자에 대해 평온해지고, 대화를 시작하는 데 좋은 연습이 된다.

1. 숨을 들이쉬고, 나는 내 몸을 인지한다. 숨을 내쉬고, 나는 내 몸에 미소 짓는다.
2. 숨을 들이쉬고, 나는 내 몸의 고통을 인지한다. 숨을 내쉬고, 나는 내 몸의 고통에 미소 짓는다.
3. 숨을 들이쉬고, 나는 내 마음의 고통을 인지한다. 숨을 내쉬고, 나는 내 마음의 고통에 미소 짓는다.
4. 숨을 들이쉬고, 나는 내 안에서 느껴지는 두려움을 인지한다. 숨을 내쉬고,

나는 내 안에서 느껴지는 두려움에 미소 짓는다.
5. 숨을 들이쉬고, 나는 내 안에서 느껴지는 불안을 인지한다. 숨을 내쉬고, 나는 내 안에서 느껴지는 불안에 미소 짓는다.
6. 숨을 들이쉬고, 나는 내 안에서 느껴지는 슬픔을 인지한다. 숨을 내쉬고, 나는 내 안에서 느껴지는 슬픔에 미소 짓는다.
7. 숨을 들이쉬고, 나는 내 안에서 느껴지는 분노를 인지한다. 숨을 내쉬고, 나는 내 안에서 느껴지는 분노에 미소 짓는다.
8. 숨을 들이쉬고, 나는 내 안에서 느껴지는 질투를 인지한다. 숨을 내쉬고, 나는 내 안에서 느껴지는 질투에 미소 짓는다(Hanh, 2003, p. 26).

예를 들어, 이러한 수련은 부부치료에서 Scheinkman(2008)의 통합모델과 결합될 수 있을 것이다. 이것은 Bowen의 코칭 방법과 함께 융합 문제에서 높은 수준의 반사 반응을 보이는 원가족과의 상호작용에 개입하는 데 유용할 것이다(McGoldrick & Carter, 2001).

부부 친밀성 촉진과 타인에 대한 깊은 경청

태극권 손목(Tai Chi wrists)은 무술 태극권에서 변형된 것이다.

조용한 가운데 이 수련을 시작하라. 약 60cm 떨어진 곳에서 오른손이든 왼손이든 상관없이 한 팔은 팔짱을 끼고, 둘 다 같은 팔을 올리고 파트너를 마주 보라. 다리와 손목을 교차해서 약간 앞으로 하고, 작은 손가락이 있는 손의 옆면은 매우 부드럽게 다른 사람의 손목을 어루만져라. 어루만짐은 접촉하고 있는 동안 지속적으로 가능한 한 가볍게 이루어져야 한다. 팔꿈치와 무릎을 이완하라. 호흡을 하라. 손목과 팔이 원을 그리도록 하라. 원의 크기, 방향, 순환 속도는 어떻든 괜찮다. 원의 움직임이 계속되는 동안 침묵과 다른 사람과의 눈 맞춤을 유지해야 한다. 움직임과 호흡을 통해 이완하라.

원의 순환원이 당신을 움직이게 할 수 있는지를 살펴보라. 당신들 모두가 동시에 이끌기도 하도 따라가기도 하는 것과 같이 리더가 되고 따르는 사람이 되는 것의 특징이 불분명해지는 것을 허용하라. 손목의 순환에 시작과 끝이 없고, 시작하는 사람과 따라가는 사람이 없는 것과 같이 이러한 동작 간의 차이는 신경 쓰지 않도록 하라. 당신이 좀 더 이완되었을 때 원이 당신을 움직이도록 하고, 근육을 사용하지 않고도 계속 움직일 수 있는지에 주목하라. 단지 팔꿈치와 무릎을 이완하고 호흡하라. 근육을 사용하지 않을 때 피로를 경험하지 않으면서 한동안 이러한 활동을 하는 것이 가능하다. 움직임의 속도와 방향이 변하는 것에 주목할지도 모른다. 파트너와 눈 맞춤을 유지할 때 당신 몸이 어떻게 편안해지는지 주목하라. 당신 생각과 독립된 종결 시점을 찾는 움직임을 허용하고, 휴식을 취하라. 파트너에게 감사하라.

다음 수련에서는 부부에게 그들의 경험에 관하여 이야기를 나누도록 권하라. 타인과 구별될 개인적 영역에 대한 한 사람의 분별이 불명확해진 순간이었는가? 이끌어 가는 사람이 없는 움직임의 순간이었는가? 만약 활동이 어려웠다면 무엇이 어려웠는가? 활동에 대한 부부의 반응에 따라서 변화를 시도할 수 있다. 예를 들어, 각각의 파트너가 다른 사람을 이끌어 가는 대신 한 사람을 이끌어 가는 사람으로, 다른 한 사람을 따라가는 사람으로 명할 수 있다. 역할을 바꾸거나 그들에게 동시에 이끌어 가는 사람과 따라가는 사람이 되도록 하는 것이다. 그들이 이끌어 가는 것과 다른 역할을 하게 될 때 관계에서 그들이 주목하는 것은 무엇인가?

이 활동을 하면서 부부가 강한 연결을 경험할 때, 당신은 그들의 삶에서 유대를 유지하거나 심화할 수 있는 다른 방법을 탐색할 수 있다. 이것은 신체적 접촉이나 가치, 관습 또는 교회에 참여하는 것과 같은 영적 연결을 포함할 수 있다. 동시에 한 파트너가 세상 또는 증대된 인식이나 몰입의 상태와 깊은 영적 연결을 경험한다면(Csikszentmihalyi, 1990), 파트너들은 어떻게 그들 간의 연결을 계속할 수 있을 것인가? 그들이 서로 다른 곳에 있더라도 떨어져 있는 거리를 넘어 파트너 간의 관계를 계속 연결할 수 있을 것인가?

많은 불교 교수자를 통해 교육된 자비(Loving Kindness) 수련은 다른 존재에 대해 비심판적이고 구속하지 않는 사랑과 연민을 배양한다(Salzberg & Kabat-zinn, 1995). 파트너에 대한 자비를 배양하는 다음 수련은 침묵 속에서 다른 사람과 편안하게 마주 보고 앉는 것으로 시작한다.

눈을 반쯤 뜬 상태에서 상대방을 이완된 시선으로 보라. 한 부분에 초점을 두지 말고 앞 사람의 전체를 보려고 노력하라. 고요함과 주의를 집중한 마음 상태를 유지하라. 동시에 당신이 만약 심판이나 미움을 경험한다면 이러한 순간마다 조용히 스스로를 향해 '자비'라는 단어를 반복하라. 시간을 초월하여 당신이 알았던 상대방으로서 당신 앞에 있는 사람을 보고 시작하라. 현재 그 사람과 수년간 상대방이었던 사람과 다른 이미지와 특성을 주목하라. 또한 당신이 알기 전의 그 사람을 생각해 보라. 파트너를 응시할 때 떠오르는 다른 이미지, 기억, 이야기, 감정에 집중하라. 이 사람과 함께 느꼈던 다른 순간과 사랑, 감사, 평화의 경험을 되새겨 보라. 당신은 이러한 인식과 함께 따뜻함이 퍼지는 것을 깨달을지도 모른다. 이러한 느낌과 쉼을 유지하면서 이러한 감동에 대한 당신의 반응에 주목하라.

삶의 다른 시간에서 당신의 파트너가 경험한 도전, 어려움, 고통을 되새겨 보라. 당신이 함께 공유했던 어려웠던 시간을 되새겨 보라. 당신의 생각을 심장 부근으로 확장시키고, 심장에서 이 사람 또는 당신의 관계에 대한 사랑, 연민, 따뜻함을 느껴보라. 이러한 깨달음을 가지고 연동된 평정심을 배양하라. 금색 실이 당신과 상대방의 심장을 연결하는 것을 상상하고, 상대방에게 당신의 사랑과 기쁨을 전달하며, 상대방이 당신에게 주는 사랑과 기

> 뻠을 느끼기 위해 마음을 열라. 이러한 수련을 통해 떠오르는 따뜻함과 연결에 주목하라. 이것을 속으로 숨 쉬면서 이완하라. 마무리할 때 파트너와 당신의 경험을 나누라.

친밀함과 친절함, 깊은 경청을 촉진하기 위한 세 번째 수련은 즉흥극에서 변형된 미러링(mirroring)이다(Gale, 2004). 이 활동은 A와 B 한 쌍으로 구성되어 있으며, 성인뿐만 아니라 아이들에게도 재미가 있을 것이다.

> 다른 사람과 마주 봄으로써 준비하라. B는 느린 동작으로 시작한다. A는 이 동작을 반사한다. 동작은 파트너가 따라 하는 것을 돕기 위해 천천히 해야 한다. 파트너에게 주의를 집중하는 것이 중요하고, 당신이 예상하는 것을 먼저 구상해서는 안 된다. 대화 없이 B는 언제든지 그다음 시작하는 사람이 되는 A를 따라 할 수 있다. 이러한 변경은 언제든지 발생할 수 있다. 하지만 상대방에 대해서 집중을 유지하는 것은 중요하다. 만약 파트너와의 연결이 끊어지면 속도를 늦추고 호흡하라. 다른 사람의 호흡도 따라 할 수 있다. 당신이 끝낼 준비가 되었을 때 마무리 동작을 시작하고 다른 사람의 경험을 공유하라.

친밀함, 연결, 불멸을 깊이 경험할 수 있는 느린 춤과 같은 동작으로 확대될 때 이 수련은 주의 집중한 상호 간의 의식을 높이는 즉흥적이고 흥미로운 것이 될 수 있다.

상실 이후 가족들의 치유와 재결합 돕기

사랑했던 사람을 잃는 것은 견디기 힘든 상태가 될 수 있다. 정서적인 고통은 가족의 갈등과 사회적 고립, 목적, 의미, 관계의 상실과 같은 단절을 가져올 수 있다. 다음은 부부와 가족의 치유와 재결합을 돕기 위한 두 가지 의식적인 수련법이다. 이 수련법들은 구성원들이 장례식이나 추도식에 참석하지 못했거나 또는 상실의 경험으로 서로에게 지지적이지 않다면 더욱 도움이 된다. 두 수련법은 삶의 의미와 목적에 대해 토론하도록 하고, 자신과 타인을 존중하는 일상을 회복시키며, 지속적인 영적 결합(이 책의 제4장, 제12장, 이 장 참조)으로 상실의 유대를 변화시키는 것으로 그들을 초대한다.

가족 추도 장소를 만드는 첫 번째 수련법은 고대 힌두교나 불교 전통에서 유래한 공유된 의식으로 사망한 가족 구성원에게 경의를 표하고, 그를 기억하기 위해 집 안에 안식처나 제단을 만드는 것이다. 방, 정원 또는 그들에게 특별한 의미를 갖는 장소에 헌정된 장소를 만드는 것에 모든 가족이 참여하도록 초대하라. 모든 사람은 사진, 개인적 물건들, 꽃, 초, 그림, 책, 그 밖에 사망한 가족과 관련된 것들을 함께 보는 것과 같은 다양한 방법으로 참여하도록 독려될 수 있다. 가족 구성원들에 의해 예술적으로 그려진 가족 나무는 세대를 거슬러 직계가족과 확대가족에서 사망한 사람과의 관계와 중요성을 보여 줄 수 있다 (Hanh, 2003; Mcgoldrick, Gerson, & Petry, 2008).

그들이 만든 장소에서 추모 의식을 공유하고, 그들이 포함하기를 원하는 것에 대해 논의할 수 있는 시간을 계획하도록 가족 구성원들을 도와주어라. 사망한 가족을 조상들과 그 밖에 돌아가신 분들, 현재 살아가고 있는 사람들 그리고 후손들과 연결시키고, 과거, 현재, 미래를 포함한 주제를 가족들이 숙고할 수 있도록 하라. 참여하는 것은 사망한 사람에 대한 이야기, 그의 삶에서 주요한 사건들, 그 사람의 삶을 형성하고 있는 경험 그리고 유족과 미래를 위해 남긴 유산을 포함하여 다른 사람들과 공유하고 있는 특징에 대해 이야기를 나누는 것이다. 조용한 명상의 순간, 낭송, 음악은 가족 간의 통합에 도움을 줄 수 있다.

기억하고 경의를 표하는 식사 의식인 두 번째 수련법은 이미 경험한 전형적인 행동 안에서 새로운 방법을 시도하게 하는 것이다. 종종 사랑하는 사람을 상실함으로써 누군가는 감각이 둔해지거나 세상에서의 결합과 목적의 공허함을 경험한다. 이 수련법은 세상과 일상적인 행동을 재설정하게 할 뿐만 아니라 우리가 사랑했던 사람의 기억과 유산에 경의를 표하고 깨달을 수 있는 방법을 제시해 준다. 이 수련법은 시간과 공간을 뛰어 넘어 남은 사람들과 최근에 사망한 사람 그리고 세대를 거슬러 조상들을 연결하는 결합에 경의를 표하고 깨닫는 의식을 제시한다.

모든 가족 구성원에게 사과를 제공하라.

사과를 잡을 때 당신의 손에 있는 과일에 대해 진정으로 숙고하는 시간을 가져라. 모든 감각을 사용하라. 향기, 무게, 감촉, 형태에 주목하라. 생각, 이미지, 감각을 감지하라. 이 사과를 경험할 때 오늘 당신의 손에 이 사과가 전해지기까지 발생했을 수많은 사건과 행동, 그것의 역사를 생각해 보라. 사과가 성장하는 많은 단계(뿌리를 이룰 씨앗의 발아, 큰 나무로 발육, 꽃을 피우고, 열매를 맺는 것), 그 많은 사건과 사람들이 당신의 테이블에 사과를 가져오기까지 관련되어 있다. 이 시점에서 당신과 함께 있는 이 과일에 감사하고 존중을 표하라. 과일을 매우 천천히 먹고, 10~20회 정도 한입 가득 씹어라. 그것을 씹고 넘길 때의 맛과 감촉에 주목하라. 당신이 씹을 때 맛과 감촉이 어떻게 변화하는지 주목해 보라. 사과를 관찰하는 것을 지속하라. 생명이 되는 나무의 많은 세대, 열매를 맺는 것, 씨를 뿌리는 것, 당신이 먹고 있는 사과가 가져올 새로운 세대의 형성을 생각해 보라. 이 씨앗에서 성장할 미래의 과일을 생각해 보라. 당신 손에 있는 이 과일과 세대를 거슬러 모든 사과가 맺고 있는 관계를 생각해 보라.

모든 나무가 성장하는 데 필요한 기적을 생각해 보라(태양, 토양, 물의 적절한 균형, 관계와 경험의 정확한 순간을 이끌어 가는 것). 이 사과가 현재 당신의 몸속에서 신진대사를 이루고, 통합되어 영양분이 되는 것에 감사하는 시간을 가져라. 이 사과를 만든 많은 세대로부터 어떻게 당신은 이익을 얻는가? 이 사과의 에너지가 당신의 미래 행동에 어떻게 기여하는지 생각해 보라. 다른 사건들과 사람들 또한 당신의 행동과 의미를 느끼는 것에 어떻게 기여하는지 생각해 보라. 이러한 다른 사건들과 다른 사람들에게 당신은 어떻게 존중을 표하고 감사를 표현하는가? 사과나무의 유산과 그것의 세대적인 영향을 생각해 보라. 이러한 생각과 감각을 가지고 잠시 앉아 있으라.

끝났을 때 부부 또는 가족 구성원들이 자신의 경험에 대해 논의할 수 있도록 초대하라. 그들이 지각한 다른 생각, 이미지, 감각은 무엇인가? 이러한 훈련은 다른 사물을 가지고 부부 또는 가족들에 의해 다른 시간에 수행될 수 있다. 존경을 표하는 의례는 이러한 행동으로 만들어질 수 있다. 당신은 사과 씨앗이나 나무를 가져오는 참여자를 초대할 수 있다.

가족과 화해하게 된 클라이언트 원조하기

새로 시작하기

Hanh(2003)이 도입한 화해와 회복의 연습은 두 사람 혹은 그 이상의 사람들에게 훈련된다. 전제는 모든 사회적 만남을 관계 회복의 관점으로 보는 것이다. 감사를 공유하기, 미안함을 표현하기, 상처나 도전을 표현하기를 포함한 3단계로 구성되어 있다. 각 단계는 각 사람에게 표현하는 말을 주의 깊게 선택하고 고려할 것을 요구한다. 감사를 공유하는 것은 긍정적인 태도를 인식하고 표현하도록 배우자의 친밀한 친절함을 요구한다. 많은 경우 보았지만 인식되지 않아 감사의 말이 이야기되지 않는 것과 같이 타인에 대한 긍정적인 태도는 관찰자에 의해 빠르게 인식되지 않은 상태로 지나가게 된다. 종종 다른 사람의 긍정적인 행동에 마음챙김, 주의 집중, 반영이 되지 않는다. 미안함을 표현하는 두 번째 부분에서 각 사람들은 다른 사람을 해하거나 상처를 줄 수 있는 자신의 말과 행동을 아는 것이다. Hanh에 따르면, 이것은 "우리 자신의 고통과 자만심을 내려놓는 겸손과 기꺼이 하는 마음"(p. 119)이 필요하다. 이러한 활동은 또한 누군가의 행동에 대한 주의 깊은 반영이 필요하다. 세 번째 단계에서 사람들은 자신의 상처를 표현한다. 이야기하는 것과 어떻게 이야기하는가 모두에 주의를 기울이면서 상처의 표현이 비난이나 비판을 배제하고, 마음챙김과 사랑으로 소통되어야 한다.

이러한 훈련을 통해 클라이언트를 돕는 과정을 다시 돌아보는 것이나 재검토를 위해서 논의를 기록하는 것은 도움이 될 것이다. 가끔은 우리가 생각하고 말하려는 것과 언어로 표현되는 것이 다를 수 있다. 말투, 표정, 타이밍, 특정 단어 선택은 다른 의미를 암시하기도 한다. 마찬가지로 다른 사람이 이야기한 것은 우리가 듣고 생각하지만, 우리의 생각은 뉘앙스와 말에 다른 의미를 부가하는 경우가 있다. 각자 본 것에 대해 상호작용하고 논의하는 것의 녹화 기록을 보는 것은 도움이 될 수 있다(Gale, Odell, & Nagireddy, 1995). 이러한 관찰은 가족 구성원들의 의사소통과 그들의 행동의 결과를 조심스럽게 대하는 마음챙김 훈련을 제공한다.[3]

두 번째 개인 간 명상은 가족 구성원들이 다른 사람에 대해 암송할 수 있는 만트라(Mantra, 확언문)를 제공하는 온정적인 경청을 위한 명상이다(Hanh, 2003). 이러한 확언문은 다른 사람의 말에 경청하기 어려운 때에 사용할 수 있도록 클라이언트에게 줄 수도 있고 직접 쓸 수도 있다. 심호흡과 함께 조용하게 또는 소리 내어 읽힐 수 있다. 때때로 부부가 함께 소리 내어 읽는 것이 도움이 될 수 있다.

1. 들이쉬기, 나는 내가 숨을 들이쉰 것을 안다. 내쉬기, 나는 내가 숨을 내쉰 것을 안다……. 안으로, 밖으로.
2. 들이쉬기, 나는 나의 몸을 안정시킨다. 내쉬기, 나는 웃는다……. 안정된다. 웃는다.

3. 들이쉬기, 나는 내가 괴로워하는 것을 안다. 내쉬기, 나는 연민을 가지고 웃는다……. 나의 고통, 연민 어린 웃음.
4. 들이쉬기, 나는 당신이 괴로워하는 것을 안다. 내쉬기, 나는 연민을 가지고 웃는다……. 당신의 고통, 연민 어린 웃음.
5. 들이쉬기, 나는 우리가 모두 괴로워하는 것을 안다. 내쉬기, 나는 우리가 새로운 기회를 갖기를 원한다……. 우리의 고통, 새로운 기회.
6. 들이쉬기, 나는 경청한다. 내쉬기, 나는 귀를 기울인다……. 경청, 귀 기울임.
7. 들이쉬기, 나는 당신의 괴로움을 듣는다. 내쉬기, 나는 나의 마음으로 당신을 받아들인다……. 괴로움, 당신을 받아들인다.
8. 들이쉬기, 나는 당신의 잘못된 지각을 듣는다. 내쉬기, 나는 불같이 화를 내지 않는다……. 잘못된 지각, 화를 내지 않는다.
9. 들이쉬기, 나는 내가 당신을 고통스럽게 만들었다는 것을 안다. 내쉬기, 나는 미안하다……. 당신은 고통스럽다. 나는 미안하다.
10. 들이쉬기, 나는 나의 마음을 연다. 내쉬기, 나의 마음에는 당신을 위한 공간이 있다……. 나의 마음을 연다. 당신을 위한 공간.
11. 들이쉬기, 나는 행복해지기를 원한다. 내쉬기, 나는 당신이 행복하기를 원한다……. 나의 행복, 당신의 행복.
12. 들이쉬기, 나는 우리의 행동을 본다. 내쉬기, 내가 원하는 전부다……. 우리의 행복, 내가 원하는 전부다(Hanh, 2003, pp. 22-23).

다음 훈련은 Hanh(2003)이 도입한 지갑에 넣고 다니는 편지다. 이전 훈련들과 유사하게 이것은 부부나 가족 구성원들이 그들의 확언문을 만들도록 초대하는 것이다. 이 훈련을 위한 단계를 구축하기 위해 다음 내용을 이야기할 수도 있다.

관계 때문에 감정적으로 괴로울 때, 우리가 생각하기에 우리에게 상처를 준 사람을 비난하는 경향이 있다. 강한 감정은 다른 사람에 대한 관점을 흐리게 하고, 다른 사람의 인간으로서의 자질뿐만 아니라 관계의 다른 관점을 어둡게 한다. 부정적 생각과 감정이 생겨날 때 그 개인에 대한 관점을 흐리게 하고, 긍정적인 경험과 기억의 인식을 차단한다. 심지어 마음속에 떠오르는 이야기들은 부정적인 특성으로 정의하고 강화하는 역할을 할 수 있다. 어려운 감정이 한창일 때, 우리 안에 사랑과 연민을 유지하고, 분노에서 표출되는 비난과 상처를 주는 말의 발설을 억제하는 것을 돕도록 상기시켜 주는 '마음챙김 벨'을 갖는 것은 매우 유용할 수 있다(Hanh, 2003, p. 121). [치료 세션 중 어려운 순간에 치료사는 작은 벨을 울릴 수 있다(그것에 '초대하되' 그것을 '두드러지게 하지 마라.')]

계속해서 나는 당신이 다른 사람에게 강한 감정이나 판단이 들었을 때 언제든지 사용할 수 있는 일종의 선언을 쓰기를 바란다. '○○에게, 나는 고통스럽고 당신이 그것을 알기를 바란다.' 다른 종이에 '○○에게, 나는 최선을 다하고 있다. 제발 도와주세요.'라고 써라(Hanh, 2003, p. 120). 이러한 선언을 썼을 때 당신 내부의 반응에 주목하라. 느껴지고, 형상화되고, 떠오르는 생각은 무엇인가? 이것들을 배우자와 공유하라. 이 선언을 생각할 때 구체적인 사람이나 사건이 떠오르는가? 배우자와 함께 당신이 경험한 고통을 다른 사람에게 진실하게 이야기하는 것의 의미를 공유하는 시간을 잠시 가져라. 당신의 지갑에 이러한 선언을 가지고 다니고, 감정적이고 비판적인 생각을 떠올릴 때마다 두 선언을 읽는 시간을 갖도록 하라. 당신이 원한다면 다른 사람과 그것들을 공유하라. 어느 쪽이든 심호흡을 하면서 지금 이 순간에 당신이 어떻게 괴로우며, 스스로에게 평화와 연민을 가져올 수 있도록 하는 것이 무엇인지 주의 깊게 생각하는 시간을 갖도록 하라.

다음으로 나는 당신이 때때로 분노를 느끼고 단절하는 특정 사람을 모두 숙고해 보기를 바란다. 이것은 서로 겹칠 수도 있다. 당신이 이 사람을 생각할 때, 생각과 감정의 변화가 어떠한지 주목해 보라. 지금 이러한 불화에서 경험하는 고통이 어떠한가를 고민해 보는 시간을 갖도록 하라. 이 사람에 대한 용서와 연민을 위해 당신의 마음을 살펴보라. 이 사람과 당신이 재결합하기 위해 어떻게 치료하는 것이 필요한가를 고민해 보라. 이것에 대해 명상할 때 당신의 생각, 이미지, 당신이 할 수 있는 내면적인 이야기를 살펴보라. 숨을 들이쉬고, 떠오르는 어떤 비판이자 판단을 지나가게 하라. 당신이 준비되면 이 사람과 재결합을 위한 당신의 마음속으로부터의 글을 쓰도록 하라. 이 사람에 대해 당신이 가질 수 있는 긍정적인 결합을 떠올릴 때 당신이 원하는 선언, 구, 무엇이든 써라. 이 편지를 지갑에 넣어 다니고, 스스로 되새기거나 다른 사람과 공유하기 위해 활용하라. 지금 배우자와 이러한 활동에 대해 논의하라.[4]

부부와 가족의 삶에 영성을 받아들이는 것을 돕기 위한 훈련의 시작

이 장에서 모든 명상 훈련은 개별적이고 단일한 정체성을 가진 개인적인 관점에서 벗어나도록 하는 것이며, 오히려 존재와 의미의 거대한 생태 체계처럼 연결된 관점에서 각 사람을 보도록 하는 것이다. 명상 훈련은 사람들에게 그들 내적 측면과 함께 친족이나 지역사회 네트워크뿐만 아니라 그들이 포함된 거대한 시스템의 친밀한 관계로부터 다른 사람들과 관계적으로 연결된 경험을 하는 통로를 제공한다. 이러한 관계적 관점은 민감하고 반응적인 순간순간의 상호작용에서의 책임과 각 사람들이 의미 만들기에 어떻게 참여하고 있는지를 관계적으로 이해할 수 있도록 한다. 각 행동과 발언은 생성되고, 개인 간뿐만 아니라 광대한 생태 체계 모두에서의 의미와 반응의 가능성에 마음을 열게 한다. 자애심을 동반하는 마음챙김 기반의 훈련은 지극히 일상적인 활동을 포함하여 모든 활동과 새롭고 순결하며 신기한 모든 관계에 마음을 열게 한다. 누군가가 벤치에 앉든, 설거지를 하든, 출근을 하든 또는 누군가가 행복하든, 슬프든, 교회에 있든 소의 거름을 치우든 상관없이 상황의 유일무이함과 맥락에 누군가 참여하고 있음에 감사할 수 있다.

일상적인 계보는 Tarthang Tulku(1977)의 몇몇 명상에서 수정했다. 이 훈련은 집에서, 밖을 걸으면서, 잡초를 뽑으면서, 차도를 청소하면서, 차에 타면서 수행할 수 있다. 이 훈련은 일상적인 사물을 과거, 현재, 미래의 관점으로 살펴보도록 권유한다. 종종 우리가 무심코 지나쳤던 평범한 물건은 더럽거나 있으나 마나 한 것이거나 색이 바랬다고 무시하거나 부정적인 관점으로 봤던 것들이다. 이러한 명상을 통해 사람들은 사물의 역사를 고려하게 되고, 현재의 위치에 어떻게 위치하게 되었는지, 사물의 미래가 어떻게 될지에 대해 숙고하게 된다. 이것은 사무실의 어떤 물건으로도 훈련할 수 있다. 사물에 대한 설명을 풍부하고 세밀하게 이야기하기 위해 그들의 감각과 상상력을 총동원하도록 돕고, 사물에 대한 감사와 가치를 발견하도록 원조하라. 다음은 가족 구성원들이 자동차에서 이 훈련을 어떻게 수행하는지를 보여 주는 사례다.

비록 이것은 언제든지 수행할 수 있지만, 가족 여행이나 교통 정체 같은 상황에서 더욱 적절할 수 있다. 운전자는 변화하는 교통 상황에 적절히 반응해야 하지만 자동차에 있는 모든 사람은 이 훈련을 수행할 수 있다. 각 개인은 하나씩 구술 활동을 통해 떠오르는 생각을 공유한다. 지침은 다음과 같다.

> 당신이 자동차 유리창 밖을 살펴볼 때 주의를 끄는 어떤 사물이든 주목하라. 그것은 꽃, 나무, 진흙 더미, 신호등, 쓰레기, 다른 자동차나 운전자, 건물, 걷는 사람들, 자동차 배기가스 등일 수 있다. 당신이 그 사물을 찬찬히 살펴볼 때 사물의 창조와 이 시점에 이 지점에 위치하게 된 데 기여한 부분으로서의 행동, 사람과 환경적인 측면에서 역사적 사건과 행동을 숙고해 보라. 만약 그것이 제작된 것이라면, 사물을 만드는 데 기여한 사람들과 사건들을 숙고해 보라. 만약 그것의 기원이 유기적인 것이라면, 그것이 어떻게 창조되었고 성장해 왔는지를 숙고해 보라. 만약 그것이 쓰레기라면 버려지

기 이전에 어떤 물건이었고, 그것을 소유했던 사람과는 어떤 관계인지 숙고해 보라. 그것이 무엇이든 상관없이 그것의 자연적인 아름다움을 숙고해 보라. 당신이 이 순간에 그 사물을 인식하기 위해 시간과 공간을 뛰어넘어 어떤 것이 발생했어야 하는지를 숙고해 보라. 사물의 미래와 시간이 흐르면서 그것이 어떻게 될지에 대해 숙고해 보라. 필연적으로 어떤 변화가 발생할지를 주목하라. 다른 시점에서 당신이 그 사물을 보지만 주의 깊게 살펴보지 않은 것을 생각해 보라. 당신은 다음에 이 사물을 본다면 어떻게 반응할 것인가?

자애심 명상 또한 이러한 훈련에서 통합될 수 있다.

치료사를 위한 명상과 관계적 견해의 시작

이러한 훈련을 안내할 때 이 과정에 치료사의 참여를 고려하는 것은 중요하다. 치료사는 이러한 관계 엮기(tapestry)에서 활동적인 줄(strand)이다. 명상 훈련을 하는 치료사에게 이것은 가장 가치 있는 것이다. Segal, Williams, Teasdale (2002)은 지도자들이 명상 훈련을 유지할 때 클라이언트의 우울이 개선된 상태에서 재발하는 것을 방지하는 데 도움이 되는 마음-신체 스트레스 감소(MBSR) 프로그램을 제시했다. 부가적으로 치료사들은 명상에서 비심판적인 마음챙김, 평온함, 그들의 내적 감정과 생각에 대한 민감성, 향상된 집중을 포함한 다른 측면에서의 이점을 얻을 수 있다(Carlson & Brown, 2005, 마음챙김을 측정할 수 있는 측정도구를 개발하였다). 또한 동정심은 명상을 통해 증진될 수 있으며, 자기자비(self-compassion)는 치료적인 관계를 증진시킬 뿐만 아니라 클라이언트를 좀 더 잘 돌보는 데 도움이 된다는 증거가 있다(Neff, 2003a, 2003b, 2004, 자기 자비를 측정할 수 있는 측정도구를 개발하였다).[5]

세션에서 이러한 훈련을 언제 그리고 어떻게 통합시킬 것인가를 좀 더 잘 결정하는 데 치료사가 명상을 수련하는 것은 중요하다. Otani(2003)는 적절한 훈련 없이 최면을 좋아하고, 다른 임상 기술이나 명상을 활용하는 것은 비윤리적인 것이라고 경고했다(p. 104). 명상에서 고려해야 할 금기 사항은 전통적인 불교 경전과 임상적 출판물에 제시되어 있다(Germer, Siegel, & Fulton, 2005; Otani, 2003). 명상은 잘 조정할 수 있는 준비가 되지 않은 사람도 감정적으로 고조된 상태가 되도록 할 수 있다. 변증법적 행동치료(DBT)를 개발한 Linehan에 따르면 확장된 명상 훈련은 심각한 정신병리 환자에게는 금기시된다(Welch, Rizvi, & Dimidjian, 2006, p. 123에서 인용). 상당수의 동양 전통에서 명상은 초심자의 경험을 밀접하게 모니터링하고 지도하는 경험이 폭넓은 스승에 의해 교육된다. 따라서 치료사가 명상의 원칙에 대해 많이 알고, 클라이언트의 취약성을 사정하며, 세션 안에서 또는 세션 사이에 명상 경험을 주의 깊게 지도하는 것은 매우 중요하다.

결 론

끝맺음으로 나는 명상, 신경과학, 관계적 결속, 영성의 교차점에 대한 확장된 미개척 영역에 대해 언급하고 싶다. Siegal(2007)은 우리의 뇌에는 결속의 느낌을 행복의 결정적 요소로 인식하는 사회적 회로가 있다는 강력한 증거를 제시하였다. 또한 Siegal은 명상은 뇌에 직접적으로 영향을 주며, 심지어 신경 작용을 변화시킨다고 제시하였다. 현재의 출판물(Edwards, 2008; Fishbane, 2008; Walker, 2008)은 어떻게 신경과학, 부부치료, 명상이 함께 치료적 변화를 촉진하는지에 대한 사례를 제시한다. 이러한 관계적 관점은 치료사가 부부 또는 가족 구성원들과 함께 활동하는 데 중요한 관점이며, 우리의 세상에 회복을 가져올 수 있는 인식의 틀이다.

주 | 석

1. 만약 당신이 심호흡과 같은 다른 개인 명상 훈련을 클라이언트에게 소개한다면, 그다음에 훈련에 간단히 참여하게 하는 것은 클라이언트에게 좋은 시간이 될 것이다.
2. 이 훈련과 다른 것들을 위해 나는 클라이언트에게 말하는 것처럼 명상을 제시한다. 인용구 표식은 내가 클라이언트에게 말할 수도 있는 부분을 의미한다.
3. 그들의 치료에 대한 치료사 행동 담화 분석을 통해서 나는 상호작용에서 증진된 마음챙김이 향상되는 것을 발견하였다(Gale, 1996, 2000).
4. 이러한 연습의 다른 형태는 부부가 연합하여 평화의 수행 편지를 작문하는 것이다. 이러한 선언은 사람 간 또는 집단 간의 서약을 포함한다(Hanh, 2003, pp. 134-136 참조).
5. 이러한 사정 도구는 www.self-compassion.org에서 이용할 수 있다.

참 | 고 | 문 | 헌

Baer, R. A., & Krietemeyer, J. (2006). Overview of mindfulness- and acceptance-based treatment approaches. In R. A. Baer (Ed.), *Mindfulness-based treatment approaches: Clinician's guide to evidence base and applications* (pp. 3-30). Amsterdam: Academic Press.

Bakhtin, M. M. (1981). *The dialogical imagination* (M. Holquist, Ed.; C. Emerson & M. Holquist, Trans.). Austin: University of Texas Press.

Bankart, P. (2006). Mindfulness, compassion, and wisdom: Working with anger. In M. G. T. Kwee, K. J. Gergen, & F. Koshikawa (Eds.), *Horizons in Buddhist psychology: Practice, research and theory* (pp. 75-84). Chagrin Falls, OH: Taos Institute Publications.

Barks, C. (1995). *The essential Rumi.* San Francisco: Harper.

Barnes, S., Brown, K. W., Krusemark, E., Campbell, W. K., & Rogge, R. D. (2007). The role of mindfulness in romantic relationship satisfaction and responses to relationship stress. *Journal of Marital and Family Therapy, 33*(4), 482-500.

Bateson, G. (1979). *Mind and nature: A necessary unity.* New York: Bantam Books.

Bateson, G. (1987). *Steps to an ecology of mind.* Northvale, NJ: Jason Aronson.

Berry, W. (1977). *The unsettling of America: Culture and agriculture.* San Francisco: Sierra Club Books.

Block-Lerner, J., Adair, C., Plumb, J. C., Rhatigan, D. L., & Orsillo, S. M. (2007). The case for mindfulness-based approaches in the cultivation of empathy: Does nonjudgmental, present moment-to-moment awareness increase capacity for perspective-taking and empathetic concern? *Journal of Marital and Family Therapy, 33*(4), 501-516.

Boccio, F. J. (2004). *Mindfulness yoga: The awakened union of breath, body and mind.* Boston: Wisdom Publications.

Brown, K. W., & Ryan, R. M. (2003). The benefits of being present: Mindfulness and its role in psychological well-being. *Journal of Personality and Social Psychology, 84,* 822-848.

Brown, K. W., & Ryan, R. M., & Creswell, J. D. (2007). Mindfulness: Theoretical foundations and evidence for its salutary effects. *Psychological Inquiry, 18,* 211-237.

Carlson, L. E., & Brown, K. W. (2005). Validation of the Mindful Attention Awareness Scale in a cancer population. *Journal of Psychosomatic Research, 58,* 29-33.

Carson, J. W., Carson, K. M., Gil, K. M., & Baucom, D. H. (2007). Self-expression as a mediator of relationship improvements in mindfulness intervention. *Journal of Marital and Family Therapy, 33*(4), 517-528.

Coffman, S. J., Dimidjian, S., & Baer, R. A. (2006). Mindfulness-based cognitive therapy for prevention of depressive relapse. In R. A. Baer (Ed.), *Mindfulness-based treatment approaches: Clinician's guide to evidence based and applications.* (pp. 31-51). Amsterdam: Academic Press.

Csikszentmihalyi, M. (1990). *Flow: The psychology of optimal experience.* New York: Harper & Row.

Davies, B., & Harr , R. (1990). Positioning: The discursive production of selves. *Journal for the Theory of Social Behavior, 20*(1), 43-63.

Edwards, M. (Ed.). (2008). *AFTA Monograph Series: Neuroscience and family therapy: Integrations and applications.* Washington, DC: AFTA.

Engel, G. L. (1992). The need for a new medical model: A challenge to biomedicine. *Family Systems Medicine, 10,* 317-331.

Fishbane, M. D. (2008). "News from neuroscience": Applications to couples therapy. In M. Edwards (Ed.), *AFTA Monograph Series: Neurose and family therapy: Integrations and applications* (pp. 20-27).

Flemons, D. G. (1991). *Completing distinctions: Interweaving the ideas of Gregory Bateson and Taoism into a unique approach to therapy.* Boston: Shambhala.

Gale, J. (2004). Experiencing relational thinking. *Context, 75,* 10-12.

Gale, J. (1996). Conversation analysis: Studying the construction of therapeutic realities. In D. Sprenkle & S. Moon (Eds.), *Family therapy research: A handbook of methods* (pp. 107-124). New York: Guilford Press.

Gale, J. (2000). Patterns of talk: A micro-landscape perspective. *The Qualitative Report, 4*(1/2). Available online at www.nova.edu/ssss/qr/qr4-1/gale.html.

Gale, J., Odell, M., & Nagireddy, C. (1995). Marital therapy and self-reflexive research: Research and/as intervention. In G. H. Morris & R. Chenail (Eds.), *The talk of the clinic* (pp. 105-130). Hillsdale, NJ: Erlbaum.

Gehart, D. R., & McCollum, E. E. (2007). Engaging suffering: Towards a mindful revisioning of family therapy practice. *Journal of Marital and Family Therapy, 33*(2), 214-236.

Germer, C. K., Siegel, R. D., & Fulton, P. R. (2005). *Mindfulness and psychotherapy.* New York: Guilford Press.

Goldstein, J. (1983). *The experience of insight: A simple and direct guide to Buddhist Meditation.* Boston: Shambhala.

Gross, R. M., & Muck, T. C. (Eds.). (2003). *Christians talk about Buddhist meditation, Buddhists talk about Christian prayer.* New York: Continuum.

Hanh, T. N. (1975). *The miracle of mindfulness: An introduction to the practice of meditation.* Boston: Beacon Press.

Hanh, T. N. (2003). *Creating true peach: Ending violence in yourself, your family, your community, and the world.* New York: Free Press.

Kabat-Zinn, J. (1990). *Full catastrophe living: Using the wisdom of your body and mind to face stress, pain and illness.* New York: Delacorte.

Kabat-Zinn, J. (2003). Mindfulness-based interventions in context: Past, present, and future. *Clinical Psychology: Science and Practice, 10*(2), 144-156.

Linehan, M. M. (1993a). *Cognitive-behavioral treatment of borderline personality disorder.* New York: Guilford Press.

Linehan, M. M. (1993b). *Skills training manual for treating borderline personality disorder.* New York: Guilford Press.

McGoldrick, M., & Carter, B. (2001). Advances in coaching: Family therapy with one person. *Journal of Marital and Family Therapy, 21*(3), 281-300.

McGoldrick, M., Gerson, R., & Petry, S. (2008). *Genograms: Assessment and intervention.* New York: Norton.

Neff, K. D. (2003a). The development and validation of a scale to measure self-compassion. *Self and Identity, 2,* 223-250.

Neff, K. D. (2003b). Self-compassion: An alternative conceptualization of a healthy attitude toward oneself. *Self and Identity, 2,* 223-250.

Neff, K. D. (2004). Self-compassion and psychological well-being. *Constructivisim in the Human Sciences, 9*(2), 29-37.

Otani, A. (2003). Eastern meditative techniques and hypnosis: A new synthesis. *American Journal of Clinical Hypnosis, 46*(2), 97-108.

Roemer, L., Salters-Pedneault, K., & Orsillo, S. M. (2006). Incorporating mindfulness- and acceptance-based strategies in the treatment of generalized anxiety disorder. In R. A. Baer (Ed.), *Mindfulness-based treatment approaches: Clinician's guide to evidence base and applications* (pp. 52-74). Amsterdam: Academic Press.

Salzberg, S., & Kabat-Zinn, J. (1995). *Lovingkindness: The revolutionary art of happiness.* Boston: Shambhala.

Scheinkman, M. (2008). Multi-level approach: A roadmap to couples therapy. *Family*

Process, 47(2), 197-213.

Segal, Z. A. M., Williams, J. M. G., & Teasdale, J. D. (2002). *Mindfulness-based cognitive therapy for depression: A new approach to preventing relapse.* New York: Guilford Press.

Siegel, D. J. (2007). *The mindful brain: Reflections and attunement in the cultivation of well-being.* New York: Norton.

Shotter, J. (2003). Real presences: Meaning as living movement in a participatory world. *Theory and Psychology, 13*(4), 435-468.

Tirch, D., & Amodio, R. (2006). Beyond mindfulness and post-traumatic stress disorder. In M. G. T. Kwee, K. J. Gergen, & F. Koshikawa (Eds.), *Horizons I Buddhist psychology: Practice, research and theory* (pp. 101-117). Chagrin Falls, OH: Taos Institute Publications.

Tulku, T. (1977). *Time, space and knowledge: A new vision of reality.* Oakland, CA: Dharma Press.

Verela, F. J. (1976, Fall). Not one, not two. *Coevolutionary Quarterly*, pp. 62-67.

Wachholtz, A. B., & Pargament, K. I. (2005). Is spirituality a critical ingredient of meditation?: Comparing the effects of spiritual meditation, secular meditation, and relaxation on spiritual, psychological, cardiac, and pain outcomes. *Journal of Behavioral Medicine, 28*(4), 369-384.

Wachs, K., & Cordova, J. V. (2007). Mindful relating: Exploring mindfulness and emotion repertoires in intimate relationships. *Journal of Marital and Family Therapy, 33*(4), 464-481.

Walker, G. (2008). Mind-ecologies. In M. Edwards (Ed), *AFTA Monograph Series: Neuroscience and family therapy: Integrations and applications* (pp. 8-19). Washington, DC: AFTA.

Welch, S. S., Rizvi, S., & Dimidjian, S. (2006). Mindfulness in dialectical behavioral therapy (DBT) for borderline personality disorder. In R. A. Baer (Ed.), *Mindfulness-based treatment approaches: Clinician's guide to evidence base and applications* (pp. 117-142). Amsterdam: Academic Press.

제 14 장 관계적인 정신적 외상에서의 회복

–영성을 위한 탐구

MARY JO BARRETT

정신적 외상(trauma)은 정서적 · 심리적 · 영적 · 성적 · 지적 발달을 방해하며, 대응하거나 기능적인 수행을 위한 개인의 능력에 만성적이고 극심한 나쁜 영향을 준다. 내가 함께 활동한 대부분의 클라이언트는 신체적 폭력이나 성폭력에 의한 정신적 외상이 있었다. 나의 주된 업무는 이러한 폭력과 쇠약해지는 증상, 구체적인 개입, 역기능적인 사회정치적 · 가정적 · 정신 내적 패턴에서 클라이언트의 회복을 돕는 것에 전념하는 것이었다. 이러한 업무는 협력적 단계 모델(Collaborative Stage Model: CSM) 개발의 발판이 되었다(Trepper & Barrett, 1990). 1992년에 나는 클라이언트들과 종결과 사후지도 인터뷰를 실시하기 시작하였다. 그들이 프로그램을 떠날 때, 그들에게 삶에서 변화되었다고 믿는 것이 무엇인지와 이러한 변화가 무엇에서 기인한 것인지를 질문한다. 6개월, 일 년 후 다시 그들이 변화를 유지하고 있는지와 그렇다면 회고적으로 그들의 변화에 기여한 것이 무엇인지를 다시 질문한다. 다행히도 우리는 그들이 프로그램을 종결한 이후 20년 동안 일부 클라이언트를 인터뷰할 수 있었다. 그들이 우리에게 이야기한 것은 내 삶과 정신적 외상 치료를 변화시켰다.

사랑과 지식

영혼이 천사를 만나 물었다. "천국에 가장 빨리 가는 길은 무엇인가요? 지식의 길인가요? 아니면 사랑의 길인가요?" 천사가 이상한 듯이 쳐다보며 말했다. "두 길은 하나가 아닌가요?"

OLIVE SCHREINER(in Keen, 1994, p. 93)

클라이언트들이 그들의 삶에서 변화를 창조한 것으로 믿고 있다고 우리에게 이야기해 준 것은 두 가지 주제, 즉 사랑과 지식을 중심으로 나타난다. 먼저 그들은 그들의 소망, 의지, 내적 정신력이 변화를 만들어 냈다고 믿고 있었다. 일반적으로 그들은 그들의 마음에서 다음과 같은 이야기를 발견했다고 보고하였다. "나의 본질의 깊은 곳에서 내가 변화하는 것을 느꼈고, 변화할 수 있다는 것을 느꼈다." "치료는 나 자신으로 돌아가는 과정으로 나 자신을 변화시키는 것이 아닌 나의 영혼과 재결합하는 것이었다." "나는 스스로를 다시 사랑하는 방법을 배웠다." "나는 스스로가 행복해질 만한 가치 있는 사람임을 기억하게 되었다." "나는 나 자신과 나를 둘러싼 다른 사람들에게 가치를 부여하기 시작하였다." 그들은 자기 사랑의 저장고에 다가가게 되었다.

또한 그들은 세상의 의미와 변화된 사람들에 대해 그들이 신뢰하고 있음을 이야기해 주었고, 특히 모든 것은 흑백, 좋은 것과 악한 것이 아님을 발견했다고 이야기하였다. 클라이언트들이 우리에게 이야기해 준 개인적 발견은 다음과 같다.

- "나는 그것 안에 있는 모든 세상과 모든 사람이 위험하지 않다고 보기 시작했다."
- "프로그램에서 우리가 대우받았던 것처럼 존중과 배려로 가족을 대하기

시작했다."

- "우리는 그곳에 도움을 필요로 하고 도와줄 수 있는 좋은 사람들이 있다는 것을 배웠다."
- "나는 단지 회색빛이었던 곳을 좀 더 아름답게 보기 시작하였다."
- "모든 것은 선과 악이 아니다. 중간 입장이 있다."
- "치료는 인류에 대한 나의 신념을 새롭게 하였다. 나는 단지 나를 배려하고 시간을 할애해 주는 더욱더 많은 사람과의 만남을 유지한다."
- "나의 행동 때문에 모든 사람이 나를 미워한다고 생각했던 시기가 있었다. 내가 배운 것은 그들이 미워하는 것은 내 행동이지 내가 아니라는 것이다."

그들이 우리에게 이야기해 준 것은 치료 프로그램에서 그 안의 세상과 사람들에 대한 그들의 관점이 변화했다는 것이다.

> 사람들은 신념과 의미의 세상에 접근하게 하는 그들의 삶에서 의미를 가져오는 방법을 원한다. 경외를 경험하는 시간, 경외는 우리가 신념을 찾기 위해 앞으로 나아가는 것을 돕는다(Hammerschlag & Silverman, 1997, p. 8).

정신적 외상에 대한 좋은 치료는 신념과 의미를 제공하는 것이다. 변화에 대한 두 번째 주제는 지식이다. 클라이언트들은 재발하는 패턴에 대해 알게 되었으며, 적응하고, 기능하고, 상호작용하는 새로운 방법을 발견했다고 느꼈다. 실용적 통찰에서 심리교육적 과정까지 치료의 많은 관점이 그들에게 세상을 어떻게 대해야 하는가에 대한 새로운 지식을 제공했다는 것은 명확하다. 그들은 의사소통 기술, 안전한 경계를 세우는 방법, 불안을 줄이거나 중독에서 벗어나기 위해 노력하는 방법을 배웠다고 보고하였다. 동시에 많은 클라이언트가 더 깊은 단계의 변화가 진행되고 있다고 이야기하였다. 그들은 자신이 누구인지에 대한 본질을 회복하고 있다고 느꼈다. 그들이 기술, 의사소통 방법, 고통과 분노에 적응하는 방법을 학습할 때, 동시에 그 안의 세상과 개인에 대한 새로운 의미를 발견하게 되었다. 그들은 활용될 인지행동 기술과 치료와 생활방식을 통합하는 마음챙김 수련을 통해 학습하였다. 부처는 집착이 고통의 원인이며, 무지가 집착의 원인이라고 말했다(Dick Olney, Moore, 1996, p. 24). 회복을 추구하는 첫 단계 중 하나는 배우는 것이다. 우리는 먼저 부정적 감정과 행동이 우리에게 해로우며, 긍정적인 감정이 어떻게 도움이 되는지를 배운다. 우리는 이러한 부정적인 감정이 하나의 개인적인 측면에서 나쁘고 해로울 뿐만 아니라, 전체 사회와 미래에도 해롭다는 것을 반드시 깨닫게 한다. 그러한 깨달음은 그것을 직면하고 극복하고자 하는 우리의 결심을 강화한다(His Holiness the Dalai Lama, in His Holiness the Dalai Lama & Cutler, 1998, p. 38).

클라이언트가 사람, 행동 패턴 그리고 자신에 대해 좀 더 알게 되었을 때, 그들은 자신과 그들을 둘러싼 세상에 대한 해로운 신념들을 덜 고수하게 된다. 우리가 인터뷰했던 클라이언트 대다수가 신성의 반짝임을 경험하는 변화의 과정을 명확하게 했다. 그들은 도덕적 견지에서 행동하도록 하고, 그들과 다른 이들을 위해 좋은 것을 수행하도록 하는 선량함과 배려의 원천을 알게 되었다. 그들은 심리교육적 기술과 치료사, 가족, 그들이 포함된 집단의 다른 이들과의 관계 회복을 통해 부정적인 자기판단이 스스로와 다른 이들에게 육체적으로, 영적으로 상처를 준다는 것을 학습하게 된다. 우리는 클라이언트가 어떻게 스스로와 다른 이들에게 상처를 주는지를 살펴보는 데 의식적으로 시간을 할애했다. 기독교, 유대교, 이슬람교는 모두 우리 각각이 신의 모습으로 창조되었다고 가르친다. 우리는 클라이언트가 악한 생각, 감정 그리고 행동이 발생할 때 '반응자'가 아닌 '창조자'로서 '하나님처럼' 행동할 수 있는 기회라는 것을 학습할 수 있도록 돕는다. 이것은 하나님에 대한 믿음을 필요로 하지는 않는다. 이것은 의식하고자 하는 것과 다른 사람이 되고자 하는 바람이 필요하다. 우리의 통합 치료 접근은 클라이언트가 다른 세상과 자신을 상상하게 만들 수 있다.

클라이언트에게 나를 개방하면 할수록 나는 더 많은 것을 듣는다. 영적인 변화는 그들의 행동이 변화할 때 동시에 발생했다. 그러나 내가 그들이 이야기하는 것을 들을 때, 이러한 영적 변화는 그들이 치료 기간 동안 관계에서 경험한 의미와 가치에서 생겨난다는 것이 명확해졌다. 정신적 외상에서의 회복은 영성에 대한 탐색이다. 이러한 탐색은 의미와 가치에 대한 깊은 필요를 반영한다.

나는 동료들과 다른 관점에서 내 업무를 살펴보고 시작했다. 여러 해 동안 우리가 축적한 광대한 지식의 기반을 버린다는 뜻이 아니다. 도구, 개입의 꾸러미를 버린다는 것도 아니다. 우리는 우리 스스로에 대해 영적인 지각을 하는 것이 클라이언트로 하여금 그들의 일상적인 파괴적 행동에 저항하도록 돕는 에너지를 관계 속으로 가져올 수 있다는 신념 체계를 더하는 것이다. 600명이 넘는 클라이언트와 이야기를 나눈 이후에 우리는 매일의 훈련에서 개인적 측면과 전문적 측면의 영적 수양을 확실하게 도입하기 시작하였다. 다른 신체적 · 정신적 기능처럼 영적 감각은 개발되고 유지되어야 하는 기능이다. 나는 나의 전문적 측면과 개인적 측면에서 이러한 영적 순간에 정기적으로 집중해야 함을 깨달았다. 나는 그 밖에 다른 것들에 도달했을 때 이러한 변화를 달성했다. 클라이언트들은 치료가 인간의 가치와 관계에 대한 의미를 제공해 주었다고 이야기해 주었다. 나는 어떻게 이러한 변화가 발생했는가를 이해하기 시작하였고, 그에 따라서 나와 내가 훈련시킨 치료사들은 일관되게 의미, 가치 그리고 관계를 제공할 수 있게 되었다(Siegel, 2007).

치료에 영적 의미와 가치 통합하기

어린아이든 성인이든 개인이 그들보다 더 많은 권력을 가진 사람이나 그들이 의존하고 있는 사람에게 학대를 받았을 때 여러 수준에서 정신적 외상 문제가 발생한다. 여기서 우리는 영적인 수준에 초점을 맞춘다. 각각의 이야기는 다르지만 모든 클라이언트는 학대가 그들을 영구적으로 변화시켰고, 그들이 세상을 보는 관점을 변화시켰다고 보고했다. 개인이 학대받았을 때 그들은 신뢰, 천진난만함 그리고 평온함을 상실한다. 그들은 세상을 위험한 곳으로 보기 시작하고, 이것은 악한 성향의 존재에 대한 인식의 증가를 의미한다. 그들은 세상에서 그들의 취약성에 대해 예민하게 인식하게 되고, 더는 힘이 있다고 느끼지 않는다. 그들은 심판하고 심판받는 것으로 나뉜다. 그들은 자기 결정의 감각을 상실하게 된다. 그들은 그들이 한 것 또는 세상에서 충분한 가치나 영향력을 갖지 못한 사람으로서의 감각에 짐을 지운다.

Dalai Lama는 "진정한 영성은 언제라도 당신이 수련할 수 있는 정신적 자세다."(His Holiness the Dalai Lama & Cutler, 1998, p. 300)라고 이야기했다. Dalai Lama가 이야기한 것처럼 영성을 바라볼 때 영성이 침해받고, 학대 이후에 만들어진 정신 태도는 공포, 분노, 고통, 자기 판단 또는 자기 비난 중 하나가 된다. 우리의 과제는 그들이 불완전하거나 불충분하거나 또는 부족한 존재라는 악몽에서 깨어나도록 하거나 그들이 상처받은 존재라는 것에서 그들에게 도움이 되는 자기 수용의 영적 태도를 훈련하도록 원조하는 것이다(R. Moore, 1996, p. 4의 Olney).

내가 추적 조사에 포함된 것과 동시에 나 자신의 개인적 측면과 전문적 측면에서의 위기가 한창이었던 것은 우연이 아니다. 나는 내가 간접적인 외상을 받고 있음을 깨달았다. 나는 가족에 의해서 신체적으로나 성적으로 상처받지 않았지만 손상된 영성을 가지고 있다. 나의 행복하고 낙천적이며 에너지 넘치는 종교적인 영성은 사라져 버렸다. 랍비 Alan Miller는 경건함으로써 내적인 영성을 설명한다. "하나님이라는 말은 오히려 진정한 완성을 향해 노력하는 남성과 여성 중에 자연적으로 자리 잡고 있는 성장과 창조의 대인 관계 과정으로 우리에게 주어진 이름이다."(Hirsh, 1994, p. 4에서 인용) 나는 내 삶 속에서 내가 더 이상 이러한 성장과 창조의 과정을 향해 자극되고 있지 않다는 것을 발견하였다. 나는 나를 정신적 외상의 전문 영역으로 이끌어 오고, 전공을 하게 한 근본적인 신념의 상당 부분을 잃었다. 세상에 대한 나의 관점은 변했다. 나는 더는 사람이 기본적으로 선하다는 것을 믿지 않았다. 오히려 나는 악한 성향에 대한 두려움을 갖게 되었다. 확실히 나는 사람은 선을 지향한다기보다는 이러한 측면에 더 무게를 두고 있었다. 나는 삶의 의미에 관해 더 이상 명확하지 않았다. 임상의로서 나는 이것을 우울로 볼 수 있었지만, 내 영혼에 영적인 위기가 왔음을 알았다. 실존적 위기는 상황에 따른 우울과 매우 다르다. 매일같이, 매순간마다 살아남은 사람과 가해자와 함께하는 나의 업무는 가장 악하고 고통스러운 인간 존재의 길로 나를 떨어트렸다. 그들의 이야기를 듣는 과정을 통해 나와 함께하는 클라이언트처럼 나는 영구적으로 변화하였고, 가장 고통스러운 이야기를 하는 그들을 위해 동정심을 가지게 되었다. 물론 죽어 가는 영혼을 가진 것은 영혼을 상실한 클라이언트들의 이야기에 더 감정이입할 수 있게 하였지만 나와 내 가족을 파괴하고 있었다.

나는 보호 서비스에서 열정적이고 온정적으로 에너지를 제공한 결과로 경험하게 되는 소진과 그 이후의 증상으로 정의하는 공감피로(compassion fatigue)를 경험하고 있었다(Barrett, 2008; Figley, 1995). 신체적 · 감정적 · 지적 · 영적 · 성적 에너지까지 우리는 에너지를 작동시키는 복잡한 구조를 가지고 있다. 임상의, 어머니, 아버지, 연인, 친구, 딸, 아들, 형제자매로서 우리의 삶이 작동하기 위해서 이러한 수준 중 다섯 가지의 에너지를 활용해야 한다. 지난 15년간 나는 재충전 없이 에너지를 소비해 왔고, 지금 힘을 잃고 있다. 나를 위해서 무언가 급히 변해야 한다는 것을 깨달았다. 어떤 훌륭한 임상의처럼 나는 진단을 받고, 증상과 증상의 기능을 각각 판정하기 위해 노력했다.

나의 증상과 공감피로와 영성의 고통스러운 상실을 점차 인식하는 것과 동시에 인터뷰를 통해 나는 회복에 대한 이야기를 들었다. 나는 우연히 발견하였다. 나의 클라이언트들의 회복 경로는 내 자신의 회복 경로가 되었다.

지각된 영성

먼저 나를 위한 과업은 내가 클라이언트들에게 영적으로 활용되기 위해서 어떻게 내 영성을 재건하는가였다. 다음 단계는 다른 사람들에게 어떻게 지각된 영성이 중요한가를 가르치는가였다. 클라이언트들은 희망, 격려, 평온함을 제공하는 어휘로 우리와 의사소통하는 것이 필요하다. 어떻게 희망과 격려를 개발할 수 있을 것이며, 이것들을 다른 사람에게 전달할 수 있을 것인가?

나는 변화가 이 단계에서 발생한다고 믿는다. 정신적 외상을 연구 대상으로 하여 개발한 CSM은 3단계로 구성되어 있다(Trepper & Barrett, 1990). 지식을 의식하지 못하는 것에서 의식하는 것으로 변화하는 것 또한 이 단계에서 이루어진다. 이 단계에서 치료를 구성하는 것은 성공적으로 입증되었기 때문에 이것은 영적 회복을 위한 우리의 계획을 구성할 때 3단계로 구성하는 데 많은 도움을 주었다. 1단계는 영성의 개념과 우리 스스로와 다른 사람들과의 영적인 결합의 필요성을 소개하는 것이다. 2단계는 프로그램과 우리의 삶에 이러한 생각을 역동적으로 통합하는 것이다. 3단계는 영적 여정을 지속하기 위한 수행과 함께 긍정적인 변화를 강화하고 축하하는 것이다.

1단계: 변화를 위한 맥락 형성하기

훌륭한 중동 신비주의자인 G. I. Gurdjieff의 제자인 P. D. Ouspensky에 관한 흥미로운 이야기가 있다.

> Ouspensky는 향정신성 약물을 복용하고 연달아 격동의 밤을 보냈고, 삶의 의미에 대한 신비를 해결하기 위해 격앙된 시간을 보냈다. 그는 해답을 발견했다고 생각할 때도 있었지만 아침이면 그것을 기억할 수 없었다. 어느

> 날 밤, 그는 그에게 일어난 일을 기록하는 새로운 방법을 발견하였다. 아니나 다를까 아침에 깨어났을 때, 그가 어떤 노력을 하든 그의 밤 시간은 교묘하게 피해갈 뿐 모습을 드러내지 않았다. 그는 노트에 해답을 기록했다는 것을 기억하고 흥분하기 시작했다. 길고 복잡한 설명을 기대하고 노트를 펼쳤지만 단 4개의 단어만을 발견하였다. 다른 범주들을 생각해 보라(R. Moore, 1996, p. 3의 Dick Olney).

이것은 나를 위한 영성 회복의 첫 번째 단계였다. 나는 '다른 범주에서 생각하기' 시작하였다. 나는 주어진 어떤 순간에 나 자신과 나를 둘러싼 세상을 경험하지 못하는 것을 인식하기 시작하였다. 첫 단계는 속도를 늦추고, 한 걸음 물러나서 생각하며, 관찰해 보는 것이었다. 다른 사람들과 같이 개인적 측면과 전문가적 측면에서의 나의 삶은 경외와 아름다움을 발견하는 시간을 상당히 잃어버린, 분주하고 일상적인 것으로 채워져 있었다. 나는 영적 성장을 위한 기회를 가질 맥락을 만들었다. 불교 신자들은 '수련'을 언급한다. 내 삶에 삶과 세상 그리고 나 자신에 대한 새로운 행동을 수련할 수 있는 공간을 만드는 것이 필요했다. 먼저 나는 내 영성에 변화가 필요하다는 것을 공식적으로 시인했다. 나는 인간애를 위한 열정을 다시 회복하기 위한 삶의 변화 필요성에 관해 중요한 사람들과 논의하기 시작했다.

나는 변화를 위해서 사람과 지식이 필요하다는 것을 알았다. 나는 도움이 필요했다. 나는 동료들, 친구들, 연인에게 이 여정에서 나를 지원하고, 그들이 편안한 방식으로 참여하도록 요청했다. 많은 사람이 내가 영성을 상실하는 많은 상황에서 나와는 다른 의견을 제시하였다. 나는 최종적으로 감정적인 불꽃이 줄어들고 있는 것을 발견할 수 있었다. 그들은 모두 이 탐색에 꽤 지지적이었다. 그들의 이야기를 공유하였고, 지지해 주었다. 나는 지식이 필요함을 깨달았고, 읽고, 강의를 듣기 시작했다. 나는 영성에 대한 다른 문화의 방향에 대해 읽었다. 나는 영성과 명상에 대한 선종, 유대교의 신비주의 철학뿐만 아니라 북미

원주민의 전통까지 탐색했다(예: Berg, 1993). 또한 수십 년간 영성을 고심해 온 가족치료 분야 이외의 분야에 대해 읽었고, 많은 훈련을 탐색했다. 읽은 문헌이 많았다. 겉보기로 대략 훑어보았다. 일단 나는 나의 좁은 렌즈와 자아초월 심리학(transpersonal psychology)과 인본주의 심리학(humanistic psychology)에 무지하다는 부끄러움을 극복하였고, 새롭게 발견된 지식의 원천을 기분 좋게 즐겼다. Ken Wilbur와 Dick Olney의 연구는 특히 감화를 주었다. Wilbur는 내가 심리학에서 신비주의 역할에 대한 감각을 갖는 것과 연속체의 역할을 지각하는 데 도움을 주었다. 개인 성장에 대한 동양과 서양의 관점을 서술한 그의 글은 나에게 진정으로 통합의 과정을 시작하게 하였다. Wilbur(1991)는 『*Grace and Grit*』에 다음과 같이 기술하였다.

> 신비주의자들에 따르면, 분리된 자아 이상으로 나아가고 초월할 때 우리는 무한하며 모든 것에 퍼져 있고, 영원하며 변하지 않는 우주의 정신을 포함한 모든 것과 동일성을 갖는 지고의 정체성(supreme identity)을 발견하게 된다. Albert Einstein은 "인간은 우리가 소위 우주라 부르는 전체의 부분이다. 부분은 시간과 공간에서 제한된다. 그는 다른 것들과 분리된 어떤 것으로서 그 자신, 그의 생각, 감정을 경험한다. 일종의 그의 의식의 시각적 망상이다. 이러한 망상은 우리를 개인적 욕망이나 가까운 몇몇 사람에 대한 애정으로 제한하는 일종의 감옥이다. 우리의 과제는 이러한 감옥에서 스스로를 자유롭게 하는 것이어야 한다."라고 설명하였다. 또한 명상과 묵상의 중요한 점은 우리는 단지 다른 것들 그리고 불멸의 영(eternal spirit)으로부터 구별하여 자아를 분리하는 '시각적 망상'에서 스스로를 자유롭게 하는 것이고, 다른 것을 발견하는 것이며, 모든 표현을 이해하는 개체성의 감옥으로부터 완벽하게 초시간적이고 영원한 열정으로 해방하는 것이다 (p. 18).

Olney를 참고하여 나는 아름다움에 대한 스스로의 감각을 경험하는 것의 중요성을 인식했다. Olney의 자기 수용 훈련(self-acceptance training)은 "자기 판단, 자기 비난 또는 자기 평가의 제약이 없는 나 자신으로서 나 스스로를 경험하는 것"으로 간단하게 정의할 수 있다. 그것은 목적이 아니고 몇 번이고 되돌아갈 수 있는 삶을 향한 태도다." (Moore, 1996, 서문)

Dick Olney는 종종 다음과 같이 말했다.

> 당신은 당신의 몸이 아니다. 당신은 당신의 이름이 아니다. 당신은 당신의 생각이 아니다. 당신은 당신의 감정이 아니다. 당신은 당신의 기억이 아니다. 당신은 당신의 의식의 내용물이 아니다. 당신은 이루 말할 수 없는 존재다. 명명할 수 없는 것. 만약 당신이 그것을 명명한다면 당신은 그것을 또 하나로 개념화하는 것이다. '나는 누구인가?' 보다 더 좋은 질문은 '나는 무엇인가?'다. 당신이 무엇인가가 삶이다! 당신은 삶이 준 선물을 가져오는 것이다. 당신은 수억만 년을 불태우는 불꽃이다. 당신은 당신의 원형이다(Moor, 1996, pp. 28-29).

내가 연구할 때, 내가 나의 '시각적 망상'에 깊숙이 갇혀 있었다는 것과 나 자신을 자유롭게 하는 방법이 필요하다는 것이 명확해졌다. 나는 나의 여정에 의식하지 못하는 것으로의 매개물이 수반되어야 한다는 것을 발견했다. 이것은 평화로운 수면, 삶에 대한 감사, 기도와 같은 명상을 위한 환경을 제공하는 것을 의미했다. 영적 회복을 위한 모든 사람의 맥락은 독특하지만 공통적인 요소가 있을 수 있다. 영적 훈련을 새롭게 한 몇 년 후에 나는 영성과 정신치료에 관하여 랍비와 대화를 나누었다. 그는 나에게 기도를 통해 도달할 수 있는 다른 욕구에 관한 논의와 '왜 사람들은 기도하는가?'에 대한 답변을 시도하고 있는 논문을 주었다. 「유대교 재건주의자들은 어떻게 기도해야 하는가」라는 제목을 달고 있는 논문에서 나는 내가 사무실에서 하고 있는 것이 기도의 형식이라는 것을 발견하였다.

기도는 하나님에게 간청해야 하는 것은 아니며, 우리를 위해 어떤 것을 할 수 있는 다른 요소에게 단지 요청하는 것도 아니다. 그것은 혼자 또는 공동체에서 스스로의 내면을 살피는 기회이며, 변화를 창출할 수 있는 희망과 자원을 불러오는 것이다. 그것은 내면을 살펴보는 시간이며, 우리 밖으로 이러한 긍정적 힘을 창출하는 창조적이고 도덕적 에너지를 이용하는 것이다. 기도는 삶의 신비를 풀기 위해 "다른 범주에서 생각하게 하는"(Moore, 1996, p. 4) 매개체다. 내가 만들어 놓은 나를 둘러싼 감옥에서 나를 자유롭게 하고, 나의 영혼을 스스로 타오르게 하는 것을 필요로 하는 훈련의 대부분은 기도의 형식을 달리하는 것에서 도출되었다. 그것은 명상의 형식, 감사의 형식, 인류애를 기반으로 하여 보편적인 공동체의식을 깨닫는 형식이 될 수 있다.

나는 정기적으로 내 삶에 기도의 요소를 포함하여 환경을 성공적으로 변화시켰다. 이러한 요소들은 영성이 정신적 외상 치료에서 효과를 가져오는가로 요약될 수 있을 것이다. 실제 나의 개인적인 훈련과 우리의 치료는 이러한 모든 요소를 통합하였다.

- **영적 훈련** 우리는 사건이 발생하거나 이러한 순간을 기억하게 될 때 잠시 뒤로 물러서서 깊이 생각하고, 영적인 요소에 주목할 수 있는 일상 훈련을 개발하고 유지하기 위해 정기적으로 창조적이고, 아름다우며, 신성한 만남에 스스로 집중할 수 있도록 하는 통합이 필요하다.
- **명상** 우리 모두는 매우 빠른 속도로 살고 있다. 우리는 일상의 혼란을 넘어서는 깊은 의미를 기억하기 위해 속도를 늦추는 기회를 수용하는 방법을 배울 수 있다.
- **연결** 이것은 영적인 고립을 벗어나는 기회다. 다른 사람들과 연결되거나 가치와 힘에 대한 스스로의 깨달음과 연결됨으로써 우리는 진정 중요한 것이 무엇인지에 초점을 맞추고, 아마도 표현할 수 있을 것이다.

- 축하　웃음과 같은 축하의 순간은 우리 스스로를 자아, 자기 비판 너머로 데려다 줄 수 있다.
- 지지　회복은 보살핌을 제공하는 집단(caring group)의 지지로 강화된다. 집단의 에너지가 상호 간에 집중될 때 종종 확실한 힘을 가진다.
- 재전념　관점을 잃는 것과 나무를 보다가 숲을 보지 못하는 것은 쉽다. 우리 모두는 이러한 상황에서 우리는 누구이며, 우리가 서 있는 곳이 어디인지에 대해 잊게 된다. 우리는 스스로부터 우리를 끌어내고, 큰 그림을 회복시킬 수 있는 방법이 필요하다.
- 욕구에 대한 고백　우리 대부분은 우리가 삶을 통제한다고 생각하도록 양육되었다. 따라서 우리에게 일어나는 일은 좋은 일이건 나쁜 일이건 우리에게 책임이 있다고 배운다. 우리의 상처받기 쉬움에 대해 고백해야 한다. 우리의 방어벽을 제거하는 것은 우리의 개인적인 장애물을 지나가기 위해 필요한 정직한 자기 인식으로 우리를 이동시켜 준다.

우리의 추적 조사에서 클라이언트들이 이야기해 준 것은 우리와의 치료뿐만 아니라 우리와의 관계가 그들이 감옥에서 벗어나는 데 일조했다는 것이다. 우리는 이러한 요소들을 치료에 통합하였다. 이러한 방법으로 기도를 규정함으로써 우리는 25년간 클라이언트들과 함께 기도해 오고 있고, 그것은 전혀 알아채지지 않는다. 다른 사람들과 의미 있는 관계를 가짐으로써 클라이언트들은 스스로를 그들의 신체, 이름, 생각, 기억, 지각이 아니라 다른 어떤 것으로서 큰 우주의 부분으로 자신을 경험하게 된다.

CSM의 1단계는 다음의 세 가지 주요한 목적으로 행한다.

- 치료 과정과 팀과의 관계에서 클라이언트에게 안정감을 제공하고, 그들의 삶에 안정감을 지향하기
- 가족, 개인, 집단 양상을 통해 그들의 삶에 대한 다양한 관점을 클라이언트

가 이야기할 수 있는 환경을 제공하기
- 변화를 위한 클라이언트의 욕구를 고백하고, 프로그램에 대한 입장을 명확히 하기

정신적 외상 치료에 영성을 의식적으로 통합할 때, 우리는 이러한 동일한 목적을 유지했다. 먼저 영적이고 도덕적인 행동에 대한 필요와 욕구뿐만 아니라 그것들에 대한 그들의 관점을 논의하는 과정에서 클라이언트들이 안정감과 수용적임을 느낄 수 있는 환경을 필수적으로 제공하였다.

다음으로 우리는 사람, 선과 악, 의미, 관계에 대한 그들의 현재 관점을 듣기를 원했다. 그들의 삶에서 현재 수행되고 있는 종교의 역할은 무엇인가? 미래에 그것들을 간직하는 것에 대해 어떻게 생각하는가? 마지막으로 이 영역에서 치료가 어떻게 도움이 될 것으로 보는가? 그들의 프로그램에 포함하고 싶은 영성에 관한 구체적인 행동이나 주제가 있는가? 이러한 것들은 1단계에서 마음챙김 수련의 유용성에 관해 교육하는 데 유용하다. 이 단계에서 우리는 정신적 외상에 대한 신경생물학적인 현상과 어떻게 마음챙김 수련이 '정신적 외상을 입은 마음'을 회복하는 데 도움이 되는가에 대해 논의한다.

내 삶에서 1단계는 영성에 대해 학습하고, 정의하는 것과 그 이후에 영성 훈련에 대한 계획을 세우는 것으로 이루어졌다. 그것은 내게 이러한 수련이 정신적 외상 회복에 꼭 필요한 부분이라는 것을 명확하게 하였다. 이러한 인식은 인터뷰 기간 동안 발전하였고, 치료 프로그램의 1단계에 명확하게 관계와 영성에 대한 이러한 요소들을 소개하도록 결정하게 하였다. 우리의 Center for Contextual Change에서 모든 치료사는 영적 훈련에 좀 더 도움이 되는 물리적인 환경을 조성하기 위해 의식적으로 노력하고 있다. 양초, 발을 얹는 받침, 머리 받침, 베개 등을 포함하는 향기 요법과 적합한 음악을 제공할 수 있는 역량을 갖고 있다. 이러한 것들은 클라이언트가 영적 인식에 대한 자신의 맥락을 형성하게 한다. 처음부터 우리는 영성이 재전념, 축하, 명상과 같은 치료 과정에 통합되는 데

도움이 된다는 것을 클라이언트와의 대화를 통해 발견하고, 그것들을 그들과 공유한다. 적절한 때에 우리는 이와 관련된 연구들을 클라이언트들과 공유한다 (van der Kolk, McFarlane, & Weisaeth, 1996; Solomon & Siegal, 2003).

우리는 영성과 도덕성에 관한 그들의 정의와 치료 프로그램에 이러한 요소들을 통합하는 것에 대해 어떻게 느끼는지 논의한다. 치료 과정에 기도에 대한 그들의 행동과 종교를 포함하는 것은 우리에게 일반적인 것이다. 영성을 바라보는 우리의 관점에 관한 질문과 토론이 이루어진다. 우리의 답변은 즉시 이루어진다. 우리는 과거의 클라이언트에게 들었던 정보, 문헌을 검토한 것, 각 개인의 여정을 통해 인간 본성에 대해 토론한 정보를 공유한다. 우리는 방향을 안내할 수는 있지만, 그들에게 지시하거나 영적인 존재가 되는 방법을 가르치지는 않는다. 간단히 말해서 "우리는 당신 자신과 다른 사람들을 향해 당신의 부정적인 반응이 어떻게 긍정적이고 진취적으로 변화하는가에 대하여 정보나 사례를 공유함으로써 당신을 안내하기 위해 여기에 있다."

우리는 가능할 때마다 학대를 경험한 사람들뿐만 아니라 가해자와도 함께 일한다. 상당수의 가해자는 감옥에서 '하나님을 만난다'. 우리는 그것을 '구원'받거나 '구제'받은 응답으로 보기보다는 그들의 학대적인 행동을 이해하고 미래의 학대를 중단하기 위한 과정으로 본다. 다시 말해서, 그들은 어떻게 진정으로 하나님으로 충만한 삶을 살게 되는 것인가?

우리는 클라이언트들이 선과 악에 대한 내적 갈등을 이해하고, 정의하며, 논의하기 시작하는 데 도움이 되는 언어를 소개한다. 정신적 외상을 경험한 클라이언트들은 직감적으로 이러한 언어를 이해한다. 많은 사람이 이미 이러한 갈등을 확인하였다. 우리는 악한 성향, 사탄, 어두운 면 또는 악마의 영역과 같은 힘든 측면을 확인하기 위하여 그들의 언어를 활용한다. 우리는 그들에게 Richard Schwartz(1995)의 Parts Model을 소개하여 그들을 도울 수 있을 것이다.

2단계: 행동 양식에 도전하고 실체 확장하기

이러한 생각을 적극적으로 통합하는 2단계는 삶에서 조화를 창조하는 것으로부터 우리를 강제하는 행동 양식을 배우는 것을 포함하고 있다. 그것은 또한 확장된 실체를 산출하기 위해 새로운 주도적인 방법을 훈련하는 것을 수반한다. 어떤 면에서 이것은 다음과 같은 질문들을 숙고해 보는 것을 의미한다. 나의 삶에서 폭력적인 행동이나 자기학대적인 행동을 만들어 내는 행동 양식은 무엇인가? 나로 하여금 학대적인 관계나 희생자로서 세상에 반응하는 것을 유지하는 행동 양식은 무엇인가? 이러한 행동 양식을 변화시키는 것으로부터 나를 억압하는 것은 무엇인가? 그 후에 함께 가족, 개인 또는 집단 양상에서 대인적인 행동을 탐색하고, 피해자-가해자를 넘어서며, 부정적인 반응을 하는 것에서 긍정적이고 진취적이 되는 것으로 클라이언트들이 레퍼토리를 확대하는 새로운 행동적이고 신경학적인 경로, 인지, 감정적 패턴을 창조한다.

우리는 스스로에게 또는 다른 사람에게 학대를 행하는 사람들의 영적 결합의 부재가 매우 다양하다는 것을 발견하였다. 2단계를 진행하는 동안 클라이언트의 삶에 영적 결합을 가져올 수 있는 역동적인 대안을 소개한다. CSM은 우리의 정신적 외상 치료에서 역동적으로 활용하는 변증법적 행동치료(Dialectical Behavioral Therapy: DBT)(Linehan, 1993) 또는 EMDR(Shapiro, 1997)과 같은 인지-행동 기술을 활용할 때 설명된다. 또한 이러한 접근은 그들의 개입의 초석으로서 마음챙김 방법을 통합한다.

나 스스로에 대한 탐색에서 이것은 1단계에서 획득한 지식을 활용하는 것과 이러한 지식을 의식적으로 훈련 프로그램에 적용하는 것을 의미한다. 그것은 일상적인 행동 양식을 차단하는 것과 결합의 훈련을 확대하는 것을 의미한다. 실제적인 측면에서 그것은 투입과 산출에 관한 것으로 이해할 수 있다. 나는 우리의 몸, 마음 그리고 영혼에 부여된 긍정적인 에너지와 부정적인 에너지 간의 균형과 지나치게 긍정적인 에너지와 긍정적인 에너지 부재 간의 균형을 발견하도록 노력한다. 나는 내 삶의 모든 부분에서 행동 양식을 변화시키는 훈련을 하고 있다. 나는 명상의 역동적인 의식에서 시작한다. 나는 수면에 방해받지 않기 위해 카페인을 포기하였다. 동료들과 함께 나는 전문가로서의 역할에서 벗어나는 주말에 온천에서 자기 치유 대화를 시작하였다. 나는 정기적으로 도움과 지지를 요청한다. 나는 어떻게 나의 영혼, 몸, 친구, 가족, 동료, 방문객을 다룰지와 같은 모든 수준에서의 변화를 시도한다. 그것은 많은 에너지를 의식할 수 있도록 수용한다. 내가 나의 영혼을 무시하고 삶을 살아갈 때 나의 대부분의 에너지는 활력을 잃었었다. 충전된 에너지를 활용하는 것은 고갈된 에너지를 유지하거나 현재 상태를 유지하는 것에 좀 더 분별력을 갖게 한다.

> 성과 건강, 행복은 에너지를 능숙하게 관리하는 것에 기반한다.
>
> JIM KOEHR(2003, p. 5)

스포츠 선수처럼 나는 자신에 대한 훈련 프로그램을 설계했다. 나는 진정한 회복 기간 없이 기간을 연장하기 위해 열정적이고 높은 단계를 수행하였다. Dick Olney는 그의 치료 모델을 '매 순간마다 자신을 수용하는 훈련을 지속해야 하며, 완벽하게 할 수 없기 때문에' 자기 수용 훈련(self-acceptance training)이라고 명명했다(Moore, 1996, p. 5). 나는 치료에서건 치료 밖에서건 누군가에게 그의 영성을 주의 깊게 살피도록 훈련하는 것은 또한 매 순간의 노력이라는 것을 발견하였다. Dalai Lama와 제자들은 많은 운동선수가 회복과 성과에 같은 시간을 할애하면서 엄격하게 훈련하는 것과 같이 연민, 관용, 배려심과 같은 고결한 마음 상태에 도달하기 위해 엄격한 훈련에 열중한다. 나는 역동적인 훈련 방식을 연습하기 시작했다. 하루 동안 내가 활용한 에너지가 어느 정도이며, 수시로 또, 정기적으로 나 스스로를 열정적으로 재충전하고 있는가를 평가하였다.

> 훈련에 매력을 느끼게 하거나 누군가의 마음속에서 내적 훈련을 하도록 하기 위한 방법은 긍정적인 정신 상태를 배양하는 목적을 가진 내적 훈련인 영적 생활의 본질이다. 따라서 누군가 영적 생활을 지도하는 것은 훈련되고, 마음 상태를 길들이며, 매일의 활동에 대한 마음의 상태를 변환하는 것을 성공적으로 유발하는 것에 달려 있다(His Holiness the Dalai Lama & Cutler, 1998, p. 309).

치료의 2단계에서 우리는 역동적으로 자신과 다른 사람들을 향한 긍정적인 마음 자세를 갖기 위해 마음을 훈련하는 방법을 교육한다. 임상가가 스스로를 훈련하고 치료실에서 이러한 가치 체계와 이를 전달하는 것은 반드시 필요하다. 이러한 훈련은 가족치료사로서 우리에게는 자연스럽다. 우리는 영적 훈련의 필수 개념인 강점 관점, 관계 중심, 훈련 지향, 해결 중심, 전략적인 특성을 갖고 있다. 가족치료사의 다른 강점은 행동 지향적이며, 클라이언트를 포함하는 접근법을 갖고 있다는 것이다. 이러한 자세는 클라이언트가 인간으로서 우리를 경험하는 것과 협력적인 입장에 우리를 위치하게 하는 것을 허용한다. 결론적으로 우리가 영적 훈련에 포함되어 있다면, 그 이후에 우리가 희망하는 바와 같이 클라이언트가 영적인 존재로서 우리를 경험하고 그들의 영적 탐구에 우리의 동행을 허용하게 된다.

치료 의식(healing ceremonies)에 관하여 Hammerschlag와 Silverman(1997)은 치료 과정에서 진정한 인간적인 교제의 중요성을 이야기하였다. "진정한 치료는 치료사와 환자와 같은 참여자 모두가 치료의 공통 목적을 추구하는 것으로 결합될 때만 이루어질 수 있다. 이러한 결합은 치료를 증진시키며, 반드시 표현되어야 한다. 이러한 파트너십은 쌍방향으로 이루어지며, 치료사가 성장하고 다시 열정을 갖게 하는 기회를 제공한다."(p. 13) Albert Schweitzer가 제시한 것과 같이 "환자는 자신의 내면의 치료사로 확장된다. 그들은 그 사실을 알지 못한 채 우리에게 온다. 우리는 각 환자의 내면에 존재하는 치료사가 활동할 수 있도록 할 때 최선을 다한 것이다." (Hammerschlag & Silverman, 1997, p. 16에서 인용)

2단계에서는 내면의 치료사가 활동할 수 있도록 하는 기회를 제공한다. 전후 맥락, 지지적 관계, 좋은 조언자 그리고 기술을 제공함으로써 개인, 가족, 집단 구성원은 영적 회복을 훈련할 수 있다. 영적 훈련의 조언자가 되는 것은 필수적인 구성 요소다.

- "나는 나의 치료사들이 모든 사람과 모든 사물을 어떻게 다루는지를 관찰하였다. 그들이 판단을 위해 어떻게 이야기하고, 대리인에게 어떻게 이야기하며, 그들이 다른 사람들에게 어떻게 이야기하는가를 관찰하였다. 그들은 항상 비슷했고, 단호했지만 정중했다. 나는 그들을 관찰하면서 많은 것을 배웠다."
- "우리는 치료 과정에서 꽤 좋은 논쟁을 했지만, 나는 치료사들이 여전히 나를 좋아한다는 것을 알았다. 나는 이러한 기간 동안 정중하게 논쟁하는 방법을 배웠다."
- "나는 항상 특별하다고 느꼈고, 내가 인기가 있었다는 것을 좋아하는 것이 아니라 내가 좋은 사람이었다는 것을 더 좋아한다."
- "내가 센터에서 만난 많은 사람은 모두 좋은 사람이었다. 나는 특히 집단에서 그들에게 사람을 대하는 방법을 많이 배웠다."

클라이언트로 하여금 미술, 동작, 시, 음악, 일기와 같은 표현 기술을 통해 부정적인 판단에서 해방을 경험하도록 교육하는 것은 안정감을 느끼고, 삶에 대한 경이로움을 경험하도록 하는 데 도움이 될 수 있다. 그들이 기도, 명상, 자기 최면, 창조적인 심상을 훈련하도록 돕는 것은 감정적 · 영적 · 신체적 고통으로부터 안식을 제공한다. 그들이 치료실에서 일종의 안식을 경험하면 그들은 그 안식을 희망하게 되고, 스스로 훈련하기를 원하게 된다. 사람들은 음식, 술, 마약, 성, 권력의 남용에 의한 해롭고 중독적인 행동 양식에서 벗어나 의식을 변화시키는 일상에 몰두하게 된다. 나는 사람들이 남용하지 않는 방식으로 의식을 변화시키는 것을 돕고 싶다. 나는 삶에 균형을 잡는 것에 중독될 수 있다고 믿는다. 그것은 우리의 의식을 변화시키는 자연스러운 방법이다.

Dick Olney가 지적한 것과 같이…….

> 매 순간 당신은 긴장의 완화, 열린 공간에 대한 경이로운 감각을 지각하는 자신에 대한 이미지를 통해 해방감을 경험한다. 당신은 안정감과 평정심 상태에서 휴식을 취할 수 있다. 매 순간 당신은 그것을 쉽게 떠올리는 방법을 지각한다. 당신은 악몽으로 다시 되돌아갈 때조차도 일종의 안정감을 제공할 수 있는 경험을 하게 된다(Moore, 1996, p. 28).

나는 클라이언트들에게 그들의 정신적 외상에서 안식을 제공하는 것을 돕고 싶다. 인터뷰가 진행되는 동안 80% 이상의 클라이언트가 치료 기간 동안 그들이 경험한 안식에 관하여 이야기해 주었다.

- "나는 우리 모두 서로에 대해 논쟁하고 유감으로 여겼던 시간이 있었지만 또한 이러한 모든 변화를 통해 왜 우리가 모두 함께 견디었는가를 기억할 수 있는 시간도 가늠해 볼 수 있다는 것을 알고 있다."
- "때때로 나의 치료 과정은 일주일 내내 좋은 기분을 갖도록 하는 시간이었다."
- "나는 아내와 아이들에게 행한 일로 인해 실패자 같은 기분이 들곤 했다. 나의 영혼에 빛을 본 듯한 첫 회기는 놀라웠다."
- "나는 내 안의 악마를 본 첫 회기를 기억한다. 나는 두려웠지만 그것은 그것일 뿐이라는 것을 알았다. 심상 훈련을 하는 동안 내 안의 다른 누군가와 싸울 수 있다는 것을 처음으로 깨닫게 되었다. 치료실에서 떠날 때 나는 웃고 있었던 것을 기억한다."

- "나는 명상을 배우고, Susie를 보았던 첫 회기를 기억한다. 그녀는 항상 나를 웃게 해 주는 친구였다. 5년이 지난 지금도 명상을 할 때마다 Susie의 모습이 떠오른다."
- "치료 회기에서 학대에 관하여 이야기할 때 나는 정말 비통했다. 나는 그것을 함께 제자리로 돌려놓는 이미지 훈련을 배웠다. 나는 기억하는 것보다 많은 시간 동안 비난하고 있던 것을 회복하였다."

우리가 교육하는 기술들은 많은 훈련에서 차용한 것이다. 클라이언트는 그들에게 적합한 다른 선택 사항이나 훈련을 시도한다. 우리는 클라이언트가 그들의 영적인 힘을 느끼기를 바란다. 이들은 삶에서 무기력함, 단절, 통제 불능을 경험하던 사람들이다. 우리는 치료의 주요 부분이 그들에게 힘이 있다는 것을 느끼는 것을 강화하기를 바란다. "당신이 자신의 운명을 결정할 때 스스로를 힘이 없다고 믿을 때 당신은 성장에 실패하게 된다. 선택은 당신이 가진 가장 강력한 힘이다. 당신의 모든 영역에서 당신이 운명을 변화시키는 것에 영향을 줄 수 있다는 것을 믿어라." (Hammerschlag & Silverman, 1997, p. 16) 내가 이야기하는 클라이언트는 모두 정신적 외상의 피해자 또는 가해자이며, 상당수는 법정 명령을 받았고, 상당수는 보호관찰 중이며, 모든 인종, 종교, 민족 집단을 넘나들고 다양한 사회경제적 · 교육적 배경을 가진 클라이언트라는 것을 기억하는 것은 중요하다. 영성은 보편적이고, 그것은 우리가 동일체라는 것을 인식하는 데 도움을 준다.

3단계: 강화하기

치료 모델의 3단계에서 우리는 재발을 방지하기 위해 설계된 프로그램을 통해서 클라이언트가 이룬 변화를 강화하고, 의식과 축하를 통해 그들이 얻을 것을 의식화한다. 또한 프로그램 안팎에서 그들이 형성한 관계를 축하한다.

나의 영적 강화 여정을 참고해 보면, 그것은 완전히 상이한 것이었다. 여정은 끝이 없다. 그것은 꾸준히 진전하는 것이다. 클라이언트 또한 발전을 지속하고 있다. 그것은 그들이 치료를 떠날 때 멈추지 않는다.

매일같이 우리가 훈련하는 강화 형식이 있다. 좋은 느낌이나 아름다움을 인식하는 것에 주의를 집중하는 것이나 영적 훈련을 지속할 수 있는 기회가 있음을 마음속에 요약하는 것 같이 무엇이든 상관없이 이러한 의식을 통해 영적 경험을 마무리할 수 있다. 이러한 기회를 인지하는 것은 도덕적이고 영적인 삶을 살도록 하는 약속을 변함없이 되새기게 한다. 나는 클라이언트들과 함께 영적 성장을 위한 기회를 제공하는 방법을 발견하기 위한 전문가로서의 나의 삶을 지속적으로 되새기고 있다. 나는 Hammerschlag와 Silverman(1997)의 주장에 동의한다. "사람들은 신념과 의미의 세계로의 접근하는 그들의 삶에 의미를 가져올 수 있는 방법을 얻기를 원한다. 경험을 위한 시간은 경외심을 일으킨다. 경외심은 우리가 앞으로 나아갈 수 있는 신념을 발견하는 것을 도와준다. 의식은 회복을 발견할 수 있는 용기와 영감에 도달할 수 있는 방법을 제공하는 것을 도와줄 수 있다." (p. 3) 클라이언트의 영적 탐색 치료의 강화 단계에서 우리는 우리가 의미에 관하여 학습한 모든 것에 감사를 표현한다. 우리는 도덕적이고 영적인 삶을 살기 위해 우리에게 주어질 매 순간의 기회마다 이러한 것들을 활용하도록 스스로에게 약속하게 된다. 의식을 통하여 우리는 이러한 탐색 과정에 스스로를 되새기게 한다. 우리는 치료 회기에 의식을 활용한다. 회복을 위한 힘겨운 노력을 축하한다. 우리는 폭력에서 비폭력으로, 피해자-생존자에서 생존자를 넘어서도록 만들 실존하는 변화를 축하한다. 각 사람의 마음 깊숙한 변화를 포함하여 행동적인 변화를 축하한다. 정신적 외상에 대한 3단계를 통하여 클라이언트들은 앞으로 경험할 고통이 아닌 회복을 이끈 행동을 통합하는 삶의 방식을 약속한다. 클라이언트들은 강화 의식에 관해 다음과 같은 기억을 갖고 있었다.

- "마지막 회기 동안 우리는 수정 구슬을 바라보았고, 우리 가족 모두는 우리가 다른 사람에게 다시 상처를 줄 수 있는 방식을 탐색해 보았다. 그 이후에 우리는 화가 난 곳에서 벗어나 다른 사람을 도울 수 있는 대안을 상상해 보았다. 이러한 기회가 생길 때 우리는 수정 구슬을 기억하기 때문에 웃기 시작한다."
- "마지막 회기 때 나는 열여덟 살이었고, 사랑에 빠지고 안전하다고 느껴지는 것 같은 심상을 기억한다. 나는 이 심상을 거의 10년 동안 간직하고 있다. 그것이 발생할 때면 이전에 그것을 경험했기 때문에 그것을 알 수 있다."
- "우리는 항상 음악과 특별한 확약으로 집단을 마무리했다. 나는 아이들과 함께 평화로운 취침 시간 의식을 시작하였다."
- "내 부모님은 치료 종결 이후에 새로운 서약을 하였다. 우리는 사진을 찍었다. 나는 새로운 시작을 하게 된 듯한 기분을 기억하고 있다."
- "작별을 고하는 것은 믿을 수 없을 정도로 슬픈 일이었다. 그것은 친한 친구 집단을 완전히 떠나는 것 같았지만 동시에 자유롭기도 했다. 나는 항상 그들과 결합되어 있다는 것과 내가 필요할 때 언제든지 도움을 받을 수 있다는 것을 알고 있다."

십대 때 치료에 참여했던 Lise는 그녀의 경험을 묻자 이 시를 써 주었다.

내 삶의 회복

나는 통제 불능이었네.
모든 희망의 빛을 잃은 채
가족은 외면하고
내 영혼은 고통을 향했네.
방치되고 배신당한 느낌

나의 마음은 분노로 넘쳐 났었네.
나의 행동은 예측할 수 없었네.
꿈꾸는 능력, 이제는 허구적인
분노로 포화 상태가 되었네.
나는 스스로를 위험에 빠지게 하네.
파렴치하게 행동하기
어떤 권위도 무시하기
나는 무너져 내렸네.
누군가 나를 잡아 주기까지 돌봐 주는 사람이 없다고 생각했네.
그들은 내가 보도록 도와주었네.
나는 자유로워졌네.
헌신과 함께
그리고 영적 적용과 함께
나는 성장하는 법을 배웠네.
내가 아는 고통을 떠나는 법
삶에 감사하는 법
좀 더 긍정적인 시각을 갖는 법

이 시의 한 줄 한 줄을 들었을 때 나는 그것들이 영성에 관한 것임을 알았다. 영성에 대한 탐색은 진행되는 과정이지만, 당신이 영적 순간을 경험할 때 당신의 영혼은 감동받을 것이다. Dalai Lama의 확언처럼 말이다.

> 그것은 선, 친절함, 연민, 돌봄에 대한 기본적인 인간의 속성과 같이 내가 근본적인 영성이라고 칭하는 것들이다. 우리가 믿든 믿지 않든 이러한 종류의 영성은 근본적인 것이다. 우리가 인간이기만 하면, 우리가 가족 구성원이기만 하면 우리 모두는 이러한 근본적인 영적 가치가 필요하다. 우리는 여전

> 히 대다수 사람의 삶을 향상시키기 위한 방법을 찾아야 한다. 그들을 돕는 방법은 어떤 종교인지에 상관없이 좋은 사람과 도덕적이 되도록 한다. 교육은 중요하다. 연민, 친절함에 대한 감각을 사람들에게 주입하는 것은 근본적으로 좋은 속성이다(His Holiness the Dalai Lama & Cutler, 1998, p. 307).

정신적 외상을 회복하는 동안의 영적 탐색은 이 단계에게서 이루어진다. 먼저 안정적인 환경에서 정신적 외상이 당신의 영혼에 어떻게 나쁜 영향을 주었으며, 어떻게 당신을 변화시켰는지를 고백하게 하고, 자신과 다른 사람들 모두와 영적으로 결합되는 것에 대한 희망을 갖게 한다. 두 번째로 우리 모두의 내면에 잠재되어 있는 진취적인 에너지를 다시 창조할 수 있는 개인 훈련 프로그램을 설계한다. 이 단계가 이루어지는 동안 영적 훈련은 개인적인 마음의 동요를 가져오고, 에너지를 축적하는 것을 지속한다. 마지막으로 우리는 영적 훈련을 지속하기 위해 약간 다른 것을 지속하는 것, 자신과 타인을 향한 연민, 도덕성, 친절함을 공고히 하겠다는 서약을 한다.

마지막으로 나는 당신과 이 명상에 대해 나누고자 한다. 클라이언트들은 명상이 의식의 종결을 강조하는 데 도움이 된다는 것에 동의하였다. 이러한 의식은 회기 또는 치료의 단계, 슈퍼비전 회기나 직원 모임에 도움이 될 수 있다. 각 줄을 읽을 때 멈추고, 호흡하고, 그것의 의미가 당신에게 주는 것을 반영해 보라.

> 나는 평화로운 상태인가
> 나 자신의 진정한 본성에 대한 아름다움을 알고 있는가
> 나의 마음은 열려 있는가
> 나는 완전하고 회복되었는가
> 그리고 우리 모두는 최고의 선을 위해 세상에 회복을 가져오고 있는가
> 우리가 무엇을 가지고 있든지 간에
>
> 작가 미상

참 | 고 | 문 | 헌

Berg, P. (1993). *Kabbalah for the layman* (Vol. 1). New York: Kabbalah Learning Center.

Figley, C. (1995). *Compassion fatigue.* New York: Brunner/Mazel.

Hammerschlag, C., & Silverman, H. (1997). *Healing ceremonies.* New York: Perigee Books.

Hirsh, R. (1994, Spring). Spirituality and the language of prayer. *The Reconstructionist,* pp. 1-6.

His Holiness the Dalai Lama, & Cutler, H. (1998). *The art of happiness.* New York: Riverhead Books.

Keen, S. (1994). *Hymns to an unknown God.* New York: Bantam Books.

Linehan, M. (1993). *Cognitive-behavioral treatment of borderline personality disorder.* New York: Guilford Press.

Moore, R. (Ed.). (1996). *Walking in beauty: A collection of psychological insights and spiritual wisdom of Dick Olney.* Mendocino, CA: DO Publishing.

Schwartz, R. C. (1995). *Internal family systems theory.* New York: Guilford Press.

Shapiro, F. (1997). *EMDR: The breakthrough "eye movement" therapy for overcoming anxiety, stress, and trauma.* New York: Basic Books.

Siegel, D. (2007). *The mindful brain.* New York: Norton.

Solomon, M. & Siegel, D. (2003). *Healing trauma.* New York: Norton.

Trepper, T., & Barrett, M. J. (1990). *Systemic treatment of incest: A clinical handbook.* Bristol, PA: Taylor & Francis.

van der Kolk, B., McFarlane, A., & Weisaeth, L. (Eds.). (1996). *Traumatic stress: The effects of overwhelming experience on mind, body, and society.* New York: Guilford Press.

Wilbur, K. (1991). *Grace and grit.* Boston: Shambhala.

추 | 천 | 도 | 서

Das, S. (1997). *Awakening the Buddha within.* New York: Broadway Books.

Levoy, G. (1997). *Callings: Finding and following an authentic life.* New York: Three Rivers Press.

Miller, A. (1990). *Banished knowledge.* New York: Anchor Books.

Moore, T. (1994). *Soul mates.* New York: Harper Perennial Library.

Moore, T. (1996). *The education of the heart.* New York: HarperCollins.

Redfield, J. (1993). *The Celestine prophecy.* New York: Warner Books.

Staub, J. (1996). *Connecting prayer and spirituality.* Wyncote, PA: Reconstructionist Press.

Weil, A. (1997). *8 weeks to optimum health.* New York: Knopf.

Wolin, S. J., & Wolin, S. (1993). *The resilient self.* New York: Villard Books.

제 15 장 난민의 정신적 외상으로부터의 회복

– 영적 믿음, 교회, 교회 기반 서비스의 중요성

HUGO KAMYA

난민 집단의 정신적 외상을 언급하는 도전에는 그들을 돌보고 있는 모든 관계자가 난민의 회복 과정에서 신앙의 역할을 깊이 이해하는 것이 필요하다. 이 장에서는 교회 기반 서비스, 목회상담, 임상 훈련의 조화를 탐색하고, 교회, 기도 훈련, 은유 활용을 결합하여 치료에서 영성을 활용하는 방법을 제안한다. 나는 Sudan의 'Lost Boys' 중 한 사람인 젊은 난민 Mot과 함께한 치료를 통해 임상 사례를 제공한다.

상담과 치료의 맥락에서의 신앙

난민과 함께 활동하는 정신건강과 사회복지 서비스 상담자들은 회복과 긍정적인 적응을 촉진하기 위한 노력에 영성을 활용하는 방법을 고민해야 한다. 지난 100년에 걸쳐 영적인 문제들은 사목(pastoral care)이나 상담으로 훈련된 교회에 기반한 전문가들의 영역으로 여겨졌다. 사목은 "인생 주기의 처음부터 끝까지 신앙인들과 그들의 공동체 안에서 공동의 회복과 성장의 광범위한 목회자의 직무를 포함하는 것" (Clinebell, 1984, p. 26)이다. 사목은 개인, 집단, 폭넓은 체계의 영적이며 윤리적인 총체를 돌본다(Doehring, 2006). 그것은 근본적 의미와 걱정과 관련된 어려움을 겪는 사람을 회복시키고, 떠받치며, 인도하고, 화해시키는 것을 직접적으로 돕는 행동을 포함한다(Clebsch & Jaeckle, 1975). 또한 이러한 돌봄은 신앙의 구조 안팎에서 배제되고 억압당하는 개인이나 공동체를 원조한다.

목회상담(pastoral counseling)은 영적이나 감정적인 고통을 경험하고 있는 개인, 부부, 가족을 원조하는 교회 기반의 임상적 실천이다. 그것은 사람들이 희망을 찾고, 자신의 선을 위하여 행동할 수 있는 용기를 갖도록 의도적으로 지도한다. Hunter(1995)에 의하면, 목회상담은 일차적 은유가 건강하고 회복되도록 하여 지역에 뿌리내릴 수 있도록 하는 기술이다. 해석학적 접근을 제안한 Gerkin (1984)은 목회상담을 위기와 변화의 기간 동안 개인과 공동체의 존재를 지지하고 원조하는 것으로 보았다. 목회상담가는 이야기의 청자이며, 화자다. 그러한 실천은 종교적인 경험의 본성을 보여 줄 수 있는 고통과 회복의 사람이 있는 생활 기록으로서 각 개인의 세상에 대한 관점을 돌보는 것을 포함한다. Gerkin은 이러한 상담의 주요한 관심사로서 종교적 의미의 회복에 특별한 관심을 두었다. 따라서 그는 이야기를 진전시킴에 있어서 전체를 가져오기 위해 해석되고 재해석되어야 하는 세계관의 진실성을 다루는 것을 시도하였다. Gerkin은 개인과 상담하거나 공동체를 다룰 때 '이야기'의 맥락을 강조한다. 실천에서 신앙을 다루는 이러한 방법은 Michael White의 치료를 위한 이야기적 접근과 많은 공통점을 갖고 있다.

정신건강과 사목의 영역 간 존재했던 오랜 기간 동안의 장벽에도 불구하고 치료에서 클라이언트의 심리사회적 · 영적 필요성을 다루기 위한 연결점에 대한 인식이 증가하고 있다. 처음에는 사목과 상담, 그 이후에는 임상사회사업과 가족치료에서 훈련하고 실천함으로써 이러한 연결점을 갖게 하고, 교회 기반의 훈련을 받지 않은 치료사에 의한 실천에서 신앙을 유용하게 가져올 수 있는 가능성을 살펴보게 된 것은 행운이다.

신앙을 활용하는 것은 일부 신학자가 '어둠에 뛰어드는 것'으로 이야기하는 것과 같다. 난민 집단 치료에서 이러한 도약은 난민의 고통에 대한 연민과 의미 있는 삶을 구성하고, 그것을 극복할 자신의 잠재력을 확신하고 White(1995)가 상담가를 인생에 대한 '대안적 정체성 구축(re-membering)'과 '재저작하기(re-authoring)'로 묘사한 것에 온전히 관련된다.

기도, 은유에 대한 탐구, 의식과 희망, 치료 과정이나 공동체에서 그들의 이야기를 진술하고 재진술하는 것과 같은 방법으로 교회에서 개입하여 난민들에게 회복과 치료를 경험하게 할 수 있는 많은 방법이 있다. 나는 Mot과의 치료적 개입에서 경험한 임상적 대화를 둘러싼 이러한 논의를 제시한다.

난민의 경험: MOT의 이야기

Mot은, 그들은 스스로를 잃어버린 것으로 생각하지 않기 때문에 이 용어를 좋아하지는 않지만, 'Lost Boys'로 잘 알려진 수단의 많은 난민 아이 중 하나였다. 난민과 재정착을 위한 유엔 사무국(United Nations Office of Refugees and Resettlement)은 그들의 정착과 적응을 위한 광범위한 서비스를 제공하기 위하여 Boston의 교회 기반 사회복지기관과 미국의 다른 지역의 기관들과 협약을 맺었다. 이 사회복지기관들은 심각한 적응의 어려움을 가진 난민들을 나 같은 지역사회의 개인 사무소 치료사에게 의뢰한다. 수양가족과 함께 생활하고 있는 Mot은 폭력성의 증가와 학교에서의 행동 문제로 인해 나에게 의뢰되었다.

Mot의 삶은 신앙의 위기, 하나님, 회복 등의 이야기로 가득 차 있었다. Mot은 수단의 Dinka 부족에서 태어난 19세의 젊은 남성이었고, 남수단의 황폐화된 전쟁 지역을 어슬렁거리면서 하루하루를 보냈었다. 몇 개의 강을 건너는 동안 그는 몇 번씩이나 야생동물에게 쫓겼다. 어떤 음식도 먹지 못한 채 여러 전쟁 집단에 몸을 숨기면서 하루하루를 보내기도 했다. 그는 우간다 북부로 건너가게 되었고, 끝내 케냐의 Kakuma에 있는 난민 캠프에 정착하게 되었다. Mot은 다음 질문들을 써 내려가면서 큰 고통과 괴로움을 이야기하였다.

- '왜 이런 일이 나에게 생겼지?'
- '나의 형제자매들은 어떻게 되었는가? 그들에게 무슨 일이 있는 거지?'
- '신이 우리에게 이렇게 하는 이유는 무엇이지?'
- '왜 형제들은 서로를 죽여야 했지?'
- 'Deng의 가르침을 받은 우리로서의 나는 어떻게 그들을 용서할 수 있을까?' (Deng은 Dinka 부족의 토착된 영적 전통에서의 신이다.)

이러한 질문들은 심리적이고 치료적인 도전일 뿐만 아니라 본질적으로 영적인 것이다. 이 질문들은 신앙과 Mot을 포함하여 많은 악을 보고, 상처 입은 모든 난민 아이들이 삶을 이해하는 방식에 관해 중요한 점들을 말해 준다. 그것들은 그들의 삶에 대한 의미를 만드는 시도로서 해답을 찾기 위해 묻고 탐색한다. 이러한 사건들의 심리적 영향을 다루기 위한 노력에서 그들은 분별없는 잔혹함에 대한 의식을 형성한다.

난민들은 그들의 국가에서 탈출하면서 전쟁, 박해, 고문, 비인도적인 대우를 극복해야만 한다. 기본적인 신뢰와 안전에 대한 감각은 파괴되었다. 그들의 고투는 고향에서 너무나 먼 외국에서의 새로운 생활에 적응해야 하는 대부분의 이주자가 직면하는 도전의 맥락에서 그들 스스로를 이해하고자 하는 도전을 포함하고 있다(Akhtar, 1999; Coll & Magnuson, 1997; Kamya, 1997). 이주의 과정은 친족, 사회적 지지 체계, 정체성, 신념 체계, 사회적 지위를 포함하여 복합적인 상실을 포함한다(Falicov, 2002). 친밀하고 소중히 여기는 사람, 지역, 소유로부터 분리된 난민들은 종종 장기적인 변화를 경험하고, 새롭고 변경된 정체성과 삶을 수립하며, 새로운 관습, 언어, 규범, 가치를 배워야만 한다. 주류 사회는 고독과 소외의 도전을 주게 된다. 특히 아프리카 난민과 이슬람 난민은 종종 인종차별에 직면한다. 간단히 말해서 이주민 중 특히 난민은 신체적 · 심리적 · 사회적 · 정서적 · 영적 · 종교적 등 다양한 수준에서 뿌리 없음을 경험한다.

또한 사전에 법률적인 난민의 지위 없이 미국에서 도착한 망명 신청자들은 사회의 변두리에 있는 중간 지대에서 생활하면서 몇 개월을 견뎌야 한다(Tribe, 2005). 그들은 종종 깊은 고독감과 절망감을 경험하며, 그들 중 다수가 자살을 계획한다. 법적으로 일을 할 수 없기 때문에 많은 사람이 좁은 방이나 노숙자 시설에서 밤낮을 보낸다. 일부는 끔찍하고 다시 정신적 외상을 입는 경험을 하게 되는 교도소와 같은 강제 수용소 감방에 수용된다. 이주 지위가 불명확하고 불안정한 망명 신청자들은 국외 추방과 그들이 탈출한 안전하지 않은 환경, 박해, 고문으로 돌아가야 하는 위협에 직면하게 된다. 그들의 신앙과 행동은 모두 견디기 위한 노력과 테러의 기억, 여전히 현존하는 불안과 무력함, 미래에 대한 무망감에 굴복하지 않기 위한 노력을 지탱하는 데 필수적이다.

난민들은 현존하는 영적 욕구와 조우할 수 있도록 하는 자원을 필사적으로 원한다. Falicov는 임상가들은 그들의 욕구를 해결하기 위한 신앙 공동체 안에서 그들을 지원해야 한다고 제안했다. 신앙 공동체는 소속감과 결속력을 느낄 수 있도록 한다. 또한 난민과 이주민의 삶에 대한 연결과 연속성을 제공한다. 이러한 신앙 공동체 안에서의 의식과 제식은 연결과 일체감에 대한 변화를 구축한다(Falicov, 2002). 신앙 기반 공동체는 난민과 이주민을 위해 삶의 복잡성을 이해할 수 있는 주제나 역사적인 맥락을 제공한다.

행동함에 있어서의 신앙

난민과 이주민에 관한 급증하는 문헌은 그들의 심리적 · 정서적 · 신체적 복지를 다루고 있다. 그러나 아주 소수의 문헌만이 그들이 공통적으로 경험한 뿌리 없음과 영적 및 종교적 차원을 다루고 있다. 많은 사람에게 공동체와 친족에 대한 경험은 그들의 신념과 신앙을 잘 수행하게 하였다. 난민의 정신적 외상에서의 회복은 공동체와 유대감을 강화하고 재건하는 영적 원천의 활용을 포함한다.

난민에 대한 연구는 내게 그들과의 상호작용에서 믿음의 역할에 대한 이해를 높여 주었다. 그들이 가진 의문의 상당수는 그들의 삶에서 명백한 신의 부재를 직면했을 때 신에 대한 갈구의 중요성을 강조한다. 많은 경우에 신앙은 그들에게 봉사하고 있는 공동체와 결합하게 한다. 그들과 동행하고, 동정심을 가지고 그들의 이야기를 경청하는 것이 중요한 난민에 대한 돌봄에서 믿음을 활용하는 것에 대해 이해를 높여 가고 있다.

확대가족 그리고 영적 고향으로서의 교회

신앙의 공동체를 정의하기 위해서는 공동체에 대한 다양한 의미를 검토해봐야 한다. Whitehead와 Whitehead(1993)는 심리학적으로 공동체는 사람들이 관계에서 경험하는 특별한 동질감의 특성과 관련된 것이라고 주장했다. 사회학적으로 그것은 집단생활의 형태나 구조를 의미한다. 따라서 신앙의 공동체는 가치와 목적을 공유하면서 동질감에 의해 특성화되는 삶의 형식이나 형태로 정의할 수 있을 것이다. 그로 말미암은 회복이나 변화는 신앙의 공동체가 가진 맥락을 반드시 이해해야 한다.

교회는 이주민이나 난민에게는 확대가족처럼 기능하는 것으로 보일 수 있다. Falicov(2002)는 이주민이 경험한 신체적 · 심리적 측면의 확대가족에 관하여 기술했다. 대부분의 난민은 신체적 확대가족이 멀리 있으며, 강제 이주로 인해 사랑하는 사람들이 줄어들거나 상실될 수 있다. 교회에 속하는 것은 난민이 신체적 · 심리적 · 영적 결합, 안정, 지지를 제공하는 새로운 형태의 친족 네트워크에 포함되는 것이다.

교회는 기본적인 욕구에 대응하는 실질적인 원조를 제공한다. 그들은 공유된 신앙에 기반한 '정신의 공동체'에 참여하는 것을 요청받으면서 '이주 공동체' 역할을 하게 됨으로써 심리적 · 영적 욕구에 대처해 나간다(Ortner, 1997). 회합이 난민을 원조하려고 노력할 때, 그들은 난민을 초대할 뿐만 아니라 그들의 종교와 문화적 배경에 대해 배우고 공감을 얻는 것이 중요하다. 이주민들은 그들의 영적 경험과 너무 이질적으로 보이는 교회에 거리감을 느낄 수 있을 것이며, 수용되기 위해서 자신의 영적 생활에 대한 기본적인 관점을 숨기거나 부인해야 한다고 느낄 수도 있다. 예를 들어, 아프리카 문화에 배경을 두고 있는 많은 이주민은 기독교나 이슬람교와 토착신앙이나 관습을 병행한다(이 책의 제8장 참조). 차이에 대한 존중을 기반으로 하여 가치와 관습에서 공통점을 형성할 때 교회는 이주민과 난민에게 영적 고향이 될 수 있고, 또한 그들을 자신의 가족, 문화, 영적 전통과 연결할 수 있을 것이다.

Sudan 출신의 젊은 난민에 대한 나의 연구는 공동체의 가치와 그들의 소속감, 유대감, 용기를 위한 공동체의 중요성을 강화하였다. 결국 이러한 입장은 그들이 자신의 삶의 의미와 재진술을 형성할 수 있도록 하는 데 도움을 주었다. 난민들의 이야기가 그들과 그들의 가족에 대한 보다 크고 깊은 유대감의 수준에서 공개될 때 나는 고통과 좌절의 소리를 듣는다. 그들은 스스로와 친밀해지고, 삶의 비극에서 해방될 수 있도록 하는 다양한 공동체에 관하여 이야기한다. 많은 사람이 그들을 고무시키는 예배와 사람의 연합을 이야기했다.

교회에 참여하는 것을 독려하는 것뿐만 아니라 임상가들은 치료의 실천에 영성을 활용해야 한다. 그들의 욕구에 주의를 기울이기 위해 치료가 사람들의 신앙에 의존하는 경우 기도와 은유의 활용은 가치 있다. 다음 섹션에서 나는 Mot과 함께한 나의 연구와 관련된 기도와 은유에 관해 논의할 것이다.

영적 교감과 회복의 형태로서의 기도

모든 문화와 종교를 거슬러 많은 사람은 어려움에 직면할 때 기도의 형식에 의지한다(이 책의 제1장 참조). 건강, 복지, 회복을 위한 기도의 가치는 잘 증명되어 있다(Dossey, 1993; Koenig, McCullough, & Larson, 2001). 난민과 이주민에게 기도는 공동체 활동뿐만 아니라 개인 훈련에도 중요한 영적 자원이다. 수차례에 걸쳐서 Mot은 그가 참여했던 예배에서의 기도와 의식의 가치에 관해 이야기했다. 남수단에서 양육받을 때, 남수단 기독교인 사이의 일반적인 의식으로 행해지는 기독교 만트라(mantras)의 암송과 반복적인 기도나 성가에서 위안을 받았다. 이러한 예배 의식은 종종 Mot이 고통스러운 전시의 기억에 압도되거나 휩싸일 때 마음을 가라앉히는 핵심 의식이 되었다. 그는 나에게 강이나 평화로 번역될 수 있는 waare, imani와 같이 스스로 평온함을 찾는 방법으로 반복하는 특정 단어나 구를 이야기할 수 있는 능력에 대해 이야기했다. 그의 기도는 '우리에게 상처를 준' 그들을 쳐부수기 위해 전쟁을 도와주는 하늘의 신인 Deng, Dayim, Mani를 부르기 위한 전통적인 영가와 악마를 대적하기 위한 구원자 하나님에게 애원하는 기독교의 구송기도(vocal prayer)와 혼합되어 있었다. Mot에 대한 연구에서 나는 신앙인으로서 그의 신앙, 그의 일, 그의 삶을 표현하기 위해 기도를 어떻게 활용하는지를 그와 함께 이해하고자 하였다. Mot이 소리 내어 기도할 때 그는 새로운 정체성이나 삶의 가능성이 나타나는 것과 같은 다양한 변화를 경험한다.

Mot에게 기도는 악이나 불행에서 자신을 보호하는 힘을 불어넣어 주었다. 또한 기도는 삶의 어려움을 극복하기 위한 Mot의 신념과 투지를 강하게 하였다. 동시에 그의 기도는 자신의 취약성을 시인하고 삶에 대한 일종의 통제감을 주장하는 형식을 취하고 있었다. Mot이 그의 존재와 연결되기 위해 기도를 활용할 때, 나는 그 자신보다 더 큰 존재와 대화를 시작하고, 기꺼이 굴복하는 것을 보았다. 따라서 그가 기도의 활용을 나와 공유할 때 이는 Mot 자신의 상황을 자각하는 과정에서 그의 성장을 탐색할 수 있는 기회를 제공하였다. 그것은 지금 이 순간에 그의 삶에서 접촉하거나 다룰 수 없는 가족이나 친구들과 연결되는 방법이 되었다. Mot은 기도에서 그들을 기억할 때 그들의 영적인 존재를 느꼈다. 그는 소리 내서 기도하기도 했고, 침묵 속에서 기도하기도 했다. 구송기도를 할 때 그는 공개적으로 죽었거나 살해당한 이들이나 뒤에 남겨진 사랑하는 이들을 위해 기도했다. 기도에서 그들을 기억하는 것은 그들을 공경하는 방식이었다.

유대감에 더하여 난민들은 사랑하는 사람이나 보호해 주는 공동체에서 분리되는 감정에 관하여 이야기하였다. Mot은 수단의 대량학살 현장에서 탈출하기 위해 남쪽으로 도망칠 때 그를 머물게 해 준 가족들과 관련된 '자신을 속인 사람들'에 관하여 종종 이야기하였다. 그는 사람들이 그와 다른 사람들을 머물게 해 주었지만 끝내 그들을 학대하고, 자신들의 유지비를 벌기 위해 고된 육체노동을 하게 했던 많은 사건을 떠올렸다. 그는 종종 배신감을 느끼며 살아가는 것과 진정으로 자신을 돌봐 주는 사람이 하나도 없다고 느끼면서 살아가는 것에 대하여 이야기했다. 그런 것들은 그에게 하나님은 온전히 신뢰할 만한가에 대해 의문을 갖게 했다.

해방과 보호를 찾는 기도가 나에게 온 난민과 이주민의 삶에 열중케 하는 동안 다른 기도들은 하나님의 존재와 그들의 문제를 해결해 주는 역할에 감사하고 있었다. 많은 난민이 하나님에 의해 창조된 것과 그들의 참된 존재는 하나님에게서 기인한다는 것에 관한 이야기를 하였다. 돌봄과 사랑의 하나님에 대한 믿음은 종종 고난을 참고 견디는 데 도움을 주었다. 따라서 하나님과 삶이 어려워질 때 개입하는 하나님의 뜻에 대한 그들의 지각에 관하여 묻는 것은 중요하다. 그러한 희망감은 Mot의 글에 명확하게 나타난다.

> 때때로 우리는 적에게 발각되는 것을 피하기 위해 같은 강을 두세 번씩

> 건넜다. 우리는 계속 뛰었다. 우리는 우리를 도망치게 하는 사람이 누구인지 알지 못했다. 우리는 누구도 믿을 수 없었다. 그것은 정말 무서웠다. 어떤 아이들은 적의 편이었고, 그들은 우리에 대해 보고하고 있었다. 우리는 또한 밤에 자는 것을 두려워했다. 우리는 우리에게 어떤 일이 일어나지 않을까 걱정했다. 우리는 그들을 매우 증오했고, 나는 그들이 우리를 공격할 것이라고 생각했다. 우리는 우리 모두를 창조하시고, 위험에서 우리를 구하실 하나님을 의지하였다. 그리고 하나님은 그렇게 하셨다!

아프리카에서 연구한 인류학자이자 성직자인 Aylward Shorter(1975)는 그의 책 『*Prayer in the Religious Traditions of Africa*』에서 의사소통과 사회적인 인간관계의 교제로서의 기도를 관찰한 Fran Heiler에 관한 연구를 제시했다. Heiler에 의하면, 기도는 누군가의 의식에 대한 지각이다. 그것은 모든 사회적 관계와 사회적 경험을 뛰어넘고 재해석하는 삶의 차원이다. 또한 그것은 공식적 또는 비공식적으로 표명되는지와 상관없이 수많은 사회적 목적에 기여하는 것으로 간주된다.

Shorter는 관계적 주제, 상황적 주제, 목적적 주제, 보편적 주제의 네 가지 범주하에 포괄되는 아프리카 기도의 15가지 반복되는 주제를 제시하였다.

관계적인 하위 주제는 하나님의 계획하심, 보호와 도전시키시는 하나님과 같은 신의 통치에 관한 것이다. Mot의 이야기는 도전하는 것에 관해서 절망감을 드러내지만 여전히 하나님의 보호와 예비하심에 대해 기대하는 역설을 그대로 반영한다. Mot에 대한 연구에서 나는 그에게 자신의 삶에 대한 기도와 중보기도를 공유하도록 하였다. 동시에 우리는 그의 기도에 표현되어 있는 기대, 그것들이 주는 가치, 그것들이 시사하는 방향을 탐구하였다. 나는 또한 그의 기도가 이러한 표현에서 만드는 서약에 관심을 가졌다. 우리 연구에서 점차 명확해진 것은 그의 삶에서 공동체를 통한 자신을 위한 이러한 표현의 상호 연계성이다. 반복되는 표현에서 어떤 기도는 그의 탈출 여정의 동료들을 명명하는 것이다. 무엇보다 나는 그의 현재 상황이 그의 삶, 삶의 목적과 의미, 그의 궁극적인 삶에 대한 원대한 희망의 서약이 다른 사람들과 관련되어 있는지를 발견하기 시작하였다.

난민에 대한 임상적인 개입은 연결의 방식을 탐색하는 것이다(Kinzie, 2001). 기도는 종종 난민이나 이주민이 뒤에 남겨진 사랑하는 이들과 다시 연결되는 중요한 방식 중 하나다. 기도는 난민이나 이주민이 또한 죽은 가족이나 다른 사람과 연결되는 관계적인 주제를 기원하게 된다. 기도는 단지 간청이 아니다. 그것들은 가족 구성원과 그들이 서로에게 준 선물을 기리는 것이다.

회복의 통로로서의 은유

은유는 난민과 이주민을 위한 영적 자원으로서의 또 다른 유용한 도구다. 또한 은유는 교회 기반 지역 봉사활동에서 일반적으로 사용된다. Babits(2001)는 '가능성의 내측날(inner edge)'을 간직한 것으로서 은유를 설명했다. 은유의 활용은 임상적인 가능성을 확장시킨다. 종종 은유는 현실을 이해하는 하나의 방법 이상의 것을 제시해 준다. 그것들은 수많은 해석을 그만두는 그 순간에 이해의 새로운 창을 제공한다. 종종 은유는 의미가 살아 있고, 풍부하다. Babits에 따르면, 은유는 "그 무엇보다 대뇌 피질의 가장 넓은 영역을 차지하는 우리의 가장 발달된 감각인 이미지나 통찰력과 가장 직접적으로 관련된 것이다."(p. 23)

은유는 대부분 신앙의 전통에서 발견된다. 또한 그것들은 다른 토착 전통에서 사용된다. 몇몇 경전의 글들은 현실과 종교적 신비를 알기 쉽게 추구하는 은유적 그림을 담고 있다. 복잡성을 나타내고 간직하기 위한 은유의 사용은 난민을 대상으로 하는 치료에 중요한 영적 자원이 될 수 있다.

의미 도출은 특히 정신적 외상과 상실에 뒤따르는 회복과 탄력성을 위한 중요한 과정이다(Walsh, 2007). 중요한 방법은 무분별한 잔혹 행위, 견디기 힘든 고통, 압도적인 고투에 대해 그것들을 이해하기 쉽고, 감당할 수 있으며, 의미 있는 도전으로 볼 수 있는 새로운 관점을 통해 '통합감'을 획득하기 위한 노력이 필요하다. 게다가 난민에 대한 임상적 개입에서 은유는 '통합감'을 제공할 수 있다. 따라서 은유에 대한 주의 깊은 탐색은 치료 개입에서 중요하다.

또한 은유는 그들이 경험한 개인, 가족, 사회적 변화를 이해하기 위한 풍부하고 복잡한 방식과 해결책을 발견하는 능력을 제공함으로써 이주민의 삶에서 양극화된 '양자택일'의 선택을 초월하게 한다(Falicov, 2002, p. 2). 예를 들어, '영적 고향'과 '영적 확대가족'으로서의 새로운 신앙 공동체를 바라보는 것은 그들의 가족, 출신 문화와의 깊은 유대를 단절하지 않은 채 난민들에게 결속감을 느끼게 할 수 있다. Falicov가 강조한 바에 따르면, 적응과 복지는 이주민이나 난민이 양쪽 세계에 뿌리를 두고 두 문화의 정체성을 구축할 때 촉진될 수 있다.

다른 난민이나 이주민과 마찬가지로 Mot에 대한 연구에서, 나는 그의 삶과 이전 삶의 여정에서의 고통을 이해하기 위한 새로운 창을 제공하기 위해 은유를 사용하였다. 은유는 불가능해 보이는 상황에서도 그에게 중요한 메시지를 해석하기 위해 그의 신앙을 활용하는 방식을 제공하였고, 견딜 수 있도록 도움을 주었다. 게다가 우리의 연구는 은유를 통해 완전히 보완되었다.

'환희와 함께 흐르는 강'은 Mot이 삶에서 소망을 묘사하기 위해 종종 사용하는 하나의 은유다. 그는 그가 건너 온 많은 갈등을 설명하였다. "대부분의 강은 우리에게 맹렬하게 화가 나 있었다. 강은 그들에게 다가오는 모든 것을 휩쓸어 버렸고, 나의 사촌을 데려가 버렸다. 우리는 그를 다시 보지 못했다. 나는 환희와 함께 흐르는 새로운 강에서 수영을 하고 싶다." 이러한 이미지는 Mot이 새로운 거처를 찾기 위한 여정에서 거쳐야 했던 호된 시련에 대한 관계를 이야기한다. 그는 종종 평화로움을 '환희와 함께 흐르는 강'으로 묘사했다. 우리는 함께 그의 이미지를 탐색했고, 이러한 심상을 발전시키는 방식을 발견했다. 나는 강이 그에게 어떻게 느껴지며, 그의 삶에서 강을 상상할 때 느끼는 부드러움은 무엇인지를 물었다. 그는 강에서 생겨나는 거칠게 몰아침을 인정하는 반면에 그것의 평온함 또한 인지했다. 비극적인 것과 나란히 장점을 인지하는 능력은 삶에서 좌절의 순간을 관리하는 데 Mot에게 효과적이었다. 우리는 함께 그것에서 발생하는 무망감과 고통스러운 상황을 받아들였다. 또한 그것에서 오는 환희와 탄력성을 되돌리고 꺼낼 수 있었다. 우리는 이러한 상황에서 존재하는 복잡성과 단순성을 기꺼이 받아들였다.

최근에 Mot은 강에 대한 은유를 진행 중인 삶에 대한 도전으로 확대하기 시작하였다. '환희와 함께 흐르는 강'은 미국에서의 새로운 삶을 만들어 갈 때 그에게 희망을 갖게 하였다. 학교, 수양가족, 지역사회 모두와 잘 지내지 못했을 때, Mot은 '강이 그를 저버린 것'과 잘 지내고 싶은 소망에 관하여 이야기하였다. 현재 미국에서 5년간 지내 온 그는 '여러 방향으로 여전히 흘러가고 있는 강'으로 그의 삶을 묘사했다.

나는 강이 회복을 위해 그에게 더 많은 기회를 제공할 수 있는 다른 방법들이 무엇인지 알고 싶었다. 우리는 물과 그것의 생기를 주는 힘에 관해 이야기를 나누었다. 그는 자신의 고향에서 사용하던 물을 가져오기 위해 작은 마을로 어떻게 걸어갔는지를 설명해 주었다. 그는 자신의 부족이 먹는 물고기를 위해 강이 어떻게 서식지를 제공해 주었는지를 기억한다. 또한 나일강의 물은 그들의 농작물과 농장에 물을 제공하였다.

우리는 현재 그의 삶에서 물과 강이 가지는 새로운 의미를 찾기 위해 은유를 확장했다. 그는 현재 미국에서의 삶을 '굽이굽이 우여곡절로 가득한' 긴 강으로 묘사한다. 그는 "때때로 나는 그것이 좋아요." 혹은 "때때로 나는 그것이 싫어요."라고 이야기한다. 게다가 강은 그의 삶에 좋은 날과 나쁜 날을 모두 가져오는 하나의 길이 되었다.

Mot의 은유 사용은 그것 안에서 그들의 세상과 환경을 이해하려는 존재적이고 영적인 문제를 가진 아프리카인 사이에 흔히 있는 일이다. 그들은 좀 더 구체적이고 사실에 의거하여 이야기하는 방식의 사람들과는 비교할 수 없을 정도로 핵심적인 이해를 이야기하기 때문에 그들의 상당수는 비유적 표현을 사용한다. 종종 이러한 비유적 표현은 그들 스스로에 대한 이해와 핵심적인 믿음을 살펴볼 수 있는 관점을 제공한다. 은유는 점점 더 큰 가능성을 열어 준다.

Mot과 다른 사람들이 그러한 풍부한 심상을 이야기했기 때문에, 나는 그들의 핵심적인 믿음과 연결될 수 있기를 희망하며 나의 핵심적인 믿음을 나타내는 비유를 활용하였다. 그렇게 함으로써 나는 그것이 단지 관련 있는 비유적 표현이 아니라 그들의 근저에 있는 것을 확실히 경험할 수 있다는 행복한 깨달음에 도달하였다. 내가 열 살 소년이었을 때, 나는 창문의 균열과 마주했다. 창문의 균열은 나 자신의 삶의 경험과 우리 가족에 대한 공격으로 창문을 통해 도망치는 아버지에게 가한 총격이 만든 것이었다. 한때 수년간 문자로서의 균열은 나에게 은유가 되었다. 나는 나에게 희망을 준 것은 나에게 '희망의 빛'이 된 '창문의 균열'과 같은 특정한 비유가 아니라 그 심상을 둘러싼 사건이었다는 것을 깨달았다.

내가 다른 곳에서 묘사한 것처럼(Kamya, 2005), 무장한 사람이 우리 집에 침입하여 아버지에게 총격을 가했다는 것을 깨닫게 한 창문의 균열보다 나를 희망으로 가득 차게 한 것은 없었다. 나는 아버지가 여전히 살아 있고, 언젠가 우리에게 돌아올 것이라는 희망을 가지고 매 순간 창문의 균열을 바라보던 것을 생생히 회상할 수 있다. 비록 내 기도가 응답을 받기까지 몇 년이 걸렸지만, 그 균열은 나에게 비밀스러운 즐거움과 기대를 제공하였다. 그것은 나의 개인적인 삶과 전문가로서의 삶 모두에서 희망을 가질 수 있도록 해 주었다. 그것은 연구를 하고, 확신이 없을 때 희망을 주었으며, 심지어 절망에 빠진 클라이언트들에게 희망을 줄 수 있는 열정을 제공하였다. 우리의 연구에서 기초를 세우는 데 도움이 됐던 더 많은 은유를 만드는 과정을 통해 우리가 검토했던 은유 안에서 '가능성의 내측날'을 찾고자 할 때, 그들과 함께한 나의 연구는 '신앙의 동반(faithful companioning)'(Schlauch, 1995)과 신앙의 소망 중 하나가 되었다.

교회 기반 사회복지 서비스에 접근하기

교회 기반 서비스는 교회 기반 조직의 세 가지 유형—① 종교적 회중, ② 전국적인 네트워크, ③ 독자적인 종교 조직(Vidal, 2001)—으로 제공된다. 종교단체들은 서비스의 공급에 신앙의 통합이나 활용을 특히 강조한다. 그러한 접근은 특정 신앙에 대한 정보를 제공하는 성서의 문장이나 글을 활용하는 믿음 체계를 좌우하는 원칙, 철학, 신학까지 포함하는 것인지도 모른다.

때때로 교회 기반 서비스는 그들이 하고 있는 일의 종교적 원리로 신앙을 요구하지 않는 비종교적인 사회복지 서비스와 견주게 된다. 세계적인 종교단체들은 사람들의 문화적 · 사회적 환경과 밀접하게 연결되어 있는 매우 뿌리 깊은 역사를 가지고 있다. 게다가 서비스를 요청하고, 이방인을 보호하는 것은 불우한 사람들에게 정의를 실현하고 인간 조건의 가장 열악한 양상을 개선하기 위한 개인과 사회의 노력에 대한 신념에 기반을 두고 있다.

가족치료사를 포함한 임상가들은 신앙이 우리가 살고 있는 체계를 변화시킬 수 있는 가능성과 이렇게 깊은 기반을 둔 믿음의 형성에 종교의 기여를 받아들여야 한다. 많은 난민과 이주민은 대부분의 사회에서 이방인이다. 그들은 종종 추방된 사람이고, 가난한 사람이며, 어려움을 겪는 사람이고, 사회적 지위가 낮은 사람이다. 가족치료가 일부 해방 신학자가 주장하는 '빈민에 대한 우선적인 치료'나 빈민에게 봉사하는 실천을 채택한다면 이주민과 난민은 가치감과 유대감을 느끼게 된다(Kamya & Trimble, 2002). 이러한 자세는 사회정의와 다르지 않다(이 책의 제20장 참조). 가족치료는 비판적 시각으로 서비스 수혜자들에게 관여함으로써 사회정의주의를 설명한다(Freire, 1973). 게다가 교회 기반 서비스는 실천가들에게 그들이 봉사하는 사람들에 대한 사랑의 행동을 시작하기를 요청한다. 가족치료는 그들의 삶의 다양한 조건을 명명하고, 그들에게 부과된 한계를 확인하며, 변화를 위한 행동을 취하는 것을 통해 난민과 이주민을 돕는다.

희망에 대한 요청

서비스를 요청하는 것은 또한 희망을 요청하는 것이다. 교회 기반 서비스는 이주민과 난민 그리고 그들의 가족을 위해 이처럼 중요한 영성이 작동되도록 맞물리게 한다. 정신적 외상으로 고투하고 있는 클라이언트와의 임상적 개입에서 희망이 생길 때 치료사는 그들 자신에 대한 이해를 형성하는 의미 체계를 이해하고 있어야 한다. 희망에 대한 상상은 치료에서 활용할 수 있는 은유를 불러온다. 희망은 무의미함의 심상에서 의미를 주는 생명력으로 비칠 수 있다. 영향력 있는 이야기, 민속 전승, 복음, 음악, 예술은 과거의 시련이나 정신적 외상을 의미 있는 경험으로 변화시키거나 초월하도록 하는 창조적인 인간의 노력이다. 이러한 이야기를 글, 노래 또는 그림으로 이야기하는 것은 말 그대로 스스로의 안에 있는 가능성과 움직임을 위한 노력과 다른 사람들과 변화시키는 방식으로 의사소통하고자 하는 노력에서 희망과 변화의 증거일 수 있다.

신앙의 맥락에서 가족치료는 희망을 제공하기 위하여 모든 것을 조사하여 이미지를 떠올리게 한다. Mot에 대한 연구에서 나는 희망은 우리 밖에 존재하는 자연, 신, 생명체, 사람, 동물, 강, 삶의 모든 것과 관계를 형성하게 해 준다는 것을 발견했다. 희망은 한 사람에게서 오지 않는다. 두 사람 이상의 사람들이 함께 희망을 만들게 함으로써 다른 사람에게 주어진다. Mot에게 이러한 경험은 복잡하고, 신앙 가득한 순간이 되었다. 그것은 그의 분열된 과거의 다른 부분들을 합치고, 응집성을 획득하게 하는 것이다. 따라서 그는 새로운 미래를 볼 수 있으며, 새로운 정체성을 형성할 수 있는 능력을 갖게 된다. 이러한 도전은 그가 위로와 평안을 얻을 수 있는 곳을 찾아보게 하고, '회복과 탄력성의 원천'을 발견하도록 돕는 것을 우리의 역할로 부여하였다(Walsh, 2006; 이 책의 제2장 참조).

치료사가 교회 기반 철학이나 종교단체와 협력 체계의 맥락에서 연구할 때 이주민과 난민들은 직업 훈련, 언어 숙달, 경제적 지원을 위한 프로그램이나 공동체적 예배를 위한 중요한 자원에 접근할 수 있다. Mot의 경우에는 교회 기반 사회복지기관에서 그런 것들을 제공하였다. Mot이 신앙 기반 공동체에 참석한 것은 그의 삶에 만족을 가져올 수 있는 모든 것과 연결되는 다른 방법을 발견하는 데 도움이 되었다.

가족치료는 행위자의 증진된 의식을 위해 공동체의 희망감, 탄력성 그리고 고군분투하는 의지에 접근할 수 있는 교회 기반 자원을 활용할 수 있다.

과거의 영적 전통과 선조들과의 연결

치료사는 그들의 특정 집단에서 전통적인 믿음에 뿌리를 둔 난민의 자원에 주의를 기울여야 한다. 많은 아프리카 이주민은 자연적인 것과 초자연적인 세계 모두에 대한 믿음이 강력하다. 예배자로서 난민과 이주민은 다양한 영적인 힘에 기원하고 기도한다. 가족치료사는 상당히 많은 신비주의의 힘이 존재한다는 것을 알아야 한다. 신과 영적인 존재에 대한 이러한 믿음은 그들이 유대감, 목적, 의미를 유지하는 동안 중요한 자원이 될 수 있는 다양한 형태의 예배에 참석하는 것으로 변화되었다.

이주민과 난민을 공동체나 사랑하는 사람들과 다시 결속되도록 하는 다른 방법은 선조들, 영령과의 결속을 기원하는 것이다. 우간다의 Baganda에서는 농가 주변에 살고 있다고 여겨지는 산주검(living dead)을 호의적인 영혼으로 생각한다. 이러한 영혼들에게 문제나 재앙이 발생하면 기원을 한다. 가족치료는 이주민이나 난민을 통해 선조들에 대한 이야기를 살펴볼 수 있고, 그들의 문제를 극복하기 위해 클라이언트를 원조하는 데 활용할 수 있다. 그들을 기념하는 것은 관계된 모든 사람을 다시 결합시키고, 존중하는 데 도움이 되며, 회복을 이루어 가는 데 도움이 된다.

신앙의 동반

Kaethe Weingarten(2000)은 원조 과정에서 목격자로서 우리의 역할과 참여자의 임파워먼트의 중요성에 관하여 강력하게 제시하였다(이 책의 제18장 참조). Mot에 대한 연구에서 고통과 탄력성에 대한 그의 이야기를 목격할 때, 나는 지속적으로 그에게 개입하는 내 역할을 이해하려고 노력했다. 고통 속에서 살아남은 그의 능력을 이해하고, 앞으로 새로운 삶을 구축해 가는 것을 포함하여 그가 자신의 삶의 다양한 측면을 잘 처리해 나가는 동안 내 '신앙의 동반'은 내가 그와 연대하도록 만들었다.

그와 함께 연구를 지속하면서 나는 신앙적 동반은 큰 겸손함으로 이루어진다는 사실에 감사했다. 내가 그에게 제공한 것에 비해 그는 이러한 여정을 통해 내게 더 많은 것을 주었다. 신앙적 동반은 Mot이 그의 여정에서 목격한 두려웠던 공간으로 나를 초대하는 것을 수용하는 것이다. Mot의 이야기는 이주민이나 난민에게 개입하기 위해 가족치료사가 교회와 교회 기반 서비스에서 제공할 수 있는 풍부한 영성을 활용하는 의미 있는 방법을 제시해 주었다.

참 | 고 | 문 | 헌

Akhtar, S. (1999). *Immigration and identity: Turmoil, treatment and transformation.* Northvale, NJ: Jason Aronson.

Babits, M. (2001). Using therapeutic metaphor to provide a holding environment: The inner edge of possibility. *Clinical Social Work Journal, 29*(1), 21-33.

Clebsch, W., & Jaeckle, C. (1975). *Pastoral care in historical perspective.* New York: Jason Aronson.

Clinebell, H. (1984). *Basic types of pastoral care and counseling.* Nashville, TN: Abingdon Press.

Coll, C. G., & Magnuson, K. (1997). The psychological experience of immigration: A developmental perspective. In A. Booth, A. C. Crouter, & N. Landale (Eds.), *Immigration and the family: Research and policy on U.S. immigrants* (pp. 91-131). Hillsdale, NJ: Erlbaum.

Doehring, C. (2006). *The practice of pastoral care: A postmodern approach.* Louisville, KY: Westminster John Knox Press.

Dossey, D. (1993). *Healing words: The power of prayer and the practice of medicine.* New York: Harper.

Falicov, C. J. (2002). Ambiguous loss: Risk and resilience in Latino immigrant families. In M. Suarez-Orozco (Ed.), *Latinos: Remaking America.* Berkeley: University of California Press.

Freire, P. (1973). *Education for critical consciousness.* New York: Continuum.

Gerkin, C. (1984). *The living human document: Revisioning pastoral counselling in a hermeunetic mode.* Nashville: Abingdon Press.

Hunter, R. (1995). The therapeutic tradition of pastoral care and counselling. In P. D. Couture & R. J. Hunter (Eds.), *Pastoral care and social conflict* (pp. 17-31). Nashville: Abingdon Press.

Kamya, H. (1997). African immigrants in the United States: The challenge for research and practice. *Social Work, 42,* 154-165.

Kamya, H. (2005). African immigrant families. In M. McGoldrick, J. Giordano, & N. Garcia-Preto (Eds.), *Ethnicity and family therapy* (3rd ed., pp. 101-116). New York: Guilford Press.

Kamya, H., & Trimble, D. (2002). Response to injury: Toward ethical construction of the other. *Journal of Systemic Therapies, 21*(3), 19-29.

Kinzie, J. D. (2001). Psychotherapy for massively traumatized refugees: The therapist variable. *American Journal of Psychotherapy, 55,* 475-490.

Koenig, H., McCullough, M. E., & Larson, D. (Eds.). (2001). *Handbook of religion and health.* New York: Oxford University Press.

Ortner, S. (1997). Fieldwork in the postcommunity. *Anthropology and Humanism, 22*(1),

61-81.

Schlauch, C. R. (1995). *Faithful companioning: How pastoral counseling heals.* Minneapolis: Fortress Press.

Shorter, A. (1975). *Prayer in the religious traditions of Africa.* Nairobi: Oxford University Press.

Tribe, R. (2005). The mental health needs of refugees and asylum seekers. *Mental Health Review, 10,* 8-15.

Vidal, A. (2001). Faith-based organizations in community development. Available at www.huduser.org/publications/pdf/faithbased.pdf.

Walsh, F. (2006). *Strengthening family resilience.* New York: Guilford Press.

Walsh, F. (2007). Traumatic loss and major disasters: Strengthening family and community resilience. *Family Process, 46,* 207-227.

Weingarten, K. (2000). Witness, hope and wonder. *Family Process, 39,* 389-402.

White, M. (1995). *Re-authoring lives: Interviews and essays.* Adelaide, Australia: Dulwich Centre.

Whitehead, J. D., & Whitehead, E. E. (1993). *The promise of partnership: A model for collaborative ministry.* San Francisco: Harper.

제 16 장

용서와 영성

–친족 관계에서 회복의 요소

TERRY D. HARGRAVE
JANET FROESCHLE
YVETTE CASTILLO

> "나의 아버지는 사납고 무자비한 남자였다. 그는 한 번이 아닌 수차례에 걸쳐서 나를 성추행하였고, 내게 항상 그를 만족시키고 행복하게 하는 것이 내 존재의 의미라고 느끼게 하였다. 그는 그것이 나에게 어떤 영향을 줄 것인지에 대해서는 단 한 번도 관심을 갖지 않았다. 그것은 항상 나 자신을 불결하고, 낡고, 사악한 존재로 느끼게 만들었다. 그가 다른 사람들을 함부로 대하는 것을 막는 것은 내 인생의 많은 부분을 차지해 버렸다. 그는 나의 삶의 좋은 부분을 훔쳐갔다. 나에게 많은 고통과 슬픔을 준 그렇게 사악한 그를 어떻게 용서할 수 있겠는가?"

가족이나 친족들과 함께 치료적 개입을 하게 될 때면 우리는 종종 구성원 중 누군가가 다른 이들에게 습관적으로 상처를 준 파괴적인 본성과 경솔함에 충격을 받는다. 서른여덟 살의 여성으로 세 자녀를 둔 Cherly의 이야기는 우리를 당황하게 만들고, "용서하지 말아요. 그를 철창에 가두고 열쇠를 집어 던져 버려요. 그는 악마예요."라고 소리치고 싶은 충동을 느끼게 한다. 그러나 우리에게 치료적 도움을 요청해 오는 많은 경우와 같이 Cherly는 2년 전에 사망한 그의 아버지를 용서하고 싶은 소망을 갖게 하는 영적 신념에 깊게 뿌리박혀 있었다. 그녀는 '최종적으로 과거를 그녀의 뒤에 머물게 하고자' 깊이 바라고 있었다.

치료사들과 원조자들은 종종 영적 신념으로부터 삶과 친족 관계를 분리하는 것을 선호할지 모른다. 여전히 치료와 영성 모두에서 사람들은 종종 평화, 양육, 화해, 신뢰성, 사랑의 요소에 접근할 수 있는 통로를 찾는다. 치료에서 상당 기간 이러한 노력은 자신과의 관계와 관련된 심리학적인 문제로 다루어졌다. 그러나 많은 사람이 관계에서 어떻게 행동할 것인가에 관한 신념과 감정에 직접적으로 영향을 주는 영성을 목격하였다. 간단히 말해서 임상가들은 종종 서로 연결되어 있고, 통합되어야 할 자아, 관계 그리고 영적 생활을 마주하게 되는 클라이언트를 보게 된다.

상담에서 우리는 많은 사람이 친족 관계에 의해 상처받고, 그들을 통해 치료된다는 신념에 이르게 되는 매우 고통스러운 문제를 다루는 것을 발견할 수 있다(Hargrave, 2001). 앞에서 제시된 것과 같이 극악한 방법으로 상처를 줄 수 있는 가능성을 가지고 있는 친족 관계는 사랑과 신뢰를 회복하고, 최후에는 평온함으로 이끄는 가능성 또한 가지고 있다. 이러한 사실은 원래 1980년대에 치료 전략으로서 용서를 활용하고자 하는 생각을 하도록 하였다. 그 당시에 용서는 영적 또는 종교적 개념으로서 다루어졌고, 정신건강 영역에서는 소수만이 입증되었다(Hargrave, 1994). 최근에는 심리학적 이슈와 용서에 관한 연구가 실제로 급격히 증가하고 있다(Sells & Hargrave, 1998). 임상가들과 연구자들은 용서의 개입에서 활용할 수 있는 영성의 가치와 강점을 알고 있다. 이 장에서 우리의 목적은 두 부분이다. 먼저, 우리는 짧게 연구와 종교적 관점에서 용서의 핵심 요소들을 제시한다. 두 번째로, 임상적 실천에서 유용한 관계적 관점과 용서에 접근하기 위한 사례를 보여 줄 것이다. 또한 용서 개입을 둘러싸고 있는 윤리적 관심사를 논의할 것이다.

용서의 개념과 가치

용서와 관련된 주제는 현재 심리학 문헌과 연구에 잘 정립되어 있다(Worthington, 2005). 용서하지 않음은 개인에게 스트레스, 더 나아가 분노와 적개심을 증가시키며, 건강에 부정적 영향을 줄 수도 있다(Toussaint, Williams, Musick, & Everson, 2001). 용서는 긍정적인 감정을 가져오며, 스트레스를 감소시킨다(Witvliet, Ludwig, & Vander Laan, 2001). 용서는 관계적인 잘못(Baumerister, Stillwell, & Heatherton, 1994; Hargrave, & Sells, 1997), 부부 문제(Fincham & Beach, 2002), 역기능과 관련된 성격적 문제, 개인 또는 관계적 어려움을 유지하는 원인이 되는 해결되지 못한 원가족의 악영향(Hargrave, 1994, 2001)과 관련된 다양한 대인 관계나 상황에서 관계적 회복과 화해를 증진하는 데 효과적인 것으로 제시되어 있다. 용서에 관한 연구는 자기 존중(Murphy, 2005), 문화적 맥락(Staub, 2005; Cairns, Tam, Hewstone, & Niens, 2005; Hill, Exline, & Cohen, 2005)에 적용되어 왔다. 문헌은 대인 관계와 개인 내적 수준 모두에 대한 효과적인 개입으로서 용서의 가능성을 명확하게 제시하고 있다.

대부분의 이론가와 연구자(예: McCullough, Pargament, & Thoresen, 2000)는 용서는 법적인 용어로서 사면(pardoning), 잘못한 사람이 그 행위에 대해 타당한 이유를 가지고 있는 것을 의미하는 변명(excusing), 잘못에 대한 정당성을 의미하는 용납(condoning), 잘못에 대한 기억이 단순히 의식적 지각에서 잊히거나 지워진 것을 의미하는 망각(forgetting), 누군가가 고통을 경험하고 있음을 지각하는 것을 회피하는 것을 의미하는 부정(denying)과는 구별되어야 한다는 Enright와 Coyle(1998)의 주장에 동의한다. 또한 대부분 용서는 관계의 회복과 관련된 화해(reconciliation)와는 구별된다는 것에 동의한다. 이후의 내용에서 살펴보는 것과 같이 용서에 관한 연구는 화해를 위해 용서하고자 하는 노력을 포함하거나 포함하지 않을 수 있다.

영성과 연결하지 않고 치료에서 용서의 개념과 개입을 활용하는 것은 가능하지만 그렇게 하는 것은 많은 클라이언트에게 어려운 일이다. 예를 들어, Marty(1998)는 용서는 기독교의 핵심이라는 것을 인정했다. 이러한 부분은 인간이 구하고 하나님이 주시는 용서에 의해 회복되어야 하는 하나님과 인간의 관계의 파괴와 관련되어 있다. 종교를 가진 많은 클라이언트는 인간관계에 해를 끼친 사람들에게 하나님이 용서를 허락하신다면 그들을 차례차례 용서해야만 한다는 믿음이 강하다. 이와 같이 클라이언트들은 용서를 관계와 그들의 상처를 치료하는 방법일 뿐만 아니라 영적인 의무로 보고 있다. 이것은 영성을 초월성과 결합하는 것이고, 그 초월성을 매일의 삶에 적용하는 것으로 본 Pargament (1997)의 관점과 일치한다. 관계적인 고통이나 도덕적 죄와 관련된 많은 클라이언트에게 용서는 건강한 삶뿐만 아니라 건강한 영적 기능의 필수 요소다. 따라서 Worthington(2005)이 주장한 것과 같이 임상가들은 클라이언트의 종교적 신념에 대한 고려 없이 용서를 다루어서는 안 된다.

연구자들은 용서의 정의에 의견을 달리한다. 다양한 실천적 접근을 이끄는 그들의 입장은 개인 내적 및 대인 관계적 치료 과정에서 용서의 세 가지 관점—벌을 받기를 원하는 것뿐만 아니라 위해에 의해 발생한 고통을 놓아 주는 것, 관계를 재건하는 것(화해), 관계를 감내하는 것—으로 초점화되는 것으로 보인다.

놓아 주는 것

용서에 대한 연구를 이끌고 있는 Robert Enright는 용서를 부정적 인식과 정서를 개인에게 이익이 되는 긍정적인 인식과 정서로 대체하는 개인 내적 과정으로 개념화하였다(예: Enright, Grssin, & Wu, 1992; Enright & North, 1998; Enright & Fitzgibbons, 2000). 유사하게 McCullough와 동료들은 용서를 화해를 위해 부정적 동기의 본질적인 방향을 수정하는 것으로 정의하였다(예: McCullough, 1997;

McCullough, Fincham, & Tsang, 2003; McCullough, Sandage, & Worthington, 1997). Worthington과 동료들은 해를 입힌 사람들에 대해 부정적인 것에서 긍정적으로 변화하는 의향의 내적 관점으로서 용서를 보았다(예: Exline, Worthington, Hill, & McCullough, 2003; Worthington, 2003; Worthington & Csherer, 2004; Worthington & Wade, 1999). 마찬가지로 Diblasio(1998)는 잘못한 사람에 대한 부정적 감정과 의향에서 벗어나려는 의사결정과 부정적 감정과 의향 대신에 좀 더 긍정적 감정과 의향에 집중하는 것으로서 용서를 보았다. 이를 하나로 취합해 보면, 용서에 대한 이러한 정의의 공통적인 맥락은 보복하지 않을 것을 결정하고, 긍정적 의향으로 변화하여 부당하고 상처를 줬던 누군가에 대한 부정적인 감정을 놓아주는 것을 포함한다.

관계 재건하기

다른 연구자들은 대인 관계적 관점에서 용서에 대한 연구를 진행하였다. Baumerister, Exline와 Sommer(1998) 그리고 Exline와 Baumerister(2000)는 용서를 선택하는 원인이 될 수 있는 관계적인 부분 간의 소통과 연결을 강조했다. 마찬가지로 용서에 대한 관계적인 관점에서 Hargrave는 용서는 오랜 기간의 상처와 관계적인 잘못 이후에 가능한 관계에 대한 사랑과 신뢰를 회복하는 과정에 기반한다고 강조했다(Hargrave & Sells, 1997; Hargrave, 2001). 이러한 정의에서 우리는 잘못을 저지른 사람과 상처를 받은 사람이 과거의 파괴적인 방법에서 사랑과 신뢰성 모두를 소통하기 위한 좀 더 긍정적이고 건설적인 방법으로 옮겨 가는 것을 탐색하는 것으로서 관계 재건의 공통적인 요소를 살펴볼 수 있다.

관계를 감내하는 것

용서의 세 번째 관점은 놓아 주는 것과 관계를 재건하는 것을 넘어서는 관계를 감내하는 것의 개념으로 확장된다. 이것은 기독교의 성경을 통해 첫 번째로 제시된 가장 종교적인 가르침이다. 이는 사람은 완벽하지 않기 때문에 용서받은 가해자는 관계에서 또다시 잘못을 범할 가능성이 있음을 예상하는 것이다. 피해를 받은 개인은 가해자가 신뢰성을 공고히 할 수 있도록 앞으로의 상처와 부당함을 경험하는 경우조차도 감내하면서 인내심을 가지고 관계를 지속할 수 있도록 독려된다. 이 관점에서 용서는 잘못을 범하는 개인이 관계에서 좀 더 신뢰할 만하고 책임을 다할 수 있도록 시간이 흐르면서 진행되는 과정이다. 결론적으로 가장 적게는 피해를 받은 개인은 상처를 해결하고 관계를 회복하는 모든 노력을 기울이는 것으로부터 마음의 평화를 얻게 된다. 가장 크게는 피해를 받은 개인과 잘못을 범한 사람은 한때의 해가 되는 관계에서 사랑과 신뢰할 만한 관계로 변화할 수 있게 된다.

실천에 적용하기

이러한 세 가지 개념은 용서에 대한 과업과 관련된 임상적 방법과 영성의 통합을 위한 좋은 토대를 제공한다. 용서는 놓아 주는 것을 포함한다. 위해와 부당함으로 인해 고통을 경험한 개인은 가해자를 증오하거나 보복할 수 있는 권리를 가진다. 놓아 주는 것에서는 부당함을 경험한 개인이 보복의 필요를 포기하는 것이고, 상처와 관련된 부정적인 감정에서 해방되도록 하는 것이다. 상처를 받은 사람은 치료에서 개인적으로 이러한 과업을 수행할 수 있을 것이고, 가해자를 직접적으로 포함하거나 또는 그렇지 않을 수 있을 것이다.

용서는 만약 상처받은 사람이 사랑과 신뢰가 넘치는 미래의 관계를 형성하기 위한 상호 간의 노력에 가해자를 포함시키기로 결정한다면 관계 회복을 포함할 수 있다. 이것은 가해자로 하여금 앞으로는 다르게 행동하겠다는 진정한 의지와 함께 잘못 또는 상처를 인식하고 인정하는 노력을 필요로 한다. 가해자가 자기 자신의 관계적인 잘못을 인정하는 동안 용서를 시도하는 사람은 그의 배경, 노력, 한계, 발전을 이해하는 노력이 필요하다. 이러한 방식으로 사랑과 신뢰의 공감, 의사소통, 화해는 관계를 점진적으로 복원할 수 있다.

종교적인 가르침과 같이 용서의 세 번째 관점은 가해자가 점차 신뢰를 학습하고 성장할 수 있도록, 심지어 상처 주는 경우가 반복될지라도 관계를 감내해 주는 것을 포함한다. 비록 이러한 개념은 심리학 문헌에서만 언급되고 있지만 이것은 종교를 가진 클라이언트를 위한 용서의 방법으로 실제로 효과가 있다.

용서의 세 가지 관점 모두 영성에 기반한다. 일부 방법에서 용서의 과정은 점진적으로 깊은 영적 경험을 하는 것으로 비칠 수 있다. 놓아 주는 것의 첫 번째 단계에서 용서는 스트레스를 주는 부정적인 정서를 줄이고, 해로운 보복적인 행동을 피함으로써 피해자에게 이로움을 주는 첫 번째 개인적인 결정으로 비칠 수 있다. 용서를 한 사람에게 놓아 주는 것은 삶을 찾아가는 탄력성을 촉진하고, 다른 관계에서 복지를 증진시키는 심리적 · 신체적 이익을 가져온다(Walsh, 2006). 관계 회복의 두 번째 단계에서 용서는 관계적인 화해를 지향하는 개입을 포함한다. 그것은 피해자가 인지적이고 정서적인 과업을 수행하는 것뿐만 아니라 관련되어 있는 가해자가 해롭고 부당한 행동을 고백하고 잘못을 고치는 과업이 필요하다. 마지막으로, 관계를 감내하는 세 번째 단계에서 용서는 가해자가 충분한 사랑과 신뢰를 배움으로써 관계를 감내하는 헌신을 포함한다.

이러한 용서의 세 가지 관점은 영성과 관련되어 있지만, 관계의 회복은 관계 변화를 위한 상호 간의 이해와 헌신이 필요하다. 관계를 감내하는 것은 최상의 영적 헌신을 필요로 한다. 이 방식에서 우리는 서로를 만들어 가고 그들이 더 통합될 수 있는 더 깊은 수준의 영적인 이익을 제공하는 것으로서 세 가지 관점을 판단한다. 그렇지만 강조되어야 할 주의 사항이 있다. 폭력이나 성적 학대와 같은 심각한 피해가 반복될 위험이 있는 경우에는 치료에서 관계를 감내하는 것을 장려해서는 안 된다.

용서는 복잡하고, 정의하기 어렵고, 적용하기는 더욱 어렵다. 각 수준에서 용서를 결정하는 것은 매우 개인적이고, 주관적이며, 관계의 중요성, 피해의 상황, 위해의 가혹성, 앞으로의 위험에 큰 영향을 받을 수 있다. 이러한 요소 모두는 어떤 치료적 개입에서든 고려할 필요가 있다.

용서에 관한 종교적 관점

비록 사람들이 다양한 이유로 종교와 영성에 의지하지만, 많은 사람은 그들 삶의 사람들뿐만 아니라 높은 존재와의 화해감, 평화, 회복을 추구한다. 비종교적인 임상 현장에서 이러한 고투를 이해하는 것과 종교를 가진 클라이언트가 삶에서의 중요한 관계와 상처받은 경험에 의미 있는 방식으로 초월성의 관계를 적용하도록 돕는 것은 중요하다.

앞에서 강조한 것과 같이 용서의 구성 요소는 다른 종교적 전통에서 발견될 수 있다. 비록 종교적 접근법이 다양해 그 차이를 여기서 모두 전달할 수는 없지만, 다양한 관점을 제안하는 불교, 유대교, 기독교, 이슬람교의 일부 사례를 제시한다.

놓아 주는 것

놓아 주는 것 이면에는 가해를 한 사람의 불법, 위해, 악을 보복하는 것, 부가적인 상처, 보복의 잔인한 순환에 빠지는 것을 허용하지 않는 종교적인 가르침이 있다. 불교의 핵심은 자비의 주요 교리다(Rye et al., 2001). 가해자를 용서하지 않는 반면에 불교는 죄지은 사람에 대한 자비를 가르친다. 불교도의 가르침과 수련은 부정적이고 해로운 정서를 해소하고(Abbotts, 2002), 개인과 그들의 관계에 긍정적인 영향을 주는 정서를 증진시켜 분노와 원한을 놓아 주게 하는 것을 목적으로 한다. "눈에는 눈"(출애굽기 21장 23절)이라는 고대의 성경적 명령에도 불구하고, 유대교의 가르침은 가족과 공동체의 관계에서 화해와 용서의 중요성을 인정한다(이 책의 제9장 참조). "원수를 갚지 말며, 동포를 원망하지 말며, 네 이웃을 사랑하기를 네 자신과 같이 사랑하라."(레위기 19장 18절; New York International Bible Society, 1978)

기독교는 가해자에 대해 놓아 주는 것을 가르치는 것 이상으로 용서하는 사람들의 죄에 하나님의 용서를 얻게 한다. "용서하라, 그리하면 너희가 용서를 받을 것이요."(누가복음 6장 37절) "서로 친절하게 하며, 불쌍히 여기며, 서로 용서하기를 하나님이 그리스도 안에서 너희를 용서하심과 같이 하라."(에베소서 4장 32절; New York International Bible Society, 1978)

이슬람교는 개인, 가족, 사회, 경제, 정치 체계를 위한 지침을 가진 온전한 생활 체계다(Wolin, Taylor, Wolin, Raganathan, Saymah, & Zeyada; 이 책의 제5장 참조). 이슬람교의 가족과 사회 체계는 그것의 도덕 체계가 제자리를 잡지 못한다면 잘 운영되지 않는다. 용서는 다음의 두 가지 이유로 중요하다.

- 용서하는 사람과 용서를 구하는 사람은 내세의 삶에서 신의 보답을 받을 것이다. 용서를 구하는 것은 겸손의 모습이고, 다른 사람을 용서하는 것은 아량의 모습이다. "관용을 베풀어 개선하게 하는 자는 알라에게 보상을 받노라. 실로 그분은 죄인들을 사랑하지 아니 하시니라."(코란 42장 40절; Shakir, 2004)
- 용서를 구하는 것과 다른 사람을 용서하는 것은 지금의 삶에 행복을 가져오고, 사람들과의 관계를 증진시키며, 명성과 존경을 높여 준다. 신이나 다른 사람들에게 자신의 잘못에 대해 용서를 받고자 하는 사람들은 다른 사람을 용서하는 것을 반드시 배워야 한다.

관계 회복

관계 회복의 첫 번째 방식은 관계에서 사랑과 신뢰를 회복시키고, 화해시키는 것으로 전환하는 것이다. 불교도의 가르침과 수련은 내적인 평온을 증진시키고, 부정적인 정서를 해소하는 것(Abbotts, 2002)뿐만 아니라 사랑과 조화로운 관계를 성취하기 위한 개인적인 책임을 강조한다(이 책의 제13장 참조). 유대교에는 회개(teshuvah)의 개념이 있다. 가해자는 잘못을 범한 것에 대해 후회하는 것뿐만 아니라 관계에서 옳은 길과 좋은 태도로 돌아가야 한다(Dorff, 1998). 이것은 미래의 행동에서 속죄와 교정을 필요로 한다. 유대교의 대속죄일(Yom Kippur) 의식에서 유대교도는 단식하고 기도에 열중하며, 지난 일 년간의 죄를 속죄하는 의식을 갖고, 사랑했던 죽은 이들을 기억한다. 또한 각 개인은 잘못을 범했을지도 모르는 가족, 친구, 그 외의 사람들에게 잘못된 행동을 고백하고, 용서를 구한다.

기독교에서는 용서라는 개념으로 관계 회복의 이러한 요소들을 가르친다. "만일 네 형제가 죄를 범하거든 경고하고, 회개하거든 용서하라." (누가복음 17장 3절; New York International Bible Society, 1978) 탕자의 이야기에서 아버지와 함께 머물러 있던 형은 아버지가 허랑방탕했던 아들을 용서했을 때 불만을 표하고 화를 냈다(누가복음 15장 11-32절; New York International Bible Society, 1978). 허랑방탕했던 아들과 아버지의 회개와 용서의 가르침은 형의 화해하지 못함과 용서의 열매를 즐기지 못하는 것에 대한 꾸짖음이다(Marty, 1998).

이슬람교의 가르침에서 돌아섬(safhu)의 개념은 죄와 악행에서 돌아서는 것을 의미한다. 회개는 가해자가 신에게 용서받고 보상을 받기 위한 필수 단계다. "관용을 베풀고 사랑을 베풀되, 우매한 자들을 멀리하라. 사탄이 유혹하여 그대의 마음을 괴롭힐 때 알라께 구원하라. 그분은 들으심과 아심으로 충만하시니라." (코란 7장 199-200절; Shakir, 2004) 가해자가 회개한다면 둘 간의 유대가 강화되도록 할 수 있을 것이다. 그러나 용서는 회개를 요구하지 않는다.

관계를 감내하는 것

이것은 기독교의 첫 번째 가르침이다. 그리스도는 죄로 인해 하나님과 관계가 깨진 세상 사람들에게 화해자로서 보내심을 받았다고 이야기하였다. 그리스도는 십자가에 못 박힘과 죽음으로써 인간의 죄로 인한 처벌을 받았다. "이 예수를 하나님이 그의 피로써 믿음으로 말미암는 화목제물로 세우셨으니 이는 하나님께서 길이 참으시는 중에 전에 지은 죄를 간과하심으로 자기의 의로우심을 나타내려 하심이니."(로마서 3장 25절; New York International Bible Society, 1978) 그리스도가 모든 사람의 처벌을 대신 받았기 때문에, 지금의 사람들은 회개하고 하나님과의 관계를 회복하며, 그 안에서 평화를 누릴 책무를 가진다. 이는 사람들은 완벽하게 살 수 없고, 최후의 구속하심과 완전성을 향해 노력을 지속할 필요가 있음에 대한 인식이다. "누구누구에게 불만이 있거든 서로 용납하고 피차 용서하되 주께서 너희를 용서하신 것같이 너희도 그리하고 이 모든 것 위에 사랑을 더하라. 이는 온전하게 매는 띠니라."(골로새서 3장 13-14절; New York International Bible Society, 1978) 기독교의 성경은 비록 우리가 관계를 감내하면서 고통, 거부, 적대 행위를 경험할지라도 그것이 개인적인 성장과 구속하심을 가져온다고 이야기한다.

이슬람교의 용서에서 덮음(ghafara)의 개념은 특히 가족 내에서 그들의 잘못으로 가족들이 큰 고통을 경험할지라도 다른 사람의 잘못과 죄악을 견디는 것에 대한 방법을 제시한다. "믿는 사람들이여, 너희 아내와 자손 중에도 너희 적이 있거늘 그들도 조심하라. 그러나 너희가 사랑을 베풀어 용서하고 관용을 베푼다면 알라는 관용과 자비로 충만하시니라."(코란 64장 14절; Shakir, 2004)

용서에 대한 임상적 접근

이러한 종교적 가르침이 있지만 상처와 불의를 놓아 주는 것은 쉽지 않다. 대부분의 사람은 사람들과의 인간적 행위에서 정당함에 대한 깊고 영속적인 기대가 있다. 특히 맥락적 가족치료사들(Boszormenyi-Nagy & Krasner, 1986)은 건강한 가족의 관계에서 핵심 기대로서 정당함과 신뢰감을 중요시한다. 부모의 유기나 배우자의 부정과 같은 사랑과 신뢰에 대한 심각한 관계적 침해가 있을 때 상처 입은 사람의 정서적 고통과 부당함은 정당한 요구를 배상받기 위한 공격적인 반응과 같은 파괴적인 권한을 불러일으킬 수 있다(Hargrave, 1994). 분노의 보복은 더 나아가 분노와 보복의 순환을 악화시키는 데 기여한 최초 가해자와의 관계 장부를 복잡하게 할 수 있다. 더군다나 아이들과 같이 잘못이 없는 당사자에게 분노, 노함, 속임, 학대, 위협을 가한 개인적 경향을 가진 경우에 관계적인 정당함은 다른 사람을 위해하는 통제할 수 없는 파괴적 행동의 악순환에 빠질 수 있다(Hargrave, 2001).

자연스러운 경향은 불의와 상처를 놓아 주는 것이 아니라 파괴적인 권리를 지향하는 것이다(Hargrave, 1994). 몇몇 임상가들과 연구자들이 놓아 주는 것을 지향하는 사람들을 도와줄 수 있는 방법을 제시하였다. Worthington(1998)은 용서의 피라미드 모델을 개발하였다. 첫 단계에서 피해를 받은 사람은 상처나 위해를 상기시키고, 공포, 철회, 보복의 자연스러운 반응을 인식하고 참도록 노력한다. 두 번째 단계는 위해에 대한 타당한 설명을 가정하고, 그럴듯한 이유나 동기를 고려하며, 상호 간의 좋은 경험을 상기함으로써 감정이입적으로 가해자와 결합한다. 한 사람으로서 가해자에 대한 이해를 획득하는 동안 만약 잘못이 관계의 모든 특성을 아우르는 것이 아니라면 가해자에 대한 좀 더 긍정적인 견해로 변화할 수 있다. 세 번째 단계는 용서의 이타적인 선물을 형성하는 것이다. 설령 가해자가 잘못된 행동을 저지르거나 용서나 또 다른 기회를 가질 만한 자격이 없다고 할지라도 용서하는 사람은 가해자와의 화해와 회복의 기회를 시도한다. 네 번째 단계는 강조점으로서 용서를 수행하는 헌신이다. 다섯 번째 단계는 앞으로의 관계에서 용서에 대한 생각을 유지하는 것이다(Worthington, 1998).

놓아 주는 것과 유사한 관점을 가진 Enright와 Coyle(1998)은 용서의 발달 모델을 제안했다. 폭로의 단계로 시작하여 피해를 당한 측에서는 그들의 변명, 분노, 수치스러움을 검토하고, 그에 대하여 가해자에 대한 인식을 증진시킨다. 다음의 결정 단계에서 개개인은 분노나 노함이 효과적이지 않다는 것을 인정하고 대안으로 용서를 시도하고 수행하게 된다. 수행 단계에서 개개인은 맥락적으로 가해자를 보고, 가해자에 대해 공감하고, 용서의 '도덕적 선물'을 제공한다. 마지막으로 심화 단계에서 개개인은 고통의 과정에서 의미를 탐색하고, 상처를 통한 새로운 목적과 깨달음을 발견한다.

이러한 모델들 모두는 개인적 성장 과정의 단계에서 인지적 재구성과 용서의 접근에 초점을 두고 있다. 이러한 접근법들이 확실히 가치가 있지만 Hargrave 모델(Hargrave, 1994, 2001)이 좀 더 관계적이고, 발달적이지 않으며, 단계 지향적이지도 않다.

용서의 수행: HARGRAVE의 관계 모델

Hargrave의 관계 모델(〈표 16-1〉 참조)에서 용서의 수행은 두 가지 상황이나 관심의 집중점인 구조와 회복의 폭넓은 두 범주에 딱 들어맞는다. 구조는 개개인이나 관계가, 첫째 관계에 대한 두 부분의 선택을 통해 단절될 수도 있고, 둘째 가해자가 현재 죽었을 수도 있기 때문에 만나지 못할 수도 있으며, 셋째 당사자들이 여전히 사랑받지 못하고 신뢰하지 못한다면 향후 상처에 대한 위험을 감수해야 할 수도 있다는 것에 대한 인식을 포함한다. 이러한 경우에 상처를 받은 사람이 다시 결합하거나 관계를 회복하는 것은 가능하거나 권할 만하지 않

〈표 16-1〉 HARGRAVE의 용서 수행 모델

용서의 수행			
구조		회복	
통찰	이해	보상에 대한 기회를 주는 것	명시적인 용서

다. 회복에 대한 개입에서 희생자는 관계를 맺고 있는 가해자가 미래에 사랑하고, 신뢰할 수 있는 사람이 되거나 그럴 가능성이 있다는 것을 믿을 만한 이유가 있다. 이러한 경우에 용서는 비록 조심스러울지라도 사랑을 가져오고 관계를 회복하는 상호작용을 통해 추구된다.

구 조

구조는 희생자를 돕기 위한 개입의 두 단계—통찰과 이해—가 있다. 통찰은 희생자가 희생되었던 체계적인 상호작용을 확인하고 탐색할 수 있도록 하며, 심지어 상처를 주는 일이 발생하는 관계라 할지라도 미래의 관계에서 다른 사람으로부터 자신을 보호할 수 있는 전략, 경계, 새로운 상호작용을 배울 수 있도록 한다. 이러한 방법에서 통찰은 파괴적인 상호작용을 가져오는 일상적인 행동 양식을 가해자가 활용하는 것을 통제함으로써 좀 더 사랑하고 신뢰할 수 있는 상호작용을 수행하도록 한다. 게다가 통찰은 희생자 스스로의 파괴적인 성향을 살펴보게 하고, 좀 더 사랑하고 신뢰할 수 있는 상호작용을 성취하기 위해 그것들을 수정하도록 한다(Hargrave, 1994). 간단히 말해서, 통찰은 앞으로 발생할 수 있는 위해에서 자신을 어떻게 보호할 것인지를 배우고, 타인에 대해 파괴적이고 보복적인 행동을 취하는 것으로부터 자기 자신을 어떻게 지킬 것인가를 학습하는 과정이다.

구조의 과업에서 이해는 희생자가 희생되고 상처받은 가해자가 오랜 시간 동안 다른 사람에게 위해를 가했음을 인식하는, 가해자에 대한 인간으로서의 인식을 가능하게 한다. 이것은 가해자의 무책임한 부분을 묵인하거나 용서하는 것이 아니다. 오히려 위해를 가한 사람을 인간답게 만드는 것이며, 파괴적인 행동의 뿌리를 추적하는 것이다. 이러한 이해는 위해에 대한 가해자의 책임을 경감시키지 않는다(Hargrave, 1994). 대신에 동일시는 피해를 경험하는 것이 가능하고, 가해자와 같은 파괴적인 행동을 반복하는 것이 아닌 책임 있는 행동을 취함으로써 희생자의 현실화를 촉진한다. 또한 이해의 단계에서 동일시는 피해로 인해 경험하는 정서적 고통을 감소시키는 공통적인 효과를 가져온다.

구조와 회복의 차이는 심오하며, 근본적으로 희생자와 가해자 간 미래의 상호작용에 관해 이해하는 것이다. 구조의 과업은 미래의 상호작용의 원인이나 기회가 아닐지도 모른다. 게다가 많은 사람은 가해자와 다시는 관계를 맺지 않겠다고 결정할지도 모른다. 임상가는 이러한 선택을 반드시 존중해야 하며, 용서를 수행하는 개인의 용기는 반드시 존경받아야 한다. 그 후에 사랑하고 신뢰하는 행동은 앞으로의 관계로 향하게 되고, 오래된 상처와 잠재된 파괴적 행동을 통해 가해자를 돕는 경향을 보인다.

회 복

회복의 개입은 희생자와 가해자를 과거의 파괴적인 행동 양식으로부터 미래의 사랑하고 신뢰할 만한 행동으로 변화하고 수정하는 것에 몰두하게 하는 관계로 들어가도록 하는 것이다(Hargrave, 2001). 회복 과정에는 클라이언트가 화해와 용서를 수행할 수 있도록 돕는 두 단계가 있다. 보상을 위한 기회를 제공함에 있어서 희생자는 침범당한 신뢰를 수정하고 재건할 수 있는 기회를 가해자에게 제공한다. 희생자는 신뢰할 수 있는 방법으로 행동하는 기회를 가해자에게 제공하는 관여를 증진시킴으로써 점차 관계를 다시 형성하게 된다. 만약 가해자가 새로운 관계에서 신뢰성을 보인다면 이것은 과거의 상처로 인한 피해자의 고통스러운 기억을 완화한다. 용서의 단계에서 일상적으로 희생자와 가해자는 명시적으로 파괴적인 행동을 언급하면서 마주하게 된다. 파괴적인 행동과 위해의 특성과 행동에 대한 가해자의 책임 수용에 의견을 같이하고, 이와 더불어서 앞으로 다르게 행동할 것을 표현함으로써 희생자와 가해자는 미래의 사랑하고 신뢰할 수 있는 상호작용을 위한 기초 작업을 형성하게 된다(Hargrave, 1994).

파괴적인 행동을 경험한 사람에게 용서를 수행하는 것이 유익하다는 것을 강조하는 것은 중요하지만, 이것은 회복의 관계적인 과업을 수행함에 있어서 항상 기초적이거나 동일하게 현명한 것은 아니다(Hargrave, 2001). 구조에 대한 개개인의 과업은 최근이나 과거의 상처로 인한 정서적 고통을 일부 회복할 수 있고, 또한 다른 관계에서 앞으로의 사랑하고 신뢰할 수 있는 행동을 촉진한다. 관계의 문제를 가진 가해자가 사망했거나 접근이 불가능할 때 이것은 희생자가 과거의 상처를 놓아 주고, 현재를 좀 더 충실히 살아갈 수 있도록 하는 매우 중요한 방법을 제공한다. 관계 문제를 가진 가해자가 여전히 사랑받지 못하고 신뢰받을 수 없을 때 구조를 통한 용서의 개입은 희생자가 건강한 경계선을 형성할 수 있는 힘을 갖고, 미래의 파괴적인 행동에 노출되지 않으며, 건강하고 균형적인 관계를 형성하도록 한다(Hargrave, 2001). 용서를 다루는 임상적 개입에서 만약 희생자가 미래의 착취나 심각한 위해로부터 상당히 보호될 때 구조와 회복의 구별은 필수적이다.

놓아 줌을 통한 용서의 가치

Worthington의 피라미드 모델, Enright와 Coyle의 발달 모델, Hargrave의 용서 모델 개입에서의 구조의 범주 모두는 개개인이 어떻게 놓아 주는 과업으로 나아가는가에 대한 공통적인 방법을 제공한다. 먼저 세 가지 관점은 잘못이 어떻게 발생했고, 상처받은 사람들에게 어떤 영향을 주었는가에 대한 솔직한 관점을 지향한다. 이러한 사정은 어떤 철회나 위협의 자연스러운 반응을 갖게 하거나 클라이언트가 파괴적으로 행동할 것인가를 결정할 수 있는 인지 수준에서 파괴적이 되게 한다. 또한 인지적 상태에서 반응하도록 하거나 다른 행동을 지향하는 것은 물론 개개인이 영적이나 종교적 신념이 보복, 분노, 위협에 관해 조언하는 것을 고려하도록 한다. 우리가 앞에서 본 것처럼 대부분의 종교적인 가르침은 개인의 비파괴적인 경향을 강화한다.

두 번째로 세 가지 훈련 접근법은 가해자에 대한 일종의 동일시, 감정이입, 동정심을 촉진한다. 또한 관계에서 상처받은 부분과 관련된 자신의 과거와 미래의 실수와 연결되는 동안 이것은 가해자의 사람됨과 상처받은 나약한 부분을 상기시킨다. 종교적인 측면에서 이러한 관점은 상처받은 부분이 피해자 또한 삶에서 가해자에 대한 용서를 필요로 하는 부분임을 깨닫도록 돕는다.

놓아 주기는 쉽지 않은 회복과 용서에 대해 비우는 과업이다. 이것은 종종 개인적인 혼란을 해결하고, 분노와 보복의 파괴적인 행동 양식의 자연스러운 반응을 방지하는 매우 진지한 과정이다. 영적인 명상에 관여하는 것, 경험된 위해의 실체를 인정하는 것 그리고 가해자와 동일시하는 것은 개개인이 개인 내적인 회복을 획득할 수 있는 실천 방법이다.

놓아 주기의 사례

세 명의 십대 자녀를 둔 어머니 Julia는 원가족을 '미치광이'라고 이야기했다. "아버지는 극심한 알코올중독이었고, 어머니는 아버지가 떠난 뒤 가난을 두려워하여 어떠한 일에서도 아버지와 맞서지 않았다. 나의 형제자매와 나는 멸시당하고 어머니와 같이 모든 것을 모른 척했다. 그 결과 우리는 스스로를 돌보지 못하게 되었다." Julia는 형제의 알코올중독, 자매의 신용불량, 자신의 분노는 모두 그들이 공유하고 있는 어린 시절의 상처와 관련되어 있다는 것을 인식했고, 해결책을 찾기 원했다. "나는 신실한 기독교인이고, 만약 우리가 용서하지 않는다면 천국에서 하나님이 우리를 용서하지 않으실 것이라는 예수님의 말씀을 진지하게 받아들입니다. 뿐만 아니라 과거가 나를 괴롭히고 내 분노로 나의 아이들이 상처받도록 하지 않기 위해서는 그렇게 하는 것이 옳다는 것을 알고 있습니다."

종교를 가진 클라이언트들에게 타인을 용서하는 영적 명령은 종종 과거의 상처받은 관계를 다시 맺어야 하고, 논쟁거리들을 놓아 주어야 하는 이유로 종종 제시된다. 이것은 Julia가 아버지와 어머니를 용서하기 위한 요건을 언급할 때 그녀가 가진 생각이었다. 이 사례의 경우에 치료사는 Julia가 용서의 개입에서 구조와 회복의 차이를 이해하는 것을 돕기 위해 마태복음 12장 38절의 예수님의 이야기를 활용했다. "나도 당신과 같이 예수님이 용서와 화해에 최고였다는 것에 동의하고, 나 또한 용서에 관한 그 계명을 진지하게 수용합니다. 그러나 나는 예수님에 관한 이야기에서 예수님은 반드시 착취적이거나 파괴적인 경향을 갖는 관계에 놓여 있었던 것이 아니라는 것을 이야기하고 싶습니다." Julia는 잠시 생각하다가 이야기했다. "아니요. 그러나 예수님은 어떤 사람은 신뢰할 수 없다는 것을 알았을 것이고, 그들의 모습 그대로 부르셨어요." 치료사가 말을 이어 갔다. "그러면 나는 어떻게 부모가 당신에게 상처를 주었는가에 대해 당신이 놓지 못할 것이라는 두려움을 가질 필요 없이, 그들의 모습 그대로 부모를 상기할 수 있다고 믿는 이유라고 생각합니다."

이후 8회기의 치료 과정을 통해서 Julia와 치료사는 그녀의 아버지와 어머니, 파괴적인 행동의 원인이 되었던 세밀한 정서적인 고통과 반응에 대해 논의했다. 이 과정을 통해 Julia는 부모가 고통에 대한 책임이 있음에도 그녀는 그들의 행동으로부터 발전해 갈 수 있으며, 더 이상 과거에 희생되었던 것으로 인한 결핍을 느끼지 않을 수 있음을 깨닫기 시작하였다. 그녀는 이러한 정서적 위안을 경험함으로써 부모에 대한 분노를 놓을 수 있음을 발견하였다. 동시에 그녀는 그들과 관계를 형성하고, 스스로를 학대적인 행동양식에 노출시킬 필요를 느끼지 않게 되었다. 9~12회기에서 Julia는 정서적 고통의 원인이 되는 다른 사람으로부터 자신을 보호하기 위해 채택한 적응기술인 강박적인 사고방식과 행동 통제를 처리하기 위해 수정된 방법을 수용하기 시작하였다. 이 사례에서 놓아 주는 것을 통한 용서는 화해는 필요하지 않고 다른 사람과의 정서적 회복과 좀 더 나은 관계가 가능하도록 하는 정화를 의미했다.

관계 회복

잘못을 범한 것을 놓아 주고, 보복하지 않는 것이 선한 것이라는 종교적인 가르침에도 당신에게는 가해자의 파괴적인 행동과 관련된 '뉘우침'과 뉘우침에 기반하여 상처받은 부분이 회복된 관계에 관여해야 한다는 기대가 있다. 비록 피라미드 모델(Worthington, 1998)과 발달 모델(Enright & Coyle, 1998) 모두 가해자의 뉘우침에 대한 충분한 설명은 아니지만 화해한 관계에 다시 관여하게 되는 희생자의 자발성에 관해 몇 가지 지침을 제공한다. 우리의 관점에서 관계적인 화해는 가해자가 원인이 되는 위해에 대한 비난과 책임을 수용하고, 신뢰할 만한 행동을 수행하는 것에 대한 증거 없이는 불가능하다.

Hargrave의 모델에서 회복의 개입은 보상 기회를 제공하는 것에 초점을 둠으로써 시작된다. 이 단계에서 피해자는 가해자가 신뢰할 수 있는 방법으로 행동하는 것을 통해 관계에서 신뢰의 재건을 허용하게 된다. 양측의 파트너 모두 관계를 향상시키는 것에 동의할 수 있도록 치료사는 폭력과 관련된 개방적인 논의를 촉진한다. 치료 과정에서 상처를 경험한 사람은 격앙된 대화가 필요하지 않는 소규모 상호작용에서 가해자가 신뢰할 수 있는 방법으로 흔쾌히 행동하는지를 살펴보기 위해 관계에 대한 마음을 터놓는다. 만약 가해자가 이처럼 단순한 상호작용을 적절하게 처리한다면 그 이후에 희생자는 연속적으로 좀 더 복잡한 상호작용에 마음을 터놓는다. 이러한 방법에서 신뢰가 생기고, 용서는 점차 성취된다(Hargrave, 1994). 뉘우침은 잘못과 책임에 대한 가해자의 수용뿐만 아니라 변화된 행동을 보여 주는 것이다(Hargrave, 2001).

회복의 개입에서 뉘우침은 명시적으로 용서하기의 마지막 단계의 요소다.

특별히 명시적으로 용서하기 회기는 관계적 위해 행동을 한 가해자의 시인이 있어야 한다(Hargrave, 2001). 게다가 가해자는 자신이 상처와 고통에 대한 책임이 있다는 것에 동의해야 한다(Hargrave, 1994). 보상의 기회와 명시적으로 용서하기의 두 단계에서 희생자는 관계의 미래와 결합되고, 관계되는 선택과 능력을 갖지만 최소한 고통의 원인이 되는 사람이 잘못에 대한 책임을 가지고, 같은 방식으로 관계를 상하지 않도록 행동을 변화시킨 것에 대한 증명 여부에 기초하여 의사결정의 기반을 형성하도록 독려해야 한다.

윤리적 고려와 주의 사항

분노를 놓아 주는 것과 가해자에 대한 개인의 내적 용서에 도달하는 것은 가치 있는 것이다. 그러나 화해는 손상된 모든 관계에서 가능하거나 권유될 만하거나 희망되지 않을 수 있다. 더 나아가 임상가가 클라이언트에게 위험하고 학대적인 관계를 다시 맺게 하는 것은 비윤리적일 수 있다(Hargrave, 2001). 관계 회복은 가해자가 변화하고 신뢰를 실천하는 것을 자발적으로 수용하는지 여부에 달려 있다. 가해자가 '뉘우치지' 않거나 비자발적 또는 다르게 살아가지 않는 경우에 희생자는 안전감을 느낄 수 없고, 관계를 화해시키는 과정을 진행해서는 안 된다(Hargrave, 2001). 종교적인 관점에서 우리는 또한 이전의 전통적인 가르침과 같이 놓아 주기를 통한 용서가 항상 바람직하다고 보지만, 그 용서는 가해자의 뉘우침과 변화에 좌우되는 관계 회복이다.

관계 회복의 사례

1950년대 출생인 Roger와 Karen은 두 명의 성인 자녀와 손주가 인근에 살고 있는 결혼 32년차 부부다. 그들은 그들의 관계를 끊임없는 불행으로 묘사했다. Karen은 "우리가 결혼하는 순간부터 나는 그의 우선순위에서 멀어졌고, 그는 단지 일하는 것만 중요하게 생각하는 것처럼 보였다. 나는 항상 가족을 양육하기 위해 홀로 버려져 있는 것 같았다."라고 불평했다.

> Roger도 Karen과 마찬가지로 그만큼의 불평을 가지고 있었다. "내가 가족을 위해 경제적으로 노력하고 있다는 것에 대해 어떤 감사도 없고, 그녀는 항상 남편으로서 내 단점에 대해 비난하는 것처럼 보였어요." 그들의 불평에도 불구하고 그들 부부는 Karen이 동료와 지난 5년간 외도를 해 오고 있다는 것을 알지 못한 채 불행한 상태를 유지하고 있는 것으로 보였다.

장기적인 관계적 무책임을 보이는 이 같은 사례에서 신뢰할 수 있는 화해를 지향해야 하는 책임을 선별하는 것은 어려운 일이다. 먼저 Roger는 "Karen이 내가 다시 받아 줄 것이라 기대한다면 나에게 분명하게 사죄해야 한다."라고 주장한다. Karen은 분노하면서 다음과 같은 이야기로 반박한다. "그는 나를 수십 년간 홀로 남겨 두었으며 전적으로 우리의 결혼 생활을 무시했다. 지금 내가 그에게 사죄하기를 바라고 있다고? 그는 그런 대접을 받을 만해요." 양측은 모두 분노, 방어적 태도, 파괴적 행동의 입장에서 정당하다고 여기지만, 상담과는 별개로 두 사람 모두 자신의 행동에 대해 영적으로 불편함을 느끼고 있었다. Roger는 "마음속으로 나는 하나님과 가족에 우선순위를 두었어야 한다는 것을 알고 있다. 다만 그렇게 하지 못한 것뿐이다."라고 말했다. Karen도 마찬가지로 "나는 이와 같은 외도가 내가 건전하고 영적으로 믿는 모든 것에 위배된다는 것을 알고 있다. 나는 내가 하나님을 대적하고 있기 때문에 단지 그것을 변명하려 하고 있음을 알고 있다."라고 응수했다.

이 사례에서 치료사는 관계에서의 용서의 이전 단계로서 하나님과의 용서를 수행하기 위한 추진력으로 부부의 신앙을 활용하였다. "그때 이후에 당신들 모두는 다른 시점에서 당신의 행동과 하나님과의 관계에서 불편함을 이야기하였다. 나는 당신이 하나님과의 건강한 관계를 회복하기 위해 스스로를 위한 방법을 제시할 용의가 있는지 궁금하다."라고 치료사가 이야기했다. 부부가 동의했을 때, 치료사는 그들이 원하는 관계를 회복하기 위해 각자 하나님과 가져야 할 짤막한 대화를 종이에 쓰도록 요청했다. 이를 쓰기 시작했을 때 치료사는 "당신과 하나님과의 관계에 관한 것을 쓰는 것입니다. 서로의 관계에 대한 내용은 제외한다는 것을 기억하세요."라고 말해 주었다. 부부가 몇 가지 생각에 대한 개요를 서술했을 때 치료사는 각 배우자에게 하나님이 계시는 것처럼 그들의 생각을 소리 내어 공개적으로 이야기하였다. 비록 대화의 내용은 다양하였지만 양측 모두 그들이 수행한 것과 행동을 통해 '상처를 유발한' 것들에 대한 회개와 후회를 포함하고 있었다. 또한 양측 모두 파괴적인 행동에 대한 용서를 하나님께 구하는 내용을 포함하고 있었다.

치료사는 부부가 서로에 대한 파괴적 행동을 중단하기 위한 과정을 시작하기 위해 초기의 뉘우침과 하나님으로부터의 용서를 요청하는 것을 활용하였다. "만약 당신의 소망이 이러한 과정을 통해 하나님과 결합되는 것이라면 당신은 당신의 행동과 하나님이 당신이 행하기를 바라는 것을 믿는 것을 책임질 필요가 있다." 그들은 분노를 폭발하고 파괴적인 행동과 요구를 하는 횟수가 훨씬 줄어들었다. Karen은 또한 외도를 그만둘 것을 결정하였다. 3회기가 더 진행된 이후에 치료사는 부부가 하나님과의 관계를 회복하기 위해 활용한 방법이 서로에 대한 관계를 회복하는 데 효과적인 방법이라는 것을 제시하였다. 용서에 관한 개입의 Hargrave 모델을 활용하여 치료사는 번갈아 가면서 명시적인 용서의 회기를 활용하였고, 보상 기회를 제공하는 것을 통해 신뢰를 재건하였다. 예를 들어, 일부 회기에서 그들은 외도와 관련된 구체적인 폭력에 관한 감정에 대해 이야기를 나누었고, Karen은 명시적으로 용서를 구했다. 다른 회기에서 치료사는 Roger가 Karen과의 신뢰를 재건하는 데 도움이 되는 구체적 방법을 제시하였다.

Roger와 Karen은 6개월 동안 치료를 지속하였다. 비록 초기에는 관계에 대한 진척이 매우 느렸지만 양측 모두 결혼 생활을 위기에 봉착하게 만든 그들의 파괴적인 행동에 대한 책임을 기꺼이 수용하였다. 그들을 서로에게서 멀어지게 했던 사건들에 대해 기꺼이 기분을 표현한 것과 이를 스스로 인정하는 것과 함께 미래의 상호작용에서 신뢰를 형성하기 위한 여정을 시작하였다. 이러한 과정은 서서히 진행되었지만 치료의 종결에서 부부 양측은 모두 과거를 용서하였고, 지난 시간보다 좀 더 사랑하고 신뢰할 수 있는 그들의 관계를 확인하였다.

관계 회복에서 용서의 가치

많은 방법에서 회복을 통한 용서하기는 용서가 최고라는 것의 전형이다. 최소한 그것은 매우 파괴적이고 극악할 수 있는 일종의 관계적인 외상 이후에 융합되고, 과거의 관계 훼손과 삶의 모습에서 사랑과 신뢰가 충분한 방법으로 변화해야 하는 두 사람(또는 집단)이 포함된다(Hargrave, 2001). 유대교, 기독교, 이슬람교에서 우리는 신은 사람들과 사랑하고, 신뢰할 만하며, 옳은 관계를 바라고 있다는 일관된 메시지를 발견한다. 불교는 평화와 관계에서의 조화에 이르기 위해서는 가해자에 대한 연민뿐만 아니라 분노와 파괴적 행동을 놓는 것이 필요하다고 가르친다. 우리의 임상적 관점을 통해 관계 회복은 개인 내적 그리고 대인 관계에서 사랑과 신뢰를 재건하여 회복을 추구하는 실천 방법을 제공한다.

관계를 감내하는 것

관계를 감내하는 것에 대한 첫 번째 접근 방법은 용서와 화해가 이루어졌을 때조차도 관계된 사람들은 불완전하고 미래의 상처와 고통의 원인이 될 수 있다는 것을 인식하는 것이다. 예를 들어, 가해자는 뉘우침과 변화에 대해 진지할 수 있지만 다른 관계에서 파생된 개인적인 성숙의 부족, 과거의 습관, 상처로 인해 이전에 자신을 용서한 배우자에게 고통을 가져오는 관계적인 실수를 계속 만들게 된다. 이러한 관점에서 용서는 부가적인 관계적 상처에도 불구하고 관계를 지속하겠다는 약속을 포함할 수 있다. 기독교의 최우선 가르침에서 발견되는 이러한 관점은 용서에 관한 정신건강 문헌에서는 발견되지 않는다. 임상가로서 우리는 '감내' 과정의 가치를 이해하게 되었다. 이것은 관계적 위해에 대해 대응하는 것의 의미와 지침을 제공한다. 양측 모두와 그들의 관계는 그들의 경험을 통해 더 강하고 깊은 영성을 성장시킬 수 있다. 우리는 뉘우침과 변화 어느 쪽이든 노력하지 않고 상처를 주면서 가해자가 지속적으로 다른 사람들을 경시한다면 이렇게 하도록 조언을 하지 않는다는 것을 명확하게 하고 싶다. 감내의 개념은 보통 사람들의 경험에서 그들이 불완전하고 관계적인 상처의 원인이 되는 실수를 만들 것이라는 것을 의미한다. 그러나 상처가 만성적이고 가해자가 상처입은 사람들을 존중하지 않을 때 관계는 사랑과 신뢰로 여겨질 수 없다.

관계의 중요성과 학대의 상황과 맥락, 위해와 앞으로 일어날 수 있는 위험의 엄정성에 따라 이 장에서 논의된 용서의 세 가지 구성 요소가 적절할 수 있다는 것을 반복해서 제시하는 것은 중요하다. 놓아 주는 것의 개입은 대부분의 관계에서 적합하다. 관계 회복의 개입은 일부 관계에서 적합하다. 관계를 감내하는 것은 아마도 좀 더 소수의 관계에서 적합하다. 분노와 노함에 대한 개인 내적인 위안, 사랑하고 신뢰할 수 있는 관계를 회복하는 것, 그리고 변화하는 관계의 불완전성을 감내하는 것, 이 세 가지 문제는 균형을 갖추어야 한다. 우리는 관계를 감내하는 것에 대한 종교적 견해에 잠재적인 유익이 있다는 것을 이해하지만, 명확하게 이 개념이 신뢰할 수 없거나 사랑하지 않는 학대와 고통을 지속하고 있는 사람을 용서하는 데 활용될 수 없다는 것을 이해한다. 다시 말해서, 가해자의 실수, 피해, 성숙의 부족과 용서한 사람들이 감내할 수 있는 정도의 제한이 있다.

결 론

용서는 사랑, 연민, 화해, 관계의 네 가지 근본적인 가치를 가지고 있기 때문에 영성과 떼려고 해도 뗄 수 없게 연결되어 있다. 이것은 좀 더 강하고 친밀한 관계를 발전시키는 것뿐만 아니라 개인적인 안녕감을 촉진한다. 이 장에서 우리는 용서가 정신건강 영역에서 연구되고 실천되며 성장하고 있는 영역일 뿐만 아니라 불교, 유대교, 기독교, 이슬람교의 가르침에서 일관적인 견해임을 보여주고자 하였다. 이러한 종교적 견해와 심리학적 · 관계적 관점을 통해 우리는 우리가 놓아 주는 것, 관계 회복, 관계를 감내하는 것으로 명명한 용서의 핵심 요소 또는 관점들을 제시하였다. 놓아 주는 것은 개인적이고 관계적인 동정심, 안녕감, 더 나아가 기쁨을 촉진한다. 관계 회복은 분쟁의 해결, 친밀감, 신뢰감을 촉진한다. 관계를 감내하는 것은 관용, 인내, 친절을 촉진한다. 이러한 각 수준에서의 개입은 임상가에게 민감성과 명확성을 필요로 한다. 클라이언트는 용기가 필요하고, 이를 통해 개인적 · 관계적 · 영적 회복과 성장이 촉진될 수 있다.

참 | 고 | 문 | 헌

Abbotts, A. (2002). Buddhism: Tibet. In J. Bowker (Ed.), *The Cambridge illustrated history of religions* (pp. 90-93). Cambridge, UK: Cambridge University Press.

Ali, M. A. (2008). *The importance of forgiveness in Islam.* Institute of Islamic Information and Education. Retrieved August 11, 2007, from www.iiie.net/node/52.

Baumeister, R. F., Exline, J. J., & Sommer, K. L. (1998). The victim role, grudge theory, and two dimensions of forgiveness. In E. L. Worthington, Jr. (Ed.), *Dimensions of forgiveness: Psychological research and theological perspectives* (pp. 79-106). Philadelphia: Templeton Foundation Press.

Baumeister, R. F., Stillwell, A. M., & Heatherton, T. F. (1994). How stories make sense of personal experiences: Motives that shape autobiographical narratives. *Personality and Social Psychology Bulletin, 20,* 676-690.

Boszormenyi-Nagy, I., & Krasner, B. (1986). *Between give and take: A clinical guide to contextual therapy.* New York: Brunner/Mazel.

Cairns, E., Tam, T., Hewstone, M., & Niens, U. (2005). Intergroup forgiveness and intergroup conflict: Northern Ireland, a case study. In E. L. Worthington, Jr. (Ed.), *Handbook of forgiveness* (pp. 461-475). New York: Routledge.

DiBlasio, F. A. (1998). The use of decision-based forgiveness intervention within intergenerational family therapy. *Journal of Family Therapy, 20,* 77-94.

Dorff, E. N. (1998). The elements of forgiveness: A Jewish approach. In E. L. Worthington, Jr. (Ed.), *Dimensions of forgiveness: Psychological research and theological perspectives* (pp. 29-55). Philadelphia: Templeton Foundation Press.

Enright, R. D., & Coyle, C. T. (1998). Researching the process model of forgiveness within psychological interventions. In E. L. Worthington, Jr. (Ed.), *Dimensions of forgiveness: Psychological research and theological perspectives* (pp. 139-161). Philadelphia: Templeton Foundation Press.

Enright, R. D., & Fitzgibbons, R. P. (2000). *Helping clients forgive: An empirical guide for resolving anger and restoring hope.* Washington, DC: American Psychological Association.

Enright, R. D., Gassion, E. A., & Wu, C. (1992). Forgiveness: A developmental view. *Journal of Moral Education, 21,* 99-114.

Enright, R. D., & North, J. (Eds.). (1998). *Exploring forgiveness.* Madison: University of Wisconsin Press.

Exline, J. J., & Baumeister, R. F. (2000). Expressing forgiveness and repentance: Benefits and barriers. In M. E. McCullough, K. I. Pargament, & C. E. Thoresen (Eds.), *Forgiveness: Theory, research, and practice* (pp. 135-155). New York: Guildford Press.

Exline, J. J., Worthington, E. L., Jr., Hill, P. C., & McCullough, M. E. (2003). Forgiveness and justice: A research agenda for social and personality psychology. *Personality and Social Psychology Review, 7,* 337-348.

Fincham, F. D., & Beach, S. R. H. (2002). Forgiveness in marriage: Implications for psychological aggression and constructive communication. *Personal Relationships, 9,* 239-251.

Hrgrave, T. D. (1994). *Families and forgiveness: Healing wounds in the intergenerational family.* New York: Brunner/Mazel.

Hargrave, T. D. (2001). *Forgiving the devil: Coming to terms with damaged relationships.* Phoenix, AZ: Zeig, Tucker, & Theisen.

Hargrave, T. D., & Sells, J. N. (1997). The development of a forgiveness scale. *Journal of Marital and Family Therapy, 23,* 41-62.

Hill, P. C., Exline, J. J., & Cohen, A. B. (2005). The social psychology of justice and forgiveness in civil and organizational settings. In E. L. Worthington, Jr. (Ed.), *Handbook of forgiveness* (pp. 477-490). New York: Routledge.

Marty, M. E. (1998). The ethos of Christian forgiveness. In E. L. Worthington, Jr. (Ed.), *Dimensions of forgiveness: Psychological research and theological perspectives* (pp. 9-28). Philadelphia: Templeton Foundation Press.

McCullough, M. E. (1997). Marital forgiveness. *Marriage and Family: A Christian Journal, 1,* 77-93.

McCullough, M. E., Fincham, F. D., & Tsang, J. (2003). Forgiveness, forbearance, and time: The temporal unfolding of transgression-related interpersonal motivations. *Journal of Personality and Social Psychology, 84,* 540-557.

McCullough, M. E., & Hoyt, W. T. (2002). Transgression-related motivational dispositions: Personality substrates of forgiveness and their links to the Bif Five. *Personality and Social Psychology Bulletin, 28,* 1556-1573.

McCullough, M. E., Pargament, K. I., & Thoresen, C. E. (2001). The psychology of forgiveness: History, conceptual issues, and overview. In M. E. McCullough, K. I. Pargament, & C. E. Thoreson (Eds.), *Forgiveness: Theory, research, and practice* (pp. 1-14). New York: Guilford Press.

McCullough, M. E., Sandage, S. J., & Worthington, E. L., Jr. (1997). *To forgives is human: How to put you past in the past.* Downers Grove, IL: InterVarsity Press.

Murphy, J. G. (2005). Forgiveness, self-respect, and the value of resentment. In E. L. Worthington, Jr. (Ed.), *Handbook of forgiveness* (pp. 33-40). New York: Routledge.

New York International Bible Society. (1978). *New International Version of the Holy Bible.* Grand Rapids, MI: Zondervan.

Pargament, K. I. (1997). *The psychology of religion and coping: Theory, research, practice.* New York: Guildford Press.

Rye, M. S., Pargament, K. I., Ali, M. A., Beck, G. L., Dorff, E. N., Hallisey, C., et al. (2001). Religious perspectives on forgiveness. In M. E. McCullough, K. I. Pargament, & C. E. Thoreson (Eds.), *Forgiveness: Theory, research, and practice.* New York: Guilford Press.

Sandage, S. J., & Williamson, I. (2005). Forgiveness in cultural context. In E. L. Worthington, Jr. (Ed.), *Handbook of forgiveness* (pp. 41-55). New York: Routledge.

Sells, J. N., & Hargrave, T. D. (1998). Forgiveness: A review of the theoretical and empirical literature. *Journal of Family Therapy, 20,* 21-36.

Shakir, M. H. (2004). *The Holy Qur'an.* Elmhurst, NY: Tahrike Tarsile Qur'an.

Staub, E. (2005). Constructive rather than harmful forgiveness, reconciliation, and ways to promote them after genocide and mass killing. In E. L. Worthington, Jr. (Ed.). *Handbook of forgiveness* (pp. 443-459). New York: Routledge.

Toussaint, L. L., Williams, D. R., Musick, M. A., & Everson, S. A. (2001). Forgiveness and health: Age differences in a U.S. probability sample. *Journal of Adult Development, 8,* 249-257.

Walsh, F. (2006). *Strengthening family resilience* (2nd ed.), New York: Guilford Press.

Witvliet, C. O., Ludwig, T. E., & Vander Laan, K. L. (2001). Granting forgiveness or harboring grudges: Implications for emotion, physiology, and health. *Psychological Science, 21,* 117-123.

Worthington, E. L., Jr. (1998). The pyramid model of forgiveness: Some interdisciplinary speculations about unforgiveness and the promotion of forgiveness. In E. L.

Worthington, Jr. (Ed.), *Dimensions of forgiveness: Psychological research and theological perspectives* (pp. 107-137). Philadelphia: Templeton Foundation Press.

Worthington, E. L., Jr. (2003). *Forgiving and reconciling: Bridges to wholeness and hope*. Downers Grove, IL: InterVarsity Press.

Worthington, E. L., Jr. (2005). Initial questions about the art and science of forgiving. In E. L. Worthington, Jr. (Ed.), *Handbook of forgiveness* (pp. 1-13). New York: Routledge.

Worthington, E. L., Jr., & Scherer, M. (2004). Forgiveness is an emotion-focused coping strategy that can reduce health risks and promote health resilience: Theory, review, and hypotheses. *Psychology and Health, 19,* 385-405.

Worthington, E. L., Jr., & Wade, N. G. (1999). The psychology of unforgiveness and forgiveness and implications for clinical practice. *Journal of Social and Clinical Psychology, 18,* 385-418.

제 17 장 인격신과의 대화에 치료를 개방하기

MELISSA ELLIOTT

치료에서 완벽하게 중립적인 치료사가 없는 것과 같이 완벽하게 개방된 대화의 공간은 없다. 치료사와 클라이언트는 보지 못했던 것을 탐색하고, 듣지 못했던 것을 경청하며, 한계와 가능성을 타진해 보기 위해서 서로 새로운 것에 문호를 개방하거나 폐쇄한다. 나는 중요한 다른 한 사람이 어떤 이들이 하나님이라고 부르는 많은 이름으로 알려져 있는 다른 신이라 할지라도 경청되고 이해받기 위한 최상의 대화와 의미를 구축하는 데 포함될 수 있는 최상의 상대들에게 충분히 열린 치료의 공간을 만들고 싶다. Bakhtin(1981)이 이야기한 것과 같이 만약 담론이 근본적으로 정치적이고, 이야기가 공간을 두고 경쟁하는 많은 목소리에 의해 만들어진다면 그 후에 권력은 담론에서 공간을 차지한다. 그 후에 정의는 클라이언트들이 그들을 경험한 대로 그들의 이야기를 할 수 있는 바로 그때다.

보는 측면에 따라서 이 신 담론(God-talk)은 여기서 이야기되어서는 안 된다는 것과 신은 여기서 이야기할 수 있고 이야기되어야만 한다는 양측의 금지 제약의 정의에 의해 클라이언트가 인격신에 대한 경험을 이야기할 수 있는 공간은 제한될 수 있다. 비종교적인 정신치료의 문화는 치료사가 비고의적으로 금기의 제약을 부과하는 데 영향을 줄 수 있으며 종교상담의 문화도 치료사가 비고의적으로 금기의 제약을 부과하는 데 영향을 줄 수 있다. 이것은 영성에 대한 대화를 제한하는 치료사의 선택이 항상 비고의적이라고 이야기하는 것은 아니다. 일부 치료사는 계획적으로 클라이언트가 가진 종교적인 주제에 대한 논의를 피한다고 이야기한다. "그것은 성직자의 몫이지 심리치료사의 몫이 아니에요." 일부 클라이언트는 "나는 하나님과의 일은 하나님의 집에서 다루어지기를 원한다."라고 이야기한다.

그러나 대부분의 치료사는 클라이언트의 영적 경험의 중요성을 인식하고 있으며, 클라이언트가 그것에 대해 자유롭게 이야기하기를 원한다. 이것은 나와 같이 이러한 양측의 문화에 영향을 받은 비종교적인 심리치료사, 목회상담자 그리고 다수의 상담자와의 많은 대화에서 명백하게 드러난다. 우리의 연구[1]에 참여한 클라이언트와 참여자는 치료에서 그들의 영적 경험을 포함할지에 대한 선택권을 갖기를 원하고, 심리학적이고 관계적 문제는 치료사와 대화하고, 영적인 문제는 종교 지도자와 대화함으로써 파편화되는 느낌을 경험한다고 이야기했다. 내가 기독교 성향이 강한 남부의 바이블 벨트(Bible Belt)에 자리 잡은 Mississippi의 실천 현장에 있었을 때, 이것은 나와 함께 치료에 개입한 많은 사람의 명백한 관심사였다. 대부분의 사람은 그들이 하나님과의 개인적인 관계를 가지고 있거나, 가졌었거나, 가져야 한다고 느낀다. 그 후 나는 Mississippi의 실천 현장을 떠나 다양한 영적 행로를 따르는 사람들과 일하는 지금의 좀 더 다양한 환경의 실천 현장으로 왔다. 나는 치료에 그들의 영성이 어떻게 포함되어야 하는지를 클라이언트에게서 계속 배우고 있다(Elliott, 2007). 이것은 남부 또는 다른 지역의 모든 치료사가 영성을 언급해야 한다는 것을 의미하지 않는다. 실제로 내가 진행하는 대부분의 회기는 명시적으로 영성과 관련된 내용을 포함하지 않는다. 그러나 치료사는 클라이언트가 상담 계획이 그들의 영적 생활을 이야기하는 데 개방적이라고 느끼도록 하기 위해 치료사 자신의 장애물을 제거해야 한다.

여기서 제시할 상담 이야기는 내가 Mississippi에 살면서 일했던 임상 현장의 것들이다. 여기서 나는 인간과의 관계에 대한 클라이언트의 이야기에 초점을 둔다. 나는 『African American Mississippians』(Elliot Griffith & Griffith, 1997), 『With People of Other Faith Traditions』(Griffith & Elliot Griffith, 2002)와 같은 다른 곳에 나에게 맞는 겸손과 개방성을 형성하게 해 준 내 무지에 대한 깨달음을 기록하였다. 이후의 비네트는 의도적으로 백인 개신교 신자들과의 치료에서 인용되었다. 이것의 초점은 나의 가족 문화와 전통 안에서 시야를 개방하는 과정에서 가장 어려움을 겪었던 것에서 놀라움에 대해 개방되고자 하는 나의 바람이 발견되는 것이다.

앎의 함정

나는 공포장애를 상담하는 정신적 외상 가족치료 상담 프로그램에서 Susan과 그의 어머니를 처음 만났다. 이 치료를 시작한 지 2년이 지났고, Susan은 나를 다시 찾아 왔다. "나는 다시 문제에 빠졌어요. 당신의 뜻은 알겠지만 그는 이제껏 내가 상담받을 때 엄마를 참여시키지 않았기 때문에 나는 공포장애 전문가에게 돌아가고 싶지 않아요. 그는 내가 너무 나이가 많다고 생각하지만 그가 이해하지 못하는 것은 엄마는 진정으로 나를 알아주는 내가 가진 유일한 최고의 지지 체계라는 나의 생각이에요. 어쨌든 나는 그가 내가 엄마를 거의 만나지 않거나 더는 만나지 않아야 한다고 생각하는 것처럼 느껴져요. 그러나 내가 상담에 참여하는 것만큼 엄마가 참여하는 것은 매우 중요해요."

Susan은 때때로 그녀의 어머니를 상담실에 함께 들어오지 못하게 하는 것을 원하지 않았고, 왜 그래야 하는지 의문을 가지고 있었다. 그녀에게 이야기를 들었을 때 나는 분노가 끓어오르기 시작하였다. 나의 분노는 체계적 가족치료에 대한 전념이나 자신이 원하는 치료를 선택하는 클라이언트의 권리라는 인식에서 발생했다고 할 수 있다. 그러나 솔직히 말해서 나를 화나게 한 것은 보살핌에 대한 나의 경험과 전문성을 다루는 것에 대한 것이었다. 나는 "Susan이 과잉 의존하고 있고, 그녀의 어머니가 그녀에게 좋지 않다고 결정한 그 녀석을 그만두게 할까? 그녀의 치료에 참여해야 할 사람이 누군지에 대해 그가 가장 잘 알고 있다고 생각할 수 있지? Susan과 그녀의 어머니는 그가 개입하기 전부터 많은 문제를 잘 해결했어. 그녀가 전문가를 포기하고 그녀의 어머니와 함께하기로 결정한 것은 그녀에게 좋은 거야!"

Susan은 "보여 줄 것이 있어요."라고 말하면서 나의 생각을 중단시켰다. 그녀는 핸드백에서 책을 꺼냈다. 제목은 불안에 대한 기독교인의 해답과 비슷한 것이었다. 그녀를 거절하고 싶지는 않았지만 또한 이해하기 힘든 견해에 기반을 둔 치료에 빠지고 싶지도 않았기 때문에 나는 머뭇거렸다.

"내가 전문가에 갈 수 없다는 것을 깨달았을 때 나는 엄마가 나를 위해 구한 이 놀라운 책을 읽기 시작했어요. 나는 읽고, 기도하고, 당신을 찾아가기로 결정했어요. 당신이 이 사람의 방법에 동의할지는 모르겠지만 그는 기독교인의 견해처럼 들리는 좋은 것을 가지고 있어요. 만약 내가 이것을 극복하려면 엄마, 당신 그리고 하나님과 같이 내가 얻을 수 있는 모든 지원을 필요로 할 것 같아요."

나는 Susan을 납득시키지 못할 수도 있고, 자신을 속이지 않아야 한다는 두려움으로 망설였다. 그리고 완벽한 해결책이 떠올랐다. 나는 그녀를 그녀가 가져온 책과 같은 견해를 가진 훌륭한 지역 신학대학을 기반으로 하는 가족상담 프로그램에 의뢰하였다. "나는 그의 방법을 배우거나 활용할 수 있을지 모르겠지만 이 책은 도움이 되었어. 이러한 접근에 좀 더 전문성을 가진 상담자에게 너를 연결해 줘도 될까?"

"아니요, 그렇게 하는 걸 원하지 않아요. 나는 Oregon에 있는 이 책의 저자에게 전화했었고, 내가 해야 할 것을 물어봤어요. 그는 나에게 내가 당신이 편하다면 당신에게 돌아가서 만나 보라고 말했어요. 그는 심지어 우리는 그의 방법을 활용할 수 없다고 이야기했고, 우리가 활용하고 싶은 것만 활용하고 나머지를 남겨 두라고 이야기했어요. 나는 우리가 그것을 이해할 수 있다고 확신해요.

나는 주께 의지할 필요가 있고, 나 혼자 그것을 할 수 없다는 것을 알아요."

Susan은 나에게 이 저자가 아닌 그녀의 하나님께 속하기를 요청했다. 그녀는 단지 내가 관심을 갖기를 원했다. 이것은 Susan이 공포장애 전문가에게 그녀의 어머니를 상담에 참여시켜 달라고 요청하는 것에 비해 그렇게 어려운 것은 아니었다. 그것이 깨달음을 주었다. 그렇다면 무엇 때문에 혼란스러웠던 것인가? 말하기 겸연쩍지만 그것은 전문가로 하여금 주저하게 만드는 일종의 자동반사적 사고와 유사한 것이었다. 그 책의 제목을 봤을 때 나는 그녀가 관련된 하나님에 관해 내가 알고 있다고 생각했다. 나는 이것이 Susan뿐만 아니라 나 자신을 그의 권위에 의심하지 않고 순종하게 만드는 권위적이고 불변의 하나님을 만들어 갈 것으로 알았다. 내가 안다고 생각함으로써 나는 그녀를 염려하고 진정시키며 그녀가 자신을 수용하고 건강하기를 요청하는 것을 분명하게 들을 수 있는, 결국은 고요하고 부드러운 목소리를 가진 그녀의 하나님, Susan, 그녀의 어머니와 함께 일할 수 있는 기회를 잃어버릴 뻔했다. 이 사례를 비롯한 많은 다른 사례들은 만약 하나님에 관한 누군가의 경험의 기본적인 이야기를 '내가 안다고 생각한다면' 나는 아마 치료 가능성을 폐쇄하기 시작하는 것임을 반복적으로 알려 주었다. 그 후 나는 이야기될 수 있는 것을 지시하거나 검열하는 문화적인 억압의 힘에 참여하는 위험을 무릅썼다. 이러한 힘에 대한 저항은 단지 나 자신의 확신을 발견하고 벗어나는 것의 결과로 가능해졌다.

나는 호기심과 창조성과 거리가 먼 '이미 알고 있음'으로 나를 유인하는 '확신의 이야기'를 발견하는 끊임없는 과정에 관심이 있다. 나는 이러한 확신을 복잡한 실체들은 공존할 수 있고, 관계는 도출될 수 있다는 참신한 경이로움에 개방하고 싶다. 임상적 개입과 연구는 모두 나를 확신에서 호기심으로 변화하도록 도와주었다(Tingle et al., 1993). 나는 치료에서 하나님과의 대화를 위한 가능성을 방해하고, 억압하며, 강제하는 '확신의 이야기'를 발견했다. 확실히 독자들은 내가 보이지 않는 것의 활용을 지속하고 있음에 대한 확신을 볼 수 있을 것이다. 아마도 독자들은 자신의 확신을 발견할 수 있을 것이다.

확신에서 경이로움으로

나는 나의 개입에서 깨달은 몇 가지 '확신'을 제시하고, 그 이후에 그것들을 호기심에 개방하는 방법을 제시한다.

확신 1: 나는 당신의 종파를 알고 있으므로 당신에게 하나님이 어떤 분인지 알고 있다

남부 사람들이 서로 처음 만났을 때, 특정 종파에 소속되어 있음은 초기 정보 교환에 꽤 도움이 된다. 이러한 유형을 아는 것은 그 집단의 예배 방식과 행동 규칙에 대한 정보를 알려 준다. 그것은 우리에게 그들을 어떻게 대접해야 하는지를 알려 준다. 예를 들어, 나는 남부 침례교파[2]에서 전통적으로 음주를 반대한다는 것을 알고 있기에 나의 클라이언트가 남부 침례교도라고 이야기한다면 나는 그녀에게 커피를 제공한다. 만약 그녀가 성공회교도라고 이야기한다면 와인을 제공한다. 물론 성공회교도가 단주모임의 일원일 수도 있고, 침례교도가 와인을 상당히 좋아할 수도 있지만 호기심을 가진 외부인은 같은 남부 사람보다 이것에 관해 질문할 가능성이 있다. 그렇게 하는 것은 그 외부인이 나보다는 좀 더 호의적인 진행자가 될 수 있음을 의미한다.

비슷하게 우리는 다른 종교 집단에 하나님이 어떤 심상인지를 알게 된다. 같은 남부 사람들은 남부 침례교의 하나님을 친밀하지만 엄격한 아버지로서 심상화하지만 성공회교의 하나님은 먼 곳에 계신 관대한 부모로서 심상화된다. 이러한 가정들은 종종 와인을 즐길 수 있는 누군가에 관한 것만큼 잘못될 수 있으며, 이러한 가정은 우리의 치료 대화를 좀 더 비호의적인 것으로 만들 수 있다.

우리의 연구(Tingle et al., 1993)는 이러한 일종의 가정들의 오류에 대한 증거가 되었다. 예를 들어, 종교적 근본주의에 대한 측정과 개인에게 비치는 수용성 또는 유연성의 정도에 따라 하나님이 묘사되는 정도 간에는 상관관계가 없다. 특정 종파의 신념과 심지어 개인적으로 진술되는 신념은 하나님에 관한 개인적 경험의 좋지 않은 예측 변수가 된다. 많은 임상가의 경험은 나의 이러한 견해를 증명해 준다. Thomas는 나의 가정에 의문을 품게 한 첫 번째 사람이었기에 가장 기억에 남는다.

내가 처음 Thomas를 만났을 때, 나는 그가 가진 용서받는 것을 허용하지 않는 종교적 교리를 염려했다. 그가 그의 이야기를 나에게 해 주었을 때 나는 스스로 그가 인자한 하나님을 소유할 수 있는 성공회교도이기를 바라고 있음을 발견하였지만 그는 성공회교도가 아니었다. 그는 보수적인 종파의 충실한 구성원이었다. 그가 속한 집단의 구성원들은 축성과 엄격한 도덕적 규칙에 순종해야 한다고 믿고 있었다. 그들은 행동만큼 외형적으로도 정결하고 정직해야 한다고 알고 있었다. Thomas는 결혼한 여성과 맺고 있는 불륜 관계 때문에 자신이 부정하다고 느낀다고 이야기하였다. 그는 관계를 정리했지만 동경과 환상은 지속되고 있었다. 이러한 그의 비밀은 그를 교회와 하나님에게서 멀어지게 했다. 그가 진술한 믿음에 따르면 그는 "하나님은 죄를 좌시하지 않으시기 때문에" 그가 정결해질 때까지 하나님께 나아갈 수 없다. 여전히 그는 하나님의 도움 없이는 그의 방식을 변화시킬 수 없었다.

"나는 헤어나기 힘든 고난 중에 있어요. 내가 스스로 한 일이에요. 도처에 '위험, 들어가지 마시오.'와 같은 경고가 있었지만 나는 고의로 늪으로 들어갔어요. 지금 나는 어려움에서 꼼짝 못하고 있어요. 스스로 노력해서 빠져나가려고 하면 할수록 더 깊게 빠져들어요. 이곳은 빠져든 사람을 오염시키는 위험한 곳이고, 주님이 바라보시기에는 너무나 부정한 곳이에요."라고 그는 말했다. 우리는 그가 가진 주님의 관점이 어떨 것인가에 대해 내내 궁금해하며, 많은 관점의 딜레마에 관해 이야기를 나누었다. 실제로 그는 주님이 자신을 구해 주실 것이라는 것을 알고 있다고 말했다. 그는 예전부터 그랬었다. 단지 그가 주님의 얼굴에서 실망과 근심을 보고 있을 뿐이었다. Thomas는 그에게 자신을 구원하기 위해 이 더러운 곳으로 오시는 희생을 요청할 수 없었다. 이후로 몇 주 후 그뿐만 아니라 나 역시도 그의 믿음을 올바르게 하고, 그를 고립시키고 우울하게 만드는 이러한 곤란에서 탈출시킬 방법을 찾지 못했다.

그러던 어느 날 Thomas는 눈에 띄게 밝은 표정으로 사무실에 들어왔다. 그는 '진짜 같은, 백일몽과 같은' 경험에 대해 이야기했다. 사실 Thomas의 환상은 그에게 놀라웠던 것만큼 나에게도 놀라운 것이었다. 그는 위험에 대한 경고 신호를 지나고, 늪으로 그리고 냄새나고 진흙투성이인 위험한 곳으로 담대하게 그를 향해 걸어오시는 주님을 보았다고 말했다. 주님은 몸을 숙여 그를 들어 올리고 그를 팔에 앉혀 시원하고 맑은 물가로 데리고 가셨다. 주님은 그에게 침례를 행하고 그를 씻겨 주었으며 꾸지람 없이 위로의 말로 그를 데리고 나오셨다.

"거기에 진흙과 불결한 것은 어떻게 되었나요? 혐오스러워 주님이 그곳을 지나가거나 그것을 넘어가거나 만지지 않았나요?" 라고 나는 물었다.

Thomas는 대답을 머뭇거렸다. "그는 그것의 중앙에 계셨고, 그것을 넘어가지 않으셨어요. 그것이 문제가 되는 것 같지 않았어요. 나를 보고 있는 그의 눈에는 전혀 꺼리낌이 없어 보였어요."

"그가 실망하거나 근심스러워 보였나요?" 라고 내가 물었다.

"아니요. 그는 정말로 나를 찾고, 나를 깨끗이 해 주고, 나에게 휴식을 주었기에 평온하고 진정으로 행복한 것처럼 보였어요."

Thomas에게 있었던 경이로운 놀라움은 그의 주님은 결핍의 시기에만 돕는 것이 아니라 혐오스럽게 여기지 않고 불결한 곳조차 걸어가신다는 것이었다. 이러한 새로운 지식을 가지고 그는 교회 구성원들과 다시 연결될 수 있었다. 그는 고백해야 하거나 숨겨야 할 필요가 없는 새로운 교우 관계를 형성함으로써 시작하였다. 후에 그는 경험한 주님의 은혜에 대한 지식으로 인해 가능해진 신뢰할 만한 교우 관계에 관해 말해 주었다. Thomas에게 배운 것은 내게도 놀라운 것이었다. 그것은 내가 뜻밖의 발견을 할 준비를 하게 하고, 보수적인 종파의 다른 사람들과 좀 더 창조적으로 연결되도록 하였다.

확신 2: 나는 하나님에 관한 당신의 언어가 의미하는 것을 알고 있으므로 당신에게 하나님이 어떤 분인지 알고 있다

사람들이 예배를 위해 교회에 모일 때 그들은 자신들을 단결시키는 공통의 말인 예배의 언어를 할 줄 안다. 신도들은 주기도문을 시작할 때 "하늘에 계신 우리 아버지여."라고 일제히 말한다. 이러한 교인 중 누군가 하나님이 어떤 분인지에 대한 질문을 받으면 대부분은 '하늘에 계신 아버지와 같은 분'이라고 이야기할 것이고, 묻는 사람은 신도들이 하나님에 대해 매우 유사한 경험을 하고 있다고 결론을 맺을 수 있을 것이다.

그러나 우리의 연구 대화는 이러한 관용구는 문과 같고, 비록 사람들의 마음의 문은 비슷해 보이지만 그 내면은 매우 다르다는 것을 제시한다. 연구 프로젝트의 첫 번째 부분에서 참여자들은 하나님에 관한 '남성의, 여성의, 가혹한, 온화한'과 같은 다른 묘사에 대한 리스트를 살펴보고, 그들의 경험에 적합한 하나를 선택하였다. 대부분의 참여자는 '하나님은 온화한 아버지와 같다.'에 표시하였다. 프로젝트의 두 번째 그리고 세 번째의 하나님에 대한 실제 경험에 관한 인터뷰에서 그들은 폭넓은 모습을 시사했고, 새로운 단어들을 이야기했다. 이후의 그러한 다양한 이미지에 대한 질문은 치료 질문으로서 파일의 앞쪽에 항상 있다. 이러한 질문들은 나를 확신에서 호기심으로 확실하게 이동시켰다. "하나님이 당신에게 진정으로 실체가 되고, 당신이 하나님과 함께 있다는 것을 알게 되는 그 순간에 하나님은 누구인가에 대한 질문에 당신은 무엇을 듣고, 보고, 느끼는가?" 여기에 일부 응답이 제시되어 있다.

- "나를 둘러싼 세상이 무너질 때 나를 에워싸는 따뜻한 보호막 같아요."
- "내가 너무 자주 실망시키고, 감사할 줄 몰라서 화난 엄마 같아요."

- "나를 위해 나의 과업을 설계하지는 않지만, 나의 가능성을 기뻐하고 그것을 하도록 나를 밀고 가는 올림픽 코치 같아요."
- "바싹 마른 강바닥 같은 나에게 다가오는 흐르는 강물, 그리고 나에게 생명을 주는 자양분 같아요."
- "나의 끊임없는 잘못에 화를 내고, 끝내 내게서 등을 돌릴 엄한 늙은 할아버지 같아요."
- "격랑의 호수를 수영해 나간 이후에 끝내 도착하게 될 깊고 물이 없는 동굴의 고요함 같아요."
- "나에게 다가오는 것을 즐거워하고, 항상 충분한 우유를 주는 엄마 같아요. 엄마의 가슴에 머리를 눕힐 때, 엄마의 숨소리를 느끼고, 심장 소리를 들으며 나는 평온해져요."

"당신에게 당신이 묘사한 하나님을 가장 연상하게 하는 사람은 누구입니까?"라고 물었을 때 온화하고 아버지 같은 하나님에 대한 설명으로 시작했던 일부 연구 참여자들은 정말로 자신의 온화한 아버지나 할아버지를 연상했다. 온화하고 아버지 같은 하나님을 이야기한 다른 사람들은 그를 여성으로 연상했다.

- "침착하고 멀리 내다보시는 어머니."
- "사랑에 대해 가르쳐 주고, 힘든 상황을 견디게 해 준 가정부."
- "나에게 항상 안락한 장소를 만들어 주시는 할머니."
- "가족보다 친밀하고, 어떤 상황에서도 나를 직면하게 하고, 용기를 주고 지지하는 여자 친구."
- "나를 위해 그녀의 식탁에 자리를 하나 더 만들어 주고, 집을 자유롭게 어지럽히게 하고, 웃음으로 채워 주며, 적어도 좀 더 나은 자신이 되기 위해 최선을 다했던 이웃집 아일랜드 가톨릭 여성이었던 나의 또 다른 엄마."

연구 프로젝트와 나의 임상적 경험은 하나님이라는 단어를 확실하게 포함하여 억압적으로 함축된 것에서 치료사가 자유롭게 활용할 수 있는 단어는 없다고 주장한다. 참여자 중 한 명인 Priscilla는 "나는 피할 수 있다면 하나님이라는 단어를 활용하지 않아요. 그것은 오랫동안 나를 숨 막히게 했던 오래된 '금지의' 하나님으로 사용해 온 말이에요. 그 말은 거의 나를 차렷 자세를 취하게 했고, 조심스럽게 했으며, 이야기하지 못하게 했고, 확실히 웃지 못하게 만들었어요. 그 말은 내가 지금 아는 성령과 함께하는 데 아무런 관련이 없어요. 내 안에 그리고 나를 둘러싸고 있는 성령은 나를 개방적이고, 사랑하며, 창조하고, 웃게 만들어요."라고 말했다.

"그러나 만약 당신이 정말 필요하다면 당신에게 하나님을 말해 줄 수 있어요. 단, 그것은 축약한 명칭이지 실체가 아니라는 것을 기억하세요."라고 말하며 웃었다. 그녀의 말은 나에게 감명을 주었고, 이 더디고 조심스러운 연구 대화에서 나는 그녀가 선호했던 언어와 친숙해졌다. 마침내 나는 영성뿐만 아니라 다른 영역의 이야기에서 클라이언트가 '축약한 명칭'을 사용하는 것에 대해 자신도 모르게 수용하거나 무심코 물어봄으로써 여전히 치료 대화의 질을 떨어트리고 있는 것이 확실하다.

나는 Priscilla에게 하나님이라는 단어가 어떤 의미인지를 알지 못했다. 또한 그것의 사전적 정의나 공유하고 있는 문화에서의 사용에 대해 아는 것으로 특정 단어가 다른 사람에게 어떤 의미인지를 알 수 없다. 해석학의 철학자들이 가르쳐 준 것과 같이 언어는 다른 사람과 함께 참여하는 방법이고, 다른 사람과 만나는 방법이다(Heidegger, 1971; Gadamer, 1976). Priscilla에게 하나님이라는 단어를 말하는 것은 어렵고 차가운 것이었지만 성령과 빛과 같이 그녀의 말을 배우고 이야기하는 것은 그녀에게 '실체'인 강하게 둘러싼 선과 함께 그녀와 만나는 것이다.

확신 3: 하나님에 대해 당신이 가지는 심상은 초기 애착 대상을 반영하는 것이므로 당신에게 하나님이 어떤 분인지 알고 있다

하나님의 심상 발달에 관한 심리학 연구에 대한 입문은 대상관계이론의 글을 접한 것이었다(Rizzuto, 1979). 아동은 경험상의 하나님의 심상을 창출하기 위해 부모님에 대한 심상의 일부를 합성한다고 제시했다. 이러한 견해를 학습하기 위해 대상관계이론을 읽을 필요는 없다. 많은 교회에서 아버지들은 아이들의 하나님에 대한 첫 번째 모델 역할을 하게 된다는 경고와 함께 충고를 받는다. 게다가 누군가는 특별히 이 심상이 수치스러운 것이라면, 그것이 구체화되고 안정되는 것이 지극히 은밀하게 유지되고 상호작용된다는 것을 이론화할 수 있다. 이러한 이론들은 인격신의 특성은 부모의 특성과의 유사성을 초월하지 못한다는 점에서 치료사들을 확신의 이야기로 이끌어 간다.

이러한 확신에 저항하기 위해서 나는 하나님에 대한 심상과 그것을 설명하는 이론의 영속성을 기대하지 않으며, 오히려 이러한 이론에 의해 예측될 수 없는 변화, 차이, 독특한 결과물로 본다. 이러한 후자의 요소들은 나의 확신을 해체하였고, 이러한 요소들에 기반한 질문은 호기심을 갖는 데 자유를 주었다.

Carol은 극심한 불안 증상에 대한 도움을 요청하고자 치료에 참여하였다. 그녀는 자신과 딸을 부양하기 위해 직업을 세 개나 갖고 있는 용감하고 단호한 여성이었다. 나는 종종 한 시간 내에 그녀에게 몹시 필요한 낮잠보다 더 도움이 될 수 있는 무언가를 줄 수 있을지를 걱정하였다. “꼭 이렇게 힘들게 일을 해야 하나요? 가족이나 은행 대출이 도움이 되지 않을까요?”라고 나는 물었다.

“아니요, 그것은 도움이 되지 않아요. 나는 육체적으로 지쳤지만 견딜 수 있어요.”라고 그녀는 대답하였다.

우리가 좀 더 대화를 나누었을 때 이러한 철학이 힘든 삶을 통해 그녀에게 도움이 되고 있는 것처럼 보였다. 그녀의 혼잣말은 “이것은 힘들지만 나 또한 강해. 나는 그것을 처리할 수 있어.”라고 하거나 “만약 내가 그것을 처리할 수 있다면 나는 그것을 처리해야 해."라고 말하는 것 같았다.

선택권을 주기 위해 나는 이것이 그녀가 그녀의 삶과 노동을 좌우하도록 선택한 철학이었는지를 물었다. Carol은 앞으로는 "나는 이것이 흡족한가?" 그리고 "나의 시간과 노력은 가치가 있나?"라고 자신에게 묻기를 원했다고 생각했다. 그녀는 체력에 대해 너무 많은 칭찬을 받았기 때문에 이것이 달라지는 것은 어렵다고 예상했다. 나는 그녀의 심상의 대화에 관해 질문하기 시작했다(Watkins, 1986). 누가 그녀를 좀 더 수입이 충분한 삶을 추구하도록 독려하고, '만약 내가 할 수 있다면 나는 그것을 처리해야 해.'라는 삶의 방식에 그녀를 얽매이게 했는가? 이러한 질문에 Carol이 대답할 때 나는 이러한 논란에 하나님은 어디에 계신지를 물었다. 나는 Carol을 딸과 친구들에게 세심하고 편안함을 주는 영적인 사람으로 알고 있었다. 나는 그녀가 하나님은 그녀가 고통을 멈추고 휴식을 취하고 편안해지기를 원한다고 이야기하기를 기대했다.

그녀는 "글쎄요. 이것은 하나님이 그것을 얼마나 원하시는지 또는 그것을 변화시킬 것인지에 따라 결정되어야 해요. 그는 나에게 얼마간의 돈을 주시겠지만 분명하게 당분간은 편안해지기를 원치 않으실 거예요."라고 이야기해 나를 놀라게 했다.

"그럼 하나님은 이러한 방식의 삶을 원하시는 건가요?"라고 나는 물었다.

"네. 나는 그가 그것을 변화시킬 수 있다고 생각해요. 나는 어떻게 해서든 친구들에게 돈을 얻도록 하신다고 봐요. 그러나 나를 말리는 가족은 없어요. 멈출 수도 없어요. 나는 고통받고 있지만 내 딸도 마찬가지에요. '나는 누구보다 네가 매우 열심히 일할 수 있다는 것을 알고 있고, 네가 그것을 할 수 있다는 것도 알고 있다.'라고 그가 이야기하는 것 같아요."

나는 "하나님에게 이런 말을 듣는 것은 어때요? 그에게 당신은 당신이 고통받고 있음을 이야기하나요?"라고 물었다.

그녀는 "외로움이에요. 나는 그를 무척 친밀하게 느끼지 못해요. 나는 그에게 어떤 것도 이야기하지 않아요. 더욱이 그가 나의 이야기를 듣는다고 확신하지도 않아요."라고 이야기했다.

"그가 당신에게 열심히 일할 것을 재촉할 때 당신은 그를 무엇으로 느끼나요? 음색, 얼굴, 자세? 나에게 보여 줄 수 있나요?"

"그는 외면하고 있기 때문에 나는 그의 얼굴을 볼 수 없어요. 나는 단지 하나님의 옆 모습만 볼 수 있어요."라고 이야기하면서 Carol은 똑바로 서서 팔짱을 끼고, 고개를 돌린 무표정의 하나님을 형상화하여 시연해 주었다.

"그 얼굴은 무엇을 의미하나요?" 나는 그녀의 모습을 궁금해했다.

"확실하진 않아요. 분노 혹은 실망. 그는 나에게 그것이 의미하는 것을 이야기해 주지 않지만 나는 그가 두려워요."

우리는 잠시 멈추었다. 나는 "당신은 그것이 품고 있는 의미를 모르지만 두려움을 주는 외면하고 있는 얼굴과 같은 느낌을 인간관계에서 본 적이 있나요?"라고 물었다.

그녀의 시선이 먼 곳으로 향하였다. "글쎄요. 아마도 할아버지. 그는 엄격하고 매우 신앙심이 깊었지만 내가 강인한 사람이 되도록 다방면으로 나에게 진정 좋은 영향을 끼친 사람이에요. 그렇지만 할아버지가 사촌에게 화를 낼 때 싫기는 했어요. 그는 그의 분노를 말하지 않았어요. 단지 그들을 무시하고 용인하지 않았어요. 때때로 그는 우리에게 선물을 주었지만 실망한 사람에게는 주지 않았어요. 그것이 두려웠어요."

나는 말을 잇지 못했다. 순식간에 Carol도 유사한 것을 느끼고 있었다. 그녀는 "우아, 하나님과 꽤 비슷하네요. 이성적으로 이 모든 것이 하나님의 전부는 아니라고 믿지만 지금 그가 나를 어떻게 위하는지, 그것을 어떻게 벗어나는지, 다른 사람들에게는 선물을 주시지만 나에게는 크게 관심을 두지 않으신다는 것을 의미하는 것이죠."라고 말했다.

이 점에서 나는 그녀의 경험과는 다른, 이성적으로 알게 된 것을 믿는가를 Carol에게 물을 수 있었지만, 그녀는 이미 그것이 하나님에 관한 모든 이야기가 아니라는 것을 안다고 말했다. 여전히 이것은 그녀의 경험이다. 나는 그녀가 알고 있었던 것이 얼마만큼인가가 아니라 이것은 하나님의 전부가 아니라는 것을 어떻게 알게 되었는가에 흥미를 느꼈다. 하나의 관계로서 누구나 Carol이 가진 하나님에 대한 경험이 그녀의 할아버지에 관한 것을 포함하여 하나의 이야기에 의해 포착될 수 있는 것보다 더 넓고 다양하다고 가정할 수 있다. 나는 상당히 제한되어 보이는 할아버지 이야기와의 유사성에 관한 것이 아니라, Carol의 하나님에 대한 경험이 할아버지에 대한 그것과 다르게 느껴지는 때가 언제인지를 알고 싶었다.

그래서 "Carol, 당신이 다른 방식으로 하나님의 존재를 경험한 때나 하나님이 당신을 놀라게 했던 때가 있었나요?"라고 질문했다.

"오, 네. 몇 해 전 그때를 또렷이 기억할 수 있어요. 그때는 내가 술을 끊고 기독교인이 된 지 오래지 않은 때였어요. 나는 한때 술에 취하는 것으로 얻던 위안 없이 일상에 완전히 직면해 있었고, 우울에 깊게 빠져 있었어요. 어느 날 밤 나는 술을 마시러 나가기로 결정했어요. 나는 더 이상 그것을 나쁜 것으로 느끼지 않았어요. 나가기 위해 옷을 입었어요. 나는 주님께서 나에게 실망하고, 어쩌면 이러한 잘못으로 인해 나에게 화를 낼지도 모른다는 것을 알았고, 그래서 그에 관하여 생각하고 싶지 않았어요. 그러나 나는 집을 나서기 전에 주저앉았고, 몸을 돌렸어요. 그리고 예수님이 내 옆에 앉아 계셨어요……. 눈물을 흘리며……. 죄책감이 들게 만드는 울음은 아니었어요. ……단지 나로 인해 슬픈 것이었어요. 나는 나 자신에게 상처를 주려던 것과 자신에게 상처를 준 것을 깊게 슬퍼했어요. 그는 단지 내가 상처받지 않기를 원했어요. 그는 나의 손을 잡고 함께 울었어요. 나는 그 이후로 술을 마실 필요가 없었어요. 사실 그 이후에 처음으로 우울에 대해 도움을 요청했고, 치료를 받았어요.

나는 고개를 돌리고 외면했던 하나님이 있는 곳에서는 가능하지 않았던 것이 그녀와 함께 울어 주는 예수님이 있는 곳에서는 가능했다는 것에 크게 놀랐다. 나는 또한 그녀에게 "만약 예수님이 지금 여기에서 눈물을 흘리며, 당신의 고통을 아시고 당신과 함께 계신다면 당신의 삶과 현재의 상처에 대해 무슨 말씀을 하실까요?" 라고 물었다.

그녀는 "확실하지는 않지만 지금 그가 가까이에 계시는 것으로 충분해요. 나는 오랫동안 그의 존재를 느끼지 못했어요." 라고 빠르게 대답했다.

이 존재가 '충분하다.'는 것에 대한 Carol의 조용한 음색과 단호함은 침묵의 시간으로 우리를 이끌어 갔다. 나의 질문들이 응답받는지와 이 존재에 대한 그녀의 경험에 대해 내가 알게 되었는지는 중요하지 않아졌고, 훼방을 받았다. 이것에서 배운 것은 지금 나의 실천을 촉발하였다. 하나님에 대한 각 사람들의 묘사가 관대하거나 인색하거나, 친절하거나 무자비하거나 초기의 애착 대상과 유사하거나 유사하지 않거나 상관없이 나는 항상 "당신이 하나님을 경험했거나 당신을 놀라게 했던 다른 방식이 있나요?" 라고 질문한다. 대부분 항상 있다. 만약 사람들이 이러한 방식으로 하나님과 좀 더 있기를 원한다면 그 이후에 이것은 호기심의 대상이 되고, 즐거움과 역사적인 시간이 되며, 대안적이고 소망적인 이야기를 확장하는 시간이 된다(White & Epston, 1989).

그것은 여전히 하나님에 대한 경험과 초기의 애착 대상에 대한 경험 간의 유사성에 관해 사람들이 관련지어 설명하는 이야기를 듣는 데 꽤 유용하다. 그러나 그것이 하나님과 사람들 간의 관계에 대한 많은 이야기 중 하나로 알려질 때 그러한 이야기가 원하지 않는 것이라면 덜 강요될 수 있는 것이다.

확신 4: 나는 당신에게 하나님이 어떤 분인지 알고 있고, 당신은 내가 아는 만큼 하나님을 알 필요가 있다

여기에 내가 기록하는 이야기는 모두 사람들이 사랑과 수용의 하나님, 은혜의 하나님을 우연히 만나는 것을 묘사하면서 종결된다. 나는 내가 그들을 사랑하기 때문에 이러한 이야기들을 기억하고 있다.

후에 나는 이러한 종결을 함께 만들어 가기보다는 남용하고 있는 것은 아닌지 자신에게 항상 질문한다. 나는 강요된 은혜의 하나님이 여전히 강요되는 것을 바라지 않는다. 나는 Mary에게 몇 해 전에 이것을 배웠다.

Mary는 극심한 폭식과 구토를 반복하는 자발적 기아(self-starvation)로 심각한 죽음의 위기 상황에 있었다. 그녀는 입원 치료가 필요하다는 것을 알고 있었다. 그녀가 원하지 않는 것은 아니지만 그녀는 과거와 같이 자신이 더 부모님을 속상하게 하고, 걱정시키며, 비용을 지불하게 할 만큼의 가치가 없다고 생각했기 때문에 입원 치료를 거부하였다.

Mary는 비록 항상 맨 뒷자리에 앉아 있기는 했지만 자신이 수용되는 교회에 출석했었다고 말했다. 나는 그 교회에 가는 것이 그녀를 수용할 만하고 가치 있는 삶이라 여기는 하나님을 그녀에게 보여 주기를 희망했다.

나는 "혹시 하나님과 치료를 받는 것에 대한 딜레마에 대해 이야기를 나눈 적이 있나요?"라고 물었다.

"물론 없어요. 소용없어요."

"왜요? 만약 그렇게 한다면 무슨 일이 일어날까요?"

그녀는 "하나님은 요즘에는 저와 이야기하지 않으세요."라며 빈정거리면서도 억울한 어조로 이야기했다.

나는 그녀에게 할 수만 있다면 그것이 어떤 것인지를 보여 줄 것을 요청했다. 그녀는 마루에 앉아서 머리를 숙이고, 눈을 아래를 향하고 있는 Mary와 아주 높고 먼 곳에서 그녀에게 완전히 등을 돌리고 모질게 "나는 변화할 수 있는 기회를 너에게 주었고, 너는 실패했다. 너는 이기적이고 말을 안 듣는 사람이야. 나는 너를 돕기 위해 노력하고 노력했지만 점차 너에게 지쳐 가고 있어. 너는 진정으로 좋아지는 것을 원하지 않고, 나에 대한 기회를 다 써 버렸어."라고 이야기하는 하나님을 나에게 보여 주었다. 하나님은 절대로 주저하지 않으시고, 그녀에게서 시선을 돌리는 것을 고려하지 않으셨다.

내가 하나님에 대한 다른 경험이 있는지 물었을 때 Mary는 갑자기 멈추었다. 그녀는 지금 하나님이 어떤 모습인지에 대해 매우 확신했다. 이전의 경험들은 관련이 없는 것이 되었다. 그녀는 견딜 수 없는 존재가 되었다. 그녀는 하나님에 대해 매우 지쳐 있었고, 포기하고 싶은 심정이었다.

Mary가 하나님에 대해 묘사한 혐오와 거부는 나를 몸서리치게 하였다. 나는 몸이 굳고 움츠러들었다. 나는 그녀를 그대로 둘 수가 없었다. 나는 "안 돼, Mary. 그것은 하나님이 아니야. 나는 그렇지 않다는 것을 알아. 모르겠니?"라고 그녀를 중단시켰다.

그녀는 따분하고 차가운 시선으로 더는 내 말에 귀 기울이지 않고 방을 나가 버렸다. 그녀가 눈과 입술로 "나는 여기에 설교를 들으러 온 것이 아니에요."라고 말했는지는 모르겠지만, 나는 그녀의 기대를 저버렸고, 상담이 어떠해야 하는지에 대해 기대했던 것을 충족시키지 못하게 되었다.

이후의 회기에서 나는 듣고 이해하고자 노력했다. 우리는 하나님에 대한 이야기를 멈추지 않았지만, 우리의 이야기는 변화하였다. 진정 알고자 하는 자세로 나는 Mary에게 교회에서 맨 뒷줄에 앉는 것, 항상 용서해 주시는 것으로 하나님에 대해 묘사하는 사람들의 이야기를 듣는 것, 여전히 지긋지긋하고 그녀에게서 등을 돌린 하나님을 자신을 위해 찾는 것은 어떤 것인지에 대해 물었다. "그것은 나와 교회의 안식 사이에 아크릴처럼의 견고한 방음은 되지 않지만 감정의 교류는 차단되는 유리 조각 같아요. 그것은 매주 두꺼워져요."

그 후 어느 날 그녀는 밝은 얼굴로 약속 시간에 왔다. "나는 입원할 준비가 됐어요. 나는 자신을 돌볼 필요가 있어요. 나는 살고 싶어요. 많은 사람이 내가 살기를 원해요. 하나님조차도 내가 살기를 원해요."

나는 감동했지만 당황했다. "무슨 일이 있었니? 어떻게 된 거니?"

"여기 오는 엘리베이터에서 작은 여자아이를 만났어요. 그런데 지금은 그녀는 큰 여자아이에요……. 내가 그녀를 돌볼 때 그녀는 어린아이였어요. 나는 그녀의 베이비시터를 하곤 했어요. 나는 그녀를 본 것이 매우 놀라워요. 시간이 흘렀는데……."

"그리고 그녀가 뭐라고 말했니?"

"아무것도요. 정말로요. 그녀는 단지 나를 꼭 안았어요. 그녀는 나를 본 것으로 매우 행복해했어요! 그녀는 나를 사랑해요. 그녀는 항상 나를 사랑해요. 엘리베이터에서 나는 갑자기 내가 사랑받을 만하다는 것을 깨달았어요. 나는 하나님 역시 나를 사랑하는 것을 알고 내가 건강을 회복하게 될 것을 알아요."

Mary는 건강을 회복하였다. 나는 건강을 회복하는 데 치료가 어떤 역할을 했는지 확신할 수 없었으나 그녀는 그녀가 '준비'할 수 있도록 도와주었다고 말해 주었다. 그녀는 도움이 된 것은 내가 두려워하지 않고 그녀의 삶을 변화시키려고 하지 않았다는 것이라고 말해 주었다. Mary는 그것이 내 방식과 얼마나 유사했을지 기억하지 못했지만 나는 기억한다. 만약 나의 불안한 지식이 부지불식간에 또는 몹시 주제넘게 나의 하나님에 대해 설교하도록 만들었다면 Mary는 물리적으로 문으로 나가는 것이 아니더라도 심리적으로 거짓된 동의로 치료를 떠났을 것이라고 믿는다.

자신의 출생에 대한 맥락, 즐기는 것, 고심하는 것을 포함한 모든 것을 생략하고 여기에 단지 Mary에 관하여 기술하는 것은 나의 가치를 다 반영하지 못하는 것이다. 나에게 이 개입은 단지 치료만이 아니었다. 그것은 하나님에 대한 나의 경험과 동일하게 연결된 것임에 틀림없다. 하나님일리 없다고 느끼는 설명을 들었을 때 마치 누군가 내 자매를 오해하고 비방하는 것을 들었을 때와 같이 방어하고 교정하고 싶었다. 나는 "아니요, 당신이 틀렸어요. 그녀는 그렇지 않아요. 그녀는 친절하고 선량해요."라고 이야기하면서 그녀를 방어해야 했다. 그렇다면 내 자매를 위하는 것만큼 하나님을 위하지 않겠는가?

아니다. 나의 자매는 나의 방어를 필요로 하고, 그녀를 방어하여 우리의 관계를 보호할 필요가 있는 반면에, 내가 아는 하나님은 나의 방어를 필요로 하지 않으시고, 나의 제한적인 설명도 필요로 하지 않으신다. 내가 치료에서 사람들에게 이것에 관해 잘 안다는 자세로 방어적인 역할을 맡는다면, 나는 치료에서 우리의 친밀함뿐만 아니라 클라이언트의 하나님과 각 개인의 친밀함의 가능성을 축소시키게 된다.

결 론

확실하게 나는 다시 확신을 부추길 것이다. 나는 하나님과 각 개인들의 경험에 관해 함께 의미를 만들어 가기보다 좀 더 규정하는 것을 시도할 것이다. 희망사항은 그것이 친밀한 상호작용을 일으킬 수 있는 그들의 회복과 이러한 깨짐의 바로 그 고백에 있는 것이다(Weingarten, 1992). 더욱이 이 장을 쓴 이후에 나는 'Thomas' 'Priscilla' 'Carol' 'Mary'에게 그들의 회복과 변화를 위해 그들의 이야기에 대한 나의 견해를 말해주었다. 그들 각각은 이야기를 보는 새로운 방법과 하나님과의 관계에 대한 그들의 진전되고 확장된 이해, 그 변화에서 우리의 치료와 연구 대화가 담당한 역할을 나에게 전해 주었다. 각 개인들은 치료를 어떻게 볼 것인가뿐만 아니라 하나님을 어떻게 볼 것인가에 있어서 나를 변화시켰다.

이것은 사람들이 독특하게 자신이 가진 하나님에 관한 진전된 이야기를 함께 창조하는 것을 지속하는 것처럼 친밀한 상호작용의 맥락 하에 있다. 그러한 이야기는 나의 이야기에 의해 좌우될 수 없다. 내가 들은 것은 심리학 발달의 역사, 종교적 가르침의 정성, 문화와 언어의 억압으로 한정될 수 없다.

이러한 이야기들이 담론에서 공간을 두고 경쟁하고, 진전되는 이야기에 영향을 주는 것을 통한 최고의 성과는 개인이 자신의 경험을 기술하는 방법이 제공되는 것이다. 우리가 함께 만나게 되는 가능성과 경이로움을 위해 각 개인이 우리에게 알려 주는 말과 의미는 제공되어야 한다.

내 종교의 구전에서는 "예수 그리스도의 이름은 놀라움이다."라고 말한다. 만약 누군가 하나님에 대한 다른 이의 상세한 기술에 대해 지나치게 확신한다면 그 사람은 하나님을 이해하지 못하는 것이다. 한 랍비는 나에게 고대 히브리인은 하나님을 완전히 명명할 수 없었다고 말해 주었다. 그들은 "나는 스스로 있는 자이고, 나는 너희와 함께 있으면서 알아가게 될 나다."라는 것을 의미하는 'Yahweh'라고 불렀다. 변동과 신비. 여전히 내가 때때로 안전[3]과 평온함을 혼돈하는 것과 같이 나는 신념과 확신을 혼동한다. 그래도 나는 하나를 추구하는 것이 다른 하나를 잃는 것임을 믿는다.

부 록

Mississippi 의과대학 정신의학과에서 진행된 하나님과의 대화 연구 프로젝트의 목적은 개인 또는 가족치료의 자원으로서 최선의 활용법을 제안하기 위해 인격신과의 개인 내적 대화의 특성을 연구하는 것이었다. 하나님과의 관계를 반드시 필요한 관계로 생각하고 있는 32명의 자원자가 연구 대상자로 참여하였다. 첫째로, 참여자들은 신학적 성향, 근본주의의 정도, 개인적 특성, 원가족의 특성, 자신과 하나님의 관계에 대한 특성의 자기 보고 자료를 제공한다. 둘째로, 녹화된 심리 역할극에서 참여자들은 하나님의 임재가 강하게 경험되는 상황을 연기한다. 셋째로, 참여자들은 그들이 인터뷰(표현, 은유, 자세, 태도)에서 묘사했던 하나님이 삶에 어떤 특성으로 연상되는지를 인터뷰한다.

우리는 개인 간 의사소통에 대한 부호화 체계인 사회적 행동의 구조 분석을 활용하여 비디오테이프를 분석한다. 예비 결과물은 다음과 같다.

- 그들 스스로를 근본주의자로 규정하는 사람들이 좀 더 부성적인 특성으로 하나님을 묘사하는 것과 함께 하나님의 형상에 대해 표현된 모든 것은 모성적 특성과 부성적 특성을 모두 가지고 있다.
- 비근본주의자들이 여가 활동에서 가족 참여가 더 높은 것을 제외하고, 근본주의자와 비근본주의자들은 권위주의, 자아 존중감, 통제감, 사회적 지지 또는 가족환경척도에 차이가 없다.
- 비록 거의 모든 참여자가 시종일관 하나님을 '그'라고 불렀지만, 거의 절반

은 어머니나 할머니의 특정 기억과 하나님의 특정 태도를 관련지었다.

- 대부분의 참여자는 중요한 상실이나 위기로 유발된 단절되고 변형된 변화를 통해 주로 성인기의 삶에서 발생하는 자신과 인격신 간의 관계에 진척을 보였다. 관계에서 이러한 변화는 전형적으로 강력하게 제휴된 부모와의 어린 시절의 관계와 매우 유사하게 정서적으로 소원하고 통제적인 자신과 하나님과의 관계에서 비교적 통제 양상이 자유롭고 부모의 형상과의 인생 초기에서 맺은 관계의 특성을 줄여 가는 친밀한 자신과 하나님과의 관계로 이동하는 것이다(Griffith et al., 1992; Tingle et al., 1993).

비록 연구 참여자들은 개신교 혹은 가톨릭인 경우가 전부지만 다민족 연구팀은 힌두교, 그리스 정교, 개신교, 가톨릭 전통을 가진 사람들이 포함되었다. 팀 구성원은 Alexis Polles, Jeanerta Rains, Carol Tingle, Dinesh Mittal, Nancy Krejmas, James L. Griffith와 나였다.

주 | 석

1. 인격신과의 대화 연구 프로젝트는 Mississippi 의과대학의 정신의학과에서 진행되었다. 연구자들은 인격신과의 대화가 개인 또는 가족치료의 자원으로 어떻게 최고로 활용되는가를 알기 위해 인격신과의 개인 내적 대화의 특성을 연구하였다.
2. 나는 이러한 정형화된 관점을 범하지 않기 바란다. 나는 성공회교와 남부 침례교의 구성원이었기 때문에 이러한 집단을 선택하기로 결정하였다. 나는 이러한 양측 모두의 신앙 공동체에게 이익을 얻었고 여전히 얻고 있다.
3. Flossenburg Concentration Camp에서 1945년에 사형당한 Dietrich Bonhoeffer는 Hitler에게 단호하게 저항했던 목사였다. 독일의 기독교 교회의 연설에서 그는 개인적인 안전의 추구는 평화의 추구에 반하는 것을 그들이 깨닫기를 강조했다. 그는 그들의 안전을 보장할지 모르는 행동이 하나님의 평화를 파괴하는 행동임을 경고했다. 하나님의 평화는 오로지 정의에 속해 있다(Glazener, 1992).

참 | 고 | 문 | 헌

Bakhtin, M. M. (1981). *The dialogic imagination* (M. Holquist, Ed.). Austin: University of Texas Press.

Elliott, M. (2007, August). *Encountering the sacred in the clinical encounter.* Presidential Address, Division of Family Psychology, 115th Annual Convention of the American Psychological Association, San Francisco, CA.

Elliott Griffith, M., & Griffith, J. L. (1997). Coming to peace: Dialogues on survival, suffering, and death. In B. Doherty, S. McDaniel, & J. Hepworth (Eds.), *The shared experience of illness.* New York: Basic Books.

Gadamer, H. G. (1976). *Philosophical hermeneutics.* Berkeley: University of California Press.

Glazener, M. (1992). *The cup of wrath: The story of Dietrich Bonhoeffer's resistance to Hitler.* Savannah, GA: Beil.

Griffith, J. L., & Elliott Griffith, M. (2002). *Encountering the sacred in psychotherapy: How to talk with people about their spiritual lives.* New York: Guilford Press.

Griffith, J. L., Elliott Griffith, M., Rains, J., Tingle, C., Krejmas, N., Mittal, D., et al. (1992, November). *Quality of relationship between self and a personal God: Its narrative history and relationship to individual and family variables.* Paper presented at the American Family Therapy Academy/George Washington University Research Conference at Captiva Island, FL.

Heidegger, M. (1971). *On the way to language.* New York: Harper & Row.

Rizzuto, A. M. (1979). *The birth of the living God.* Chicago: University of Chicago Press.

Tingle, C. V., Griffith, J. L., Elliott Griffith, M., Rains, J., Mittal, D., & Krejmas, N. (1993, May). *God-person relationships: Their character and relation to individual and family system variables.* Paper presented at the 146th Annual Meeting of the American Psychiatric Association, San Francisco, CA.

Watkins, M. (1986). *Invisible guests: The development of imaginal dialogues.* Hillsdale, NJ: Erlbaum.

Weingarten, K. (1992). A consideration of intimate and nonintimate interactions in therapy. *Family Process, 31,* 45-59.

White, M., & Epston, D. (1989). *Literate means therapeutic ends.* Adelaide, South Australia: Dulwich Centre.

제 18 장

주어진 것에 만족하도록 성장하기
– 영적 수련의 기회

KAETHE WEINGARTEN

이 장의 원본은 경청으로 시작되었다. 나 스스로 어떻게 잘 듣는 법을 배워야만 했는지에 관한 기억과 내 말을 독자들이 주의 깊게 듣지 않으려 할지도 모른다는 염려가 있었기 때문이다. 지금은 희망이 내 생각을 지배하고 있는 것처럼 10년 전 경청이 상담치료의 영적 수련에 관한 내 생각을 지배하고 있을 때 나는 이 장을 썼다. 생활 주기와 인생사의 교차가 이런 변화의 원인이 아닐까 생각한다.

이 장의 제1부에서는 이 책 초판에 실었던 원본을 축약하여 소개한다. 제2부는 현재 상황을 반영하고 있다. 제1부와 제2부는 나 자신과 다른 사람들을 위해 내가 어떻게 더 넓은 마음 공간을 만들어 내고자 했는지를 보여 주기 위해 가장 편협한 곳을 드러내는 나의 자발성과 논조로 연결되어 있다. 참으로 주어진 것에 만족하기 위해 노력하고 있다.

제1부

경 청

내 어머니는 1974년 말기 암 진단을 받았다. 우리는 어머니가 기껏해야 일 년간 살 수 있다는 말을 들었지만, 어머니는 듣지 못했다. 나에게 어려운 과제는 친밀한 연결의 기반인 '진실'을 주치의와 아버지가 우리 밑바닥에서 끄집어내는 것 같았을 때 그 친밀한 연결을 계속 유지하는 방법을 찾는 것이었다. 아버지는 그 당시 경험 많은 현명한 의사가 한 말은 무엇이든지 옳다는 믿음을 기꺼이 고수했다. 나는 이때 진실의 변덕성, 선입관과 전문 지식과 사실을 배제하고 듣는 불가사의에 대해 알게 되었다. 이런 방식으로 들으면 경건함과 경외심에 눈을 뜨게 되고, 이 경건함과 경외심이 대화망을 형성하여 이 매트릭스 안에서는 고통과 기쁨, 비탄과 힘들고 지루한 일에 관한 이야기가 어느 정도 쉽게 진행될 수 있다는 것을 배웠다. 이런 방식으로 경청하면 위안이 된다.

위안, 보살핌, 연결, 약속 그리고 연민. 이것들은 나의 영적 어휘 목록에 포함된 몇몇 단어다. 경청과 사랑. 이것들은 내가 임상 상담에서 기꺼이 받아들이는 몇 가지 실제다. 나는 다른 사람들의 고뇌와 기쁨을 기꺼이 대면한다. 이것은 나에게 영적 수련의 핵심이다.

나는 어머니가 죽어 가고 있을 때 내 가슴에 진심으로 귀를 기울였다. 그것은 어머니가 곧, 너무 금방 죽게 되어 절대 노인은 되지 못할 것이며, 내가 어머니와 함께 현관 앞에 앉아 어머니를 보호하는 눈길로 건너다보며 몸을 따뜻하게 해 줄 차 한 잔이나 숄이 필요한지 물어보는 일은 절대 없으리라는 것을 알게 된 바로 그날 저녁에 시작되었다. 충격을 받은 아버지가 나에게 "어디서나 있는 일이야. 가거라. 난 갈 수 없어. 네가 가라. 엄마에게는 말하지 마라. 아무 말도. 엄마가 널 기다린다. 가거라."라고 말씀하신 후, 나는 그 겨울 저녁 병원으로 가는 버스 안에서 똑같은 질문을 자신에게 자꾸만 반복하였다. 어떻게 어머니에게 거짓말을 할 수 있을까? 며칠이 지나서야 내 생각은 더욱 뉘앙스가 분명해졌으며, 내가 제기한 질문은 더욱 분명한 결을 드러냈다. 아버지가 참지 못하고 어머니에게 죽어 가고 있다고 말해 버리고, 어머니가 두려움 속에 홀로 있게 되면 어떻게 하지? 무엇을 해야 하고 무엇이 옳은지에 관해 가족끼리 의견이 일치하지 않으면 어떻게 하지? 몇 년 후가 되어서야 이론 작업에서 나는 다음 질문을 제기했다. 청자의 목소리에 의존하면 어떨까(Weingarten, 1997)? 다른 사람들이 듣고 감당할 수 있다고 믿는 것만 말할 수 있다면 어떨까?

그날 밤 나는 어머니에게 거짓말을 할 필요가 없었다. 어머니는 몹시 지쳤고 고통스러워하고 있었다. 어머니는 졸고 있었고, 나는 멍하게 앉아 있었다. 그날 밤 나는 새로운 방식으로 듣기 시작한 것 같다. 나는 어머니가 숨 쉬는 것을 들었다. 내가 숨 쉬는 것도 들었다. 어머니의 호흡에 맞추어 숨 쉬면서 내 호흡이 진정되고, 잠시 동안 두려움을 덜 느끼게 되었다는 것을 알아차렸다. 이것이 단서였다.

어머니는 2년 반 동안 생존해 있었다. 내 가족은 2년 반 중 일 년 동안 어머니에게 거짓말을 했다. 어머니에게 '진실'을 말하지 말아야 했던 그 일 년 동안 나는 경청하는 법을 배웠다. 어머니가 내게 말해야 했던 것 앞에서 위선 없이 온전히 있기 위해 어머니의 종양과 수명에 관해 내가 안다고 생각했던 것을 떨쳐버렸다. 어머니와 같은 종양이 있었던 사람 중 일 년 이상 생존한 사람은 아무도 없었고, 그들이 모두 종양을 감당하지 못했다는 내가 아는 몇 가지 '사실'은 어머니가 이야기를 나누고 싶어 했던 복잡하고 풍부한 인생에 비하면 덜 중요하다. 나는 어머니의 영역에 들어가 어머니의 지도로 항해했다. 전문가가 되도록 나를 격려한 내가 받은 직업 교육 대부분과 상반되는 이러한 경청 방식은 어머니를 자신의 삶과 죽음에 관한 전문가로 만들었다. 나의 '지식'은 틀렸다는 것 외에도 마음을 산만하게 만들었다. 나는 '언제'에 관한 느낌으로 꽉 차 있었으며, 그것을 안다고 생각했다. 우리가 '언제'에 집중했더라면 함께 훨씬 더 많이 있을 수 있는 지금이라는 기회를 잃어버렸을 것이다.

많은 기회가 있었다. 확실히 우리가 함께 보낸 시간 중 많은 부분은 당장에라도 일어날 것 같은 상실과 관련이 있었다. 그러나 상실은 배경이었고, 그 앞에는 서로의 동행에 깃든 즐거움이 있었다. 내가 배운 경청은 이렇게 할 수 있도록 도움을 주었다. 이러한 경청 덕분에 어머니의 생각을 듣기 위해 나 자신의 생각을 가라앉힐 수 있었다. 이러한 경청 덕분에 나 자신을 위해 개발하고 다른 사람들에게 제공할 수 있었던 넓은 평정을 계속 유지할 수 있었다. 그것은 고통과 상실, 비탄과 분노, 슬픔과 기쁨의 파도를 타도록 도와주었고, 결국 나에게 인내를 가르쳐 주었다. 어떤 내리막이든 오르막은 있기 마련이다. 언제나 은유의 기슭은 있었다. 나는 이것을 믿게 되었다. 이것들은 지금 내 인식의 직물에 수놓아져 있는 신념이며, 나의 영적 수련을 특징짓는다.

죽음은 모든 사람에게 찾아오는 것이지만 나는 누구라도 사랑하는 사람의 죽음을 맞기를 원하지 않는다. 그러나 어머니를 사랑하고, 어머니의 말을 경청하며, 나 자신을 슬픔에 열어놓고, 상실 속에서 연결을 찾으며 보낸 시간은 임상의학자로서 그리고 이 세상에 존재하는 한 사람으로서 내가 이전에 받았던 어떤 직업 교육보다 큰 도움이 되었음을 나는 안다.

두려움

나의 두 아이는 태어날 때부터 선천적 결함이 있었다. 첫아이 Ben은 두 살 때 막힌 심신중격결손증이 있었다. 그러다가 열두 살 때 재발했고, 열네 살 때 다시 막힌 심실중격결손증이 있었다. 그 아이에 관한 걱정에 적응하던 첫해는 어려웠지만, 우리 딸 Miranda를 경험하면서 그때는 정말로 두려움의 맛을 몰랐다는 것을 나는 안다.

Miranda는 그달 8일 정오 8분이 지나서 태어났다. 8은 상서로운 숫자다. Miranda에게 희귀한 유전질환이 있어서 그 때문에 죽을지도 모른다는 것을 알게 되기 전 몇 시간 동안, 나는 가족과 친구들에게 보통의 어머니들처럼 우리 새 아기가 아름답고 사랑스럽다고 표현했으며, 나중에 의학적 진단의 토대가 된 세 가지 특징에 관해 말했다. 나는 이 특징에 관해 계속해서 말했으며, 관찰한 세 가지 현상에 관한 나의 황홀한 묘사가 이 사랑스러운 특징을 기쁨의 원천에서 걱정의 원천으로 바꾸어 놓을 의학용어로 다시 설명되리라는 것은 한 번도 상상하지 못했다.

딸아이가 태어난 지 4시간 후, 출산 때 입회했던 소아과 의사가 병실로 초조하게 걸어 들어오더니 딸아이의 유전질환에 관한 세 가지 논문 복사본을 손에 든 채, 딸이 신생아 특별 관리실로 옮겨졌다고 알려 주었다. 그들은 아기가 분유를 먹을 수 있을지 불확실하다며, 살지 못할 수도 있다고 말했다.

남편 Hilary와 나는 눈물을 흘렸으며, 우리 삶의 패턴이 되어 온 것처럼 재빨리 계획을 세웠다. 제왕절개 후 마취로 아직 정신이 혼미했던 나는 전화 통화를 했다. Hilary는 직접 신생아실로 가서 그다음 12시간 동안 Miranda의 요람을 조용히 흔들며 노래를 불러 주고 우유 한 병을 먹이면서 나와 병원 의료진에게 딸아이가 욕심 많고 활발한 젖병 같았다고 전할 수 있을 때까지 그곳에 머물렀다. 이 시간은 Miranda에 대한 진로를 설정하는 데 결정적이었다. 우리는 모든 전문 지식을 신중하게 정밀 조사했으며, 우리처럼 예리한 관심을 두고 Miranda를 관찰한 사람만 신뢰하기로 했다. 우리는 이야기 치료사들이 '지역 지식(local knowledge)'이라고 부르는 것을 존중하는 법을 배웠다(White & Epston, Foucault, 1989). 나는 딸에 대한 의사들의 비관적인 평가보다 우리의 경험을 신뢰하기 시작했다. 딸에 대한 더욱 깊이 있는 우리 지식과 일치하는 것으로 보이는 의견에서 편파적인 의견을 구별하는 법을 배웠다. 우리는 경험에 가까운 지혜를 존중하게 되었다(White, Geertz, 1998). 그것은 우리의 지혜와 우리 부부 및 Miranda와 친밀하게 지냈던 사람들의 지혜다.

Miranda의 삶 중 처음 6년은 내게 두려움의 부침에 관해 많은 것을 가르쳐 주었다. 나는 마음을 마비시키는 공황 상태, 강렬한 공포 그리고 정신을 좀먹는 만성적인 두려움 간의 차이점을 추적 관찰할 수 있었다. 두려움은 나를 무겁게 만들었다. 그 두려움의 대상인 Miranda 자신은 나를 가볍게 만들었다. 딸과 함께 있는 것은 내가 나중에 배운 명상 수련과 같았다. 그것은 지금-여기에 관심을 둘 것을 강제하였으며 여기서는 가르침, 웃음, 구슬리기, 인도하기가 돌보기와 보살피기만큼 필요했다. 딸과 함께 있을 때는 경계심을 풀어 놓으라고 가르쳤으며, 내가 할 수 없는 것에 관해 겸손을 가르쳤다.

고등학교에 다닐 때 나는 주석과 전기를 포함하여 시인 John Keats에 관해 구할 수 있는 모든 것을 읽었다. 마음을 비우는 능력에 관한 그의 편지를 돌려 보았고, 다가올 수년 동안 그 능력이 적절함을 알게 되리라고 직감했다. 이 편지에서 그는 "소극적 수용 능력(Negative Capability), 그것은 사람(원문대로)이 성급하게 사실과 이성을 추구하지 않고 불확실성, 신화, 의심 속에서 지낼 수 있을 때다."(Bate, 1963, p. 249)라고 쓰고 있다. Miranda와 함께 있음은 나의 마음을 비우는 능력을 훈련시켜서 불확실성과 함께 살도록 나를 성장시켜 주었다. 이제 나는 그렇게 할 수 있으며, 가장 좋은 상태일 때는 '성급하게 추구하지' 않고 그렇게 할 수 있다. 이 특성 또한 나의 영적 수련의 일부다.

흰 초콜릿

자기 생각 없이 다른 사람의 이야기를 경청하기, 강렬한 정서에 나 자신을 열어 놓기, 성급하게 추구하지 않고 불확실성 앞에서 평정을 유지하는 법 배우기, 두려움을 극복하기, 현재에 살기는 모두 삶에서 배운 교훈으로 나는 임상 실제에서 매일 이 교훈을 활용한다. 다른 사람들을 위해 넓은 마음 공간을 만들어낸다고 믿는 클라이언트와의 관계에 나는 이 교훈을 도입한다. 내 사무실에는 충분한 세계와 시간이 있다. 적어도 나에게는 성스러운 느낌이 있다. 나는 숨쉬기가 느려지고 집중도가 높아지며, 변화시키는 대화의 기회를 나에게 선사하는 사람들에 대해 무한한 존중심을 느낀다. 이것이 바로 내가 의미하는 영적 수련이다.

속도를 늦추고 문제의 핵심으로 다가가는 것은 나 자신과 내 가족 그리고 클라이언트를 위해 내가 하는 일이다. 나는 1991년 6월 어느 날 이렇게 할 필요가 있었다. Miranda는 그때 열두 살이었다.

……치아교정기를 할 필요가 있는지 알아보기 위해 나는 열두 살인

Miranda를 치과의사에게 데려가고 있다. 이날 저녁, Miranda는 학교에서 봄 연주회가 있기 때문에 저녁으로 무언가를 빨리 먹어야 했다. 치과의사는 우리를 내실에 앉히고 딸아이에게 결과를 설명하기 시작한다. 딸아이의 차트 앞면에는 우리가 요청한 대로 "아이와 유전질환에 관해 이야기하지 말 것"이라고 대문자로 적혀 있다. 치과의사는 말한다. "1부터 10까지의 척도를 놓고 볼 때 너의 입은 11이란다. 네 치아는 최악의 배열이라 반드시 교정기를 해야 한단다." Miranda는 놀란다. "하지만 전 매일 양치질을 하는걸요."라며 Miranda는 상황과 관계없는 주장을 하며 이처럼 요약된 잔인한 의견 설명에 저항한다. Miranda는 묻는다. "왜죠?" 의사가 딸아이에게 말한다. "네 질환 때문이란다. 네 아래턱이 불균형하게 자랐고, 이건 그에 따른 한 증상일 뿐이야." 나는 거친 몸짓을 하며 무례한 행동인지도 개의치 않고 일어나서 치과의사에게 나중에 다시 이야기하자고 말한다.

우리가 있던 도시의 큰 거리 인도에 도착할 무렵, Miranda는 분노와 비통함 속에서 고함치고 있다. 그 아이는 러시아워의 혼잡한 교통에도 아랑곳하지 않고 거리를 달려 내려가고 있다. 나는 딸아이 뒤를 좇아 달려가서 몸부림치는 아이의 몸을 끌어당겨 꼭 껴안고 있다. 아이는 질문을 쏟아내기 시작한다. "왜 의사가 내게 그런 말을 했죠? 내 몸에 무슨 일이 일어나고 있는 거예요? 내 몸 전체에 나쁜 일이 일어나고 있는 거죠? 제가 모르는 게 더 있나요?" 그리고 훨씬 더 많은 질문을 쏟아낸다.

나는 아이에게 말한다. "얘야, 넌더리나는구나. 의사가 네게 한 짓은 잘못됐고, 그게 큰 문제란다. 네 질환도 큰 문제지. 하지만 어느 것에 대해서도 지금 당장은 아무 일도 할 수 없어. 음악회에 도착할 때까지 1시간 남았잖니? 음악회가 네게 중요하다는 걸 알아. 이제 네가 할 일은 네 자신에 대해 안 것을 이해하는 거야. 그러면 자제심을 되찾는 데 도움이 되어 음악회를 해 낼 수 있을 거야. 무엇이 효과가 있을까? 무엇이 도움이 되겠니?" 아이는 약간 주저하며 눈동자를 재빨리 굴려 속으로 방법을 찾고 있음을 내비치며

> 말한다. "흰 초콜릿이요. 흰 초콜릿이 도움이 될 거예요." 우리는 뒤지다가 찾아낸다. 좋은 집안에서 자란 아이처럼 아이는 상점에서 커다란 흰색 초콜릿 바를 하나 집어 든다. "안 돼!"라고 말하며 나는 아이의 손에서 초콜릿 바를 빼앗아 진열대 위에 되돌려 놓는다. "여기서도 넌 할 일이 있어. 이런 사건으로 얼마나 많은 흰색 초콜릿 바를 먹었는지 넌 알아야 해. 방금 일어난 일을 네 마음대로 다루기 위해 지금 그리고 앞으로 얼마나 많은 흰색 초콜릿 바가 필요한 거지?"

다섯 번째로 아이는 종이로 쌓인 커다란 흰색 초콜릿 바에 손을 뻗쳤던 것이다. 매번 아이는 잠깐 틈을 내서 자신이 입은 손해와 그 손해를 회복하는 데 필요한 것을 골똘히 생각하고 평가했던 것 같다.

오늘 나는 흰 초콜릿을 아이의 성찬으로 여긴다. 아이가 초콜릿 바를 먹어 치우는 이미지가 끊임없이 내게 나타나서 어려운 시기에 사람들은 사랑과 지지를 품고 그들을 지탱하는 것에 접근할 수 있으며, 그것이 차이를 만들어 낼 수 있다는 나의 믿음을 확인해 준다. 가차 없는 시련—영혼이 감당할 수 있는 선을 넘어서 사람들을 압박하는 사건과 느낌—앞에서 이를 믿는 것은 가능한 것에 대한 신념을 지키려는, 어렵게 얻은 내 노력의 부산물이다. 이러한 신념 덕분에 "지금 사용할 수 있는, 위로를 주는 어떤 것이 있나요?"라고 내가 물으면 이 질문의 방향과 질문할 때의 확신은 고통의 중심에 있는 사람들을 위해 위로의 가능성과 현실성을 구축해 줄 것이라고 확신한다. 이것은 내 삶에서 수련해 온 믿음이다. 이 믿음은 나의 고난이 나를 성장시켜 준 방식 중 하나다.

외로움

새로 진단받은 유방암을 치료하기 위해 화학요법과 방사선 치료가 필요하다는 것을 알게 된 지 며칠이 지난 1988년 12월 어느 어두운 밤, 나는 Miranda에게 여러 번 했던 질문을 나 자신에게 했다. 그날 밤은 아마도 가장 기억에 남는 밤이 될 것이다. '너는 이제 이 고통을 달래 줄, 이미 사용할 수 있는 무엇에 접근할 수 있지?' 나는 '영성이야.'라고 대답했다. 그러곤 나 자신에게 이런 질문을 했다. '너는 너의 영성에 관해 무엇을 이해하지? 무엇이 이제 너에게 영성이 나타나게 할까?'

내 대답에 나는 놀라지 않았다. 내 대답은 연결이었다. 나를 위로하고 동행이 되어 줄 하나님과의 연결을 기원한 것이 아니었다. 대신 내가 알고 있던 사람들과 알지 못했던 일부 사람들에게 의지했다. 나는 사람들에게 전화했고 편지를 썼다. 그러면 사람들도 내게 전화했고 답장을 했다. 나는 믿을 만한 사람들에게 나의 목격자가 되어 달라고 부탁했다. 내 부탁을 받은 모든 사람이 그렇게 해 주기로 동의했다. 내가 최근에 머물렀던 민박집 주인 남자는 매주 나에게 시 한 편을 보냈다. Tom Anderson은 내가 지금까지도 장갑을 넣는 서랍에 보관하고 있는 산 정상 사진을 나에게 보냈다. 친구들은 나에게 부적과 치료석을 주었다.

이런 연결이 유지되고 있었다. 연결은 희망을 유지했고 위로를 주었다. 내가 그 안에서 일상생활의 의례와 의식적 생활을 수행했던 관계 매트릭스는 대개 공포를 막아 주었다. 대개 말이다. 연결이 끊어진 밤에는 암의 최종 결과를 직시했다. 너는 홀로 죽는다. 홀로. 다른 사람들을 보살피는 데 헌신했고, 친밀함이 열정이었던 사람에게 죽음과 단절에 대한 생각은 견딜 수 없었다.

나는 공황 상태에 빠졌다. 강박관념에 시달렸다. 암에 악담을 퍼부었다. 또한, 명상, 호흡, 마음챙김을 수련했다. 매일 운동을 하고 온욕을 했다. 나는 분투했고 점차 외로움에 대한 생각, 나 자신의 매일의 외로움과 나 자신의 궁극적인 외로움과 함께 살게 되었다. 나 자신의 유한성의 맥락에서 외로움과 대면했다. 외로움과 싸우려고 했고, 싸울 수 없다는 것을 알았다. 외로움을 받아들이지도 않았다. 외로움과 함께 살아야 한다는 것과 어쨌든 외로움을 돌봐야 한다는 것을 배웠다.

이 싸움에서 나는 나의 클라이언트 중 다수가 사랑으로도 덜어 주지 못할 어둠이 있다는 것을 이미 알고 상담치료에 들어온다는 것을 배웠다. 나는 이것은 앎으로 밝혀진 공허감 속에서 그들과 함께 앉아 공허감을 완화하는 것이 아니라 공허감과 공존할 수 있는 것에 관해 이야기할 수 있을 뿐이다. 나에게 연결은 여전히 대답으로 남아 있다. 항상 연결되는 것은 아니라는 것을 알지만 나는 연결을 높이 평가한다. 한 번만이 아니라 반복적으로 내 죽음의 불가피성과 직면하도록 성장하려면 외로움과의 관계를 감내해야만 했다. 이 관계를 돌보는 것은 나의 영적 수련의 일부다.

친밀성과 협력

Miranda의 평생 동안 심리학자, 아동치료사 그리고 가족치료사로서 나의 기량은 매우 유용했다. 나는 전문가의 입장에서가 아니라 나란히 서 있는 입장에서 배운 것을 사용해 딸아이에게 내 기량이 보이도록 해서 더 빨리 쉽게 전달되도록 노력했다. 처음부터 강점에 기반을 둔 비병리학적 이론 모델에 몰두한 것은 우리 모두에게 큰 도움이 되었다. 사랑과 경청의 연금술을 통해 고통이 레질리언스로 변화될 수 있다고 믿었기 때문에, 나는 딸아이의 여러 번에 걸친 입원, 병의 진행 또는 만성적 불편함으로 아이가 약해지리라는 것을 전혀 두려워하지 않았다.

1993년 Miranda가 열네 살이었을 때 아이의 질환은 간헐성에서 영구적인 것으로 변화되었다. 아이는 끊임없이 계속되는 고통의 단계로 진입했다. 혈관 조직을 비롯해 느슨하게 연결된 조직 때문에 고통받은 아이는 갑작스러운 관절의 탈구로 기절하곤 했다. Miranda가 열일곱 살이 되었을 때는 양 어깨 관절이 너무 심하게 탈구되어 제자리에 다시 맞출 수 없었다. 치료를 위해 아이는 골반부터 목까지 금속과 플라스틱으로 된 보호기를 착용하고 어깨부터 손가락 끝까지는 강철 지주를 착용하여 양팔을 고정해 놓아야 했다. 아이는 24시간 면 대 면 보살핌이 필요했다. 가정교사를 붙이자 아이는 학교에 가겠다고 고집을 부렸다. 극도의 고통 속에서도, 근육 이완제와 진통제 복용이 눈 근육에 영향을 미쳐서 읽을 수 없었음에도, 항상 개인 도우미와 함께 있어야 했음에도, Miranda는 이 시련을 겪은 6.5주 동안 매일 학교에 갔다. 아이는 우리에게 말했다. "장애인에 대한 사람들의 태도를 바꾸는 유일한 방법은 그들에게 우리를 노출하는 것이에요."

이 일이 Miranda에게 일어난 같은 시기에 나는 재차 자살 충동을 느끼게 된 한 중년 여성과 상담을 하고 있었다. 이번에는 그 여성은 도움을 요청할 수 있었고, 나는 그녀에게 그녀가 전화한 것은 결코 주제넘은 것이 아니라 쓸쓸하고 망가진 아동기에 받지 못했던 보살핌과 지원을 자신이 받을 가치가 있다고 믿는 증거로 본다고 말했다. 나의 견해로는 그녀가 전화를 한 것은 그녀가 원하는 것인 위로가 가능할 뿐만 아니라, 그녀에게는 이미 자신을 위해 위로를 확보하는 능력이 있다는 증거였다.

내가 L이라 부르는 나의 클라이언트는 '고통의 장막' 아래 살고 있다고 자신을 묘사했다. 나는 거기까지 그녀에게 닿을 수 있었다. 이 장에 관해 그녀에게 이야기했을 때 나는 함께하는 우리 상담에 가능성이 있을 것 같다고 그녀가 말하리라는 것을 알았다. 그녀는 또한 우리 사이의 공간이 종종 친밀하게 느껴진다고 말하곤 했다. 친밀성에 관해 쓴 논문에서(Weingarten, 1991, 1992) 나는 의미를 같이 만들고 공유하는 친밀한 상호작용과 의미를 거부하거나 일방적으로 제공하거나 오해하는 친밀하지 않은 상호작용을 구분할 것을 제안했다. 나는 클라이언트와 치료사 간의 친밀한 상호작용은 치료 효과가 있고, 친밀하지 않은 상호작용은 좀처럼 치료 효과가 없다고 본다. 그러나 치료사와 클라이언트 간에 일어나는 친밀한 상호작용이 어쩔 수 없이 쇠퇴할 때 매우 의미 있는 협력의 기회가 있음을 나는 분명히 밝힌다.

별스럽게 갑자기 재발하는 심각한 질병이 있는 아이를 둔 치료사는 항상 클라이언트와 상담할 수 있는 것은 아니다. 대화 수준에서 친밀한 상호작용은 있을 수 있지만, 마지막 순간에 약속을 취소해야 할 가능성은 언제나 있다. 나는 결점에 단련된 믿음직하고 양심적인 사람이기 때문에 Miranda가 긴급하게 즉시 내 관심을 필요로 할 때 클라이언트를 돌보는 방법을 찾으려고 애썼다.

이 시기에 상담 중단은 특히 L에 대해서는 어려웠다. 나는 그녀의 전화에 열린 가슴으로 응대하고 싶었지만, Miranda를 돌보아야 하는 것 때문에 결국 이것이 가능하지 않으리라는 것을 깨달았다. 내 자신이 치러야 할 대가가 너무 크고, 그녀의 전화는 형식적인 것이 아니라 집중된 내 존재가 필요한 절망적인 여성이 위안을 받고자 어렵게 한 노력이지만 내가 그렇게 해 줄 수 없는 상황임을 알기 때문에 나는 L과 그녀의 남편과 만나는 세션을 마련해서 우리가 함께한 상담에서 너무나 긍정적으로 진척된 그녀의 전화를 더는 받을 수 없으며, 정기적으로 잡힌 약속한 일정에서만 L과 만날 수 있다고 말했다.

그 세션은 어려웠다. 이전 두 주 반 동안 거의 잠을 자지 못해서 몸 상태가 좋지 않았던 나는 클라이언트에게 필요하고 받을 만한 가치가 있는 것을 줄 수 없었으며, 내가 한계에 도달했다는 것은 분명했다. 나는 Miranda에게 일어난 일과 이제는 그 아이를 24시간 보살펴야 한다는 것을 간략하게 설명했다. 여전히 L과 만날 수는 있지만, 그녀의 전화에 응답하는 전화는 더는 할 수 없다는 점을 설명했다.

이 세션에서 나는 의미 만들기에 포함되는 과정, 즉 친밀한 상호작용을 만들어 내는 의미 공유는 끔찍한 고통과 불행을 포함할 수 있는 과정이라는 나의 신념에 따라 행동했다. 내 딸의 괴로운 상태를 이야기한 것은 '자연스럽지' 않았으나, L이 나와 전화 연락을 하지 못하는 상황을 잘 넘기도록 형편을 조성하는 것은 임상적으로 필요한 것 같았다. 나는 나의 과정에 포함됨으로써 내 행동 수준에서는 그녀와의 연락에 한계를 설정하고 있었지만, 우리의 관계 수준에서는 그녀가 존중받고 귀중하게 여겨진다는 것을 느끼리라고 믿었다.

그 세션은 전환점이었다. 그 세션은 또한 인간 영혼의 강건함과 강하고 전인적으로 느끼고자 하는 의지에 관해 나에게 가르쳐 주었다. L은 Miranda를 위해 내가 그녀를 버렸다기보다는 그들 둘을 모두 깊이 염려했다고 느꼈다. 내가 도우려 했던 한 사람으로서 Miranda와 자신을 동일시한 L은 자신뿐만 아니라 내 딸에 대해서도 공감하도록 자신을 해방했다. 그 세션이 끝나고 몇 시간 후 그녀가 Miranda에게 쓴 편지에서 발췌한 부분을 여기에 실어도 좋다는 L의 허락을 받았다.

> 용감한 전사에게
>
> 이 편지는 너와 나를 위한 것이란다. 고통, 괴로움, 절망이 지나가고 마음속에서 용감한 사람을 떠올리자. 고요의 순간에서 격려의 말이 들려오더구나…… 우리는 극복할 거야. 그것에서 의미를 만들렴. 그 의미는 바탕이 될 것이고, 그 바탕의 풍부함은 우리의 정열을 자극하지. 우리의 목표는 이 자원으로 만들어져. 극복과 능가함이라는 자원으로.

나는 그 편지를 Miranda에게 읽어 주고 딸의 반응을 알려 주기 위해 L에게 전화했다. Miranda는 자신에 대한 연민이 L 자신에 대한 연민을 촉발했다는 것에 감동 받았다. 그것은 한 사람의 고통이 다른 사람에게 가치가 있을 수 있다는 딸아이의 세계관을 확인해 주었다. 그것은 딸아이가 무력하지 않고 쓸모 있다고 느끼게 했다. 나는 보살핌의 순환으로 주변 일대에 그런 긍정적인 결과가 생겨났다는 것에 경외심을 느꼈다.

L은 그 이후로도 극복하느라 분투했지만, 자신에 대한 연민 어린 연결을 절대 잃지 않았다. 그녀는 스스로 돌보기와 자기 공감이라는 확고한 동반자를 만드는 작업을 계속하고 있다. 몇 달 후 L은 그 당시 자신의 견해를 생생하게 묘사한 편지를 나에게 썼다.

> ……너무나 많은 고통 속에 있었던 제가 선생님이 Miranda의 상황 때문에 선생님 자신의 필요성 앞에서 내 필요성에 도움이 덜 되는 것에 대해 염려가 된다는 말을 듣자, 저는 즉시 이해받고(제가 처한 상황을 선생님은 이해했어요.) 존중받고(선생님은 중요한 사적인 문제를 제게 이야기했어요.)

관심 받는다는(그것이 저를 고통에서 나와 보호소로 데려갔기 때문에) 것을 느꼈답니다. 상황의 심각성을 알고 선생님과 Miranda에게 크게 공감했기 때문에, 저는 응답하고 싶은 간절함을 느꼈습니다. 둘 다 불청객인 어려움으로 고통받는 사람들로서 제 자신과 Miranda를 평행선에 놓고 보자 진전이 있었답니다. Miranda에 대한 공감에서 저의 자기 공감이 확장되었지요. ……치료사로서 이 모든 고통을 집중시켜 그것을 다루기 위해 경계를 설정함에 있어서(나를 염려하는 것, 선생님 자신을 돌보는 것, 선생님 딸에게 응답하는 것) 선생님은 우리 모두에게 어떤 기회를 만들어 주었어요. 제가 Miranda에게 편지를 썼을 때 그 편지는 그 아이에 대한 동일시와 깊은 염려(고통받는 또 한 사람으로서, 제가 깊이 염려하는 사람의 아이로서)와 또한 제 자신에 대해 염려하는 태도에서 나왔답니다. 그것은 서로에 대한 격려의 말이었어요. 그 아이에게 편지로 이야기하면서 저는 제 자신의 말을 듣고 그것을 진정으로 받아들일 수 있었답니다.

결 론

자기 생각 없이 듣기, 자신을 슬픔에 열어 놓기, 상실 속에서 연결 찾기, 현재에 살기, 불확실성 안에서 편안히 있기, 두려움을 받아들이기, 외로움과 나의 관계를 보살피기, 지탱할 수 있는 어떤 것은 항상 있다고 믿기, 선호하는 정체성을 위해 일하기, 친숙하고 협력하는 관계 맺기. 이것들은 나의 영적 수련의 핵심 요소로 계속 남아 있다.

각 요소에는 연결된 이야기가 있으며, 이 이야기의 단편들이 이 장을 이끌어 나갔다. 각 요소는 나 자신은 절대 겪고 싶지 않은 삶의 경험에서 얻은 교훈이지만, 그 경험으로 나는 지금의 내가 되었다. 이 같은 교훈은 어떤 일의 결과로 얻어지는 것이다. 이 교훈은 무자비한 끊임없는 폭설이 내린 후 봄의 해빙기 동안 떨어지는 물방울처럼 시작된다. 그러고는 상당한 양의 흐름을 만들어 낸다.

그렇게 나의 교훈도 한순간의 고통과 걱정에서 시작되어 덩어리가 커지고 의미를 얻었다. 무엇을 해야 하는지 알고, 무엇이 '옳은지' 알았을 때 눈을 멀게 하는 갑작스러운 뜻밖의 계시는 없었다. 오히려 나는 오랜 시간 고통스러웠고, 그러고 나서 슬픔을 이성으로 바꾸려고 필사적이었기 때문에 지속되고 있던 생각을 모았다.

나의 이야기—고통과 지속적인 수련의 이야기—가 다른 사람들에게 얼마간이라도 도움이 되기를 희망한다. 그렇게 된다면 슬픔에서 의미가 생길 것이다.

제2부

처음 이 장을 쓴 후로부터 10년이 지나 다시 읽은 것은 강렬한 경험이었다. 이제 나는 어머니가 처음 암 진단을 받았을 때보다 더 나이가 많고, 내 아이들은 그 당시의 나보다 더 나이가 많다. 나는 세 번 암에 걸렸고, 지금까지 18년째 살아 있다. 나는 아이들의 삶의 2/3나 되는 기간 동안 아팠고, 다수의 내 클라이언트에게는 언제나 암에 걸린 치료사였다. 이제 더는 내 클라이언트가 아닌 L은 잘 나가고 있다. 우리는 최근 내가 사회를 본 영화 행사에 함께 참석했다.

진심으로 그 요점을 지지하는 이 장에 추가할 내용을 심사숙고하면서 나는 제1부에서 무심코 언급했던 두 개념, 목격과 희망이 나의 직업적 삶과 개인적 삶의 중심이 되었다고 말하려 한다. 다른 곳에서 두 개념에 관해 상세히 썼지만(Weingarten, 2003, 2004a, 2004b, 2005a, 2005b, 2005c, 2007), 이 장에 그 두 개념을 포함하고 싶으며, 이것은 영적 자서전에 가까운 내용이 될지도 모르겠다. 여기서는 희망과 목격에 관해 확실히 다르게 쓸 것이다. 왜냐하면 이 장의 각 개념—경청, 두려움, 흰 초콜릿, 외로움, 친밀성과 협력—에 대해 선택한 진입점이 너무나 적나라하게 사사로운 것이기 때문이다.

공평함을 기하기 위해 독자는 내가 지금 심각하고 치료할 수 없지만 치명적이지는 않은 폐 감염을 앓고 있다는 것을 알아야 한다. 지난 5개월 동안 두세 시간마다 정맥 내 항생제 치료를 받았으며, 이것이 나에게 타격을 주었다. 나는 기진맥진했다. 항생제를 주입하고 내 병증을 관리할 수 있도록 직업상 일—가르치고 감독하고 클라이언트를 만나는 것은 다 합해 일주일에 약 10시간 정도 일하기는 하지만—의 대부분을 내던져야 했다. 나의 경험에서 추론할 수 있는 의미에 관해 글을 쓰는 게 아니라, 나에게 필요한 치료를 받기 위해 시스템과 언쟁하느라 시간을 보낸다. 나는 처음으로 여기서 그런 글을 쓴다. 언제나와 같이 그것에 관해 글을 쓸 수 있는 내 삶의 다른 영역이 있으면 좋겠다. 기쁨의 영역이면 좋겠다.

그래도 아직 나는, 의료진 중 한 명이 최근 나를 묘사한 것처럼 '낙관적인' 태도를 유지하고 있다. 나는 그 이유를 설명할 수 있다. 나는 희망에 관한 이러한 해석을 이해하고 퍼뜨려 왔기 때문에 다른 사람들에게 희망을 행하고 있다. 크고 작은 너무나 많은 방식으로 희망을 행하므로 나의 삶은 희망을 개념화하면서 그 개념에 주석을 다는 것과 같다.

나는 희망을 명사가 아니라 동사로 생각한다. 희망은 우리가 행하는 어떤 것이다. 물론 희망은 느낌일 수도 있지만 나는 주로 희망의 실천에 관심이 있다. 어떤 경우든 느낌은 행동에 뒤따라온다고 믿는다. 희망의 실천은 만족감에 가까운 깊은 영적 충족감을 준다. 희망은 사람을 의미와 관계의 망에 연결하여 목적의식이 있고 의미 있는 삶으로 만든다. 희망은 사람에게 해야 할 어떤 것을 제공한다.

그러나 우리가 하는 일은 희망에 관한 입장에 따라 다르다. 희망이 없는 사람들의 과업과 절망을 목격하는 사람들의 과업은 다르다. 어떤 사람들, 어떤 집단, 어떤 국가에는 희망이 없어서 희망이 필요하다. 그리고 온전하거나 시험받지 않은 희망이 있는 사람들은 목격자들이다. 이러한 상황이 얼마나 오랫동안 존재하든 우리를 다른 위치에 있게 하고 다른 행동을 요구한다.

희망이 없더라도 우리는 고립에 저항해야 한다. 절망의 목격자로서 무관심을 거부해야 한다. 어느 것도 쉽지 않다. 절망에 빠진 사람들은 다른 사람들에게서 멀어지려는 유혹에 저항해야 한다. 그들의 과업은 고립에 저항하는 것이다.

목격하기

목격자의 과업은 관련되는 것이다. 가정과 지구상에서 반복적으로 일어나는 불운과 비극 앞에서 우리는 무관심을 거부해야 한다. 무관심은 설득력 있는 견인력을 발휘하여 처음에는 불충분하지만 그다음에는 압도적인 느낌으로 우리를 묶어 놓는다. 이런 유혹을 인정하는 것이 무관심을 거부하는 첫 번째 단계다.

내 삶의 대부분 동안 나는 절망의 목격자가 되기로 했다. 나는 아이였을 때 이 길에서 출발했으며, 그때는 내 선택의 숨은 뜻을 충분히 이해하기 전이었다. 나는 공감적인 아이처럼 보였으나 그 이상이었다.

James Hatley(2000, pp. 3, 5)는 풍부하고 설득력 있는 방식으로 목격자에 대해 쓴다.

> 목격한다는 것은 타인의 곤경에 반응하는 방식을 의미하며…… 윤리적으로 관련된다. 희생자에 관한 진실을 말로 표현해야 할 뿐 아니라 희생자에게 진실해야 한다. 희생자에게 진실한 방식으로 반응할 때 조심성을 불러일으키는데, 이것은 말하자면 특정한 타인을 향한 폭력의 중대성에 대한 진정한 관심과 인정이다. 이 조심성에서 타인의 상처는 객관적 사실이 아니라 주관적 충격, 박해, 정신적 외상으로서 우선 마음속에 새겨진다. ……고통받는 타인을 목격하는 자체가 고통이라는 것을 우리는 안다. 그러나 이 고통은 공감하는 고통이 아니라, 말하자면 고통 자체가 불편한 것으로 희생자가 고통받는 것에 대한 비교임을 발견하는 고통이다. 말하자면 우리는 타인의 고통을 고통스러워 할 수 없어서 고통스럽다.

나는 타인의 현상 세계에 들어가기로 했고 '타인의 고통을 고통스러워할 수 없는 것'에 관해 Hatley가 한 구별을 직감으로 알았다. 아이였을 때 이것을 이해할 만큼 충분한 지각력이 있었지만, 너무 순진해서 그 불가피성을 이해할 수 없었던 것이 나를 슬프게 했다. 그러나 나는 노력했더라도 타인이 무엇을 고통스러워했는지 진정으로 알 수 없었을 것이라는 깨달음에 충실했다. 나중에 이 통찰은 목격하는 입장에 관한 유형학을 개발하도록 영감을 주었고, 희망처럼 목격하는 것도 한 가지 입장이 아니라 서로 다른 몇 가지 입장에서 이루어진다는 것을 믿게 했다.

내 유형학의 네 가지 목격자 입장은 인식(awareness)과 역량이라는 두 차원이 교차하면서 생겨난다([그림 18-1] 참조). '입장 1'은 폭력이나 위반에 대해 인식하고 있으며, 역량이 있는 목격자일 때 일어난다. 행동을 취하는 것과 무슨 행동을 취해야 할지 명확히 아는 것은 이 목격자 입장의 경험에 따른다. '입장 1'에 있는 사람은 유능하고 효과적이라고 느끼는 것 같다. 이 입장은 분명히 내가 되려고 애쓰는 입장이다. '입장 2'는 타인에게 가장 위험한 입장이다. 폭력과 위반을 목격하고 그 중요성이나 숨은 뜻을 모르는데도 마치 자신이 무엇을 하고 있는지 아는 것처럼 반응하는 사람들은 방향을 잘못 잡는다. 그들의 행동은 잘해야 효과가 없는 정도이고, 최악은 해롭다. 이 입장에서 목격하는 부정적인

	인식함	인식하지 못함
역량 있음	1	2
역량 없음	3	4

[그림 18-1] 목격자의 입장

출처: Weingarten(2000). Wiley-Blackwell 출판사의 허락을 받아 복사함.

영향은 크게 미치며, 특히 목격하는 사람이 힘 있는 지위를 차지하고 있거나 힘이 있는 것으로 인식되는 경우 그렇다. '입장 3'은 자기만이 아니라 타인에게 미치는 영향이 너무나 파괴적인 것을 제외하면 어느 정도의 비애감을 보증한다. 알지도 못하고 역량도 없는 사람이면 보호해야 할 때 보호하지 못하고 적극적이어야 할 때 수동적일 가능성이 너무 커서 그 가능성이 확실성에 가까워진다. 클라이언트의 긴급한 필요를 알지 못해서 그것에 관해 수동적인 전문가는 그 클라이언트를 버린 것이다. 이 버림은 업무상 과실의 형태로 나타나며, '입장 2'에서 취한 행동으로 시작된 잘못된 방향의 노력만큼이나 해롭다. '입장 4'는 애석하게도 내가 가장 자주 듣는 경우다. 이 입장에 있는 사람은 알지만 무엇을 해야 할지 확신하지 못하거나 아는 대로 정확하게 행동할 자원이 부족하다. 내가 너무나 자주 타인과 나 자신에 대한 목격자가 되는 영역인 질병과 관련해서 무기력과 결합한 인식은 너무 친숙해서 충심으로 저항할 수 없다. 질병에 너무나 자주 동반되는 무기력감에 저항하는 것은 나에게는 평생의 과업이었다.

2003년, 세 번째로 암 진단을 받은 나는 다시 저항할 에너지를 불러일으켜야 했다. 외과적 합병증 때문에 내 상처는 치료될 기미가 보이지 않았다. 그래서 20분마다 붕대를 갈아야 했다. 일을 계속할 수 없었고 최근 출간한 저서 『*Common Shock: Witnessing Violence Every Day: How We Are Harmed, How We Can Heal*』을 위한 여행마저 취소해야 했다. 나는 내 삶을 목적 있게 느끼도록 만드는 일상적인 도전에서 멀어졌다.

12월 1일, 세계 에이즈의 날에 나는 행사 준비를 돕기로 되어 있었으나 돕지 못한 병례검토회(Grand Rounds)의 청중 가운데 있었다. 내가 맡은 일은 에이즈에 깊이 관여하고 있는 남아프리카 공화국의 동료들에게 컨설팅을 해 주는 것이다. 그들의 일에서 얻은 통찰을 이 병례검토회에 제공하기를 희망했으나 이 계획을 실행할 수 없었다. 이야기를 경청하고, 문제의 방대함과 연결하여 남아프리카 공화국 동료들을 향한 감사가 샘솟는 것을 알아챈 나에게는 평범한 사건이나 경험을 통하여 직관적으로 진실의 전모를 파악하는 통찰력이 있었다.

사실 전자 입자를 맞으며 병원에 누워있는 것이 나의 일이었다. 그러나 감당할 수 있는 만큼 옷이 벗겨져 탁자에 끈으로 묶인 나는 아직 다른 사람들에게 줄 것이 있었다. 내 몸속으로 들어와 나에게 생산적인 오랜 삶의 기회를 주기를 내가 희망하는 바로 그 입자들이다. 남아프리카 공화국의 내 동료들이 돕고 있던, 최첨단 치료를 받지 못하고 있던 사람들과 얼마나 다른가? 나는 행동을 취할 길을 보았다.

그날 8회째 방사선 치료를 받은 후 나는 가장 가까운 남아프리카 공화국 동료들 중 네 명에게 이메일을 보냈다.

> 여러분도 알다시피 저는 방사선 치료를 받고 있습니다. 불편함이 있기는 하지만 치료를 받을 수 있어서 얼마나 행운인지 마음에 새기고 있답니다. 에이즈로 고통받는 사람들과 그들의 가족, 돌보는 분들, 또한 고통받는 지역사회를 위해 여러분이 하는 모든 일을 위해 저의 다음 회 치료를 여러분 네 분에게 헌정하겠습니다. 여러분이 하는 모든 일에 대해 깊이 감사드리며…….

이메일을 보낸 후 나는 몇 달 만에 처음으로 내 삶에 되돌아왔음을 느꼈다. 몇 시간 후 나는 계획을 세웠다. 날마다 나는 경의를 표하고 싶은 사람들 또는 폭력에 관련된 그들의 일인 대의명분에 나의 방사선 치료를 헌정할 것이다. 누군가가 그들이 하는 일에 관해 그들에게 치료를 헌정할 만큼 관심을 가지고 있다는 것을 알고서 그들이 직면하는 매일의 고난에서 용기를 얻기를 희망했다.

치료를 받는 나머지 25일 동안 나는 편지를 받을 사람들과 단체를 조사했고, 그 편지로 그들의 일을 진정으로 목격할 수 있는 방법에 관해 작업했다. 각 편지에 심혈을 기울여 그들의 일이 나에게 감동을 줘 내가 매일 받는 방사선 치료에 그들을 연결한 이유를 설명했다. Medical Foundation for the Care of Victims of Torture, Mandela Foundation 그리고 이라크 주재 기자에게 편지를 썼다. 답장을 받을 기대를 하지 않고 편지를 보냈으나, 헌정 받은 사람 중 절반 이상에게 답장을 받았고 그때마다 감동했다. 편지를 쓴 것은 매일 전 세계에서 벌어지는 폭력의 한 측면에 내가 집중하고 긍정적인 공헌을 하고 있다고 믿는 데 도움이 되었다. 나의 치료를 헌정하면서 방사선 치료 자체를 견딜 수 있게 되었다. 나는 치료대 위에서 그리고 치료대를 벗어나서 나의 개인적 고통을 폭력을 변화시키려는 사람들의 노력을 인정하는 기회로 변화시킴으로써 내 일을 하고 있었다. 경의를 표하기로 한 사람들, 단체 그리고 대의명분에 무척 집중하면서 나는 그들에게 연결됨을 느꼈고, 암을 지니고 살아가는 사람들을 마멸하는 고립감을 떨쳐버렸다.

치료가 끝나고 몇 달 후 나는 치료 헌정에 관한 사적인 경험을 치료 헌정 프로젝트(Treatment Dedication Project-www.witnessingproject.org/treated.html)로 전환했다. 나는 두 가지 안내서를 썼다. 하나는 치료를 받고 있는 사람들을 위한 것이고, 다른 하나는 헌정을 수월하게 하려는 사람들을 위한 것이었다. 암 치료를 받는 많은 사람이 이와 같은 것을 하고 싶어 하지만 스스로 그 일을 떠맡을 에너지나 중심이 없다. 18년 전에 나도 각별한 관심이 있었을 것으로 생각하지만, 일하고 어린 두 아이를 돌보면서 처음 관심을 둔 그때 혼자 그것을 할 시간이나 개인적 자원이 있었을지 의심스럽다. 도움을 받았다면 나의 치료를 헌정할 수 있었을지도 모르겠다.

희망

나는 희망에 관해 여러 번 썼다(Weingarten, 2000, 2004b, 2007). 아프거나 두려움을 느끼는 사람에게 희망을 느끼기를 기대하는 것은 너무 지나친 기대일지도 모르겠다. 나는 희망을 지역사회의 책임으로 생각하고 싶다. 희망은 우리가 함께 행하는 어떤 것이다. 최근 연구를 보면 희망은 건강에 필수적임이 분명하다(Groopman, 2004 참조). 이 때문에 희망은 가장 어려운 상황에서도 희망을 불러일으킬 수 있는 소수의 강건한 사람만이 아니라 모두에게 도움이 될 수 있어야 한다는 점이 더욱 중요해진다.

나는 우리가 함께 희망을 행할 수 있기 때문에 희망은 모두에게 도움이 될 수 있다고 믿는다. 삶의 충격 때문에 고립감을 느낄 때 희망은 사람들이 연결되어 있다고 느끼도록 도울 것이다. 희망은 아파서 허약해진 사람들의 역경에 대한 무관심에 저항할 것이다. 희망은 타인을 위해 할 수 있는 일을 할 것이다.

요즘 희망에 관한 나의 입장은 더는 무관심에 저항해야 하는 사람의 입장이 아니다. 이제는 다른 사람이 무관심할까 봐 크게 염려하는 사람의 입장이다. 이전에 공헌한 것보다 훨씬 덜 공헌하더라도 여전히 관심을 받을 가치가 있다고 믿기 위해 일하는 사람의 입장이다. 갑자기 작아진 캔버스에서 목적과 의미를 찾아야 하는 사람의 입장이다. 나는 작은 행동이 하찮지 않다고 믿어야 하는 사람이다.

이렇게 하기 위해 나는 함께 일해 온 사람들에게 매우 중요한 것으로 개념화한 것과 같은 종류의 희망인 현실적인 희망을 얻으려고 애쓴다. 현실적인 희망은 감상적인 표현이 아니다. 희망은 "영혼 위에 걸터앉아 / [우리]에게 한 조각 빵도 원하지 않는…… 한 마리 새"(Duckinson, 1997)가 아니다. 반대로 현실적인 희망은 우리에게 많은 것을 요구한다. 우리 삶의 복잡성과 모순에 개방적인 매우 구체적인 방식으로 희망에 관해 생각하기를 요구한다. 현실적인 희망은 '엄한 사랑'이 가미된 희망이다.

현실적인 희망은 의심과 절망을 받아들인다. 현실적인 희망은 낙관주의로 포장되지 않는다. Vaclev Havel이 평화의 교란(Disturbing the Peace)에서 말하는 것처럼 희망은 "분명히 낙관주의와 같은 것은 아니다. 희망은 어떤 일이 잘될 것이라는 확신이 아니라 그것이 어떤 결과로 판명되든 상관없이 어떤 일이 이치에 맞는다는 확실성이다."(1991, p. 181) Havel은 우리가 해야 하는 일은, 특히 낙담하여 희망이 가장 절실하게 필요할 때 우리를 방해하는, 우리 모두에게 있는 감각의 풍요를 이해하는 것이라고 지적한다. 의심과 절망은 낙담해 있을 때 피할 수 없다. 의심과 절망을 최대한 바라보고 희망을 잃지 않는 것이 어려운 과제다. 사실상 삶에서 비극적 오류를 범할 위험에 처하는 때는 바로 의심과 절망을 억누르거나 외면할 때다. 의심과 절망은 그 메시지를 고려해서 우리 삶에 통합할 필요가 있는 가치 있는 신호다. 절망을 씻어 낸 희망은 정말로 유치한 순진함이다. 절망을 씻어 낸 희망은 그 위에 인간관계의 견고한 기반을 구축할 수 있는 형태의 희망이 아니다.

순진한 희망은 매력적인 만큼 문제도 있다. 순진한 희망은 직선을 선호하며, 흑백의 단순한 형태다. 현실적인 희망은 혼란스러워도 편안하다. 결국, 혼돈은 질서와 어울릴 수 있음을 받아들인다. 현실적인 희망은 모순을 기꺼이 받아들이며, 이는 풍부한 삶의 특징이다.

순진한 희망은 이상주의로 가득하다. 현실적인 희망은 실용적이어서 목표와 목표에 도달하는 길을 찾는다. 사람들은 목표가 명확하며, 목표에 도달하는 길이 알려졌을 때 고무되어 희망차게 느끼고, 길이 막혀 있으며 목표가 불분명할 때 절망적으로 느끼는 경향이 있다. 절망은 사랑이든 안전함이든 깨끗한 물이든 건강이든 원하는 것에 닿을 수 있는 것이 아무것도 없다는 확신이다. 이때의 과업은 목표를 명확히 하고 목표에 이르는 길을 찾아내는 수련을 하는 것이다.

이를 수행하는 것은 반드시 간단하지만은 않다. 첫째, 목표와 성공에 이르는 길을 정의하는 데 많은 시행착오가 있다. 목표와 목표에 이르는 길은 우리가 절대 기대하지 않았거나 원하지 않았던 정도로 서로 순서를 바꾸어야 할 수도 있다. 둘째, 삶은 우리가 받아들일 수 있다고 생각하지 않았던 목표와 길을 선택해야 하는 상황을 던져 준다. 그러나 목표를 다시 세우고 목표에 도달하는 길을 개척하는 훈련은 우리를 성장시켜 현실적인 희망을 유지하도록 도와준다.

어머니는 수십 년 전에 돌아가셨다. 죽어 가고 있던 시기에 어머니는 좀처럼 절망하지 않으셨는데, 이는 오늘날까지도 자녀와 손자들의 삶에서 계속 펼쳐져 있는 선물이다. 어머니와 함께 늙어 가고 싶었던 나는 어머니가 수명을 연장해 줄 어떤 치료라도 받기를 원했다. 결국 어머니의 삶이 최후를 앞둔 몇 시간이 되자 나는 어머니가 돌아가시기를 원했다. 어머니와 연결되고 싶은 나의 희망이 내 꿈과 내 가슴 속에서 영원히 살아 있을 것이며, 병원 침대에 움직이지 못하고 누워 있는 의식 없는 신체에는 머물지 못할 것임을 알았다. 고통스러운 24시간이라는 짧은 시간에 나의 희망은 비틀거리며 네 단계를 거쳤다. '제발 어머니를 돌아가시게 하지 마세요.'는 '어머니가 고통받지 않게 해 주세요.'가 되었고 '어머니가 편안하게 돌아가시도록 해 주세요.'를 거쳐 가장 상상하기 힘든 생각이 상상할 수 있는 소망으로 자연스럽게 바뀌어 '이제 어머니가 돌아가시게 놔두세요.'가 되었다. 현실적인 희망은, 그 목표가 우리 가슴을 찢어 놓든 아니든, 성취할 수 있는 목표로 이어지는 길에 달려 있다.

너무 많은 사람이 희망에 관한 인기 있는 수사—희망은 경쾌하고 발랄한 소리, 나비이며 무지개다—를 접하며 성장했다. 희망의 줄거리는 진행형 이야기, 위로 뻗어 가는 일직선으로 변함없이 표현된다. 이런 이야기 형상은 삶이란 시간이 지나면서 점점 나아지는 것이라는 이미지를 내포한다. 희망은 언제나 상승 비행 중이다. 내가 지향하는 성질의 희망인 현실적인 희망의 줄거리는 행사 결과보다는 행사를 통해 서로 지지하는 사람들로 이루어진 공동체의 응답에 의해 결정된다. 공동체에서는 불확실한 응답을 포함하여 어떤 이야기 형태라도 수용할 수 있다.

결 론

이제 나는 제1부에서 쓴 영적 수련에 다른 네 가지 영적 수련을 추가할 수 있다. 그중 두 가지인 희망 행하기와 목격하기는 이미 소개했으며, 나머지 두 가지는 다음에서 설명한다. 희망을 행하기 위해서는 단 한 사람이더라도 다른 사람이나 다른 사람에 대한 기억이 있어야 한다. 희망을 행하는 것은 관계적 활동이다. 고립 속으로 움츠러든 것을 끌어내더라도 관계 속에 머물러 있겠다는 약속이다. 절망은 우리를 끌어당겨 내동댕이친다. 그러나 희망은 우리를 끌어당겨 안는다. 극심한 괴로움 가운데서 특히 뒷걸음질치고 싶을 때 앞으로 나아가는 것은 영적 수련이다.

어떤 질병을 앓고 있는 동안에도 희망을 행하는 것은 필수적이며 해 볼 만하다. 우울증, 정신적 충격, 질병, 신체장애 등 이유가 무엇이든 다른 사람들의 방향과 걷잡을 수 없이 다른 방향의 삶을 택할 때 공동체에 연결하는 것은 실제로나 정서적으로 쉽지 않다. 최근에 아팠을 때는 공동체에 참여하는 일부 측면을 나는 직접 행할 수 있었다. 개인 생활과 직업 생활의 다른 영역에서 알게 된 다양한 사람에게 이메일을 보냈다. 다른 과업은 내가 하기에는 너무 과했다. 아들이 일정표를 마련해서 하루 네 번의 정맥 내 주입 중 한 번은 사람들이 나와 함께 있도록 할 수 있었다. 남편은 가까운 친구들에게 시를 부탁했다. 사람들은 우리가 필요할 때 음식을 놓고 갔다. 일상생활의 실용적인 것을 처리하기 위해 연결을 확립하는 것은 희망을 행하는 중요한 특징이지만 그것이 전부는 아니다.

공동체에서 희망을 행하는 것은 가까운 범위에서 관찰되는 즉흥적인 목격을 받아들이는 것도 필요하다. 내 삶, 정말로는 우리 삶, Hilary와 나의 삶의 힘겨움에 관해 가족과 친구들이 관찰한 것을 들으면 언제나 놀라웠고 때로는 괴로웠으며 가끔은 깊이 인정했다. 영적 수련의 일부로서 나는 나에 관해 목격한 것을 말해 준 사람들이, 목격한 내용이 얼마나 가깝게 '목표에 적중했는지'에 상관없이, 그렇게 할 때 인식하고 있으며 역량이 있다고 느끼려고 애썼다. 사람들이 목격한 것을 말해 주었다는 사실이 중요했다. 나는 무관심에 기꺼이 저항한 사람들이 자신의 노력에 감사하고 있음을 느끼기를 원했다.

나는 연기를 할 필요가 없었다. 내가 수년에 걸쳐 개발한 기량 중 하나로 다른 사람들과 비슷한 영적 수련은 친밀하게 연결된 순간에 만족함을 느끼는 흔쾌함이다. 그것은 내가 수년에 걸친 힘든 노력 끝에 연마한 능력이며, 현재 있는 것으로 나의 힘을 북돋우겠다는 약속을 표현한다. 나의 내부에서 한순간 마음을 열고 확장하여 내가 필요한 것을 채울 수 있다. 이것은 다른 사람들의 작은 몸짓이라도 차이를 만들어 낼 수 있음을 의미한다. 이 수련은 긍정적인 상승 작용을 일으켜 주기에 이어 감사가 뒤따르며, 이는 더 많은 주기를 자극한다.

마지막으로, 나는 지속적인 애정 어린 접촉을 만들어 낸다. "차단된 사랑은 우리를 아프게 한다." (Linares에서, 2006, p. 111)라고 Humberto Maturana는 현명하게 말한다. 나는 병이 있지만 아픈 느낌과 싸우지 않는다. 아픈 사람 치고 나는 기분이 좋다. 이것은 나의 관계가 건강한 덕분이라고 생각한다. 나는 내 삶의 모든 면에서 차단되지 않은 사랑을 만들어 내려고 노력한다. 이것 또한 영적 수련이다.

희망 행하기, 목격하기와 목격되기, 나에게 필요한 것을 짧은 순간이라도 받은 것에 만족감을 느끼기 그리고 나의 모든 관계에서 가로막히지 않은 사랑을 느낄 수 있도록 방해물을 제거하기는 나의 영적 수련에 추가된 요소다. 그것들은 집에서든, 교실에서든, 사무실에서든 내 삶에 골고루 스며들어 있다. 나는 현재의 나, 현재의 내가 된 것을 바친다. 질병은 내게 골칫거리지만 또한 자극제가 되기도 했기 때문이다. 질병은 나에게 박차를 가해서 이러한 영적 수련을 발전시키도록 했다. 감사할 일이다.

참 | 고 | 문 | 헌

Bate, W. J. (1963). *John Keats.* Cambridge, MA: Harvard University Press.

Dickinson, E. (1997). *The complete poems of Emily Dickinson.* Boston: Back Bay Press.

Groopman, J. (2004). *The anatomy of hope.* New York: Random House.

Hatley, J. (2000). *Suffering withness: The quandary of responsibility after the irreparable.* Albany: State University of New York Press.

Havel, V. (1991). *Disturbing the peace.* New York: Vintage.

Hoyt, M. F., & Combs, G. (1996). On ethics and spiritualities of the surface: A conversation with Michael White. In M. F. Hoyt (Ed.), *Constructive Therapies 2.* New

York: Guilford Press.

Linares, J. L. (2006). Complex love as relational nurturing: An integrating ultramodern concept. *Family Process, 45,* 101-115.

Weingarten, K. (1991). The discourses of intimacy: Adding a social constructionist and feminist view. *Family Process, 31,* 285-305.

Weingarten, K. (1992). A consideration of intimate and non-intimate interactions in therapy. *Family Process, 32,* 45-59.

Weingarten, K. (1997). *The mother's voice: Strengthening intimacy in families* (2nd ed.). New York: Guilford Press.

Weingarten, K. (1998a). The small and the ordinary: The daily practice of a postmodern narrative therapy. *Family Process, 37,* 3-15.

Weingarten, K. (1998b). Review of *The shared experience of illness: Stories of patients, families, and their therapists. Families, Systems, and Health, 16,* 179-182.

Weingarten, K. (2000). Witnessing wonder, and hope. *Family Process, 39,* 389-402.

Weingarten, K. (2003). *Common shock? witnessing violence every day: How we are harmed, how we can heal.* New York: Dutton.

Weingarten, K. (2004a). Commentary on Candib (2004): What Is at the center, and what is at the edges, of care? *Families, Systems, and Health, 22,* 152-157.

Weingarten, K. (2004b). The ripple effect. *Hope, 44,* 34-37.

Weingarten, K. (2005a). A guide to dedicating cancer treatments. Available at www.witnessingproject.org.

Weingarten, K. (2005b). The companion guide for volunteers facilitating the treatment dedication project. Available at www.witnessingproject.org.

Weingarten, K. (2005c). Cancer, meaning making, and hope: The treatment dedecation project: Comment. *Families, Systems, and Health, 23,* 155-160.

Weingarten, K. (2007). Hope in a time of global despair. In C. Flaskas, I. McCarthy, & J. Sheehan (Eds.), *Hope and despair in family therapy: Reflections on adversity, reconciliation and forgiveness.* London: Routledge.

Weingarten, K., & Worthen, M. E. W. (1997). A narrative analysis of the illness experience of a mother and daughter. *Families, Systems, and Health, 15,* 41-54.

White, M. (1995). *Re-authoring lives: Interviews and essays.* Adelaide: Dulwich Centre.

White, M. (1998). *Narratives of therapists' lives.* Adelaide: Dulwich Centre.

White, M., & Epston, D. (1989). *Literate means to therapeutic ends.* Adelaide: Dulwich Centre.

제 19 장 마음과 영혼

– 치료사와 클라이언트를 위한 경험적 훈련

JANINE ROBERTS

치유하는 사람은 부과할 의제가 있는 사람을 피할 것이다. 취약하고 아픈 순간에 사적 진실을 밝히려는 남녀는 의사(또는 치료사)가 아니다.

PAUL R. FLEISCHMAN(1994, p. 20, 강조를 덧붙여)

나는 Yvette라는 이름의 클라이언트와 상담했는데, 그녀는 남편과 싸웠을 때 TV장 위에 있던 도자기 성상이 움직였다고 나에게 말했다. 그 성상들이 얼굴을 벽 쪽으로 돌리고는 넘어졌다는 것이다. 그녀는 이것을 집에서 뭔가가 잘못되었다는 징조로 해석했다. 나는 가톨릭 교인으로 양육되었지만 Yvette처럼 이탈리아계 가톨릭 교인은 아니었다. 나는 당혹스러웠다. 그녀의 믿음을 망상으로 취급해야 할까 아니면 치료 자원으로 다루어야 할까?

CHRISTINE(치료사, 32세)

내 클라이언트 중 한 사람인 마흔일곱 살의 Ron은 최근 결장암 진단을 받고 수술을 앞두고 있으며, 화학 요법과 방사선 치료를 둘 다 받거나 둘 중 하나를 받을 가능성이 높다. 자신이 왜 암에 걸렸는지에 관한 그의 견해는 '일어날 수 있는 일', 즉 임의적 사건이라는 것이다. 그의 아내 Alisa는 그것을 매우 다른 시각으로 본다. 그녀는 기이하게 여긴다. '우주가 나에게 뭘 말하려는 것이지? 우리는 어떤 교훈을 배

워야 하지? 이것이 어떻게 내 업보가 된 거지?'

나는 그들에게 부부치료를 하고 있다. 그들은 이미 많은 갈등을 겪고 있다. 나는 그들의 견해가 그렇게 다르다는 사실을 어떻게 다루어야 할지 모르겠다.

JAMES(치료사, 41세)

믿음: 너, 나 그리고 우리의 믿음

클라이언트의 영적 믿음과 종교적 믿음을 가족치료 교육에서 직접 다루는 일은 거의 없다(Abbott, Berry, & Meredith, 1990; Prest & Keller, 1993; Taibbi, 1990; Weaver, Koenig, & Larson, 1997). 그러나 앞의 두 인용문에서 보여 주듯이 영적 믿음과 종교적 믿음은 사람들이 상담치료를 위해 들고 오는 문제에 자주 등장한다. 영적 믿음[1]은 치료와 제약 조건에서 모두 상당한 자원이 될 수 있다. 열여섯 살 때 교통사고로 잃은 외아들의 죽음을 다루고 있던 Rachel과 George는 아들이 너무 완벽해서 하나님이 그 아이를 곁에 두고 싶어 한 것이라고 믿었다. 치료사는 그들의 믿음을 주의 깊게 들은 후에 이 믿음을 분명하게 표현하고, 다른 사람들과 함께 나누는 방법을 찾도록 도와주었다. 예를 들면, 그들은 아들이 하나님에게 얼마나 좋은 선물이었는지에 관한 인용문을 담은 아들의 사진 카드를 만들어서 친구들에게 보내, 아들의 죽음 이후 보여 준 그들의 지지에 감사를 표했다. Rachel과 George의 믿음에 대한 존중은 위안이 되어 깊은 비애와 슬픔에 빠진 그들에게 도움이 되었다.

국립암센터(National Cancer Institute)의 자금 지원을 받아 캘리포니아 거주 남미계 여성 1,225명을 대상으로 설문 조사를 하여 남미계 여성의 자궁경부암 예방 서비스 이용률이 낮은 이유를 알아냈다. 거의 25%의 여성이 자궁경부암은 부도덕한 생활방식에 대한 하나님의 벌이라고 믿고 있었다. 남미계 1세대 이민자 중에서 이 숫자는 43%까지 상승했다(Cooper, 1997). 이 사례를 보면 정기적으로 팹 테스트를 받거나 다른 예방 서비스를 찾지 않게 억제하는 요소로 믿음이 작용한다. 연구자 중 한 명인 한 의사는 남미계 여성에게 팹 테스트의 필요성을 알리려는 사람들은 "수치심이 실린 인식 결과를 알지 못하면 실제로는 환자들을 내쫓을 수 있다."(p. 17)라고 말했다.

가족치료사는 인생의 목적, 죄의식, 운명, 사후의 삶 또는 영적 요소를 지닌 기타 믿음에 관한 클라이언트의 세계관을 알지 못하면, 사람들이 상담치료에서 자세히 살펴보려는 문제에 영향을 미치는 주요 요소를 놓칠 수 있다.

치료사의 영적 믿음을 교육이나 임상 실습에서 다루는 경우는 훨씬 적다(Anderson & Worthen, 1997). 클라이언트에게 사상을 강요할 염려가 있고, 서구 사회에 존재하는 세속과 종교의 경계에 대한 우려가 그 이유다. 예를 들어, 미국가족치료협회(American Association of Marriage and Family Therapy: AAMFT) 회원 중 무작위로 선택된 138명을 대상으로 한 최근 설문 조사에서, 종교를 치료 세션에서 직접 언급하는 것과 다른 구체적인 개입의 중요성에 관한 질문의 응답자 수가 많을수록 긍정적인 응답을 한 사람의 수는 적다는 것이 드러났다(Carlson, Kirkpatrick, Hecker, & Killmer, 2002). '과학적'으로 보이려는 정신건강 분야의 압력도 있다.

그러나 임상의학자의 영적 믿음도 치료에 제약이나 자원이 될 수 있다. 이 영적 믿음을 살펴보지 않고 지나가면, 치료사는 사각지대를 밝히는 데 도움을 받지 못하거나 자신의 가치관을 명확히 하는 것이 어떻게 치료에 도움이 되는지에 관해 접근하지 못한다(Roberts, 2005). 예를 들어, 불가지론자인 치료사는 가족과 지역사회 간의 주요한 연결 역할을 하는 종교적 믿음이나 교회, 이슬람교 사원, 사찰 또는 유대교 예배당과의 연결 관계에 관해 질문할 수 없을 것이다. 또는 주요 종교를 믿는 치료사는 이교도의 믿음에 관한 질문을 할 수 없을 것이다.

다양한 견해와 종교 집단에 친숙한 사람과 그런 정보가 없는 사람의 클라이언트 상담은 상당히 달라질 수 있다. 일신론자로 자란 Kevin은 아일랜드 가톨릭교도로 자랐지만, 지금은 교리를 지키지 않는 Anne이 낙태를 해야 할지 몹시 고민하는 이유를 이해하지 못하고 있었다. 그 사례에 관해 지도감독을 찾고 있던 Kevin은 한 가톨릭교도 동료와 이야기를 했다. 그 동료는 가톨릭교회에서는 낙태를 아직도 죄로 여기며, 일부 종파에서는 낙태를 살인과 유사한 것으로 보고, 하나님의 일을 여성인 자신의 손으로 행하는 것을 의미하기 때문에 신에 대한 모독으로 간주한다고 Kevin에게 설명해 주었다. Kevin은 돌아가서 가톨릭교와 하나님과 그녀의 관계에서 죄의식, 죄악, 자주성, 성생활, 임신 및 믿음에 관해 매우 다른 질문을 Anne에게 할 수 있었다. 대화가 전개됨에 따라 Anne은 더욱 이해받는다고 느꼈으며, 더 수월하게 결정할 수 있음을 알았다.

클라이언트와 치료사의 영적 또는 종교적 믿음을 많이 알수록 치료 과정의 일부로서 (적절할 때) 클라이언트와 치료사에게 더 많은 도움이 될 수 있다. 흥미로운 것은 앞에서 언급한 AAMFT 회원을 대상으로 한 설문 조사에서 "놀랍게도 응답자 중 95%가 영적 건강과 정신건강 간의 관계를 믿었다."(Carlson et al., 2002, p. 166)는 사실이다. 언제, 어디서, 어떻게 영적 믿음을 대상으로 상담하거나 상담하지 말아야 하는지를 더 배우기 위해, 교육과 지도감독뿐 아니라 임상 수련에서도 사용할 수 있는 내가 개발한 여섯 가지 훈련을 이 장의 나머지 부분에서 소개한다.

이 측면의 삶을 탐색하기 위한 안전한 장은 다른 훈련생 및 동료와 함께할 때다. 훈련생과 동료는 그들의 경청과 사유와 분석 기량을 토론에 쏟아 경계를 넘어 이 주제 속으로 들어오는 것이 무엇을 의미하는지 살펴볼 수 있다. 또한 일반적으로 치료사는 치료 작업에서 클라이언트에게 살펴보게 하는 것들에 관해 폭넓은 경험을 지니고 있는 것이 중요하다. 이것은 다양한 기법을 아는 것뿐만 아니라 어떤 방식으로는 클라이언트와 개인적으로 상담하는 것이므로, 치료사에게는 살아온 경험의 복잡성에 대한 공감 능력과 제기될 수도 있는 정반대의 반응을 다루는 방식에 관한 아이디어도 있어야 함을 의미한다. 이것은 임상 연구와 적용을 매우 강조하는 가족치료에서 영적 이슈에 관해 게재되기 시작한 교육과정(Patterson, Hayworth, Turner, & Raskin, 2000)과 균형을 잡기 위해 중요하다.

여섯 가지 훈련은 서로 관련성을 갖고 보완하는 순서대로 소개한다. 이 훈련은 자신의 맥락에 맞도록 자신만의 훈련을 설계하고 개작하기 위한 출발점으로 제공된다. 각 훈련은 필요한 지시 및 소요 시간과 함께 설명한다. 클라이언트에게 사용하기 위해 훈련의 일부를 개작하는 방법도 소개한다. 이것은 경험적 상담을 치료에 계속 연결해 주기 때문에 이 과정의 주요 부분이다. 그리하여 더 나은 임상의학자가 되는 데 초점을 맞춘다.

첫 번째 훈련 '열린 마음으로 털어놓기'에서는 참여자가 '내 인생에서 영적 믿음은…….'과 같은 미완성 문장을 완성하도록 한다. 이 연습의 의도는 준비활동이다. 참여자는 2인 1조로 그들의 삶에서 영적 신념의 장소에 관한 생각을 정리하여 표현하며, 종교적 경험이라고 보는 것과 영적 경험이라고 보는 것을 구별하도록 서로 도와준다.

두 번째 훈련 '선 위에서'에서는 가족치료 분야에 다른 사람들의 생각을 받아들여 수많은 사람과의 일련의 소규모 대화를 촉진하도록 구성된다. 이렇게 하면 더 넓은 범위의 이슈로 토론을 신속하게 전개할 수 있다.

세 번째 훈련 '의례'에서는 가족 의례의 종교적인 측면을 살펴본다. 모든 가정에는 의식이 있다. 식사 시간, 잠자리에 드는 시간 등의 일상적인 의식 또는 생일, 기념일 등의 집안 전통을 살펴보고, 영적 믿음과 영적 수련을 조사하면, 주제로 진입하는 완만한 입구가 되며 주제에 관한 다른 관점을 얻을 수도 있다.

네 번째 훈련 '여러 세대에 걸쳐 살펴보기'에서는 심상유도법(guided imagery)의 고정점으로 가계도를 사용하여 "당신이 영적 조우 또는 종교적 조우라고 부르는 것에 관한 당신의 첫 기억은 무엇입니까?"와 같은 질문을 한다. 이 훈련은 참여자가 시간의 경과에 따른 가족의 패턴을 살펴보도록 도와준다.

다섯 번째와 여섯 번째 훈련은 치료 실제로 더 근접한다. "질문, 질문: 누가 질문을 받았습니까?" 에는 영성에 관한 개념을 치료에 적절하게 도입하는 방법에 관한 몇 가지 질문이 포함되어 있다. 마지막 훈련 '역할극' 에서는 역할극을 구성하여 상담치료 세션을 모의 실험하는 방식에 관한 생각을 제시한다.

모든 훈련에서 촉진자는 참여자가 어구, 질문 또는 생각에 관해 심사숙고할 수 있도록 그것들을 천천히 말하고 반복해야 한다. 촉진자의 목소리로 집중하는 명상적 분위기를 조성하여 참여자가 집중할 수 있게 도와야 한다.

열린 마음으로 털어놓기: 미완성 문장

이 훈련은 참여자가 그들의 믿음의 맥락을 이름 짓고 탐색하고 전개하도록 돕기 때문에 훌륭한 준비 활동이 될 수 있다. 또한 이 훈련은 제약을 두지 않고 매우 개방적이기 때문에 참여자가 무엇이 그들에게 중요한 주제가 될 수 있을지 발견하는 데 도움을 준다. 2인 1조로 진행되는 이 훈련은 상대방 한 사람에게만 공개하고, 공개 범위에 관해서 파트너가 쉽게 선택할 수 있는 안전한 형식이다.

이 연습을 수행하는 데는 약 40분이 필요하다. 구성원이 서로 전혀 모르는 그룹에는 시작하기 전에 신뢰하는 과정을 거치고 경계를 설정하는 것이 중요하다. 예를 들어, 정보를 공개할 때 참여자가 안전하게 느낄 필요가 있는 것에 관해 이야기한다(예: 파트너는 먼저 상대방에게 확인하지 않고서는 더 큰 그룹과 일을 공유하지 않는다 또는 워크숍 외부에서는 아무것도 공유하지 않는다). 또한 어떤 종류의 구두 및 비구두 응답이 중요한지를 토론하면 참여자는 상대방이 자신의 말을 들었거나 신뢰를 구축하는 데 무엇이 도움이 되는지 생각한다. 이 토론에서 촉진자의 주요 역할은 제시될 생각의 범위를 존중한다는 시범을 보이고, 참여자가 구체적인 예를 제시하도록 돕는 것이다.

실제 훈련을 시작하기 위해 촉진자는 첫 번째 미완성 문장(〈글상자 19-1〉 참

글상자 19-1

열린 마음으로 털어놓기: 미완성 문장

1. 내 인생(아이, 사춘기, 청년이었을 때. 서로 다른 시기를 선택하세요.)에서 영적 믿음은…….
2. 영성에 관해 배운 것은…….
3. 상담치료와 영성은…….
4. 내 인생에서 종교적 믿음은…….
5. 나의 어머니(계모, 아주머니 또는 이 역할을 떠맡은 다른 사람)의 종교적 생활은…….
   나의 아버지(계부, 아저씨 또는 레즈비언 가정에서 자란 경우에는 다른 어머니)의 종교적 생활은…….
   나의 조부모의 종교적 생활은…….
6. 나의 클라이언트의 영적 믿음은…….
7. 상담치료에서 나의 영적 또는 종교적 믿음의 역할은…….

조)을 말하고 2인 1조의 각 구성원에게 마음에 떠오르는 첫 번째 것으로 문장을 완성하게 한다. 참여자가 자신의 대답을 고치거나 대답하기 전에 너무 많이 생각하지 말게 한다. 그런 다음 조마다 3~4분을 주고 왜 그런 식으로 문장을 완성했는지 서로 이야기하도록 한다.

참여자는 상대방의 말을 들은 후에 자신의 대답을 볼 수 있도록 첫 대답을 써 놓고 싶어 할 수도 있다. 이렇게 하면 자신의 대답에 얽매이지 않아서 더 나은 청자가 될 수 있다. 중요한 것은 상호작용하는 두 사람 사이에 생성될 수 있는 에너지를 유지하고 지지하는 것이다. 내려다보며 너무 많이 쓰면 동적인 상호작용에 방해가 될 수 있다. 미완성 문장을 오버헤드 프로젝터로 보여 주면 시각적 학습 능력이 있는 사람들에게 도움이 된다. 참여자에게 미완성 문장을 나중에 유인물로 주면 문장을 정확하게 받아쓰는 데 쏟는 관심을 줄일 수 있다.

Sophie는 첫 문장을 이렇게 완성했다. "아이였을 때 내 삶의 영적 믿음은 불안정했고, 사춘기였을 때는 훨씬 더 불안정했다." 그녀의 파트너인 Brad는 같은 문장을 "십대였을 때 내 삶의 영적 믿음은 죄의식 속에 가라앉아 있었다."라고 완성했다. 그런 다음 그들은 말한 것을 서로 토의하기 시작했다. Sophie는 말했다. "제 가족은 유대인이었지만 제게는 유대교를 수련하는 것처럼 느껴지지 않았어요. 유대교는 제 가족에게 독특한 것을 의미했고, 삶을 이끌어 가는 방식을 알도록 도와주었기 때문이죠. 오히려 그건 '그게 바로 훌륭한 유대인이 행했던 것이기' 때문에 제 가족도 그렇게 해야 했기 때문이었어요. 저는 그 어구를 많이 들었죠. 한편으로는 이것이 중요한 영적 수련이라는 말귀로 알아들었지만, 다른 한편으로는 행동을 지켜보았는데, 행동은 상당히 달랐어요. 그건 아주 불안정했죠."

"그건 제가 경험한 것과 딱 들어맞네요."라고 Brad가 말했다. "전 성공회 교인으로 자랐지만, 죄의식에서 교회에 가는 것 같았어요. 그게 좋은 사람이 되는 걸 의미했거든요. 가지 않으면 나쁜 사람이었어요. 그렇지만 제 부모님의 경우에는 단지 위안이 되기 때문에 교회에 가는 것 같지는 않았어요. 교회에 가는 것은 부모님을 도덕적으로 만들었기 때문에 그 이상이었지요."

앞의 사례처럼 모든 참여자가 모든 문장을 완성하도록 한다. 원하면 '이 훈련을 한 것은……."과 같은 여덟 번째 문장을 추가하여 훈련을 완료할 수도 있다. 이렇게 하면 문장 완성하기를 종결하는 데 도움이 될 뿐만 아니라, 2인 1조의 파트너가 다른 사람의 경험을 배경으로 자신의 경험을 바라보도록 도울 수도 있다. 다른 사람의 생각을 병치하면 참여자가 자신의 경험에 관해 새로운 것을 알아차리고 그것을 더 구체화하여 더 상세히 구별하도록 하는 데 도움이 된다. 예를 들면, Sophie는 Brad가 그의 가족이 교회에 가는 것을 즐기는 것 같지 않은 방식에 관해 이야기하는 것을 듣고서 자신의 경험이 그렇게 불안정했던 이유를 더 명확하게 이해하게 되었다. "우리에게는 '의무 사항'이 너무 많았어요."라고 Sophie는 말했다. "옷을 잘 차려입고 유대교 예배당에 몇 시간 동안 앉아 있어야 했죠. 자동차를 운전하거나 기계 같은 것들을 사용하는 것도 허용되지 않았답니다. 가족 사이에서 긴장하는 시간이었지요."

각 조가 훈련을 완결하면 공유한 것에 대해 긍정과 감사를 서로에게 표현하게 한다. 이것은 훈련을 종결하는 또 다른 방식이다.

몇 그룹이 의견을 교환하도록 분위기를 조성하려면 참여자들에게 함께 원위치로 돌아와서 그 훈련을 한 것이 어땠는지, 특히 복잡하거나 흥미진진하거나 유용해서 더 탐색할 만한 어떤 이슈가 제기되었는지 편안하게 이야기를 나누는 몇몇 조가 있는지를 살펴보게 한다. 또한, 자신의 경험과 임상 실습을 연결하는 방법으로서 어떻게 이 훈련을 개작하여 클라이언트에게 사용할 것인지 참여자들에게 물어보는 것도 생산적이다. 예를 들어, Hwei Ling은 자신의 영적 사상과 종교적 사상이 인생을 거치며 어떻게 변화되었는지에 매력을 느꼈다. 그녀는 말했다. "서로 다른 기간에 겪은 믿음과 경험에 관한 미완성 문장을 네다섯 개 클라이언트에게 주는 게 유용할 것이라고 생각해요. 그것은 그들이 어떻게 현재의 견해에 도달하게 되었는지를 되돌아보는 구조와 이해하는 기회를 제공할 거예요. 저는 또 '미래에 나의 영적 믿음은…….'이라는 한 단계를 더 추가할 거예요. 이렇게 하면 사람들이 앞으로 나아가려는 측면을 명확하게 하는 데 도움이 될 거예요."

Abdul이 의견을 말했다. "전 일부 클라이언트에게 종교적 수련과 영적 믿음을 분리하는 어구를 사용할 겁니다. 이 둘은 상당히 다를 수 있어서 가족 구성원이 그 사이의 모순과 긴장 지점을 이해하는 것이 중요하다고 생각해요."

선 위에서: 견해와 목소리

이 두 번째 훈련의 목적은 대화를 더 폭넓게 펼쳐 개인적 경험과 생각을 뛰어넘는 데 있다. 이론가와 임상의학자가 가족치료에서 영성과 종교의 역할에 관해 한 말을 소개하고, 이 진술에 동의하느냐 또는 동의하지 않느냐에 따라 가상선에 자신을 위치함으로써 참여자가 진술문에 반응하도록 한다. 그런 다음 가상선의 그 지점에 자신을 위치한 이유를 다른 사람들과 몇 분 동안 토론하도록 한다.

이것은 미완성 문장 훈련을 한 다음에 하기 좋은 훈련이다. 보다 명상적이어서 개인적 믿음의 맥락을 이해하기 위한 토대를 마련하기 때문이다. '선 위에서'는 참여자가 자신의 믿음에서 빠져나와 상대적으로 짧은 시간에 활발한 의견 교환을 준비하는 더 넓은 생각의 장으로 들어가는 형식을 제공한다(〈글상자 19-2〉 참조).

방 안의 공간을 치우고 한구석에서 다른 한구석까지 선이 있는 것처럼 가정하라고 참여자들에게 요청한다. 참여자들에게 진술문을 읽어 주고, 그 진술문에 동의하느냐 또는 동의하지 않느냐에 따라 선 위에 가서 서라고 말한다. 한구석('동의함' 구석)에 더 가까이 서 있을수록 진술문에 동의하는 정도가 높으며, 반대쪽 구석('동의하지 않음' 구석)에 더 가까이 서 있을수록 진술문에 동의하는 정도가 낮다. 참여자들이 제 위치를 정한 후 3~4분 동안 2인 1조 또는 3인 1조에 속한 상대방과 자신이 선 위치를 선택한 이유에 관해 이야기하도록 한다. 그리고 선의 반대쪽 끝에 있는 사람들과 서로 이야기하도록 격려한다. 이것은 종종 가장 생생한 토론이 되며, 참여자들이 다른 관점을 얻도록 도와준다. 이 훈련을 온전히 수행하는 데는 약 30~40분이 필요하다.

글상자 19-2

선 위에서: 목소리와 견해

1. 종교적 언어나 수련을 통해 자신의 영성을 표현하기로 선택했든 아니든, 자신을 불가지론자나 무신론자라고 생각하는 사람을 포함하여 모든 사람에게는 영성이 있다(p. 4).
2. 영성은 인간 경험의 초월적 4차원과의 주관적 약속으로 정의된다(p. 3).
3. 영성에 기초한 치료의 세 가지 기본 가정은 다음과 같다.
   - 하느님(또는 신적 존재)은 존재한다.
   - 인간에게는 이 신적 존재와 연결하려는 선천적인 열망이 있다.
   - 이 신적 존재는 인간에게 적극적인 관심을 나타내며, 유익한 변화를 촉진하기 위해 인간관계에 영향을 미친다(p. 3).
4. Hart(1994, p. 48)는 치료사의 가장 깊은 사명은 신적 사랑의 구현, 사실상 '하느님의 화신'으로 봉사하는 것이라고 말한다(p. 11).

출처: Anderson & Worthen(1997).

참여자들의 반응을 보기 위해 내가 선택한 진술문은 목사 상담사인 Anderson과 Worthen(1997)이 쓴 『Journal of Material and Family Therapy』 중 영성에 관한 논문에서 발췌한 것이다. 참여자들에게 진술문의 출처를 알려 준다. 첫 번째 진술문을 몇 번 읽어 주고 사람들이 '선' 위로 이동하도록 격려한다. 각 진술문을 오버헤드나 파워포인트 슬라이드로 작성하여 소리 내어 읽으면서 보여 줄 수도 있다.

한 그룹이 영성과 종교의 차이점에 관해 활발한 토론을 벌였다. "제게는 세 번째 진술문이 가장 도발적이었어요."라고 Eunice가 말했다. "너무 협소한 정의처럼 느꼈어요. 저는 그 가정이 영적 견해가 아니라 기독교 기반의 치료를 위한 종교적 견해라고 느꼈답니다."

"저도 그 진술문에 반대합니다."라고 Manuel이 말했다. "그 진술문은 세계

곳곳의 서로 다른 문화적 믿음이나 영적 믿음을 반영하지 않았습니다."

"인용문에 있는 개념의 다수가 학교에서 하는 기도처럼 강요하는 것으로 느껴졌어요. 전 2번에서처럼 영적 경험을 하기 위해 어떤 4차원에 있어야 한다고 생각하지 않아요. 그건 숲 속에서 산책하는 것만큼 단순할지도 몰라요."라고 Andrea가 덧붙였다. "제게 영성은 표현된 많은 개념보다 더 개방적이에요."

이 훈련을 위해 다른 진술문을 선택하여 같은 형식으로 사용할 수 있다. 수업이나 교육에 참여한 사람들에게 적절한 인용문을 가져오게 할 수도 있다. 중요한 것은 진술문이 그룹에 속한 어떤 사람의 개인적인 진술문은 아니어야 한다는 것이다. 개인적인 진술문은 공개적으로 동의하거나 동의하지 않을 참여자의 자유와 그룹의 역동성에 영향을 주기 때문이다.

이 훈련은 짧은 시간에 많은 생각을 불러일으킨다. Andrea가 말한 것처럼 "그렇게 짧은 시간에 그렇게 많은 사람에게 이야기할 수 있었기 때문에 새로운 많은 관점에 눈을 떴어요." Guillermo가 의견을 말했다. "각 진술문은 살펴보고, 지점을 옮겨 다니고, 자리를 뜨는 대기점을 제공해 주었습니다. 나의 위치를 다른 사람에게 설명해야 해서 내 응답과 생각이 무엇인지 명확히 하는 데 도움이 되었습니다."

이 훈련을 개작하여 클라이언트에게 사용하려면 몇 가지를 변경해야 한다. 첫째, 전문 문헌에서 발췌한 인용문을 사용하기보다는 더 일반적이며 제약이 없는 개방적인 진술문을 사용해야 하므로, 통상적인 가족 경험(예: '삶에서 많은 것은 운명으로 미리 결정되어 있으므로 당신이 할 수 있는 일은 많지 않다.' '나에게 치유의 중요한 부분은 나의 영적 믿음이다.' '서로 다른 종교적 개념과 영적 개념을 수용할 수 있는 여지가 가정 내에 있어야 한다.')에서 따와야 한다. 둘째, 이 훈련은 논쟁을 불러일으키는 것이 아니라 대화에 마음을 열어 놓을 의향이 있는 클라이언트에게만 수행해야 한다. 따라서 가정 내에 기본적으로 관용과 신뢰가 있어야 한다.

마지막으로, 상담하고 있는 가족이 교육이나 지도감독 그룹보다 규모가 작을 가능성이 있고, 이 훈련의 효력이 일부는 서로 다른 견해를 말하는 사람들이 많이 있느냐에 달려 있기 때문에, 클라이언트와 가깝거나 넓은 혈족 관계이거나 지역사회에 속한 사람들이 있는 곳이라고 상상할 것을 클라이언트에게 요청해야 할 수도 있다. 그런 다음 다른 관점 때문에 자신의 믿음에 관해 어떻게 느끼는지 계속하여 토론하도록 한다.

의례: 가벼운 도입

가족 의례를 살펴봄으로써 영성의 주제로 가볍게 들어갈 수 있다. 모든 가정에는 의례가 있어서 중심 가치와 믿음을 들여다보는 창의 역할을 하며, 가정에서 성스러운 것으로 여기는 것을 표현하기도 한다(이 책 제12장 참조). 의례는 질병 등 우리가 모두 직면하는 일반적인 상황에서 의미 만들기를 위한 재료가 될 수 있다(Roberts, 2003a, 2003b 참조).

삶에서 의례의 역할을 이해하도록 돕는 훈련은 이미 많이 개발되었다(Imber-Black & Roberts; Roberts, 1999 참조). 이 훈련을 영적 요소가 있는 의례에 주로 집중하도록 쉽게 개작할 수 있다. 여기서 소개하는 훈련은 네 가지 다른 유형의 가족 의례—일상 의례, 집안 전통, 휴일 축하 행사(또는 종교 축제일 준수), 인생주기 의례—를 살펴보고 영적 측면이 중심적인 것을 식별해 내도록 돕는다.

이 훈련에는 약 30분이 필요하다. 참여자들이 편안한 자세를 취하고, 기억과 내적 경험에 집중하는 데 도움이 되는 것이면 무엇이든지 하도록 한다. 주변의 소음과 자극제는 도움이 되지 않을 것이다. 무릎에 있는 것을 내려놓거나, 더 천천히 숨을 쉬거나, 바닥에 발을 평평하게 놓거나 또는 눈을 감거나, 그냥 방안의 한 지점에 집중하도록 해도 좋다. 참여자들이 긴장을 풀기 시작하면 다음과 같은 방법으로 그들의 기억을 유도한다.

의례 기억하기

여러분이 아이였을 때와 현재의 삶에서 서로 다른 유형의 의례를 쭉 훑어보고, 그 의례의 어떤 영적 측면과 종교적 측면 또는 두 측면 중 하나가 여러분에게 중요했으며 지금도 중요한지 생각해 보십시오. 먼저 식사 시간, 잠자리에 드는 시간, 만나거나 헤어질 때 인사하는 방식 등 일상적인 의례에 관해 생각해 보십시오. 아침에 잠에서 깨어 명상하거나 어떤 방식으로든 요가를 할지도 모릅니다. 식사 시간에 침묵의 순간을 가지거나 밤에 기도할 수도 있겠지요. 이것들이 삶에서 여러분에게 어떻게 중요했습니까? 이런 수련에 여러분과 함께하거나 함께하지 않는 사람들은 누구입니까? 그것이 여러분의 관계에 어떤 영향을 미칩니까? 이런 의례에서 의무적이거나 공허하다고 느끼는 측면이 있습니까? 어떤 변화를 주면 그런 의례가 더 의미 있어질까요?

여러분이 생각해 보실 두 번째 의례는 집안 전통입니다. 여기에는 탄생, 기념일, 휴가, 재회 등의 행사가 포함됩니다. 영적 표현이 그 속 어디에서 작동하기 시작할까요? 재회했을 때 가족끼리 하는 기도나 죽은 가족 구성원에 관한 기억 속에서일 수도 있을 것입니다. 또는 생일에 삶의 성스러움을 인정하거나 출생 이야기를 나누는 방식에서일 수도 있을 것입니다. 여러분에게 특별한 영적 의미나 종교적 의미가 있는 장소에서 휴가를 보내고 있을 때일 수도 있고요. 가정의 중요한 기념일일 수도 있겠지요.

생일, 기념일, 재회, 휴가 등 어떤 집안 전통에 영적 요소가 더 많이 들어 있을까요? 여러분은 왜 그것이라고 생각하시나요?

휴일 축하는 세 번째 유형의 가족 의례입니다. 한 해를 보낼 때 일어나는 축하 의례의 이름을 제가 말하면 그 의례와 어울리는 영적 · 종교적 관습에 관해 생각해 보십시오. 특별한 음식, 음악, 주문, 기도, 다른 사람들과의 모임 등이 있을 것입니다. 여러분에게 중요했고, 현재도 중요한 휴일의 이름을 제가 말하면 이런 요소에 관해 생각해 보십시오. 새해, Three King's Day,

음력 새해, 라마단, 유월절, 전몰장병 추모일, 독립기념일, 로쉬 하샤나(유대교의 새해), 욤 키푸르, 할로윈, 디발리(힌두교의 새해), 추수감사절, 하누카, 크리스마스, 콴자.[2]

휴일에 관한 어떤 기억이 여러분의 마음에 가장 생생하게 남아 있습니까? 이 기억이 영적 수련이나 종교적 수련과 어떻게 연결되어 있나요? 또는 연결되어 있지 않나요? 여러분에게 이 기억의 의미는 무엇입니까?

여러분이 탐색해 볼 마지막 가족 의례는 인생 주기에서 겪는 의례입니다. 탄생부터 죽음까지의 여정에서 우리가 겪는 의례이지요. 여기에는 약혼, 축하 선물 증정 파티, 서약 의식, 결혼식, 세례식, 입양일 파티, 유산 의례, 분가, 이혼, 졸업, 은퇴, 장례식 및 인생 주기를 통과하는 다른 새로운 의례가 포함됩니다. 이 의례를 생각하면 어떤 영적 측면이 마음속에 떠오르십니까? 이 영적 요소가 인생 주기를 거치는 전환점과 변화에 어떤 도움이 됩니까?

네 가지 유형의 의식, 즉 일상적인 의례, 집안 전통, 휴일 축하, 인생 주기 의례를 되짚어 생각해 보십시오. 어느 영역에서 여러분에게 의미 있었던 영적 수련 또는 종교적 수련의 가장 풍부한 예가 있었습니까? 어느 영역에서 풍부한 예가 없었습니까? 어디에서 수련을 확대하고 싶습니까? 다른 수련에 관해 무엇을 변경하고 싶습니까? 준비되었을 때 이 시간에 여기로 돌아오십시오.

가족 의례에 관해 생각하는 것은 영적 관념과 종교적 관념, 믿음 및 수련을 탐색하는 매우 쉬운 접근 방식이다. 이 훈련은 해당 영역에 발을 들여놓는 좋은 방식이 될 수 있다. 의례를 가지고 작업하는 것은 상담치료에서 이미 재료로 사용하고 있는 것일 수도 있다. 이 훈련은 참여자들이 집중하지 않았거나 지명하지 않았던 의례의 영적 측면을 더욱 잘 인식하는 데 도움이 될 수 있다.

몇 대에 걸쳐 살펴보기: 종교, 영성 및 가계도

이 훈련은 참여자가 시간의 경과에 따른 확대가족의 더 큰 패턴을 살펴보도록 도와준다. 이 훈련에서는 참여자들을 유도된 심상 안으로 인도하고, 그들의 삶에서 영적인 믿음과 수련에 관한 질문을 생각하는 고정점으로 가계도를 사용한다(〈글상자 19-3〉 참조).

글상자 19-3

가계도 질문 및 유도된 기억하기

1. 여러분이 영적 조우 또는 종교적 조우라고 부르는 것에 관한 첫 기억은 무엇입니까?
   - 그 기억은 여러분 내부의 어디에 머물러 있습니까?
   - 그 기억은 어떤 느낌을 불러옵니까?
   - 그 기억은 어떤 방식으로 지금 여러분에게 스며들어 있습니까?
   - 색깔, 기호, 어구를 사용하여 가계도에서 어떤 방식으로 이 기억을 보여 줄 수 있습니까?
2. 종교적 믿음 또는 영적 믿음에 관해 여러 세대를 통해 여러분에게 무엇이 전승되었습니까?
   - 어떤 사람이 전해 주었습니까?
   - 그들이 무슨 말로 전해 주었습니까?
   - 무엇으로 그들이 여러분에게 주었습니까?
   - 종교적 행사 또는 영적 행사에 참여하도록 요청받았습니까? 아니면 그 행사에서 제외되었습니까?
   - 성(남성 또는 여성)과 관련된 어떤 메시지가 이 조치에 내재해 있었습니까?
   - 여러분에게 전승된 주요한 것을 가계도에 어떻게 나타낼 수 있습니까?

3. 인생 주기 변화의 어떤 의례가 의례나 종교적 행사(예: 세례식, 바 미츠바 또는 바트 미츠바, 견진 성사, 브라민 어깨 실 두르기 의식, 결혼식 또는 장례식)로 기념되었습니까?

4. 다양한 가족 구성원의 종교적 · 영적 정체성에서 중요한 변화는 무엇이었습니까?
   - 가계도에 이 변화를 어떻게 나타낼 수 있습니까?
   - 이 변화로 주요 관계에 미친 영향은 무엇이었습니까?
   - 여러분은 이 영향을 어떻게 보여 줄 수 있습니까?

5. 확대가족 중 다수가 어려운 시기를 극복하기 위해 종교적 · 영적 믿음과 수련을 어떻게 사용하거나 사용하지 않습니까?
   - 이 전략 중 어떤 것을 여러분의 삶에 가장 많이 통합했거나 삶에서 가장 많이 밀쳐 냈습니까?
   - 단어나 어구, 기호, 서로 다른 색깔로 이것을 어떻게 보여 줄 수 있습니까?

대략 한 시간이 필요하다. 가계도를 소개하고 그리는 데 10~15분, 촉진자가 〈글상자 19-3〉에 있는 질문을 참여자에게 하면 가계도에 추가하는 데 15~20분, 2인 1조 파트너가 서로에게 가계도를 소개하는 데 15분, 훈련을 개관하고 클라이언트에게 사용하는 방식을 브레인스토밍하는 데 10~15분이 걸린다. 참여자는 먼저 3~4세대의 기본 가계도를 그리고(McGoldrick, Gerson, & Petry, 2008), 가족 구성원의 윤리적 배경과 종교적 또는 영적 신념을 기입한다. 모든 사람은 큰 종이와 색상 크레용, 매직펜 또는 연필이 필요하다. 완성된 가계도를 앞에 두고 참여자들이 가계도에 관하여 생각해 보도록 〈글상자 19-3〉에 제시된 질문을 한다.

참여자들이 질문과 생각해 볼 것에 응답하면 가계도를 살펴볼 파트너를 선택하도록 한다. 고려해야 할 사항을 명심한 채 2인 1조의 각 구성원은 상대방의 가족사를 살펴봐야 한다. 오버헤드 슬라이드로 힌트를 볼 수 있도록 해 주면 도움이 된다. 이렇게 하면 '촉진자가 한 질문이나 설명 중 어떤 것이 가장 도발적이었습니까? 또는 가장 혼란스럽게 했습니까? 또는 고려할 가장 많은 것을 펼치도록 했습니까?' 등 과정과 관련된 질문을 더 많이 하도록 촉진할 수 있다.

가계도를 그룹의 다른 구성원들이 볼 수 있도록 들고 있게 하거나 벽에 테이프로 붙이게 하는 것도 교육상 유익할 수 있다. 임상의학자는 상상력이 풍부한 참여자의 생각을 참고하여 클라이언트가 가계도에 패턴을 표시하도록 돕는 방법을 더 많이 배울 수 있다. 예를 들어, 가족이 독실한 아일랜드 가톨릭교도였지만 각자 교회에는 서로 다른 빈도로 출석했던 Mara는 십자가에 색을 칠해 독실한 신앙인을 표시하고, 십자가의 윤곽선만 그려서 우유부단한 신앙인을 표시하고, 십자가 위에 X를 그려서 교회를 떠난 사람을 표시했다. 이렇게 하자 그녀는 매우 흥미로운 세대 패턴을 볼 수 있었는데, 네 세대에 걸쳐 많은 사람이 교회와의 연결을 줄인 인상적인 변화가 있었던 것이다. Randall은 서로 다른 영역의 그룹을 가계도에 표시하기 위해 글자를 써넣었다. 침례교도는 B, 회교도는 M, 루터파는 L, 뉴에이지 신봉자는 NA를 써넣었다. 대한민국에서 미국으로 온 Kokwang은 기독교가 우세한 사회에서 불교도가 되는 것에 관해 어떻게 느꼈는지를 십자가로 둘러싸인 조그만 절을 그려 넣어 표시했다.

이 훈련은 클라이언트가 가족의 영적 역사를 창의적으로 보여 주는 방법에 관한 아이디어를 자극하는 것 외에도 참여자들이 자신의 직접적인 경험을 넘어서는 더 큰 패턴을 볼 수 있도록 돕는다. 유대교인과 뉴잉글랜드 지방 신교도가 압도적으로 섞인 가족을 둔 Lise는 1600년대에 영국에서 도망쳐 종교적 자유를 구했던 영국인 선조의 유산과 1930년대에 유럽에서 종교적 박해를 피해 도망쳤던 유대인 조부모 간에 이전에는 생각하지 못했던 연결이 있음을 보았다. 그녀가 "전 항상 두 조상을 매우 다른 두 유산으로 생각해 왔지만 그분들을 연결하는 이런 맥락이 있네요. 두 선조는 모두 믿음의 자유를 원했던 거지요."라고 말했듯이 말이다.

아프리카계 미국인 Joseph은 집으로 돌아와 지역사회에 봉사해야겠다는 꿈이 있어서 제2차 세계대전 중에 군대에 복무한 후 Alabama로 돌아온 아저씨 이야기를 했다. 그의 아저씨는 작은 고향 마을로 돌아와 꿈꾼 대로 살았다. Joseph도 심리학자가 되어 다른 사람을 돕는 데 인생을 바쳤다. "저의 아저씨처럼 했어요. 영성에 관해 어떤 친척이 제게 모범이 되었는지 살펴본 오늘, 처음으로 이런 연관성을 지었어요."

치료사는 자신의 삶에서 영적 · 종교적 믿음 영역의 중요성을 보면, 가계도에서 클라이언트의 영적 · 종교적 믿음에 관한 정보를 질문하고 추가하는 경향이 더 많다. 다른 사람들의 경험을 알게 되는 것도 클라이언트의 흥미를 자극하여 영성에 관해 생각하는 다른 방식을 그들에게 알려 줄 수 있다. 정보를 가계도에 통합하거나 가계도를 보여 주는 방식으로 이전 경험을 알게 되면, 치료사의 편안함 수준이 높아져서 치료사가 이 주제를 가족사 수집에 통합할 가능성도 높아질 수 있다. Frame의 논문(2000)에서는 클라이언트와 영적 가계도 활동을 수행하여 치료에서 종교와 영성에 관해 이야기하는 정리 도구로 가계도를 사용하는 것에 관한 다른 제안을 한다.

질문, 질문: 누가 질문을 받았습니까

다섯 번째 훈련은 치료사의 영적 가치관 및 그 가치관이 치료에서 어떤 역할을 했거나 역할을 하지 않았는지에 관한 일련의 질문이다(〈글상자 19-4〉 참조). 이 이슈를 가지고 작업하도록 사람들을 교육할 때 그들이 치료 과정에서 탐색하고 발견하는 것을 연결하는 방식을 계속 찾아내는 것이 중요하다고 나는 생각한다. 이 질문은 2~4명으로 구성된 소그룹에서 수행해야 한다.[3] 그룹의 크기는 사용할 수 있는 시간과 치료사가 소그룹에 속한 사람들끼리 더 친밀하게 알게 되기를 원하는지에 따라 어느 정도 달라진다. 이전 훈련을 주로 2인 1조로 수행했으면, 다양한 경험과 생각에 노출되도록 더 큰 그룹에서 응답을 공유하

글상자 19-4

가족과 가족치료에서 영성 및 종교적 믿음

1. 여러분이 아이였을 때 영적·종교적 믿음에 관해 가장 많이 가르쳐 준 사람은 누구입니까?
   - 남자에게서 다른 것을 배웠습니까? 여자에게서 배웠습니까?
   - 가족 안에 있는 사람에게 배웠습니까? 가족 밖에 있는 사람에게 배웠습니까?
   - 그러고 나서 더 큰 사회에서 당신의 믿음은 어떻게 여겨졌습니까?
   - 사회 계급 이슈는 서로 다른 종교적·영적 그룹에서 어떤 방식으로 반영되었습니까?

2. 영성 또는 종교 경험을 통해 소년/소녀였을 때 자신에 관해 무엇을 배웠습니까? 당신의 삶 또는 다른 주요 가족 구성원의 삶에서 성인으로서 주요 의사결정에 종교나 영성은 어떤 영향을 주었습니까(예: 유산, 데이트할 사람, 함께할 파트너는 결혼할 짝 선택, 할례, 이혼)?

3. 어떤 방식으로 다양한 정체성(이혼한 사람, 결혼한 사람, 동성애자, 이성애자, 여성 또는 남성, 신체적 도전을 받은 사람, 부모)을 종교적 성구·교리·전통에 의해 지지받았습니까? 또는 지지받지 못했습니까?
   영적 또는 종교적 믿음에 관해 개인적으로 무엇이 어려웠습니까? 무엇이 치유해 주었습니까? 영적 또는 종교적 믿음에 관한 생각을 치료 과정에 적절하게 도입했다고 생각하는(또는 적절하게 도입할 것이라고 상상할 수 있는) 때는 언제입니까? 그것을 적절하게 하는 데 무엇이 도움이 되었습니까?

4. 가치관, 믿음 및 편견은 서로 다른 영적 또는 종교적 수련에 모두 개입되어 있습니다.
   상담치료에서 자원으로서 또는 제한으로서 주요 믿음 체계를 부과하거나 무시하지 않도록 확인하는 방법은 무엇입니까?
   다른 사람들을 위한 지침으로 이 방법을 진술할 수 있습니까?

도록 하는 것이 교육상 유익할 수 있다.

이 훈련의 준비 활동으로 참여자가 어떤 종류의 영적 위로나 영적 연결을 느낀 때를 회상해 보게 하는 짧은 유도된 기억 활동을 할 수 있다. 그들 주위에 누가 그리고 무엇이 있었는가? 어떤 느낌을 받았는가? 지금은 이 기억으로부터 어떤 느낌을 지니고 있는가? 말, 몸동작 또는 움직임으로 다른 사람들에게 그 기억을 표현하는 방법에는 어떤 것이 있는가? 시작하는 한 방법으로 참여자들에게 유발된 느낌을 말이 아닌 형식이나 말로 그룹의 다른 사람들과 간략하게 나누어 보도록 할 수 있다.

이 질문은 일반적인 길잡이로 활용할 수 있다. 관심 있는 다른 질문을 조사하고, 관심을 끌지 못하는 질문은 빼고, 더 흥미를 자아내는 질문은 그대로 두도록 한다. 그룹에서 한 번에 한 사람씩 첫 번째 주제의 질문에 대답한 다음, 그 다음 주제(2~5)의 질문에 대답하게 한다. 또는 한 사람이 개인적으로 관심 있는 모든 질문에 대답하는 동안 파트너는 듣게 할 수도 있다. 그룹에서 좋은 경청 분위기를 계속 유지하는 유용한 방식으로 다른 사람들이 하는 이야기를 듣고 자신에게 반향이 컸던 내용을 서로 이야기하도록 한다. 그리고 다시 그룹을 전체로 모아 그 훈련에서 경험한 것과 떠올린 아이디어를 서로 이야기하도록 한다.

이전 훈련에서처럼 참여자에게 훌륭한 치료를 제공하는 데 집중하는 방법으로서 실천할 연결 방안을 제안해 보라고 한다. 한 그룹이 영성에 관한 생각을 상담치료에 적절하게 도입하는 방식으로 다음과 같은 지침을 제안했다.

- 치료사 자신의 믿음을 이야기하지 않고(개종시키려는 것으로 보일 수 있음) 클라이언트의 믿음에 관해 개방된 질문을 하는 형식으로 진행한다.
- 여기가 더 깊이 탐색하고 싶은 장으로 느껴지는지 클라이언트에게 물어본다. 클라이언트의 활력과 관심도를 보고 힌트를 얻는다.
- 영적 믿음이나 종교적 믿음에 관한 관심을 불러일으키거나 끌어낼 수 있는

사람들의 삶의 상황과 맞춘다.

- 종교적 믿음이나 영적 믿음에 관한 더 큰 문화적 편견에 신경을 쓴다. 예를 들면, 오클라호마 시청 폭발 사건에서 처음 제기된 이슬람교도 테러리스트가 그 사건을 저질렀다는 근거 없는 비난은 이슬람교에 대한 편견이 반영된 것이다.

역할극: 진입 방식

실제 상담에 가장 근접해 보는 방식은 역할극을 하는 것이다. 역할극에 사용할 시나리오를 쓰거나 참여자들에게 즉석에서 구상해 보게 한다. 가장 활동적인 역할극은 참여자들이 그냥 구성하는 역할극인 경우가 흔하다. 참여자들이 제시하는 이슈가 자신에게 가장 의미 있는 것과 가까운 경우가 흔하기 때문이다. 다음은 상세히 쓴 시나리오다.

이유 있는 부인: 역할극

- 아버지(40대 초반, 세무사) 집 밖이나 집에 있는 사무실에서 일한다. 집에 있는 사무실에서 보내는 시간이 점점 많아지고 있다.
- 어머니(30대 후반, 모니터 요원) 가정주간보호센터를 모니터하는 주의 모니터 요원으로 밖에서 일한다. 가정에서 주간보호센터를 운영했었다. 집에 있기 위해 얼마간의 휴가를 얻었다.
- 맏아들(14세) 일 년 반 전에 백혈병 진단을 받았다. 아프기 전에는 열광적인 야구 선수이자 충실한 학생이었다.
- 둘째 아들(13세) 학교에서 특별히 우수한 학생은 아니다. 형이 아프기 전과 후에도 형과 다툼이 많았다.
- 막내 아이(5세, 여아) 가정에서 무슨 일이 일어나고 있는지 잘 알지 못하며

어리둥절해하는 것 같다.

치료사는 맏아들의 회복에 대한 가족의 희망을 격려하고 싶다. 동시에 그녀가 2주마다 가족을 만날 때 가족 세션을 집으로 옮겨야 할 만큼 맏아들은 눈에 띄게 더 허약해진다. 그 아이가 죽을지 모른다는 가능성에 관해 이야기하는 사람은 아무도 없다. 치료사는 이것이 가족 모두에게 미칠 영향을 염려한다. 특히 아버지가 집으로 철수한 것, 둘째 아들이 형과 다툰 이력, 단절된 것처럼 보이는 딸의 상태에 관해 들었을 때 염려는 더 커진다.

그다음 치료 세션은 결국 맏아들의 침실에서 열린다. 아이가 너무 허약해져 침대에서 일어날 수 없기 때문이다. 어머니가 나머지 가족을 모으는 동안 맏아들은 자신이 죽을 것 같다고 치료사에게 분명히 말한다.

치료사는 이것에 관해 가족이 다 함께 이야기를 나누도록 도와서 죽음, 상실, 상실 후의 삶, 사후의 삶에 관한 그들의 믿음에 관해 더 알고 싶어 한다. 치료사는 아들이 얼마나 아픈지 부모가 부인하는 심정을 뒤흔들어 놓을까 봐 두려워한다. 아들의 질병을 부인하여 매우 어려운 시기를 헤쳐 나가는 강인한 정신을 가족에게 심어 주고 있는 것으로 보이기 때문이다.

역할극으로 작업하는 것은 참여자들이 역할극을 할 때 그들을 지지하는 구조를 구축할 뿐만 아니라 역할극에서 무엇을 배우는지에 관한 분석과 토의를 하는 데도 매우 중요하다. 예를 들어, 치료사와 가족이 즉각적인 피드백을 얻고 팀에서 제시하는 좋은 아이디어를 활용할 수 있도록 현장 지도감독을 두거나 팀 형식을 반영해서(Anderson, 1987; Roberts, 1997) 역할극을 할 수 있다. 관찰자가 이전 훈련에서 제기된 이슈와 질문 같은 특정한 사항에 대해 지켜보도록 할 수도 있다.

또 하나의 가능한 형식은 팀에서 제시하는 역할극에 관한 의견을 나중에 반영하는 것이다. 역할극에서 서로 다른 역할을 맡은 사람들을 면담하여 풍부한 정보를 얻을 수도 있다. 이것은 역할극에서 자주 무시되는 측면인 역할을 부정하는 사람들을 돕는 좋은 방법이기도 하다. 치료사가 시도한 것들에 관해 가족 구성원들의 반응을 말하게 할 수도 있다. 치료사와 가족 구성원은 관계가 맺어져 연결되었다고 느낄 때 상황을 공유할 수 있기 때문이다. 상호작용에 본격적으로 착수하는 다른 방법을 제안할 수도 있다. 실제 역할극 자체만큼이나 이 부분의 경험을 어떻게 설정할 것인지에 주의를 기울이는 것은 중요하다. 분석과 토론을 위한 효과적인 작업 구조를 세워 놓으면 참여자는 실제 시나리오에서 많은 것을 얻을 수 있다.

더 넓은 영역으로 발돋움하기

이 훈련은 치료사 자신의 아이디어를 확립하기 위해 '시작하는 계기'로 삼는 것이 목적이다. 직접 이 훈련을 시도해 보라. 자신이 상담하고 있는 상황에 맞게 아이디어를 개작하고 변경해 보라. 다른 사람들과 실험해 보거나, 참여자에게 피드백을 요청하거나, 참여자의 의견을 기초로 연습을 다시 해 보라. 다른 가족치료 기법을 도입해 보라. 예를 들어, 사람들에게 중요했던 숭배 장소의 평면도(Coppersmith, 1980)를 만들게 하거나 시간의 경과에 따른 영적 믿음 또는 종교적 믿음과의 관계를 조각해(Papp, 1976) 보도록 한다. 영적 생태도(Hodge, 2000)를 그려 보면 사람들은 신앙 공동체, 신앙 공동체 구성원 또는 믿음과의 현재 연결에 공간적으로 집중할 수 있다. 문헌을 폭넓게 읽어 보라. 예를 들어, 『Journal of Refugee Studies』에서 De Voe(2002)는 회교도의 믿음, 히잡(베일) 및 미국에서의 소말리아인 가정에 관해 사려 깊은 글을 썼으며, Dwyer(1999)는 『Gender, Place, and Culture: A Journal of Feminist Geography』에서 영국의 회교도 가정을 살펴본다.

주 | 석

1. 영적이라는 용어는 공식적인 조직화한 종교 또는 비종교적인 영적 자양물(예: 명상 수련, 자연, 예술 또는 사회적 행동주의를 통해서 취득. 이 책 제1장 참조)에서 경험할 수 있는 개인적 믿음과 수련을 개괄적으로 지칭한다. 이러한 구별을 강조하는 것은 유용하다.
2. 그룹의 구성원과 관련되는 휴일이 있어야 한다.
3. 교육이나 실습을 진행 중인 그룹을 대상으로 이 훈련을 할 수도 있다.

참 | 고 | 문 | 헌

Abbott, D., Berry, M., & Meredith, W. H. (1990). Religious belief and practice: A potential asset in helping families. *Family Relations, 39,* 443-448.

Anderson, D., & Worthen, D. (1997). Exploring a fourth dimension: Spirituality as a resource for the couple therapist. *Journal of Marital and Family Therapy, 23,* 3-12.

Anderson, T. (1987). The reflecting team: Dialogue and meta-dialogue in clinical work. *Family Process, 26,* 415-428.

Carlson, T., Kirkpatrick, D., Hecker, L., & Killmer, M. (2002). Religion, spirituality, and marriage and family therapy. A study of family therapists' beliefs about the appropriateness of addressing religious and spiritual issues in therapy. *The American Journal of Family Therapy, 30,* 157-171.

Cooper, G. (1997, May/June). Network briefs: Cancer is punishment. *Family Therapy Networker,* p. 17.

Coppersmith, E. (1980). The family floor plan: A tool for training, assessment and intervention in family therapy. *Journal of Marital and Family Therapy, 6,* 141-145.

De Voe, P. A. (2002). Symbolic action: Religion's role in the changing environment of young Somali women. *Journal of Refugee Studies, 15*(2), 234-246.

Dwyer, C. (1999). Veiled meanings: Young British Muslim women and the negotiation of differences. *Gender, Place, and Culture: A Journal of Feminist Geography, 6*(1), 5-27.

Fleischman, P. R. (1994). *Spiritual aspects of psychiatric practice.* Cleveland, OH: Bonne Chance Press.

Frame, M. W. (2000). The spiritual genogram in family therapy. *Journal of Marital and Family Therapy, 26*(2), 211-216.

Hodge, D. R. (2000). Spiritual ecomaps: A new diagrammatic tool for assessing marital and family spirituality. *Journal of Marital and Family Therapy, 26*(2), 217-228.

Imber-Black, E., & Roberts, J. (1998). *Rituals for our times: Celebrating, healing, and changing our lives and our relationships.* Northvale, NJ: Jason Aronson.

McGoldrick, M., Gerson, R., & Petry, S. (2008). *Genograms: Assessment and intervention.* New York: Norton.

Papp, P. (1976). Family choreography. In P. J. Guerin (Ed.), *Family therapy: Theory and practice* (pp. 465-479). New York: Gardner Press.

Patterson, J., Hayworth, M., Turner, C., & Raskin, M. (2000). Spiritual issues in family therapy: A graduate-level course. *Journal of Marital and Family Therapy, 26*(2), 199-210.

Prest, L. A., & Keller, J. F. (1993). Spirituality and family therapy: Spiritual beliefs, myths, and metaphors. *Journal of Marital and Family Therapy, 19,* 137-148.

Roberts, J. (1997). Reflecting processes and "supervision": Looking at ourselves as we work with others. In C. Storm & T. Todd (Eds.), *The complete systemic supervisor* (pp. 334-348). Boston: Allyn & Bacon.

Roberts, J. (1999). Beyond words: The power of rituals. In D. Weiner (Ed.), *Action methods in psychotherapy: A practical guide* (pp. 55-78). Washington, DC: American Psychological Association.

Roberts, J. (2003a). In sickness and health: Ice bells ringing. *Families, Systems, and Health: Journal of Collaborative Family Health Care, 21*(4), 441-448.

Roberts, J. (2003b). Rituals and serious illness: Marking the path. In E. Imber-Black, J. Roberts, & R. Whiting (Eds.), *Rituals in families and family therapy* (pp. 237-252). New York: Norton.

Roberts, J. (2005). Transparency and self-disclosure in family therapy: Dangers and possibilities. *Family Process, 44*(1), 45-63.

Taibbi, R. (1990, July/August). The uninitiated. *Family Therapy Networker,* pp. 31-35.

Weaver, A. J., Koenig, H. G., & Larson, D. B. (1997). Marriage and family therapists and the clergy: A need for clinical collaboration, training, and research. *Journal of Marital and Family Therapy, 23,* 13-25.

제 20 장

정의를 추구하는 영성의 치료적 이점

– 역량 강화, 치유 그리고 희망

ALICE DE V. PERRY
JOHN S. ROLLAND

Mary Ann은 엉클어진 결혼 생활을 풀기 위해 처음 상담치료를 받으러 왔다. 몇 주 지나지 않아 그녀는 자신의 엉클어진 삶을 풀어야 할 수도 있는 상황에 직면하고 있음을 알게 되었다. 세 아이(11세와 13세의 딸 둘과 10세의 아들 하나)를 둔 이 서른아홉 살의 어머니는 유방암이 너무 급속하게 진행 중이어서 양쪽 유방절제술을 받기 전에 3개월간의 '생명을 구할' 화학요법이 필요하다는 진단을 받았다. 그 진단은 Mary Ann을 엄청난 충격에 빠뜨리고 두려움에 떨게 했지만, 그녀는 '내가 해야 하는 일이라면 기꺼이 할 거야.'라고 맹세했다. 그리고 수개월에 걸쳐 그렇게 했다. "저는 그 병과 치료에 매우 색다르게 접근했어요."라고 그녀는 설명했다. 그녀는 화학치료를 받기 위해 옷을 잘 차려입었으며, 처음에는 한 송이, 그다음에는 두 송이 식으로 치료 횟수에 맞춘 개수의 장미꽃을 가져와 이어지는 각 치료를 표시했다. 그녀는 병원에서 다른 여성들과 크리스피 크림 도넛을 나눠 먹으며 야한 농담을 하기도 했다.

Mary Ann의 이야기에서 눈에 띄는 점은 그녀의 영성이다. 활동적인 가톨릭교 평신도인 그녀는 하나님과의 밀접한 관계에서 힘을 얻었다. 그녀는 모든 선택을 할 때 하나님의 사랑을 믿어야 하고, 타인에 대한 봉사에 집중해야 한다는 것을 알았다. 타인에 대한 봉사는 Mary Ann에게 영성과 신앙의 본질이었다. 그녀는 딸들과 다른 여성들에 대해 생각했고, 어떻게 하면 자신의 선택을 통해 다른 사람들의 상황이 더 좋아지게 하는 데 도움이 될지 생각했다. 그녀는 암이 자신을 점령하도록 내버려 두지 않았다. 자신이 주도권을 잡았다. 머리카락이 빠질 것을 예상하고 사제에게 부탁하여 머리카락을 민 다음, 자신의 아이들에게 다채로운 색깔의 장식적인 무늬를 대머리에 그려 넣도록 했다. 자신의 사진을 찍고 모든 치료 단계(화학요법, 유방절제수술, 몇 건의 유방재건수술)를 문서로 만들어 다른 여성들에게 실물 사진을 제공하는 데 동의했으며, 이것은 그녀 자신을 위해 매우 도움이 된다는 것을 알았다. 처음에는 사진 프로젝트를 거절했다. "다른 사람에게 보이고 싶지 않았어요. 이런 제 모습을 보고 싶지 않았죠." 그러나 기도 중에 하나님이 "네가 이것을 했으면 좋겠구나. 너는 평생 내 말을 들었다. 이제 내 말을 듣지 않을 것이냐?"라고 말씀하시는 것을 듣고 마음을 바꿨다. 그뿐만 아니라, 최근에는 10~12세의 소녀들에게 가슴 자가검사 습관을 들이도록 교육하고, 유방암 치료를 받고 있는 여성들을 연결해 주는 비영리 재단 Get in Touch를 설립했다.

Mary Ann은 예상할 수 있는 범위의 반응(공포, 슬픔, 비애, 분노, 고뇌)을 경험했으며 우리(Perry) 치료 세션에서 그 정서를 표현했다. 특히 자신의 아이들을 위해 살겠다는, 그것도 잘살겠다는 강렬한 결심을 밝혔다. 그녀는 건강과 치유는 신체적인 것뿐만 아니라 영적이며 정서적이라는 것을 이해했다. 그녀는 건강에 대한 이런 넓은 이해와 경험은 "제게 다시 용기를 내게 해 주었고 저를 격려해 주었으며 아직도 격려해 주고 있답니다."라고 설명했다. 또한 그녀가 화학요법을 받는 중에 겪은 발작, 심장에 있는 선천성 구멍의 발견과 수술, 암이 양쪽 가슴에 있다는 소식 등 '혼쭐나게 하는 여러 번의 시련'을 뚫고 나가게 해 주었다. Mary Ann에게 건강은 '손을 뻗침으로써 길러지며', '삶이란 분투하는 한가운데 있는 것임을 발견하고', 타인을 위해 상황이 더 좋아지게 하려고 정열적으로 끈기 있게 일함으로써 길러진다. 그녀는 그러한 사회정의 행동주의에 헌신한다. 사회정의 행동주의는 그녀의 영성에 깊이 뿌리박고 있으며, 그녀에게 생명선이 되어 왔다. 그것은 타인을 위한 희망뿐만 아니라 자신을 위한 희망과 목적의식과 치유를 불러일으키는 데 도움이 되었고 계속 도움이 되고 있다. "전 지금보다 더 생기 있었던 적이 없어요."

이 장에서는 Mary Ann의 경우처럼 사회적 행동주의를 불러일으키고, 사회적 행동주의의 모습으로 표출되는 영성을 살펴본다. 그러한 행동주의는 사회적 불공정의 상처와 해악을 바로잡으며, '타인을 위해 상황을 더 좋게 하려는' 목표를 가지고 지배적인 사회 질서에 개입한다. 행동주의의 사회적 유용성은 분명하지만, 우리에게는 또한 뚜렷한 치료적 이점, 특히 행동주의에 참여하는 사람들에게 목적의식과 역량 강화 그리고 희망과 참살이(well-being)를 동시에 불러일으킨다는 점이 흥미롭다. 우리는 각자의 삶에서 이러한 이점을 경험했기 때문에 그것을 알며 인정한다.

지난 40년간 사회정의 행동주의는 우리 두 사람에게 정의를 내리자면 일의 중심이며, 우리 자신의 목적의식과 의미의 중심일 뿐만 아니라 희망과 활력의 발생기였다. 우리 각자는 주로 평화 유지와 무장 해제를 위한 일에 참여해 왔으며, 복지 개혁, 의료 개혁, 폭력 예방, 고문 폐지, 집단 학살의 여파를 겪는 가족과 공동체의 회복, 적극적인 비폭력 촉진, 성 평등, 여성의 재생산권, 경제적 · 생태적 지속 가능성을 위한 일에 다양하게 관여해 왔다. 우리의 행동주의의 기저—행동주의에 동기를 준 계기—에는 한편으로는 문제를 일으키는 고통스러운 사회구조의 무질서에 대한 분노가 있었고, 다른 한편으로는 손을 뻗쳐 상황을 더 좋게 하려는 결심이 있었다.

잘못된 것: 변화와 정의 추구

페미니스트 신학자 Beverly W. Harrison은 분노는 "관계에서 무언가 잘못되었다는 신호다."(1989, p. 220)라고 썼다. '잘못된 것'의 심적 고통은 예민하게 느껴지며 일반적으로 개인과 가정이 변화를 추구하면서 상담치료를 받으러 오는 원인이다. '잘못된 것'은 또한 사회정의를 위한 일을 추진하여 우리 같은 개인들을 집결시켜 공동체의 변화를 목표로 공동체(지역, 국가 또는 지구적)에 관여하도록 한다. 행동주의는 여러 형태로 표출되지만, 그것의 유일한 목표는 정의 확립, 즉 올바른 관계—정중하고 평등하며 사랑하고 보살피며 조화롭고 상호적인—의 회복이다. 행동주의에 철저하게 얽혀 있는 것은 희망이다. 용감하게 나아가 현재 상황에 도전하려면 현재 질서에 대안이 되는 비전이 있어야 할 뿐 아니라, 마음에 떠올린, 선호하는 대안이 실현될 수 있고 실현될 것이므로 잘못된 것이 바로잡힐 수 있고 바로 잡힐 것이라고 믿는 희망이 있어야 한다. 성경학자인 Walter Brueggemann이 기술하듯이 희망은 '새로운 미래를 약속'한다(2001, p. 64). 희망은 "다수의 의견인 현실 읽기를 받아들이기를 거부하는 것이다."(p. 65)

행동주의의 잠재적인 사회적 유용성과 치료적 이점을 고려해 볼 때, 가족치료사가 상담받는 사람들의 사회정의 행동주의 또는 행동주의의 가능성을 자각하고 물어보며 지원하는 것은 중요하다고 우리는 믿는다. 그러한 행동주의는 영성에 필수적이며, 영성의 필수적인 표출임을 인정해야 한다. 그러한 행동주의는 영성이 만개한 것이다. 예를 들어, 모든 주요 종교 전통에서는 종교적인 믿음이나 영적인 믿음을 자비와 정의의 행위로 전환할 것을 강조한다. 유대교는 세상의 복구를 의미하는 tikkum olam을 요구한다. 기독교의 중심적인 실천은 Martin Luther King, Jr가 '사랑의 공동체(the beloved community)'라고 부른 사실상 국경 없는 사랑의 왕국을 창조하려는 목표를 가지고 이방인과 심지어는 적에게까지 베푸는 예수의 사랑 윤리다. 불교의 중심에는 자비가 있다. 이슬람교의 5대 지주 중 하나는 자선(zakat)이나 타인에 대한 봉사다.

동시에 행동주의는 주된 영적 표현 형식이 될 수 있다. 많은 사람에게 영성은 특정 종교나 종교적 실천으로 채워지기보다는 사회정의를 목격함으로써 채워지는 내적인 도덕적 나침반의 인도를 더 많이 받는다.

나(Rolland)는 사람들 간의 '차이'를 강조하는 것은 사람들 간의 '다름'을 보도록 하는 데 토대가 되는 치명적 단계이며, 이는 인간의 가치 계층 맥락과 사회 정치적 억압, 폭력 및 마침내는 집단 학살을 통해 힘의 과시를 만들어 낸다고 어머니에게서 배웠다. 다름의 구체화는 부당함과 악으로 이어지는 올바른 관계의 단절에 불쏘시개 역할을 했다.

독일계 유대인인 나의 부모님은 점점 심해지는 유대인 대상 잔학 행위를 가까스로 피해 1936년 미국으로 이주하셨지만, 조부모와 외조부모 및 다른 친척은 그곳에 남았고 조부모를 포함하여 친척 중 일부는 강제 수용소에서 학살되었다. 이러한 가족사는 나의 영성의 발달(내 경우는 도덕적 나침반)과 사회정의 및 행동주의에 대한 헌신을 통해 영성의 표출에 깊은 영향을 미쳤다. 나는 또한 구별을 진정으로 이해하는 법을 배웠다. 전체 문화를 비난하지 않고 개인이나 사회 · 정치 체제가 저지른 극악무도한 행위를 비난하는 것이 진정한 구별이다. 내 평생의 일 중 일부를 타인을 돕는 것으로 정하면서 이러한 차이의 가치를 인정하므로, 우리는 Gandhi가 인식했듯이 '눈에는 눈은 전체 세계를 눈멀게 한다.'는 보복의 문화를 영속시키지 않는다. 이것의 일환으로 나는 코소보에서 가족치료 동료들과 일했다. Kosovar Family Professional Education Collaborative를 발족하여 가족 중심의 정신건강 전문 교육과 서비스를 제공함으로써 회교도 민족인 알바니아인 '인종 청소' 캠페인에서 회복 중인 가정을 지원했다. 나는 문화와 신앙 때문에 집단 학살의 고통을 겪은, 누구의 이야기도 될 수 있는 이야기를 코소보인 가정에게 들었다. 그것은 마치 내 가족의 이야기를 듣는 것 같았다.

영성: 깊은 상호 연결의 인식

'정의를 행하는'(미가서 6장 8절b) 책무와 타인을 위해 상황을 더 좋게 하려는 욕구는 인간 존재와 모든 창조의 핵심에는 깊은 상호 연결과 뒤얽힌 상호 관계가 있다는 영성을 정의하는 특성에서 시작하며 이 특성을 거론한다. Martin Luther King, Jr가 말했듯이 "우리는 피할 수 없는 상호 관계망에 붙들려 운명이라는 한 벌뿐인 의상에 갇혀 있다."(Washington, 1986, p. 290) "우리가 우리 자신일 수 있는 것은 서로의 구성원이기 때문이다."(1978, p. 52)라고 H. Richard Niebuhr는 주장한다. 아프리카에서는 상호 관계의 실체가 "우리가 있기 때문에 내가 있다."라는 개념인 '우분투(ubuntu)' 한 단어에 담긴다. 남아프리카 공화국의 신학자 Denise Ackerman은 "우리는 관계망 속에서 산다."(Botman & Petersen, 1996, p. 49 인용)라고 썼다. Bellah, Madsen, Sullivan, Swidler 및 Tipton은 『Habits of the Heart』에서 "우리가 우리 자신을 창조하지 않았다는 것과 우리를 형성한 공동체와 Paul Tillich가 '역사에서 은총의 구조'라고 부른 것 덕분에 현재의 우리가 있음을 기억할 필요가 있다."(1985, p. 295)라고 상기시킨다. 요약하면 우리는 서로 의존하고 있으며, 이러한 상호 관계와 상호 의존성 때문에 Dostoersky의 『카라마조프의 형제들』에서 러시아 수도승이 가르쳤듯이 우리는 "각자 모두를 위해 모두에게 책임이 있다."(1880/1950, p. 356) 지구 온난화의 위기와 2001년 9·11 사태는 아프가니스탄과 이라크에서 결과적으로 치른 값비싼 전쟁과 함께 '엄연한' 위기이며, 상호 의존성과 '모두를 위해 모두에게' 책임이 있다는 현실 인식을 고조시키고 있다.

영성의 렌즈는 이러한 깊은 상호 의존성—이것은 인간의 조건임—과 에너지 장, 성스러운 힘 그리고 존재하는 모든 것을 통해 불어넣고, 넘쳐흐르고, 연결하고, 세차게 흐르는 창의적 생명력 또는 정신의 존재에 날카로운 초점을 맞춘다. 이러한 능력이나 힘은 여러 종교 전통에서 하나님, 정신, 기, 신성, 신비,

예수, 알라, 사랑 등으로 다양하게 지칭된다. 모든 경우에 해당 용어는 우리 자신을 넘어서지만 우리 자신 내부와 우리 자신 간에 존재하며, 창조된 질서와 그 질서 안의 각 창조물을 창조하고 연결하며 영감을 주는(inspiring, 글자 그대로 in-spiriting) 정신으로 채워진 현실을 가리킨다.

어떤 사람들은 영성이 사적이며 개인적인 활동인 '나와 나의 하나님'에 불과한 것이고, 때로는 내세적이며 일상생활의 사회경제적 · 정치적 맥락에서 분리된 채 뿌리째 뽑혀 있는 것처럼 영성을 경험하고 표출하지만, 영성은 우리가 이해하듯이 현실적이다. 영성은 삶의 핵심에 푹 잠겨 구현되고 구체화하며 조우하는 정신의 경험이다. Robert McAfee Brown이 말하듯이 "인간 존재의 모든 영역—생태학, 경제학, 건강, 기도, 정치학, 성적 취향 및 교육—은 영성의 분야다."(1988, p. 117) 이렇게 이해되는 영성은 "삶의 선물을 쥐고 삶을 부정하는 것을 놓아 버리기 위한 집단과 공동체의 구체적인 분투 속에서…… 신의 계시"(Harrison, 1989, p. 214)를 찾는다.

그러한 영성의 이해는 분리, 분할, 배제, 계층 관행뿐 아니라 세계를 '적대하는 여러 나라로 분할하는' 다양한 장벽과 경계선(그리고 동일함에 대한 갈등)에 의문을 제기한다. 그러한 관행은 몇 가지 예를 들면 민족주의, 계급 차별주의, 성차별주의, 이성애주의, 인종차별주의, 노인 차별주의 등 다양한 '~주의(-ism)'로 이어지며, 이러한 '~주의' 때문에 더욱 심화된다. 사람들이 정신적으로 깨닫고 살아 있으면 자신이 격리되고 고립된 것이 아니라 삶의 망(또는 상호관계망)에 연결되어 있으며, 관여되고 있음을 발견한다(이런 연결 상태를 회복한다). 신학자 Robert MaAfee Brown은 "영성의 삶은 안전한 이탈의 피난처가 아니라 세상의 혼란 가운데에 있을 것이다."(1988, pp. 118-119)라고 썼다. 영성은 본질적으로 창조물의 참살이에 대한 책임감을 가지고 잘못된 것을 고치며, 창조물을 보호하기 위해 행동하겠다는 약속을 하고 세상에 관여하는 경향이 있을 뿐만 아니라 관여하기를 요구한다. 따라서 영성과 정의 추구는 복잡하게 연관되어 있다. 즉, 뫼비우스의 띠처럼 별개의 영역이 아니라 서로 흐르듯이 이어져 있다.

영성과 사회정의 행동주의 간의 이런 복잡하고 밀접한 관계 또는 우리가 '정의를 추구하는 영성'으로 지칭하는 것은 가족치료의 실제와 어떤 관련이 있는가? Mary Ann의 이야기에서 예증하는 것처럼 행동주의—타인을 위해 상황을 좋게 하려고 '손을 뻗치는'—는 분명히 치료적 이점이 있다. 그녀는 영성과 신앙의 자원에 의지하면서 암과 싸우는 타인과 연결하고, 그들에게 공감하며, 그들을 지원하기 위해 자신의 경험을 사용하려면 개인적인 고통과 괴로움을 공개하지 않을 수 없음을 알았다. 그녀는 유방암 치료와 여성 의료 서비스 시스템에 영향을 미치는 더 큰 이슈를 해결하는 데 헌신했다. 다른 여성들과 관계를 맺으면서 그녀는 경제적으로 감당할 수 있는 질 높은 의료 서비스를 이용하는 기회의 측면에서 사회에 존재하는 격차를 점점 더 알게 되었고 괴로워하게 되었다. 자신의 생명을 위협받고 있는 바로 그 순간에도 Mary Ann은 영적으로 영감을 받은 행동주의에 참여하여 '삶의 선물', 구체적으로 말하면 사랑과 지원의 공동체, 다시 부활한 끈질긴 희망, 열정적이며 역량이 강화된 목적의식을 '쥐기로' 선택했다. 정의를 추구하는 그러한 영성은 가정과 개인(그리고 공동체)에게 의미, 희망, 역량 강화, 공동체 및 치유로 이어지는 진로를 제공할 수 있다. 그것은 가족치료사로서 우리가 관심을 두어야 하는 중요한 치료 자원이다.

정의를 추구하는 영성에 치료 대화 시작하기

그러면 실질적인 측면에서 치료 자원으로서 정의를 추구하는 영성을 어떻게 보듬어 우리 작업에 의식적으로 편입할 수 있을까?

가족의 행동주의 탐색 및 장려

첫째, 앞에서 언급한 것처럼 상담하는 개인과 가정의 영적 신념, 영성 지향도 및 영적 수행을 자각하고 물어보아야 한다. 이미 가정의 영적 수행과 의미 만들기의 일부가 되어 있기도 한 행동주의를 탐색하고 싹트게 하여 치료 대화 속에 행동주의를 위한 여지를 마련하는 것이 중요하다. 그러한 행동주의는 신앙 공동체에 참여하는 측면일 수도 있고 또는 개인적 신앙이나 영적 믿음 체계에 의해 생겨날 수도 있다. 행동주의는 사람들의 가치 및 우선순위와 일치하는 것으로서 지역적으로나 세계적으로 다양한 모습이다(예: 인적 봉사의 필요성을 충족시키는 자원봉사, 빈민가 어린이를 위한 방과후 및 멘토링 프로그램 조직, 의학 연구 주창, 의료 서비스 개혁을 위한 압력 행사, 인권 신장을 위한 일, 전쟁을 반대하는 공개 집회 참여, 재난 구제 지원, 동성혼 평등권 옹호, 지구 온난화를 반대하는 환경 정책 촉진).

치료사로서 우리가 호기심을 가져야 하는 것은 많다. 가족 구성원은 행동주의를 통해 어떤 영적 신념과 가치를 표현하는가? 영적 신념과 가치는 우리가 상담하는 가정을 어떻게 형성하고 지탱하는가? 그들의 행동주의는 그들이 믿는 것을 어떻게 대변하고 소중하게 간직하는가? 행동주의는 가정의 목적의식, 참살이 및 희망에 기여하는가? 행동주의는 가정을 타인과 연결하고 공동체를 강화하는가? 행동주의는 역량 강화 의식을 조성하고 이것에 기여하는가? 정의를 추구하는 영성의 자원은 표출된 문제 때문에 가려지고 개인이나 가족, 심지어는 치료사도 그 자원을 완전히 평가절하하거나 간과하는 일이 다반사다. 치료사 쪽에서의 관심과 호기심은 가정에서 이러한 자원의 이점을 인식하고 확장하며, 이 자원에 의지하는 여지를 열어 놓을 수 있다.

Mary Beth가 바로 그러한 사례다. 그녀는 40대 초반의 기혼 여성으로 사춘기 아들 둘을 둔 어머니이며, 지역 병원의 신용조합 임원이자, 최근 한 주립 대학교에 등록한 학생이다. 대학 학위가 없었던 그녀는 자신이 무능하다는 느낌에 쉽게 빠지는 경향이 있었다. 종종 실패감이 불시에 그녀를 덮쳤다. 그녀는 우울증과 불안증과 싸우며 이 때문에 치료를 받고 있었다. 치료 과정에서 그녀는 자기혐오를 말로 표현했으며 '탐탁지' 않은 자신을 신랄하게 비난하곤 했다. 학교에서 충동적으로 행동해 오던 열두 살 아들이 우울증 진단을 받자, 그녀는 아들의 우울증이 자신의 책임이라고 느꼈다.

상담치료장에 일찍 도착했던 나(Perry)는 Mary Beth가 지역 종교지 편집장에게 쓴 편지를 우연히 보게 되었다. 그녀는 지역 교회에서 무료 급식 시설을 철거하려는 교구 주교의 결정에 항의하였다. 그 편지는 단호하고 열정적이었으며, 종교 당국에 가난한 자들에게 봉사하라는 성서의 명령을 상기시키고 있었다. 여기에는 놀랍도록 명료하고 힘 있는 신념과 연민의 목소리가 있었다. 그것은 내가 치료 세션에서 들어 왔던 자기 비하적인 목소리를 바탕으로 예상할 수 있는 것과는 딴판이었다.

나는 Mary Beth가 지닌 신념의 대담성과 명료함, 연민의 깊이 그리고 그녀에게 동기를 유발한 영적 가치에 호기심을 가지게 되었다. 이것들은 그녀가 의지할 수 있고 상담에서 그녀에게 끄집어낼 치료 자원이 되지는 않을까? 내가 관심과 호기심을 표현하자 Mary Beth는 신념을 행동으로 옮기고, 타인을 위해 상황을 더 좋게 하려고 손을 뻗친 이야기를 자세히 하기 시작했다. 그녀와 아들 Timothy는 Our Daily Bread라는 단체를 위해 일주일에 한 번 자원봉사를 시작했다. 최근 지역 병원에서 퇴원하여 에이즈 같은 건강 문제에서 회복 중이거나 싸우고 있는 재력이 빈약한 사람들을 위해 그들은 함께 따끈한 저녁 식사를 배달하고 아침 식사를 만들었다. 나는 Mary Beth에게 이러한 행동에 참여하는 것과 그것이 그녀에게 주는 의미와 영향에 관해 심사숙고해 보라고 했다.

그녀는 어느 날 그녀와 아들의 자원봉사 길에 내가 동행하도록 초대했다. Mary Beth가 식사를 배달할 때 얼마나 자신감이 있고 적극적이며 활기찬지

보자마자 깊은 인상을 받았다. 그녀는 그렇게도 자주 마음을 무겁게 짓누르던 짐에서 벗어난 것 같았다. 식사를 받는 사람들과 이야기할 때 그리고 나중에 나와 이야기할 때, 그녀는 열성적이고 자애로웠으며 배려하고 인정 많은 일면을 표현했다. 그녀는 그녀와 아들이 영양 많은 음식물뿐 아니라 정서적 양분도 배달한다는 것을 분명히 알고 있었다. 함께하는 일은 또한 분명히 모자의 유대에 관계적 양분을 제공했다.

Mary Beth는 사회의 갈라진 틈 사이로 추락하는 사람들에게 관심이 있기 때문에 이런 지역사회 봉사를 한다고 나에게 설명했다. 그녀는 지원하도록 개인적 신념의 부름을 받았다고 느낀다. 그 일은 그녀에게 특별한 이점과 의미가 있으며, 젊은 나이에 에이즈로 죽은 매우 헌신적이었던 내과의사 사촌에 관한 기억을 유지해 주었다. 건강 문제가 있는 타인을 위해 자원봉사를 하는 것은 그녀의 깊은 슬픔을 치유하는 방식이었다. 사촌은 그녀가 '이런 방식으로 도움을 주는' 것을 '매우 자랑스러워' 할 것이라고 그녀는 믿는다. "사람들에게는 여전히 손길이 필요하고, 여전히 껴안아 주는 것이 필요해요."라고 그녀는 말했다. Mary Beth는 그 둘을 모두 한다.

치료 맥락에서 Mary Beth의 행동주의 참여를 불러일으킨 신념과 믿음을 인정하고, 경의를 표하며, 여지를 만드는 것은 중요했다. 그러한 인정은 Mary Beth가 인간으로서 자신의 가치에 대한 믿음을 회복하고, 자신의 고통과 고난 가운데서도 보살피고, 차이를 만들어 내는 사람으로서 자신을 받아들이며, 스스로 열정과 연민의 치유적 이점을 경험하도록 도움을 주었다.

억압적인 문화 관습의 이해: 공동체에서 연결하기

둘째, 정의를 추구하는 영성을 치료에 실제로 편입하려면 더 큰 문화적 맥락과 불공정한 사회구조와 관행이 어떻게 사람들을 억압하고 사람들에게 해를 끼쳐 고통과 괴로움을 일으키고 실제로 낙담시키고 힘을 빼어 가는지에 관해 인식하고 경계를 늦추지 말아야 한다. 가정에서는 그 가정에만 고유한 투쟁을 겪는 것처럼 개인적이며 개별 가정에 특유한 것으로서 투쟁을 경험하는 일이 너무나 잦다. 잊을 수 없는 정신적 충격을 남기는 성적 학대 같은 문제에 수치심과 책망과 죄의식과 고립감을 느낀다. 실상 이러한 문제는 흔히 Christie Neuger가 "문화를 지배와 복종 체제로 구성하는 갖가지 권력 시스템"(2001, p. 7)이라고 규명한 것에 뿌리가 있는데도 말이다. 일반적으로 권력 체제—가부장제, 인종차별주의, 계급 차별주의, 이성애주의, 군국주의, 전문가주의조차도—는 마치 정상적이고(현재 상황이 이러함) 규범적인(현재 상황이 이러해야 함) 것처럼 자체를 '보이지 않게' 하려고 한다. 이러한 지배와 복종 체제의 진정한 결과는 개인적으로 때로는 사적으로 고통받으며 흔히 자신에게 결점이 있고, 자신이 부족한 것으로 결론지어 버리는 가정에는 조금도 보이지 않는다. 그러나 Howard J. Clinebell이 주장한 것처럼 "모든 개인적인 문제 뒤에는 일종의 사회적 문제가 있다."(1983, p. 189) 치료사는 상담받는 개인과 가정이 배후에 있으면서 삶에 상처를 내고 삶을 어지럽히는 원인이 되는 '일종의 사회적 문제'를 인식하고 분석하도록 도와줄 책임이 있다. 치료사의 책임은 몇 가지가 있다. 개인과 가정이 더 넓은 문화가 행사하는 억압적 관행의 작용을 이해하도록 돕고, 가정에서 억압적인 것에 저항하고, 힘과 위엄을 되찾기 위해 행동을 취할 가능성을 탐색하도록 지원하며, 연대와 옹호를 표명한 공동체에 속한 타인과 공감하며 실제로 연결하도록 격려하는 것이다.

> 공감적 연결하기의 도움을 받아 한 가정이 수치심과 무력감에서 벗어났다. 상담치료에서 그들은 신앙 공동체의 평신도로서 가족과 가까운 한 성인 남성 친구가 교회의 청년부 지도자 지위를 이용하여 그들의 십대 딸과 부적절한 연락을 수없이 시도하고, 자신의 성적 만족을 위해 성적 행위를 했다고 나(Perry)에게 폭로했다. 딸이 점점 경계심을 느끼고 부모에게 말하자,

부모는 나에게 도움을 구했다. 부모는 분노했지만 어쩔 줄 몰랐다. 존경받는 신자인 친구가 어떻게 이런 짓을 할 수 있는가? 딸은 정신적 충격을 받았고 두려워했으며 당황스러워했다. 가족 전체가 배신감, 분노, 상처받은 정서로 미칠 듯했고 괴로워했다. 치료사이자 성직자로서 나는 신고 의무자라고 설명하자, 소녀의 어머니는 고민하는 듯 보였다. 부모의 최우선순위는 딸의 안전이었으므로 문제가 되는 행동이 즉시 중지되기를 원했지만, 이 문제를 신고하는 것은 원하지 않았다. 그들은 수치심을 느꼈고, 다른 사람들이 아는 것을 원하지 않았다. 나는 그들과 함께 자신의 성적 만족을 위해 남을 이용하는 성적 행위에 대해 심사숙고해 보고, 이 상황을 그냥 덮어서는 안 될 것이라는 우려를 표명했으며, 조사해서 딸을 보호하고 다른 사람들도 보호해야 하는 긴급한 일임을 설명했다. "전 우리가 겪고 있는 지옥을 다른 사람들도 겪게 하는 건 참을 수 없어요. 누구도 이 고통을 겪지 않기를 바라요."라고 그 어머니는 반응했다. 부모는 다른 희생자를 상상하고 공감하기 시작했으며, 그러한 연결에서 힘을 얻어 다른 사람들과 이어진 느낌이 들었고, 그들에 대한 책임감을 느낌으로써 고립감을 덜 느끼게 되었다. 그들은 이것을 정의 문제로 인식한 다음, 행동할 역량이 강화되는 것을 느꼈다. 나는 그들이 아동가족부에 신고하는 안, 내가 신고하는 안 또는 우리가 함께 신고하는 안을 제안했다. 그들이 선택한 것은 딸이 있는 자리에서 함께 신고하는 안이었다. 이러한 개입이 소녀에게 미친 이점은 즉시 명백하게 나타났다. 아이는 부모가 자신의 안전을 지키기 위해 행동했다는 것을 알고 '다시 숨 쉴 수' 있었던 것이다. 뒤이어 이 불미스러운 사건에 대응하여 교회가 진실로 '안전한 교회'를 만들기로 약속한 것을 알고 안도했다.

또 다른 임상 사례를 들면, 공개적인 옹호 활동은 Meghan이 역량 강화와 치유를 향해 나아가는 경로가 되었다. 육군 장교인 그녀는 남성 상관에게 강간을 당했다. 그녀는 상관을 고발했지만 '명색뿐인' 처벌이 내려졌고, 상관은 사직이 허락되었다. 일 년 후 또 다른 남성 상관이 부하들에게 성을 유혹한 것 때문에 체포되자 그녀는 다시 정신적 충격을 받았으며 또다시 강간 당한 것 같은 느낌을 받았다. 그녀는 이 두 번째 가해자와 공모한 군 지도부에도 너무나 분노하여 누군가를 다치게 하고 싶었다. 그녀의 분노는 이해할 수 있으며 정당했다. 하지만 그녀는 분노가 자신을 좀먹는다는 것을 깨닫자 신앙에 의지하여 자신을 진정시키고 특히 비폭력적 사랑의 실천에 관해 곰곰이 생각했다. 그러한 관점에서 그녀의 분노는 용기와 결합하여 결국 이 두 번째 가해자에게 연민을 느끼기 시작했다. 그녀는 그를 선과 악으로 채워진 복잡한 한 인간이자 자신과 마찬가지로 상처를 지닌 하나님의 자녀로 보았다. 그녀는 군 지도부를 포함하여 가해자에 대한 분노를 군대의 성폭력을 고발하고 여성들에 대한 군대의 '전쟁'에 관해 공개적으로 말하는 데 돌렸다. 그녀는 여군의 정의를 옹호하는 다른 사람들과 함께 소송을 준비하여 참여했고, 그러한 행동주의를 통해 힘과 목적의식과 존엄을 회복했다.

치료사는 정의를 추구하는 행동주의에 참여하는 가정을 격려하여 가정에서 가족 이야기를 더 큰 체제와 공동체 이야기로 확장하도록 도움으로써 집단적인 책임감과 역량을 강화하도록 도울 수 있다. 가족치료사로서 우리는 개인의 책임(그리고 책망) 쪽으로 너무 협소하게 왜곡된 각본의 균형을 다시 잡게 도와주는 공동체와의 연결을 명확히 촉진하도록 돕는 이상적 위치에 있다. 다음 사례는 이러한 접근 방식을 실례로 보여 준다.

경제적으로 침체된 한 노동자 계층 거주 지역의 거주민은 방과 후 시간에 지역 도서관을 방해하고 파괴하는 청소년 갱 문제 때문에 지역 정신보건센터의 지역사회 기반 위성 클리닉의 도움을 받으려고 했다. 처음에는 개인적 수준의 개입 관점에서 해결책의 범위를 한정하여 말썽을 일으키는 청소년들과 적절한 체계와 통제를 제공할 수 없어 보이는 그들의 문제 가정을 책망했다. 더 넓은 시각의 관점을 도입한 한 임상의는 몇 년 전 이 도시에서 이 지역을 위한 청소년문화센터를 발전시키자는 요청을 고려하고 그 아이디어를 승인했으나 필요한 자금 지원을 하지 않았다고 언급했다. 후속 조치가 없자 그 지역사회는 스스로를 힘이 없는 미미한 주변부 지역으로 보는 시각이 강해졌다. 개인적 폭력 행위는 이러한 더 큰 맥락에서 발현되었다는 것이다.

종래의 치료적 개입의 대안으로서 나(Rolland)를 포함한 세 명의 임상 의사 팀은 이 청소년들에게 접근하여 청소년센터를 발전시키려 한 이 도시의 원래 약속을 실행하는 데 참여하도록 했다. 우리는 '말썽꾼들'을 초대하여 이 아이디어를 되살려 처음의 약속을 존중하도록 도시에 압력을 가하는 데 솔선수범하도록 했다. 이 개입은 성공했다. 초기의 청소년 핵심 집단은 점차 더 큰 비판 집단의 필요성을 인식했다. 그래서 그들은 지역사회를 조직화하려는 노력으로 자신의 가족, 다른 청소년들과 그들의 가족, 지역 교회 그리고 다른 이웃 단체를 움직이기 시작했다. 지역사회와의 연결은 훨씬 더 넓은 범위로 뻗어 갔다. 매년 예일대학교 건축대학원의 1학년 학생들이 지역사회 봉사로 뉴 헤이븐에서 가치 있는 프로젝트를 설계하고 건축하도록 돕는다는 것을 알고, 나는 지역사회에 필요한 것을 이 대학교의 약속과 연결하자고 제안했다. 막대한 비용 절감 외에도 나는 이것을 보통은 지리적으로 사회경제적으로 문화적으로 멀리 떨어진 더 큰 지역사회 지방 간의 협력 기회로 보았다. 예일대학교 건축대학원과 학생들은 프로젝트를 흔쾌히 승낙했다. 공개 청문회와 미디어의 관심으로 최종 승인과 자금 지원이 이루어졌다. 청소년들(원래 갱 조직원들을 포함하여), 그들의 형제자매와 부모들, 지역사회의 다른 구성원들 그리고 예일대학교 학생들은 청소년센터를 건축하는 데 호흡을 맞춰 일했다. 그뿐만 아니라 청소년들은 자문위원회에 포함되어 청소년센터의 미래를 발전시키고 감독하는 일을 도왔다.

우리는 문제 행동을 이 지역의 충분한 서비스 부족과 도시 내에서 그들의 주변부적인 불공평한 지위 수준에서 발현된 역기능의 표현으로 조직적으로

> 바라보았다. 정신건강 전문가로서 우리는 청소년과 그들의 가족 그리고 지역사회 전체의 역량 강화 과정을 촉진하고, 더 큰 사회정의와 지역사회의 참살이를 성취하는 쪽으로 행동할 수 있도록 문제를 재정립했다.

연결과 공동체를 육성하는 또 다른 방법은 시간제한적이거나 지속적인 월례 중다(重多) 가족 토론 · 지원 그룹을 이용하는 것이다(Gonzales & Steinglass, 2002). 이 그룹은 신체건강 문제와 정신건강 문제 같은 비슷한 어려운 문제에 직면한 가정을 위해 비용 효과가 큰 강력한 치료적 접근법으로 이용할 수 있다(Rolland, 1994). 레질리언스를 지향하는 협력적 심리교육 그룹은 종래의 상담치료보다 더 쉽사리 가정의 관심을 끌어들인다. 주된 이점은 그룹 모임을 훨씬 넘어선 확장된 네트워크를 확립함으로써 고립에 맞서는 능력이다. 이것은 중대한 정신건강 문제가 있어 비밀 유지 성향 및 오명과 차별에 대한 두려움에 빠지기 쉬운 가정이 역량을 강화하도록 돕는 데 특히 중요하다(McFarlane, 2002).

사회 계급과 인종에 따른 의료 서비스 격차는 경제적으로 감당할 수 있는 질 높은 의료 서비스를 이용할 기회 부족, 의료 보험 부족 또는 불평등한 정신건강 서비스 지원으로 가정이 직면한 어려운 문제를 복잡하게 만든다. 중다 가족 토론 · 지원 그룹은 가정이 다른 체제와 싸울 때 가정의 역량을 강화할 수 있다. 예를 들면, 화학물질 과민증의 결과로 호흡기 직업병에 대처하고 있는 가정에 시간 제한적인 그룹(6회)을 제공했다. 많은 사람에게 독성 화학물질 노출에 대한 불충분한 직장 건강 안전 예방 수칙은 질환 유발에 상당한 역할을 했다. 많은 사례가 경제적으로 궁지에 몰려 책임을 부인한 이전 고용주와의 소송 및 차별과 관련이 있었다. 사회정의와 관련하여 신앙에 기반을 둔 신념에 관한 토론을 포함한 그룹 모임은 참여자들의 역량을 강화했다. 이 심리교육 시리즈의 마지막 모임에서 그룹 구성원들은 자신과 주 전체에서 비슷한 영향을 받은 다른 가정을 위해 정보, 옹호 활동 및 자조 네트워크를 결성하기로 했다.

가족치료사로서 우리에게는 사회경제적 · 문화적 무질서가 개인의 활력과 정신적 참살이를 약화시키는 작용을 한다는 것을 인식할 의무가 있다. 우리는 상담받는 사람들이 체제와 개인 간의 상호작용, 즉 개인적인 것은 정치적이며 정치적인 것은 개인적이라는 것을 진정으로 이해하도록 도와야 한다. 상담치료가 사회적 책임이 있으며 개인과 사회 질서의 건강과 온전함 회복 및 진정한 변화에 공헌해야 한다면 이러한 사회정의 비평과 행동주의 참여는 중요하다. 그렇지 않으면 우리는 성경에 등장하는 선지자 Jeremiah의 말로 "사람들의…… 상처를 가볍게 치유하는"(예레미야 8장 11절) 위험을 무릅쓰는 것이다. 있는 그대로의 상황에 사람들을 그냥 적응시키는 위험을 무릅쓰는 것이다. Christie Neuger가 지적하듯이 "건강하지 않은 문화에 사람들이 적응하도록 돕는 것은 윤리적이지 않다."(2001, p. 40)

『*Care of Persons, Care of Worlds*』에서 Larry Graham은 "개인의 운명과 세상의 특성은 밀접하게 관련되어 있다."(1992, p. 13)라고 말한다. 같은 맥락에서 Chellis Glendinning은 "일종의 상호 인과관계의 작용으로 우리가 사적 삶에서 유발하는 주제는 사회에서 우리가 노출된 주제를 반영하며, 사회에서 우리가 노출된 주제는 우리가 사적 삶에서 유발하는 주제를 반영한다. 핵전쟁과 아내구타 간에는 관계가 있을까? 알코올중독과 독성 물질에 의한 오염 간에는? 지구 온난화와 일중독 간에는?"(1994, p. xii)이라는 질문을 던졌다.

그럼에도 일부 상담치료의 실제는 때때로 이러한 '상호 인과관계의 작용'에 충분한 관심을 두지 않은 채 '개인의 운명과 세상의 특성'의 밀접한 관련성과 유리되어 이 맥락을 떼어 놓고 고찰되었다. 최근 몇 년 사이에 다수의 가족치료사와 더 큰 시스템 지향적인 임상의학자들이 시야를 넓혀 문화, 사회 계급, 인종, 성 제약 조건 그리고 직장, 의료 서비스 같은 사회 체제의 강력한 영향력을 포함했다(Aldarondo, 2007; Almeida, Parker, & Dolan-Del Vecchio, 2007; Boyd-Franklin, 2006; Doherty & Carroll, 2002; Falicov, 1995, Flores & Carey, 2000; Imber-Black, 1988; McGoldrick & Hardy, 2008; Mirkin, 1990; Rojano, 2004; Rolland, 1997; Walsh, 2006; Waldegrave, 2003; Weingarten, 2004). 또한 이야기 접근법의 사용 같

은 협력적 모델(Freedman & Combs, 1996; Madsen, 2007; White & Epston, 1990)은 정의를 추구하는 영성에 적합하며, 정의를 추구하는 영성을 표현한다. 이러한 모델의 주요 초점은 전문가가 책임지는 입장에서 벗어나 치료사를 클라이언트와 더 평등한 동반자 관계 쪽으로 이동시키는 것이다. 이 과정에서 가정의 역량을 강화하고 새로운 선택권과 이해를 상호 탐색하도록 상담치료를 변형할 수 있는 희망이 있다. 그렇기는 하지만 주류 임상 실제에서 어떤 개입은 여전히 개별 클라이언트 가정에 너무 많은 초점을 맞추어 더 큰 공동체 내에서 가족의 위치와 상호작용 및 더 큰 공동체, 흔히 치료사와 가정이 같이 속한 공동체가 가정에 미치는 실재 영향(좋든 나쁘든)에 충분히 주의를 기울이지 못한다.

공통의 기반 위에 서 있기: 사회적 반(反)영성에 저항

이 마지막 고찰에서는 정의를 추구하는 영성을 치료 대화에 편입하기 위한 제3의 고려 사항, 즉 우리가 발을 딛고 서 있으며 상담하고 있는 사람들과 공유하는 공통의 기반을 인식하고 솔직하게 인정하고자 한다. 치료사로서 우리와 우리에게 오는 사람들 사이에는 밀폐된 봉인이 없다. 우리는 문화를 지배와 복종 체제로 구성하는 갖가지 권력 체제로부터 면제되어 있지 않다. 우리는 모두 이 맥락에서 살고 있으며, 이러한 체제가 세상에 골고루 스며들어 있다. 성경학자 Walter Wink(1992)가 '지배 시스템'이라고 부르는 것의 예봉에 노출된 정도는 다양하며, 일부는 그 지배 시스템의 혜택을 입지만 그 시스템에서 면제되는 사람은 아무도 없다. 우리는 모두 실질적 방식으로 영향을 받는다(그리고 물든다). 지배 시스템의 작용은 치명적이어서 협박은 유순하고 쉽게 조종되는 사람들의 두려움에 기반을 둔 (공포에 떠는) 문화를 만들어 내고, 고립은 공동체 의식과 공유 의식을 약화시키고 '상대방'에 대한 불신을 만연시키며 '분할 정복' 사고방식과 전략을 통해 사람들을 갈라놓고, 현상에 도전하는 상상력과 대안 의식을 억누르며 절망을 퍼뜨린다. 지배하는 영성은 절망의 원인이라고 주장되어 왔다(이 책 제6장 참조).

절망은 지배 시스템에 도움이 된다. 무망감이라는 절망의 정의적 특성과 함께 자신의 힘, 가치 및 행동하고 현재 상황을 변화시키고, '잘못된' 것을 바로잡고, 정의를 회복하고, 어떤 차이를 조금이라도 만들어 내는 능력에 대한 자신감이 상실되는 무기력이 찾아오기 때문이다. 힘이 빼앗긴 사람들은 고분고분해지거나 복종하게 되어 사세에 순응하거나 감각을 잃게 됨으로써 용납할 수 없는 것(예: 미국 정부의 고문 관행)을 묵인하고, 변화의 가능성을 더는 믿지 않는다. 요약하면 그들은 부당함에 순응하는 법을 배우고, 어떤 경우에는 마치 부당함이 규범인 것처럼 받아들이기도 한다. 그들은 희망을 버린다.

치료사로서 우리는 체제적 지배의 역효과와 '반(反)영성'이라고 불리는 것, 특히 절망에 굴복하는 방식을 알아야 하지만, 폭력, 계층, 소비지상주의, 개인주의 등 공동체에 해를 끼치고 상호 관계와 협력을 약화시키며, 인권과 존엄성을 서서히 잠식하고, 정의를 추구하는 영성의 핵심이며, 영혼인 '나-너(I-Thou)' 관계보다는 '나-그것(I-it)' 관계를 조장하는 모든 문화적 관습도 알아야 한다. 이러한 체제적 반영성은 정의를 추구하는 영성의 실재적 이점—유대감, 상호 관계, 연민 그리고 일부 종교 전통에서는 현존하는 모든 것에 불어넣고 신성하게 하는 신령의 의식을 포함하는 보살핌—을 위협할 뿐 아니라, 그 자체도 정의를 추구하는 영성의 실재 이점에 의해 위협받는다.

치료사로서 우리는 반(反)영성의 억제와 제약에 대한 자신의 민감성과 취약성(그리고 때로는 맹목성)을 인정하는 것이 중요하다. 우리가 방심하지 않고 정직한 것이 긴급하다. 전문가로서 우리는 유념하여 '다름'을 조장하고, 클라이언트 가정과 그들의 지역사회로부터 우리를 단절하는 전문가주의의 엘리트 문화를 피하는 것이 꼭 필요하다. 그러한 반영성에 관해 방심하지 않음으로써 우리는 가정 및 지역사회와의 평등한 협력 관계를 촉진하는 올바른 관계를 조성한다. 우리 자신의 권리와 전문적 능력으로 행동주의자가 되고 우리에게 오는 사람들뿐 아니라 우리 자신을 위한 옹호자가 되는 것이 중요하다. 모두의 참살이를 파괴하려고 위협하는 반영성의 부정적이지만 종종 유혹적인 영향에 저항하려면 우리 도움을 구하는 가정에서 하도록 우리가 격려하는 것, 즉 우리 목소리를 찾고 우리 힘을 이용하는 것, 정의를 회복하기 위해 행동을 취하는 것, 다른 사람들과 연결하는 것, 지원하는 지역사회에 우리 자신의 기반을 두는 것, 우리가 하는 모든 일을 사랑과 연민으로 구체화하는 것 그리고 모두의 치유를 위해 일하는 것을 정확히 해야 한다.

정신건강 및 의료 서비스 전문가로서 우리는 우리의 전문 지식 영역과 관련된 사람들의 필요성에 봉사하는 소비자 보호 단체와 제휴하여 정의를 추구하는 더 넓은 공동체와의 연결을 촉진할 수 있다. 그러한 단체 다수에는 자문 위원회에 전문가들이 있다. 나(Rolland)는 심각한 질병과 장애가 있는 가정을 돕는 데 관여하면서 National Family Caregivers Association, Well Spouse Foundation, National Alliance for the Mentally Ill(NAMI) 등의 소비자 단체와 Y-ME 같은 특정 질병 관련 단체와 협력 관계를 맺어서 가정과 전문가들의 역량을 강화했다. 그러한 다수 단체에는 정책 입안과 정책에 접근하고 영향력을 행사하는 것 그리고 연구, 치료, 예방을 위한 자금 조성 과정에 경험이 풍부하다. 전문가와 소비자들이 제휴하면 지대한 이점이 있다.

치료사로서 우리는 함께 단결하여 부부와 가정, 특히 우리 사회에서 빈곤한 사람들과 주변부 집단에 대한 차별 문제에 관해 사회정의를 옹호할 수 있다. 정보 제공 및 옹호 활동 단체인 The Council on Contemporary Families(CCF)는 현대 가정에 관한 연구 중심의 건설적 논의를 통해 모든 가정의 힘과 복지 그리고 가정에 필요한 것을 최적으로 충족시키는 방법을 촉진하기 위해 지도적인 가정학자들, 교육자들, 치료사들을 결성했다. 이 단체는 '가족 가치'라는 기준 아래 도학적인 정치적 미사여구와 단순한 진단 및 만병통치 처방으로 특징지어지는 잘못된 주장에 반대한다. 이것은 전통적인 이상적 규범과는 다른 부부와 가정을 낙인찍고 병리적으로 취급하여 많은 사람에게 해를 끼친다(Walsh, 2003). CCF는 현대 가정의 다양성과 힘과 어려운 과제에 반응하여 공공 정책과 프로그램을 입안하는 공공 부문과 매체에 체계적 연구에 근거한 정확한 정보를 제공한다.

현재의 의료 서비스 위기는 전문가 연합, 소비자 발안권, 전문가와 소비자 제휴의 필요성을 보여 주는 가정 적절한 예다. 4천 7백만 미국 시민이 어떤 의료 서비스도 받지 못한다는 사실, 소수민족 가정과 가난한 사람들이 의료 서비스 이용에서 총체적인 격차와 비정상적으로 높은 비율의 중대한 건강 문제와 사망률로 고통받는다는 사실, 가족이 만성질환자들을 돌보면서 가정의 재정 자원과 정서 자원이 차차 약화하여 개인 파산의 가장 큰 원인이 된다는 사실, 정신건강 및 신체 건강 의료 서비스의 동등함 결여는 이익 지향적인 기업형 현행 의료 서비스 제도에서 가정에 영향을 미치는 총체적 불평등 중 몇 가지가 드러난 것일 뿐이다. 치료사는 생각이 비슷한 소비자-전문가 그룹, 지방 및 주 발안권(예: Healthcare for All Illinois) 또는 모두를 위해 노인의료보험제도를 확장한 것과 유사한 단일 보험자 체제를 통해 보편적인 의료 서비스를 옹호하는 Physicians for a National Health Program 같은 전문가 단체에 직접 참여하고, 영향을 받는 클라이언트 가정에 참여하도록 권할 수 있다. 그러한 행동주의는 가정을 차례차례 도와주는 종래의 치료적 요구를 넘어서서 더 큰 시스템을 변화시켜 모두에게 혜택을 주려는 협력적 노력을 지향한다.

결 론

이 장에서 설명하고 옹호한 정의를 추구하는 영성은 광범위한 치료적 이점을 약속한다. 정의를 추구하는 영성은 우리 문화의 반(反)영성에 해독제를 제공한다. 동시에 그러한 영성은 연결과 공동체를 육성하는 격려와 접근법, 희망의 자유로운 경험에 내재한 필수적인 올바른 관계, 역량 강화 및 치유를 제공한다. 정의를 추구하는 영성은 사람들이 분리에서 소속으로, 단절에서 공동체로, 무력함에서 역량 강화로, 공모에서 연민으로, 불공정한 관계에서 올바른 관계로, 절망에서 희망으로 옮겨가도록 도와준다. 정의를 추구하는 영성은 클라이언트 가정뿐 아니라 가족치료사로서 그리고 인간으로서 우리 자신을 치유하고 활력을 줄 것을 약속한다.

참 | 고 | 문 | 헌

Aldarondo, E. (2007). *Advancing social justice through clinical practice*. London: Routledge.

Almeida, R., Dolan-Del Vecchio, K., & Parker, L. (2007). *Transformative family therapy: Just families in a just society*. Saddle Brook, NJ: Pearson.

Bellah, R. W., Madsen, R., Sullivan, W. M., Swindler, A., & Tipton, S. M. (1985). *Habits of the heart*. Berkeley: University of California Press.

Botman, H., & Petersen, R. (Eds.). (1996). *To remember and to heal*. Cape Town: Human & Rousseau.

Boyd-Franklin, N. (2006). *Black families in therapy: Understanding the African American experience*. New York: Guilford Press.

Brown, R. (1988). *Spirituality and liberation*. Philadelphia: Westminster Press.

Brueggemann, W. (2001). *Prophetic imagination*. Philadelphia: Fortress Press.

Clinebell, H. J. (1983). Toward envisioning the future of pastoral counseling and AAPC. *Journal of Pastoral Care, 37*(3), 180-194.

Doherty, W. J., & Carroll, J. S. (2002). The citizen therapist and family centered community practice. *Family Process, 41*, 561-568.

Dostoevsky, F. (1950). *The brothers Karamazov* (C. Garnett, Trans.). New York: Modern Library. (Original work in Russian published 1880)

Falicov, C. J. (1995). Training to think culturally: A multidimensional framework. *Family Process, 34*, 373-388.

Flores, M., & Carey, G. (2000). *Family therapy with Hispanics: Towards appreciating *diversity*. Boston: Allyn & Bacon.

Freedman, J., & Combs, G. (1996). *Narrative therapy: The social construction of preferred realities*. New York: Norton.

Glendinning, C. (1994). *My names is Chellis and I'm in recovery from Western civilization*. Boston/London: Shambhala.

Gonzalez, S., & Steinglass, P. (2002). Application of multifamily groups in chronic medical disorders. In W. F. McFarlane (Ed.), *Multifamily groups in the treatment of severe psychiatric disorders* (pp. 315-341). New York: Guilford Press.

Graham, L. (1992). *Care of persons, care of worlds*. Nashville: Abingdon Press.

Harrison, B. W. (1989). The power of anger in the work of love. In J. Plaskow & C. Christ (Eds.), *Weaving the visions: New patterns in feminist spirituality*. San Francisco: Harper & Row.

Imber-Black, E. (1988). *Families and larger systems: A family therapist's guide through the labyrinth*. New York: Guilford Press.

Madsen, W. (2007). *Collaborative therapy with multi-stressed families: From old problems to new futures*. New York: Guilford Press.

McFarlane, W. F. (Ed.). (2002). *Multifamily groups in the treatment of severe psychiatric disorders*. New York: Guilford Press.

McGoldrick, M., & Hardy, K. V. (Eds.). (2008). *Re-visioning family therapy: Race, culture, and gender in clinical practice* (2nd ed.). New York: Guilford Press.

Mirkin, M. (1990). *The social and political contexts of family therapy*. Boston: Allyn & Bacon.

Neuger, C. C. (2001). *Counseling women: A narrative, pastoral approach*. Minneapolis: Fortress.

Niebuhr, H. R. (1978). *The meaning of revelation*. New York: Macmillan.

Rojano, R. (2004). The practice of community family therapy. *Family Process, 43*(1), 59-77.

Rolland, J. (1994). *Families, illness, and disability: An integrative treatment model*. New York: Basic Books.

Rolland, J. (1997). The meaning of illness and disability: Sociopolitical and ethical concerns. *Family Process, 36*(4), 437-441.

Waldegrave, C. T. (2003). *Just Therapy: A journey: Collection of papers from the Just Therapy Team.* New Zealand: Dulwich Centre.

Walsh, F. (2003). *Normal family processes: Growing diversity and complexity* (3rd ed.). New York: Guilford Press.

Walsh, F. (2006). *Strengthening family resilience.* New York: Guilford Press.

Washington, J. (Ed.). (1986). *A testament of hope: The essential writings of Martin Luther King, Jr.* San Francisco: Harper & Row.

Weingarten, K. (2004). *Common shock: Witnessing violence every day: How we are harmed, how we can heal.* New York: New American Library.

White, M., & Epston, D. (1990). *Narrative means to therapeutic ends.* New York: Norton.

Wink, W. (1992). *Engaging the powers: Discernment and resistance in a world of domination.* Minneapolis, MN: Fortress Press.

찾아보기

인명

내용

저자 소개

Froma Walsh(사회사업학 석사, 박사)는 시카고대학교에서 사회서비스행정대학 정신과, Pritzker 의과대학에서 Mose와 Sylvia Firestone 명예교수다. 그녀는 대학과 연계된 가족건강 분야 시카고센터의 공동 책임자이며, Northwestern 대학 내 응용심리와 가족연구센터의 임상교수로 재직하고 있다. Walsh 박사는 미국가족치료협회(American Family Therapy Academy) 회장과 Journal of Marital and Family Therapy 편집장을 역임하였고, 미국심리협회 가족심리분과, 미국가족치료협회, 미국 결혼가족치료협회, 교정정신의학협회 그리고 목회자돌봄연구협회로부터 수상하였고 가족치료 분야에서 탁월한 공헌과 리더십에 대한 많은 영예를 얻었다. 저서로는 『가족 레질리언스 강화시키기(Strengthening Family Resilience)』(2판) 『정상적인 가족 과정(Normal Family Process)』 『상실을 극복하여 살아가기(Living Beyond Loss)』 『가족 내 죽음(Death in the Family)』(2판) 『가족 내 여성(Women in Families)』 『가족치료를 위한 준거틀(Framework for Family Therapy)』 『가족치료와 영성(Spiritual Resources in Family Therapy)』이 있다. 그녀는 강연자이며, 레질리언스 중심의 전문적인 훈련, 실천 그리고 연구에 관한 국제적인 컨설턴트다.

역자 소개

□ 박태영

미국 Florida State University 사회사업학 박사(Ph. D.)

현 숭실대학교 사회복지학과 부교수/상담복지전공 주임교수/숭실대학교 학생상담소장

□ 박소영

숭실대학교 대학원 사회복지학과 사회복지학 박사

현 세명대학교 사회복지학과 교수

□ 조성희

숭실대학교 대학원 사회복지학과 사회복지학 박사

현 협성대학교 사회복지학과 조교수

가족치료와 영성

Spiritual Resources In Family Therapy

2015년 1월 5일 1판 1쇄 인쇄
2015년 1월 15일 1판 1쇄 발행

편저자 • Froma Walsh
옮긴이 • 박태영 · 박소영 · 조성희
펴낸이 • 김진환
펴낸곳 • (주) 학지사
121-838 서울특별시 마포구 양화로 15길 20 마인드월드빌딩
대표전화 • 02-330-5114 팩스 • 02-324-2345
등록번호 • 제313-2006-000265호

홈페이지 • http://www.hakjisa.co.kr
커뮤니티 • http://cafe.naver.com/hakjisa

ISBN 978-89-997-0546-5 93180

정가 20,000원

역자와의 협약으로 인지는 생략합니다.
파본은 구입처에서 교환해 드립니다.

이 도서의 국립중앙도서관 출판시도서목록(CIP)은 서지정보유통지원시스템 홈페이지(http://seoji.nl.go.kr)와 국가자료공동목록시스템(http://www.nl.go.kr/kolisnet)에서 이용하실 수 있습니다.
(CIP 제어번호: CIP2014033000)